지구 오염의 역사

산업혁명부터 현대까지

프랑수아 자리주·토마 르 루 지음
조미현 옮김

에코리브르

일러두기

저자와 협의하여 재니스 이건(Janice Egan)과 마이클 이건(Michael Egan)이 번역한 영문
판 *The Contamination of the Earth* (The MIT Press, 2020)로 번역했다.

차례

감사의 글 ─────────

장기 연구의 결실인 이 책은 프랑스 사회과학고등연구원(EHESS)과 디종 (Dijon) 소재 부르고뉴 대학교 및 옥스퍼드 대학교의 수년간에 걸친 강좌 와 세미나에서 탄생했다. 우리가 학생들과 나눈 교류─그들의 지칠 줄 모르는 호기심, 안타깝게도 반복되는 뉴스에 대한 그들의 관심─는 세계 적 규모에서 산업 시대의 공해에 대한 이런 역사적 종합을 시도해야겠다 는 확신을 주었다. 학계에 갇혀 있는 일이 흔한 이 쟁점을 우리가 외부로 끄집어내고 싶어 한다는 걸 굳이 숨기지 않겠다. 우리는 세미나실 토론 을 벗어나 더 많은 대중에게 지금 갈수록 전진 비행(flight forward), 심연으 로 떨어지는 경주와 흡사해지고 있는 한 현상의 역사 이야기를 제공하고 자 한다. 공해가 보편화하면서 때때로 자포자기의 무기력증과 망연자실 상태를 불러일으키는 지경에 이르렀지만, 이 현상의 역사는 아직 잘 알 려져 있지 않다. 하지만 그것은 인류가 환경과 맺는 관계의 주요 부분 중 하나이며, 생태 및 공중 보건 모두와 관련이 있다.

이 원고는 동료·친구·학생들과 숱하게 주고받은 교류의 주제였고, 그 들의 조언과 통찰이 없었다면 우리는 이 책을 써내지 못했을 것이다. 특 히 읽고, 다시 읽고, 비공식 토론을 하는 건설적 게임에 기꺼이 시간을 할애해준 Renaud Bécot, Christophe Bonneuil, Thomas Bouchet, Patrick Bret, Jean-Luc Demizieux, Quentin Deluermoz, Patrick Fournier, Stéphane Frioux, Moritz Hunsmann, Anne Le Huérou, Geneviève Massard-Guilbaud, Charles-François Mathis, Hervé Mazurel, Raphael Morera, Adrien Normand, Xavier Vigna, Julien Vincent, Denis Wornonoff, Alexis Zimmer에게 심심한 감사를 드린다.

아울러 그래프 작성에 도움을 준 부르고뉴 대학교 조르주슈브리에 연구소(Georges-Chevrier Center)의 David Valageas에게도 감사드린다. 그리고 물론 이 책을 프랑스에서 처음 출간해준 쇠이유 출판사(Éditions du Seuil)로부터 받은 지원과 격려, 특히 지속적인 믿음과 인내심을 가져준 Caroline Pichon과 Séverine Nikel에게도 고마움을 전한다.

서문

공해는 우리 시대의 주요 관심사 중 하나다. 세계보건기구(WHO)에 따르면, 대기 오염의 결과로 해마다 수백만 명이 조기 사망한다. 이렇게 많은 화학 제품―이것들의 안전성은 광범위한 불확실성을 불러일으킨다―이 유통된 적은 없었다. 화학 물질 오염은 전 지구적 특징이다. 비료와 살충제 사용으로 농토는 피폐해졌다. 1997년에는 '플라스틱으로 이뤄진 일곱 번째 대륙'이 발견되었다. 비분해성 미세 폐기물은 지구의 대양과 바다에 꾸준히 축적되어간다. 하지만 이렇게 심각한 문제에 대응하는 국제적 동원은 여전히 제한적이다.

19세기보다 오늘날의 세계가 더 오염되었을까? 디젤이 휘발유보다 더 독할까? 강에서 계속 멱을 감아도 안전할까? 생선은 여전히 소비에 적합할까? 부와 수명이 증가하고 있다는 전망 탓인지, 오염과 더불어 사는 법을 익힌다는 게 종종 이런 질문들과 함께 유사한 다른 많은 질문을 제기하거나 또는 대답하지 않고 지나쳐도 된다는 뜻이라며 안심하게 된다. 우리는 공해의 존재나 영향을 의식하지 못할 때가 많다. 그것의 가장 위험한 형태는 항상 눈에 보이거나 냄새로 맡을 수 있는 게 아니기 때문이다. 정유 공장 인근이나 금속 공장의 하류 또는 배터리 재활용 공장 근처

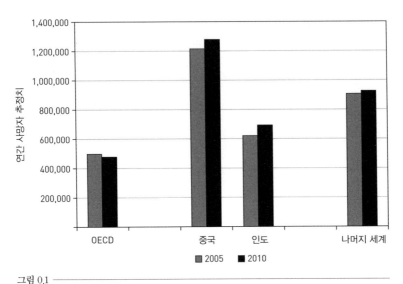

그림 0.1 ───

대기 오염의 인명 피해(2005년과 2010년). 출처: OECD, "The Cost of Air Pollution: Health Impacts of Road Transport," 48. 세계보건기구에 따르면, 대기 오염은 매년 수백만 명이 조기 사망하는 원인으로 사람들의 건강에 가장 큰 환경적 위협이 되고 있다. 대기 오염은 주로 저소득 국가에 영향을 미친다. (사망 건수의 3분의 2가 동남아시아에서 발생한다.) 프랑스에서는 미립자 공해가 매년 4만 8000명이 조기 사망하는 원인이라고 한다.

에 살지 않아도 될 만큼 운 좋고 풍족한 이들도 하루 일과 동안 여러 가지 오염 물질과 접촉한다. 디젤 미립자를 들이마시든, 혹시라도 석면으로 절연 처리한 사무실에서 근무하든, 플라스틱을 만지든, 수은을 함유한 참치나 농약을 투여한 사과를 먹든, 방취제나 화장품을 바르든, 와이파이 가까이에서 일하든, 휴대폰 통화를 하든 인간의 몸은 무의식적인 오염의 소비자가 되어버렸다. 사적인 공간이라고 해서 오염이 덜하지는 않다. 실내 공기—가구에서 발견되는 폴리페놀 화합물로 포화 상태다—의 질은 실외 공기의 질보다 훨씬 더 형편없을 때가 많다. 그리고 물건이 더 많아졌다. 신제품 생산에는 부수적인 (그리고 어마어마한) 폐기물 증가가 뒤따른다. 재활용 가능한 쓰레기든 아니든 모두 산업적으로 처리해야 한다. 도처에서 폐기물이 오염 물질을 생성하는 가운데 한 발 더 나아가 현대 사회에는 우리를 거의 쇠약하게 만드는 무관심이 팽배하거나, 아니면 오전 11시 회의의 메모를 인쇄하지 않았으니까, 또는 재활용 쓰레기를 분리수거하니까, 또는 심지어 유기농 식품을 먹으니까 자기 소임은 다했다는 식으로 개별적인 의식이 결여되어 있다.

부인(否認)에 도움이 되는 지식의 단편화, 세계 경제 체제에 깊이 작용하고 있는 불평등―충분치 않은 규제 정책뿐 아니라―은 서구 사회의 깨끗한 환경에 대한 의식과 현대의 영구적이고 보편적인 공해의 존재가 한곳으로 연결되는 역설을 설명해준다. 이에 대응하기 위한 공공 정책―지방의, 국가의, 세계의―은 신고전주의적 분석에 입각한 행정적 근거가 있는 경영 논리를 모델로 삼고 있다. 여기서는 오직 시장만이 최적의 자원 활용을 보장하며, 공정한 가격 책정을 통해 안온방해(nuisance, 安穩妨害: 직접적인 가해 행위에 의한 것은 아니지만 매연·오물·소음 등으로 타인의 이익을 침해하는 행위를 이르는 법률 용어―옮긴이)를 최상으로 관리할 수 있다고 믿는다. 이런 맥락에서 모든 공해는 '부정적 외부 효과(externality)' 안으로 흡수되고, '최적의 공해' 수준을 이끌어내는 합리적 계산 비용에 의해 최소화하고 수용할 수 있게 된다. 이러한 문제 이해 방식은 필연적으로 기술 진보에 대한 확신으로 귀결되며, 그것이 계속해서 공해를 바라보는 우리의 시각을 형성한다. 오직 경제 성장과 혁신만이 생물권을 무겁게 짓누르는 위협에 대한 명확한 구제책이다.[1]

오랫동안 공해는 사소한 문제―사실은 거의 금기시된 사안―로 여겨졌으나, 자연과학과 사회과학 전반에 걸쳐 많은 전문 분야로부터 널리 주목받으면서 중요한 주제로 떠올랐다. 이런 현상은 공해 전문가 외에도 화학자, 생태학자, 독물학자 그리고 더 최근에는 갈수록 더 많은 역사학자, 사회학자, 철학자 및 인류학자들이 다루고 연구해왔다. 그러나 이런 전문 지식 확장은 양날의 칼이다. 상당량의—세계 환경 실태에 관한 정보를 반드시 찾아내는 수준까지—데이터를 제공하는 반면, 그림 전체를 특히 역사적 시각에서 바라보는 것을 점점 더 어렵게 만들기도 하기 때문이다. 산업 문명이 출현하기까지 공해의 성격과 수준이 비교적 제한적이었다는 데는 어느 정도 의견이 일치한다. 산업화와 그 메커니즘이 현대의 공해 위기를 창출했다. 공해는 복잡한 경로를 따라 계속 증가하고 진화하면서 세계와 거기에 대한 우리의 인식을 포화 상태로 만들어버렸다.

안온방해와 공해: 언어 변천

공해는 유동적이며 규정하기 어려운 주제다. 그것의 의미는 시간의 경과와 함께 변해왔고, 효과적인 분류법은 늦게야 등장했다. 오늘날에도 수많은 논쟁에서 법률 전문가들은 그것의 역할이나 위치를 결정하고 확립하느라 고생한다. 사실 공해 또는 공해의 한도에 대한 보편적이거나 고정된 이해는 아직 없다.[2] 물론 일반적으로 공해는 생태계에 부정적인—다양한 수준의—변화를 일으키는 원치 않는 물질의 도입에 따른 환경 악화라고 정의 내릴 수 있다. 그러나 이 정의조차 19세기 말 이전에는 존재하지 않았다. 예전 사회는 상당히 다른 의미를 띨 수 있는 '안온방해', '부패' 또는 '비위생'이라는 개념을 선호했다. 사실 19세기 이전에 공해(pollution)는 보통 종교적이거나 도덕적인 맥락에서 다뤄졌다. 어원적으로 이 말은 '신성모독'과 '(신성한 것을) 더럽히다'를 비유적으로 나타내는 라틴어

'pollutio'와 'polluere'에서 왔다. 이러한 말은 종교적 의미의 불경한 요소를 표현한다.[3] 좀더 거슬러 올라가 17세기와 18세기의 사전들은 공해를 '신전(神殿) 모독' 또는 "뻔뻔스러운 신체 접촉 이후 몸에 남은 흙"이라고 정의했다.[4]

공해에서 종교적 함의는 17세기에 쇠퇴했으나, 그것의 현대적 의미─인간 행위에 의한 자연환경의 변경─가 발전해 승인을 얻기까지는 두 세기가 걸렸다. 공해라는 용어는 맨 처음의 제한적 의미로 장기간 쓰이다 1970년대에 정점에 다다랐는데, 지구가 환경 위기를 겪고 있다는 의식이 확산한 시기와 때를 같이했다. 이런 현대적 용법은 1800년대 초 영국 전역에 최초로 퍼졌다. 예를 들면 1804년 스코틀랜드의 한 재판에서는 가죽 공장들로 인한 '하천 공해'를 명확하게 언급했다. 미국 법정에서는 1832년에 수로(水路) 상태를 묘사하는 데 공해라는 말을 처음 사용한 것으로 보인다. 그레이트브리튼(Great Britain: 잉글랜드, 스코틀랜드, 웨일스를 아우르는 용어─옮긴이)에서는 1850~1860년 하천 공해를 더 이상 간과할 수 없어 문제의 규모를 조사할 왕립하천공해위원회를 창립했다. 이 용어는 유럽 대륙과 미국 전역에 퍼져 수없이 많은 유사한 조사가 이루어졌다. 북아메리카에서는 19세기 마지막 분기에 '하천 공해'라는 말이 더 폭넓게 쓰였다. 대기 오염 물질을 설명하는 방법으로 '매연 문제'라는 말이 드물지 않았다.[5] 프랑스어 'pollution'과 에스파냐어 'polución'의 현대적 의미는 그보다 나중인 1860년경 하수관에 의한 런던의 수로 오염을 다룬 영국 과학 문헌의 번역물에서 나타났다.[6] 이후로 과학 및 산업 학술지에서 언급 횟수가 증가했다.[7] 1874년 〈주르날 오피시엘(Journal Officiel)〉은 폐기물로 더럽혀진 물과 관련해 이 용어를 사용했다. 1883년 〈랜싯(The Lancet)〉의 한 기사가 '오수에 의한 템스강 공해(Pollution de la Tamise par la vidange)'라는 제목으로 번역되었고, 1889년 국제위생인구학회의 (International Congress of Hygiene and Demography)는 '산업 잔류물 공해'에 관한 보고서를 내놓았다.[8] 1880년 프랑스어 사전 《리트레(Littré)》는 이 단어의 존재를 확인하며 'pollution'을 "쓰레기를 통해 더럽히는 행위"라고 정의했다. 1890년대에 공해하천협회는 위생공학계에 잘 알려져 있었다. 그러나 이 용어가 대기 오염 물질을 설명하는 데도 채택된 것은 특히 1900년 이후 들어서였다.[9] 더욱이 해당 언어가 무엇이냐에 따라, 공해가 건강에 미치는 위험―독일어 'Verschmutzung'의 경우처럼―이나 현상의 미학적 차원에 더 중점을 두었다.[10]

20세기 초반에 공해는 주로 과학 출판물에서 쓰는 용어였다. 1945년 이후 그것은 매우 다양한 맥락에서 어느 때보다 더 광범위하고 더 다채로운 현상을 가리키는 데 사용되기 시작했다. 마찬가지로, 19세기 말 (1895)에 가서야 현대적 의미의 조짐을 보였던 프랑스어 동사 'polluer'는 1970년대에 좀더 풍부하게 쓰이기 전까지 20세기 중반에는 영어 단어 'pollute'의 번역어로 사용되었다. 프랑스에서는 1958년에 대기오염방지협회(APPA)를 설립했다. 협회는 이 분야 전문가들―의사, 도시 설계자, 환경 운동가―을 대상으로 〈대기 오염, 기후, 건강 및 사회(Pollution atmosphérique, climat, santé, société)〉라는 학술지를 발행했다. 공해는 너무 보편화한 나머지 기 드보르(Guy Debord)가 그의 저서 《병든 지구(A Sick Planet)》(1971) 서두에서 이렇게 주장할 수 있는 지경에까지 이르렀다. "요즘 '공해'가 유행이다. 꼭 혁명처럼 말이다. 그것은 사회생활 전체를 지배하고, 공연에서 환상의 형태로 재현된다. 그것은 넘쳐나는 잘못되고 제정신 아닌 저술과 연설에서 지루하기 짝이 없는 수다의 주제이지만, 정말로 만인을 장악하고 있다."[11]

공해를 물질 도입―어떤 기술적 행위의 결실―에 의한 환경 악화로 정의 내릴 수 있다면, 거기에는 생산 체제와 그것의 변형 같은 한층 넓은 역사적 과정 및 경향의 연구도 수반된다. 현대적 공해 개념의 등장을 이 해한다 함은 그것이 19세기 동안 안온방해라는 법적 범주로부터 점차 구 분되어가는 것을 목격하는 일이다. 두 가지 발전이 이러한 분리를 나타 낸다. 첫째, 이 시기에는 산업화가 사회를 단단히 장악했다. 둘째, 자연과 학과 생화학이 오염 물질 측정을 가능하게 만들었다. 특히 공해의 범위 와 영향을 둘러싼 불확실성을 고려했을 때 안온방해와 공해의 구분은 어 려울 때도 있지만, 안온방해는 법률적·사회적 절차로 특징지을 수 있는 반면 공해는 종종 논란이 될 수 있는 과학적 판단에 좀더 의존한다. 유럽 의 안온방해는 유럽 대륙의 로마법과 앵글로색슨의 관습법에 의해서 특 정 개인과 잘 알려진 공동체 사이의 소송 제도에 등록되었다. 법적 책임 을 흐리기 쉬운 생화학적 기준은 안온방해법이 작동하지 못하게 만들고 기술의 지배를 허용했다. 아울러 두 용어 간의 이동은 지난 300년에 걸쳐 일어난 규모의 변화를 반영하는 것이기도 했다.

공해의 역사 집필

공해에 대한 사고방식에는 여러 가지가 있다. 개선이 필요한 기술 부족의 기준점으로 볼 수도 있고, 아니면 모든 생산 활동의 근본적인 부산물로 여길 수도 있고, 또는 세상의 분자(分子) 구성에 대한 깊은 이해를 필요로 하는 근본적으로 화학적인 쟁점, 아니면 더욱 심층적으로 지역 및 세계 의 정치적·경제적·사회적·과학적 쟁점의 중대한 교차점으로 생각할 수도 있다. 공해는 우리가 모르는 사이 일상생활에 영향을 미친다. 그것이 눈에 보이지 않고 희석되어 있다는 점 때문에 논란이 발생하고 부인하기 쉬운데, 과학적 데이터와 공공 담론을 방해하고 조작하는 '의혹을 파는 사람들[merchants of doubt: 나오미 오레스케스(Naomi Oreskes)와 에릭 콘웨이(Erik Conway)가 쓴 책의 제목을 따온 것으로, 사실을 은폐하는 과학자들을 가리킴—옮긴이]'이 이를 부추긴다.[12] 공해는 아주 많고도 다양하다. 널리 퍼져 있든 아니면 돌발적이든, 기존에 있었든 아니면 예기치 않았든 그것은 좀처럼 충분히 알려져 있지 않다. 현대사에서 그것의 위치는 스캔들, 압력 단체, 전문가 토론, 생태 운동가의 활동, 그리고 야심적인 정치인 및 기업에 의해 증폭 또는 과소평가되기도 한다. 그 규모와 복잡성은 원인과 결과만큼이나 아우르기 어렵고 논쟁적인 화제다. 공해의 작용을 좀더 잘 이해할 수 있도록 그것의 역사적 파노라마를 제시하려 시도한 저서가 한 권도 없는 것은 확실히 이 때문이다. 이런 연구는 무엇이 위태로운지 분별해야 하고, 시간적·공간적으로 전 세계의 공해 확산 및 거기에 대응하고 반응하는 데 필요한 모든 전제 조건을 따라가야 한다.[13] 전문가와 전공자들이 저마다 이 주제에 대한 자신만의 시각을 강요한다면, 우리를 무력화시키는 대재앙과 안심하게 만드는 설명 사이에서 도대체 어떤 식으로 공해를 생각해야 할지 알기 어렵다.

지난 몇십 년 동안 환경사는 처음에는 미국에서, 그다음은 점차 세계 차원에서 확실한 주제로 자리 잡았다. 하나의 분야로서, 그것은 공해에 대해 지금까지 간과해왔던 새로운 시각을 제시하는 데 일조했다. 오염의 역사는 1970년대가 시작된 이후 이 분야의 출현과 발전에 중심을 차지했다. 전반적으로 산업이 환경을 침해한 이 역사는 '비극적인' 환경사, 사실상 인간의 활동이 자연환경에 초래한 악영향으로 여겨졌다.[14] 그 후 이 역사는 인간과 자연 사이의 교환 및 소통에 좀더 초점을 맞춘 다른 접근법에 자리를 내줬고, 한층 큰 조직 체계에 부수적인 배경으로 공해를 격하시켰다. 프랑스에서는 공해의 역사를 탐구한 저술이 극히 드물었다―아울러 그런 저술들도 산업공해의 역학을 깊이 있게 연구하지 않고, 기껏해야 그것을 좀더 큰 환경 변화의 부분적 측면으로 여긴다.[15] 그러나 지난 10년간 많은 새로운 논문들이 공해의 역사적 이해를 현저하게 확장시켜왔다. 그 덕분에 이 주제의 깊이, 복잡성, 연대기―그리고 여전히 더 많은 고찰이 필요한 주제들―에 대한 한층 집중적인 탐구가 가능해졌다. 그러나 이러한 문헌은 보통 접근성이 그다지 높지 않고 특정 산업이나 지방 또는 국가에 집중하는 경향이 있으므로 뭔가 산만하거나 불완전한 개요를 제시한다. 이 책 역시 이런 연구들에 많이 의존하기는 하지만, 사회경제사와 법제사(法制史) 그리고 과학기술사의 전통을 환경사의 새로운 방향과 연결함으로써 전반적인 종합을 시도한다.

모든 것을 다루기는 분명히 불가능하지만―백과사전이 필요할 것이다―이 책에서는 작동 중인 핵심 역학을 밝혀내는 동시에 탐구가 필요한 새로운 도전 과제와 쟁점을 끄집어내면서 종종 분절되어 있는 접근법들을 합치고자 한다. 목표는 산업 시대 시작 이래 공해의 사회정치사를 살펴봄으로써 300년의 기간 동안 무엇이 다양한 환경―대기와 토양과 하천―을 오염시켰는지에 관해 세계적이고 역사적인 시각을 제시하는 것이다. 연속적인 공해 주기와 그것의 등장 및 소멸을 형성한 사회적 권력 관계에는 특별한 관심을 쏟으려 한다. 아울러 공해를 다루기 위해 고안된 다양한 규제 전략 같은 문화적 변동의 윤곽을 그리는 데도 특별한 주의를 기울일 것이다.

산업 시대 공해의 시간성 및 규모

전 세계의 오염에 대한 이 조사는 산업자본주의가 부상했던 18세기와 1970년대 초 사이의 시기에 초점을 맞춘다. 공해는 모든 생산 활동에서 역사적 상수(常數)이지만—인류 사회는 늘 지구의 공기, 토양, 하천의 개조에 몰두해왔다—그것의 범위, 규모, 강도는 산업 시대의 출현과 함께 전례 없는 수준에 도달했다. 공해는 사실 근대의 산업화 이전에 존재했음을 상기하는 게 중요하다. 용광로는 중세 내내 아시아와 유럽 전역에 공해를 퍼뜨렸다. 유럽은 일찍이 13세기에 유사(類似) 산업화를 경험했다. 그러나 18세기부터 발전한 산업자본주의는 새로운 것이었고, 공해의 성격과 규모 및 그것에 관한 이야기를 끄집어내고 이해하는 방식을 심오하게 바꿔놓았다. 그 결과, 20세기에 세계는 안온방해를 줄이고 몰아내려는 강력한 노력에도 불구하고, 높아져가는 산업화의 강도(強度)와 일련의 새로운 오염 물질로 인해 훨씬 더 큰 규모의 공해에 시달렸다. 이 책을 오늘날까지 이어가지 않고 1970년대 초에서 마무리한 것은 의도적인 선택이다. 세계화와 정치생태학의 발전, 통화 체제 변화, 식민 전쟁 종료, 환경 제재 변동, '위험 사회'의 등장 그리고—무엇보다도—생산 체제의 지리적·신자유주의적 재분배 등 1970년 이후 시기를 제대로 평가하려면 그 자체만으로도 책 한 권이 필요하다. 게다가 현대에는 조사와 개선을 위한 광범위한 스케치를 뛰어넘어 그 깊이를 실질적으로 측정하려면 역사적 분석에 더 많은 거리를 둬야 하는 전례 없는 환경이 설정되었다. 이 책의 에필로그는 바로 그런 현대 세계의 공해 분석에 잠정적으로 첫걸음을 내딛는 데 할애한다.

그렇게 해서 이 책의 연대기는 최초의 시작부터 1970년대까지 산업화를 따라간다. 300년에 걸쳐 있는 이 이야기는 동질하지 않을뿐더러 정확히 선형적이지도 않다. 공해의 역사는 산업화와 그에 발맞춰 발생한 안온방해 건수의 꾸준한 부수적 증가라는 단순한 설명으로 축소할 수 없다. 지속적인 기술 진보와 규제 절차를 향상시킴으로써 제어할 수 있는 문제라는 단순한 이야기도 아니다. 공해는 절대 획일적 사안이 아니라 생산 양식 및 생산 제품의 변화를 수반한 연속적 '주기들(cycles)'의 일부다. 그것은 또한 사회적 행동 및 반응과도 본질적으로 연결되어 있다.[16] 공해에 관한 좀더 통합적인 독서는 그것이 전 세계 차원에서 존재한다는 사실을 받아들이게끔 하는 데 반해, 지역별 사례는 항상 유동적이어서 이따금 완전히 사라지는가 하면 종종 다른 형태로 재등장하기도 한다. 따라서 이 새로움의 개념이 중요하다. 시기가 언제든 산업을 위해 구축한 환경은 산업이 도입된—그러니까 강력한 반응을 불러일으키는—장소와 산업에 따라 구분해야 한다. 이 환경은 수용 및 체념이라는 감성에 지배당하는 경향이 있다.

공해의 이전(移轉)과 억제는 사실상 위험의 사회적 분배 전략을 따른다. 이론의 여지가 없는 몇 안 되는 역사 법칙 중 하나는 공해가 언제나 가장 가난한 사람, 가장 가난한 동네, 노동자가 많은 도시, 남반구 국가에 가장 큰 피해를 입힌다는 것이다. 공해의 역사 전체에 걸쳐 철저하게 따져 봐야 하는 점이 바로 지배와 배제, 위계와 불평등의 논리다. 이런 측면에서 보면, 산업 공장의 안과 밖에서 벌어지는 일에만 초점을 맞추는 게 도리어 이상할 터이다. 오히려 가장 주목받아 마땅한 것은 그 벽의 양쪽에서 일어나는 활동들 사이의 소통이다. 만일 의학적·환경적·법률적 문헌이 공장 안과 밖에서 생겨나는 산업 생산의 독성 효과를 구분하는 경향이 있었다면, 바로 그러한 구분이 이 문제의 실태를 모호하게 한 셈이다.

대기·토양·수질 오염의 피해자를 그런 안온방해의 원인 제공자와 인위적으로 분리한 것이다. 더 나아가 그러한 분리가 공해를 민간 영역, 다시 말해 공장 내부 그리고 고용주와 노동 계약을 맺은 노동자들에 국한시키는 전투적 전략을 세우게끔 만들었다. 다시 한번 말하지만, 되풀이되는 주제가 있다면 그것은 무엇보다 먼지와 매연으로 가득 찬 공기 때문에 이웃보다 먼저 중독되는 노동자에게 악영향을 미치는 공해 문제다.

대부분의 환경사적 관심사가 그렇듯 공해는 국가적 틀이나 렌즈에는 적합하지 않다. 지구상의 물과 탄소 순환은 근본적으로 세계적 현상이다. 오염 물질은 이런 현상을 규제하려는 국가들의 노력에도 불구하고 국경을 넘어 순환한다. 유럽과 북아메리카—1970년대 이전의 세계에서 가장 심각한 오염 물질 생산지—가 분석의 가장 큰 몫을 차지하기는 하지만, 이 책의 접근법은 이런 역사적 현실을 강조하고자 한다. 18세기 이후 공해의 역사는 연속적인 규모 변동의 역사다. 개략적으로 말하면, 이 책은 단일 현장에 위치한 분산된 소규모 산업에서부터 현대 공해 체제의 전형인 대규모 산업 복합 단지와 대량 오염 물질 확산으로의 이행을 추적한다. 생산 체제의 급격한 재편을 앞당긴 경제의 세계화는 공해 연구에서 결정적 역할을 한다. 가령 법제적 발전—이러한 더 큰 여러 가지 진화 중 하나의 지표—연구에 따르면, 지역별 규제와 결합한 국가 입법이 좀 더 보편화했던 19세기 초까지는 지역별 규제가 지배적이었다. 공해 통제에 대한 초국가적 접근법은 제2차 세계대전 이후 우세해졌다. 그러나 독성 물질의 대규모 증가로 오염이 지구 구석구석으로 퍼지는 과정을 인정한 오염의 세계화 때문에 모든 곳에서 같은 방식으로 나타나지 않는, 혹은 모든 풍경에 고르게 분포하지 않는 지역적 차원이 가려져서는 안 된다. 공해는 배출 물질을 내보낸 출처 인근에서 가장 강력하기 마련이다.

더 정확히 말하면, 자동차 공해는 더 넓은 공간으로 희석되기에 앞서 교통이 혼잡한 광역 도시권에 주로 영향을 준다. 공장 배출의 최전선은 인근 지역 또는 가까운 하천 유역이다.

인류세(Anthropocene, 人類世: 홀로세 중에서 인류가 지구 환경에 영향을 미친 시점의 지질 시대를 가리키는 비공식 용어—옮긴이)에, 아니 그보다 전 세계에 갈수록 물리적 영향이 느껴지는 '자본세(Capitalocene)'인 현재, 산업공해는 지구 전 지역에 영향을 끼친다.[17] 특정 형태의 생산 및 소비가 미치는 그저 유감스러운 간접 효과 이상으로 공해는 자본주의 세계 체제의 작용에 결정적 요소가 되어버렸다.[18] 따라서 이 공해의 역사적 궤적을 따라가는 것은 산업 시대 권력의 갈등 및 구조—사회적 권력관계—에 대해 생각하는 일인 동시에 근대성을 형성한 역학을 재구성하는 일이다. 공해의 전(前)근대사는 널리 분산 및 지역화한 소규모 형태의 공해에서 시작되며, 이는 18세기 말에 생산 증대 및 환경 규제 자유화와 더불어 강화됐다. 1830년 이래 산업은 거듭되는 민원과 시위에도 점점 더 산업의 안온 방해를 유익하고 필연적인 현상으로 자연화시키는 데 일조한 새로운 페티시(fetish), 바로 진보의 조건이 되었다. 총력전(total war, 總力戰: 목적을 달성하기 위해 국가가 가진 모든 분야의 힘을 기울여서 수행하는 전쟁—옮긴이)의 등장으로 시작된 20세기는 공해에 대단히 불균형한 수단 및 방식의 시대를 열었다. 최근에 마무리된 이 세기에는 오늘날에도 여전히 성행하는 논리에 따른 오염의 증가 및 재분배가 있었다. 시장 세계화 시대가 옹호하는 '오염자의 낙원(polluter's paradise)' 메커니즘은 오염을 가장 심하게 유발하는 제품은 반드시 환경적 규제가 강한 나라를 떠나 더 가난한 나라 또는 통제가 더 느슨한 나라로 이전하는 경향이 있도록 만든다(보통은 같은 나라다).[19] 이번 종합 연구의 목적은 산업공해라는 사회 체제가 있는지 조사하고, 그 정치적 근원 및 차원과 그 경제적·사회적 역학을 이해하며, 주요한 변곡점과 균열 지점을 가장 잘 표현하기 위해 그것을 맥락 안에 집어넣으면서 상수를 식별해내는 데 있다. 이러한 작업의 전제는 지구 생태의 실상과 공해의 역사적 발전에 대한 종합 또는 조감도를 제공하는 문제일 뿐 아니라, 나날이 더 큰 규모로 축적되는 배출 물질과 잔류물 연구를 통해 산업계의 미래에 대한 정치적 해석을 제안하는 문제이기도 하다.

1부

환경의 산업화 및 자유화
1700~1830

르네상스부터 계몽주의 시대 말까지 인류 인구는 5억 명에서 9억 명으로 늘어났다. 유럽인의 아메리카와 아시아 탐험이 촉발한 대규모 상업적 성장에 수반된 인구 증가였다. 이러한 통계상 변화는 새로운 '세계 경제'라는 기원의 표시였다.[1] 부와 제국주의적 정복을 추구하는 유럽 왕가들이 주도한 이 첫 번째 세계화는 여러 가지 효과를 가져왔다. 아메리카 대륙이 예속되었다고 하면, 아시아는 단지 축소된 영향만 받았다.[2] 이 연결된 세상에서 무역 증대는 수공업 및 산업의 생산 강화와 손을 잡았다. 여전히 이런 작업 대부분은 시골에서 일어났지만, 비슷한 상황이 전 세계 차원에서 존재했다. 18세기에 유럽과 나머지 세계 사이의 대분기(大分岐)가 막 시작되고 있었지만, 세계 어디서나 동일한 유형의 공해가 나타났다.[3] 변화는 특히 1800년대 즈음 가속화했다. 무역과 공업은 환경에 점점 더 압박을 가했다. 그것들의 이해관계가 낡은 규제의 자유화에 기여했다.

18세기 중반에 도시 인구가 일부 지역, 특히 북서 유럽과 중국 및 일본의 일부 연안 지역에서 늘어나기는 했지만, 세계 인구의 80퍼센트 이상이 농민이었다. 중국의 청, 인도의 무굴, 도쿠가와 시대의 일본 그리고 러시아, 오스만, 합스부르크 같은 대형 농경 제국은 인구 집중을 부추겼다. 벼 재배에 종사하든, 아니면 규모가 갈수록 커져가는 곡물이나 가축 생산에 종사하든, 농민 인구는 사회적·생태적 구조의 깊은 이질성에도 불구하고 공통된 경험을 갖고 있었다. 그러나 근대 초기에 자연의 대규모 사육에 가속도가 붙었다. 영토는 특정 농경지 개발을 합리화하는 영향력 아래 국민 국가와 그들이 휘두르는 과학적·행정적 지식으로 관리하는 생산에 점점 더 유리하게 리모델링되었다. 1700년 이후 인도네시아 열도에서 스칸디나비아까지, 시베리아에서 북아메리카 대초원까지 유목민과 전통 인구는 농민 및 정착지 개척자들과 경쟁했다. 세계 여러 지역에서 목초지와 스텝을 경작하고, 숲을 밀어내고, 습지에서 물을 빼냈다. 이런 변화는 사람들이 환경과 맺는 관계를 크게 바꿔놓았다.[4] 근대 초기 내내 이 시골 세계는 바로 눈앞의 환경을 오염시키는 근본적이고도 원형 공업적인(proto-industrial) 일련의 수공예 활동에 종사했다.

근대 초기 역사가들은 일반적으로 생태계의 생물학적 제약이 부과한 맬서스(Malthus)적 한계를 농경 사회가 극복하지 못한다는 시각을 선호한다. 이후 '산업혁명'의 출현은 인간적·경제적·생산적 성장의 자연적 한계를 전면으로 거부했다.[5] 산업화는 인류 발전의 루비콘(Rubicon)강으로 여겨진다. 바꿔 말하면, 산업화 이전 시대 역사가들은 물질문명의 '진보'라는 관점에서, 그리고 환경의 변화를 주장하기보다는 환경을 중시하는 관점에서, 자연환경이 거주자들에게 어떤 가능성을 제공하며 그 공생 관계가 어떻게 진화했는지 이해하려 했다. 그러나 이와 같은 내러티브는 이렇게 소규모인 원형 공업적 생산 현장의 환경적 영향까지 무시함으로써, 우리로 하여금 가장 전통적인 장인들과 여러 새로운 부문이 어떻게 사회의 신진대사를 바꿔놓았으며 사회와 환경의 관계가 어떻게 그 변화를 개시했는지 이해하는 것을 가로막는다. 두 가지 사실을 기억해야겠다. 공해는 산업화 이전의 풍경에서 흔했고, 공업 생산 논리가 그 실현을 위한 필요조건이었다. 사실은 '근면한(industrious) 혁명'이 전(前)근대 세상에 점차 영향을 미쳐 그 시대를 변화시켰다. 물자의 교환 및 운송이 늘어났다. 4개 대륙 전역에서 급격한 노동 증가가 일어났다.[6] 도시화와 소비, 무역 및 금융의 성장, 국가 개입의 확대는 일제히 여러 평행 세계가 전 세계 차원에서 공존하는—다양한 리듬으로—산업화 과정의 세상을 예측했다.[7] 이 모든 변화는 오염 물질 배출 증가, 그리고 깨끗함이나 더러움, 건강함이나 건강하지 못함이 무슨 의미인지에 대한 깊은 재고(再考)를 수반했다.

1830년 그리고 철도로 강화된 공업 이야기가 있기 이전의 사회는 이미 공업의 유해 효과를 크게 우려했다. 그들은 독성이 있다고 여겨지는 배출 물질과 매연에 맞서 강압적 장치를 준비했다. 더럽고 건강하지 못한 것이 자신들의 환경에 유입되는 데 따른 싸움은 아직도 신중한 역사적 고찰을 받지 못하고 있지만 끊임없이 경제적·산업적 성장을 능가하는 집착이었다(1장). 그러나 자본주의 역학은 생산을 위한 새로운 공간 및 관행을 개척했고, 성장과 진보에 대한 새로운 인식을 요구했다. 그러는 사이 환경 변화와 건강 위협이라는 문제를 떨쳐버리라고 강요했다. 산업자본주의의 초기 단계에서 이러한 공해 영역은 풍경 전체로 보면 아직 제한적이거나 산발적이어서 주로 광산이나 특정 도시 주위에 존재했다. 그러나 이미 더 큰 규모의 오염 확산이 진행 중이었다(2장). 1800년경 자유주의가 부상하고 공업의 해방적 장점에 대한 확신이 고조된 덕분에 새로운 공해 체제가 유럽, 특히 영국과 프랑스에서 탄생했다. 공해는 이후 보편적으로 유익하다고 인식하던 산업화의 불가피한 부작용이 되었다(3장).

스케치: 공해의 앙시앵 레짐

공해의 산업화 이전 역사는 어떤 모습일까? 대부분 농사짓는 시골이었던 근대 초기의 세상에서 이야기는 어떻게 전개될까? 그리고 우리는 공해와 그것을 양성하고 통제하려 했던 통치 권력 사이의 관계를 어떻게 이해할 것인가? 무두질(tanning: 생가죽의 털과 기름을 뽑고 부드럽게 만드는 작업―옮긴이) 공업은 위의 질문들에 대한 답변의 윤곽을 스케치하기에 무엇보다 좋은 연구 사례일 것 같다. 가죽 생산은 어느 대륙에나 존재했고, 어디서나 동물을 식용으로 도살했다. 이런 행위는 보통 불쾌한 악취를 풍기고 하천을 '변질시킨다'고 폄하되었다. 가죽은 의복, 군사 장비, 도구와 마구 및 가구 등 여러 목적에 이바지했다. 그것은 산업화 이전 세계의 주요 제품이었고, 무두장이는 직업 서열에서 명예로운 지위를 차지했다. 농촌이란 공간에서 무두질은 부농과 지주들의 부대사업이었다. 이들의 가죽 공장은 무두질 공정용으로 물탱크를 한두 개 사용할 뿐인 소규모 업체였다. 그에 비해 도시의 가죽 공장은 장인을 여러 명 고용하고 더 멋진 가죽 세공품

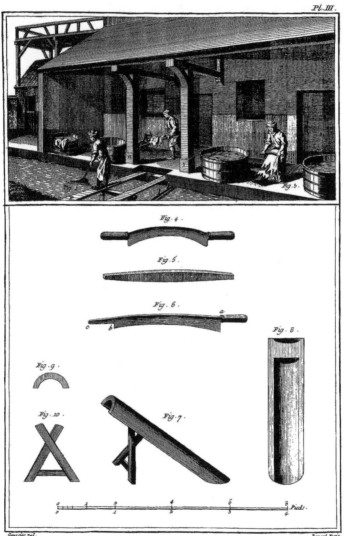

그림 1.1

《백과전서》(1751~1772)의 무두장이들. 《백과전서》의 삽화는 파리의 시설에서 영감을 받아 재현한 것이다. 위의 이미지는 비에브르(Bièvre)강에 있는 가죽 공장에서 영감을 얻은 듯하다. 가죽 제품을 만들기 위해 무두장이는 동물의 생가죽을 썼고 그것을 담글 통에 물을 끌어올 수 있는 작은 강가에 공장 부지를 잡았다. 수질 오염 때문에 공장은 주거 지역 하류에 위치해 있었다.

을 만들기 위해 협업했으며, 소비자 접근성이 종종 도시 성곽을 한참 벗어나서까지 확장되곤 했다. 더 비싸고 더 희귀한 가죽 제품일수록 더 다양한 국제 시장으로 진출했다. 두 경우 모두 무두질은 지역 경제의 수요와 공급에 의존했다.

동물의 생가죽을 부패하지 않는 가죽으로 변형시키려면 물과 탠 껍질(tanbark)—끓여서 가루로 만들었다—로 가득 채운 탱크에 넣고 1년 이상 적셔야 했다. 탠 껍질 대신 무기물이 들어가는 공정이라 해도 무두질에는 동물, 하천 및 숲이 필요했다. 유기물 재료의 사용 및 처리가 초기 산업의 핵심이었던 것이다. 방법이 다양해지고 향상했음에도 무두질은 1820년대의 테크놀로지 변혁과 화학적 진보가 있기까지 거의 변함없는 기술이었다. 제품의 질을 막론하고 동물의 생가죽을 가죽으로 변형하는 작업은 여러 기술적 공정, 다른 활동과의 공존, 물리적 환경의 변화, 그리고 건강 및 의학에 대한 새로운 이해를 둘러싼 문제점을 제기하는 유형의 공해를 창출했다. 공해는 공중 보건과 깨끗한 물을 보존하려는 의도를 가진 대중의 반응과 부딪쳤다. 이러한 반응이 규제적 관리의 기초로 작용했다. 지역 사회가 자기 환경에서 무두질의 방출 물질과 연관된 건강상의 위험을 우려하면서 무두질 공장은 좀더 멀리 떨어진 공간으로 밀려났다.[1]

중세까지 거슬러 올라가는 가죽 생산은 비록 많은 수공예 및 공업 과정에서 생겨나는 공해의 규모가 아직 크지는 않았지만 환경적 안온방해의 편재성, 연속성 및 지속성을 잘 보여준다.[2] 이런 만성적 공해에 대한 조사는 다채로우면서도 역동적이었던 산업화 이전의 세상을 보여준다. 18세기 말에 시작된 공해와의 새로운 관계를 촉발시킨 변화의 매개체를 연구하기에 앞서 역사가 페르낭 브로델(Fernand Braudel)이 "일상생활의 구조"라고 부른 것을 살펴보면, 근대 초기의 생산 체제가 제기한 문제의 밀도와 다양성이 드러난다. 몇 가지 핵심 요소는 명확하다. 첫째, 초기 오염 물질 대다수는 산업화 이전 생산을 상당 부분 관장했던 시골 환경에서 비롯됐다. 도시는 인구와 소비의 중심지로서 장인을 끌어들이는 동시에 그들의 공예품에서 발생한 안온방해에 대해서는 더욱 엄격한 규제를 가했다. 가사 및 수공예 공간의 분리와 관련한 과제, 그리고 공예품 부산물을 버릴 수 있는 개수대에 대한 끊임없는 탐색은 그것이 공기·토양·하천과 연관됨으로써 비위생에 관한 새로운 의학적 개념을 부추겼다. 게다가 지저분하고 건강에 해로운 생활 공간에 대한 두려움은 프랑스 혁명 이전의 환경 관리 및 통제의 오랜 전통을 나타내는 일련의 엄격하고 체계적인 안온방해법을 출현시켰다.

일상의 불순물

근대 초기의 공해 개념은 종교의 우주론과 순수 및 불순에 관한 사고에 뿌리를 뒀다. 이러한 이분법은 전근대 사회가 먼지의 매개체에 낙인을 찍음으로써 질서를 부여하는 방식에 오래도록 영향을 줬다.[3] 아시아에서는 불교, 도교, 유교, 신도(神道: 일본의 민족 신앙—옮긴이), 힌두교가 오염 물질을 경계했다. 환경을 파괴하는 것이면 무엇이든 불순하다고 여겼다. 인간은 자연과 조화를 이루며 살고 자연의 생태적 온전함을 보존해야 했다.[4] 이슬람에서도 마찬가지로 오염은 도덕적 일탈이자 죄악이었다. 서구 세계에서 죄와 오염은 부도덕하다고 여겨지는 육체 활동을 중심으로 합치되었다. 생리혈과 비생식성 사정(射精) 같은 성적인 액체는 모두 두 개

넘에 포함됐다. 공해는 전 세계적으로 생태적 가치 이전에 도덕적 가치를 갖고 있었다. 오염 안에 불경스러움이 있었다. 그러므로 열등한 계급과 사회 낙오자들이 청소와 쓰레기 수거 임무를 부여받은 것도 놀랄 일은 아니다. 일본의 도시에서는 히닌(非人)―말 그대로 인간이 아닌 자들로 번역할 수 있지만, 추방자나 망명자를 암시했다―이 쓰레기 수거자였다. 중국에서는 하층 청소부 계급이 동네를 깨끗이 치웠다. 그리고 인도에서 카스트(caste)는 먼지, 쓰레기, 오염에 대한 근접성과 얽혀 있었다. 상징적으로 죽음과 연관되어 있던 '불가촉천민'이 사회의 쓰레기를 청소하는 자들이었다.[5] 유럽에서는 넝마주이(ragpicker)가 비슷한 임무를 완수했으며, 그에 상응하는 사회적 지위를 가지고 살았다. 요컨대 그들은 위험하고 배척당했으며 기피 대상이었다.

오염에 대한 두려움은 단지 사회적 위계를 공고히 하는 장치만은 아니었다. 인구의 생물학적 생존 메커니즘에 뿌리를 둔 것이기도 했다. 잠재적 질병 보유자―시체, 병자, 빈민―는 위험한 존재로 간주되었고 본능적인 혐오를 일으켰다. 공해와 그것이 자아내는 공포의 유일한 해독제는 순수하고 깨끗한 물이었다. 이는 고인 물(특히 우물)을 둘러싸고 왜 '더럽다' '썩었다' '건강하지 못하다'는 불신이 끊임없이 생겼는지를 설명해준다. 매일 악취와 대면하는 대다수 도시 사람은 깨끗한 물을 접하기가 어렵다는 것을 알았다. 오염의 개념은 점차 불순함의 도덕적 함의도 겸하게 되었다. 1750년경에는 여전히 가정의 오염 물질과 공업이나 수공에 오염 물질을 구분하기 어려웠다. 어떤 점에서 이러한 구분의 결핍은 두 오염원에서 발생하는 물질의 강도가 낮은 데서 기인했다. 다른 한편으로, 근대 초기에 가정과 공업 영역은 어느 하나를 분리하기 어렵게 만드는 방식으로 상충되었다. 생산 지향형 공해의 주요 원인과 출처를 정확히 파악할

수 있게 된 것은 좀더 최근 들어 기술 제도와 생산 절차를 이해하고 나서였다.[6]

　근본적으로 농촌인 이러한 세상에서 시골에 흐르는 물은 이런 오염물질의 포화를 정면으로 받았다. 수력 에너지는 기술·생산·환경을 연결하는 발전의 토대였고, 물방앗간은 중세 수력 혁명 시대부터 시골 전역에 등장했다. 수력은 제분소에서 밀을 빻는 것은 물론 원석을 분쇄하고, 탠 껍질을 갈고, 종이와 기름을 생산하는 데도 이용됐다. 또한 기계 해머, 섬유 직기, 칼을 날카롭게 가는 풋돌, 대장간 풀무 및 기타 기계톱의 연료를 공급하기도 했다. 방앗간의 동력 출력(power output)은 산업화 이전 세상에서 일종의 에너지 측정 기준이 되었다. 유럽에는 18세기에 대략 50만 개의 방앗간이 있었다. 아시아 역시 수력 에너지 생산에 의존했다. 대부분의 강을 간척했다. 또는 물길을 바꾸고, 수로를 내고, 아니면 흐름을 제약했다.[7] 수력은 재생 가능한 무공해 에너지였으므로, 수력 발전은 폐기물을 하류에서 생성하는 새로운 운영 및 생산 방식을 가능하게 해줬다.

　섬유 공업은 더럽혀진 하천 시스템의 특별한 기폭제였다. 근대 초기―그리고 일반적으로 농촌 환경―의 흔한 옷감 중 양모의 기름을 제거하는 데는 상당량의 재, 양잿물 및 기타 공장 부산물이 필요했다. 그것들을 태운 폐기물은 보통 사용 후 자연환경에 버려졌다. 환경에는 이보다 덜 해롭지만 아주 흔한 관행 중 하나가 보일러에 발효된 소변을 사용하는 것이었다. 기름칠용 기름과 세척용 비누(또는 소변)는 제조 공간에서 버린 온갖 물질로 이뤄졌는데, 그것들이 이후 환경 오염 물질이 되었다. 이런 오염 물질이 내포한 위험은 분명 경미했지만 그 양은 주의를 요했다. 양모 제조의 지리적 다양성―모두 신흥 도시의 성벽 안과 인근에 산업을 통합한 염색 공업이 출현하기 이전―은 유럽 시골 전역에 소규모 오염을 퍼뜨렸다.[8] 랭스(Reims)나 아브빌(Abbeville) 같은 특정 섬유 공업 중심지에서는 소변을 체계적으로 수거해 양모 섬유 처리에 사용했다.[9]

그보다는 덜했지만 다른 직물들도 그에 못지않게 환경을 침해했다. 예를 들어 실크―13세기 이전에는 중국이 독점에 가깝게 장악했고, 근대 초기에는 세계적으로 고급 패션의 대명사가 되었다―는 시골의 누에 농장에서 생산했다. 실크 제조업은 인도, 일본, 지중해 유역―특히 이탈리아와 프랑스 남부―에서도 나타났다. 누에 농장은 누에의 주요 식품원인 뽕나무 잎에 대한 접근성이 필요하다. 누에의 과밀은 특히 발효된 누에 배설물에서 불쾌한 냄새가 나는 요인이었다. 18세기 말 시골 지역의 누에 농장은 공중 보건 문제의 초점으로 떠올랐다.[10]

농촌 환경에서 이보다 훨씬 더 흔한 수질 오염 원인은 아마 및 대마 섬유의 분리였다. 삼(蔘)의 침수 처리는 물속에서 며칠을 연화시키는 작업을 요하는데, 이것이 강과 호수의 부영양화(eutrophication, 富營養化: 수중 생태계의 영양물질이 증가해 조류가 급속히 증식하는 현상―옮긴이)를 초래했다. 발효 과정에서 악취를 발산하는가 하면, 수계(水系)의 산소 함유량이 떨어져 주변 식물군과 동물군에도 영향을 미쳤다. 지역적으로 보면 이런 식의 섬유 제조가 그리 대단치 않은 경향을 띠었지만 러시아(18세기의 세계 최대 수출국), 아일랜드, 프랑스 및 발트해 연안 국가 등 유럽 전역 어디에나 존재했다. 아마와 대마는 아메리카와 아시아에서도 인기 있는 재료였다. 면이 우세한 직물로 등극하기 전까지 양모와 더불어 세계에서 가장 흔한 직물 섬유였다. 아마 및 대마를 생산하는 지방은 어디든 대부분 농장에 삼을 담그는 구덩이가 있었다.[11] 그것들이 환경에 미치는 영향도 어디나 비슷했다. 아마 및 대마 제조가 양산하는 공해는 계몽주의 시대에, 특히 대마 생산이 해군의 돛 및 밧줄 응용과 비례해 증가하면서 늘어났다. 이 시기의 해군 생산력 급증에 끼친 대마의 중요한 기여는 중대한 자원으로서 정점을 찍었다.[12] 밧줄과 군복용으로는 다른 식물 섬유—특히 랑그도크(Languedoc)와 이탈리아 남부에서 흔히 침수 처리하던 금작화(broom)—도 쓰였다. 금작화와 대마의 환경적 영향을 양적으로 비교하기는 어렵지만, 이러한 침수 처리는 무엇이든 수계를 오염시켰으며 수많은 환경적 갈등을 일으켰다는 걸 기억하면 되겠다.[13]

연화 작업은 제지 공업의 특징이기도 했다. 원료 자체가 일종의 중고 셀룰로오스 섬유 재활용이었던 만큼 제지는 연화와 압착 관행으로 상당한 폐기물을 양산한 또 다른 하류 오염의 주범이었다. 종이는 중국의 혁신 제품이었다. 그것은 인쇄기 발명과 그에 수반된 책의 인기 및 확산 이후 르네상스 시대에 급속히 퍼졌다. 유럽의 모든 도시에서 넝마주이들이 시골 제지 공장의 원료인 펄프를 공급하기 위해 이미 사용된 직물을 수거했다. 썩히고, 기름을 제거하고, 세척하면—산업화 이전의 연화 관행과 비슷한 유기물 발효법—종이에 원하는 질감이 생겼고, 지역의 수로에 처분하는 걸쭉한 펄프가 만들어졌다. 이 공정이 정점에 달했던 15세기 중반부터 18세기 초까지 걸쭉한 폐기물은 특히 지방 하천에 해로운 영향을 미쳤다. 이는 접착제 작업장에서 나오는 추가 폐기물로 악화했는데, 이 작업장 역시 고인 물을 사용하는—그러고 나서 버리는—데서 비롯된 준비 방법을 썼다.[14]

다른 많은 산업도 수력 설비에 의존했다. 예를 들어 화약 공장은 강변을 따라 점점이 위치했고, 세 가지 기본 재료인 초석·황·숯을 갈 때 방앗간 동력을 사용했다. 또 다른 중국 발명품인 폭발성 화약은 15세기에 유럽에 퍼져 근대 초 내내 군사 기술에서 중추적인 자리를 지켰다. 폭발 위험은 곧 생산지가 인구 중심지로부터 멀리 떨어져 있어야 한다는 뜻이었다. 가령 프랑스의 공장 15개는 모두 대도시에서 20킬로미터 넘게 떨어진 곳에 위치했다. 화약 보관은 잠재적으로 재앙을 초래할 수 있었다. 따라서 화약 생산은 전쟁에 따라 성쇠를 거듭했고, 이 때문에 이후 화약 제조 집산지는 유럽 여기저기로 옮겨갔다. 16세기에는 베네치아가 최대 생산지였지만, 다른 시대에는 영국·프랑스·러시아 또는 스웨덴의 생산량이 그와 비슷하거나 앞섰다. 18세기에는 인도가 유럽 제국주의 열강의 통치 아래 벵골의 갠지스강 계곡에 있는 대량의 초석 자원을 이용해 주요 생산지가 되었다. 1790년 벵골의 이차푸르(Ichapur)에 있는 화약 공장은 세계 최대 생산지 중 하나였고, 그곳의 노동자 2000명은 매일매일 폭발의 공포 속에서 살았다.[15] 영국에서는 런던 북부의 월섬애비(Waltham Abbey)에 있는 왕립 화약 공장이 18세기 유럽 최대의 복합 산업 단지 중 하나였다.[16]

군수 산업이 에너지와 광석의 세척 및 분리에 물을 필요로 했다면, 태우는 데는 바이오매스(biomass: 화학 에너지로 사용 가능한 식물, 동물, 미생물 등의 자원―옮긴이)에 그만큼 의존했다. 이 수요가 인류의 산업에서 대기 중 탄소를 최초로 배출한 주요 공급원이었다. 그리고 유럽의 시골 여기저기서 가연성 에너지 및 수력 에너지 공급원의 필요성 때문에 금속 공장이 최초로 세워졌던 곳들에 산업 집중이 나타나기 시작했다. 15세기 말 베네치아 자치구의 브레시아(Brescia)에는 5만 명의 철공이 있는 무기 공장 200개가 모여 있었다. 비슷하게 슈타이어마르크(Steiermark)주의 그라츠(Graz) 일대는 또 다른 군수 공업 중심지가 되었다. 용광로로 작업하는 대장간이 중세 말부터 유럽에 알려진 공정을 통해 주철(무쇠)을 생산했고, 이것이 근대 초기에 처음에는 슈타이어마르크로 그다음에는 프랑스 남동

부와 리에주(Liège) 주변 지방으로 확산되었다. 17세기에 들어서는 구리와 주석 합금으로 만든 청동 대포를 스웨덴의 용광로에서 점점 더 대량으로 생산했다. 1500~1700년 용광로의 생산력은 2배로 늘었다. 이는 한층 엄중한 자원 관리를 필요하게 만들었다. 삼림 조례는 벌목에 대해 엄격한 규제를 가했고, 갈수록 많은 목재를 연료로 원하던 금속 공장 주변의 연간 최대 채벌 수량을 규정했다. 자원 추출 통제를 위한 제한이 생긴 것이다. 그러나 대기에 유입되는 탄소 가스에는 아무런 통제도 강요하지 않았다.[17]

이 새로운 농촌-삼림 지대의 접점에 연소에 의존하는 공장들—금속 공장, 주물 공장, 양조장, 정유 공장, 유리 공장, 도자기 공장, 타일 공장, 벽돌 공장, 소금 공장—이 점점 집중됐고, 태워서 숯을 만들 수 있는 바이오매스를 더욱더 요구했다. 숯 구덩이는 산소 없이 바이오매스를 분해하고, 그 불순물을 열분해(pyrolysis)라는 과정을 통해 제거했지만 메탄, 타르 증기 및 다른 기체 극미립자와 함께 아세트산을 공기 중에 방출했다. 숯에 대한 끝없는 욕구는 풍경 곳곳에 흔적을 남겼다. 17세기 초 카마(Kama)강 유역의 러시아 제염업은 숲의 중심으로부터 300킬로미터 반경까지 약탈했다. 업계와 지역 사용자들 사이의 고소와 중재는 새로운 규제를 촉발했다. 1724년 이후 폴란드의 비엘리치카(Wieliczka)에 있는 유명한 소금 광산은 주변 삼림의 대대적인 파괴를 막기 위해 폐기물 연소를 금지당했다. 시간이 흐르면서 어떤 지방은 삼림 개간 상태가 안정되었지만, 어떤 지방은 삼림 자원이 급격히 감소했다. 15세기에는 숲이 폴란드의 50퍼센트를 차지했다. 1790년에는 그 수치가 25퍼센트로 뚝 떨어졌다. 프랑스에서는 대장간 두 곳에 동력을 공급하는 표준 용광로 한 개가 100헥타르(거의 250에이커)의 숲을 해치웠다. 일관된 생산을 위해서는 마음대로 쓸 수 있는 2000헥타르의 숲이 있어야 했고, 이는 고갈되는 자원을 놓고 경쟁하는 주변 지역 사회와의 관계에 부담을 줬다. 공장으로부터 30킬로미터 넘게 떨어진 숲에 의존하는 것은 엄두를 못 낼 만큼 비쌌다. 오스트리아 케른텐(Kernten)의 금속 공장은 16세기에 22만 제곱미터의 숲을 해치웠다. 1768년에는 300개의 용광로가 70만 제곱미터의 숲을 훼손시켰다. 전쟁 물자—화승총, 머스킷총, 라이플총, 대포, 검 및 기타 칼—에 대한 수요 증가는 철 생산의 급증을 불러왔다. 1525년에는 유럽에서 10만 미터톤의 철을 생산했다. 1700년에는 18만 미터톤, 그리고 1800년에는 100만 미터톤을 넘어섰다.[18]

도시의 거점

대부분 그들의 노동력과 시장을 도심에서 끌어왔으므로 도시에서 일반적으로 허용하지 않는 침수 작업을 제외하고는 어떤 제조업도 완전히 시골에만 있는 것은 아니었다. 도시는 1500~1800년에 급증했다. 런던과 파리 모두 16세기에는 주민이 30만 명이었는데, 18세기 말에 들어서면 각각 80만 명과 60만 명으로 늘었다. 동양의 도시 발전은 일반적으로 유럽보다 느렸지만 이스탄불 주민은 17세기에 70만 명이었고, 베이징 인구는 18세기 말에 적어도 300만 명이었다. 일본에서는 오사카가 30만 명에서 50만 명으로 가장 눈에 띄는 인구 증가를 보이며 교토를 넘어섰다. 그러나 1800년 100만 명이 넘었던 에도(도쿄)가 일본 내 어느 도시보다 많은 인구를 보유했다. 느리고 신뢰할 수 없는 교통수단과 결합한 도시 집중의 심화를 감안했을 때, 더 많은 생산업체가 도시 중심에 위치하는 것은 불가피했다.

　모든 도시는 공해 문제를 다뤄야 했다. 수질을 보장하기 위해 쓰레기―인간 및 동물의 배설물, 수공예 작업장의 잔류물―처리를 관리하는 게 어디서나 골칫거리였다.[19] 이런 측면에서 유럽보다 아시아의 도시들이 더 깨끗하고 건강했다는 데는 의심의 여지가 없다. 도쿠가와 시대(1600~1868)의 일본은 도시 집수(集水) 체제와 위생 기술에서 당시 유럽을 한참 넘어섰다. 폐기물 수거는 더 체계적이었다. 폐기물은 농업용 비료로 재활용했고, 수많은 도시 프로젝트에 재사용할 수 있도록 바꾸었다. 수원지(水源地)의 폐기물 관리가 더 나았다는 것은 유럽보다 기술적으로 떨어지는 시스템에도 일본의 강들이 거의 오염되지 않았다는 뜻이다. 결과적으로, 에도는 파리나 런던보다 인구 밀도가 훨씬 높았지만 오염도는 훨씬 낮았다. 이러한 효율성은 20세기 초까지 화장실과 하수관의 필요성을 지연시켰다.[20] 마찬가지로 델리의 물과 폐기물 배수 방식은 수로가 별로 오염되지 않았다는 뜻이다.[21] 그렇지만 유럽의 도시들은 쓰레기를 수거할 넝마주이를 두거나, 아니면 특정 주요 공공 도로를 따라 재사용 폐기물 수거를 위한 창고를 관리했다. 프랑스와 플란데런(Vlaanderen: 벨기에 북부 지방―옮긴이) 및 왈롱(Wallon: 벨기에 남부의 프랑스어 사용 지방―옮긴이) 지역의 일부 도시는 폐기물 회수와 효율적 세척을 위한 정책을 개발했다. '재활용'이라는 공식 용어가 등장하기 이전에 있었던 일종의 재활용이었다.[22]

　근대 초기 유럽 도시 환경의 질은 1750년대까지 악화하는 듯했다. 인구 증가와 대포의 발전은 적어도 중세의 도시 성곽이 도회지와 시골 공간을 규정하던 북유럽에서 도시 내부와 주변 공간을 변화시켰고, 그 결과 인근 지역을 과잉 상태로 만들었다. 방어 요새는 본질적으로 한층 수평적이 되었다. 방대한 무인지대가 도시를 둘러쌌다. 고인 물구덩이, 평평해진 땅, 그리고 일반적인 황무지가 가죽 공장, 염색 공장, 질산칼륨 공장, 직물 표백 공장처럼 뭔가를 썩히는 산업이 위치한 지역에 인접해 있었다.[23] 이러한 산업은 유기물을 조작하고 도시 경제를 형성하면서 부패가 빈번히 일어나는 환경을 조장했고, 그 썩는 냄새와 폐기물은 특히 도시의 하천을 따라 쌓여갔다. 센(Seine)강을 구하려 적극 노력한 파리지앵들은 그보다 작은 비에브르강으로 공해 유발 산업을 이전하기로 결정했다. 브뤼셀에서는 1800년 이전에 제너(Senne)강이 도살업자, 무두장이, 수지 주물 공장, 깐양 상인, 양조업자 및 염색 공장에 희생됐다. 런던의 비슷한 직종들은 작은 플리트(Fleet)강을 오염시켰고, 이것이 템스강으로 흘러 들어갔다.[24]

식물 때문이건 동물 때문이건 공해는 대부분의 도시에 존재하던 유기 경제(organic economy)의 변함없는 특징이었다.[25] 전형적인 유럽 식단이 신선한 육류를 요구했으므로, 도축장과 도살장은 일반 도시에서 모든 마을을 강타했다. 도살된 동물들의 기타 부위(수지, 젤라틴, 뿔, 발굽, 내장, 뼈, 껍질, 털)는 양초, 연료용 기름, 소시지 껍질, 악기 줄, 가죽 같은 필수 상품 및 그 밖에 더 많은 제품의 생산에 쓰였다. 유기 경제 네트워크는 여러 업체가 공생 관계를 발전시키는 정도였다. 양초 제조업체는 도축장 근처에 자리를 잡고 식용이 불가능해 거부당한 수지를 이용했다. 그들의 작업은 참을 수 없는 악취와 지글지글한 연기를 공기 중에 발산했고, 지속적으로 도시 전체를 위협하는 화재 위험을 불러왔다. 이런 직종은 다수가 소규모였지만, 그 수는 환경에 위협을 주었다. 가령 18세기 파리 중심에는 도시 경계 범위 안에 50개의 수지 주물 공장이 있었던 것으로 집계됐다. 제조 시설을 도시 밖으로 이전하려는 파리와 런던 같은 곳의 노력에도 불구하고 동물 기반의 제조업체에서 비롯된 안온방해는 여전히 도처에 존재했다.[26] 식물 기반 공업의 부정적 영향도 역시 널리 퍼져 있었다. 맥주와 밀가루 전분은 둘 다 통 안에서 곡물을 발효해 생산했다. 아울러 그 폐기물은 강에 바로 버려졌다. 수공예 기술이 근대 초기에 거의 바뀌지 않았다 해도 생산량은 눈에 띄게 증가했고, 이는 결과적으로 작업 풍경의 커다란 변동에 큰 영향을 줬다. 예를 들면, 17세기 말 이전에 프랑스는 전분을 네덜란드에서 수입했다. 그러나 1700년 이후 파리는 무려 30개 공장에서 전분을 자체 생산하고 있었다.[27]

포목상·견직공 및 제지업자는 농촌 풍경의 주류를 이뤘지만, 소비자 시장과 신흥 부르주아 계급 때문에 도시로 이끌렸다. 17~18세기 프랑스의 실크 제조 중심지 님(Nîmes)은 자체적인 성공 때문에 고통을 겪었고, 산업이 성장함에 따라 방적 공장의 오염 부산물을 처리해야 했다.[28] 지저분한 부산물의 최악 주범인 가죽 공장과 염색 공장은 근대 초 전 세계 도시에 단단히 자리를 잡았다. 그 밖에 피혁 공업 일꾼들—백반과 소금 무두장이, 섀미(chamois: 무두질한 염소나 양의 부드러운 가죽—옮긴이) 제조업자, 가죽 마감 장인, 모피 상인 및 가죽 상점 주인—과 함께 가죽 공장은 여러 가지 다른 관행을 채택했다. 유럽에서는 식물 기반의 무두질이 가장 보편적인 형태였던 반면, 중동 같은 건조한 지역 혹은 백반으로 처리하는 더욱 섬세한 원피를 사용할 경우는 광물 기반 무두질이 더 인기 있었다. 기름 기반의 무두질은 좀더 북쪽 지방 또는 섀미 생산지에서 우세했다. 북아메리카 원주민은 물 처리와 생가죽 훈연법을 결합했다.[29] 이렇게 다양한 무두질 방식에도 불구하고 공통된 한 가지 특징은 인근 수로에 방출하는 악취와 폐기물이었고, 여기에 비소, 생석회, 푸른 녹 또는 황산철이 포함되기도 했다. 그 결과 전 세계의 가죽 공장은 흔히 도시 밖과 강 하류에 집적되었다. 가죽 공장은 시골 지역에도 도처에 있었다. 18세기 말 프랑스 시골에는 5000개의 가죽 공장이 있었는데, 그중 일부는 생가죽을 담가 연화시키는 물구덩이를 한 개 이상 운영했다. 1650년 펜실베이니아주에서 만들었든, 1770년 몬트리올에서 만들었든, 1800년 보르도에서 만들었든 그런 물구덩이의 악취는 일반적으로 구제 불능이었다.[30]

염색 공장은 흔히 가죽 공장 가까이 있었다. 직물 생산의 이 마지막 단계에는 특정 전문 기술과 도시의 소비자 시장이 필요했다. 염색은 지방에서 재배한 섬유에 다소 의존하기는 했지만 마찬가지로 도처에서 이뤄졌다. 즉 프랑스의 실크 염색업체는 리옹과 그 인근에 집중되었던 반면, 모직물 점포는 북부와 랑그도크에 들어섰다. 염색은 엄청난 양의 물이 필요하고 오염도가 극심하게 높은 작업으로 지방 하천에 폐수를 방출했다. 천에 염색 준비를 하려면 물에 디에틸에테르(diethyl ether), 변형 테레빈유, 비누, 분필, 라임 및 진흙 같은 다양한 물질을 섞었다. 그런 다음 염료를 넣었는데, 염색 공정에서 색 고정에 일조하는 매염제 같은 추가 화학 제품의 도움을 받지 않는 것이 드물었다. 백반은 가장 흔히 사용하는 매염제였지만, 18세기에는 금속 산화물과 암모니아 소금처럼 더 유독한 물질도 도입됐다.

식물에서 추출했든, 동물에서 추출했든, 아니면 광물에서 추출했든 염색용 착색제 생산은 그 자체만으로도 오염의 주범이었다. 18세기 베를린에서 생산하던 유명한 프러시안블루(Prussian Blue)는 계몽주의 시대에 사람들이 가장 두려워하던 도시 공예품 중 하나에 피(blood), 백반, 황산을 결합한 안료였다. 그와 대조되는 붉은 카민(Carmine) 안료는 질산과 주석이 든 욕조에 가루 낸 연지벌레를 섞어 제조했다. 또 다른 유명한 색상인 스칼릿레드(Scarlet Red)는 비에브르강 끝자락에 있는 파리의 고블랭(Gobelins) 염색 공장에서 만들었다. 그러나 가장 화려한 안료인 아드리아

노플(Adrianople), 즉 터키레드(Turkey Red)는 생산할 때 독성이 가장 강했다. 이 안료는 그리스〔스미르나(Smyrna)와 살로니카(Salonica)〕와 터키〔에디르네(Edirne)〕에서 처음 만들어졌고 크롬산납, 산화납, 에오신으로 이뤄졌다. 맹독성이 있을 뿐 아니라 부패한 지방, 기름, 소변, 라임, 백반, 배설물, 피로 이뤄진 성분과 섞여 악취를 풍기기도 했다. 18세기 말 화학의 발전은 염색 기술이 어느 때보다 더 정교해지고 있음을 뜻했다.[31]

어떤 도시는 특정 제품에 특화되어 있었다. 예를 들어 마르세유(Marseille)는 질 좋은 비누로 유명했고, 18세기 말까지 유럽 시장을 장악했다. 비누 제조를 위해 끓는 통에 지방과 가성 소다를 넣고 혼합하면, 라임에서 나온 탄산염에 엄청난 양의 황 잔류물과 더불어 강한 악취를 풍기는 연기와 기타 부산물을 방출했다. 공기와 섞인 황은 유황 가스를 발산했고, 이는 비누 폐기물에서 저절로 불이 나는 원인이기도 했다. 비누 공장은 처음엔 마르세유 중심지에서 비교적 먼 항구 남안(南岸)의 한 지역에 한정되었지만, 점차 거미줄처럼 팽창하는 도시에 완전히 둘러싸였다. 프랑스 혁명 직전 마르세유에서는 48개의 공장이 연간 2만 미터톤의 비누를 생산했다. 제조 잔류물은 수거해서 해변을 따라 있는 도시의 외진 지역에 보관했는데, 이는 산업 배출물이 해양의 야생 동물에게 해를 끼치고 있다는 어부와 박물학자들의 경고를 급속히 부추겼다.[32]

국가 권력 보장은 자체적인 제조 풍경을 조성했다. 해군 건물 부지, 금속 공장, 군수품 공장이 도시와 연안 지역에 등장했고, 이는 공해와 자원에 상당한 영향을 미쳤다. 가령 배 한 척을 건조하려면 100년 된 참나무 3000그루가 필요했다. 1669년 장바티스트 콜베르(Jean-Baptiste Colbert)의 프랑스 산림법은 국가의 상업, 군사적 필요성, 제국의 확장에 이익이 되도록 지속적인 목재 추출을 용이하게 하는 일련의 자원 법령을 도입했다. 공해(公海) 운항의 확대는 야금술 무역의 발전에 크게 박차를 가했다. 17세기 말 프랑스 선박에는 5600문 이상, 영국 선박에는 8000문 이상의 대포가 있었다. 흔히 철과 구리 광산 근처에 있던 여러 공장은 도시의 대기 속으로 매연을 방출했다. 이는 특히 쾰른(Cologne), 레겐스부르크(Regensburg), 뇌르틀링겐(Nördlingen), 뉘른베르크(Nürnberg) 및 줄(Suhl) 근처의 중부 유럽에서 가장 두드러졌다. 해양 건축과 군사 장비를 결합한 조선소는 주요 산업 복합 단지가 되었다. 3000명의 노동자가 있던 베네치아의 조선소는 오래된 전형이었다. 그곳의 주물업체와 공장들은 주변 내륙 지역을 지배하고 통제했다. 가끔은 조선소 건설이 도시를 구축하는 원동력이 되기도 했다. 1703년부터 표트르 대제는 상트페테르부르크의 탄생을 의뢰하고, 이를 성공으로 이끌었다. 네바(Neva)강 어귀에 흩어져 있는 섬들에 세웠다는 불리한 입지에도 불구하고 상트페테르부르크는 애초에 군항으로 설계되었다. 그곳의 주민은 1750년에 7만 5000명으로 집계됐는데, 1789년에는 20만 명을 넘어섰다. 급진적이고 전례 없는 인구 동원과 자연환경의 변형을 시사하는 급속한 성장이다. 다음 세기에 이 요새 도시는 서쪽으로는 항구, 동쪽으로는 대포 주물 공장과 군수품 공장에 의해 정의 및 지탱되는 영구적인 건설 현장이었다. 상트페테르부르크의 집중과 군수 산업 제조지로서 특화, 거기에 수반되는 매연과 폐기물은 이 도시의 성격과 정체성의 두드러진 특징이었다.[33]

계몽주의적 상상과 감성

산업화 이전 주요 공해 활동에 대한 이상의 간단한 조사는 환경 오염이 반드시 최근의 현상이 아니라는 사실을 말해준다. 대부분의 경우, 공해의 규모와 범위는 이후 시기에 비해 제한적이고 지엽적이었지만―그리고 계절노동 때문이건, 아니면 관행 자체가 단기간 동안에만 발생했건 많은 종류의 공해 활동이 간헐적으로 일어났지만―근대 초기의 산업 팽창은 오염이 점점 더 많은 사람에게 영향을 미치는 방식에 대해 재고하지 않을 수 없게 만든다. 신성한 것과 불경한 것―순수와 불순, 청결과 불결―의 종교적 함의는 도덕적 가치에 환경 상태와 새로이 부상하는 건강에 대한 의학적 이해가 포함되도록 변화를 일으켰다. 독실함과 건강함 양옆에 깨끗함이 같은 비중으로 존재했다. 건강과 불건강, 청결과 불결의 경계가 인식론적 혁명을 겪고 있었다. 사회학자 노베르트 엘리아스(Norbert Elias)가 말했던 문명화 과정이 18세기에 신체와 장소의 물리적 청결함에 대한 집단적 관심을 향한 일종의 대중적 의무 속에 나타난 것이다. 건강에 특화된 새로운 어휘―가령 '비위생(insalubrity)' 또는 '비위생적인(insalubrious)'―가 등장했고, 이는 환경적 감성과 관련한 진화의 표시였다.[34] 영국 귀족들은 건강에 나쁜 공기와 더러운 도시를 벗어나기 위해 전원의 아름다움, 단순함 및 안전성에 대한 열정을 키웠다. 그들은 인간의 활동으로 더럽혀지지 않은 야성의 미학을 구축했다.[35]

이러한 진화가 유럽에서 가장 두드러졌다는 사실은 놀랍지 않다. 동서양의 대부분 종교가 공통적으로 불순함을 비도덕적이라고 낙인찍는 사고방식을 갖고 있었던 데 반해, 오직 기독교만이 인간은 자연을 지배하는 주인 혹은 관리인이라 주장했고 자연 착취를 합리화하는 데 자유로웠다.[36] 그러나 동시에 유럽인은 인구의 생활 조건을 개선하려면 적대적 자연환경―본질적 타자―과 투쟁을 계속해야 하는 그런 환경과 인류의 건강을 연결시켰다. 그리스 사상이 이러한 긴장을 전달하는 데 동원됐다.[37] 서구 사상은 물리적 요소의 균형과 유동성에 관한 아리스토텔레스의 주장을 유지했다. 히포크라테스는 이 균형에 의지해 환경이 건강의 핵심 지표 중 하나임을 암시했다.[38] 이탈리아 르네상스 시대에 베네치아의 안드레아 마리니(Andrea Marini) 같은 의사는 오염된 공기를 건강에 대한 위협이라고 비난했다. 비슷한 우려가 이탈리아 북부의 대부분 지역으로 침투했다.[39] 17세기 말부터 이러한 건강 우려는 더 널리 퍼져나갔다. 모데나(Modena)와 파두아(Padua)에서 베르나르디노 라마치니(Bernardino Ramazzini)는 밀(wheat)에서 나타나는 '유독한 유령'의 정체를 탐구했고, 다양한 산성과 알칼리성 용액을 식물에 뿌린 후 그 결과적 증상을 비교했다.[40] 라마치니는 유명한 1700년 논문 〈노동자의 질병(De Morbis Artificum Diatriba)〉에서 다양한 작업장의 노동자와 건강 위험 사이의 연관성을 연구하기 위해 동일한 방법을 사용했다. 이 역학 데이터 수집은 특정 작업 환경의 특유한 연기, 곰팡이, 화학 물질, 먼지, 금속 및 기타 인자들에 대한 노출과 특정 질병 사이의 명백한 상관관계를 체계적으로 밝혀냈다. 사실 많은 장인이 그들의 업종에서 접촉하는 물질에 중독되고 있었다. 가령, 라마치니는 자신이 조사한 53개 직종 가운데 삼 담금질 및 생가죽 무두질과 연관된 끔찍한 악취를 비난하면서 광부 및 금속 가공 노동자들이 겪는 훨씬 더 눈에 띄게 치명적인 위험과 비교했다. 직업상 건강에 대한 그의 이론은 전 유럽에서 번역되어 읽혔지만, 1830년대 이전에 라마치니의 연구 업적은 거의 무시되었다.[41] 영국에서는 왕립학회(Royal Society)의 창립 회원으로 적극 활동하던 자연과학자 존 이블린(John Evelyn)이 건강과 대기 질 사이의 관계를 규명하는 데 전념했다. 그의 유명한 1661년 저술 《매연 보고서: 또는 런던에서 불쾌한 냄새와 연기 없애기(Fumifugium: The Inconvenience of the Aer and Smoak of London

Dissipated)》는 런던의 대기 오염을 구체적으로 다룬 최초의 글이었다. 이블린은 런던과 그 주변의 광범위한 석탄 연소를 비판하면서 이것이 문제의 원인이라고 주장했다. 그는 수도에서 모든 용광로를 제거할 것을 권고했다. 이블린의 권고는 새롭게 복위한 영국 왕정에 반향을 일으켰다. 국왕 찰스 2세는 이런 환경 개혁을 10년간의 공화제 이후 국가를 재정비하고 자신의 권위를 재확인시킬 기회로 받아들였다.[42] 찰스와 그의 밀명을 받은 측근들은 과학 및 의학 전문가에게 나라에 줄줄이 피해를 입히는 전염병과 만성적 질병에 몰입해 그 원인의 뿌리를 규명하라고 지시했다.[43] 그 결과, 18세기에는 환경적 원인에 대한 의학적 조사의 중요성이 강화됐다. 그리고 몽테스키외(Montesquieu)가 사회적 위계를 프랑스의 대기 질과 연결하면서 일종의 신자연요법(neo-Hippocratism)이 등장했다.[44] 1726년 네덜란드 의사 페트뤼스 판 뮈스헨브룩(Petrus Van Musschenbroek)은 《자연과학의 요소(Elementa Physica)》에서 아리스토텔레스의 균형 이론을 다시 거론했다.

대기는 공기, 수증기, 배기가스로 이뤄져 있다. 후자의 두 가지는 지구의 몸통에서 분리된 더 작은 휘발성 부분으로 구성되어 있다. ……이 수증기도, 이 배기가스도 호흡에 안전하지 않다. 유기 물질을 태울 때 발생하는 수증기와 배기가스에서 나오는 것만큼 위험하고 치명적인 독은 없다. 불에 탄 유황이 모든 종류의 동물을 즉사시키지 않던가? ……가열한 구리의 배기가스를 밀폐된 유리 용기 안에 가두면 우리가 그 안에 어떤 동물을 집어넣든 빠르게 질식한다. 나무와 토탄(土炭)의 배기가스도 마찬가지로 치명적이다. ……많은 양조업자가 발효 과정 때문에 질식해 지하 저장고에서 죽은 채 발견되곤 한다. ……그리고 이런 끔찍한 배기가스가 나오는 깊은 땅속 작업장에서 사망한 석탄 및 금속 광부 얘기를 항상 듣고 있지 않은가?[45]

드니 디드로(Denis Diderot)의 《백과전서》에서 인용한 판 뮈스헨브룩의
저서는 환경에 대한 유럽의 호기심을 확장시켰다. 1751년 또 한 명의 왕
립학회 회원인 영국 의사 존 아버스넛(John Arbuthnot)은《공기가 인간의
몸에 미치는 영향에 관한 소론(Essay Concerning the Effects of Air on Human
Bodies)》에서 대기 질과 사람 건강 사이의 직접적 연관성에 대한 추가 증
거를 규명했다. 30년 뒤 프랑스의 장자크 메뉘레 드 샹보(Jean-Jacques
Menuret de Chambaud)의 《전염병에 공기가 미치는 역할에 관한 소론(Essai
sur l'action de l'air dans les maladies contagieuses)》은 작업장의 폐기물과 전
염병 간 연관성을 이끌어낸 공로로 프랑스 왕립의학협회로부터 상을 받
았다. 1776년 왕립의학협회의 신설은 환경과 건강의 자연요법 이론에 대
한 이전의 관심을 되살렸다. 창립 때부터 협회는 환경이 어떻게 유행병
확산에 중심적 역할을 하는지에 대한 과학적 개념을 발전시키는 데 성공
한 조사를 공개했다.[46] 이러한 의학적 지식은 유럽 전역, 특히 질병과 환
경·공기 및 오염 물질 사이의 관계를 이론의 여지가 없는 것으로 받아들
이던 대영제국과 게르만족 국가들에서 널리 공유 및 수용되었다.[47] 유해
한 발산 물질의 핵심 지표는 여전히 악취였고, 이는 '미아즈마(miasma)'라
는 과학 용어를 탄생시켰다. 늪, 습지, 고인 물, 동물 및 제조 폐기물에서
나오는 악취에 대해 갈수록 커져가던 혐오는 18세기 후반부 내내 이어졌
다. 미아즈마는 질병의 매개체로서 공기와 토양을 오염시키고 동물과 인
체에 해를 주는 것으로 알려졌다. 삼의 침지(retting) 작업에서 비롯된 공
해가 광범위한 유행병의 원인으로 여겨졌고, 1780년대 초 왕립의학협회
는 그 위험에 대한 대대적인 조사에 착수했다. 피와 거기서 풍기는 고약

한 썩은 냄새도 마찬가지로 동물 도축장을 향한 일반적인 분노의 이유를 해명해주며 대중의 공포를 점점 더 불러일으켰다.[48] 영국과 이탈리아 도시들에 대한 다른 연구도 유사한 방식으로 미아즈마에 대한 대중의 공포를 추적했다.[49]

결과적으로 도시 주민들은 자신의 건강과 평안을 모독한다고 여겨지는 것에 빈번하게 항의했다. 작가 토마소 가르초니(Tomaso Garzoni)가 도시의 무두장이들, "악취 나는" 업계 사람들의 "과도한 오물"을 혹평했던 16세기 베네치아의 사례도 바로 그런 것이었다.[50] 이런 성격의 항의는 18세기에 몇 배로 늘어났다. 노르망디(Normandy)의 어부와 해안의 농민들은 루앙농업협회(Agricultural Society of Rouen)에 바닷가에 늘어선 가성 소다(수산화나트륨) 용광로에서 나오는 "전염병 유발" 연기에 대한 주의를 촉구했다. 해초를 태우는 소다 생산은 유리와 비누 제조업체에 필수였다. 인근 주민들에 따르면, 이 연기는 바다의 수생 생물은 말할 것도 없고 주변의 나무, 식물, 밀에 악영향을 끼쳤다.[51] 파리에서는 도시 주민들의 빈번한 항의가 불쾌하고 건강에도 나쁜 악취와 폐기물을 쏟아내는 도심 작업장을 시 경계 밖으로 이전하게 만들었다. 그러나 이는 공해 기업들을 넘겨받은 근교 지구에 새 불씨를 지폈다. 1725년 파리 외곽의 파시(Passy)와 오퇴유(Auteuil) 구역에서는 식물 기름 공장 7개, 도자기 작업장 1개, 석고 오븐 1개가 파괴되었다. "오븐이 행인들에게 거슬릴 정도로 많은 연기를 방출했기 때문"이다. 1720년대 말 파시 주민들은 샤요(Chaillot)에서 문을 닫은 후 그들의 마을에 개장할 예정이던 새 유리 공장 설립을 중단시키려 했다.[52]

근대 초 공해를 일으키는 공장에 맞선 강변 인구의 시위는 중요한 자원의 잠재적 손실에 대한 우려를 불러일으켰다. 숲과 황야와 황무지, 그리고 늪과 습지와 이탄(泥炭) 지대에 대한 공적 권리(communal rights) 방어가 대중의 불복에서 현저하게 드러났다.[53] 이런 시위가 대규모인 경우는 드물었지만, 현지 주민들은 독점과 공해 유발 기업에 맞서 어떻게 자신의 권리를 방어해야 하는지 알았다. 이런 항의는 사회적 시위를 부당함에 맞선 정의를 위한 투쟁, 개인적 권리에 반하는 독점에 대한 도전, 그리고 역사가 톰슨(E. P. Thompson)이 말한 일종의 군중의 도덕 경제 발전으로 갈라놓았다.[54] 여러 게르만 공국에서는 최초의 산업 공장들이 요란한 분쟁을 일으켰다.[55] 1789년의 수많은 법정 고발 사건은 자원 낭비라고 인식되던 공장에 대한 적대적 혐오를 나타냈지만, 악취 나는 배출 물질과 공중 보건에 대한 위협 때문이기도 했다. 로렌(Lorraine) 지방에 있는 다스피슈(Daspich)와 에방주(Ebange)의 고충 장부(book of grievance)에서 주민들은 팡슈(Fenche)의 대장간, 방앗간, 구리 공장으로부터 나오는 배출물의 끔찍한 공해에 대해 불평했다. 그들은 강이 "정원사조차 정원에 물을 줄 수 없을 정도로 누렇고 쇠 녹이 잔뜩 낀 뿌연 물의 혼합물로 오염되었다"고 주장했다.[56] 계몽주의 시대 후반에는 대중적 표현에 깨끗함과 더러움이라는 새로운 가치와 이해를 발전시키는 의학적 지식이 보충되었다. 성분 변경은 '부패'로 이해되었고, 영국에서는 이미 '공해(pollution)'라는 단어가 현대적 의미를 확보한 터였다. 법조계에서 이는 1804년 폐수로 강을 변화시킨 죄목으로 가죽 공장들을 기소한 스코틀랜드 사례에서 최초로 채택된 듯하다. '개울 공해'와 '하천 공해'가 기록으로 남았다.[57] 이러한 사회적·의학적 인식과 연결되어—그리고 사회적 관심사의 거울 반사로—안온방해법은 특히 중요한 규제 수단이 되었다.

안온방해법

산업화 이전 사회들은 먼지와 악취에 허덕이는 환경에 대응하는 데 소극적이었다고 표준 역사는 진술하지만, 기록에 의하면 이는 사실이 아니었음이 입증된다. 오히려 그들이 공해에 대해 취한 규제 조치는 특히 유럽에서 1800년 이후 채택된 유사 법들과 비교했을 때 엄격함과 영향력 면에서 가히 충격적이다.[58] 공중 보건 당국은 지방자치단체였다. 시 당국이건 사법 당국이건 그들은 '안온방해'라는 법적 개념 아래 이러한 법을 시행했는데, 그것은 타인한테 끼치는 모든 해를 포함했다. 우리가 오늘날 공해라 부를 수 있는 것이 여기에 속했지만 소음, 화재 및 기타 위험과 불편 사항도 들어갔다.[59] 위생 및 환경 위협에 맞선 투쟁 일부는 중세 법의 오랜 유산을 토대로 한 것이지만, 공해와 그것의 건강 위협에 대한 개념적 발전에도 기반을 두고 있었다. 기술 개선을 통해 공해를 줄이는 것은 환경적 안온방해에 대한 행동 방식이 결코 아니었다. 보건 당국은 공해를 일으키는 활동을 금지하거나 그것들을 멀리 떨어진 지역으로 쫓아내는 쪽을 선호했다. 산업화 이전의 보건 당국은 건강을 지키기 위해 여러 가지 규범적이고 혹독한 조치에 가담하는 한편, 지역 사회와 상호 의존성이 공동체의 생존에 필수 요소인 세상에서 협상 능력을 보여줬다. 신중한 경계를 불러일으키는 데는 역병과 전염병 위협이 공통된 특징이었다. 공중위생은 대단히 심각하게 받아들여졌다. 검역은 다반사였고, 중세 말 이탈리아 북부 도시들이 도입했던 일련의 법령을 통해 제도화되었다. 여행자와 상품이 지중해 항구 도시에 상륙하기 전 일종의 위생적 세관 검사를 하는 라자레토(Lazaretto)—병자와 전염병 환자를 분리하는 검역소—를 세웠고, 감염 매개체에 부과하는 것과 동일한 형태의 격리가

뒤따랐다.[60]

시 차원의—그리고 최악의 공해를 억제하기 위해 고안한—규제 방법은 주로 법적인 것이었다. 안온방해를 법적 현상으로 접근하면서 갈등 해결은 보통 법정의 몫으로 남겨졌다. 관습법 국가에서 안온방해법은 타인이나 그들의 재산에 해를 끼치지 않는 한 자신의 재산으로부터 이익을 얻는 자유를 권장하는 "자신을 위해 남의 권리를 침해하지 말라"는 격언을 근간으로 했다. 이 격언은 14세기 '안온방해 조례(Assize of Nuisance)'까지 거슬러 올라가는 안온방해법의 핵심이었고, 안온방해 사건들에서 심심치 않게 환기되었다. 안온방해 사건은 가처분—벌금, 폐쇄 또는 수감—으로 처벌할 수 있는 공사(公事)일 수도 있고, 손해 배상으로 해결되는 민사일 수도 있었다.[61] 런던에서는 "황산이나 질산을 제조해 공기를 오염시키고 이웃의 건강에 악영향을 끼치는 …… 사람은 …… 법정에 보내 그가 끼친 손해에 비례해 처벌을 받아야" 했다. 프랑스 혁명 전에 프랑스 형법을 편찬한 치안판사 니콜라 데제사르(Nicolas Des Essarts)에게는 이런 지침이 필요했다. 그는 "영국 법에는 질서 유지를 위한 귀중한 원칙이 포함되어 있다"고 썼다. "해를 끼치는 물건을 만드는—또는 공익에 필요하다고 요구되는 일을 소홀히 하는—사람은 안온방해라 일컫는 위법 행위를 저지른 것이다."[62] 프랑스에서는 관습법 원칙이 존재하지 않았으므로 주거용 재산 존중은 좀더 막연한 개념이었다. 그 대신 로마법과 현지 관습을 통합한 혼성 법률 제도는 안온방해법을 근린 법규와 책임의 작용으로 해석했는데, 이는 노예법을 구성하고 "노예 제도가 주장하는 경우"라는 중세의 원칙을 따랐다. 즉 "부동산 소유주는 자기 집 뒷마당에서 마음대로 할 수 있듯 이웃이 똑같은 자유를 누리는 걸 방해하거나 이웃에게 해를 끼칠 수 있는 일에 관여해서는 안 된다".[63] 그 결과, 노예법에서 특별히 다르게 명시하지 않은 개인의 마당에서도 연기 배출은 금지되었다. 법은 사회·공해 그리고 그것들을 묶는 관습 사이의 관계를 반영하면서, 현지의 감독이 산업이 팽창 중인 신흥 도시에서 중요한 역할을 행사하는 시스템을 통해 작동했다. 개인들은 고충 제기, 청원 또는 지방 법원의 소유권 보호를 통해 조치를 취할 권한이 있었다.

18세기 초 경찰 총경 니콜라 들라마르(Nicolas Delamare)는 인상적인 《경찰 조약(Traité de la Police)》에서 경찰법학 교리를 개괄했다. 이 저서는 유럽 전역에서 널리 존경받았고, 지방 경찰이 일부 작업장 및 공장의 생산 방식에서 비롯되는 잠재적 해악을 우려하고 있음을 보여줬다. 그의 저서에서 밝혀져 있듯 공익은 공중 보건 유지의 중요성을 뒷받침했다.[64] 1784년 법학자 조제프 귀요(Joseph Guyot)는 시민의 행동 규범에 관한 프랑스 법제도의 입장을 기술했다. 거기에는 개인의 이익과 공공의 이익 간 중재, 즉 전자를 보호하면서도 그것이 확실히 후자를 따르도록 하는 것이 포함되었다. 산업의 배출 물질이 지역 차원에서 바람직하지 않다고 여겨질 때는 공익적 조치에 의해 최대한 금지할 수 있었다. 이웃은 "상호 존중"받을 자격이 있기 때문이다. "……따라서 이웃집을 주거에 부적합하게끔 만들 수 있는 활동에 관여하는 것을 허용해서는 안 된다."[65] 공해에 관여하는 방법으로서 공익은 영국 법의 특징이기도 했다. 일부 직업—가령 양초 제조업자, 피혁업자, 양조업자—이 필요하다고 여겨지기는 했지만, 필요한 제품은 인구 밀집 지역으로부터 떨어진 장소에서 제조할 수 있었다.[66] 물과 하천에 대한 관습법의 입장은 안온방해법 및 하천재산법의 처리에 상응했다. 이웃의 수질을 오염시킬 위험이 있는 모든 활동은 주의 깊게 감독하고 엄격하게 징계를 내렸다.[67]

감염원과 거리를 두거나 그것을 제거하는 게 원칙이었고, 혁명 이전 사회에서는 산업의 미아즈마와 공중 보건 사이에 있다고 인식되던 연관성이 바람직하지 못한 작업장과 공장을 금지하는 데 성공한 듯했다. 프랑스에서는 일찍이 16세기에 이미 공해에 대한 엄격한 대응이 보편적이었다. 예를 들면, 1510년 목재 부족 사태 이후 루앙 주변의 대장간들은 작업의 동력이 될 석탄으로 눈을 돌렸다. 석탄불은 이 지역의 소송을 촉발했다. 법정은 다른 유해한 작업장(염색, 가죽 세공 등)과 마찬가지로 이들 공장에 도시에서 떠날 것을 명했다. 영국에서도 목재 부족 사태에 이어 비슷한 공포가 등장했다.[68] 1700년 이후 메츠(Metz)에서는 현지 당국이 금속 공장을 신설하기 이전에 인근 지역 사회와 상의했다. 한편 디종에서는 도시 변두리 지역을 식초 제조 공장 구역으로 지정했고, 리옹의 총경들도 도시 외곽에 특정 직종을 위한 유사한 지정 구역을 할당하고 새로운 규제를 위반한 장인들에 대해선 주저하지 않고 제재를 가했다.[69] 파리에서는 경찰이 잠재적 공해 유발 업체를 계속해서 주의 깊게 살폈다. 18세기에 그들은 공해 유발 산업을 도시 밖의 전용 부지로 이전하는 것을 강화했다. 들라마르는 《경찰 조약》에서 한 장(章) 전체를 "공기를 오염시킬 수 있는 직종을 도시 중심에서 제거하는 것"에 할애했다. 1738년부터는 이익 및 불편에 대한 조사가 가죽업체, 염색업체, 도살업체(특히 동물 내장이 문제였다) 및 기타 제조업체에 내려졌다. 지역 주민과 경찰 전문 인력의 의견에 토대한 이 조사로 오염 방지에서 경찰의 힘이 커졌다. 한 치안정감이 1773년에 회상했듯 "공기를 오염시키고 공중 보건에 해를 끼칠 수 있는 식품 및 약품을 사용하는 업종에 그 일을 계속하려면 인구 밀집 지역에서 더욱 떨어진 곳으로 물러날 것을 명령하는 경찰 규제"가 여러 차례 있었다.[70] 프랑스 혁명 때 리옹 경시청 치안정감으로 복무했던 앙투안프랑수아 프로스트 드 루아예(Antoine-François Prost de Royer)는 반박에 대한 두려움 없이 이렇게 쓸 수 있었다.

창고, 무역 또는 기타 어떤 활동이라도 공중 보건을 위협하는 방식으로 공기를 오염시킨다면 그때마다 치안판사는 그 업종을 금지하거나 추방해야 한다. ……상품, 거기서 발생하는 수익도 아무 쓸모가 없다. 오직 중요한 것은, 그리고 오직 정의가 귀를 기울이는 것은 깨끗한 공기와 공중 보건이다. 국민의 복지를 최고의 법으로 삼아야 할 것이다.[71]

비슷한 과정이 유럽의 다른 나라들에서도 일어나고 있었다. 르네상스의 전형적인 공업 도시 베네치아에서는 보건 공무원들이 시내에서 많은 공장을 쫓아냈다. 가령, 저 유명한 터키레드를 탄생시킨 유리 제조업자와 채색업자들은 각각 1255년과 1413년에 가장 먼저 추방당한 이들에 속했다. 악성 전염병이 위협할 때는 피혁업자들이 자동적으로 작업 금지를 당했다. 16세기 내내 정육업자, 도살장 인부, 가죽 세공업자 및 원래는 산마르코 광장에 위치해 있던 이 도시의 조폐국마저도 도시 밖의 더 멀리 떨어진 마을로 옮겨갔다. 베네치아공화국에서 두드러진 지위를 누렸던 무기 공장만이 이러한 추방을 면제받았다.[72]

런던에서도 마찬가지로 생석회·유리 및 백반 제조업자들―석탄 사용의 선구자들―이 석탄 연소에서 나오는 유황의 악취 때문에 도심 지역에서 떨어져나갔다.[73] 추방된 어떤 업체들은 도시 주변의 특정 구역에 다시 자리를 잡았다. 예를 들어, 무두장이와 가죽 장인들은 버먼지(Bermondsey)에 정착했고, 여성 모자 제조업자들은 브리드웰(Bridwell), 주석 유약을 바르는 도공들은 빌링스게이트(Billings-Gate)와 비숍게이트(Bishop-Gate)에 자리 잡는가 하면, 서더크(Southwark)는 여러 장인 공방

(염색업자, 양조업자, 석회 제조업자, 유리 및 그림물감 제조업자)의 중심지가 되었다.[74] 도시들—바스(Bath), 옥스퍼드, 요크(York) 및 에든버러(Edinburgh) 같은—에서 유사한 축출이 일어났고, 도시 밖에 공업 할당 지역이 속출했다. 네덜란드의 벽돌 건축업은 시 당국의 관리를 받았다. 벽돌 공사는 대부분 석탄 연기 때문에 좀더 외딴 지방으로 쫓겨났다. 특히 안트베르펜(Antwerpen)에서는 적극적인 오염 규제를 입증하는 시 조례, 재판 및 벌금 내역이 인상적일 만큼 무더기로 나왔다.[75]

유럽 사례는 전 세계에 반영됐다. 북아메리카에서는 영국 법이 제조업자, 특히 수력을 동력으로 삼은 업체들을 지배했다. 공장과 작업장은 엄격한 규제를 받았고, 보통은 가동할 수 있으려면 지방 당국의 허가를 얻어야 했다. 매사추세츠주에서 가마 작업을 하는 도예가는 물론 제빵업자와 초콜릿 제조업자도 상황은 마찬가지였다. 비슷한 규제가 필라델피아주의 철공소에도 적용됐다. 뉴욕주에서는 18세기 초부터 럼(rum) 증류와 생석회 제조업(굴 껍질을 끓인다)을 전면 금지했는데, 이들이 방출하는 가스가 질병을 유발한다는 두려움 때문이었다.[76] 구체적인 연구는 존재하지 않지만, 우리는 공예가들이 도시 변두리로 이주하고 그보다 바람직하지 않은 산업(가죽 세공업, 대장간, 도예업, 염색업)이 도시 외곽으로 밀려났던 무슬림 세계의 도시들도 비슷한 추세를 따랐음을 알고 있다.[77] 그리고 아시아에서 공해를 가장 심하게 유발하는 공장들은 도심으로부터 물리적으로 가능한 한 멀리 밀려났던 듯하다. 가령 1712년 일본에서 막부의 쇼군(將軍)은 내재된 위험과 안온방해 때문에 도심에서 2킬로미터 떨어진 곳에 오사카의 철공소를 지으라고 명했다.[78] 식민지 인도에서도 안온방해 개념을 받아들여 19세기 말까지 적용했다. 안온방해는 이곳에서 "생명, 건강 또는 재산"을 위협하는 "위반, 위험, 불편, 감각에 대한 모욕으로 여겨지는 소음이나 냄새"로 정의되었다. 산업 시대 이전의 유럽 법은 확실히 전 세계 권력 기관에 영향을 줬고, 적어도 이론상으로는 폐기물을 공기·토양 및 하천으로 방출하는 공업과 장인들을 밀어낼 힘을 줬다.[79]

따라서 이런 법률 체제에서는 법정과 권력 기관의 통치가 우세했다. 고약한 악취를 방출하는 제조장에 대한 엄격한 통제는 공중 보건이 경제 발전보다 우선임을 나타냈다. 질산 제조업자에게 소송한 1768년 파리의 한 법정 사건에서 치안정감의 오른팔인 총경 르메르(Lemaire)는 다음의 내용을 상기시켰다.

이 수증기는 …… 사람들을 심하게 아프게 만들 수 있습니다. ……이러한 위험을 일으키는 시설은 어떤 거주 지역에서도 환영받지 않으며, 특히 파리에서는 환영받지 못합니다. 그런 작업이 다른 곳에서 일어날 수 있으니 말입니다. ……아울러 시민 보호가 경찰의 일차적 목표이므로—그리고 수도에서 대기의 질을 저하시키는 모든 종류의 공해 유발 산업을 금지하려는 상당수의 규제가 있으므로—이런 위반은 경찰의 관할 아래 들어가야 합니다.

이것은 분명 유행이었다. 많은 기록은 가스나 폐기물을 배출하는 장인들이 이웃의 불평 때문에 경찰서에 자주 불려갔음을 암시한다. 그리고 이런 위반은 차츰 법률적 성격을 띠었으므로 종심 재판소(sovereign court: 프랑스 혁명 당시 지방의 최고 사법 기관—옮긴이) 항소가 가능했다. 파리에서는 파리 의회가 이런 사건들과 관련해 권력의 집합체였다. 의회가 치안정감의 판결 목록에 기재된 제재 대상 용광로의 파괴를 지시하는 일도 드물지 않았다.[80] 이런 사건은 런던에서도 마찬가지로 흔했다. 1754년 런던의 한 시민은 이웃 중 한 명이 자택을 소규모 유리 공방으로 개조했으며, 이곳에서 상당량의 석탄을 태운다고 고소했다. 연기는 안온방해로 여겨졌는데, 원고의 과수원 식물과 나무 100그루를 파괴한 "역겹고 지독한 수증기"를 발생시켰다. 고소에는 손해 배상금 500파운드도 포함되었다. 배심원단은 그의 요구에 10퍼센트가 안 되지만, 그럼에도 만만치 않은 금액인 40파운드의 배상금 판정을 내렸다.[81] 안온방해는 공공의 사안으로 여겨졌기 때문에 형사 법원 소송도 꽤 자주 있었다. 1750년 파리의 한 질산 제조업자는 자신의 작업장에서 나오는 산성 수증기 때문에 이웃에 질병을 일으킨 죄목으로 고소당했다. 법정에서는 24명의 증인이 이 사안에 관해 증언했다. 검사를 수행한 치안정감은 공공질서와 공중 보건에 대한 이러한 위협의 존재를 확인시키기 위해 참석했다.[82] 영국에서는 수많은 안온방해 사건이 고등법원인 왕좌부(King's Bench)에 위임되었다. 판결 뒤에는 흔히 형사 소송 절차가 뒤따랐다.[83] 북아메리카에서는 산업 소송에 형벌 제도가 빈번하게 연계되었다.[84]

● ● ●

근대 초 공해는 일반적으로 오염원과 아주 근접한 지역에 한정되어 있었다. 그것은 시골과 도시 양쪽 풍경에 스며들었지만, 근본적으로 환경에 흡수될 수 있는 유기 물질의 변형으로 제한되었다. 그럼에도 악취, 연기, 오염된 물 등은 시민과 당국이 공업 지역 거주에 대해 왜 말을 아꼈는지 해명하는 데 따른 공포를 불러일으켰다. 소수의 예외(가령 군수품 공장)를 제외하면, 안온방해법은 공중 보건을 경제 발전보다 우위에 두는 예방적 조치를 채택함으로써 대중의 우려에 대응했다. 공해 유발 업종을 추방하고 널리 분산시킴으로써 근대 초기 인구는 그들의 공업 세계에서 발생하는 공해로부터 일반적으로 보호받았다. 그러나 (상업자본주의와 가속화하는 산업화에 의해 부추겨지고 강요된) 새로운 역학이 이러한 과정을 약화시켰다. 일부 지역의 사례나 전략 제품의 경우 새로운 형태의 공해가 나타났고, 사회와 환경 사이에 확립되어 있던 정치적·법률적 관계를 바꾸기 시작했다.

새로운 공해 연금술

산업화 이전 시대에 확립된 도덕 경제와 환경 규제는 유럽에서 처음 흐트러지기 시작했다. 르네상스 정신이 환경 착취를 금지하는 게 아니라 부추기는 지적 운동을 창출한 것이다. 자연철학과 과학이 자연 통제라는 전제 아래 한 몸이 됐다. 영국의 프랜시스 베이컨, 프랑스의 르네 데카르트, 게르만 공국의 고트프리트 라이프니츠가 옹호했던 '기계적 예술(mechanical arts)'은 자연과의 상호 작용에 대한 새로운 접근 방식을 입증하고 계몽주의를 예측했다. 18세기 박물학자들은 자연이란 인류에 이바지하기 위해 존재하며 인간은 단순한 필요의 한계를 넘어 얼마든지 자연 세계를 이용할 수 있다고 믿었다.[1] 이런 해석이 1750년 이후 공업의 부상과 거기서 파생한 물질적 이익의 원동력이 되었다.

새로운 공해 연금술은 세계 자본주의의 팽창에서 탄생했다. 광업이 맨처음 양상 중 하나였다. 인구 밀집 지역으로부터 이미 한참 떨어져 관습법의 경계 밖에 위치해 있던 광산은 공해를 관리하는 법규가 수익성을

위해 점차 왜곡 및 변질되는 실험실이었다. 환경 보호는 이 새로운 산업 시대에 그다지 관심사가 아닌 듯했다. 신세계 발견 이후 라틴아메리카의 귀금속 추출은 '세계 경제'의 탄생에 기여했다. 새로운 무역 경로가 구축되고, 해상 운송이 급증했으며, 최초의 자본주의 제도들이 등장했다. 새로운 국경은 전 세계의 생산 분포를 재설정했다. 중부 유럽은 1500년 세계 은의 85퍼센트를 생산했지만, 50년 후에는 신세계가 나머지 세계를 다 합친 것보다 더 많은 귀금속을 생산했다. 광업은 18세기 후반에 비약

적으로 발전했다. 페루·볼리비아·멕시코가 세계 은 시장을 점령했는가 하면, 브라질은 혼자 세계 금 추출량의 80퍼센트를 차지했다.[2]

그러나 광물 추출은 높은 공해 비용을 초래했다. 광석에서 은을 분리하는 데 엄청난 양의 납이 필요했고, 은과 금의 추출에는 수은을 사용했다. 이처럼 납과 수은 광산은 금, 은, 동의 채굴과 연계되어 있었다. 이 채굴 공정에서 나오는 잔류 폐기물은 유독성이 매우 강한 중금속으로 오랫동안 지속되는 오염의 위험이 있었다. 이러한 공해는 처음에는 특정 공업 지대에 한정되어 있었지만, 더 많은 공업 분야가 이들 재료와 거기에 수반되는 화학적 금속 가공 작업을 이용함에 따라 얼마 지나지 않아 더욱 널리 퍼지게 됐다. 에너지원인 석탄 및 공장 사업을 확장하는 데 필요한 그 밖의 화학 제품이 광범위한 환경 변화를 가속화했다. 19세기 초 환경에 대한 유럽과 아시아의 태도 사이의 '대분기'는 한층 더 벌어졌다.

세계의 광산과 광업

금속 공업은 근대 세계의 발명품이 아니었다. 구리·청동·철 야금술은 기원전 3000년 이래 존재했고, 고대 문명의 부흥에 기여했다. 중국인들은 기원전 200년부터 기원후 200년 사이에 철 야금술을 완전히 터득했다. 아테네는 라우리온(Laurion) 은광 덕분에 번성했는가 하면, 로마 제국은 에스파냐의 은과 구리 광산 및 콘월(Cornwall)의 주석 광산 덕을 봤다. 11세기에 중국 송나라는 풍부한 금속 자원에 접근할 수 있었기 때문에 상당한 제국적 팽창을 누렸다. 그러나 이러한 광물 추출의 정당화는 과도한 자원 착취를 비난하는 유교적 원칙과 정면으로 부딪쳤다. 이후 채굴은

몽골 침략으로 중단되었다.[3]

광업으로 인한 대규모 공해가 처음 일어난 곳은 로마 제국이었다. 스트라보(Strabo)는 그의 저서 《지리학(Geography)》에서 에스파냐의 은 주물 공장이 '치명적인' 연기 노출을 최소화하려고 굴뚝을 매우 높게 지었다고 보고한다. 납·비소·수은도 채굴했고, 많은 장인이 이를 사용했다. 하천 퇴적물과 빙하 만년설의 납 동위원소를 추적한 결과, 로마 주물 공장의 이런 수중기가 멀리 극지방까지 이동한 것으로 밝혀졌다. 금속은 환경은 물론 작업자도 중독시켰는데, 이는 로마 제국의 몰락에도 기여했을 것이다.[4]

아메리카 대륙이 발견되었을 때 중부 유럽[작센, 보헤미아, 실레지아(Silesia), 티롤(Tyrol) 지방]은 세계 광업의 중심지였다. 구리·은·금의 제련과 정련은 용리법(liquation, 溶離法: 광석 등을 적당히 가열해서 고체와 액체 또는 비중이 큰 부분과 작은 부분으로 분리하는 방법—옮긴이)과 회취법(cupellation, 灰吹法: 광석에 일정량의 시금납을 배합해 금·은을 회수하는 방법—옮긴이)을 통해 이뤄졌으며, 두 공정 모두 다량의 납이 필요했다. 크라쿠프(Krakow) 인근의 타노비츠(Tarnowitz) 납 광산은 각종 금속이 들고 나는 교차점에 있었다. 그곳에 우뚝 솟은 제련 공장들은 에트나(Etna: 이탈리아의 활화산—옮긴이)에 비유될 정도로 대기를 다량의 연기와 악취로 채웠다.[5] 1600년 단 1킬로그램의 순은을 생산하는 데 약 50킬로그램의 납이 들었다. 납은 절대 회수되지 않았다. 1500~1800년 보헤미아와 작센 지방의 광산은 연간 10미터톤의 은을 생산했다. 즉 15만 미터톤의 납이 자연환경으로 배출됐다는 얘기다. 오늘날에도 이 지방의 습지에서는 비정상적으로 높은 수준의 납이 발견된다.[6]

광업은 거대한 사업이었고, 자크 쾨르(Jacques Coeur)와 메디치(Medici)

가문, 특히 푸거(Fugger) 가문 같은 당대 최대 자본가들로부터 투자를 받았다.[7] 산업을 수용하기 위해 법률을 왜곡하고, 노동력을 강압적으로 관리했다. 사실 야금술 중심의 신세계는 사람들의 습관, 신념, 그리고 그들을 조직하는 행정 구조를 바꿔놓았다. 경제적 이득 앞에서 사회적·환경적 관심사는 부수적인 것이 되었다. 광산의 물주들은 다른 활동을 희생시키며 대규모 환경 착취 분위기를 조성했고, 지역 농민들은 자원과 풍경의 파괴에 탄식했다. 광업의 식탐은 끝이 없었다. 연료는 영구적으로 필요했고, 이는 곧 광산의 공장들이 삼림 벌채를 통해 지역 자원을 고갈시키고 나면 주기적으로 이전해야 한다는 뜻이었다.[8]

게오르기우스 아그리콜라(Georgius Agricola)의 저서 《금속의 성격에 대하여(De re metallica)》(1556) 중 일부는 당시의 광업을 바라보는 대립적 시각에 관한 대응이었다. 지역적·재정적 이해관계는 환경 영향 평가서의 초창기 원형(ancestor)이라 간주할 만한 것과 충돌했다. 관행과 자산, 지하수 및 기타 수로의 잠재적 오염, 동식물군 파괴, 또는 신설 진입 도로에 의한 경관 변경에 대한 영향을 조사받지 않으면 광산을 열 수 없었다. 논쟁의 다른 쟁점은 삼림 벌채, 더욱 많은 산업을 수용할 부속 건물 건축, 그리고 광산 붕괴의 위험에서 비롯됐다. 아그리콜라는 자신이 얘기하는 주제에 대해 잘 알고 있었다.[9] 그는 작센 지방 광업의 중심지인 켐니츠(Chemnitz)의 시장이자 의사였다. 근대 초기 채굴 기술에 관한 그의 영향력 있는 저서는 광업에 대한 진지한 옹호로 시작해 그것이 일으키는 최악의 공해 유발 활동을 정당화했다. 납을 설명하면서 '역병을 일으키는' '유해한' 따위의 말을 사용하기는 했지만, 아그리콜라는 야금술에 그것을 적용하는 데 따른 사회적 이익과 그것이 화학 혁신을 앞당기는 데 얼마나 중요한지를 강조했다.[10] 실제로 이즈음 케른텐 출신의 연금술사 파

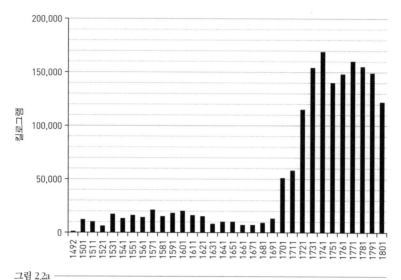

그림 2.2a

아메리카 대륙의 금 생산(kg), 1492~1801.

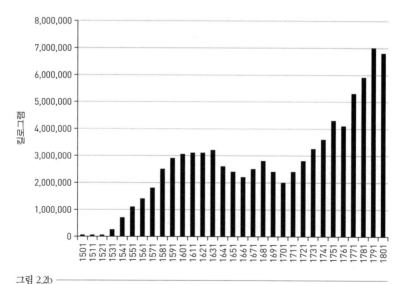

그림 2.2b

아메리카 대륙의 은 생산(kg), 1501~1801. 출처: John J. TePaske, *A New World of Gold and Silver*, Kendall W. Brown 편집 (Leiden: Brill, 2010): 188~191.

라켈수스(Paracelsus)는 금속에서 치료법으로 활용할 수 있는 잠재력을 발견했다. 그 역시 광업과 연계되어 있었으며, 의학이라는 이름으로 비소·황·구리·수은 같은 유독성 물질을 가지고 실험했다.[11]

중부 유럽의 금속 채굴과 관련한 환경 문제의 일부는 신세계의 불가사의한 광물 자원 발견과 함께 해소됐다. 광대한 아메리카 대륙 전역에 매장된 금과 은 광맥으로 인해 착취를 금하는 사회적·환경적 규제가 없는 지방의 자본가들은 추가 이익을 누렸다. 18세기 내내 신세계의 생산량은 폭증해서 전 세계 모든 곳의 생산량을 빠르게 앞질렀다.

4000미터 넘는 고지대에 있던 페루의 포토시(지금은 볼리비아 영토)에서 1545년 최초의 대규모 은광이 문을 열고 귀금속 열풍을 불러일으켰다. 예전에는 문명의 손길이 닿지 않고 아무도 거주하지 않던 이 지역은 불과 50년 후 인구 10만 명─아메리카 대륙에서 인구 밀도가 가장 높았다─의 급속히 발전하는 메트로폴리스로 부상했다. 이곳의 유일한 목적은 산비탈의 은을 추출하는 것이었다. 16세기 말에는 수은 혼합물을 이용해 은을 추출했다. 파티오(patio)라고 알려진 이 공정은 무려 2500리터의 급수장에서 으깬 광석을 진흙, 소금, 수은, 철 또는 황동광과 섞었다. 은은 수은과 합성했고, 다른 몇 가지 처리를 한 후 순은만 남기고 수은은 증발시켰다. 이는 생산량을 대폭 늘리는 효율적인 공정이었다. 생산 이익에 비용의 외주화가 들어갔다. 수은 기반 혼합은 인력과 환경의 무지막지한 착취를 수반했다. 끔찍한 노동 조건은 미타(mita)라는 시스템 아래 원주민을 에스파냐 왕정을 위해 강제로 일하도록 내몰았기 때문에 가능했다. 무려 1만 5000명의 광부가 포토시의 영구적인 강제 노동에 징집되었다. 포토시의 광업 생산량은 17세기 중반 잠시 하락한 이후 18세기에 새로운 정점을 찍을 정도로 성장했다. 1720~1820년에는 연간 80미터톤의

정련된 은을 생산했다.[12]

포토시의 경우처럼 뉴에스파냐(멕시코)의 광업도 귀금속을 다른 금속과 분리하는 다양한 관행에 의존했다. 하지만 여기서도 납을 사용했다. 추출된 광물은 합성 과정에 앞서 용리법이라는 공정을 통해 산화납과 혼합되었다. 1600~1800년에 300개 넘는 광산을 개발했다. 생산에는 막대한 자금 투자, 차질 없는 수은 공급 관리, 강제 노동이 수반됐다. 뉴에스파냐는 1700~1750년 페루의 2배, 18세기 말에는 3배의 은을 생산했다. 18세기에는 에스파냐 사람들이 총 4만 미터톤을 아메리카에서 수출했다.[13]

금 역시 아메리카 대륙의 여러 지방에서, 18세기부터는 주로 브라질에서 발견 및 추출되었다. 1692년 미나스제라이스(Minas Gerais)에서 광상을 발견했고, 1720년부터 1822년 독립할 때까지 매년 10미터톤의 순금을 채굴했다. 물론 이것은 불법 및 밀수 활동 때문에 저평가된 수치이지만, 그럼에도 전 세계의 거의 모든 금 생산량을 차지했다. 은이 그렇듯 광물에서 금속을 분리하려면 합성이 필요했고, 이때 채택된 혼합물은 수은이었다.[14]

금과 은은 사람들이 가장 탐내는 포상이었던 만큼 귀한 광물을 추출할 때 수은이 차지하는 중요성은 간과할 수 없었다. 역사적 운명의 장난인지 에스파냐는 이미 알마덴(Almadén, 아랍어로 '광산'이라는 뜻)에서 풍부한 수은을 공급받고 있었는데, 이곳은 특히 금속 함량이 무려 20퍼센트나 되는 세계 최대의 진사(Cinnabar, 辰砂)─수은 광석─매장량을 보유하고 있었다. 수은 광산 노동과 관련한 위험을 강조하자면, 알마덴의 노동 인력은 기결수와 사형을 선고받은 죄수들로 이뤄져 있었다. 1558~1816년 대략 6만 5000미터톤(18세기만 계산하면 4만 7000미터톤)의 수은을 신세계로 수출했다. 1564년 페루의 우앙카벨리카(Huancavelica)에서 또 다른 진사 광산이 발견되었다. 이곳에서는 미타 제도 아래 3000명의 광부를 배치했고, 1571~1812년 6만 2000미터톤을 생산했다. 이 두 광산은 왕정의 엄격한 관리하에 세계의 거의 모든 수은을 공급했다.[15]

1800년 이후 볼리비아 독립 전쟁에 뒤이은 혁명전쟁으로 수은 공급이 중단되고 광업의 하락세가 이어졌다. 하지만 그 시점까지 수은 사용은 전 세계 공해의 가장 심각한 원인 중 하나를 차지했다. 첫째, 진사 추출로 인해 영향을 받은 광부들은 만성 중독이 되고 신경계 질환에 시달렸다. 우앙카벨리카와 포토시의 목격자들은 이들 광산을 '인간 도살장'에 비유했고, 거기서 일하는 것은 근본적으로 사형 선고라고 덧붙였다. 그래서 강제 노동이 필요했던 것이다. 수은 채굴자 중 3분의 2가 직접적인 작업의 결과로 사망했다.[16] 환경 훼손에 대해 말하자면, 1565~1810년 1만 7000미터톤의 고독성 수은 증기가 우앙카벨리카의 대기 중으로 배출되었다는 추정치가 있다. 같은 기간 포토시에서는 3만 9000미터톤을 추가로 방출했다. 1500~1800년 라틴아메리카에서는 총 19만 6000미터톤이 방출되었다. 전체 수은 증기 중 25퍼센트가 이 두 현장에서 나온 것이다.[17] 은 1킬로그램을 생산할 때마다 1~1.5킬로그램의 수은이 파티오 공정 중 증발을 통해 사실상 사라졌다. 세척과 혼합 단계에서 또 상당량을 수로로 방출했다. 이후 그것은 메틸수은으로 전환되어 먹이사슬을 타고 올라갔다. 환경독성학 연구에 따르면, 이 공해 잔류물은 강 하류와 공기를 타고 광산 부지 주변 수백 킬로미터까지 뻗어나간 것으로 밝혀졌다.[18]

신세계의 모든 광업 체제는 신규 개척지 착취, 자본가의 투자, 국가적 참여, 강제 노동 그리고 엄청난 수준의 공해에 의존했다. 광업의 지식, 기술, 자본이 전부 보급되었으므로 다른 광업 중심지들도 비슷한 경로를 밟았다는 사실은 놀랍지 않다. 스웨덴에서는 중부의 산림 우거진 늪지대에 위치한 '구리산'이란 뜻의 스토라코파르베리(Stora Kopparberg)가 17세기 유럽 구리 공급량의 3분의 2를 차지했다. 이 금속은 용융(fusion)이라는 공정을 통해 광석에서 추출했다. 광석은 많은 황을 함유했고, 그 결과 용융 도중 유황 연기를 방출했다. 이 광산의 구리 생산량은 3000미터톤—즉, 그해 세계 구리의 20퍼센트—을 생산한 1650년에 정점을 찍은 후 18세기에 감소했다.[19] 일본에서는 17세기에 사람이 살지 않는 산악 지방에 위치한 아시오(足尾)와 벳시(別子)의 광산이 매년 1500미터톤 넘는 구리를 생산해 이 시기에 아시아의 구리 광업을 지배했다. 하지만 스웨덴처럼 일본 광산들도 18세기에 하락세를 겪었다. 광석은 황철석을 함유했고, 당국이 1702년 지역 희생자들에게 세금을 면제해줄 만큼 이산화황으로 공기와 물을 오염시켰다.[20]

이러한 하락은 부분적으로 러시아, 중국, 영국의 광산이 성장한 데 따른 것이었다. 표트르 대제가 서유럽과의 관계를 받아들이면서 1697년 이후 러시아는 철, 구리, 은의 막대한 시장을 확보했다. 러시아는 시베리아 알타이산맥에 있는 네르친스크(Nerchinsk)의 거대한 광업 거점을 가동하기 위해 5000킬로미터 떨어진 우크라이나로부터 어마어마한 양의 정련된 납을 운송했다. 중국에서도 비슷한 국경 개척 논리가 주변부의 구리 및 은 광산의 번영을 가능케 했다. 그리하여 1435년 칙령으로 청 제국 중앙의 은광을 폐쇄했지만 1740년 용리법과 합성법을 이용한 체계적인 광석 채취를 시작했고, 이는 인근 구이저우성(貴州省)에 있는 막대한 수은 광산과 연계되었다. 군부의 통제 아래, 생산—수치화하기는 어렵다—활동은 신세계 광산들과 비슷한 환경적 영향을 미쳤다.[21]

영국의 전개는 약간 다르다. 1750년 이후 영국은 광업 강국이 되었지만, 그 부는 귀금속 추출에서 나온 것이 아니었다. 엘리자베스 1세 치하의 16세기부터 국가는 독일의 광업 기술 도입을 장려하는 데 중추적 역할을 했다.[22] 1569년 케직(Keswick)─영국 북부 레이크(Lake) 지방─에 있는 광산 및 제련소 관련 칙령은 민간 광산 운영자에게 작업 소득을 승인했다. 이후 영국 광업이 호황을 맞은 부분적 이유는 자유로운 개발, 장려, 국가 관리의 결합으로 설명할 수 있을 것이다.[23] 이유야 어쨌든 영국은 18세기에 주로 콘월과 데번(Devon)에서 이뤄진 주석 광업과 정련 공업을 크게 일으켰다. 폭발물과 갱도의 양수기 전문 기술 덕분에 전 세계 구리 생산량에서도 선두를 달렸는데, 대부분은 웨일스의 스완지(Swansea)에서 정련했다. 1778년 이후 구리는 선박의 정형 구조를 구축할 때 내구성이 가장 좋은 선택지가 되었다. 공해상에서 영국의 함대는 가장 강했다. 구리 수요는 영국의 패권을 보장할 만큼 계속 치솟았다. 생산량은 1730년의 1000미터톤에서 1760년대에 2500미터톤으로, 다시 그 세기가 끝날 때는 4000미터톤으로 증가했다. 물론 이러한 생산량 증가는 특히 도심의 제련 공장 주변에서 대기 오염 민원도 늘었다는 뜻이다. 여러 건의 관습법 재판이 이들 공장에 도시 외곽으로 이전하라는 명을 내렸다. 이런 일은 1770년 리버풀에서, 1796년과 1809년 웨일스에서 일어났다. 19세기 금속 공업에서 영국이 거머쥐었던 인상적인 권력은 이미 자욱했던 매연 아래 구축한 것이었다.[24]

일반적으로 모든 광산─가장 소규모인 것조차─은 어떻게든 주변 환경에 해를 끼쳤다. 수로를 (아마도 비소와 황으로) 오염시켜온 프랑스 브르타뉴 지방 위엘고아(Huelgoat)와 풀라우앙(Poullaouen)의 납 광산과 은 광산이 이런 경우였다. 인근 지역의 수확은 전멸한 상태였고, 1773~1776년 기나긴 재판 끝에 판사는 농민들에게 농작물 손실분을 보상하라는 판결을 내렸다.[25] 노르웨이에서는 1799년 한 여행자가 뢰로스(Røros)의 구리 광산 주변에서 마찬가지로 황폐해진 풍경을 묘사했다.

> 도시 주변에 용광로들이 있다. 불에 태울 광석 무더기가 보이는데, 이것들은 연소하자마자 매우 미세한 유황을 다량으로 만들어내지만 굳이 수거하려는 사람은 아무도 없다. 그것이 검게 그을린 무더기 전체를 덮고 있다. 증기는 도시 쪽으로 빈번히 내려와 거리를 채우고, 이것이 주민들의 호흡에 영향을 미친다. 말을 타고 이 무더기 옆을 지나가면서 우리는 이러한 배출이 폭발 후 베수비오(Vesuvio) 화산의 분화구에서 나온 것만큼이나 압도적이라고 생각했다. 도시의 한 의사는 이 기체가 가장 치명적인 영향을 미친다는 사실을 확인해줬다. 광산 사장은 유황을 수거하려면 비용이 너무 많이 들어서 안 하는 거라고 설명했다.[26]

'어두운 악마의 맷돌'과 영국 계몽주의

근대 초기의 광산 운영자들은 유럽을 휩쓴 새로운 자본주의 정신 속으로 사력을 다해 자신을 내던졌다. 시장 수요로 촉발된 자연 착취, 인간 노동의 강화, 자본 집중, 국가의 역할, 제국의 지배 그리고 생산의 유해한 영향에 눈을 감는 능력은 일제히 지하에서, 그리고 광물 추출에 자금을 댄근거지에서 일어났다. 1750년대부터 산업화는 다른 사회 현상보다 경제적 자율을 옹호하는 이 새로운 세상의 구성 요소가 되었다. 칼 폴라니(Karl Polanyi)가 '대전환(great transformation)'이라 부른 것은 제한된 소수에게만 혜택을 주었음에도 많은 형태의 사회 조직을 파괴하고 경제 발전—

여러 부문에서—을 정당화했다.[27] 이 새로운 정신은 1750~1800년 인구가 1억 4000만 명에서 1억 9000만 명으로 증가한 유럽에서 주로 자리를 잡았다.

1차 산업혁명에 관해서는 방대한 양의 문헌이 집필됐다. 역사가들은 어떻게 수요가 생산, 기술, 경제 제도, 생태적 제약에 영향을 미쳤는지와 노동 강화를 계속해서 거론했다. 아울러 어떻게 이데올로기와 문화가 퀘이커교도(Quaker) 같은 집단에서 완벽하게 구현되었던 영국식 '산업적 계몽'의 실제 목표에 영향을 주었는지도 고려했다. 그들은 농업 노동자를 생산 라인의 일부분으로 일하도록 고용했던 원형 공업화(proto-industrialization)에서 도시 기반의 제조업으로 이행하는 과정을 폭넓은 시각으로 바라봤다. 이런 연구를 읽으면 산업화로 귀결된 정확한 이유와 그 발전 속도에 관한 논쟁이 절대 명확하게 해결된 적 없다는 사실이 바로 드러난다. 그러나 산업 발전의 원인을 둘러싸고는 많은 이론이 존재할지라도, 산업 세계의 탄생이 1750~1830년 그레이트브리튼에서 일어났다는 데는 일반적 합의가 있다.[28] 산업화에 이른 경로에 대한 역사에서 공해를 연구나 설명의 중심에 놓은 적이 한 번도 없다는 점 역시 주목할 필요가 있다. 사실 그 역사 대부분은 이 쟁점을 철저히 무시한다. 마치 산업화가 오염 물질과 함께 정상화했다는 듯 말이다.[29]

2개의 거대 산업 부문은 섬유와 금속이었고, 각각 그에 걸맞은 오염 물질을 배출했다. 면직 공업은 영국과 그 제국이 장악했고, 생산량은 1770~1790년 그리고 다시 1790~1802년 10배로 늘었다.[30] 이러한 눈부신 발전은 실을 잣고 옷감을 짜는 데 중요한 기술 혁신을 수반하며 이뤄졌고, 그 결과 집중적 자본 투자와 수력 공장에 이어 얼마 안 가서는 증기 기관으로 가동하는 더 큰 공장들이 생겨났다. 이 모든 것이 공장 체제의 도래를 알렸다. 18세기 말 영국은 700개의 방적 공장을 자랑했다. 많은 공장이 50명도 채 안 되는 노동자를 고용했던 반면, 그 밖의 공장은 훨씬 더 큰 규모로 운영했다. 그 한 가지 사례가 글래스고(Glasgow) 근처 뉴래나크(New Lanark)에 있는 로버트 오언(Robert Owen)의 직물 공장으로, 1816년에 1700명의 직원을 고용했다. 1821년 맨체스터(Manchester)에서는 7층 높이의 방적 공장이 11개 있었고, 대부분은 증기로 가동했다.[31] 섬유 공업의 기계화가 다른 공업 부문을 따라 발전했고 금속, 특히 철과 구리의 수요를 창출했다. 18세기 내내 산업용 철 생산은 구할 수 있는 가연성 연료의 질에 달려 있었다. 광석은 연료와 함께 용광로에서 녹여야 했는데, 석탄은 황을 너무 많이 함유했기 때문에 연소용 선택지로는 제외됐다. 그러나 1710년 에이브러햄 다비 시니어(Abraham Darby Sr.)가 석탄에서 황 함유분을 제거해 코크스를 생산하는 데 성공했다. 그는 버밍엄(Birmingham) 인근 콜브룩데일(Coalbrookdale)의 대장간에서 이것을 해냈는데, 하루아침에 모든 용광로의 잠재력을 향상시켰다. 그의 아들과 손자인 에이브러햄 다비 2세와 3세는 코크스 제조 공정 기술을 한층 더 개선했고, 이로써 영국 철 생산의 품질에 혁혁한 발전을 불러왔다. 그 결과, 1760년 이후 광산의 목재 레일을 강철 레일로 대체하고, 1779년에는 콜브룩데일 공장 근처에 알맞도록 세번(Severn)강에 세계 최초의 철교를 건설했다. 그리고 마침내 1784년 헨리 코트(Henry Cort)가 주철을 반사로(反射爐)에서 탈탄(탄소 제거)하는 연철법(puddling)이라는 공정을 발명했다. 그 시점부터 철은 선택되는 재료로 구리를 자주 대체하는 실용적인 상품이었다. 영국의 철 생산량은 1786~1796년 2배가 되었고, 1820년에는 연간 40만 미터톤에 달했다.

하지만 어떤 진전이 있었건 금속 공업과 섬유 공업의 발전은 거기서 배출된 과다한 폐기물 때문에 충격을 안겼다. 1776년 유명한 농학자 아서 영(Arthur Young)은 콜브룩데일을 방문했는데, 기술이 기저에 퍼뜨린 갖가지 참상과 조화를 이루기에는 주변 전원이 너무나 아름답다며 이렇게 묘사했다.

그 모든 거대한 기계들과 함께 들리는 대장간과 공장 등의 소음, 타들어가는 석탄과 석회 가마의 연기와 함께 용광로에서 터지는 불꽃은 전적으로 숭고하며, 브리스틀(Bristol)의 세인트빈센트(St. Vincent) 바위처럼 우락부락하고 헐벗은 바위들이라면 잘 어우러질 것이다.[32]

2년 뒤에는 화가 조지 로버트슨(George Robertson)이 콜브룩데일을 방문했는데, 여섯 편의 그림에서 마찬가지로 숭고함과 끔찍함 사이의 대조를 묘사했다. 존 윌킨슨(John Wilkinson)의 대포 공장—그의 예전 제휴사인 에이브러햄 다비의 철공소와 인접해 있었다—은 지옥 같은 연기를 뿜어내 하늘을 뒤덮는 끔찍함의 전형적 역할을 했다. 로버트슨의 그림 중 한 편은 일종의 공장 인테리어의 렌더링(rendering: 아직 제품화하지 않고 계획 단계에 있는 제품을 누구나 그 외관을 이해할 수 있도록 실물 그대로 그린 완성 예상도—옮긴이)이었다. 요컨대 전체 분위기가 침울해 공업의 종말론적 비전을 제공했다. 1801년 필리프자크 드 루테르부르(Philippe-Jacques de Loutherbourg)가 그린 콜브룩데일의 코크스 공장과 대장간 및 제철소 그림은 산업 경관에 대해 훨씬 더 암울한 초상을 보여준다. 이번에도 공기는 따뜻한 빛깔과 뿌연 연기로 가득 차 보인다. 역시 숭고하면서도 지옥과 같다.[33]

이러한 묘사는 산업의 약탈이 준 충격, 1세대 낭만주의 작가들이 거론한 바 있던 공포를 살아나게 했다. 애나 수어드(Anna Seward)는 1785년 자신의 시(詩) 〈콜브룩데일(Colebrook Dale)〉에서 이렇게 고발했다.

> 부드럽고 낭만적이고 성스러운 풍경을
> 침범하는 검댕 부족들.
> ……수줍음 타는 당신의 계곡을 통과하니, 당신의 셀 수 없는 붉은 불길이
> 치솟는 불꽃이 당신의 언덕들마다 다투는 사이
> 한여름 태양을 어둡게 하는 커다란 기둥들
> 관 뚜껑처럼 번지는 짙은 유황 연기
> 숲의 예복 위에 누운 시체들을 가리는
> 당신의 열망하는 바위들.[34]

시의 다음 대목은 '오염시키다(pollute)'라는 단어에 관한 흥미로운 의미론적 유희를 제공하는데, 여기서 수어드는 이중의 의미를 부여한다. 그녀는 한편으론 전원의 겁탈이라는 성적 함축을 환기시키고, 다른 한편으로는 "당신의 강풍을 오염시키고 당신의 유리 같은 강물을 얼룩지게 한다"며 환경 변화를 주시한다. 수어드의 시는 산업 세계의 새로운 배설물과 공해 사이의 연결 고리를 처음으로 발 빠르게 포착했다는 점에서 주목할 만하다.[35] 윌리엄 워즈워스(William Wordsworth)는 시집《세상은 우리에게 과분하다(The World Is Too Much with Us)》(1807)에서 같은 맥락으로 새로운 산업 체제를 비판했다.[36] 그는 공업의 게걸스러운 식탐에 소비되는 전통적인 영국 시골의 상실을 개탄한다. 윌리엄 블레이크(William Blake)의 시 〈예루살렘(Jerusalem)〉(1804)에 나오는 "어두운 악마의 맷돌(Dark satanic mills)"은 깊은 울림을 준다. 이 부분은 1785년 그의 런던 자택 근처에 등장한 최초의 증기 동력 제분소에서 영감을 받았다.[37]

석탄의 화력: 환경에 주는 부담

석탄과 영국 전역에 피어오른 그 검은 연기는 산업혁명의 상징으로 확고히 자리를 잡았다. 식물이라는 유기 물질의 지질학적 시간에 따른 열화(degradation, 劣化)의 결과물인 이 퇴적암은 탄소 함유량에 따라 많은 이름으로 알려져 있다. 토탄(peat)은 탄소를 50퍼센트 미만, 갈탄(lignit)은 약 75퍼센트, 산업용 석탄은 무려 90퍼센트 함유한다. 정도의 차이는 있지만 이 다양한 연료의 연소는 유독성 물질을 배출한다. 이산화탄소, 산화황, 질소 산화물 ─ 모두 공기를 산성화한다 ─ 그을음 그리고 카드뮴, 비소, 수은, 역청유(瀝靑油) 및 기타 휘발성 유기 화합물 같은 기본적인 미립자는 자연환경에 널리 퍼진다. 역사적으로, 석탄은 아시아에서, 특히 11세기에 그것을 사용하는 야금술에 숙달했던 중국에서 가장 많이 채굴했다. 그러나 1078년 황실 칙령으로 모든 채굴 활동을 금지했다. 광업 자체가 유교의 윤리적 신념에 위배됐기 때문이다. 이러한 금지가 몽골의 침략과 결합하면서 그 이상의 광업 발전은 중단됐다. 근대 초기에도 석탄을 여전히 채굴했지만 그 양은 제한적이었다.[38] 일본에서는 18세기에 들어서야 석탄 수요가 늘었지만, 이때조차 그 결과는 공포심을 자아냈다.[39]

유럽에서도 오랫동안 석탄 사용은 비교적 드물었고, 영국과 벨기에의 리에주 분지 같은 특정 지역에 한정되어 있었다. 리에주와 놋쇠 합금을 생산하는 아연 및 구리 광산 인근에서 지표면에 노출된 석탄층은 르네상스 기간에 군수품 생산 및 그 밖의 많은 금속 공업 부문에서 이 지역이 명성을 얻는 데 일조했다. 네덜란드에서는 17세기부터 석탄을 사용했는데, 이곳에서는 토탄과 함께 그것을 태워 역시 오염도 높은 미립자를 방출했다.[40] 그러나 석탄은 영국에서 가장 널리 사용되었다. 뉴캐슬어

폰타인(Newcastle-upon-Tyne)이 18세기 중엽까지 주요 석탄 생산지였다. 1570년경에는 연간 약 3만 미터톤을 채굴했는데, 1800년에 이르면 그 양이 200만 미터톤으로 증가했다. 타인(Tyne)강 어귀는 항상 이 가연성 암석을 공업용으로 유럽 대륙에 공급하거나 주로 난방용으로 쓰는 런던에 공급하는 석탄 수송선―'시콜(sea coal)'이라는 단어에 영감을 줬다―으로 가득했다. 한동안은 장인 중 대장장이와 자물쇠 장수들만이 석탄을 썼다. 그러나 용광로 혁신이 산업적 가능성을 넓혔다. 반사로가 그런 발전 중 하나다. 17세기 말 웨일스에서 발명한 반사로는 연료와 제련된 금속에서 나오는 황을 분리시켜 훨씬 더 순수한 형태의 납, 구리 및 주석을 생산했다. 1700년 영국 석탄의 3분의 1은 공업에서, 석회 공장에서, 제염 공장(전체 석탄 생산량의 7~10퍼센트를 소비했다)과 맥주 양조장에서 연소됐다. 18세기에 목재 부족과 그로 인해 상승한 가격이 탄광 개발의 수익성을 한층 높였다.[41] 새로운 추출법으로 생산량이 훨씬 늘었고, 이는 결과적으로 유리·비누·타일 공장, 벽돌 공장, 백반 처리, 제당 및 특정 섬유 작업(세척, 건조, 염색 등)으로의 산업 적용이 확대되도록 촉진했다. 제철업만이 코크스 제조와 연철 과정이 개발될 때까지 석탄을 거부했다. 그 시점부터는 영국의 공업 제조 부문에서 석탄이 연소 자원으로서 사실상 독점권을 보유했다. 생산 및 소비가 대폭 증가했다. 제철업이 소비하는 석탄의 양은 1750년 2만 1000미터톤에서 1830년 550만 미터톤으로 늘었다. 석탄은 그레이트브리튼뿐 아니라 유럽 대륙의 몇몇 지역에서도 대세 연료가 되었다. 석탄 소비는 1700년 270만 미터톤에서 1750년 520만 미터톤으로 계속 늘어 1800년에는 믿기 어려운 1500만 미터톤에 이르렀다. 좀더 넓게 보면, 석탄 생산은 1750~1830년 500퍼센트나 증가했다.[42] 이런 호황은 영국 세력 팽창의 기틀을 마련했고, 1800년 이후 유럽과 아시아의 '대

분기'를 확고히 했으며, 화석 연료 시대의 도래를 알렸다.[43]

또한 이러한 발전은 석탄 연소가 증기 용광로의 동력이 되도록 촉진하기도 했다. 1660년대에 영국의 로버트 보일(Robert Boyle)이 수행한 기체 압력에 관한 과학 실험과 1680년경 프랑스의 드니 파팽(Denis Papin)이 수행한 피스톤에 관한 이론적 연구를 바탕으로 1697년 영국인 토머스 세이버리(Thomas Savery)는 그들의 원리를 광업 개선에 적용함으로써 이론을 실천에 옮겼다. 세이버리는 탄광에서 물을 추출하는 데 사용하는 증기 펌프를 발명했다. 비효율적이고 위험했던 이 펌프를 1712년 토머스 뉴커먼(Thomas Newcomen)이 개선했고, 그의 대기압 기관은 인기 있는 것으로 판명 났다. 1733~1773년 300대를 제작했다. 뉴커먼의 시끄러운 펌프는 데번과 콘월의 풍경을 점점이 수놓은 기관차 차고에서 보유했다.[44] 그의 펌프는 전형적인 특징인 연기 기둥으로 즉시 알아볼 수 있었다. 뉴커먼의 엔진은 제임스 와트(James Watt)에 의해 훨씬 더 효율적이 되었다. 1769년 와트는 용광로에서 냉각기를 분리했는데, 이것이 축축한 광산에서 기계의 힘을 높여줬다. 버밍엄의 소호(Soho) 주조 공장에서 매슈 볼턴(Matthew Boulton)과 일하던 와트는 1776년 콜브룩데일 근처의 윌킨슨(Wilkinson) 대장간에 자신의 최초 증기 기관을 설치하기 전 뉴커먼의 디자인에서 동력과 효율성을 늘리는 방법을 모색했다. 이는 즉각적인 성공을 거뒀다. 와트와 볼턴이 특허를 신청한 직후 그들의 엔진은 뉴커먼의 펌프를 대체하기 시작했다. 18세기 말 영국제도(그레이트브리튼섬과 아일랜드섬 및 그 인근의 섬을 아울러 이르는 말―옮긴이)에서는 1000대 넘는 증기 기관이 가동되었다. 1830년에는 섬유 산업에서 유압식 수레와 말을 모두 대체하기 시작했다. 영국에서 생산하는 면의 4분의 3이 증기력으로 가동하는 방적 공장에서 만들어졌다.[45] 증기 기관은 운송 수단도 획기적으로 변화시켰다. 1802~

1814년 리처드 트레비식(Richard Trevithick)은 웨일스에 있는 그의 광산에서, 그리고 조지 스티븐슨(George Stephenson)은 킬링워스(Killingworth)에서 철도 위를 달리는 증기 기관차 실험을 했다. 1830년에는 모델 로켓(Rocket)이 맨체스터와 리버풀을 오가며 승객을 실어 날랐다. 이는 전적으로 증기력에만 의존한 최초의 기차였다. 이런 식으로 화석 연료 르네상스의 뒤에 바짝 붙어 철도 시대가 등장했다.

석탄과 증기의 결합으로 영국은 바이오매스에 의해 부과된 에너지 한계에서 자유로워졌다. 1830년 이전에는 영국에서마저 재생 가능 에너지 자원이 우세했고, 강과 수력 발전이 산업혁명으로 가는 길을 구축했다고 주장하는 사람도 있을 수 있다.[46] 지나고 나서 보면, 증기 기관의 영향은 놀랍다고 말하기에 부족함이 없다. 하지만 증기 기관의 성장은 여러 산업 부문에서 그것이 담당했던 여전히 작은 역할과 그 확장세에 반대하며 들고일어난 광범위한 저항을 가렸다. 그럼에도 더 오래된 형태의 에너지 생산에 추가된 석탄 화력은 계속해서 성장하는 산업 부문이 절대 연료 부족 때문에 쇠퇴하지 않도록 보장해줬다. 와트와 볼턴은 1775~1825년 해외에서 겨우 110건의 주문을 받았지만, 벨기에에는 1790년 거의 60대의 증기 기관(대부분 광업 운영에 사용했다)이 있었다. 1800년 프랑스에서는 60~70대를 가동했다. 이 수치는 1830년에 625대로 늘어났다. 미국에서는 1820년 이전만 해도 많은 엔진이 목재 연료를 썼지만, 이 신생 국가는 1825년에는 500대, 1838년에는 3010대의 증기 기관을 보유했다.[47] 바꿔 말하면, 1830년대 증기 기관의 찬란한 부상은 철도의 성장 및 대규모 공업의 출현과 때를 같이했다.[48]

새로운 에너지 자원으로서 석탄은 유연하고, 믿을 수 있고, 자연 조건으로부터 독립적이며, 많은 산업에 응용할 수 있었다. 그러나 석탄의 등장은 많은 사회적·경제적 규범을 흔들었고, 빠르게 불만을 불러일으키기도 했다. 광업으로 인한 공해는 곧 최초의 탄광들이 개장한 후 법정 소송이 줄줄이 뒤따랐다는 뜻이다. 17세기 초반 뉴캐슬이 그런 사례로 80헥타르의 토지가 황폐해지고, 공기는 이산화황과 질소 산화물로 오염됐으며, 수로는 중금속으로 더럽혀진 상태였다.[49] 배출 물질은 공포를 자아냈다. 매연으로 가득 찬 런던에서 역학자 존 그론트(John Graunt)는 사망률 상승과 대기 질 하락 사이의 상관관계를 끌어냈다.[50] 프랑스에서는 자욱한 매연—불투명한 유황과 역청유 성분—이 역겨운 악취와 결합해 불안한 우려를 전염시켰다. 런던과 리에주 지방의 폐결핵 발생은 석탄 연소 때문이었다. 파리는 석탄 연소에 전면 금지령을 내렸다. 대장간만 면제됐다. 센강의 물을 펌프질하기 위해 증기 기관을 제작한 1778년 의대 교수들이 거기서 배출될 유황 가스를 경고하자 왕은 튀일리(Tuileries) 궁전에서 가능한 한 먼 곳에 그것을 설치하라고 명했다.[51] 일본에서도 석탄 연기는 해롭고 사람과 문명의 건강에 위협을 준다고 여겼다. 규슈(九州)의 탄광 주변에서는 시위가 일어났다.[52]

연료 자원으로서 석탄의 득세는 논란을 유발했지만, 새로운 현실에 익숙해지는 것은 불가피했다. 1780년대 오스트리아와 벨기에의 샤를루아(Charleroi) 인근 지방의 목재 부족—파리와 바르셀로나에서처럼—은 영국의 석탄 호황이 영국해협을 건너 자리를 잡고 그 덩굴손을 유럽 대륙 전역으로 뻗칠 수 있게끔 해줬다. 각국 정부는 석탄 사용 산업에 인센티브를 제공하고, 순순히 따르는 이들에게는 면제와 특별 허가를 제공했다. 많은 사업가는 의학적 경고를 무시하고 석탄의 안전성을 주장함으로써 그것이 무해한 에너지 자원이라고 거짓 홍보했다.[53] 석탄 연소를 좀더 참을 만하게 만들려면 그것을 코크스로 제련하는 일—영국인이 배우고 실행했듯—이 수반되어야 했지만, 이러한 제련이 대륙에서는 1820년 이후까지 지연되었다. 그 결과, 석탄의 수용은 빈번한 반대에 부딪친 느린 문화 적응 과정을 겪고 나서야 이뤄졌다.[54] 석탄을 때는 산업의 가장 오래되고 가장 광범위한 본거지인 영국은 가장 오염된 공기로 신음했다. 어둡고 매캐하고 거무스름한 스태퍼드셔(Staffordshire)는 1820년대에 블랙 카운티(Black County)라는 별명으로 불리는, 좋다고는 할 수 없는 영예를 얻었다. 게오르크 메이(Georg May)는 이 카운티를 종말론적 단어들로 묘사했다. "들판은 그을음으로 뒤덮이고 공기는 매연으로 오염된 이곳에서 자랄 수 있는 것은 거의 없다. ……어떤 나무나 덤불에서도 초록 이파리를 찾기 어렵다. 이 구역의 일부 지역은 마치 파괴적인 화재로 초토화된 것처럼 보인다."[55] 1828년 젊은 작가이자 생시몽주의(Saint-Simonism: 자본주의 사회의 모순을 사랑과 협동으로 극복할 수 있다고 믿었던 사회주의 초기 이론 중 하나—옮긴이) 추종자 귀스타브 데슈탈(Gustave d'Eichthal)은 뉴캐슬에서 "하늘은 증기 기관의 연기와 그것을 없애려고 광산의 타일 위에서 태우는 석탄 먼지로 시커메졌다"고 논평했다.[56] 이런 연기 기둥이 산업화한 영국을 대표하는 특징이었다.[57]

바퀴 속의 기름

공업 발달은 또한 수많은 부산물을 생성했다. 그것은 전통적인 화학 공장도 몇 배로 늘렸고, 한층 집중적이고 확장된 화학 공업의 출현을 이끌었다. 일반적으로 유기 제품은 효율성을 높이는 이점을 지닌 좀더 오염도 높은 광학 물질로 대체되었다. 가령 과거 무두질과 염색에 널리 쓰이던

순한 유기산(酸)은 질산 및 황산과 경쟁이 되지 않았다.[58]

수요 증대는 이러한 전환을 촉진하고 생산을 강화시켰다. 전통적 수공업은 갈수록 이런 압박을 수용해 작업에 강력한 화학 제품을 점점 더 많이 채택했다. 1750년 이후 도예, 자기, 벽지, 도금, 모자 제조 같은 수공업은 예전에는 금지하던 화학 제품을 사용하면서 더욱 산업적인 차원을 획득했다. 가령 펠트(felt) 모자를 만들기 위해 토끼 가죽을 건조할 때 질산수은을 사용하는 데 따른 우려를 상업적 압력 앞에서 떨쳐버렸다. 프랑스에서는 수은 사용을 아직 금지했지만, 영국 모자 업체와의 경쟁은 곧 프랑스 여성 모자 제작자들이 수은을 '비밀' 성분의 일부로 사용함으로써 이러한 금기를 우회했다는 뜻이다.[59] 수은은 유리와 창문의 은 도금과 금속 도금 같은 다른 수공예 작업장에서도 사용했다. 너무 빤한 결과이지만, 대기 중에 방출된 수은 함유 기체의 양은 1780~1830년 이 작업을 수행하는 곳이라면 어디서나 증가했다.[60] 제네바의 시계 및 보석 제조업자 사이에서의 높은 발병률 때문에 이 도시의 예술 협회는 그 원인이 이 공예품에 사용하는 혼합물과 연관이 있는지 조사하기에 이르렀다.[61] 18세기 말에 독성 광물은 자기, 도기 및 벽지를 장식하는 데 사용하는 안료에서 살 길을 찾은 상태였다. 빨간색은 진사(황과 수은으로 구성되어 있다)와 버밀리언(vermillion, 수은에서 나온다) 그리고 광명단(minium, 산화납)으로 만들었고, 녹색은 푸른 녹(verdigris, 산화구리)으로, 노란색은 안티몬(antimony: 금속 합금에 흔히 쓰이는 원소—옮긴이)이나 매시콧(massicot, 또 다른 산화납) 또는 자주꿩의비름(orpin)이나 웅황(orpiment, 황화비소에서 나온다)으로 제조했는가 하면, 대부분의 흰색은 백연광(ceruse, 탄산납)이나 비스무트(bismuth) 또는 주석으로 만들었다. 이런 색상은 우선 금속 합성물을 으깨서 사용할 수 있게 준비한 다음, 거기에 산(酸)을 첨가하거나 높은 온도로 가열했는데, 이때 유해한 연기가 나왔다. 분쇄 공정은 미세 분말을 생성했는데, 이것이 보통 치명적인 직업병의 원인이 됐다. 1780년대에 다양한 학계가 노동자들 사이에 번진 이 갑작스러운 질병의 증가에 관심을 가졌다. 프랑스과학아카데미는 '비위생적인 기술'을 조사하는 학회를 개최했는데, 여기에는 금속 도금, 모자 제작, 주석 세공, 색상 분쇄, 탱크와 파이프 세척이 포함됐다. 1803년 이후에는 국가산업진흥회(SEIN), 1819년 이후에는 프랑스학사원(Institut de France)에서도 연구에 착수했다.[62]

가장 흥미로운 변화는 화학 공업 내부에서 벌어졌다. 백반은 광업과 화학 공업이 1750년부터 어떻게 합치되었는지를 보여주는 확실한 선택이다. 백반은 야금술에 사용했지만 주로 무두질과 염색 작업에서 색을 내는 매염제로 쓰였다. 이것은 황산알루미늄, 그리고 명반석 광맥이나 황철석(黃鐵石) 파편에서 발견되는 한두 가지 다른 광물의 화합물이다. 백반은 전 세계에서 사용했지만, 19세기 초까지는 교황령(Papal States, 敎皇領: 가톨릭교회의 영유지로 교황의 세속적 지배권이 미치는 지역—옮긴이)이 이탈리아의 톨파(Tolfa) 광산을 관리함으로써 생산을 지배했다.[63] 영국 역시 요크셔(Yorkshire) 해안에 있는 풍부한 알루미나(alumina) 광상의 소유권을 주장했는데, 이곳은 16세기에 바티칸과 결별한 이후 헨리 8세의 왕명으로 대량채굴되었다. 그 결과 탄생한 이 지방의 산업 복합 단지는 영국 화학 공업의 산실이 되었고, 18세기를 지나면서 해안가를 황폐화시켰다.[64] 비슷한 상황의—그리고 비슷한 환경적 영향을 받은—스웨덴은 백반 추출 산업을 이 나라의 남동쪽에 집중시켰다. 백반 생산에는 채굴한 암석을 거대한 오븐에 넣고 섭씨 600도에서 가열하는 작업이 포함됐는데, 어떤 때는 몇 달 동안 쉬지 않고 계속했다. 연화, 세척, 농축, 결정 같은 다른 작업은 인근 지역 주민을 괴롭히는 막대한 양의 매연을 배출했다.[65] 황철석 파편이 포함된 경우에는 1820년 이후 암모니아(석탄 증류의 부산물)로 대체하기 전까지 다량(18세기 요크셔에서는 연간 약 200미터톤)의 소변을 썼다. 황철석은 황과 황산을 모두 함유하고 있기 때문에 공정에서 원치 않는 황산염이 나왔다. 황산염의 산성 기체는 인근 강을 오염시키는 주범이 되었다. 스웨덴의 공장에서는 다량의 석탄을 함유한 편암도 1810년 이후 가연성 연료의 재료로 사용했다. 하지만 편암은 1킬로그램당 다량의 황과 5,8밀리그램의 카드뮴을 함유하고 있었다. 1726~1840년 약 5000킬로그램의 카드뮴이 자연환경에 방출됐고, 그 흔적을 오늘날에도 여전히 감지할 수 있다.[66]

백반과 그것이 만들어낸 공해는 화학 공업 탄생의 흔적이다. 1770년대에 프랑스 화학자 장앙투안 샤탈(Jean-Antoine Chaptal)은 자신과 같은 독일 화학자 안드레아스 마르그라프(Andreas Marggraf)의 연구를 기반으로 황산을 진흙 및 탄산칼륨과 섞어 합성 백반을 생성하는 방법을 찾아냈다. 그것은 1780년부터 파리의 자벨(Javel) 공장에서 처음 생산했고, 이후 1797년부터는 샤탈 공장에서 제조했다. 18세기 말에 프랑스는 1410미터톤의 백반과 970미터톤의 황산염을 수출했다. 그러나 1830년에는 7175미터톤의 합성 백반과 1414미터톤의 황산염을 생산했는데, 둘 다 자급자족하기에 충분한 양이었다.[67] 19세기 초에 합성 백반은 요크셔 지방, 특히 신생 산업에 의해 완전히 뒤바뀐 마을인 레이븐스카(Ravenscar)에서도 생산했다.

대체로 화학 공업은 그 자체가 산(酸) 생산을 중심으로 구조화되어 있었다. 그것은 동전 제조의 정련과 세정, 광물의 연삭과 세척 등처럼 대다수 야금술 작업에 필수 성분이었다. 또한 산은 면의 표백에서부터 산욕(acid bath, 酸欲)과 발색까지 섬유 산업에도 필요했다.[68] 이는 산이 산업화의 긴요한—사실 결정적—기여 요소가 되었다는 뜻이다. 또한 그러한 기여의 강도는 갈수록 중요해졌다. 더욱 강력한 산을 생산할 수 있는 나라엔 부인할 수 없는 경제적 이득이 있었다.[69] 이 한층 강력한 산은 1750년까지 사용하던 약하고 흔히 유기물인 산과는 현격한 대조를 이뤘다. 산은 부식성이 강하면 강할수록 효과가 더 빨랐다. 속도는 시장의 효율성에 불을 지폈지만 그 대가를 치렀다. 산이 더 강력하면 강력할수록 환경과 인간의 건강에 끼치는 피해는 더 커졌다. 18세기에는 특히 세 가지 산이 중요했다. 바로 질산, 황산, 염산이다. 1770년대까지만 해도 질산이 공업계를 지배했는데, 운송이 어렵기 때문에 유럽 전역에서 제조했다. 하지만 질산 제조는 과도한 공해를 유발해 교외의 외진 곳에서 수요가 높을 때에만 만들었다. 강한 불에 초석과 혼합한 점토를 증류시키는 화학 반응이 일어나게 하려면 금이 가기 쉬운 사암 솥에서 몇 시간을 끓여야 했다. 증류 공정은 그 지역에 두꺼운 가스 구름을 방출했다.[70]

18세기 초반에 황산은 황이나 황철광 광석의 연소와 그 결과 유리 구체에 생성되는 기체의 응축을 통해 얻었다. 이 공정은 비용이 많이 들고, 장비도 쉽게 부서졌다. 이 모든 게 1746년 와트의 여러 산업체에서 동료로 일했던 스코틀랜드 출신 존 로벅(John Roebuck)이 납판을 두른 상자 안에 기체를 응축하는 데 성공하면서 달라졌다. 이 '연실(lead chamber, 鉛室)'은 황산을 예전보다 훨씬 대량으로 생산할 수 있음을 의미했고, 그 가치와 중요도를 크게 높였다. 농축 후 만든 황산은 65퍼센트 농도로 아주 강했다. 이 대대적인 혁신은 얼마 전 영국이 물체 안쪽에 대는 재료로 납을 사용하는 데 진전을 보였기 때문에 가능했다. 한편 이 연실은 거의 밀폐되지 않았고, 그로 인해 주변 지역에 위협을 주었다.[71]

마지막으로 염산은 1830년 이전에는 세 가지 중 가장 덜 알려진 산이었다. 그것은 또한 역사상 공해를 가장 심하게 유발하는 공정 중 하나의 잔류 부산물이기도 했다. 바로 인공 소다 혹은 가성 소다(수산화나트륨) 제조다. 비누 제조에서는 지방과 결합하고, 유리 제조에서는 석영유리의 녹는점을 낮추며 중추적 역할을 하는 인공 소다는 백반과 비슷한 생산 변화를 겪었다. 유사점은 해조류나 바다 식물을 태워 만든 식물성 소다에서 황산과 함께 해염의 이중 분해 공정을 통해 제조한 '인공' 소다 또는 합성 소다로의 변화였다. 발명을 한 프랑스 사람 니콜라 르블랑(Nicolas Leblanc)의 이름을 딴 이 '르블랑 공정'은 1790년에 탄생해 19세기 내내 이용되었다. 그럼에도 가성 소다 생산의 유해한 영향은 1825년까지 그 제조에 관여했던 유일한 국가인 프랑스에서 빠르게 나타났다. 공해의 양과 심각성은 주변 경관 전역에 동등한 수준으로 뒤섞여 있었다. 생산되는 가성 소다의 각 단위마다 그 제조에 사용한 염산의 4분의 1 단위가 대기 중에 배출되었다. 1830년 이전에는 이 폐기물을 회수하거나 다른 용도에 맞게 변화시키기 위한 거의 아무런 조치도 취하지 않았다. 전 세계에서 최대 산지인 두 곳, 곧 파리와 마르세유 주변에 퍼진 산성 증기가 반경수 킬로미터의 농작물을 파괴했다.[72] 염산은 또한 1785년 프랑스 화학자 클로드루이 베르톨레(Claude-Louis Berthollet)에 의해 표백 성질이 표면화된 염소의 생산에도 쓰였다. 베르톨레식 방법의 효과 덕분에 염소는 종이뿐 아니라 주로 옷감, 양모, 면직의 표백이나 변색에 사용되었다. 파리에서는 자벨사(Javel社)가 산을 생산할 때 파생되는 부식 효과를 줄이기 위해 수산화칼륨을 첨가했다. 그 결과물이 1788년 최초로 제조된 저 유명한 자벨수(水)—자벨 표백제—다. 그로 인해 프랑스는 표백제 제조에서 새로운 길을 개척했고, 영국의 산업가들은 프랑스에 도움을 요청했다.[73]

이러한 화학 공업이 탄생하게 된 그림을 완성하려면 마땅히 염색 및 금속 공업에 쓰이는 염화암모늄을 거론해야 한다. 영국과 프랑스는 과거 그 것을 이집트에서 수입했으나 18세기 말에 자급자족하게 되었다. 염화암 모늄은 뼈와 석회암을 황산칼슘과 함께 증류해서 얻었는데, 새로운 화학 의 시대에 가장 참기 힘든 악취를 생성했다. 그것의 목재성(pyroligneous, 木材性) 잔류물은 토양에 침투해 지하수면(water table, 地下水面)을 오염시켰 다. 프랑스에서는 앙투안 보메(Antoine Baumé)가 또 다른 화학자 장바티 스트 파옌(Jean-Baptiste Payen)이 1797년 파리 근처 그르넬(Grenelle) 평원 에 대규모 공장을 세우기 전까지 염화암모늄 생산(1766~1787)을 시작했다. 한 세기 동안 파옌의 공장은 세계 공업화학계의 큰 오점 중 하나였다. 이 는 신생 산업의 위반에 대한 단독 경고라 할 수 있었다.[74] 이와는 상관없 이 신생 산업들은 서로를 먹여 살리고 자신들의 필요에 의해 견고하게 안착했다. 염화암모늄 수요는 석탄 증류를 통한 등화용 가스 생산이 등장 하면서 늘어났다. 가연성 가스를 추출하기 위한 석탄 증류는 오염도 높은 잔류물을 대거 산출했다. 품질 나쁜 코크스와 암모니아는 물론 역청, 타 르, 유황, 휘발성 화합물, 중금속이 환경으로 빠져나갔다. 영국과 프랑스 는 화학이라는 학문과 석탄 에너지의 상호 작용에 뿌리를 둔 이 기술을 동시에 획득했다. 최초의 공장이 1812년과 1817년에 각각 세워졌다. 공 장 설립 직후, 독성 잔류물―매연, 불쾌한 냄새, 우물 및 지하수 오염― 을 재활용하기 위한 시도가 있었지만, 대부분의 노력은 문제를 해결하기 보다 단순히 다른 곳으로 이전시키는 효과를 가져왔다.[75] 그러나 다시 말 하지만, 산업은 고착화하고 있었다. 등화용 가스 공급은 값비싼 수송관을 통해서만 이뤄질 수 있으므로, 많은 공해에도 불구하고 1800년대에 그것 은 공업의 점진적 도시 삽입을 반영하는 모범적 분야가 되었다.

공업 도시의 탄생

초기 공업이 농촌 지역에서 발생했던 만큼, 그리고 1830년 이전에는 바이오매스와 수로가 두 가지 형태의 주요 공업용 동력이었던 만큼 새로운 종류의 도시가 점차 풍경에 등장했다. 매연이 가득한 새로운—특별히 공업을 위해 설계된—도시는 북서 유럽에 포진했다. 하지만 19세기 중반 들어서야 비로소 이 도시들의 진정한 성장이 주목할 만했다. 예를 들어, 미국에서는 증기 동력의 보급에도 불구하고 대부분 공장이 목가적인 생산 비전을 따르면서 계속 수력 에너지를 썼다. 1840년 이전에 공업은 근본적으로 시골에 머물러 있었다. 매사추세츠주 로웰(Lowell)에 있는 최초의 대규모 미국 산업 단지는 1833년에 전적으로 수력에 의존했다.[76] 영국의 상황은 사뭇 달랐다. 1780년대에 애나 수어드는 〈콜브룩데일〉에서 커져가는 도시 공해 문제를 이렇게 묘사했다.

음산한 울버햄프턴(Wolverhampton)은 그녀의 불을 모락모락 지피고
셰필드(Sheffield)는 연기에 휘말린다. 어둑하다, 그녀가 서 있는
우뚝한 산들이 둘러싼 곳.
그녀의 짙은 나선형 화환을 부슬부슬 비로 응축하고
툭하면 더럽힌다. 근처의 산들이
심정맥을 열어 그녀의 동굴들을 불사르는 사이
희뿌연 자매 케틀리(Ketley)는
오랫동안 말라비틀어졌던 그녀의
거무죽죽한 젖가슴에서 수확한다,
육중한 금속을.[77]

런던은 17세기에 석탄을 채택했고, 의심할 바 없이 지구상에서 가장 공해가 심한 도시였다. 가정용으로 사용한 탓이 컸다. 1680년 한 익명의 저자는 '오염된(polluted)'과 '오염시키는(polluting)'이라는 단어를 써서 매연을 개탄하는 소책자를 집필했다. 언급 대상은 누가 봐도 도시의 대기 질을 가리켰지만, 이러한 오물 생성으로 이익을 보는 엘리트층의 '더럽고 오염된' 도덕적 가치 및 이상을 함축적으로 암시한 것이기도 했다.[78] 18세기 동안 런던은 인근 지역에 다양한 작업장과 공장을 더 많이 끌어들였다.[79] 그렇게 해서 석탄 사용량이 1700~1800년에 3배로 뛰었고, 런던은 '매연의 도시'로 알려지게 되었다.[80] 1739년 런던을 방문한 역사학자이자 지리학자 토머스 새먼(Thomas Salmon)은 런던이 "장인들의 용광로에서 너무나 많은 오물과 역겨운 증기를 생성하기 때문에 이런 공기에서 실제로 숨을 쉰다는 건 불가능하다"고 논평했다. 그는 또한 런던 시민이 걸리는 수많은 호흡기 질환도 확인했다.[81] 1750년 이후 공장의 대기 오염과 관련한 재판 수가 증가했다. 1772년에는 존 이블린의 《매연 보고서》(1660)를 재발간했는데, 편집자는 처음 출판했을 때 이래로 공장 수가 상당히 늘었다는 사실을 강조했다. 이블린은 산업화 이전에 풍경을 오염시켰던 공해 유발 업체―양조장, 염색 공장, 비누 공장―뿐 아니라 한 세기 전에 런던을 괴롭혔던 환경 오염에 대해 장황하게 설명하고 유리 공장, 주물 공장, 제당 공장 그리고 템스강에 줄줄이 늘어선 소화 펌프(fire pump)에 대해 썼다. 공해는 이 도시의 엘리트들이 항구 근처 남쪽과 동쪽의 더러운 산업 지구를 버리고 상류의 웨스트엔드(West End: 오늘날 극장, 상점, 호텔 등이 몰려 있는 런던 중심지의 서쪽 지역―옮긴이)로 이주할 만큼 심했다.[82] 런던의 대기 질을 소급 분석한 결과, 오염 물질이 매우 높은 수준인 것으로 밝혀졌다. 아황산 가스의 수준은 1575년 세제곱미터당 20밀리그램에서 1625년 40밀리그램, 1675년 120밀리그램, 1725년 260밀리그램, 1775년에는 280밀리그램까지 증가했다. (2000~2010년 런던의 아황산 가스 농도는 세제곱미터당 2~5밀리그램인 반면, 현재 중국의 수준은 약 60밀리그램을 오르내린다.) 이산화질소 수치도 마찬가지로 1625년 세제곱미터당 7밀리그램에서 18세기 중반 40밀리그램으로 뛰었다. (이는 자동차 배기가스 때문에 이미 오른 현재 유럽의 표준 수치이기도 하다.) 아울러 미세 입자 수치는 1675년 세제곱미터당 60밀리그램, 1725년 130밀리그램을 기록했다. (현재 최대 한계 허용치는 세제곱미터당 40밀리그램이며, 런던은 2011년 최대 28밀리그램에 달했다.) 이러한 측정이 완벽하게 정확한 것은 아니지만, 석탄의 도래로 18세기 런던의 공해 수준이 현대 아시아의 최악 수준을 넘어섰다는 뜻임에는 의심의 여지가 없다.[83] 1810년대 말 윌리엄 프렌드(William Frend)가 이 도시를 중독시키고 있는 해로운 연기를 강력하게 비난했을 때 긴장은 더욱 고조됐다. 프렌드는 〈팸플리티어(Pamphleteer)〉에서 공장을 화산에 비유하며, 메트로폴리스의 우선순위가 상식과 피해 방지로부터 멀어진 것을 통탄했다.[84] 1819년 런던의 대기 질에 대한 비판이 너무나 거세지자 결국에는 의회가 그 위험을 타개하기 위한 최초의 위원회를 구성하기에 이르렀다.

맨체스터는 전형적인 영국 산업 도시로 부상했다. 이 도시의 성장은 전적으로 섬유 산업에 달려 있었던 만큼 런던과는 달랐다. 1745년 인구는 1만 7000명에 불과했지만, 1816년에는 10만 명으로 늘어났다. 어웰(Irwell)강과 그 지류를 따라 수백 개의 공장이 우후죽순으로 생겨났다. 1782년에는 최초의 증기 기관이 공장 한 곳에 설치됐고, 1794년에는 네 곳의 공장을 증기로 가동했다. 수력으로부터 벗어난 이런 움직임은 곧 공장이 도시로 옮겨갔으며, 도시는 급속도로 매연 및 기타 공기 오염 물질에 압도되었음을 의미했다. 과학자 토머스 퍼시벌(Thomas Percival)은 대기 오염을 고발하는 보고서를 발간했는데, 이것이 당국의 개입을 이끌어냈다. 1816년 증기로 가동하던 82개의 방적 공장이 5만 미터톤의 석탄을 소모했다. 이는 기계 작업장이나 주물 공장, 제당 공장, 화학 공장은 고려하지 않은 수치다.[85] 1835년 맨체스터를 방문한 알렉시 드 토크빌(Alexis de Tocqueville)은 이 도시에 대해 다음과 같이 생생하게 묘사했다.

이 비참함의 아수라장을 둘러싸고 악취가 코를 찌르는 진흙투성이 강이 …… 천천히 흐른다. 지역 공업에 의해 알록달록 물든 강이……. 그곳은 이 새로운 지옥의 스틱스(Styx)강이다. ……위아래를, 주위를 둘러보라. 그리고 저 거대한 산업의 궁전들을 쳐다보라. 용광로 소리와 증기의 휘파람 소리가 들리는가? 이 거대한 건물들이 인간의 거주지로 공기와 빛이 다다르는 것을 가로막는다. 그들 위로 높이 솟아 영원한 안개로 에워싼다. ……짙은 검은 연기가 도시를 뒤덮는다. 태양은 광선 없는 원반처럼 보인다. ……인류 산업에서 가장 웅대한 강이 샘솟아 세상을 비옥하게 할 곳이 바로 이 오물통 한가운데다. 이 더러운 시궁창에서 순금이 튀어나온다. 인간의 정신이 완벽한 경지에 이르러 죽기 위해 떠나는 곳이 바로 여기다. 오, 저 문명은 이런 경이를 만들어내는데, 저 문명화한 인간은 야만인으로 전락하다니.[86]

스태퍼드셔의 스토크온트렌트(Stoke-on-Trent)는 1750년 이후 도자기가 단단히 뿌리를 내려 맨체스터와 버밍엄 사이의 시가지 지역이 포터리즈(The Potteries: pottery는 영어로 도자기를 뜻한다─옮긴이)로 알려질 정도였다. 1800년에 그곳은 세계 최대 도자기 생산지였다. 다양한 점토를 굳히고 마무리하기 위해서는 납 유약이나 에나멜을 발랐다. 500개 넘는 용광로가 섭씨 1200도 넘는 온도에서 석탄을 태우는 데다 납까지 사용하다 보

니 이 지역은 납 중독의 대규모 감염지가 되었다.[87]

비슷한 사례는 대륙의 벨기에와 프랑스에서도 나타났다. 왈롱 지방의 상브르(Sambre)와 리에주에서 멀지 않은 샤를루아는 1730년대에 산업화의 길로 들어섰다. 이곳은 채굴할 석탄이 풍부했고, 그로 인해 풍경이 훼손되고 지하수면이 오염되고 연기 기둥으로 공기가 더럽혀졌다. 인구로 보면(1830년에 3만 명) 샤를루아는 비교적 작은 도시였지만 수많은 금속 공장이 유리 공장, 비누 공장, 양조장, 염색 공장, 가죽 공장, 벽돌 공장 등과 나란히 붙어 있는 이곳을 진정한 공업 지대로 탈바꿈시켰다. 당국은 이 지역의 산업 성장에 완전히 전념했고, 적지 않은 번영을 누린 지역 주민들은 좀처럼 불만을 제기하지 않았다. 19세기 초 시장을 역임한 바르텔레미 토마(Barthélemy Thomas)는 의사이자 공장주였다. 당시에는 의학 위원회가 공업, 특히 화학 공업의 시혜에 동의하는 일이 흔했다.[88]

산업화를 겪고 있던 도시들의 스펙트럼에서 파리는 매우 색다른 사례를 보였다. 1770년 이전 파리는 산업보다는 정치적·문화적·경제적·종교적·상업적 양식을 조성한 인구 밀도 높은 '계몽된 도시'였다. 그러나 1817년과 1823년의 〈산업연보(Annales de l'industrie)〉 편집자에 따르면 18세기에 파리는 "부지런하고 정신없이 바쁘게 돌아가는 산업의 허브"가 되었다. 1822년 의사 클로드 라셰즈(Claude Lachaise)는 도시의 의학지형학(medical topography)에 대해 말하면서 이곳의 매연과 산성 증기가 만연한 것을 언급했다. 1786년까지만 해도 메뉘레 드 샹보가 지지해 마지않던 낭만적인 파리의 분위기는 사라지고 없었다. 한편 의사 알렉상드르 파랑 뒤샤틀레(Alexandre Parent-Duchâtelet)는 비에브르강의 죽음에 관해 보고했는데, 그곳은 도시의 하수구로 변모한 상태였다. 짧은 시간 동안 수십 개의 공장이 강둑을 따라 들어서면서 도시를 관통하던 자연스러운 흐름을 바꿔놓았고, 궁극적으로는 그들이 버린 치명적인 폐기물로 강이 중독되었다.[89] 파리뿐 아니라 다른 많은 도시가 이렇게 위험한 산업용 공간으로 넘어가는 방식을 제대로 이해하는 것은 곧 이러한 변형의 정치적 메커니즘을 들여다보는 것이다.

• • •

광업, 증기력, 화학 공업에서 수익을 얻고 거기에 투자했던 새롭고 역동적인 경제국들은 근대 자본주의와 전대미문 수준의 공해 사이에 떼려야 뗄 수 없는 유대의 다리를 놓았다. 물론 이러한 공해는 대개 아직은 특정 지역에 한정되었고, 인구 밀집 도시의 외곽에 위치할 때가 많았다. 공해는 산업화 이전 프랑스의 환경 기준을 따르지 않았고, 따를 수도 없었으며, 그러기 위한 시도를 차츰 중단했다. 이는 새로운 정상 상태를 예고했고, 다만 여러 방면에서 천천히 마지못해 받아들여졌을 뿐이다. 하지만 모든 선구적 발전이 그렇듯 무모하게 서둘러 혁신을 채택하다 보면 동시대의 억제를 재검토하는 쪽으로 가게 되며, 또 아무리 많은 보호 장치가 있다 해도 진보의 유해한 결과를 막을 수 없을 것이다. 경제 발전이라는 압박 아래서 사고방식은 달라졌고, 정책은 새로운 안온방해에 대응하도록 바뀌었다. 유일한 선택지는 산업적 대전환에 길을 내주는 것이었다. 혁명의 시기에 법제적·정치적 진화는 공해를 수용할 만한 것, 심지어 바람직한 것으로 만들었다.

03

규제 혁명

광산(mineral acid, 鑛酸)은 공해의 서사를 바꿔놓은 새로운 제품 중 중추적 역할을 했다. 이 무기산(無機酸)은 산업혁명에 관심 있는 역사학자들로부터 거의 주목을 받지 못했다. 그들이 주로 증기 에너지나 섬유 공업의 기계화에 초점을 맞췄기 때문이다.[1] 하지만 1800년경 산업공해의 세계가 큰 격변을 겪었다고 한다면, 그것은 주로 이런 산들의 생산이 급증했기 때문이다. 18세기 말에는 연실의 발명 덕분에 더 많은 양의 산이 생산됐다. 전 세계 황산 생산량은 1770년 75미터톤에서 1830년에는 800미터톤으로 증가했다.[2] 황산은 섬유 부문과 화학 제품 제조에 점점 더 많이 쓰였으므로 산업적·경제적 발전의 세계적 지표가 되었다.[3] 황산의 양이 늘면서 공장에서 부식성 증기가 주변 환경으로 새나가는 경향도 높아졌다. 광산, 석탄 소비 도시, 그리고 다른 산업화 이전의 제조업 주변 풍경이 황폐해지고 말았듯 공업화학의 발전은 새로운 국지적 오염 현장을 탄생시켰다.

그림 3.1

황산 공장 앞의 샤탈, 루이 부셰르(Louis Boucher), 1801. 자신의 황산 공장 앞에서 포즈를 취한 화학자이자 실업가 샤탈은 과학 및 정치 엘리트의 산업주의로의 전향을 체현한 인물이었다. 몽펠리에(Montpellier)와 파리 양쪽에서 공해로 기소된 샤탈은 새로운 환경 규제를 화학 공업에 유리하게 규정—전문가로서 정부 관료로서—하는 데 공헌했다. 이후 프랑스 법률(그가 영감을 주는 데 일조했다)은 19세기에 유럽 대륙으로 퍼져나갔다. © Musée Carnavalet/Roger-Viollet.

1830년 이전의 산 생산은 영국과 프랑스에 집중되어 있었다. 미국 최초의 연실이 1793년 필라델피아에서 가동할 태세를 갖추고 있었지만, 1820년 이후까지 산은 전혀 대량 생산되지 않았다. 네덜란드 역시 일찍이(1774) 산 제조에 손을 댔지만 생산은 잠시뿐이었다. 다른 곳에서는 전혀 움직임이 보이지 않았다. 게르만 공국들은 1837년 베를린에서 생산하기 전까지 시작조차 하지 않았다.[4] 따라서 산을 생산하는 데 따른 안전성과 합법성을 두고 1760년대에 벌어진 논쟁은 주로 영국해협을 사이에 둔 양국에서 일어났다. 산업공해와 도시 생활의 공존을 받아들이는 데 익숙하지 않던 프랑스 도시들이 특히 이 논쟁에 민감했다. 몇십 년간 공장 내부와 주변 지역 사회 양쪽에서 화학 공장 신설에 대한 반발이 일어나 환경 및 인간의 건강에 대한 모독과 관련한 안전성과 합법성에 이의를 제기했다.

이러한 논쟁은 대서양 양안의 혁명으로 악화했는데, 혁명은 법률·경제·사회계약을 개편하기에는 특히나 풍요로운 순간이었다―그리고 이미 진행 중이던 정치경제학의 변화를 가속화시켰다. 제도적 붕괴가 특별히 중요했던 프랑스에서는 사회와 환경의 관계가 재창조됐다. 공해 문제를 어느 때보다 예리한 시각으로 논의했고, 새로운 해결책은 어느 때보다 더 극단적이었다. '비위생적 시설'에 대한 1810년의 칙령은 성공적이고 급진적인 법률 변혁의 기점이었다. 이는 산업공해에 관한 최초의 법률로서 산업과 환경 사이에 새로운 협정을 맺었지만, 새로운 근대화의 필연적인 일부로서 공해를 받아들이고 정착시키는 데도 공헌했다.

새로운 화학과 공중위생의 탄생

"심각한 질병을 유발할 수 있음." "위험: 기침할 때 침에 피를 끓게 함." "치명적." "숨 쉬기 힘들게 함." 18세기 말 공장이 방출하는 산성 증기에 대한 위의 표현은 노동자, 치안정감, 고등법원인 파를망 드 파리(Parlement de Paris)에서 나온 얘기다. 마찬가지로 1757년 영국 대법원인 왕좌부는 조슈아 워드(Joshua Ward)가 이런 공장을 최초로 세웠던 런던 트위커넘(Twickenham) 지역의 황산 공장에서 나오는 가스 방출을 "매우 유해"하다고 선고했다. 안온방해를 일으킨 다른 많은 작업장처럼 산 생산도 시 경계 안에서는 금지됐다.[5]

근대 초기에는 공포와 침묵이 안온방해를 둘러싼 법률의 구축을 형성한 데 반해, 18세기 마지막 3분의 1 시기 동안은 새로운 시각이 등장했다. 유럽의 결정적 전환점은 루이베르나르 귀통 드 모르보(Louis-Bernard Guyton de Morveau)의 화학 연구에서 비롯했다. 1773년 디종 지방 당국이 시의 성당 금고 하나를 소독해달라고 요청하자 귀통은 염산 증기를 시험해봤다. 그리고 이 방법을 몇 달 뒤 한 감옥에 다시 써봤다. 이 실험은 감염 위험에 대한 커다란 승리로 여겨졌고, 막대한 영향을 미쳤다. 알랭 코르뱅(Alain Corbin)에게 이 소독은 후각의 문화적 변혁에서 결정적 한 걸음이 되었다. 그 시점까지 미아즈마 및 역병과의 싸움에서는 방부제로 쓰이는 식초가 기본이고, 다른 향기 성분을 넣은 것 아니면 청소하는 데 필요한 불이 무기였다.[6] 이듬해 내과 의사 펠릭스 비크 아쥐르(Félix Vicq d'Azyr)가 남프랑스의 가축 유행병을 치료하는 데 이런 종류의 훈증 소독을 처방했는가 하면, 에티엔 미뇨 드 몽티니(Étienne Mignot de Montigny)와 필리베르 트뤼덴 드 몽티니(Philibert Trudaine de Montigny)—둘 다 아카데미 회원이었다—는 전염성 가축 질병의 확산을 막기 위해 비슷한 행위를 추천했다. 파리 경시청 치안정감의 과학 자문인 앙투안 파르망티에(Antoine Parmentier)는 센강에 관한 두 편의 논문(1775년과 1787년)에서 산성과 알칼리성 증기가 대기 중에 흩어진 미아즈마를 중화시킴으로써 깨끗한 공기에 기여한다고 주장했다.[7]

《백과전서 방법론(Encyclopédie Méthodique)》(1786)의 '화학' 부문 집필에 참여한 귀통은 더 위험한 응용이나 실험실에 내재된 위험 요소를 한 번도 고려하지 않은 채 '화학의 열쇠'인 산을 찬양했다.[8] 1801년 아카데미 회원에 오르고 영사관의 공인(公人)이 되어서는 자신의 소독법이 우월하다는 것을 입증하기 위해 《공기 소독 방법 개론(Traité des moyens de désinfecter l'air)》을 출간했다. 그의 동료이자 같은 화학자인 당시 내무장관 장앙투안 샤탈은 재빨리 이 저서를 지방 행정 구역에 배포했다. 이후 '귀통식 훈증소독법'이라 불린 귀통의 산성 증기법은 유럽 전역으로 확산했다. 에스파냐에서는 정부가 카디스(Cádiz)와 세비야(Séville)의 황열병을 잡는 데 산을 사용할 것을 장려했다.[9] 영국에서는 스코틀랜드 의사 제임스 스미스(James Smyth)가 유행병에 대응하기 위해 1780년 질산 훈증법을 실시했다. 영국 해군은 1796년에 이 방법을 되풀이했다.[10]

공해를 완전히 막는 게 아니라 소독을 통해 통제하는 것이 1770년대에 정점에 이른 화학 혁명의 결정적 특성이 되었다. 영국의 헨리 캐번디시(Henry Cavendish)와 조지프 프리스틀리(Joseph Priestley)부터 스웨덴의 칼 빌헬름 셸레(Carl Wilhelm Scheele)와 특히 프랑스의 앙투안로랑 라부아지에(Antoine-Laurent Lavoisier)까지 유럽 곳곳의 선구자들이 연소, 공기, 물, 질량 보존에 관한 연구로 근대 화학의 기초를 소개했다. 라부아지에는 1789년 앙투안 드 푸르크루아(Antoine de Fourcroy), 베르톨레, 귀통과 더

불어 계몽을 위한 새로운 원소 분류를 제안하고 2년이 지난 후 획기적인 《화학 원론(Traité élémentaire de chimie)》을 썼다.[11] 이 분류는 화학과 그 구성 요소를 이해하기 위한 새로운 언어를 공식화했다. 이러한 새로운 화학적 발견—특히 화학 작업을 '보는' 새로운 방법론—은 화학과 의학 그리고 약리학 사이의 융합과 협력 확대를 촉진했다. 그 결과 샤탈, 베르톨레, 푸르크루아—화학으로 전환하기 전에는 의사였던 이들—는 새로운 작업의 산업적 응용 가능성에 매료되었고, 제조 활동과 공중 보건을 결합하기 위해 많은 산성 및 염소 성분 물질을 개발했다.

일종의 사전 공중위생 운동(pre-public hygiene movement)—도시 공간을 정화하기 위해 신(新)히포크라테스 의학과 새로운 화학을 통합하는 것—에는 이렇게 의학적·과학적 지식의 변화가 수반됐다. '빛의 도시' 파리는 침체된 공기나 고인 물, 늪, 습지, 강둑, 좁은 도로든 극장, 교도소, 선박, 작업장, 병원 같은 인구 밀집 공간이든 환경에서 나오는 악취 나는 미아즈마를 없애기 위해 싸웠다.[12] 악취를 없애기 위해 주요 공해 지표, 새로운 인공 환기 장치, 습한 공간을 건조하는 방법이 고안되었다. 그러나 화학적 처리가 갈수록 보편화했다. 파리에서는 약제사 알렉시 카데 드 보(Alexis Cadet de Vaux)가 쓰레기 하치장과 말 도살장을 소독하는 데 생석회를 권장했다. 그는 또한 쓰레기 하치장과 매립지의 소독제로 황산과 염산을 실험하기도 했다. 19세기 초 파리 당국은 염산이 미아즈마를 전멸시킬 수 있도록 유기 폐기물 현장 옆에 가성 소다 공장을 세우도록 권장했다. 화학자들은 점점 더 염소만을 정화제로 사용해 작업하기 시작했다. 하지만 이 공정은 즉시 반대에 부딪쳤다. 섬유 공업 최초의 염소 표백 시도 중 한 사례에서 산업가 오라일리(R. O'Reilly)는 "불쌍한 노동자들이 강한 증기로 인해 무지막지한 고통을 겪었다. 나는 그들이 고통으로 바닥을

떼굴떼굴 구르는 것을 봤다. 염산에 이렇게 처음 노출되고 나면 보통은 더 심각한 질환이 뒤따랐다"고 증언했다.[13] 1820년대에 화학자 앙투안 라바라크(Antoine Labarraque)는 잿물을 첨가해 이 제품의 부식성을 줄여보려 했다. 또한 사용하지 않은 동물의 창자를 염화나트륨 통에 담가 정육점의 악취를 제거하기도 했다. 뒤이은 대대적인 소독 캠페인도 무해하다고 알려진 염소의 성질을 둘러싼 논쟁을 피해가지는 못했다.[14] 하지만 이 논쟁은 적어도 염소와 염소 관련 제품을 저명한 화학자들의 지휘를 받아 제조해야 한다는 생각은 지지했다. 설령 그 작업이 예전에 공해 유발 기업들을 외곽으로 쫓아냈던 바로 그 도시 한가운데서 벌어진다 해도 말이다.[15]

소독이 공중 보건의 관행으로 정착하면서, 그 위험이 유통되는 우유를 담는 구리 통과 관련한 것이든, 포도주를 병에 담을 때 쓰는 납 계수기와 관련한 것이든, 주방용품에 입히는 광택제 또는 묘지가 아직 살아 있는 사람들에게 미치는 영향 그리고 특히 제조업의 방출 물질이든 화학자들은 위생상 위험을 평가하는 데 의문의 여지없는 전문가로 부상했다. 1778년 프랑스왕립의학협회는 화학자 피에르 마케(Pierre Macquer)에게 안티몬 공장의 주변 독성 평가 임무를 맡겼고, 1783년에 푸르크루아는 루앙 황산 공장에서의 작업이 환경을 악화하고 인근 주민의 건강을 위협할 위험이 있는지 판단하도록 요청받았다. 화학 전문 지식은 산업의 팽창을 선호하는 경향이 있었고, 화학은 신기술에 반대하는—이런 새로운 용어와 실행 기능이 결여된—사람들이 자신의 반대 의견을 피력하다 보면 궁지에 몰리게 된다는 점에서 토론을 제한했다. 1778년 파리에서 비슷한 공장 신설 제안이 있자 당국은 "의학계와 화학계에서는 유황 증발이 건강에 해가 되기보다 사실은 이득이라고 알려져 있다. 그것은 더러운 공기를 정화한다. 유행병도 예방한다. 심지어 폐도 튼튼하게 해준다"고 주장

할 수 있었다.[16]

화학자들은 유럽 전역의 산업 운영에 없어서는 안 될 존재였다. 그들은 공장에서 물질을 구성하고 변형하는 모든 방식의 작업과 폐기물의 연소나 처리─또는 그 폐기물로부터 새로운 제품을 만들거나 가치를 생성하는 것─와 불가분의 관계에 있었다. 프러시아에서 그들은 도자기 공업, 용광로 건설, 새 염료와 색소 개발에 참여했다. 상트페테르부르크에서는 특별히 화학자들이 전통적인 수공업 지식과는 별개로 작업하며 화학적 지식을 확장하도록 신설 화학 연구 부지에 건설한 군수 및 의료 시설에 대한 투자가 이뤄졌다. 합스부르크 제국에서 그들은 광산 학교의 주축이자 구리 작업의 전문가 역할을 했다.[17] 아무런 공식적·직업적 인증 없이도 법원이 선서하고 증언해달라고 요청할 수 있는 개인한테는 '전문가'라는 타이틀이 느슨하게 붙었다. 점차 전문가는 산업적 관행이나 건강 및 둘의 관계를 기술적으로 평가할 수 있는 개인으로 지정되었다.[18] 화학자와 화학 전문가들은 (거의 독점적으로) 유산 계급 신사 출신이었고─다른 어떤 계급이 물질로 실험할 여유가 있겠는가?─그들 대부분이 부유한 엘리트의 일원이기도 했다. 그들의 전문 지식과 경제적 이해관계는 좀처럼 동떨어져 있지 않았다. 마케와 베르톨레는 프랑스 통상국의 일원이었다. 그리고 귀통은 1801년 논문에서 자신이 사랑해 마지않는 산을 홍보할 때 위생적 우려와는 별개로 그것의 상업적 가치를 완벽하게 인식하고 있었다.

하지만 만일 위험 없이 금지 규정을 제한하는 게, 위생 시험 기간을 단축하는 게 가능하다면 우리가 이들 장애물로부터 무역을 지켜내는 일을 어찌 거부할 수 있겠는가? 유황을 연소시켜, 상황에 따라서는 간단한 산소화 가스나 염산화가스를 방출해 몇 시간 동안 (제품을) 훈증하면 전염성 바이러스의 성격과는 무관하게 한 달간 바깥 공기에 노출되는 것보다 틀림없이 안전성을 더 잘 보장해 줄 것이다. 그 결과로 얻을 이익과 비교했을 때 발생할 비용은 얼마나 될까?[19]

전염병으로부터 공중 보건을 수호해온 오래된 규제(검역, 격리, 감염 제품 파괴)를 제거한 새로운 '사전 위생 관행' 프로젝트는 다수의 국가에서 상업과 부의 활발한 추구를 촉진했다.

공해 관리 기술

정치경제학과 도시 행정은 산업가들과 환경 사이 새로운 힘의 균형을 창출하는 수단으로 화학을 적극 홍보했다. 라부아지에는 누구보다도 이런 융합을 구현한 인물이었다. 이 당대 최고의 화학자는 세금 징수(1768~1791)와 화약 감독(1775~1792)을 맡은 관리인이자 페르므 제네랄(Ferme générale: 특정 세금을 징수할 수 있는 권한을 대가를 주고 프랑스 왕정으로부터 부여받은 민간 금융인 컨소시엄―옮긴이)의 수혜자였다. 그는 화약 감독관 일을 하면서 인공 질산염으로 초석을 제조하는 새로운 방법을 장려했다. 과학아카데미 회원으로서 다수의 과학 보고서 작성에도 참여했는데, 그중 일부는 공중 보건과 관련 있었다. '공중위생'은 1860년대에 출간한 그의 전집 중 3권과 4권의 부제를 장식했다. 라부아지에는 더 나아가 새 공장을 세울 때면 정기적으로 자문을 해주었다. 프랑스의 새로운 자유주의 경제와 긴밀한 관계를 유지했던 라부아지에와 다른 중농주의자들은 공중위생의 출현을 화학, 정치경제학, 행징, 통계의 교차로에 위치시키는 새로운 인식

론에 동의했다.[20]

17세기 말부터 떠오른 정치경제학은 자원 개발과 국민의 행복에 관심을 가졌다. 영국 경제학자 윌리엄 페티(William Petty)는 '정치 산술(political arithmetic, 政治算術: 국가 사회에 대한 수량적·경험적 연구 방법—옮긴이)'을 체계화할 때 존 그론트의 인구통계학 및 역학 연구에 의존했다. 18세기 말에는 자유주의와 통계학의 부상이 공중 보건을 이해할 때 통과해야 하는 지배적 렌즈였다. 사회 개선과 경제 이익이 정부의 새로운 기술에 수반되는 목표였다. 안 로베르 자크 튀르고(Anne Robert Jacques Turgot), 장바티스트 모오(Jean-Baptiste Moheau), 루이 메상스(Louis Messance), 라부아지에가 수행한 프랑스의 인구 및 부에 관한 조사에 따르면, 사회적·경제적 행복은 상호 간의 구성 요소였다.[21] 영국의 전환은 훨씬 더 두드러졌다. 1760년 이후 토머스 쇼트(Thomas Short) 같은 의사들은 그론트의 더러운 공기 및 사망률 간의 상관관계와 거리를 뒀다. 대신 그들은 도덕이 좋지 못한 공기보다 더욱 중요한 사망률의 지표라는 생각을 옹호했다. 더 나아가 1776년 《국부론(The Wealth of Nations)》을 출간한 애덤 스미스와 1780년대 제러미 벤담(Jeremy Bentham)의 공리주의적 사고와 함께 경제적 필요가 사회 진보의 가장 영향력 있는 척도로 부각되기 시작했다.[22] 자유주의는 1830년 이전의 다양성과 약점에도 자연법과 부드러운 상거래(soft commerce: 상거래가 사람들을 문명화시켜 폭력적인 행동을 덜하게 만든다는 개념—옮긴이)라는 새로운 변신론을 동반했다. 자유 무역과 사유 재산은 다른 형태의 부상하는 자유주의만큼이나 새로운 중농주의—"본질적으로 정부"—에 국가적 발전을 보장했고, 무제한의 재료 유통은 가장 완벽한 질서를 확립했다.[23]

이 새로운 통치 기술은 확실히 안온방해 규제에 커다란 변화를 불러왔다. 무엇보다 규제는 사회의 제대로 된 기능에 방해물로 여겨졌다. 프랑스의 무역 감독관 이자크 드 바칼랑(Isaac de Bacalan)이 1768년 주장했듯이 "규제는 거의 언제나 해롭다. 제조업을 방해하고, 경쟁을 가로막고, 천재성을 억누르고, 노예화하고, 수준을 떨어뜨린다. ……모든 규제는 불합리하고 유해하다".[24] 프랑스의 규제적 통제를 비판하는 이들은 조직의 권한과 감독―경찰이나 사법부―으로부터 더 많은 자율성을 요구하고 새로운 사회 질서를 확립하기 위해 영국식 모델을 내세웠다.[25] 프랑스의 튀르고 정부(1774~1776)는 최초로 공해를 다루는 것을 포함해 오래된 많은 규제는 물론이고 특권과 틀로부터 사회를 해방시키는 대규모 시도를 수행했다.

그뿐만 아니라 자유주의는 제조 기술에 대한 반성을 부추기고, 경제 성장이라는 이름 아래 전통적인 수공에 관행과 그러한 제도를 타파할 기회를 불러왔다. 애덤 스미스가 주창했던 노동 분업이 계몽주의적 사유로 뒷받침되었고, 디드로와 장 르 롱 달랑베르(Jean Le Rond d'Alembert)의 《백과전서》(1751~1772)가 유선형 작업 공간을 옹호하면서 보여줬던 새로운 제조업 질서의 개념화를 가능케 해줬다. 이성, 효율, 기술 숙련도가 새로운 제조 산업의 핵심 요소였다. 이러한 제조업의 생산 비전 속에서 과학적 전문 지식으로 움직이는 경영과 수공에 노동의 세계를 분리하는 빈틈없는 메커니즘에 따라 노동을 분류 및 구분했다. 단순한 호기심에서 과학적 발견은 실질적인 공리를 얻어냈다.[26] 미셸 푸코(Michel Foucault)는 이 새로운 노력이 어느 정도로 새로운 생물정치학(biopolitics) 혹은 더 이상 대지와 영토만이 아닌 사람들의 삶, 신체, 환경까지도 다루는 권력 표현의 근원이었는지를 제시한 것으로 유명하다.[27]

새로운 산업적 인식론은 수공업 세계에 뿌리 박혀 있던 오래된 규제를 부정하고 그러한 시행을 구식의 '부패한' 관행으로 인식함으로써 이익을 봤다. 공학자와 화학자들은 국가의 통제하에 인간의 필요에 따라 환경을 개조하는 자유주의 프로젝트의 실질적 실현에 기여했다.[28] 모든 서구 나라마다 공학 및 광업 학교를 설립했다. 화학자들은 여기에 협력하도록 동원되었다. 가령 화학자들의 임무에는 에스파냐의 왕립광업금속공학아카데미(1778)와 함께 귀금속 및 수은의 생산을 최적화하는 일도 있었다. 북아메리카에서는 해외 제국들이 그렇듯 광업 전문 지식이 토착 지식을 몰아냈다. 스웨덴에서는 광산국(Bureau of Mines)이 산업 발전을 위해 화학자들을 한데 모았고, 그들은 18세기 말 계몽주의 프로젝트의 중심에 섰다. 리옹에서는 화학자들이 산업 장려를 결심한 행정 당국을 지원했다.[29]

역사상의 역설: 자유주의는 행정을 통해 정부를 강화했다. 낡은 규제를 해체하자면 자발적 정책이 필요했기 때문이다. 프랑스의 콜베르티즘(Colbertism: 17세기 재무장관 장 바티스트 콜베르로 대표되는 강력한 중상주의 경제 정책을 말함—옮긴이)과 게르만 공국들의 관방학(cameralism: 국가 통치에 필요한 행정 기술과 지식을 제공하는 학문 체계—옮긴이)은 18세기 말 고대의 지방 판례법을 대체한 행정 관행을 발전시켰다.[30] 과학적 전문 지식은 이 변화에 없어서는 안 될 톱니였다. 가령 독일 의사 요한 페터 프랑크(Johann Peter Frank)는 기념비적인 《의료 감독 시스템 총서(System einer vollständigen medicinischen Polizey)》(1779~1827, 총 9권)와 함께 공중 보건 정책을 확립했다. 이 책은 대중의 규율을 유지하는 국가 통제하의 의료 감시를 개괄한 것이었다.[31] 도시 환경을 규제하기 위해 런던과 파리는 점차 중앙 집권 방향으로 나아갔다. 몇 차례의 행정 합리화 시도가 실패로 돌아간 후, 런던은 통합 보건 인프라를 구축하려 했다. 1796년 제러미 벤담의 도움으로 스코틀랜드 출신 패트릭 콜커훈(Patrick Colquhoun)은 안온방해를 포함

해 템스강의 항구 및 강의 관행적인 질서 유지를 위해 고안한 관리 조직인 템스강경찰대(Thames River Police)를 발족했다.[32] 파리는 중앙에서 관리하는 사회 통제에 대한 열망이 훨씬 더 컸다. 1777년 초 치안정감의 단독 지휘를 받는 행정 기관인 신설 채석장사찰단(Quarry Inspectorate)은 돌과 석회 채석장의 붕괴로부터 도시 환경을 보호하는 역할을 맡았는데, 이 기관은 전통적인 감독 역할에서 법원을 배척했다. 또한 1780년 약제사 카데 드 보는 신설된 보건사찰단을 이끌었는데, 이 단체의 권한은 전통적인 경찰 관할 구역을 넘어섰다.[33] 환경을 개선하기 위한 정부 주도의 계획이 경제 이익과 무관한 경우는 거의 없었다. 예를 들면, 1760년 이후 런던에서 파리만큼이나 수질에 대한 공방이 치열했을 때 주민용 식수를 퍼 올리기 위한 기술적 우선순위가 소방펌프 사용 쪽으로 기울었는데, 여기에 국가 지원 인프라에서 경제적 이익을 취하려는 고위급 관리와 명사들이 빈번하게 자금을 댔다. 공공 위험 평가는 사적인 이익의 출처가 됐다. 설비 구조의 자본 집약적 근대화가 필요하다는 명목 아래 수질 오염 공해를 이용하고, 그러는 사이 수질 오염 문제는 핵심 쟁점에서 대체로 밀려났다.[34]

이런 종류의 개발은 점차 공해에 대해 더욱 관대해지는 결과를 낳았고, 경제 자유화와 부의 팽창이라는 명목 아래 그 편재성을 정당화시켰다. 1772년 앙시앵 레짐(Ancien Régime: '구체제'라는 뜻으로, 프랑스 혁명 때 타도 대상이 되었던 절대 왕정 체제를 가리킴—옮긴이)의 산업공해에 관한 가장 중요한 재판이 프랑스에서 시작됐다. 루앙에 있는 제조업자 존 홀커(John Holker: 영국 출신의 프랑스 산업가—옮긴이)의 황산 공장 이웃들이 연실에서 새어 나온 산성 방출 가스가 그들의 건강을 위협하며 인근 식물을 파괴하고 있다고 고발한 것이다. 몇 달간의 소송 절차 이후 통상국장이자 과학아카데미 회

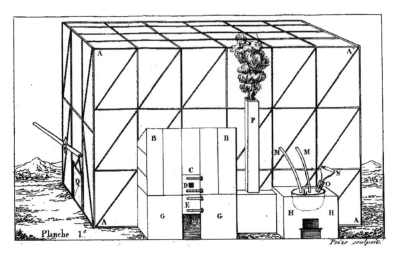

그림 3.2 ———————————————————————————————

연실, 1812. 출처: Rougier, "Mémoire sur la fabrication de la soude artificielle," *Mémoires publiés par l'académie de Marseille*, vol. 10 (1812): 177.

원인 필리베르 트뤼덴 드 몽티니의 지원을 받은 홀커는 국왕위원회(King's Council)로부터 소권 이송을 따냈는데, 이는 사건에 대한 사법 감독권을 법원에서 중앙 행정부로 옮기는 것으로 프랑스만의 특수한 법이었다.[35] 위원회에서 몽티니는 홀커를 대신해 뛰어난 경찰 실무 전문가이던 장관이자 전직 파리 경시청 치안정감(1757~1759)인 앙리 레오나르 장 바티스트 베르탱(Henri Léonard Jean Baptiste Bertin)에 맞서 설전을 벌였다. 베르탱의 신념은 "경찰과 관련 있는 일을 결코 재무부로 끌어들일 수 없다"는 것이었다. 그러나 경제적 이해관계가 승리했다. 1774년 9월, 원고는 기각됐고 차후 공장 사업에 대한 고발이 금지됐다.[36]

이 판결이 중요한 전례가 되어 몇 년 뒤 파리에 프랑스의 두 번째 황산 공장이 설립되는 밑거름을 마련했다. 질산 공장과 관련한 또 하나의 파리 재판(1773~1774)은 이 시기에 일어난 규제 변화를 증명한다. 치안정감은 관례를 깨고 관할 구역 총경을 찾아가는 대신 의료 전문가들에게 증언을 부탁했다. 보고서에서 의료 전문가들은 산성 증기의 비위생성을 부인하고 그들이 진정한 피해자라고 간주한 장인들에게 가해진 사법적 '공격'을 비난했다. 1775년 오를레앙(Orléans) 경찰은 보건상의 이유로 도시 내 제당 공장 설립을 허가하지 않았다. 파리 고등법원은 이 결정을 비준했지만 사건은 국왕위원회에서 다시 다루어졌고, 경제학자이자 정치가이던 자크 튀르고의 추천 및 외국 산업과의 경쟁력이라는 명분에 따라 제당 공장을 설립해야 한다는 판결이 내려졌다. 공장의 이웃들은 '자유에 관한 교의(dogma)'가 경찰의 규제를 위반하고 대체한 이런 취지에 주목했다.[37]

유럽의 다른 곳에서도 법리학의 변화를 마찬가지로 감지할 수 있지만 덜 급진적인 편이었다. 영국에서는 30년 넘게 왕좌부의 대법관(1756~1788)을 지낸 맨스필드 백작(Earl of Mansfield) 윌리엄 머리(William Murray)가 도시화와 산업화 증대에서 비롯된 변화를 고려했다. 그의 임기 동안 긴요한 생산품에 유리한 판결이 늘었다. 1776년 런던의 염화암모늄 공장에 대한 판결에서 맨스필드는 제기된 불편을 인정하면서도 발명의 독창성과 국가 및 국가의 독립성이라는 관점에서 생산 제품의 중요성을 지지하는 찬성론을 폈다.[38] 브뤼셀에서도 산(酸) 제조업에 대한 갈등이 비슷한 종류의 중재로 마무리됐다. 1786년 이웃 주민들이 불만을 제기하고 의과 대학이 위험을 확인해주자 경찰이 공장 한 곳을 폐쇄하려 했다. 하지만 중앙 권력 기관을 대표하던 오스트리아·네덜란드 추밀원이 이에 반대하며 경찰의 조치를 뒤집었다. 바르셀로나에 있는 카탈루냐 왕립재판소는 초기 산업화가 초래한 많은 시위에 직면했다. 이곳의 중재 역시 긴요한 경제 활동에 점점 더 동조하는 쪽으로 나아갔다. 그들은 프랑스 화학자들이 설계

한 방침과 추천에 따라 석탄의 도입을 옹호했다.[39]

혁명기의 환경

1760~1840년의 시기는 보통 '혁명의 시대' 또는 '대서양 혁명'의 물결로 기억된다. 이 혁명의 시기는 근대 세계의 토대를 구축했다. 시민권과 정치적 권리, 자유주의, 산업화에 대한 새로운 관심과 움직임이 이때 시작되었다.[40] 이러한 커다란 사회정치적 격변은 공해의 환경적 규제에도 적지 않은 영향을 미쳤다. 습지·숲·광산이건 아니면 제조업체건 그것이 무엇을 의미하든 어떤 대가를 치르더라도 자원과 영토의 확장 및 개발을 일관되게 선호하는 새로운 법률 문화가 자리 잡았기 때문이다. 대서양 혁명이 이후 산업과 환경의 관계에 미친 중요도에 관한 역사기록학적 논쟁이 어떻든―그리고 급진적 경제 발전을 새로이 모습을 드러낸 환경 위기에 맞선 투쟁과 그 피해로부터 대중을 보호 및 화해시키기 위한 꽤 다양한 학문적 노력이 있었던 만큼―이 시기는 반박할 여지없이 자유주의적·산업적 세계관의 상승세로 여겨진다.[41]

북아메리카에서 미국 건국의 아버지들은 자신의 정치적 계획에 농업적 이상을 새겨 넣었지만, 그 비전의 틀은 사회 및 노동의 합리적 조직을 통해 자연―자연의 모든 것―을 이용하고 개선시켜야 한다는 명백한 개념을 중심으로 한 것이었다. 특히 베이컨, 뉴턴, 로크의 열렬한 추종자였던 토머스 제퍼슨은 자신의 몬티첼로(Monticello) 사저(私邸)를 자연과 주변 환경의 통제를 가능케 하는 대칭으로 설계했다. 미국 독립선언서(1776)는 이런 계획의 최고 정수였다. 이성과 자연법은 인간이 의지해 세상에 자리를 잡고 경작할 수 있는 표지였다. 미국의 자연주의는 환경을 인간의 노동을 통해 길들이고 개선해야 한다는 생각에 찬성했다.[42] 비록 영국 관습법이 일차적 영감을 주기는 했지만, 미국의 산업화는 자연 그대로의 풍경 위에서 구세계 규제의 방해 없이 내재된 개척자 정신과 결합한 새로운 이성적 원칙을 발전시킬 수 있었다. 미국 독립 전쟁(1775~1783)으로 산업적 동원이 필요해졌고, 그 추진력은 미합중국의 건국과 더불어 식지 않았다. 황야에 대한 성찰은 인간의 개입과 새로운 영토 팽창의 충격이 가져온 결과 중 하나였다. 새로운 기회, 새로운 자원, 새로운 부가 넘쳐났다. 조금씩 국경을 서쪽으로 확장하면서 제퍼슨식 이상에 담겼던 개척 정신 및 농업 윤리는 시장과 산업으로 동기화한 세계에 유리하도록 변질됐다.[43] 라틴아메리카의 독립 운동(1808~1826)도 동일한 패턴을 따랐다. 에스파냐 제국으로부터의 해방은 계몽주의 정신을 기반으로 자유주의적 근대화를 수용할 새로운 (영국을 모델로 한) 국가와 정부로 가는 길을 터줬다. 자연은 경제적 필요에 의해 밀려나야 했고, 다른 곳과 마찬가지로 막대한 양의 커피·설탕·면화를 생산하는 형태의 노예 제도에 적응했다.[44]

그러나 프랑스의 제도적 변화가 의문의 여지없이 가장 급진적이었다. 1789년 봄부터 시골의 불만 목록(Cahiers de Doléances)에는 팽창하는 산업화에 대한 대중의 우려가 드러나 있는 반면, 도시 인구는 부패할 소지가 있는 재료를 다루는 용광로와 작업장을 도시 외곽에 계속 놔둬야 한다고 주장했다. 파리에서는 새로운 시 당국이 안온방해를 뿌리 뽑으려 했지만, 1791년 도입된 혁명법은 공업을 통제하는 규제로부터 산업을 해방시켰다. [피에르 달라르드 법(Pierre D'Allarde's law) 덕분에 생겨난] 각종 무역 협회, 통상국, 제조검사국, 특허증(국왕위원회에서 발급하는 허가증)을 둘러싼 절차가 일제히 폐지되었다. 예비 이익 및 불편 조사도 없어졌고, 제헌국민의회는 법원에 재산상 손해를 해결할 권한이 있다는 칙령을 내렸다.[45] 그 결과, 이후의 산업은 마음대로 원하는 곳이면 어디든 공장을 짓고 거기에 적합하다면 무슨 방법이든 쓸 수 있었다. 하지만 '인간과 시민의 권리 선언 (Declaration of the Rights of Man and of the Citizen)'은 안온방해 사건의 중재에서 향후 법률적 개입을 인정했다. 권리 선언은 "자유란 타인에게 해를 끼치지 않는 일이면 무엇이든 할 수 있는 것으로 이뤄진다. 이런 식으로 개인의 자연권 행사는 다른 개인이 똑같은 권리를 누릴 자유를 침해하지 않는 한 무제한적이다. 이 경계는 오직 법으로만 결정할 수 있다"(제4조)고 했다. 궁극적으로 법이 결정한 것이라면, 대중에게 고용과 자원을 제공하기로 되어 있는 무역 및 생산의 성장과 관련한 공익의 개념을 따랐다. 1791년 과학아카데미가 발랑시엔(Valenciennes) 근처 염화암모늄 공장에서 발생한 공해를 조사했을 때, 위원들은 산업의 보존에서 오는 공공의 이익은 환경을 약간은 희생시킬 만한 가치가 있다고 결론지었다. "많은 노동자에게 일자리를 제공하고 그들의 나라에 이익이 되는 제품을 이용하게 해줄 수 있는 시설이라는 장점과 견주었을 때 악취를 참는 게 더 편리한지 …… 결정하는 것은 …… 지역 주민들한테 달려 있다."[46]

1792년 전쟁이 발발하자 유럽 국가들은 급속한 산업화를 향해 강행군하며 전례 없이 맹렬한 기세로 물자를 동원했다. 영국의 석탄, 철, 섬유 생산량이 하나같이 10배 늘어났다.[47] 프랑스에서는 군사적 필요성 때문에 대규모 산업적 전환이 일어날 수밖에 없었고, 당대의 위대한 과학계 석학—라자르 카르노(Lazare Carnot), 푸르크루아, 귀통, 클로드앙투안 프리외르(Claude-Antoine Prieur), 샤탈, 베르톨레, 장 다르세(Jean Darcet), 가스파르 몽주(Gaspard Monge), 장앙리 아센프라츠(Jean-Henri Hassenfratz)와 심지어 알렉상드르 방데르몽드(Alexandre Vandermonde)까지—들이 거기에 동원되었다. 모자 업체들은 작업장을 니스 칠한 육군용 헬멧 생산지로 변모시켰다. 제복 단추의 수요는 구리 산(酸) 공장들을 결집시켰다. 섬유 제조업은 캔버스 천, 깃발, 군복을 만드는 보급품위원회의 지휘 아래 모여들었다. 화약·초석국(샤탈이 지휘했다)은 화약 생산을 중앙으로 집중시키고, 급히 파리의 그르넬 구역에 거대한 화약 공장을 지었다. 한층 더 직접적인 방식으로, 1793년 가을 파리 제조소(Manufacture of Paris)가 귀통의 인가를 받아 어마어마한 규모에 북적대고 매캐한 군수 공장들의 집합소를 이뤘던 수도에서는 무기 산업이 번성했다. 전시의 집착이 너무나 컸으므로 안온방해 예방은 어떤 경우든 뒷전으로 밀려났다. 대신 자연환경은 전쟁을 수행하고, 폭력을 정당화하고, 위험한 공업 생산에 징발되었다. 1794년 8월 31일, 그르넬에 있는 화약 공장이 폭발해 600명의 노동자가 사망하고 1000명이 부상당했다.[48]

　가죽의 사용 같은 몇 가지 주요 군수품 생산 방식을 보면 기존의 안온 방해 규제가 중단되었음을 분명하게 알 수 있다. 1793년 가을부터 혁명 정부는 급속도로 늘어나는 육군용 물자를 대량 생산하는 가장 빠른 방법을 모색하던 중 무두질 기술을 완벽하게 만들어줄 화학자들을 불러들였다. 라부아지에와 오랜 시간 함께 연구했던 아르망 세갱(Armand Seguin)은 '혁명적인' 무두질 공법을 제안했고, 이는 예전의 순한 무두질용 유기산 대신 농축 황산을 사용해 공정을 상당히 가속화시켰다. 푸르크루아가 국민공회(Convention)에서 감탄하며 공개 지지를 보낸 후 파리 바로 외곽에 가죽 공장이 생겼는데, 거기서 센강으로 엄청난 양의 산이 배출됐다. 청동 대포 제작에 쓰이는 구리는 또 다른 전쟁 필수 재료로 드러났다. 1000명의 노동자를 수용하는 거대한 공장이 파리 한복판 시테(Cité) 섬에 지어졌고, 거기서 푸르크루아와 귀통의 감독하에 엄청난 양의 산을 금속 정련에 사용했다. 전시 산업의 규모와 새로운 화학 물질 사용량은 어마어마했다. 도시 한가운데서 이렇게 많은 산성 연기가 뿜어져 나온 적이 없었다. 한 재판이 혁명기의 새로운 규제 분위기를 여실히 드러낸다. 1793년 국민공회는 사산화납을 색소로 사용한 연단(鉛丹: 붉은 기운을 띤 오렌지색 안료. 철강의 녹 방지용으로 사용한다—옮긴이) 공장 폐쇄에 대응하지 않을 수 없었다. 베르시(Bercy)시 당국은 공해 방출 때문에 공장 문을 폐쇄했다. 그러나 푸르크루아는 그 공장을 가동하는 것이 국가적 이익이라 주장했고, 귀통이 전문가로서 그 일을 수습하는 임무를 맡았다. 인근에서 자라는 채소와 가축의 납 중독은 반박의 여지가 없었다. 그 결과 소가 세 마리 죽었다. 사건 전체가 전통적인 법 집행과는 모순되었다. 시 당국은 공장이 인구 밀집 지역에서 떨어져야 한다고 요구한 반면, 정부—전문 과학자들이 뒷받침했다—는 장소와 관행을 그대로 유지할 기술적 방법을 모색했다. 국민공회가 공장을 없애야 한다고 최종 결론을 내리긴 했지만, 공장주는 후한 보상을 받고 화학자 니콜라 데이유(Nicolas Deyeux)의 도움으로 제조 공정을 개선할 여력도 생겼다. 그 덕분에 그는 파리 중심에 공장을 다시 지을 수 있었다. 지금까지는 화학 전문 지식의 비호 아래 기술 개선이 단지 황산 공장의 발목을 잡는 통제를 뛰어넘는 전략을 의미했던 반면, 이런 사건들은 법적인 금지에 방법론적으로 대응하기 위한 길을 마련했다.[49]

공해 유발 기업을 보호하기 위한 법

1799년 나폴레옹 보나파르트가 정권을 잡은 후 프랑스는 더 권위적이고 중앙 집권적인 형태의 정치로 이행했다. 정부는 규모와 권력으로 경제 성장을 억제하는 장애물을 제거하려 했으며, 화학 공업을 아낌없이 지원했다. 파리에서는 도시 안팎에 수십 개의 공장이 문을 열었다. 샤탈의 황산 및 백반 공장은 공해 현장으로 상당한 주목을 받았다. 1798년 설립 이래 건강에 나쁜 연기 때문에 고소와 시위를 불러일으켰다. 과학아카데미 회원이자 화학자, 사업가이자 정부 고문관이던 샤탈은 그사이 내무장관이 되었다. 그는 해마다 자신의 공장을 향한 불만 사항을 모조리 묵살했다. 1803년 지역 주민들이 치안판사에게 행동을 취해달라고 요청했지만, 샤탈은 그 소송마저 차단했다. 그는 과학과 권력 기관 간 불가분 관계의 전례 없는 상징이 되었다. 이런 원칙에 기초한 새로운 행정 구조 창출은 프랑스 공해 규제에서 중요한 역사적 중심 역할을 했다. 샤탈은 내무장관이 되기 직전 〈화학 기술 발전에 관한 소론〉을 썼는데, 이는 최신 화학적 발견의 산업적 응용에 관한 논문인 동시에 그가 장관으로 지명된 후 육성하고 장려했던 화학 기업가 정신을 위한 안내서였다.[50]

프랑스 전역에서 공해를 유발하는 화학 공장에 대한 저항이 산업의 행진을 위태롭게 했다. 1804년 샤탈을 내무장관으로 교체한 후, 당국은 반복되는 민중의 저항에 대한 국가적 대응을 고려했다. 신임 장관은 "고약한 냄새를 배출하는 공장과 그것들이 공중 보건에 가할지 모르는 위험에 관해" 과학아카데미에 자문을 구했다. 그에 대한 보고는 귀통과 샤탈에게 맡겨졌다. 예상대로 두 화학자는 공해 유발 공장에 대한 공중 보건 관련 고소는 유효하지 않다고 결론 내렸다. 그들은 잠재적으로 유해한 유기물 분해 공정이 필요한 산업과 불을 쓰는 관행 때문에 매연과 가스를 방출하는 산업, 특히 그들이 생각하기에 방출 물질이 성가시기는 해도 그 이상으로 심각하지는 않은 황산 작업장을 구분했다. 샤탈과 귀통은 전통적인 질서를 뒤집으며 중앙 당국에 공업 보호를 요청했다. 그들은 자기네가 하는 일에 대한 제약은 모두 "부당하고 성가시고 운영에서 파생되는 피해를 바로 잡지 못한 제조업에 대한 해로운 억지"라고 주장했다. 대신 그들은 새로운 접근법을 정의했다. "단순한 치안판사"의 "독단"이나 여론의 "편견"과 "무지" 또는 "경쟁자들의 질투"에 직면해—"화학적 관행 자체"에 내재된 난관은 고사하고—공중 보건을 지키는 게 화학 산업을 지키는 것보다 덜 중요하다는 것이었다. "그러므로 결국에는 치안판사의 독단에 더 이상 내맡기지 않는 경계를 설정하는 것이야말로 화학 발전의 번영에 가장 중요하다." 이웃 주민들의 고발과 경찰 명령에 따라 생산을 중단해야 한다면, 산업가가 어찌 상당한 자본을 투자하는 데 동의할 수 있겠는가?[51]

단기적으로 이 보고서는 새롭고 일관된 공해 법으로 옮겨가지 않았다. 19세기 초에도 지역 기관들이 의료검사위원회 설립이라는 새로운 방향으로 계속 산업공해 관리를 담당했다. 영국해협 반대편에서 산업화에 가장 큰 영향을 받은 영국 도시 맨체스터에서는 시 당국이 앙시앵 레짐으로부터 물려받은 관행을 바꾸고 1796년 보건국과 산업화의 보건적 측면을 담당하는 새로운 총경 직책을 만들었다. 1800년에는 증기 기관의 매연을 관리하는 안온방해위원회도 창설했다.[52] 비슷한 영감을 받아 샤탈도 1802년 파리에 보건위원회를 만들었다. 과학 전문 지식이 다른 무엇보다 중요했고, 총경도 거기에 따라서 현지 당국을 지도했다. 아카데미의 거의 모든 회원은 한때 산, 염소, 인공 소다를 홍보했던 파르망티에(초대 회장), 샤를루이 카데 드 가시쿠르(Charles-Louis Cadet de Gassicourt), 데이유, 장피에르 다르세(Jean-Pierre Darcet) 같은 화학자나 의사였다. 그곳의 주요 지도자들은 〈화학연보(Annales de Chimie)〉와 영향력이 큰 국가산업장려협회의 구성원이었다. 국가산업진흥회는 1801년 샤탈이 창립한 단체로, 부회장직을 맡은 귀통이 화학기술위원회를 주재했다. 1806년 경찰청 법령은 공해를 유발하는 공장 및 작업장의 조사와 감시 임무를 경찰권이 아닌 과학적 관리법이 관장하도록 하는 절차를 강화했다. '화학계 석학들'에게 감독을 맡기자 보건위원회 과학자들에게는 권한이 생기고 총경들에게는 이익 및 불편 조사—재정립하기는 했으나 간단한 주민 문의로 축소되었다—를 수행하는 간단한 임무만 맡겨졌다.[53]

파리 보건위원회는 아주 신속하게 인공 소다 공장에서 발생하는 공해 해결을 맡았다. 1800년 이래 파리 인접 지역인 장티(Gentilly)나 벨빌(Belleville), 생드니(Saint-Denis), 낭테르(Nanterre)에서는 말썽이 끊이지 않았다. 하지만 대부분의 공장을 보건위원회 회원이나 그들의 아카데미 동료 화학자가 운영했다. 프랑스에 대한 식물성 소다 공급을 중단시킨 대륙 봉쇄에 따라 1809년 이후 생산 속도는 급격히 높아졌다. 합성 소다 생산을 활성화하기 위해 제조업체에 소금세를 면제해줬다. 모든 공장 주변의 수 마일 내에 있는 농작물과 과수원의 전멸은 염산 증기로 인한 돌이킬 수 없는 피해를 입증하는 반박 불가한 증거였다. 공해가 부활하자 장관은 과학 아카데미에 제2차 보고서를 지시하지 않을 수 없었다. 새 위원회 구성에도 여전히 제조업계의 면모가 반영되었다. 샤탈과 귀통 외에 푸르크루아와 니콜라 보클랭(Nicolas Vauquelin)도 파리 중심부의 화학 공업에 투자를 많이 한 터였다. 그러나 제조업자와 지역 주민의 이해관계 사이에서 어느 정도 균형을 요구하는 장관의 각별한 주장에 보고서의 결론은 타협을 요구했다. 보고서는 위험도에 기초해 3개 등급을 만들자고 제안했고, 화학자들은 상류 개발을 진행하기 전에 행정 허가 조사를 실시하자고 했다.[54]

이러한 결론은 1810년 10월 15일 자 법령에서 반복되어 "건강에 해롭고 불쾌한 냄새를 확산시키는 공장이나 작업장" 문제를 다시 논의했다.[55] 등급으로 분류된 산업은 운영 전 행정부에 허가를 요청해야 했고, 그러고 나면 이익 및 불편 상담과 과학적 조언을 결합한 사전 조사가 이뤄졌다. 가장 유해한 공장(1등급)은 국가위원회의 관할로 남겨지고, 그 밖의 공장은 지방 행정 구역에 신세를 졌다. 결과적으로 신설 법령은 사법 제도보다 행정이 우위에 있음을 확인시켜주었다. 경찰이나 형사 법원은 이미 행정 행위로 받아들여진 시설의 적법성을 판단할 권한이 없다고 인식된 것이다. 비록 형법 제471조가 혁명 이전 정책으로 말미암은 환경적 위험에 대한 처벌을 거듭 명시했지만(혁명력 4년 2월 3일 자 법령 제60조에서 이미 언급되었다), 이 법령은 민사 법원에 가서 손해 배상을 청구할 가능성만 남겨둔 제11조에 의거해 이를 무시했다. 형사 사법 제도로 처리할 수 있는 절차는 최고 행정 법원이나 지방 행정 구역 의회의 소송으로 제한되었고, 이는 공장의 행정상 폐쇄로 이어질 수 있었다(제12조). 복고 왕정은 1815년에 이 법을 개정했지만 필수 조항은 유지했다.

이 법령은 안온방해 규제 양식에 대한 20년간의 논쟁에 종지부를 찍었다. 그것은 1770년대에 나타났던 안온방해 사건들에서 경찰의 권한으로부터 벗어나는 것을 승인하고, 비준하고, 정착시키고, (경제적 자유주의에 근거한) 행정 감독을 법률 안에서 보호받는 지위로 승격시켰다. 그것은 또한 내부적으로도 그리고 정복을 통한 제국 확장의 목적으로도 새 정권의 독재 정치를 받쳐줬다. 1797~1800년 사람들이 현지 구리 단추 공장의 안온방해와 관련한 부적절한 행위에 맞서 가두시위를 하고 집단적으로 경시총장에게 공장 폐쇄를 요구할 수 있었다면―혁명기 상퀼로트 (sans-culotte: 귀족들이 입는 '퀼로트' 바지를 입지 않은 계급이란 뜻. 프랑스 혁명기의 민중 세력을 지칭한다―옮긴이) 시위의 희미한 울림―1811년에는 이런 시민들의 시위에 개입해 산업 시설을 그들로부터 보호하도록 군대를 소집했다. 파옌의 염화암모늄 공장이 이런 사례로, 이웃 주민들은 연소된 유기 물질의 잔류물에 우물이 오염되었다고 불만을 토로했다. 필시 법을 초월하고 산업가들과 같은 과학적·경제적 이해관계를 맺고 있었을 보건위원회가 이러한 개입을 지지한 것은 분명했다.[56] 1817년까지 보건위원회는 유일하게 고정적인 공중 보건 토론의 장이었고, 그로 인해 어느 정도 전국적인 명성을 갖고 있었다. 그것은 이후 낭트(1817), 리옹(1822), 마르세유(1825), 릴(1828), 스트라스부르(1829), 트루아(Troyes, 1830), 보르도(1831), 루앙(1831), 툴루즈(Toulouse, 1832) 등 산업공해 문제를 중재하기 위해 지방에서 창립한 다른 위원회의 모델 역할을 했고, 모든 곳의 산업 및 공해 권한을 경시청장이 아닌 과학자들의 손아귀에 쥐어주었다.[57]

파리 보건위원회의 산업가적 분위기는 경제 발전에 대한 열렬한 지지에 그 원인이 있었다. 경제적 자유주의에 대한 그들의 취향은 틀림없이 진심이었을 테지만, 위원회의 많은 결정에서 결정적 동기는 비즈니스 세계와의 결탁이었다. 화학자 장피에르 다르세는 권력 기관과 산업 사이에 투자 이익을 공유한 좋은 사례다. 본인이 산업가였던—그리고 1801년 공업 제품 전시에서 르블랑 공정을 사용한 소다 생산으로 금메달을 수상한—다르세는 또한 파리 조폐국에 임명된 화학자 중 한 명이기도 했는데, 과학과 행정 간 동맹이 깊이 뿌리박혀 있던 이 실험실의 행정가 3명 중 2명인 귀통과 베르톨레를 정기적으로 만났다.[58] 다르세는 몽트뢰유가(Montreuil街)에 있는 자신의 공장에서는 비누 및 다른 화학 제품을, 낭테르 공장에서는 인공 소다를 생산했다. 그런가 하면 1816년 이후에는 샤탈 황산 공장의 공동 책임자이기도 했다. 다르세는 장관에게 자문하는 내무부 예술·제조업 고문단뿐 아니라 국가산업진흥회와 제조업총회의 고

위직도 맡았다. 근본적으로 산업이 사회에 가져다주는 이익을 믿지만 특정 산업 부문의 유해성과 공중 보건은 양립 불가능하다는 것을 인식했던—그는 이를 부인하지 않았다—다르세는 공해의 통제나 예방보다는 기술 개선 추구를 우선시했다. 1815년 보고서 중 한 편에서 그는 자신의 결정을 1810년 법령과 단단히 결부시켰다. "거기에 사용한 공정의 질에 따라 같은 공장을 1등급, 2등급 또는 3등급으로 배열함으로써 〔정부는〕 틀림없이 우리 산업의 발전에 크게 기여하고 우리 위대한 제조업의 이웃들이 해를 덜 입고 불쾌함을 덜 느끼도록 만들 것이다."[59] 1814부터 1830년까지 그가 보건위원회에서 지휘권을 휘두르는 동안 위생주의적 신조에 맞는 기술적 진보가 일어났다. 다르세는 일종의 멘토이던 의사 알렉상드르 파랑뒤샤틀레와 함께 개혁의 필요성에 적절히 대응했지만, 산업 세계와 그들의 이익에 사로잡힌 사회의학(social medicine)의 방향으로 히포크라테스 의학의 변이를 주도했다. 이후로 직업병은 더 이상 일 탓이 아니었다. 대신 성별, 연령, 저임금 또는 노동 계급의 부도덕이 건강 측정의 주요 지표가 되었다. 이러한 것들이 산업 체제가 대응할 수 있는 표식이었다.[60]

신세계의 토대

균일적이지 않고 국가별로 변형되기는 했지만 나폴레옹의 안온방해 법률도 민법처럼 유럽 대륙 전역에 퍼졌다. 가령 그것은 합병된 네덜란드(1830년 전까지 벨기에 포함)에서 1811년 법적 구속력이 생겼다. 프랑스 제국의 영향력이 감소해 철수한 이후에는 법령 적용이 약간 고르지 않게 되었다. 하지만 1824년 네덜란드 칙령은 프랑스 법률의 주요 조항을 약간은 덜 억압적인 범위에서 채택했고, 지역 당국은 공해 유발 공장의 폐쇄를 명령할 수 있는 더 많은 권한이 생겼다. 예를 들면, 암스테르담에서는 현지 당국이 최고 행정 법원이 생기기 전에 상당한 권력을 유지했다. 더 나아가 시의원들의 법률적 추론과 권한에서는 여전히 옛날 관행이 두드러졌다. 과학자들이 프랑스에서보다 훨씬 덜 중요한 역할을 담당했던 것이다.[61] 하지만 1810년 법률은 확실한 법적 전통 때문만큼이나 이 시기의 정치적·군사적 적대감 때문에 영국해협을 건너지 않았다. 영국의 공해 규제는 증기 기관에서 발생하는 매연 문제에 맞닥뜨렸을 때 지역 경찰이 새로운 위험에 대처할 능력이 없다는 게 드러나면서 기존 법률을 개정하려는 시도가 나타나기는 했지만 관습법에서 계속 진화해갔다. 1819년 하원은 산업 매연을 조사할 특별위원회를 설립했고, 그 뒤로 증기 기관 소유주들은 용광로 배출물을 제어하는 매연 방지 공정을 채택해야 한다는 법률(테일러법, 1821)이 이어졌다. 일부 산업가는 처음엔 새로운 법률을 거부했지만 결국 수용하기에 이르렀다. 제어 장치는 보일러의 연소 효율을 향상시키는 인센티브로 작용했고, 그것이 생산성을 높였다.[62] 하지만 이 법은 영국의 대기 오염 증가를 막지 못했다. 법 집행을 담당한 지역 당국의 자발적 조치가 1년간 있었고, 많은 산업가들이 기소당해 상당한 액수의 손해 배상금을 지불해야 했던 그 기간을 끝으로 감독과 집행은 빠르게 수그러들고 전반적인 정치적 의지가 박약한 탓에 법의 인기는 식어버렸다.[63]

프랑스에서는 이 법의 의도와 원칙을 강화하는 약간의 조정이 법 적용에 일어났다. 1820년대에 복원된 부르봉 왕조가 나폴레옹 법전을 예전의 사법 체제와 조화시키려 시도하는 바람에 프랑스 사법부와 행정부의 경계가 열띤 공방의 대상이 되었다.[64] 하지만 동시에 공해 유발 산업에 대한 이웃 주민들의 고발이 더욱더 늘면서 조치를 취할 수밖에 없었다. 두 재판이 상황을 특히 잘 보여준다. 좀더 장기적으로 진행된 사건은 파리의 귀금속 정련을 다루었다. 법정에서 내린 징역, 벌금, 손해 배상금에도 산업적 이해관계가 우세했다. 법에 따르면, 행정부와 보건위원회는 경찰청장을 대리했고, 경찰청장은 법률 집행 사안에서 그들의 이익을 대표할 의무가 있었다.[65] 두 번째 중요한 사건은 마르세유의 소다 제조업체와 이웃 주민들의 대결이었다. 주민들은 대개 지주나 큰 사업을 하는 부르주아였다. 엑스(Aix) 재판소는 그들의 경제적 생존을 위협한 화학 공업 제조업자들에게 벌금과 배상금을 부과함으로써 혁명 전 프랑스의 사법 제도를 부활시켰다. 1826년 내무부는 이 지역에서 인공 소다 생산을 지속하도록 개입해 타협을 강요할 수밖에 없었다. 이런 개입은 한편으로는 공해 방지에 대한 사법부의 열의를 억제했고, 다른 한편으로는 산업가들로 하여금 공해를 유발하는 최악의 관행을 다루기 위해 기술적 방법을 사용하게끔 만들었다.[66]

사법부는 점차 산업공해와의 갈등에서 제외되었다. 보건위원회가 공해 시설에 부여된 규제 운영 조건의 감독을 담당했다. 그러나 산업가들이 이런 조건을 존중하지 않을 때에도 그들의 불응은 형사 범죄로 여겨지지 않았고, 경찰 법원에서 재판을 받지 않았다. 그에 따라 산업가들이 벌금 지불을 기피하고 대신 보건위원회 및 행정부와 협상하는 일이 비일비재했다. 검찰청의 무력함은 불을 보듯 뻔했고, 1810년의 법과 관련한 법리 전문가였던 알퐁스 트레뷔셰(Alphonse Trebuchet)는 1832년 침통한 심경을 토로했다.[67] 법을 쉽게 우회할 수 있으니 그만큼 산업공해에 맞서 손해 배상을 청구하거나 이익을 보호할 방법은 제한적이었다. 최고 행정 법원은 민사 사법 제도가 이웃 재산의 감가상각(1824)에 대한 평결도 도덕적 피해(1827)에 대한 평결도 내릴 수 없다고 주장했다. 물질적 피해를 입은 재산만 보상받을 수 있었다. 증기 기관 및 조명용 가스와 관련한 산업적 위험이 논란이던 같은 시기에 국가 고문인 에롱 드 빌르포스(Héron de Villefosse)는 이러한 행정상 접근 방식과 산업화를 선호하는 의도적인 정책에 의한 사법부 소외를 정당화했다. 그것은 "바로 관습법의 규칙을 이런 종류의 사건에 적용할 때 엄청난 애로 사항을 나타냈으므로 프랑스에서는 특별법을 제정할 필요가 있다고 인식되었기 때문"이라면서 말이다.[68]

사실, 투자 증가와 특정한 기술 장치 때문에 혁명 이전 프랑스에서 존재했던 훨씬 억압적인 법률적 접근 방식은 불가능해졌다. 가스 산업의 석탄 증류 사례가 이 점을 잘 보여준다. 파리에 이 산업이 들어선 1817년 보건위원회는 그 작업을 가장 유해한 1등급 공해 산업으로 분류했어야 하며, 이론적으로는 도시에서 금지했어야 한다고 결정했다. 그러나 가스를 소비 장소로 운반하는 데 필요한 기다란 파이프가 산업 생존력의 타협점으로 작용해 위원회는 2등급 지위를 권장했고, 용광로와 가스탱크를 도시 경계 안에 설치하게 되었다. 증기 기관을 자유롭게 가동하도록 허용한 이유도 산업화를 억제하고 싶지 않았던 같은 욕망 때문이다. 매연과 위험 시설을 도시 한가운데에 용인한 영국과의 경쟁 때문에 프랑스 당국은 외국 경쟁자들에 비해 기업의 생존력을 약화시킬 수 있는 지나치게 많은 제약은 부과하지 못했다. 1815~1830년 파리에는 100개 이상—런던이나 영국의 다른 주요 도시들보다는 훨씬 적은 수—의 증기 기관이 설치되었다. 반면, 프랑스와 영국의 두 수도에는 소수의 가스 공장만 있었다. 두 나라 모두 과학자들의 자문을 받았다. 산업화와 인구 집중을 조화시키기 위해 그들은 안전 기준이라는 개념을 규정했다. 그렇게 함으로써 장래의 산업적 위험을 고착시켰다. 1825년 공해 유발 시설에 대한 새로운 명명법은 그 이름에 '위험한'이라는 말을 추가하는 것이었다.[69]

기술 향상은 안온방해의 관리 방식이 되었다. 맨체스터의 의사 토머스 퍼시벌은 기술 혁신, 특히 화학의 "거의 모든 성가신 증기를 약화시키거나 제거하는" 과업에 밀려난 새로운 규제에 찬사를 보냈다.[70] 스스로 완벽을 기할 때 "산업은 아킬레우스의 창과 같다. 그것이 입히는 피해를 치유한다"고 1821년 파리 보건위원회는 기록했다. 샤탈은 영향력 큰 저서 《프랑스의 산업(De l'Industrie Française)》(1819)에서 화학의 잠재력 및 그 성장과 연관된 위생 시설을 극찬했다.

염화암모늄 제조 기술을 창조하면서, 화학은 물질에 이전에는 없던 가치를 부여해왔다. 동물 재료는 아무짝에도 쓸모없다고 배척당했다. 오늘날에는 인기가 높다. 정제 아교 공장과 염화암모늄 공장들이 이런 원자재에 대한 접근을 두고 경합을 벌인다. 이렇게 화학은 영역을 확장하면서 가치를 창출하고 모든 것이 공익에 기여하도록 만든다.[71]

이런 식으로 제약사 샤를 드론(Charles Derosne)은 동물 잔류물에서 발생하는 물질인 골탄(animal black, 骨炭)을 제조하기 시작했고, 그 결과 사탕무 설탕을 위한 정화 제품이 탄생했다. 마찬가지로 파옌은 그르넬에 있는 자신의 대규모 가스 공장에서 나온 유기 폐기물과 암모니아 함유수를 재활용했는데, 이곳에서는 염화나트륨·염화석회·골탄·설탕 및 다른 제품도 생산했다. 이 두 제조업 자체는 보건위원회의 지원을 받았지만 몇 건의 고소를 당하고 다수의 행정 분쟁 대상이 되었다. 드론의 공장은 법률 제12조에 의거해 마침내 폐쇄당한 프랑스 최초의 업체가 되기도 했다(1834). 위생 시설에는 연기와 가스 감소도 포함됐다. 그러나 '무연 스토브'와 증기의 응축 및 흡수 장치를 구축하면서 수도 없이 고장이 났다. 물론 이런 실패가 산업 세계의 독창성에 비해 위생주의적 열정을 약화시키는 데는 거의 도움이 되지 않았지만 말이다.[72]

하지만 위생주의적 신조는 국민의 저항에 부딪쳤다. 1800년대로 넘어가는 전환기에 산업 기계의 사회적 효과를 비난했던 일부 노동자와 장인처럼, 평범한 시민과 주민들이 산업화가 제기한 건강 및 환경적 위험에 강하게 반발하고 나선 것이다.[73] 1806~1828년 보건위원회가 조사한, 건강에 나쁜 산업 시설 3000여 개 중 거의 절반이 이웃 주민들의 고소 대상이었다. 지역 사회의 불평과 반대 경향은 1820년대에 더욱 강해졌다. 1830년대 중반 당시 보건위원회 부위원장이던 파랑뒤샤틀레는 이러한 대립의 성격을 산업 이익에 해를 끼칠 수 있다며 그가 두려워한 대규모 권력 투쟁으로 설명했다.

몇 년간 개인과 산업가 사이에 맹렬한 투쟁이 있어왔다. 후자는 지금까지도 이유를 납득할 수 없는 열정과 활기에 쫓기고 있다. 어떤 면에서는 당국이 취해야 할 행동이 무엇인지 우리가 말해줘야겠다. ……이러한 형세가 더 이상 지속되어서는 안 된다. 산업가들은 우리의 사회 질서에 없어서는 안 되므로, 우리는 공장을 용인해야 한다. 그리고 만일 지금까지 개인이 제조업체의 요구와 부주의에 맞서 특권을 필요로 했다면, 이제는 말도 안 되는 요구 사항과 타인에 대한 참을 수 없는 폭압적 주장에 맞서 이를 방어해야 할 때가 왔다.[74]

타인에 의해 방해받지 않고 살 수 있다는 오랜 법적 제도에 첨부된 주장이 그토록 참을 수 없었던 것일까? 그리고 그런 요구 사항이 그렇게 터무니없었던 것일까? 파랑뒤샤틀레는 실망했겠지만 과학자 말고도 많은 현역 의사들은 공해 유발 산업에 대한 이웃의 시위를 지지할 때가 많았다. 이들 의사 중 일부는 훌륭한 경력도 갖고 있었다. 가령 마르세유의 의사이자 스트라스부르 의과 대학 교수인 프랑수아에마뉘엘 포데레(François-Emmanuel Fodéré)는 1813년 새로운 산업 세계의 유독성을 개괄한 백과사전 6권 분량의 《공중위생개론(Traité d'Hygiène Publique)》 제1권을 출간했다. 포데레는 최초로 산성비를 이론화하기도 했다. 그는 자신의 저서에서 산업에 유리한 새로운 규제를 규탄하고 산업공해와 화학 작용제를 "생명이 있든 없든 모든 유기적 존재의 파괴자"라고 맹렬히 공격했다. 아울러 산업화의 요구에 공중 보건이 예속된 것은 물론 보건위원회의 관행, 방법 및 판결도 강력하게 비판했다.[75] 마찬가지로 처음엔 귀통 훈증법의 지지자였던 에스파냐 의사 후안 마누엘 데 아레훌라(Juan Manuel de Aréjula)는 산성 가스가 "좋은 점보다는 해를 더 많이" 끼친다고 최종 결론을 내렸다. 1811년 이래 공중 보건 대법원(Supreme Court of Public Health)을 주재해온 저명한 과학 권위자이던 그는 마음을 바꾼 후 동료들과 정치 세력으로부터 따돌림을 당했다.[76] 산업 진보에 대한 반대 목소리는 조용해졌고, 이런 의사들은 사회생활에서 소외되었다. 오직 법적 의지만이 믿을 만한 발언 기회를 주었다. 예를 들어, 영국—1825년 이후 인공소다 생산을 시작했다—에서는 1829년 소다 공장 이웃 주민들의 고소에 따라 스코틀랜드 법정이 2명 모두 의사이자 화학자인 에드워드 터너(Edward Turner)와 로버트 크리스티슨(Robert Christison)에게 공장 방출 물질의 환경적 영향에 대한 실험실 시험을 수행해달라고 요청했다. 터너와 크리스티슨은 새로운 산업을 도입한 이래 상당히 시달려온 식물에 산성 연기가 유해한 영향을 미쳤다고 결론 내렸다. 그들의 연구는 수년간 공장 매연이 식물에 미치는 영향을 조사해온 스위스 화학자 프랑수아 마르세(François Marcet)와 이작 마케르프린세프(Isaac Macaire-Prinsep)가 고안한 방법에 기초한 것이었다. 1832년 2명의 식물학자 영국의 존 린들리(John Lindley)와 스위스의 알퐁스 퓌람 드 캉돌(Alphonse Pyrame de Candolle)도 각각 산성 가스가 식물에 미치는 유해한 영향이 제조 시설 내부와 주변에 존재한다는 사실을 확인했다.[77] 더욱 저명하고 산업적인 사고방식을 가진 화학자들과 당국이 잠재우고 싶었던 논쟁은 최초의 철도 출현 덕분에 산업화가 급속히 가속 페달을 밟을 무렵까지 여전히 활기를 띠었다.

• • •

이처럼 산업화 초기 단계는 건강함과 건강하지 못함, 불편과 비위생 사이의 경계를 재규정함으로써 오래된 규제를 뒤집었다. 모든 것을 정복한 화학이라는 학문은 산(酸)과 그 소독적 성격을 홍보하면서 산업공해 패러다임을 바꾸고 전문 지식을 독점했다. 공해 유발 물질에 대한 국지적 방어는 무력해졌다. 새로운 산업 체제에 내재된 자본 투자 때문에 공해를 통제하려는 어떠한 시도도 경제 성장과 양립할 수 없었다. 유해 시설을 관장하는 프랑스의 1810년 법령은 새로운 공해 규제 제도의 핵심으로 작용했다. 이는 세계 최초의 산업공해 관련법으로, 정부 조직의 제도적 개편과 결합한 갑작스러운 생산 증가의 결실이었다. 법의 정신에 각인된 공익은 경제적 풍요라는 이름으로 우선순위 서열을 재편성했다. 새로운 질서를 창시한 이 법은 산업 사회에 내재된 일부로서, 사회에 산업화를 도입했지만 그 유해한 효과에 대해서는 아직 고민해보지 않은 새로운 정치적 프로젝트로서 공해를 인정했다.

2부

진보 시대 공해의 자연화
1830~1914

18세기에 산업이 부상하고 안온방해가 차지하는 비중이 커졌다면, 19세기에는 공해가 근대화의 구성 요소로 자리 잡고 '공해'라는 말이 점차 현대적 의미를 획득했다. 산업 생산 규모가 계속 확대됨에 따라 방출하는 유독 물질의 수도 늘어갔다. 하지만 인공위성에서 내려다보는 듯한 그런 시각의 진술은 생산 및 독성 배출물 할당에서 벌어진 격차와 중요한 재분배를 가려버린다. 19세기 초 유럽과 아시아 양 대륙의 산업은 주로 시골에 널리 분산되어 있었다. 하지만 그 세기가 진행되면서 두 대륙 간 격차는 급속히 벌어졌다. 1870년에는 서유럽이 전 세계 산업 생산의 62퍼센트를 차지했다. 제1차 세계대전 무렵에는 유럽과 북아메리카가 전 세계 산업 생산의 80퍼센트 이상을 차지했다.[1] 바꿔 말하면, 만일 오염 물질 서열에서 매연이 악취를 대체했다면, 이런 대대적 현상은 서구에 맨 먼저 깊은 영향을 끼쳤다는 얘기다.

　유럽에서 그 세기의 가장 훌륭한 발상은 진보였다. 성장과 개선의 관점에서 설명되던 진보는 권력 추구와 자연의 약탈이었고, 유럽인은 이것을 거대하고 적대적인 것으로 인식했다. 불을 훔쳐 인류에게 가져다준 신화 속 거인 프로메테우스가 이 잠재적 진보 시대의 양면성을 나타내는 상징이 되었다. 그러나 프로메테우스의 고통도 그에 못지않은 그 시대의 불행과 무서운 재난의 상징이었다.[2] 수많은 설명에서 서구의 산업 팽창은 풍요를 향한 경주, 유익한 진보의 징후로 그려졌다. '영광의 30년'(1945~

1975)이라 불렸던 전후 경제 성장 이후, 역사학자 데이비드 랜디스(David Landes)는 이 위대한 산업 변화를 이전까지 유럽의 부상을 방해했던 봉쇄와 일상적 틀로부터의 해방에 비유했다.[3] 대부분의 경제사 사료는 산업 팽창의 무수한 이득을 나열하는 한편, 그 결과로 나타난 생태적 피해와 그것이 양산한 사회적·공간적 불평등을 대차대조표에서 제거하며 낙관적 관점에서 산업 팽창을 기술해왔다. 역사학에서 진보 서사의 근거로 작용하는 생활 수준 상승은 특정 핵심 제품—가령 면화, 석탄, 주철, 강철—의 생산 및 소비 통계로 입증되었다.[4] 데니스 위로노프(Denis Woronoff)는 산업사에 관한 자신의 책에서 20년 전까지만 해도 "산업공해의 역사와 그것이 일으킨 안온방해에 대한 도시 주민들의 감정에 대해 쓴 적이 없었다"는 데 주목했다. 이 점은 주느비에브 마사르길보(Geneviève Massard-Guilbaud)에 의해서도 되풀이되는데, 그는 19세기 기록 보관소에 공해에 관한 어마어마한 양의 문서가 있음에도 "특히 화학 같은 공해 유발 산업에 대한 연구에는 공해에 관한 언급이 전혀 없다"고 썼다.[5]

하지만 공해는 늘 지나고 나서 생각하게 마련이다. 경제 성장이 아직 준엄한 이론의 심판을 받지 않던 때이기도 했지만, 공해는 결코 자연 착취의 상쇄(counterbalance)로 이용되지 않았고, 자연은 무궁무진하며 어차피 인간 활동에서 나오는 모든 폐기물을 잘 흡수하는 것으로 다뤄졌다. 이 숙명론적 태도는 공해를 세계 해방의 유감스럽지만 불가피한 효과로 받아들이겠다는 뜻이었다. 유독성 폐기물의 수용—그것의 자연화—확산은 진보의 세기에 걸쳐 나타난 진화론적·목적론적 해석과 때를 같이했다. 국가는 생산 통계에 기반한 정치경제를 합법화했고 통계 수치의 꾸준한 증가는 행복감, 부드러운 상거래를 통한 평화, 정치적·사회적 안정에 힘을 보탰다.

19세기 동안 그 모든 복잡한 형태로 공해가 자연화한 방식을 따라가기 위해서는 관련된 주요 부문과 영역을 탐구하고 오염 물질의 출처 및 진화를 펼쳐놓을 필요가 있다(4장). 오염 물질이 기하급수적으로 늘어났으므로 많은 이들은 이 현상을 만능인 과학을 통해 이해하고자 했다. 그런가 하면 다른 이들은 저항했다―아니, 피해나 손실이 너무나 자명해졌을 때는 들고일어나기까지 했다(5장). 공익과 그보다 더 큰 국익이라는 명분으로 몇몇 국가―자기 나라가 자유롭고 산업적이라고 여겼던 국가―는 안온방해를 방지하려 애쓰면서도 일부 지역 및 국민을 기꺼이 희생시켰다. 규제법과 과학 및 그 방법론 홍보에 의해 오염 물질은 싸움의 대상이 되는가 하면 받아들여지기도 했고, 매도당하는가 하면 허용되기도 했다―그 결과 산업 및 그것이 이룬 업적과 지극히 양면적인 관계를 형성했다(6장).

04

진보의 어두운 면

철도는 건설을 시작하고 100년이 채 지나지 않은 1914년에 미국과 유럽이 주를 이루기는 했지만 전 세계에서 100만 킬로미터 넘게 확장됐다. 이 급격한 혁신은 기계화와 철강 산업 발달에서 비롯된 놀라운 변화를 증명했다. 금융자본주의의 성장과 더불어 산업화 이전의 경제국들은 믿기 어려운 팽창을 향해 전력 질주하는 상황에 처했다. 하지만 도심의 전차 선로와 달리, 철도 선로는 1900년대 초까지 전기로 움직이지 않았다. 최초의 중요한 전선로(電線路)는 1905년에 개통되어 뉴욕시와 뉴헤이번(New Haven) 사이를 달렸다. 대신 석탄이 아직도 기차의 발달에서 핵심 요소였고, 증기 기관차에 특유의 검은 연기 기둥을 선사했다. 빅토르 위고는 놀라서 넋을 잃고 이렇게 묘사했다. "지나가면서 나무를 잡아 뜯고" "석탄을 태운 쓰레기와 끓는 물의 소변 …… 그리고 거대한 불꽃이 타다닥 튀는 소리"를 내뿜는 이 "철마(鐵馬)".[1] 기차는 의문의 여지없이 그 이름도 당당하게 산업 시대의 전형적 상징이었다.

WHEN THE HEART OF THE POTTER REJOICES ! 549

그림 4.1

"도예 중심지가 기쁨이 될 때!" 스토크온트렌트 엽서, 연대 미상(19세기 말). 석탄 연기는 19세기에 특히 영국 도시들에서 공해의 주요 상징이 되었다. 스토크온트렌트는 이 지방이 포터리즈로 이름이 바뀌고 블랙 컨트리(Black Country: 지하자원이 풍부한 잉글랜드 중부의 방대한 광공업 지대를 가리키는 말. 공해로 인한 검은 연기 때문에 붙은 이름—옮긴이)라는 칭호에 포함될 정도로 세계 최대 도자기 중심지였다. 엽서 뒷면에는 이렇게 적혀 있다. "여기가 내가 갇힌 구멍이죠. 폐가 안 좋은 사람에게 아주 좋아요."

석탄은 "우리 산업의 주요 자원", 근대화의 "진정한 현자의 돌(philoso-pher's stone: 중세 연금술사들이 모든 금속을 황금으로 바꿔준다고 믿으며 찾아 헤맸던 상상의 돌—옮긴이)"로 설명됐다. 석탄의 영향력은 1830~1914년 세계를 정복했다.[2] 아울러 그 중요성은 증기 기관과 금속 융합의 공업 기술 발달에 발맞춰 커져갔다. 수력과 바이오매스를 계속 사용하기는 했지만, 석탄은 중요도가 커져서 산업 세계의 표준 오염원이 되었다.[3] 석탄의 부상은 인상적이었다. 1840~1914년 영국에서 채굴된 석탄의 양은 3000만 미터톤에서 2억 9000만 미터톤으로 증가했다. 같은 기간 동안 게르만 공국들에서는 생산량이 340만 미터톤에서 1억 9000만 미터톤으로 늘었다. 프랑스에서도 비슷한 추세로 300만 미터톤에서 4000만 미터톤으로 증가했고,

미국에서는 210만 미터톤에서 5억 1000만 미터톤으로 증가했다. 또한 이 시기에 1인당 주철 생산량도 독일은 5킬로그램에서 130킬로그램으로, 영국은 20킬로그램에서 220킬로그램으로, 미국은 16킬로그램에서 270킬로그램으로 늘었다. 주철 생산 증가는 다른 많은 산업 부문에도 영향을 줬다. 전반적으로 1860~1914년 전체 산업 생산이 7배 증가했다.[4]

석탄이 진보의 가장 어두운 얼굴—떠오르는 산업 도시들을 감도는 검은 구름과 악취—이었다면, 공해가 증가하는 데 기여한 다른 공정도 많았다. 도시의 성장으로 쓰레기 처리가 위기 수준에 다다랐는가 하면 용광로, 비철 주물 공장, 화학 공장의 수가 계속 늘어나 유럽과 북아메리카에서 우려를 키우고 있던 배출 물질을 더해줬다. 이러한 생산의 발판과 폐기물 관리는 세기말에 새로운 영역으로 확장됐다.

도시의 신진대사

석탄의 참신함과 다용도성에 초점을 맞추기 전에 우선 대다수 세계 인구에 도시는 폐기물과 안온방해의 일차적 생산지(대규모 산업 부지 밖에 있는)였고, 한동안은 산업화 이전의 도시 생활도 존재했었다는 점을 기억하는 게 중요하다. 하지만 산업화는 점차 도시의 신진대사와 그 내부의 작동 방식을 바꿔놓았다. 시골 및 광산과의 재료 교환 역학, 자원 접근성, 제품이 어디서 소비 및 폐기되는지와 관련한 도시 계획 등 모든 게 바뀌었다.[5]

도시화가 사회와 자연환경에 미치는 영향은 산업화, 이민, 교통 시스템 진화, 새로운 생활 양식과 나란히 강해졌다. 1800년에는 주민이 50만 명 넘는 도시가 전 세계에 6곳(파리, 런던, 이스탄불, 도쿄, 베이징, 광둥)뿐이었지만, 1900년에는 이런 규모의 도시가 43곳에 달했고 대부분 유럽과 북아메리카에 위치해 있었다. 1850년에는 2억 2500만 명이 도시에 살았다. 잉글랜드의 도시 인구는 이미 시골 인구를 넘어섰다.[6] 도시는 어느 때보다 인구 밀도가 높아졌고, 신축 공사는 예전에 비어 있거나 농사짓던 공간을 좀처럼 오래 내버려두지 않았다. 도시 생활의 혼잡한 성격에도 불구하고 주민들은 품질의 수준을 추구했다. 이런 사례 중 하나가 파리지앵을 위한 물 공급으로, 그들의 물 소비는 1807년에서 1930년대 사이에 33배 증가했다.[7]

인구 혼잡은 곧 폐기물 혼잡으로 번역할 수 있었고, 처리와 처분이 필요한 폐기 물질의 양은 큰 걱정거리로 떠올랐다. 파리에서는 1815~1864년 산업 현장에서 발생하는 폐기물을 포함하지 않은 엄청난 양의 쓰레기가 4만 5000미터톤에서 55만 미터톤으로 훌쩍 뛰었다. 동물성 폐기물은 또 다른 문제였다. 대부분의 서구 도시가 도심에서 먼 곳에 도축장을 배치하려 애썼지만(19세기 후반에 이를 주장한 영국 도시들이 가장 늦은 편이었고, 런던이 그중 마지막 주자였다), 관리할 배설물의 양은 계속 늘어났다.[8] 파리에서는 말 개체 수가 1830년 3만 마리에서 1880년 8만 마리로 증가했다. 잉글랜드의 말 개체 수는 1850년 정점에 달했다. 독일에서는 350만 마리의 말이 도시와 시골에 분산되어 있었다. 세기말에는 미국 도시들에도 상당수가 있었다. 그 결과, 엄청난 양의 유기 폐기물이 나왔다. 주민 35만 명의 도시 밀워키(Milwaukee)에서는 약 1만 2500마리의 말이 하루에 133미터톤의 배설물을 쏟아냈다. 1900년에는 감염 위험이 너무나 커진 나머지 자동차화(motorization) 추진이 동물의 존재와 연관된 건강상의 위험을 줄이는 방법으로 여겨질 정도였다.[9]

일상적인 폐기물 목록은 수공업 및 다른 갖가지 산업의 부산물도 고려하면 훨씬 더 길어졌다. 종합적인 목록은 아니지만 일상적인 공해 유발 기업에는 염색 공장, 가죽 공장, 세탁소, 표백 공장, 양조 공장, 화학 제품 제조업체가 속했다. 대부분 업체는 자신들의 작업에서 나오는 부산물을 어떻게 해야 할지 몰랐다. 예를 들면, 조명용 가스 산업이 그런 경우였다. 가스등은 1850년 이후 유럽의 많은 동네에 보급되었다. 이 등은 석탄 증류로 여러 잔류물(역청유, 유황, 암모니아, 타르, 중금속)을 생성했고, 그것들을 모두 보통은 가스 공장 근처 구덩이에 놔뒀다.[10] 1873년 파리지앵들은 1년 중 특정 시기에, 특히 "생드니의 공장들이 [폭풍]을 이용해 쌓아뒀던 유해 잔류물을 몽땅 강으로 흘려보낼 때" 센강의 혐오스러운 모습에 주목했다.[11] 1880년 이후 인구 50만 명의, 프랑스에서 두 번째로 큰 도시 마르세유는 가정용 및 산업용 쓰레기를 창고에 비축하기 시작했고, 이는 벌써 위태로웠던 도시의 위생 문제를 한층 더 악화시켰다. 흥미롭게도, 유럽에서 그 세기 내내 격차가 어느 정도 좁혀지는 편이기는 했지만 도시의 사망률이 시골의 사망률보다 계속 높았다. 대다수 사람은 이를 도시의 밀집·쓰레기·하수도 탓으로 돌렸고, 이 모든 것이 인류의 진정한 구렁텅이를 창출했다.[12]

산업 체제와 인프라가 유럽과 북아메리카 양 대륙의 도시를 장악함에 따라 그곳들은 아시아 도시보다 부인할 수 없을 만큼 더욱 오염되었다. 그 차이는 사실 매우 현저했다. 도쿄에서 18세기의 전형이었던 위생 제도는 19세기까지 거의 변함없이 지속될 수 있었다. 종교적 함의가 있는 퇴비 개념은 쓰레기를 매우 엄격하게 처리했다. 분뇨를 다량의 물이 흐르는 하수구에 씻겨 보내는 대신 농경지의 비료로 가치 있게 생각했다. 더럽거나 불결하거나 질병을 옮긴다고 여기던 폐기물을 가장 기초적인 기술을 이용해 처분한 것이다. 사망률은 그 세기 말까지 유럽 도시의 사망률을 절대 넘어서지 않았다.[13] 서구 도시가 아시아 도시보다 더 오염됐다는 원칙의 유일한 예외는 대규모 식민지 도시—가령 뭄바이와 콜카타—로 이곳들의 공해 수준은 장인과 도시 주민이 불결하고 비위생적인 수로 근처에 살았던 유럽 도시의 수준을 반영했다.[14]

　1870년대에는 일반 유럽 도시들의 그날그날 운영에 차질이 생겼다. 예전에는 인간 및 동물의 분뇨, 도살장 찌꺼기, 거리의 진흙, 양털 누더기 등 일상의 폐기물을 이런저런 방식으로 재사용하거나 다른 용도로 썼었다. 그러나—높아진 생활 수준과 결합한—산업화와 도시화의 시작은 더 이상 재사용할 만해 보이지 않는 찌꺼기와 쓰레기의 가치 저하를 부추겼다. 동시에 산업 기업들은 광업 확장, 화학 발달, 식민지 자원 전용—재사용과 재활용의 필요성을 더욱더 감소시켰다—덕분에 더 먼 곳에서 온 새로운 자원을 이용하는 걸 좋아했다. 이 시점부터 폐기물은 최종 산물이 되었고, 사실 아무도 그것을 어떻게 해야 할지 몰랐다.[15] 런던의 하수 관개 이용 농장(1840년대 이후 존재했다) 곳곳에서 과도하게 오염된 물을 도시와 멀리 떨어진 주변부로 내보내려는 실험을 많이 실시했다. 하지만 도시의 이 같은 노력은 실패로 돌아갔다. 파리, 빈, 브뤼셀, 런던, 베를린에서 이런 모험은 도시와 교외 간 긴장만 고조시켰다.[16] 이곳들을 비롯한 다른 도시의 이러한 운영 차질은 또한 열기 속에 방치된 유기 폐기물 덩어리가 내뿜는 엄청난 악취를 가중시켰고, 그러는 사이 독성 물질이 템스강이나 센강 같은 지역 하천으로 방출되었다. 런던은 1858년에, 파리는 1880년과 1895년에 특히 큰 타격을 입었다. 악취는 언론에서 대중의 항의와 비판을 불러왔다.[17] 파리는 황산암모니아 제조 때 발생하는 하수의 산업 처리가 걱정이었다. 여러 황산암모니아 공장이 1870년대에 이 도시의 교외에 들어섰기 때문이다. 이들 때문에 '파리의 냄새'를 조사할 시위원회가 창설되기에 이르렀지만, 위원회는 도시 주거와 산업화 사이의 위기를 해결하는 데 결코 성공을 거두지 못했다.[18]

쓰레기를 가치 있게 여겼던 산업화 이전 체제를 폐기한 것은 나라마다 편차가 컸고, 대도시와 소도시가 많이 달랐다. 오래된 폐기물 관행의 전환은 프랑스보다 미국과 영국에서, 소도시에 비해 대도시에서 더 일찍 시작한 것으로 보인다. 어찌 됐든 19세기 말이 되면 갖가지 폐기물 처리 및 제거 시스템이 쓰레기를 다른 용도로 돌리는 옛날 방법을 대체했다. 첫 번째 선택은 대다수 유럽 도시가 채택한 시스템으로 간선 배수로를 통해 쓰레기를 제거하는 것이었다. 그렇지 않으면 1872년부터 뉴욕이 그랬던 것처럼 폐기물을 그냥 바다로 내보냈다. 영국은 쓰레기 하치장을 만들었고, 그 세기가 끝날 무렵 소각과 재활용 같은 다른 시스템이 등장하기 시작했다.[19]

산업 폐기물 파동에 대한 이 모든 대응은 산업과 공해를 도시 외곽으로 몰아내는 데 기여했다. 산업과 공해의 이전은 철도에 대한 접근성으로 인해 더욱더 가능해졌다. 런던, 파리, 브뤼셀 같은 대규모 산업 도시는 많은 장인과 분산적인 소규모 산업을 끌어들이며 환영했다. 하지만 1860년 이후 산업은 부르주아 구역에서 한참 떨어진 주변부의 버려진 지역에 들어서는 경향이 있었다. 조르주외젠 오스만(Georges-Eugene Haussmann: 치밀한 도시 계획으로 파리를 근대화시킨 제2제정 시대의 행정관―옮긴이)의 파리에서 특정 지역의 오염도가 높았던 것으로 알려졌다. 예를 들어, 빌레트(Villette) 지구는 수도에서 가장 공해가 심한 장소 중 하나였다. 도축장, 연료 저장고, 가스 공장이 이 구역에 악명을 심어줬고, 심지어 거대한 타르 공장들까지 있었다.[20] 공장을 위해 경제적인 대규모 공간을 물색했고, 철도로 쉽게 접근할 수 있는 최초의 교외 공업 단지 개발의 길이 트였다. 이런 식으로 산업화는 도시 계획의 발상은 물론 도시의 풍경을 바꿔놓았다. 우세하고 특별한 부류의 산업으로 규정되는 도시―맨체스터와 루베(Roubaix) 같은 섬유 중심지 또는 디트로이트·피츠버그·르크뢰조(Le Creusot) 같은 철강 도시―에서 교외는 산업 활동의 중심이 됐다. 발전이라는 명분 아래 희생된 오염 지역 목록은 계속 길어졌다. 유럽과 북아메리카의 주요 도시는 모조리 교외 공업 단지를 개발했고, 높은 굴뚝이 솟은 친숙한 풍경―그 "긴 손가락들, 불편함의 지표들"―을 빚어냈다. 각각의 도시는 현지 지형, 산업 유형, 사회적 권력관계에 맞춰 발전해나갔다.[21] 1912년 파리의 도시 경계 내에서 유해한 연기를 내뿜는 큰 굴뚝은 426개였다. 그러나 굴뚝 수가 가장 크게 늘어난 곳은 도시의 교외, 특히 북동쪽의 생드니, 오베르빌리에(Aubervilliers), 팡탱(Pantin)이었다. 비슷한 추세는 도시의 증가가 유럽을 앞질렀던 북아메리카에서도 일어났다.[22] 가령, 뉴욕에서는 1860년 약 10만 명의 노동자가 5000개의 공장에 고용되어 있었지만, 석유 증류 공장이 설립 및 확장되면서 1880년 이후 새롭고 중대한 오염원이 나타났다. 록펠러(John D. Rockfeller) 같은 석유 기업의 거물들은 도시를 떠나 롱아일랜드(Long Island)의 뉴타운크리크(Newtown Creek)나 뉴저지주 북부로의 이전을 택했다. 오래된 시골 지역은 거대한 산업 단지로 변모했다. 폐기물과 석유 잔류물은 지역 당국의 반발이 거의 없거나 전혀 없는 가운데 물과 토양 주변을 오염시켰다.[23]

19세기에 도시들은 산업화로 인한 새로운 형태의 공해를 다뤄야 했을 뿐 아니라 계속해서 증가하는 산업화 이전 형태의 공해도 억제해야 했다. 두 경우 다 해결책은 오염원을 도시로부터 멀리 떨어지게 하는 것인 듯했다. 사빈 바를르(Sabine Barles)가 주목했듯 도시는 "토양을 더럽히는 해로운 미아즈마를 다른 곳으로 실어다 놓지 않는 이상 더 깨끗해지거나 더 건강해질 수 없었다". 공해를 제거한—교외나 지하 또는 더 멀리 전원으로—덕분에 도시 사망률은 그 세기 말에 감소해 시골 사망률에 더 가까워졌다.[24]

매연 가득한 유럽

19세기를 거치는 동안 산업은 다양한 속도로 수많은 상황 속에서 변화하고 발전했다. 처음에는 증기 기관과 도시의 리듬이 제조업을 도시로 끌어당겼다. 그다음 초기 산업화의 두 번째 단계에서는 도시 부르주아의 공해에 대한 불만(그러나 노동자 수가 많다는 불만과도 연계된)이 산업의 도시 외곽 이전을 추진했다. 철도 선로의 확장이 이러한 전환을 수용했다. 제조업을 오직 원료 추출에만 특화된 훨씬 더 떨어진 지역으로부터 가져온 원자재—가령 광업—와 연결시키는 데 일조했던 것처럼 말이다. 가끔은 제조업이 자원을 갖춘 기지 가까이로 옮겨가기도 했다. 유럽에서는 산업 지구가 대부분 탄광 근처에 집중되어 있었다.[25] 하지만 1830년경 석탄은 영국 바깥에서는 거의 쓰이지 않았고, 많은 곳이 계속 동물이나 물 또는 바람을 주요 동력원으로 사용하고 있었다.[26] 1860년대에 영국은 연간 1억 미터톤의 석탄을 추출했다. 이는 전 세계 석탄의 절반 이상, 미국이나 독일에서 채굴하는 양의 4배에 해당했다.[27] 제1차 세계대전 이전 영국의 탄광업은 계속 확장됐지만 세계에서 차지하는 상대적 중요성은 20퍼센트 떨어졌고, 석탄 생산의 선두 자리는 미국으로 넘어갔다.

공업 지대의 출현은 산업공해가 특정 지역 안팎에 집중되었다는 뜻이다. 소규모 수공업 생산이 산재되어 있던 자연은 전례 없는 규모의 산업에 희생된 방대한 면적의 토지로 넘어갔다. 예전에 작은 작업장들이 풍경을 점점이 수놓았던 곳에서 산업화가 진행되자 원료, 동력원, 노동의 강도 높은 착취를 통한 수익 극대화를 노리고 제조업의 집적이 일어났다. 그 결과, 탄광은 철강·금속·화학 공장—그리고 특히 석탄이 연료로 연소되기 전에 거기서 나오는 유황, 벤젠(benzene), 인(phosphorus) 같은 독성 불순물을 제거하는 데 필요한 코크스 공장—으로 둘러싸였다. 이런 공장의 공해 유발 성격을 놓고 봤을 때(부산물의 30퍼센트를 처리하지 않은 채 그냥 대기 중으로 방출했다), 이들을 도시 주거 지역으로부터 더욱 멀리 떨어진 곳에 세워야 했다는 사실은 놀랍지 않다. 예를 들면, 런던에서는 1870년부터 시 당국이 대도시권에서 이런 공장을 추방했다.[28]

그러는 사이 탄소 연기가 공업 지대의 주요 오염원이 되었다. 대규모 철강 공장은 그레이트브리튼섬의 웨일스 남부와 요크서 그리고 버밍엄 주변, 독일의 루르, 벨기에의 왈롱, 프랑스의 로렌 지방에 위치해 있었다. 섬유 부문 역시 연료로 석탄을 사용했고, 매연에 휩싸인 맨체스터는 1830년대부터 줄곧 영국 면화 산업의 90퍼센트를 차지했다. 산업 규모가 너무나 큰 나머지 맨체스터의 석탄 소비는 1834년 연간 73만 7000미터톤에서 1876년에는 300만 미터톤 이상으로 증가했다. 증기 기관은 1852년 영국에서 45만 마력을 공급했다(프랑스의 6배). 1870년에 영국은 10만 개의 증기 기관이 작동 중인 걸 자랑할 수 있었다.[29] 증기 기관은 결함이 잦았고, 하나같이 아황산 가스를 배출했다.[30] 커다란 공장 굴뚝이 쏟아내는 공해 수준은 수많은 여행자, 사회 연구자, 작가들의 관심을 사로잡았다. 그중 찰스 디킨스의 유명한 소설 《어려운 시절(Hard Times)》 (1854)은 코크타운(Coketown: 맨체스터를 떠올리게 하는 가상의 도시)의 거무스름한 하늘을 묘사했다. "무시무시한 뱀 같은 매연"이 도시에 자욱했다. 다른 문단에서, 그 뱀들은 "끝없이 계속 이어졌다".[31]

산성비로 쑥대밭이 된 영국 중부 지방은 기록적인 사망률 때문에 '블랙 컨트리'라는 이름을 얻었다. 다른 폐 질환 및 폐암의 증가를 셈에 넣지 않더라도 영국에서 기관지염으로 인한 사망의 20퍼센트는 대기 오염의 결과였다. 추정에 따르면 1840~1900년 100만 명의 영국인이 대기 오염 때문에 조기 사망했다.[32] 이 무렵 일어난 최초의 산업 매연 반대 운동은 공해 증가와 그에 수반된 호흡기 질환 증가의 연관성을 입증하려고 입수 가능한 통계 자료를 활용하기 시작했다. 1873년 중앙등기소(General Register Office)는 12월에 두터운 안개가 여러 차례 런던을 마비시킨 이후 사망자가 급증했다고 밝혔다. 서유럽과 미국의 많은 지역이 석탄과 증기기관을 수용했지만, 어떤 지역은 이를 받아들이지 않고 오랫동안 버텼다. 지중해 지방이 한 예로, 1900년 이전에 석탄-증기 동력으로 변경한 곳은 마르세유와 바르셀로나뿐이었다. 에스파냐와 이탈리아반도의 다른 곳들—토리노와 밀라노—은 수로가 풍부하고 탄층이 없어 대안인 수력이 훨씬 더 이득이었다.[33]

1880년 이후 산업화는 흔히 2차 산업혁명이라 일컫는 새로운 국면에 접어들었다. 섬유 산업이 주류에서 밀려나면서—그리고 철강과 화학 산업이 주류로 등장하면서—석탄 의존도가 커졌다. 대륙에서는 이 '석탄의 시대'가 석탄 매장량이 풍부한 루르 지방, 베스트팔렌, 실레지아가 있는 독일의 주들에서 맨 처음 득세했다.[34] 1850년 루르에서는 150만 미터톤의 석탄을 생산하고 1만 2000명의 광부를 고용했다. 1910년에는 약 40만 명의 광부가 1억 1000만 미터톤의 석탄을 채굴하면서 이 지방을 유럽 대륙 철강 산업의 수도로 만들었다. 석탄에서 나오는 코크스는 주철과 강철을 생산하는 용광로의 연료로 들어갔다. 철도 확장과 무기 생산 경쟁에 힘입어 루르밸리(Ruhr Valley)의 금속 산업은 어마어마한 비율로 성장했다. 예를 들어 에센(Essen)에 있는 크루프사(Krupp社)의 공장은 1900년경 3만 명을 고용했다. 1912년 정부 조사에 따르면 이 지방의 대부분 지역은 매연, 그을음, 황산 침적물로 오염되었으며, 이것이 채소의 성장을 방해하고 과일을 오염시킨 것으로 밝혀졌다.[35]

벨기에에서는 리에주 분지가 여전히 유럽에서 가장 중요한 곳 중 하나였다. 신설 탄광의 개장으로 산업적 역량을 강화하면서 왈롱은 아연의 주요 생산지가 되었다. 칼라민(calamine)이라고 알려진 풍부한 아연 광석은 비엘-몽타뉴(Vielle-Montagne) 퇴적층으로도 유명한 모레스네(Moresnet) 지역의 명성을 쌓아줬다. 그러나 이 자원 덕분에 경제는 부흥했을지 몰라도 환경에는 해로운 것으로 판명 났다. 아연의 정제 공정이 특히 공해를 유발했기 때문이다. 리에주와 앙글뢰르(Angleur)에 들어선 많은 아연 금속 공장들이 금속 산화물과 납과 카드뮴 같은 다른 중금속을 대기 중으로 방출했다. 정련 기술은 근대 초기에 이미 상당수의 공장을 가동 중이던 인도로부터 1740년 이후 수입된 듯하다.[36] 1837년 설립된 비엘-몽타뉴 아연광업회사는 새로운 정련법을 도입했고, 이 기술은 회사가 대륙 전역에 걸쳐 칼라민 퇴적층을 소유한 뒤로는 자사를 빠르게 유럽 최초의 다국적 기업으로 변모시켰다.[37] 아연은 새로운 도시적 근대성을 반영하는 주력 상품이 되었다. 아연의 녹청은 산업 도시에서 지붕의 방수층으로 쓰였다. 하지만 많은 산업 제품처럼 그 제조 과정에서 나오는 폐수가 높은 환경 비용을 발생시켰다.[38]

프랑스에서는 분산된 원형 공업이 오래 지속되었다. 즉 그즈음 부상한 랭커셔(Lancashire) 섬유 공업 지역이나 루르밸리의 철강 제조업 같은 중요한 공업 지대에 상응―크기나 수준에서―하는 것이 프랑스에는 없었다는 뜻이다. 그 결과, 매연 공해가 해협 너머만큼 큰 이슈로 등장한 적이 없었다. 그럼에도 1780년대에 프랑스에서 최초로 산업적 용도로 증기기관을 사용한 르크뢰조에 19세기 말엽 유럽 대륙 최대의 공장들 중 하나가 들어섰다. 탄광 및 철광 분지에 자리 잡은 이 지방은 철도 선로 개발과 1837년 슈나이더(Schneider) 형제의 회사 창립으로 활력을 얻었다. 1830~1866년 도시 인구는 1300명에서 2만 3000명 이상으로 늘어났다. 공업이 전부였다. 르크뢰조는 완전히 어마어마한 공장 하나를 중심으로 이뤄졌고, 그것이 20세기 초에 거대한 철강 도시를 만들어냈다. 공장은 무려 면적이 1000헥타르, 길이가 4킬로미터에 달했고, 여러 건물을 한데 연결하는 300킬로미터의 철도망이 있었다.

석탄 매연은 거의 모든 공업 지대에 영향을 미쳤지만, 특히 그것이 사람들과 직접적으로 더 자주 접촉하는 도시에서 두드러졌다. 런던―주거 난방용으로 석탄을 태우고 산업용 폐수가 정기적으로 도시 생활에 영향을 주는 곳―은 여전히 세계에서 공해가 가장 심한 메트로폴리스였다. 석탄매연경감협회 회원이던 의사 헨리 앙투안 데 보외(Henry Antoine Des Voeux)는 1905년 새로운 유독성 안개를 설명하고 경종을 울리기 위해 스모그(smog)―매연(smoke)과 안개(fog)의 합성어―라는 용어를 만들었다.[39] 대기에 미치는 공업 매연의 파괴적 영향을 포착하기 위해 만든 이 전형적인 용어는 길고 치명적인 역사의 초기에 나타났다.

배수구와 유출구

즉각 눈에 띄지 않기에 스모그보다 더 서서히 퍼지는 수질 오염도 산업화 때문에 부쩍 늘었다. 산업화 이전에는 세계 어디서든 산업 폐기물을 강에 버리는 것은 법적 고발의 위험이 있는 금지 행위였다. 하지만 새로운 자유 산업 체제는 제조업자를 이러한 법률상 제약으로부터 해방시켰다. 생산 증대라는 압박 아래 엔지니어들은 건강상 위험하다는 인식을, 흐르는 물은 모든 종류의 위험을 정화시킨다는 그들 나름의 전망으로 재정립했다. 이런 새로운 일련의 사고는 1810년경 근대적 배수구 네트워크를 통해 배설물을 제거하는 새로운 시스템으로 수세식 화장실을 도입한 영국에서 촉발됐다. 영국식 모델은 유럽과 미국에서도 널리 채택했다. 모든 배수구는 자연 수로로 이어졌고, 최종적으로는 바다로 향했다. 더욱이 대기 오염 통제가 달갑지 않은 기업에서 폐기물 처리 수단으로 수질 오염을 악화시키는 불행한 효과를 가져왔다. 다량의 여과된 액상 잔류물을 하천계로 방출하는 주범, 곧 급성장하는 화학 공업이 특히 이런 사례였다.[40] 그 결과는 지속 가능한 번영을 위해서는 수질 오염이 불가피하다고 여기는 새로운 체념의 태도였다. 1875년 파리 공중보건위생위원회 회원 앙투안 포기알(Antoine Poggiale)이 비에브르강과 관련해 이렇게 내비쳤듯이 말이다.

> 루이 14세 치하 때 센강 강둑에 들어선 공장들에 대해 했던 것처럼 비에브르강에서 타닌 무두질 공장, 백반 무두질 공장, 전분 공장, 염색 공장 같은 건강에 나쁘다고 인식되는 공장을 제거할 수 있을까? 그러려면 새로운 법이 필요할 것이다. 그러나 우리의 입법 원칙뿐 아니라 우리의 도덕, 재산에 대한 존중

이 그런 급진적 조치를 내릴 준비가 되어 있거나 그런 걸 바라는 것 같지는 않아 보인다.[41]

서유럽에서는 특정 유형의 시골 수로 오염—식물 섬유의 침수 처리에서 발생하는 오염처럼—이 줄어들고, 궁극적으로는 리스밸리(Lys Valley), 러시아, 식민지 같은 일부 지역에만 집중된 더 새로운 유형의 오염이 등장했다.[42] 가장 먼저 도시의 강들이 더 강력해진 공해를 겪었다. 영국에서는 의회의 수질오염위원회(1866~1867)가 산업 활동과 수로 오염 사이의 확실한 관련성을 밝혀냈다. 아울러 '공해'라는 말이 퍼지기 시작한 게 바로 이 시기였다. 맨체스터의 어웰강, 리버풀의 티즈(Tees)강과 머지(Mersey)강, 리즈(Leeds)의 에어(Aire)강, 템스강 등이 모두 식수원으로 부적합해졌다. 게다가 산업 시설 하류에서 물고기가 사라졌다.[43] 투르쿠앵(Tourcoing)과 루베 지역에 있는 에스피에르(Espierre)강의 경우처럼 섬유 공업은 하천에 특히 해로웠다. 그러나 모든 종류의 산업이 폐수를 배출했다. 1850년대에 북프랑스와 파드칼레(Pas-de-Calais) 공업 지대의 강들은 양조장에서 방출하는 비트즙(19세기 중반에 비트는 와인의 색깔을 내는 데 쓰였다—옮긴이)과 브랜디, 염색 공장 및 다른 섬유 공장에서 나오는 폐수로 "잉크처럼 시커멓게" 변했다.[44] 생테티엔(Saint-Etienne)에서는 도시를 가로지르는 작은 산업용 하천 퓌랑(Furan)에서 풍기는 고약한 냄새가 도살장, 곱창 가게, 가죽 공장, 섬유 공장의 산업 폐기물로 더욱 심해졌다. 강둑을 따라서 혹은 그 주변에서 공업을 뒷받침해온 도시의 강들은 대부분 비슷한 결과를 예상할 수 있었다. 건강에 대한 우려는 커지고 시의 지침 및 법률은 전반적으로 비효율적인 상태에서, 당국은 이 강들을 완전히 복개함으로써 하수구로 변모시키기로 결정했다. 이로써 많은 도시의 강들이 오염된 물을 위한 배수관이 되었고, 이는 당연히 한층 더 많은 폐기물에 노출될 가능성을 높였다.[45]

수로를 더럽힌 모든 활동 중에서 주범은 금속의 추출 및 변형과 관련한 작업이었다. 그러한 작업은 많은 물을 필요로 했을 뿐 아니라 엄청난 양의 잔류 폐기물을 생산하기도 했다. 1900년경 루르에서는 그 지방 전체를 한쪽 끝에서 다른 쪽 끝까지 가로지르는 엠셔(Emscher)강―라인강 지류―의 모든 생물체가 전멸했다. 1914년 이전까지 폐기물 처리에 대한 어떠한 제한도, 어떤 종류의 처리장 제안도 없었다.[46] 로렌 지방에서는 아양주(Hayange) 대장간―산업화 이전에 이미 프랑스에서 공해 의혹이 있었다―이 웬델(Wendell) 가문이 세운 방대한 용광로 단지를 개발했다. 모젤(Moselle)강의 작은 지류인 팡슈(Fensch)강은 1900년 이 지방에서 가장 오염된 강 중 하나로 알려졌다. 물고기가 사라졌고 동물들은 더 이상 그 물을 마실 수 없었다.[47] 영국에서는 19세기에 세계 생산량의 90퍼센트를 차지했던 콘월과 데번의 주석 광산 역시 비소 배출물로 현지 강들에 유해한 영향을 미쳤다. 주석은 청동·황동 그리고 고품질의 금속 가공업에 필수적이었으며, 콘월의 강들은 이 광산들로 인해 황폐해졌다. 대기 오염을 통제하기 위해 취한 조치가 이따금 하천 오염 증가로 귀결됐다면, 수로에 쏟아버리는 폐기물의 양을 제한하기 위한 조치는 곧 부산물 처리를 위해 다른 방법을 찾아야 한다는 뜻이었음을 기억해야 한다. 제조 과정에서 발생하는 비소성 화합물을 수거해야―그것이 수로에 진입하는 것을 막아야―할 필요성은 다수의 소비재(가령 벽지, 조화(造花), 장난감)에 용도를 바꾼 색소로서 비소가 널리 쓰이게 되는 유감스러운 결과를 낳았다.[48]

광업 활동으로 유해한 영향을 받은 수로들이 압도적으로 많았음에도 이 문제를 해결하는 데는 오랜 시간이 걸렸다. 매연이 맨 처음 주목을 받았던 구리 광산에서도 19세기 말에 수질 오염은 되풀이되는 문제였다.[49] 그 세기 중반에 영국은 세계 제일의 구리 생산지였다. 콘월에서 추출한 구리는 제련하기 위해 웨일스—가장 유명한 곳은 스완지에 있는 공장— 로 운송됐다. 새 광산이 북아메리카, 칠레, 일본에서 문을 열었다. 미국에서는 1860년대에 8000미터톤이던 생산량이 1900년대 초에는 36만 7000미터톤으로 뛰었다. 진화하는 기술에도 불구하고 공해 증가는 생산 증가와 나란히 발을 맞췄다. 몬태나주와 애리조나주의 방대한 구리 광산들은 주변 지역을 황폐화시켰고, 20세기 전에는 이런 현상이 좀처럼 억제되지 않았다.[50] 메이지 시대 일본은 놀랄 만한 산업 성장을 겪으며 열도 내에서, 그리고 국제적으로 근대 경제를 확립했다. 일본은 세계에서 두 번째로 큰 구리 생산국이 되었다. 도쿄에서 북쪽으로 100킬로미터 떨어진 곳에 위치한 아시오 광산 한 곳에서만 1895년 무렵 국내 생산량의 30퍼센트를 공급했다. 전략적 이해관계가 너무나 컸기에 일본은 이 산업의 잠재적인 환경적 영향을 무시했다. 폐수는 황 무수물(anhydride, 無水物: 물 분자가 빠져나간 형태의 화합물—옮긴이) 외에도 구리의 부산물(비소, 납, 아연, 카드뮴 같은 중금속)을 논의 관개 용수로 사용하던 와타라세(渡良)강으로 운반했다. 약 10만 헥타르의 땅이 오염됐다. 오염은 농민의 건강을 위협할 정도였고, 지방 당국에 탄원했지만 허사였다.[51]

　모든 곳의 광산을 유형별로 완전히 검토하는 것은 불가능하다. 그러나 세기 중반에 아직은 초창기에 있던, 그러나 물 생태계에 특히 유해한 것으로 판명된 석유 추출에 대해선 생각해보자. 유전은 도시에서 멀리 떨어져 있고 '검은 금(black gold: 돈이 된다는 의미에서 붙은 석유의 별명—옮긴이)' 열기에 수반된 행복감 때문에, 처음 석유 공업으로 인해 유발된 공해가 도시의 대기 오염만큼 많은 이목을 끌지 않았다. 하지만 1860년대에 펜실베이니아주, 텍사스주, 카스피해 인근 바쿠(Baku: 아제르바이잔의 수도—옮긴이)에서 많은 생태 참사가 있었다. 미국의 몇몇 강은 탄화수소 잔류물을 너무 많이 함유해 증기선에 이따금 불이 붙을 정도였다. 송유관과 최초의 유조선이 석유를 운송하기 시작한 1886년에는 140배럴의 원유가 사고로 카스피해에 유출됐다.[52] 20세기 초에는 캐나다, 미국, 인도네시아, 이란, 멕시코가 주요 석유 생산국이었다. 멕시코의 베라크루스(Veracruz) 북부에서는 영국과 미국의 석유 회사들이 수로를 오염시키는 유정(油井)과 송유관을 건설했다. 1910년 12월과 1911년 1월에는 거의 600만 배럴에 달하는 원유가 부에나비스타(Buena Vista)강과 툭스판(Tuxpan)강에 흘러들었다. 이례적인 유출은 상상력을 자극했지만, 이것이 어느 유정에서나 있던 만성적 유출을 덮어줬다.[53]

세기말적 분위기

19세기 말엽 산업화는 유럽의 주요 산업 국가들이 실업률 상승, 농산물 가격 하락, 경제 성장 둔화에 직면했던 장기 불황(Long Depression, 1873~1896) 기간 동안 많은 재편을 겪었다. 산업자본주의의 이 위기 및 변화 시기는 역사학적인 관심을 꽤 받아왔다. 이 시기는 대개 영국 엘리트들한테서 비롯된 쇠퇴에 대한 두려움이라는 맥락에서 이해되었다. 그 두려움은 증폭된 공해와 인종의 퇴화를 연결시켰다. 동시에 산업적 위계가 혼란에 빠졌다. 영국은 미국과 독일에 산업적 우위를 빼앗겼다. 예를 들면 1913년 이 나라는 세계 철강의 10퍼센트만을 생산했다. (1875년에는 36퍼센트를 차지했다.) 미국과 독일은 각각 42퍼센트와 23퍼센트를 책임졌다.

남북전쟁 이후 미국의 산업은 꾸준히 인상적인 속도로 계속 성장했다. 1865~1914년 생산이 12배 늘었다. 연간 성장률은 4퍼센트였고, 인구는 1860~1900년 3100만 명에서 7600만 명으로 2배 불어났다.[54] 이 '만연한 자본주의'의 황금시대에 펜실베이니아주, 오하이오주 그리고 시카고 인근에 광대한 공업 지대가 건설되었다. 그리고 몇십 년 만에 산업과 도시의 이 거대한 복합체 및 여기서 생성된 매연이 오랜 농업 전통을 위협했다. 기업가와 당국 모두 북아메리카의 엘리트를 사로잡았던 산업적 확신과 열의에 맞서 효과적인 조치를 취하려고 고군분투했다. 1892년 사업가 렌드(W. Rend)에 따르면 "매연은 산업이라는 재단에서 피어오르는 향"이며, 인간이 위대하다는 증거, 즉 "자연의 잠재력을 인류에게 위안을 주는 물품"으로 둔갑시키는 인간 능력의 증거였다.[55] 하지만 1911년 미국지질조사소(United States Geological Survey)의 한 보고서는 매연과 그 결과 발생한 피해로 미국 경제가 연간 5억 달러의 대가를 치렀다고 밝혔다.[56] 애팔래치아 탄광 지구 한가운데에 위치한 피츠버그는 세계 제일의 철강업 중심지가 되었다. 1868년 〈애틀랜틱 먼슬리(Atlantic Monthly)〉는 피츠버그를 매연이 자욱한 도시라고 언급했다. "그곳의 모든 사물은 시커멓고" 보이는 것이라곤 "매연, 매연, 매연―사방이 매연이다!" 피츠버그는 전국에서 생산되는 석탄의 5퍼센트를 소비했고, 1880년의 인구는 30만 명이었다. 그곳은 북아메리카 역사가들의 학문적 진료를 상당히 많이 받아온 엄청난 수준의 공해로 유명한 만큼 제강업 홍보 포스터의 도시가 되었다.[57]

에스파냐, 이탈리아, 러시아 같은 다른 나라들도 산업화 과정을 개시했다. 이베리아반도는 수은, 납, 구리, 아연 같은 광물의 추출 및 생산에서 세계적으로 선두를 달리는 생산국이 되었다. 대부분의 광업을 외국 대기업들이 관리하긴 했지만 말이다. 그 결과 생겨난 공해는 엄청나고 다양했다. 안달루시아(Andalusia)에서는 납 중독이 가도르(Gador)산맥에서 모레나(Morena)산맥까지 퍼졌다. 수은 중독은 세계 최대 수은층 중 한 곳이 있는 시우다드레알(Ciudad Real)주의 알마덴(Almaden) 사람들에게 타격을 줬다.[58] 1873년 영국 자본이 돈을 댄 투자자 컨소시엄이 에스파냐 정부로부터 안달루시아의 광대한 우엘바(Huelva) 광업 단지를 사들였다. 이들 광산은 틴토(Tinto)강을 따라 위치해 있었다. 훗날 이 강은 미래의 거대 광산업체(Rio Tinto)에 그 이름을 빌려준다. 오래된 모든 채굴 설비를 확장하고 운영 방법을 근대화하면서 우엘바는 세계 제일의 구리 광산이 되었다. 한동안 적었던 생산량은 1876~1878년 4000미터톤으로, 그다음 1880년대 말에는 1만 5000미터톤(100만 미터톤의 광석 추출에 해당)으로 증가했다. 구리는 세기말에 산업의 새로운 궤적에 필수적인 원료였다. 특히 공해를 유발한 것은 광산 회사가 사용한 추출 방법으로, 철·구리·황을 얻기 위해 야외에서 황철광을 연소하는 공정이 포함되었다. 주변 도시와 농지는 매일같이 대기로 방출되는 270미터톤의 무수황과 이산화황에서 나온 황산에 말 그대로 황폐해졌다. 연기가 너무 강해서 리오틴토 회사가 노동력을 해고해야만 할 때도 있었다. 회사 임원들은 작업 방식에 대안이 없다고 주장하면서 지역 부동산 소유주들에게 손해 배상금을 물어주는 쪽을 선호했고, 그들은 이를 받아들이는 수밖에 없었다.[59]

국제 무역은 특히 아시아 지역에서 급속한 산업화에 박차를 가했다. 메이지 시대 일본은 정부의 장려와 군수 물자 조달에 힘입어 1897년 세계 공업 생산의 1퍼센트를 넘어섰고, 이 나라는 "공해 유발 기업의 진정한 낙원"이 되었다.[60] 산업화는 동남아시아 및 오세아니아의 영국과 네덜란드 식민지에서도 마찬가지로 강화됐다. 유명한 사례 중 하나가 태즈메이니아(Tasmania)의 리엘(Lyell)산 개발이다. 극도의 공해를 유발하는 이곳의 구리 광산은 1890년대에 문을 열었다.[61] 그 밖에 영국 자체보다 훨씬 더 작은 규모이기는 하지만 대영제국 전역에서 석탄을 기반으로 한 산업이 생겨났다. 인구가 꾸준히 늘어나고 있던 영연방 식민지(캐나다, 오스트레일리아, 뉴질랜드)에서는 이민, 오지 탐사, 철도 선로가 팽창주의적 계획을 뒷받침하고 유지시켰다―그리고 광대한 구리 및 주석 광산의 개장을 부추겼다. 영국에서의 광업 쇠퇴가 노동력 이주를 촉발했다. 엔지니어와 일터를 잃은 수만 명의 광부가 영국을 떠나 이 새로운 광산 채굴에 모여들었고, 자신의 전문 기술을 전수했다.[62] 과거 외국인 기업가들이 관리하던 국내 섬유 시장을 자국 자본가들이 되찾은 인도에서는 1860년대에 최초의 대형 공장들이 뭄바이(면화)와 콜카타(인도삼)에 문을 열었다. 1914년 방추(紡錘) 600만 개, 노동자 26만 명을 기록한 인도의 섬유 산업은 세계 6위에 올랐다. 타타(Tata) 가문은 인상적이게도 철강 회사까지 설립했다. 1869년 수에즈 운하가 개통되자 뭄바이는 대영제국의 체제 안에서 런던, 맨체스터, 글래스고와 국제 무역을 하는 핵심적인 항구가 되었다. 지난 세기가 바뀔 무렵 면화 제조업체는 뭄바이에서 약 8만 명의 노동자, 즉 인구의 10퍼센트를 고용했다.[63] 산업 매연은 하찮은 불가촉천민 계층뿐 아니라 취약한 노동자 계급에게도 이미 영향을 미쳤다. 이들은 대부분 계절 노동을 위해, 그리고 인생 말년에 마을로 돌아온 시골 이주자들로 이뤄져 있었다.[64] 이런 문제에서 자신의 우월함을 확신한 영국 전문가들에 따르면, 콜카타에서 관찰할 수 있는 매연 수준의 원인은 첫 번째가 인도 석탄의 형편없는 품질 때문이고, 두 번째가 현지 건설업자들의 무능 때문이었다.[65]

자본주의 세계 체제의 주변부에서는 현지의 경제 구조, 그리고 각국이 얼마나 새로운 글로벌 역학을 잘 통합시켜내는지에 따라 공해가 천양

지차로 달랐다. 라틴아메리카의 산업화는 무엇보다 유럽인의 필요를 충족하기 위해 확대됐다. 이런 이유로 1880~1914년 광업 부문이 개발됐고, 식품 가공업(쿠바의 제당 및 포장 공장, 브라질과 아르헨티나의 제분소와 냉각 공장)이 급성장을 보였다.[66] 유럽의 투자는 오스만 제국으로도 확대되었는데, 프랑스가 흑해 연안의 에레일리(Ereğli) 탄광에 경영 자금을 대는가 하면, 1890년대에는 증기 동력 직기(織機)를 갖춘 대형 방적 공장이 대거 진출했다. 살로니카(Salonica: 그리스 북부의 도시—옮긴이)에서 산업 매연은 고대 가내 수공업 기술의 쇠퇴와 자연환경 악화의 뿌리로 여겨지던 논란 많은 유럽이라는 존재를 상징하게 되었다.[67] 아프리카에서는 여러 국가에 의해 계획이 촉진되었지만(이집트의 경우처럼) 여전히 불안했다. 대영제국 체제의 일부이던 남아프리카공화국만이 1880년대의 골드러시(gold rush: 금광이 발견된 지역으로 사람들이 몰려드는 현상—옮긴이) 이후 급속한 성장을 보였다. 남아프리카공화국은 세계 최대의 금 생산국이 되었고, 거대한 광산은 수은으로 환경을 오염시켰다.[68]

19세기 말의 변화는 세계적 규모에서 산업 역학의 새로운 궤적 및 심오한 공간적 재편을 알렸다. 이러한 변화의 결과, 산업 기업들도 스스로를 재정비하게 되었고 해외 시장에 진입함에 따라 전망도 더욱 국제적으로 바뀌어갔다. 이런 새로운 상황이 산업공해 영역을 재구성하고 국제 경쟁 심화가 배경으로 작용한 세기말의 분위기를 형성했다. 특수 철강과 비철금속(아연, 납, 알루미늄) 같은 새로운 원료가 등장했다. 전기처럼 에너지 구성 방식을 개조한 혁신 부문이 생산성을 촉진했다. 그리고 화학은 경제의 필수 부문으로서 그 위치를 재확인시켰다.

화학 공업의 신개척지

19세기 후반에 화학 공업은 통합을 이뤄냈다. 1830년부터 유기화학은 석탄이 득세한 결과, 더 이상 동물성과 식물성 물질의 화학이 아닌 탄소와 탄소 화합물의 화학으로 지칭됐다. 유기 화합물과 무기 화합물의 경계는 합성을 통해 둘 다 생산하는 게 가능한 정도로까지 모호해졌다. 역사적으로 전환점에 도달한 것은 독일 화학자 프리드리히 뵐러(Friedrich Wöhler)가 1828년 요소를 합성한 때였다. 그 이후에는 자연에서 발견한 자원을 특히 천연 공급량이 제한적인 곳에서 보충하는 일이 가능해졌다.[69] 프랑스 화학자 마르셀랭 베르틀로(Marcellin Berthelot)는 1850~1865년 원소의 구성 요소로부터 메탄, 메탄올, 벤젠을 재구성하는 연구로 합성 화학을 한층 진일보시켰다. 그는 1860년 이 신생 학문의 바이블 중 하나로 여겨지는 《유기합성화학(La Chimie organique fondée sur la synthèse)》을 집필했다. 1860~1910년에 알려진 유기 화합물의 수는 3000개에서 14만 개로 늘어났고, 대부분 탄소계인 새로운 물질은 산업계에 다량 공급되었을 뿐 아니라 새로운 형태의 공해도 유발했다.[70]

그 세기 후반에 화학 논문, 대학의 학장직, 실험실 도입이 이뤄졌다. 독일의 유스투스 폰 리비히(Justus von Liebig)와 프랑스의 베르틀로 같은 유명한 화학자들이 대학 연구와 산업계 틈에서 차세대 화학자들을 교육했다. 과학은 산업적·상업적 이해관계와 뒤섞였다. 화학자들은 또한 언제나 산업계의 재정적 지분을 공중 보건이나 환경 보호 문제보다 중시하는 생산 모델의 생존을 보장하기 위해 공공 정책과도 연계되었다.[71] 나라마다 다르기는 했지만—가령, 프랑스에서 화학공학은 미국이나 독일에 비해 자리 잡기가 더 힘들었다—산업가들과 공공 단체의 이런 동맹은 언제나 핵심이었다. 화학자들은 전문적으로 변모했고, 발 빠르게 런던화학협회(1841), 파리화학협회(1857), 러시아화학협회(1868)처럼 하나같이 자신들의 노력을 대부분 산업적 실무에 쏟아붓는 지식인 단체를 조직했다. 제조업자 역시 미국의 제조화학자협회(1872년 황산을 생산하는 집단이 만들었다), 독일의 독일화학자협회(1877), 영국의 화학공업협회(1881) 같은 자신들만의 모임을 창설했다.[72] 하지만 프랑스에서는 제1차 세계대전과 국가를 위한 과학 동원으로 인해 1918년까지 화학공업협회를 만들지 못했다.[73]

화학 공업의 무게 중심은 독일과 미국 쪽으로 옮겨갔다. 원치 않는 산업 폐기물에서 가치를 짜내는 것에 관해서라면 독일 회사들이 최고봉이었다. 바이엘(Bayer), 회흐스트(Hoechst), BASF 같은 대기업이 모두 1860년대 초에 설립됐다.[74] 예를 들어, 1913년 독일은 세계에서 제조하는 염료의 86퍼센트를 생산했다. 대서양 건너 미국의 170개 소규모 화학 공장은 1850년 겨우 1000명의 노동자를 고용했다. 제1차 세계대전이 터질 무렵 미국의 화학 공업은 두 번째로 큰 생산자가 되었다. 직원 6만 7000명을 자랑했으며, 황산 생산 같은 일부 부문에서는 독일마저 눌렀다.[75] 벨기에 회사 솔베이(Solvay)는 미국으로 진출해 시러큐스(Syracuse)에서 맨 처음 소다회(soda ash) 공장(공업화학을 통합한 최초의 공장)을 열고 1890년대에는 디트로이트에 또 하나의 공장을 건설했다. 대부분 20세기 최악의 공해 유발 주범이 되는 미국의 몇몇 최대 기업은 19세기 말 무렵에 설립됐다. 다우 케미컬(Dow Chemical)은 1889년 문을 열었고, 몬산토(Monsanto)가 1901년 그 뒤를 이었다. 1802년 화약 공장으로 출발한 세 번째 복합 기업 듀폰(Dupont de Nemours)은 세기가 끝날 무렵 공업화학으로 확장하기 시작했다.

이런 배경은 급속한 공업화학의 발전과 그것이 환경에 초래한 파괴를 설명해준다. 석탄화학은 다양한 합성과 경제적 수익에 활용할 수 있다는 가능성 때문에 특히 중요한 기회를 제공했다. 염색 공업은 지체 없이 이 것을 십분 활용했다.[76] 모베인(Mauveine: 보라색 염료―옮긴이)은 최초의 합성 염료로 1850년대에 콜타르(coal tar: 석탄을 건류할 때 부산물로 생기는 검은 액체― 옮긴이)로부터 뽑아낸 아닐린(aniline)을 황산과 섞으면서 우연히 발견했다. 하지만 식물성 틴크제(tincture)와 금속 산화물을 대체하던 이 새 염료는 많은 오염 물질의 출처이기도 했다. 가령, 최초의 아닐린 염색 공장 중 한 곳이 1860년경 바젤(Basel) 근처에 들어섰는데, 1863년 공장주가 산업 공해에서 기인한 오염 수로(水路) 재판에 불려갔다. 그는 공장을 팔고 도 시를 떠나도록 강요당했다. 이 사건 때문에 프로이센 정부는 북해나 발트 해에 폐기물을 방류하라고 제조업체에 요구했는데, 이를 실행하는 데 항 의했던 네덜란드 당국으로서는 대단히 불쾌한 일이었다. 물의 흐름과 깊 이가 화학 잔류물을 희석하기에 충분하다고 여겨진 라인강은 결과적으로 유럽 대륙의 화학 공업에 가장 중요한 장소이자 가장 오염된 하천 중 한 곳이 되었다. 1875년에는 500여 개의 공장이 강독에 늘어서 있었다. 대부 분 독일 아니면 스위스 공장이었다. 예전에 세상의 어떤 강도 이만큼 화 학 공업에 짓밟힌 적이 없었다.[77]

가공업계가 사용하는 대단히 다양한 화학 제품이 확산하면서 전 세 계 경제를 지배했다. 가죽 공장은 물론이고 유리, 비누, 섬유, 금속, 벽지 를 포함해 거기에만 한정되지 않는 온갖 제조업체가 황산과 염산뿐 아니 라 가성 소다, 크롬, 비소, 수은, 붕소 등의 물질에 의존했다. 이는 무한 수요를 보장했다. 황산은 여전히 핵심 제품이었다. 황산은 무기산 중 가 장 강하고 안정적이었으며, 연실의 효율이 높아지자 더 많이 생산할 수 있었다. 이렇게 해서 황산은 어마어마한 양이 생산되었다. 프랑스에서는

1867년 9만 미터톤, 1913년에는 100만 미터톤을 생산했다. 프랑스는 미국(210만 미터톤), 독일(170만 미터톤), 영국(110만 미터톤)에는 뒤처지지만 이탈리아(41만 미터톤)보다는 한참 앞선 세계 4위의 최대 생산국이었다.[78] 생산량 증대는 전 세계 화학 공업 성장의 좋은 지표였다. 황산은 중요한 염산 방출과 더불어 의심할 바 없이 19세기 최악의 공해 주범이던 가성 소다 제조 부문에 필수적이었는데, 그 증기가 피부·눈·소화기·호흡기를 극도로 부식시켰다. 제2제정 시대에 이 부문의 열렬한 옹호자이던 화학자 앙셀므 파엔(Anselme Payen)도 산성 증기가 "건물의 금속 경첩을 손상시켰다. 〔그리고〕 식물의 공기구멍을 좁혀서 즉시 말라 떨어지게 했다. 〔그것은〕 공기를 통해 이동하면서 그 경로에 거주하는 사람들의 건강에 치명적 악영향을 끼쳤다"고 인정했다.[79] 1825년 이후 르블랑 공정이 확산하면서 르블랑 소다 공장은 1850년대에 정점에 올랐다. 영국은 시장을 장악했고 브리스틀, 버밍엄, 글래스고 인근 그리고 당연하지만 소다 공장들이 주변 지역을 말 그대로 완전히 파괴했던 리버풀 지역—세인트헬렌스(St. Helens), 위드너스(Widnes), 렁컨(Runcorn)—에서 거의 2만 명을 고용했다.[80] 염산과 마찬가지로 여기서 생성된 폐기물은 대단했다. 1862년 리버풀 근처에서는 소다 공장에서 소다 28만 미터톤을 생산할 때마다 400만 미터톤의 기체나 고체 또는 액체 잔류물을 방출했는데, 그중 50만 미터톤은 무엇보다 황화칼슘·수산화칼슘 및 기타 역청유 생성물을 포함한 유독성 폐기물이었다. 시골 지역은 황폐해졌고, 처음으로 영국 정부는 화학 오염에 관한 법률(알칼리법, 1863)을 제정할 수밖에 없었다.[81] 비슷한 문제가 벨기에에서도 발생했다. 1855년 정부조사위원회는 나뮈르(Namur) 근처 공장들에서 매일 850세제곱미터의 염산을 방출했다고 추정하며, 이것이 노동자와 현지 주민 모두에게 유해한 영향을 미쳤다고 보고했다.[82]

가성 소다 공장이 위드너스·나뮈르·마르세유의 도심에서 먼 곳에 지어지기는 했지만, 공해가 너무나 심한 나머지 기업가들이 다른 생산 방식을 고려하지 않을 수 없는 정도였다. 벨기에 화학자 에르네스트 솔베이(Ernest Solvay)는 더 간단하고 비용 효율이 높은 방법으로 암모니아에서 탄산나트륨을 추출했는데, 이로써 더 적은 오염 물질을 대기 중으로 방출했다. 이것은 1890년대에 르블랑 공정을 대체했고, 화학 부문을 전면 재편했다. 1913년에는 이전 방법을 이용해 생산한 12만 미터톤보다 훨씬 많은 약 180만 미터톤의 가성 소다가 생산됐다. 1901년 무렵 프랑스에 남아 있는 (르블랑 공정을 사용하는) 소다 공장은 마르세유 근처에 딱 하나였다. 제1차 세계대전 직전 솔베이사(社)는 미국과 유럽에 계열사 32개의 네트워크를 보유하고 2만 5000명을 고용한 세계 최대의 화학 그룹이었다.[83] 솔베이 공정은 악취나 산성 가스를 방출하지 않았지만 대량의 염화나트륨을 생산했고, 이것을 종종 강물에 버려 새로운 공해 주기를 창출했다. 로렌(1871, 이해에 독일의 일부로 편입되었다), 디외즈(Dieuze, 1879), 사랄브(Sarralbe, 1885) 및 뫼르테(Meurthe) 지구 전역에서 가성 소다 공장은 빠르게 수로를 오염시켰고, 낭시(Nancy)와 사르그민(Sarreguemines)의 물을 사람이 소비하기에 부적합하게 만들었다(괄호 안의 연도는 그 지역에 솔베이 공장을 설립한 해―옮긴이). 사랄브의 솔베이는 공장이 상수도를 오염시킨 이후 새 우물을 파는 대금으로 10만 마르크(mark: 독일의 이전 화폐 단위―옮긴이)의 손해 배상금을 시에 물어야 했다.[84]

화학 공업의 또 다른 갈래로 신금속(新金屬) 제조가 있었는데, 가장 중요한 신금속 중 하나가 알루미늄이었다. 알루미늄은 지구의 지각에 많은 양이 매장되어 있지만 자연 상태에서 순수한 형태로 존재하지는 않는다. 그걸 제련하는 데는 일련의 복잡한 화학 반응이 포함된다. 알루미늄의 출현은 세기 후반에 국가, 과학자, 기업가 사이에 발전한 전무후무한 동맹을 드러낸다. 알루미늄 생산의 첫 번째 단계는 보크사이트(bauxite)로부터 산화 알루미늄을 추출한 다음, 전기분해를 통해 그 산화물을 알루미늄으로 바꾸는 작업이었다. 1850년대에 상세히 연구된 이 신금속은—아연보다 훨씬 더—안정적이고, 순수하고, 가볍고, 반응성이 좋은 새로운 근대식 준(準)보석급 금속이 되었다. 1854년 화학자 앙리 생트클레르 드빌(Henri Sainte-Claire Deville)은 나폴레옹 3세의 지원을 받아 파리의 자벨 공장 중 한 곳에서 알루미늄 생산을 시작했다. 또 다른 화학자로 프랑스 남부 가르(Gard) 지방의 살랭드르(Salindres)에 있는 소다회 공장 소유주이던 앙리 메를(Henry Merle)은 사치품을 포함할 정도로 자기 시설의 생산을 확장했다.[85] 1880년대에는 전기분해 공정—프랑스의 폴 에루(Paul Héroult)와 미국의 찰스 마틴 홀(Charles Martin Hall)이 동시에 특허를 냈다—이 유행했다. 하지만 오스트리아 화학자 카를 요제프 바이어(Carl Josef Bayer)의 이름을 딴 바이어 공정이 산화물을 가성 소다로 처리함으로써 보크사이트에서 추출한 알루미늄 산화물로부터 알루미늄을 생산하는 더 손쉬운 방법을 제공했다. 1889년 프랑스전기금속협회는 순 알루미늄 및 다양한 합금을 제조하기 시작했다. 생산은 에너지 집약적이었고, 더 경제적인 전력을 이용하기 위해 결과적으로 알프스 계곡—처음에는 스위스, 그 다음은 이제르(Isère) 지방에 있는 프로주(Froges), 모리엔(Maurienne) 및 타랑테즈(Tarentaise) 계곡뿐 아니라 알프스 남부와 피레네—에 위치하는 경우가 많았다. 1900년 전 세계에서 5000미터톤의 알루미늄을 생산했으며, 거기에 수반되는 이전보다 훨씬 더 큰 규모의 공해를 촉발했다. 금속 1미터톤을 생산할 때마다 매우 유독한 가스인 불소가 35~50킬로그램 방출됐다.[86] 파리의 공장들(자벨, 장티, 낭테르)은 수력 발전소와 보크사이트 광산 및 공장의 근접성과 관련해 엄청난 항의를 즉각적으로 불러일으켰다. 페시니사(Pechiney社)가 주도한 모리엔 계곡의 알루미늄 공장 역사는 1895년 이후 가축과 나무가 불소 중독증에 걸린 농민 및 숲 관리인들의 환경 분쟁과 얽혀 있다. 꿀벌과 물고기 군집이 전멸했는가 하면 공장 창문의 부식도 눈에 띄었다. 1905년에 농민들은 상당한 보상을 받았다.[87]

1839년 고무 경화법이라는 새로운 화학 공정이 도입됐는데, 이것 역시 향후 많은 환경 오염 물질의 원인이 되었다. 경화된 고무는 무수히 많은 제품(신발, 방수복, 실험실 도구 등)에 쓰였고, 자동차의 출현으로 갈수록 더 중요해졌다. 프랑스의 미슐랭(1889)과 미국의 굿이어 타이어 앤드 러버(Goodyear Tire & Rubber, 1898)가 전 세계 타이어 매출의 우위를 두고 경쟁에 들어갔다. 1909년 바이엘은 합성 고무를 생산하기 시작했다. 사실 극심한 공해 유발 기업 명단은 계속 길어졌다. 이 명단은 니트로셀룰로오스(nitrocellulose, 1846)와 셀룰로이드(celluloid, 1870) 합성을 언급하지 않고는 완성되지 않을 것이다. 둘 다 인화성이 높았다. 후자는 사진 및 영화 필름의 주성분 역할을 했다. 또 하나 기억해둘 것은 공업화학이 나무에서 셀룰로오스를 추출하는 파옌의 작업으로 제지업에 혁명을 가져왔지만 높은 공해 비용을 감수했다는 것이다. 마찬가지로 1900년 이후에는 최초의 석유화학 제품—예를 들면 가솔린, 등유, 페놀, 포르말린, 베이클라이트(Bakelite)—이 산업 지배력을 장악한 석탄을 기본으로 한 화학에 도전장을 내밀고 그걸 압도했다.[88]

농화학 산업

공업화학은 또한 농업의 관행도 바꾸기 시작했다. 도시 인구 증가와 그로 인한 도시 시스템의 압박은 곧 분뇨, 액비(liquid manure, 液肥), 도시 쓰레기 같은 전통적인 유기 비료로는 늘어나는 식품 수요를 감당하기에 역부족이라는 것을 의미했다. 게다가 농학에서는 땅이 필요로 하는 것에 대한 최상의 해결책으로 질소(nitrogen), 인(phosphorus), 칼륨(kalium)을 인용했다(저 유명한 마법 공식 NPK는 세 원소 각각의 화학적 기호를 나타내는 약자). 고대의 관행은 1840년 이후 유럽에 수입된 구아노(guano)—앞서 언급한 세 가지 핵심 원소로 이뤄진 바닷새의 배설물—같은 천연 비료 공급에 처음으로 자리를 빼앗겼다. 1870년 이후 유럽은 칠레와 페루의 질산나트륨, 플로리다주와 마그레브(Maghreb)의 인산염, 알자스 광산의 칼륨 같은 화석 비료 수입을 2배로 늘렸다. 이런 국제 비료 무역은 신흥 산업 강국을 풍요롭게 하는 동시에 자원을 공급하는 나라에는 엄청난 환경 피해를 입히는 다양한 일방적 생태 교류의 한 사례다. 1840~1880년 페루는 거의 1300만 미터톤의 구아노를 유럽과 북아메리카에 수출했다. 1900년경 칠레는 지구상에서 소비되는 전체 화석 비료의 3분의 2를 생산했다.[89]

이런 물질이 지역에서 유기 비료를 재활용하는 전통적 방법을 이미 대체한 덕분에 인공 비료 도입에 길이 트였다. 구아노와 다른 광물 기반 비료의 가격이 상승하면서—매장량 감소와도 결합되어 있었다—화학 공업의 비료 생산에 대한 요구가 커졌다. 농학이 이런 움직임의 선봉에 있었다. 많은 농학자, 특히 독일의 리비히가 보기에 화학은 자본주의 제조업 모델을 토대로 한 농업을 창출하게끔 되어 있었다.[90] 농학자이자 화학자인 피에르폴 드에랭(Pierre-Paul Dehérain)에게 "농학의 사명은 분명 노력을 최대한 기울일 가치가 있는 영광스러운 목표인 생산량 증대일 것이다. 거기에 성공한다면 기아에 허덕이는 인간의 수를 줄일 수 있을 것이기 때문이다".[91] 그러나 비료 같은 화학 제품 추가는 프랑스보다 영국에서 더 널리 받아들여졌다. 프랑스에서는 처음부터 비료의 발전이 도전을 받았다. 시골 농부들은 이 값비싼 제품을 매우 경계했고, 1847년 〈공중위생·법의학연보(Annales d'hygiène publique de médecine légale)〉는 소들이 금속 공장에서 나온 재를 뿌린 들판에서 토끼풀을 뜯고 난 후 중독된 사례를 언급했다.[92] 1858년 언론은 프랑스 북부의 일부 지방에서 "그냥 분뇨보다는 자신의 화학 농축물이 더 효과 있다고 주장하는 비료 상인들 때문에 농민이 몸살을 앓고 있다"고 보도했다. 이런 주장을 조사하기 위해 실험을 수행한 왕실농업협회는 이 농축 비료 사용에 유의하라고 경고했다. 협회에 따르면 그것은 절대 분뇨를 대체하지 않을 터였다.[93] 대중의 의혹에 부딪친 화학자와 기업가는 농민과 그들의 이른바 고답적 관행을 폄하하며 자신의 신제품을 홍보했다. 프랑스에서 농학자 루이니콜라 그랑도(Louis-Nicolas Grandeau)는 농민의 저항을 극복할 한 가지 방도는 그들이 알기 쉽게 제품에 대해 교육하는 것이라고 판단했다. 독일에서는 실험 농업 거점들이 일부 이런 순화(acclimatization, 馴化) 역할을 해줬다.[94] 다수의 출판물 역시 농민의 무지몽매함을 강력히 비난했다. 〈제당기업신문(Journal des fabricants de sucre)〉 대표는 1886년 이렇게 썼다. "분뇨는 농지가 우리를 좌지우지하게 만드는 반면, 화학 비료는 우리가 토지 경작을 통제할 수 있게끔 해준다."[95]

인이 풍부한 인산염은 모든 인공 비료 중에서 제일 중요했다. 자연 상태의 인은 뼈 속에서 찾을 수 있는데, 뼈 공급의 한계는 말할 것도 없고 용해되지 않는 성질 때문에 농업에서 사용하기 어려웠다. 1842년 영국 화학자 존 로스(John Lawes)는 인산염 광물이 함유된 뼈를 황산 처리해 고성능 비료 작용제인 과인산염(superphosphate)을 얻어냈다. 로덤스테드(Rothamsted) 장원에 있는 그의 실험 농장, 그다음엔 런던 교외의 뎃퍼드 크리크(Deptford Creek)에 있는 그의 공장에서 개발한 것이었다.[96] 1880년 이전에 과인산염은 주로 영국에서 사용되었다(60만 미터톤). 그에 비해 프랑스에서는 과인산염에 대한 대중의 불신 때문만이 아니라 이 제품의 품질을 둘러싸고 가짜 문제가 되풀이된 탓에 10만 미터톤만 사용했다.[97] 19세기의 마지막 20년간 전 세계에서 사용한 화학 비료의 양은 20세기 전체와 비교하면 여전히 적었지만, 이미 미국과 유럽에서 완전히 자리를 잡은 상태였다. 생고뱅(Saint-Gobain) 같은 회사들이 미국의 과인산염 생산 모델에 투자했다. 1892년 15개의 공장 설립 계획이 세워졌고, 1906년 에는 보르도와 몽뤼송(Montluçon)의 공장에서 각각 연간 6만 미터톤을 생산했다.[98] 마르세유에서는 슐레징사(Schloesing社)가 화학 비료를 생산했는데, 이곳은 기업 홍보를 위해 〈가제트 데 샹(Gazette des champs)〉이라는 신문을 창간하기도 했다. 농업계를 "진보적 사고"로 전향시키려는 의도였다. 이 회사의 영업 사원들은 시연을 해 보이기 위해 병에 든 제품을 가지고 다니기도 했다.[99] 이렇게 화학 비료를 홍보하려는 움직임이 시작됐다. 화학 비료의 사용을 둘러싼 논쟁은 전국농업진흥협회가 발행한 교육 신문 〈집약농업화보(La Culture intensive illustrée)〉에 의해 가라앉았다. (이 신문은 산업계 발행물을 바탕으로 1880년에 창간됐다.) 신문은 1901년부터 1914년까지 발행되었다.[100] 독일, 덴마크, 네덜란드, 벨기에는 헥타르당 가장 많은 양의 비료를 썼다. 미국은 유럽의 주요 비료 공급지였다.[101]

합성 질소는 20세기 초부터 등장했다. 공기 중의 질소 고정을 통한 암모니아 합성 생산은 유럽과 북아메리카 화학자들 사이에서 활발한 경쟁

그림 4.2 ―――

화학 비료 홍보 포스터, 생고뱅 협회. 출처: F. Hugo d'Alési, 1896, Paris, Bibliothèque nationale de France. 과거 유리 및 거울을 제조하던 회사 생고뱅은 19세기에 새로운 화학 물질과 비료의 주요 생산 업체가 되었다. 평화로운 전원 그리고 번영의 약속으로 인식되던 연기를 내뿜는 공장 풍경을 혼합한 광고 포스터는 대중을 안심시키고 처음에는 의심스럽게 여겨지던 농업 신상품을 홍보하려 했다.

을 불러일으켰다. 저 유명한 하버-보슈(Haber-Bosch) 공정—두 발명가의 이름을 땄으며 1909~1913년에 개발됐다—이 마침내 독일에서 완승을 거뒀다. 그것은 질소 비료뿐 아니라 전쟁이 임박함에 따라 더 중요해진 갖가지 폭발물 생산에서도 비용 대비 효율이 높은 인공 질소 고정 공정을 제공해줬다. 이 결정적 혁신은 궁극적으로 화학적 투입에 바탕을 둔 새로운 집약 농업 모델을 개발하는 데 사용되기 전에 제1차 세계대전 동안 독일에서 산업화했다.[102] 토양에 이것을 도입하고 일부만이 식물에 흡수되었으므로 결과적으로 이 비료는 계속해서 새로운 오염 물질의 출처가 되었는데, 그 세기 후반까지는 이 점이 제대로 알려지지 않았다. 질소는 물속에서 용해되어 질산염으로 변했다. 과다한 질산염은 부영양화를 통해 수로와 지하수면을 오염시켰다. 이 과정은 과인산염을 추가하면서 훨씬 더 악화했다.

이러한 토양의 인공화에 덧붙여 등장한 것이 원치 않는 또 다른 화학 공업의 부산물인 최초의 살충제였다. 살충제(insecticide)란 말은 1838년 프랑스에서 나왔으며, 이후 1858년 제품에 적용되고 1866년에 영어로 채택됐다.[103] 비소 및 황 화합물이 가장 많은 주목을 받았는데, 살충제에 대한 농학적 연구는 정부 및 학계 최고층의 지지를 누렸다. 〔화학자 장바티스트 뒤마(Jean-Baptiste Dumas)가 가장 좋은 사례다.〕 생산은 1870년대에 유럽의 포도나무를 전멸시킨 필록세라(Phylloxera: 포도나무 뿌리에 사는 진딧물—옮긴이) 위기로 촉진됐다. 허사로 끝나긴 했지만 나프탈렌(탄소 합성 제품), 이황화탄소, 심지어 황산화칼륨을 포함해 몇몇 합성 제품도 추천을 받았다.[104] 하지만 살충제가 광범위하게 쓰인 것은 제1차 세계대전, 아니 심지어 제2차 세계대전 들어서였다.

• • •

1830~1914년 공해는 산업화가 진척됨에 따라 양상을 달리하며 상당히 증가했다. 더 두텁게 퍼지거나 도시와 공업 분지(basin, 盆地)에 더 집중되거나, 도시 외곽으로 밀려났던 오염 물질이 더 많은 위험을 제기함에 따라 더 많은 항의를 불러일으켰다. 석탄과 화학은 새로운 산업계의 두 기둥이었고, 제1차 세계대전—화학이 부상해 군림하는 것을 가속화했다—이전에도 화학업계는 독성 제품의 구성 요소가 무엇인지 정의 내리고 거기에 대한 저항을 제압하는 능력을 가지고 강력한 다국적 기업이 되었다. 하지만 안온방해 사건이 계속 누적되던, 아직 산업화가 진행 중인 나라들에서는 일반 국민, 전문가, 당국이 좀처럼 수동적이지 않았다. 산업 순화가 엘리트층과 전문가들의 지지를 얻는 데 성공하자 불평불만이 널리 퍼졌고 오염의 위험에 대한 논쟁이 확대됐다. 많은 과학자 및 경제학자들이 안온방해 건수를 줄이기 위해 기술적 해결책을 장려했지만, 시민 사회와 여러 나라는 그들의 영향을 제한하고 통제하는 방법을 모색했다.

부인과 공포에 직면한 전문 지식

19세기의 공해 대응—물리적·화학적 현상을 둘러싼 불확실성, 전문가와 기업가 및 공권력 간의 긴밀한 관계, 그리고 대중의 산업화 수용 증대—은 하나같이 그 잠재적 피해를 과소평가하는 데 기여하는 것처럼 보였다. 납과 탄산염, 페인트에 사용하는 흔한 백색 안료인 백연(white lead)이 유발한 오염은 그 시대의 위험을 이해하는 데 전문가와 국민이 겪었던 어려움을 완벽하게 보여준다. 고체 형태나 먼지 또는 증기로 인한 납 중독은 여러 다양한 산업에서 모습을 드러냈다. 광업과 주물 공장은 말할 것도 없고 유리 공장, 인쇄 공장, 건설업에서도 그랬다. 납 생산은 매우 오래된 활동이었지만, 백연의 유해 영향에 대한 논란은 그것이 절정의 인기를 누리면서 새로운 산업 사회의 근본적 특성이 되었을 때 강해졌다. 19세기에는 백색에 대한 숭배가 확대됐다. 벽을 뒤덮는 검은 그을음을 숨길 수만 있다면 그것을 가려주는 청결함의 상징이었으니 말이다. 1830년 이후 네덜란드는 독점권을 잃었다. 영국, 벨기에, 프랑스, 그리고

HARRISON, BROTHERS'
WHITE LEAD WORKS & CHEMICAL LABORATORY
PHILADELPHIA.

그림 5.1 ——————————————————————————————

미국의 백연 공장(윌리엄 리즈(William H. Rease)의 석판 인쇄, 1847). 백연이 노동자에게 미치는 유해한 영향은 19세기부터 보건 전문가들 사이에 뜨거운 논쟁의 대상이었다. 1850년 이후 미국은 탄산납 생산국의 선두를 자처했다. 필라델피아에 있는 해리슨(Harrison) 형제의 공장은 금속 산화물부터 산(酸)까지 온갖 종류의 화학 물질을 생산했다. 이런 유형의 공장이 화학적 환경 오염의 근원이었다. Library Company of Philadelphia.

나중에는 미국이 점차 주요 제조국이 되었고 백연 공장 수가 늘어났다. 예를 들어, 프랑스 제조업계의 생산은 1830년에 사실상 없다시피 했던 반면 1850년에는 1만 미터톤으로, 1914년에는 2만 5000미터톤으로 뛰었다. 주로 약 20개의 공장을 가동 중이던 릴에서 벌어진 일이다. 제1차 세계대전 직전 프랑스에서 추출하거나 수입한 납의 거의 3분의 1은 백연을 만드는 데 쓰였다.[1]

백연의 위험—독성이 덜한 대체물인 아연백은 18세기 말에 개발됐다—은 잘 알려져 있었지만, 그 유해함을 부인(否認)하고 절대 금지하지 않았다. 특정 당국과 기업가들이 자신의 납 생산 활동을 보호하려 했기 때문이다.[2] 공공 규제와 관련해 유럽을 산업화하면서 정당성을 축적한 전문 당국은 더 이상 자유로운 지식을 떠오르는 권력으로만 대우할 수 없었다. 과학 지식은 이해관계가 있는 행위 인자(因子)였다. 최근 많은 연구들이 전문 지식과 위험 비가시화(invisibilization) 사이의 연관성을 밝혀내고 있다. 북아메리카 과학사 학자들이 발전시킨 분석 연구는 경제적·과학적·사회적·정치적 쟁점을 아우르는 이 이야기의 복잡한 연대기를 보여준다. 그들은 환경 논쟁이 경제 및 시장의 이해관계와 별개였던 적이 좀처럼 없었음을 입증한다. 기술적·법률적 전문 지식은 경제 발전 대(對) 공해라는 등식을 푸는 데 동원되었고, 그 결과는 곧 후자의 중요성을 으레 뒤집는 것이었다.[3]

지역별·시기별·부문별 상황이 다르다 하더라도, 전문 지식―의사든, 경제학자든, 과학자든, 엔지니어든, 아니면 행정가든―의 역할은 계속 일관적이었다. 전문가는 지역의 비법과 베일에 가려진 장인적 관행에서 분리된 자애롭고 보편적인 지식이라는 생각을 널리 알렸다. 이런 응용 지식은 국가와 산업의 이익에 이바지하도록 고안한 것이었다. 오염에 관한 우려에서 주요 의료 전문가는 위생사(衛生士)였는데, 이들은 산업 배출물을 보건 위기의 모든 책임으로부터 완전히 면제해줬다. 그사이 정치경제학은 그 동일한 생산력의 지속적 발전을 북돋았다. 그러나 산업 시대는 심히 모호했고, 많은 사람은 인류 복지보다 경제적·산업적 성장을 촉진하는, 누가 봐도 알 수 있는 부조리에 맞섰다. 공해는 거대한 산업의 과도함에 대한 아포리아(aporia: 전혀 해결 방도를 찾을 수 없는 난관의 상태―옮긴이)의 상징이 되었다. 환경에 대한 경고와 저항이 발생하면서 그와 함께 새로운 지식, 특히 초기 형태의 생태학이 등장했다.

위생과 전문 지식

공해에 관해 알려지지 않은 과학적 사실과 불확실성에 직면해 적어도 19세기 마지막 3분의 1 시기까지는 위생사들이 그 영향을 가늠하고 그 것을 방지하기 위해 일할 책무가 있는 주요 활동가였다. 새로운 위협에 대응하는 과정에서 공중 보건은 다양한 학문 분야로부터 인재를 모집했다. 하나의 지식 분야로 제도화하는 작업은 느리고 나라마다 매우 다르게 진행되기는 했지만 의학, 약학, 화학, 공공 행정, 통계학이 근대적 공중 보건을 구성하는 데 협력했다.[4] 1830년대에 위생사 공동체가 프랑스에서 〈공중위생·법의학연보〉를 중심으로 조직되었다. 구성원의 명망과 새로운 조사 결과를 내놓는 일관성 덕분에 학술지는 유럽에서 상당한 영향력을 얻었고, 공중위생 운동이 국제적으로 확산하기 전에 프랑스를 새 학문의 선봉으로 올려놓았다.[5] 실제로 프랑스의 공중위생은 계속 보건위원회—1848년 위생·공중보건위원회로 개명했다—소관이었고, 그 이후로는 도지사(prefect) 산하의 부서 수준으로 정착했다. 보건위원회는 공해를 유발하는 작업장 및 공장에 대한 조사를 수행하는 것은 물론이고 그들을 감시·감독하는 임무를 맡았다. 파리 보건위원회는 학계 최고 권위자들의 본거지였고, 프랑스 공중위생 담론의 설계를 좌지우지했다. 파랑뒤샤틀레, 루이르네 빌레르메(Louis-René Villermé), 에티엔 파리제(Etienne Pariset), 장피에르 다르세, 파옌 같은 익숙한 석학들이 위원이었다. 사실 〈공중위생·법의학연보〉의 기초 위원회 위원 절반이 보건위원회에 몸 담았다.[6] 위생사들은 유럽 전역의 보건 정책에 영향을 미쳤다. 예를 들어, 1842년 영국에서는 제러미 벤담의 전 비서인 개혁가 에드윈 채드윅(Edwin Chadwick)이 〈노동 인구의 위생 상태에 관한 보고서(Report on the

Sanitary Condition of the Labouring Population)〉를 썼다. 이 글은 프랑스 위생사들로부터 영향을 받았는데, 지방 보건 당국의 조직을 향상시키는 수단으로서 그 중요성을 영국 정부에 이해시키고자 했던 중앙보건국 설립(1848)에 영감을 주었다.[7]

지식인 공동체는 학문적 경계를 사실상 구분하지 않고 의사, 약사, 화학자, 기업가, 행정가들을 뒤섞었다. 예를 들면 50여 년간 파리 바로 인근의 그르넬에서 대형 화학 공장―염화암모늄, 염화나트륨과 석회, 설탕, 역청유를 생산했으며, 이것이 그 지역을 수도에서 가장 심각한 산업공해 본산 중 하나로 만들었다―을 운영한 파옌은 아카데미 회원이자, 유명한 화학자이자, 프랑스 최고 명문 공대인 에콜상트랄(École Centrale)의 산업 및 농업 화학 교수였다. 1842년에는 1871년 사망 때까지 자리를 지켰던 파리 위생·공중보건위원회에 합류했다. 이처럼 파옌은 가장 영향력 있는 위생 고문 중 한 명이었고, 산업 및 화학이 보건 전문 지식과 갖는 근접성을 구현했다. 공중위생이 19세기를 지나는 동안 권력을 갖추고 가속도가 붙은 훨씬 객관적인 유형의 전문 지식―경제적 이해관계로부터 자유로운―을 내세우기는 했지만, 공해에 관한 보고서를 요청받았을 때의 위생은 틀림없이 산업주의의 한 형태였다. 누가 봐도 역설이었다. 산업의 신제품, 인구 증가, 기술 진보에 전념하는 정부의 도구로서 공중위생은 여론을 안심시킴으로써 안온방해에 익숙해지게끔 하는 경향이 있었다. 알랭 코르뱅에 따르면, 새로운 전문가 위원회의 실질적인 작업 방식은 주로 이러했다.

안심시키기, 악취가 불러일으킨 불안 진정시키기. ……해로운 관행을 향해 그들이 표명한 낙관주의는 화학의 발전에 대한 확신이 바탕이었다. ……기술 진보에 관한 능숙한 기초 훈련을 통해 위원회 전문가들은 지역 사회가 산업을 받아들이도록 하는 데 성공했다.[8]

유럽의 다른 나라—이탈리아, 벨기에, 영국—에서도 의사들은 병원 실무나 일반 개업의로 더욱 전문화하고 있던 터라 화학자들이 위생에 참여할 여지를 남긴 만큼 비슷한 과정이 진행되고 있었다.[9] 물론 위생사들의 의견은 여전히 현지에서 일어나는 수많은 만일의 사태로 인해 조정되었다. 대개의 경우 의사들이 어떻게든 위생위원회를 이끌었고, 이들은 공중 보건과 새로운 산업적 현실을 조화시키길 더 꺼리는 것으로 판명 났다. 화학자가 아닌 의사들이 보건위원회의 통제권을 보유한 곳에서는 권고 사항에 특히 오염이 심하거나 위험한 산업 시설의 설립을 제한하는 경향이 있었다.[10]

백연에 대한 간단한 조사로, 19세기 공해와 관련한 지식과 권력 사이의 전형적인 모호성이 드러났다. 1830년대에 클리시(Clichy) 공장—1809년 연줄 좋은 화학자이자 동업자 장루이 로아르(Jean-Louis Roard)와 루이자크 테나르(Louis-Jacques Thénard)가 설립했다—은 전국의 백연 생산을 지배했다. 납 중독에 시달리는 공장 노동자를 받았던 병원들이 꼬박꼬박 위험 경보를 울리자 파리 보건위원회는 1830~1836년 여러 차례 공장을 방문했고, 작업장 환기 및 노동자 위생 개선을 처방하는 보고서와 지침을 작성했다. 하지만 보고서는 절대 납 제조 자체와 질병 사이의 인과관계 때문이라고 적지 않았다. 1835년 위원회의 화학자 중 한 명인 앙리 프랑수아 고티에 드 클로브리(Henri François Gaultier de Claubry)는 납으로 인한 위험이 아닌 노동자들의 과실을 비판했다.

이런 사고를 줄이려고 정말 여러 가지 시도를 했다. 방부 마스크를 비롯해 이와 비슷한 많은 방법이 아무런 성과도 내지 못했다. 그것들이 자신에게 주는 불편함, 자기한테 가장 이득이 되는 예방 조치를 어느 것도 취하지 않은 노동자들의 고집 때문이다.[11]

네덜란드의 제조 공정은 위험이 덜한데도 프랑스 전문가들로부터 낮은 평가를 받았다. 주로 순전한 애국심 때문이었다. 문제를 부인하는 풍토가 우세했다.[12] 이 논쟁을 자세히 연구한 쥐디트 레노른(Judith Rainhorn)은 백연 문제의 비가시성과 그것이 끼치는 피해가 위생사들이 안착한 경제 시장과 산업주의 패러다임에 얼마나 좌지우지됐는지를 밝힌다. 1845년 노동자 신문인 〈아틀리에(L'Atelier)〉와 다른 비평가들은 클리시 공장을 인간 도살장이라고 혹평했다. 재소자, 빈민, 굶주린 사람, 그리고 의지할 곳 없는 노인들이 주요 희생자였다. "납이다!"라는 외침 속에서 사형 선고나 다름없는 그곳으로 떠밀린 것이다.[13] 1849년 프랑스 정부는 금지 법령에 서명했지만 금방 폐지되었다. 제조업자의 이익이 노동자 보호보다 더 중요했다. 센(Seine) 지방 소속의 한 관리자는 1852년 이런 측면을 간략하게 요약했다. 백연을 금지한다면 "과학에 어긋나기" 때문에 "잘못된" 것이다. 더욱이 금지는 "사기 및 부도덕한 밀수"에 찬성하는 것이고, 이는 "국고의 상당한 결손"으로 귀결될 것이다.[14] 위험한 것은 분명하지만 무엇보다 대단히 유용한 제품을 억누를 수 없는 과학이라는 명분과 경쟁력이라는 절박함을 국가가 개입해 금지해서는 안 된다는 얘기다. 기술 변화 가능성과 노동력에 대한 무관심을 바탕으로 백연 산업은 1900년대까지 릴에서 꽃을 피웠다.[15]

공중위생은 1840년대에 의사 빌레르메의 영향 아래 통계를 토대로 무르익어갔다.[16] 그는 환경적 요인을 질병이나 사망의 근본 원인으로 보는 걸 거부했다. 그보다는 사회적 조건에 초점을 맞춰 노동자 계급의 빈곤과 부도덕에 집중했다. 그것이 불러일으킨 논란에도 불구하고 사망과 질병에 직면해 사회적 불평등 이론이 득세했다. 공중위생은 임금 상승과 (특히 아동의) 노동 시간 단축 요구를 제기했다. 그러나 노동 구조와 그것이 건강에 미치는 영향에는 의문을 던지지 않았다. 의료지형학(medical topography)에서 위생 조사로―즉 환경 병인론(病因論)에서 사회적 조건과 영향력으로―전환하면서, 산업과 보건 진보 사이의 연결 고리가 강화됐다. 생활 조건이 보건의 새로운 기초였고, 이러한 조건은 산업 발달과 함께 향상될 터였다. 어떤 면에서는 노동자들이 자신의 불행과 나쁜 건강에 책임을 지게 되었다. 빌레르메는 도덕·정치학아카데미(Academy of Moral and Political Sciences)의 의뢰를 받은 유명한 섬유 공업 조사에서 "작업장들은 비위생의 원인으로 추정되는 이런 것들에 노출되지 않았다"고 논평했다.[17] 이 새로운 병인론은 그 후 유럽 전역에 퍼졌다. 벨기에에서는 1840년대에 아직 "산업이 파리 위생사들이 옹호했던 그 건강의 징표만큼 전혀 인식되지 않았음"에도 의료 엘리트들 사이에서 그것이 보편적으로 받아들여졌다. 하지만 그 세기의 후반부에 벨기에 산업은 이러한 비전에 더 확실히 맞춰졌다.[18]

산업 배출물이 종종 소독의 성질을 가진 것으로 여겨지면서 공해에 관한 의학적·화학적 시각은 한층 더 모호해진 상태였다. 심지어 일부는 공중 보건에 유익하다고까지 받아들였다. 법정의 많은 증언은 공장의 연기 때문에 소독의 장점이 있다고 했다. 세기말에 들어서도 매연은 특히 말라리아의 위험을 줄이기 때문에 거기에 노출된 사람들에게 "해롭기보다는 유용하다"고 단언하는 저자들을 흔히 볼 수 있었다. 예를 들어, 리옹 가톨릭 대학 교수 잠 콩다맹(James Condamin)은 염색 공업으로 오염된 인근의 지에(Gier)강을 두고 물의 위생적 장점을 칭송했다. 그는 "산(酸)과 타닌 물질로 포화된" 이 물이 "장티푸스"를 예방하고 강을 살균하는 데 기여할 것이라고 말했다. 산업 매연 역시 혜택을 가져다줄 거라고 전망했다. 그는 "그것이 우리의 집들을 어둡게 만들고 우리의 아파트들을 먼지로 가득 채운다면, 동시에 타르 원자가 대기에 가득 찰 테니 그걸 흡입하면 건강에 좋다"고 주장했다.[19]

하지만 질병을 미아즈마 및 환경과 연결시키는 신히포크라테스 모델은 여전히 강력한 개념이었다. 1832년 유럽 대륙을 뒤흔들었던 콜레라 발생이 한동안 이 오래된 통념에 대한 관심을 부활시키는 데 일조했다. 1840년대에 매연으로 인한 사망 우려에 직면한 맨체스터에서는 의사들이 재빨리 조사에 착수했다. 매연에 반대하는 현지 단체들도 공해의 부상과 호흡기 질환 증가의 상관관계를 입증하기 위해 입수 가능한 통계 자료를 사용했다. 1866년 맨체스터의 의료 보건 담당관 존 리(John Leigh)는 이 도시에서 볼 수 있는 과도한 사망률이 "대기 결함"의 결과라고 단언했다.[20] 빅토리아 시대의 증언 다수는 호흡기 질환과 구루병뿐 아니라 정신 질환의 발병도 대기 오염과 연관시켰다. 입증하기 어려운 이런 주장은 일반적으로 산업 발전 속도가 늦춰지지 않길 간절히 바라는 기업가들과 당국에 의해 거부당했지만, 매연의 위험에 대해 경고하는 논쟁은 갈수록 흔해지고 지속되었다.[21] 유럽 전역에서 보편적이던 인종 퇴화(race degeneration)의 공포 속에서 전문가들은 1850년 이후에야 수질 오염이 질병 확산에서 차지하는 역할에 더 관심을 갖게 됐다. 작업장 위생과 수질 및 대기 질 조사의 중요성이 막 부상하고 있던 국제적 논의에서 널리 확산했다. 오염수와 식수를 구분하는 과학적 기준이 국제 위생 회의에서 등장했고, 그런 최초의 회의가 1852년 브뤼셀에서 열렸다. 1876~1907년 위생 및 인구학에 관한 13개 국제회의가 유럽의 수도들에서 개최됐고, 뒤를 이어 1912년에는 워싱턴에서도 열렸다. 의사, 엔지니어, 화학자들은 오염의 심각성 평가를 포함한 다양한 주제를 논의했다. 이런 분위기에서 1889년 의사인 앙드레쥐스탱 마르탱(André-Justin Martin)과 쥘 아르눌트(Jules Arnoult)는 "산업 잔류물로 인한 공해"를 줄일 방안을 제안했다.[22]

1900년경 많은 의사와 생물학자는 사람의 건강에 미치는 매연의 위험을 더 분명하게 비난했다. 영국의 앨버트 롤로 러셀(Albert Rollo Russell)은 저서 《런던의 안개(London Fogs)》(1880)에서 영국 수도의 매연과 높은 도시 사망률 사이의 관계에 의문을 제기했다.[23] 파리의 의사들도 마찬가지로 맨체스터와 런던 안개의 망령을 빈번하게 환기시켰다. 몇 년 뒤 프랑스는 "파리의 대기 오염 정도를 측정"하는 조사에 착수했다. 이 연구는 대기(大氣) 논의에서 화학자들이 사용하는 용어로 '공해'를 도입한 계기가 되었다.[24] 국가의 특권으로 공중 보건은 보건학으로 탈바꿈했다. 신설된 프랑스위생협회가 출판하는 신간 〈위생검사신문〉은 1879년 보건에 대한 우려가 커지고 있다고 증언했다. 1884년 신생 프랑스공화국 법령은 1872년에 설립된 공중보건자문위원회에 도시 용수 체제에 대한 연구 과제를 맡겼다. 연구소는 1889년에 세워졌고 말라리아, 장티푸스, 콜레라 같은 유행병을 제한하기 위해 수질 감독 임무를 맡았다.[25] 1890년 이후 보건 담당 부서가 신설되는 동안, 미국 의사들 역시 점차 공중 보건 사안을 둘러싸고 더 많은 권한을 얻었다.[26] 슈투트가르트(Stuttgart)의 매연 자욱한 지역에서 폐 질환 증가를 조사하고 동물을 산업 매연에 노출시키는 실험실 실험을 수행한 독일 의사 로우이스 아셔(Louis Ascher)의 연구 결과가 널리 유포되었다. 1906년 〈미국의학협회신문〉에서 그의 연구를 보도했다. 1907년에는 미국 의사 2명이 동시에 산업 매연과 보건 상태 사이의 연관성을 입증하는 조사 결과를 발표했다. 연구에는 유럽에서 수집한 대량의 데이터가 포함되었고, 연방 정부에 공해 감소를 위한 개입을 요청하는 것으로 결론을 내렸다.[27]

하지만 그러는 사이 위생 또한 미생물학―또는 그 분야의 프랑스 최고 권위자 이름을 따서 '파스퇴르'―혁명으로 인해 급진적 변화를 겪고 있었다.[28] 프랑스인 루이 파스퇴르(Louis Pasteur)와 독일인 로베르트 코흐(Robert Koch)는 아주 작은 유기체가 신체에 퍼져서 영향을 미치는 미생물의 세계를 발견하고 이를 설명했다. 그들은 또한 예방책을 통해 미생물을 통제하고 인간의 사망률을 줄이는 것이 가능하다는 사실도 알아냈다. 이 새로운 지식은 예전에 알려져 있던 보건과 환경 사이의 관계를 극적으로 재구성했다. 작고 눈에 보이지 않는 이 생물을 주요 질병 운반체로 간주함으로써 의학계는 환경적 요인의 중요성과 공해의 영향을 감소시켰다. 1890년 이후 국제 보건 회의는 역학 조사에 세균학적 증거가 있어야 한다는 원칙을 널리 알렸다. 1907년에 설립된 국제공중위생사무국(OIHP)은 영구적인 위생 감시 네트워크의 구축을 승인했다. '미생물 공해'―1890년대에 처음 등장한 표현―는 산업 안온방해에 관한 우려의 위계를 재편성했다. 새로운 미생물학이 점점 더 많은 전문가의 관심을 끌고, '위생 전쟁'에서 중심적 자리를 차지했다. 파스퇴르 연구소의 기능은 연구 실험실과 교육 센터를 통합했지만, 또한 의사들이 요구하는 화학 제품의 제조 공장이 되기도 했다. 릴(Lille)에 있는 연구소가 좋은 사례였다. 1898년에 출범해 알베르 칼메트(Albert Calmette)가 지휘봉을 잡은 이곳은 설탕과 맥주 제조 공정 개선에 참여했다. 그러는 동시에 농사의 화학비료 적용을 지원하고 산업 폐기물로 인한 공해에 대응해 수질 정화에도 관여했다.[29] 미생물학으로의 전환은 공해 처리에서 전문 지식의 역할과 성격을 바꿔놓았다. 그러나 19세기 산업계에서 위생사는 여전히 공중 보건의 진정한 수호자라기보다는 여러 이해관계의 균형을 맞추며 조언하는 중재자였다. 더 정확히 말해, 1883년 유명한 수학자의 아버지이자 공화국 대통령의 삼촌인 의사 레옹 푸앵카레(León Poincaré)는 다음과 같은 선언으로 가성 소다 제조에 대한 보고서를 시작했다. "위생사들이 산업으로 창출된 위험에서 공중 보건을 보호할 …… 의무가 있다고 한다면, 가끔씩 대중의 격노가 기업가들에게 향하는 부당한 공격으로부터 그들을 보호하는 것도 의무이다."[30]

자연의 정치경제학

의사와 위생사들은 공중 보건 유지와 생산의 필요성을 조화시키려 했던 반면, 정치경제학에 봉사하는 멍에를 썼던 엔지니어들은 오직 산업화 육성에 초점을 맞췄다. 제조 활동을 고찰하고 정부의 조치를 이끈 경제학은 경제 성장을 자연적 제약으로부터 벗어나게 하고, 과학기술을 통해 전무후무하게 세계를 장악할 방법을 탐구했다. 이런 산업주의적 강박은 그 열정을 부의 증식에 쏟아부었고, 그 부정적 결과는 대부분 가려졌다. 전환이 이뤄지고 있었다. 18세기에 중농주의는 토지와 자원을 경제적 부의 기초로 해석했다. 새로운 세기의 처음 몇십 년이 지나는 동안 고전주의, 그다음은 신고전주의 경제학자들이 국부에 관한 개념을 노동과 자본으로 옮겨갔다. 19세기 초 데이비드 리카도(David Ricardo)와 토머스 맬서스(Thomas Malthus)의 모델은 애덤 스미스의 연구를 확장하고 생산 확대의 자연적 한계를 주장했다. 그러나 1830년 이후 산업화에 대한 추가적 정당화는 국제 무역 발달과 기계 및 화석 연료 사용 증대를 기초로 새로운 에너지 체제 수립을 통해 '맬서스의 덫(Malthusian trap: 기술 발전으로 인구가 증가하면 다시 위생 악화, 질병 발생, 식량난 등으로 인구가 감소하는 주기가 무한히 반복된다는 개념—옮긴이)'에서 탈출할 것을 요구했다.[31] 이는 중요한 개념 혁명이었다. 새로운 정상 상태의 스펙트럼은 생산 확대를 가능케 하기 위해 충분한 자원과 재료를 공급할 수 있는 자연의 능력에 초점을 맞췄지만, 환경적 효과—쓰레기와 배출물의 형태로—라는 쟁점은 거의 고려하지 않았다. 불가피한 토지 및 에너지 고갈에 관한 비관적 이론은 계속해서 주변으로 밀려났다.[32] 서구에서 대세였던 새로운 정치경제학은 효용 최적화를 위해 물질 흐름(material flow) 연구를 해결하고자 물리학을 동원했다. 새 패러다임에 따르면, 이것이 인간 조건을 개선할 유일한 방법이었다. 이는 공해를 보이지 않는 것으로 완전히 하찮게 만들 뿐만 아니라, 과거 귀족 정치로부터 물려받은 고통을 덮는 데도 기여하는 세계관을 반영했다.[33]

어느 때보다 1830년부터 자유주의 경제학자와 프랑스의 생시몽 추종자 같은 사회 개혁가들이 프로메테우스와도 같은 자연 지배를 열렬히 찬양했다. 이것이 다름 아닌 지속적인 개선의 새 시대를 이뤘다.

산업의 목표—《생시몽주의(The Doctrine of Saint-Simon)》라는 책의 주장이다—는 지구의 착취다. 다시 말해, 인간의 필요에 따라 지구의 생산물을 충당하는 것이다. 이 과업을 달성할 때 산업은 지구를 개조하고, 변형하고, 점차 지구의 존재 조건을 바꾼다. 따라서 그것을 통해 인간은 어떤 점에서는 자기 자신과 동떨어져 연속적인 신성함의 발현에 참여하고, 그럼으로써 천지 창조 작업을 지속하는 것이라는 결론에 이른다. 이런 관점에서 산업은 일종의 숭배가 된다.[34]

이런 시각은 19세기의 세계관에 깊숙이 스며들었다. 산업의 영광—이제는 제조업의 혁신 활동을 지칭하는 말—이 다양한 학파의 사상에서 승리를 거뒀다. '산업주의'는 또한 '사회주의'와 함께 퍼지고 있었다. 후자도 물질적 진보를 약속하고 제조업 노동을 칭송했다. 카를 마르크스뿐 아니라 샤를 푸리에(Charles Fourier)가 표명한 의혹에도 불구하고 기계는 희망의 원천이 되었고, 이것이 산업화가 초래한 약탈을 숨기는 데 기여했다. 진보의 두 가지 언어 속에서 환경은 무한 재생산이 가능한 상품으로 변환되었다.[35]

거대한 산업용 자동 기계와 매연을 뿜어대는 높다란 굴뚝은 절대 위협이나 안온방해의 출처로 보이지 않고 오히려 번영을 환기시켰다. 역설적이게도 그것들은 건강과 위생적인 도시 및 전원을 보증해줬다. 낡고 망가진 수공예품의 더러운 주머니를 없앴기 때문이다. 그에 비해 거대한 증기 및 화학 산업은 물론 (고무, 아연, 알루미늄, 백연, 합성 물질을 포함한) 그 신제품은 위생적이라고 평가받았다. 유기 물질로 작업하는 옛 관행에서 비롯된 그을음과 악취가 구닥다리에 오염 또한 훨씬 심하다고 여겨졌다. 1830년대의 여명기에 스코틀랜드 경제학자이자 화학자 앤드루 유어(Andrew Ure)는 이런 시각을 두드러지게 보여줬다. 유어는 모든 것을 질서와 생산 효율에 바친, 합리적이고 청결한 공간으로 묘사한 대형 공장 옹호 글에서 거대한 자동 제조가 "전 세계 인류에게 첫 번째 욕망의 대상이 되었다"고 주장했다. 그는 런던의 오래된 소규모 양조장에서는 열을 잘못 관리해서 "그토록 자욱한 시커먼 연기 속에 연료를 허투루 소모하는" 데 반해 "맨체스터에서는 말 200~300마리의 힘에 해당하는 엔진 보일러가 증기를 발생시키는데도 연기가 감지되지 않는 것을 목도하는 일이 드물지 않다"고 망설임 없이 썼다.[36] 산업 매연은 대부분의 경제학자, 사회 관찰자,

다수 노동자들의 미사여구 속에서 진보와 고용의 상징으로 칭송되었다. 1841년 아일랜드 수필가 윌리엄 쿡테일러(William Cook-Taylor)는 이렇게 외쳤다.

다행이다. 그곳의 대부분 높은 굴뚝들에서 연기가 올라오고 있다! 나는 지금 껏 여행할 때마다 공장 굴뚝에 연기가 없다는 것은 많은 가정의 난로에 불이 꺼졌음을, 일할 의지가 있는 많은 노동자에게 일자리가 없음을, 많은 정직한 가족에게 빵이 부족함을 가리킨다는 사실을 고통스러운 많은 사례를 통해 매번 배웠다.[37]

실제로 맨체스터의 푸른 하늘은 총파업과 동의어가 되었고, 프롤레타리아 인구를 곤란한 불안정 상태에 빠뜨렸다. 이런 긴장은 이 도시가 지닌 모순의 일부를 두드러지게 했다. 매연방지협회는 1842년에 출범했지만, 대기 질 향상을 지지할 노동자를 동원하는 데 애를 먹었다.[38] "우리가 뭘 할 수 있을까?" 젊은 언론인 앵거스 베튠 리치(Angus Bethune Reach)는 매연이 두껍게 테를 두른 맨체스터의 스카이라인에 관해 이렇게 물었다. 그는 1849년 〈모닝 크로니클(Morning Chronicle)〉에 발표한 자신의 연구에서 이렇게 썼다. "공기를 정화하라. ……그러면 당신은 주민들의 빵을 빼앗을 것이다. 불길한 기계는 계속해서 작동해야 한다. 그렇지 않으면 몇십만 명이 굶주릴 것이다."[39]

산업화 세계 전역에서 이런 안온방해는 필요악으로 인식된 반면, 산업의 사회적 영향을 해결하는 것은 보편적인 집착이 되었다. 19세기 말에 솜(Somme)의 공해에 반대하는 어민 운동을 주동한 외젠 르벨(Eugene Lebel)은 한 기업가가 자신의 제당 공장에서 발생한 공해를 고발하기로 결정한 시장에게 보인 반응을 이렇게 기록했다. 기업가는 "만일 당신 얘기가 들린다면, 행정 기관에 고발이 이뤄진다면, 당신 구역의 모든 노동자—내 공장의 직원—를 즉시 집으로 돌려보내면서 이런 조치를 내린 것은 당신 탓이라고 그들에게 말하겠소"라고 경고했다.[40] 이러한 고용 관련 협박과 기술 진보에 대한 심취가 어떠한 개입의 기미조차 막아버리는 경우도 많았다. 주느비에브 마사르길보는 기업가 세계의 이런 묘사를 "매연 굴뚝 문화"라고 불렀는데, 이는 유럽과 북아메리카를 사로잡고 지배했으며 기술 진보가 입힌 피해를 보이지 않게 만드는 데 일조했다.[41]

주요 전문가이자 공해 관리자로서 위생사를 점차 대체해간 엔지니어들은 더욱 강력한 기업가적 상상력의 옹호자였다. 1800년대 초에 이미 강력한 단체를 구성한 그들은 산업과 국가 사이의 교차점에서 계속 전문화되었다. 프랑스에서는 국립고등광업학교, 에콜상트랄, 콩세르바투아르(Conservatoire), 국립공예학교가 산업 발전의 기술자를 훈련시켰다. 〈교량·도로연보(Annals des Ponts et Chaussées)〉(1831)는 〈광업연보(Annals des Mines)〉와 더불어 새로운 공학 직종을 위한 참신하고도 가장 중요한 자문 역할을 맡았다.[42] 유럽 전역에서 엔지니어들은 처음엔 증기 기관과 가스 탱크의 안전을, 그다음에는 한 발 더 나아가 많은 기계 섬유 산업을 책임졌다. 기계화한 공장에서 나오는 공해는 1860년 이후 산업 위생의 토대로 이어졌다. 이는 작업장과 공장 내부의 보건 상태를 감정하는 분야였다. 기술에 대한 엔지니어의 확신은 시위나 고발로 흔들린 적이 결코 없었던 것처럼 보인다. 그들은 우선 노동력을 산업 공정에 맞추려 들고, 노동자의 질환은 경시하려 했다.[43] 독일의 엔지니어 수는 1880년 7000명에서 1920년 13만 6000명으로 늘어난 미국처럼 급속히 증가했다. 그들의 영향은 많은 출판물, 전문 협회, 기술력—모두 믿을 만한 전문 지식의 증거―으로 강화되었다. 그들에게 매연 감소와 물 처리는 다른 무엇보다도 기술적 사안이며 공학적 문제였다. 그에 비해 공해 제어 장치 개발은 사업 공동체에 재정적 기회를 제공했다.[44]

경제학자와 엔지니어는 공해를 자연화하고 산업적 경관과 그 미학을 가치 있게 여기는 세계관을 창출하는 데 중요했다. 벨기에에서는 1850~1855년 출판업자 쥘 게루제(Jules Géruzet)가 불러들인 석판 인쇄공 팀이 전국의 주요 산업 현장 이미지 200여 개를 만들었다.[45] '새로운 세상'에 대한 이 석판 인쇄는 진보 숭배와 산업자본주의의 부상이 부추긴 희망을 특색 있게 잘 잡아냈다. 프랑스에서도 마찬가지로 삽화를 넣은 정기 간행물―〈르 마가쟁 피토레스크(Le Magasin Pittoresque)〉(1833), 〈릴뤼스트라시옹(L'Illustration)〉(1843), 〈르 몽드 일뤼스트레(Le Monde Illustré)〉(1857)―의 판화 그리고 나중에 쥘리앙 튀르강(Julien Turgan)의 《레 그랑드 쥐진느(Les Grandes Usines)》(1859년 창간)나 루이 피귀에(Louis Figuier)의 《레 메르베이유 드 랭뒤스트리(Les Merveilles de l'Industrie)》(1873~1876) 같은 대중적 저술이 산업주의 신념을 퍼뜨렸다. 기술 신문 및 주요 언론에 나온 모든 내용은 기계, 정돈된 공간, 공장의 넓은 내부, 경관에서 그것들의 배치를 칭송했다. 하나같이 아첨투성이에 거의 목가적인 시각이었다. 일반 대중을 위한 이런 언론과 출판물 이미지 속에서 흔히 굴뚝은 연기를 내뿜었고, 레터헤드(letterhead: 회사명을 넣은 업무 용지나 편지지―옮긴이)에는 가끔 시커먼 연기 기둥이 '일'이나 '번영'이라는 단어의 후광을 받았다.[46] 어찌 그렇지 않을 수 있겠는가? 엔지니어 가스통 본느퐁(Gaston Bonnefont)처럼 르크뢰조를 방문한 여행자들은 안온방해와 손상된 풍경을 개탄하는 게 아니라 어디서나 보이는 연기의 역동성과 혜택을 극찬했다.

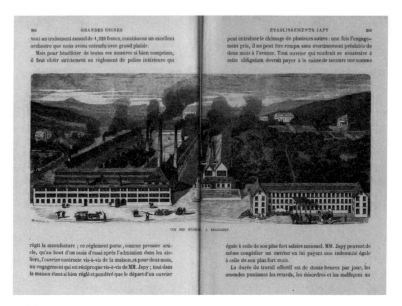

그림 5.2

'오랭(Haut-Rhin)의 보쿠르(Beaucourt) 지역에 있는 자피(Japy) 금속 공장 전경', 출처: Julien Turgan, *Les Grandes Usines*, 7권, 1888, 264~265. Cnum—Conservatoire numérique des Arts et Métiers— http://cnum.cnam.fr.

이 방문객은 대기 중에 뭉게뭉게 퍼지는 연기―도시 위로 떠올라 기묘한 조각들로 퍼져나가는 빨간색과 파란색, 노란색, 흰색, 밝은 회색과 어두운 회색이 뒤얽힌 여러 색채의 연기, 이는 그 자체가 호소력을 지닌, 심지어 고유의 시(詩)마저 품은 후광처럼 형성된다―에 감동한다. 사방에 높이가 제각각인 굴뚝들. 산업은 살아 있고 강한 숨을 계속 내뱉는다. 끊임없고 경이로운 노동의 증거다. 이 이방인은 슬프고 어두운 도시를 보게 될 거라고, 사람들은 과로와 불충분한 임금의 징표를 달고 있을 거라고 예상했었다. 그와는 정반대로 깨끗하고 쾌활한 도시, 안락과 도덕적 평온함이 역력히 드러나는 모습의 사람들이 보인다.[47]

공해의 과학을 향해

산업주의 이데올로기는 공해에 직면하자 부인과 과학적 불확실성을 혼재시켰다. 산업은 침묵의 음모를 꾸몄다기보다는 오랫동안 지식 쌓기를 거부했다. 19세기 초에는 감각 체험—후각과 시각을 통한—과 직접적 관찰이 공해 평가의 범위였다. 예를 들어, 1840년대에 채드윅은 실외에 널어놓은 빨래의 더러워지는 속도가 도시 공해의 정도를 파악하는 좋은 지표라고 생각했다.[48] 하지만 세기가 진행됨에 따라 대기 질과 수질을 측정하는 도구가 향상했고, 특정 환경의 오염도를 평가하는 도구가 보급되었다. 1846년에는 2명의 화학자가 프랑스 최대 화학 단지 중 한 곳인 로렌의 디외즈 공장으로부터 서로 다른 지점에서 며칠 동안 유독 가스 측정을 수행했다. 여기서는 연간 약 2만 8000미터톤의 소금과 4000미터톤의 황산, 6500미터톤의 소다, 1000미터톤의 염화석회, 3000미터톤의 염산 및 기타 다양한 화학 물질을 정제 및 제조했다. 과학자들은 이슬을 모으고 여러 다른 지점에 리트머스 시험지(산성도에 따라 색이 변한다)와 젖은 유리판을 놓았다. 그리고 화학 시약을 사용해 거둬들인 것들을 분석했다. 그들은 산업 공장과 그 주변에 걸쳐 비정상적인 산성 화합물이 존재한다고 명백히 결론 내리며, 이러한 "예상치 못한 결과는 일반적으로 받아들여지는 의견과는 모순된다"는 점에 주목했다.[49] 그들의 방법론은 건전했다. 그들의 결론은 1850년대에 벨기에에서 "굴뚝과의 전쟁"을 고취시켰다.[50]

측정은 자유주의 사회의 도구이지만, 물질의 순도나 유해성은 영원한 논쟁 주제였다. 크리스토퍼 햄린(Christopher Hamlin)은 수질 분석 기술로 과학과 행정 및 공중 보건 간의 새로운 관계를 입증한 영국에서 이러한

'불순물 과학'의 발달을 연구해왔다.[51] 깨끗한 물 공급은 도시화와 도시 주민의 소비 증대로 인해 시 당국이 수도관과 탱크를 건설하고 관리해야 할—그리고 정교한 일련의 복잡한 도구로 감시할—필요성이 대두된 시기에 과학적 경험에 바탕을 둔 것이었다. 가령 1841년 스코틀랜드 화학자 토머스 클라크(Thomas Clark)는 무기염에서 물의 성분을 측정하기 위해 물에 비누의 알코올 용액을 거품 냄으로써 '물 경도(water hardness, 硬度)' 방법을 개발했다. 이러한 이른바 히드로티메트리(hydrotimetry) 공정은 이후 유럽 대륙에서 채택되었지만, 물속에 있는 유기 물질 측정은 화학자들 사이에서 활발한 논쟁의 주제로 남았다.[52] 프랑스에서는 1850년대에 농업통상부 장관 장바티스트 뒤마가 지시하고 지질학자 생트클레르 드빌이 지휘하는 방대한 조사를 통해 전국의 수질을 평가했다. 특히 도시의 수질이 큰 관심사였다.[53]

1880년 이후에는 세균학적 분석을 통해 물의 엄밀한 화학 분석이 이뤄졌고, 공중보건자문위원회는 '식수'를 "유기성이든 인공이든 그것을 흡입한 생물체에 해를 끼칠 수 있는 어떠한 광물도" 포함하지 않은 것으로 정의 내리기에 이르렀다.[54] 하지만 세균학의 부상을 해석하고—암울한 과학 이전 시대의 뒤를 이어— 새로운 과학의 시대를 개척했다며 파스퇴르와 코흐를 떠받드는 영웅담에 맞서기 위해서는 성분과 오염 물질 연구에 줄곧 내재해 있던 많은 불확실성을 기억하는 것이 중요하다. 독성 제품은 어떻게 대기나 토양 또는 물을 변형하고 용해시키는가? 그것들은 식물 및 다른 생물체와 어떻게 상호 작용하는가? 산업 오염 물질이 환경에 미치는 영향에 관한 과학 문헌은 여전히 한정되어 있었다. 전문 지식은 기껏해야 불완전하고 부분적이었다. 1883년 의사 푸앵카레는 여전히 뫼르트(Meurthe)강을 강타한 물고기의 떼죽음에 소다 제조업체 솔베이의 책임이 없다고 부인했다. 대신 그는 하수구에서 나온 작은 기생충 탓으로 잘못을 돌렸다.[55] 그것이야 어쨌든 19세기 후반에는 독성학과 세균학이 전문적인 학문으로 자리 잡았다. 공중 보건 분야가 서구에서 수입한 화학적 성분 분석의 실질적인 시작을 요구한 식민지 세계에서도 그것이 중요하기는 마찬가지였다. 그 결과 1870년 이후 인도에서 화학자들은 정기적으로 자문을 하는 전문가들이 됐다.[56]

당시 독일의 과학자들 역시 공해의 한계치와 강이 일정 수준 이하로 자정할 수 있는 능력에 대해 토론을 시작하는 중이었다. 이는 규범적 기능이 있는 아주 중요한 개념이었다. 공해를 전면 금지하기보다 저용량(low dose) 공해를 수용할 수 있도록 했기 때문이다. 더욱이 화학 공업이 전 세계 생산을 장악함에 따라 갈수록 더 많은 기업가들이 분쟁에 대항하고 의심과 불확실성을 널리 알리기 위해 과학적 전문 지식 분야에 침투하고 있었다. 합성 염료 산업이 특히 이런 경우였는데, 이 부문의 기업가들은 토론을 난장판으로 만들고 자신의 이익에만 도움이 될 뿐인 여러 가지 조사를 장려했다. 1886년 독일화학공업변호기구가 출범했다. 그들은 업계의 수질 오염 자체 규제라는 생각을 널리 알리고 자신들의 생산 활동이 초래한 안온방해의 강도에 이의를 제기하는—그리고 성공할 때가 많은—강력한 로비 단체로 부상했다. 그들은 공장의 배출 지역 인근에 있는 모든 생물이 전멸한 것을 동물학자들이 알아차린 경우에도 제조업자에겐 공해의 책임이 없다고 선언했다.[57]

변경 가능한 자연환경의 기능이라는 포괄적이고 역동적인 이해 속에서 '생태학'은 어떻게 된 걸까? 이 용어는 1866년 독일 생물학자 에른스트 헤켈(Ernst Haeckel)이 쓴 것으로, 최초로 제도화한 형태는 1900년경에 자리를 잡았다.[58] 과학적 생태학의 첫 번째 저서는 1895년 덴마크 식물학자 에우게니우스 바르밍(Eugenius Warming)이 발간했다. 1909년 영어로 번역되어《식물의 생태학: 식물 군락 연구 개론(The Oecology of Plants: An Introduction to the Study of Plant Communities)》이란 제목으로 나온 이 책은 19세기 식물지리학의 주요 전통을 요약하고 열, 빛, 습도, 토양 성분, 동물의 존재처럼 식물 군락에 영향을 주는 요인들을 연구했다. 바르밍의 노력은 1세대 생태학자에게 영향을 준 연구 프로그램을 제시하고, 살아 있는 세계를 이해하는 신개념의 등장을 정확히 설명했다. 하지만 생태학의 등장은 자연이 인간의 활동으로는 바꿀 수 없는 신의 지혜와 섭리의 산물이라고 강조하는 린네식 전통으로 말미암아 상당히 더뎠다. 1830년 대 말 프랑스 아베롱(Aveyron)의 한 식물학자가 관찰했듯 "자연의 존경스러운 예지력은 …… 날마다 평형 상태를 회복하고, 야생종을 파괴하기 십상인 인간의 산업에 맞서 끊임없이 싸운다".[59] 그 세기 동안 다른 모델들—생물변이설, 그다음은 다윈설—이 '환경에 대한 적응'의 원리에 따라 종(種) 적응 현상 및 그 역학을 사실로 상정하는 경쟁을 벌였다. 특히 라마르크(Lamarck)의 생물변이설은 환경적 영향을 분석 모델의 중심에 두었고, 그의 추종자들을 실험적 생태 연구를 발전시킨 최초의 과학자로 만들었다. 이 새로운 접근법은 1890년에 세운 퐁텐블로(Fontainebleau) 식물 생물학 연구소에서 실행한 대로 물리적 환경이 식물에 미치는 영향을 강조했다.

동식물 연구가들이 환경에 의한 공해보다 고도(altitude, 高度)나 기후에 더 관심이 있었음에도 몇몇은 산업이 초래한 환경 파괴를 목도하고 경종을 울렸다. 1886년 영국 식물학자 메리 엘리자 조이 하와이즈(Mary Eliza Joy Haweis)는《도시 속 시골, 또는 런던의 정원과 매연 가득한 도시에서 잘 자라는 꽃들(Rus in Urbe, or Flowers That Thrive in London Gardens and

Smoky Towns)》을 출간했다. 산업 도시가 안겨준 최악의 매연 공해를 견디는 식물과 그와 반대로 장미처럼 고전하는 식물을 꼼꼼하게 기록한 책이다.[60] 대기 오염은 '녹색 잉글랜드(Green England)' 열풍이 꽤 일찍이 출현했던 영국은 물론 1901년 경관보호협회를 창설한 프랑스에서 처음으로 동식물 연구가와 새 및 식물 애호가를 집결시켰다.

탄소 배출이 초래한 기후 불균형이라는 쟁점은 1896년 스웨덴 물리학자 스반테 아우구스트 아르헤니우스(Svante August Arrhenius)에 의해서도 제기되었다. 유럽에서 널리 번역 및 논의되었던 그의 책은 온실 효과와 대기 중 이산화탄소 축적에 관한 반성을 예측하고 이 문제의 주된 원인으로 석탄 연소를 지적했다.[61] 1900년대에 국제적으로 유통된 과학 서적들을 보면 산업 폐기물로 생겨난 지구 온난화 개념이 제1차 세계대전 이전의 논의 주제였음이 확연히 드러난다. 프랑스의 광업 엔지니어이자 과학아카데미 회원인 루이 드 로네(Louis de Launay)는 그러한 논문 한 편에서 전 세계 석탄 매장량에 관해 다음과 같은 경고로 끝을 맺는다.

약 8조의 광물 연료를 생산하기 위해 얼마나 많은 식물성 물질이 지질 연대를 지나는 동안, 아주 우연히, 연소하지 않고 남겨져 분해되어야 할까? 이 탄산(carbonic acid, 炭酸)이 우리의 공장 굴뚝을 통해 저층 대기에 복원되고 나면, 우리 기후에서 틀림없이 어떤 변화(대규모 산업 도시에서 이미 이런 초기 징후가 보인다)를 조금씩 체감할 수 있을까?[62]

산업공해의 결과에 대한 이런 초창기의 과학적 성찰은 공해를 견뎌내던 영토에 한층 더 국한된 생득권이었다. 그러나 서구의 과학 지식은 제국주의적 팽창 덕분에 나머지 세계의 구석구석에도 침투했다. 식민지에서 환경 악화는 토착민의 부주의─아직 초기 단계였던 산업의 영향이 아니라 그들의 낡은 생산 공정 특성─때문인 것으로 간주됐다. 1830년 이후 군대와 일부 식민지 관리들은 환경 파괴를 새로운 산업적 이유가 아닌, 미개하고 낙후한 '토착민'과 그들의 해로운 관행 탓으로 돌리는 설명을 꾸며냈다. 유목민이 사유 재산 및 합리적 농사법의 확립을 통해 시장 경제로 더 잘 통합되도록 하기 위해서는 그들을 정착민으로 만들어야 한다는 식민주의적 수사학 속에서 문명화 과정은 환경을 되찾는 것, 그걸 낡았다고 여겨지는 관행으로부터 보호하는 것을 목표로 했다.[63] 이러한 제국주의적 시각은 산업을 근대화 및 위생과 연결시켰지만, 이는 좀처럼 보편적인 의무가 아니었다. 오염 및 청정 개념은 아직 장소와 문화권마다 상당히 다르게 이해되었다. 예를 들어, 인도에서 유럽 위생사는 자신들의 세속화한 과학을 바탕으로 물의 '순도(purity)' 체제를 알려주었지만, 그것은 도덕적·종교적 신념으로 형성되고 유럽의 기술 및 주요 기반 시설과는 완전히 동떨어진 현지의 오래된 시각에 위배됐다.[64]

산업적 기대에 대한 위기?

산업 생산, 정치경제학, 공학적·과학적 전문 지식 사이의 은밀하고 떼려야 뗄 수 없는 결합에는 많은 경고와 비난이 수반됐다. 몇십 년 동안 그러한 경고와 비난이 빈번해지고 강도 또한 세졌다. 매연 자욱한 도시에 대한 종말론적 묘사와 산업 폐기물에 대한 규탄은 정치적 스펙트럼을 막론하고 공통이었다. 낭만주의 및 보수주의 저자들은 모두 공해에 대해 혹평했고, 공해 유발 배출물의 첫 번째 희생자인 공업 지역 주민들은 말할 것도 없고 많은 공화주의자와 급진주의자 그리고 사회주의자도 마찬가지였다. 그들은 새로운 세상의 흉측함뿐 아니라 그것의 사회적·환경적 파괴도 맹비난했다.

새로운 산업에 대한 토크빌의 유려한 설명에 이어 나타난 낭만주의 시대 저자들의 많은 여행기에는 매혹과 함께 공포가 뒤섞여 있다. 가령 빅토르 위고는 《라인강(In Rhine)》(1839)에서 리에주의 공장 풍경과 그 가공할 활동에 말문이 막혔다.

> 나무로 우거진 어두운 산기슭 서쪽으로 불덩어리 2개가 범의 눈처럼 이글이글 빛을 낸다. 당신 머리 80야드 위에 있는 구멍에서 불길이 활활 타오르는데, 그것이 근처 바위와 숲을 주르륵 훑어본다. 좀더 가니 계곡 입구에서 용광로가 하품을 하고, 이것이 가끔 열릴 때면 어마어마한 화염을 내보낸다. 여기가 대장간이다. ……계곡 전체가 폭발한 화산 분화구처럼 보이는 것들로 가득하다. 어떤 곳들은 불꽃이 번쩍거리는 어마어마한 붉은 증기 구름을 내뿜는다. 또 어떤 곳들은 붉은 불빛으로 인근 마을의 어두운 윤곽을 선명하게 밝혀준다. 다른 곳에서는 어떤 기형적인 건물 구멍을 통해 불길이 모습을 드러낸다. ……평화로운 시기에 보이는 무시무시한 참화의 복사판 같은, 이 전쟁과도 같은 광경은 산업의 발전과 코크렐(Cockerell)의 거대한 기업들을 아주 잘 보여주는 사례다. ……이 장관은 실제로 굉장하다. ……그을음과 연기에 휩싸인 일꾼들은 자신의 소름 끼치는 일터에서 히드라와 용처럼 울부짖는다. 마치 그 뜨거운 공기 속에서 지옥의 악마들에게 시달리고 있는 것처럼.[65]

영국의 존 스튜어트 밀(John Stuart Mill)도 굴뚝에서 "역겨운" 물질을 뿜어내는 그만큼 압도적인 요크셔 공장들의 파노라마를 묘사한다. "모든 화산이 혐오스러운 내용물을 분출한다."[66] 프랑스에서는 페미니스트에 사회주의자인 플로라 트리스탕(Flora Tristan)이 런던을 "괴물 도시"이며 "세상의 공동묘지"라고 강력히 비난했다. 그녀는 자신의 여행기에서 환경적 피해와 사회적 피해를 긴밀하게 연계했다.

런던에서는 숨 쉴 때마다 우울해진다. 그것이 공기 중에 감돈다. 그것이 몸의 모든 구멍으로 들어온다. 아, 안개 낀 날이나 비 오는 날이나 음산하게 추운 날, 이 도시를 쳐다보는 것만큼 침울하고 소름 끼치는 게 있을까! 이런 영향에 시달리다 보면, 머리가 무겁고 아프며, 장은 기능이 떨어지고, 깨끗한 공기가 부족해 호흡이 어려워진다.[67]

이 소재가 지배적 관심과 기대의 영역을 계속 벗어나 있었기 때문에 주변부에만 존재하기는 했지만, 화가들 역시 산업 문명을 묘사하는 데 참여했다. 영국에서는 윌리엄 터너(William Turner)가 산업화의 회오리를 칭송한 첫 번째 화가 중 한 명이었다. 그러나 〈비, 증기, 속도─위대한 서부 철도(Rain, Steam and Speed─The Great Western Railway)〉(1844) 같은 그림들이 비록 증기 문명을 활기차게 표현한 것과 상충되기는 했지만, 그의 작품은 공해를 비난한 적이 거의 없다. 오히려 프로메테우스적 기술의 찬양이었다.[68] 그 세기 동안 풍경 속 공장이라는 모티브는 특히 1870년 이후 인상파 화가들과 함께 보편화했다. 1899~1901년 클로드 모네는 도시의 오염된 안개 속에서 빛을 가지고 놀기 위해 런던으로 세 차례 여행을 떠났다.[69] 교외 공장의 굴뚝은 모네와 알프레드 시슬레(Alfred Sisley)의 풍경화에 행복하게 어우러졌고, 센강의 우아한 산책 장면과도 잘 어울렸다. 빈센트 반 고흐의 〈아스니에르의 공장(Factories at Asnières)〉(1887)이 그림의 틀을 벗어나 확장되기는 했지만, 거기에는 여전히 근심 걱정이 없고, 연기는 가볍고, 불길한 예감이 들지 않았다. 조르주 쇠라(Georges Seurat)의 진한 연필 드로잉들(1882~1883)은 형성 중인 교외 공업 지대에 대해 좀더 신중한 시각을 제공했다. 대조적으로 1884년 살롱(Salon: 프랑스에서 미술가들의 작품을 모아 정기적으로 개최하는 공식 전람회를 이르는 말—옮긴이)에 전시한 에르네스트장 들라예(Ernest-Jean Delahaye)의 〈쿠르셀의 가스 공장(The Gas Factory at Courcelles)〉은 고달픈 노동의 본질을 표현한 사례였다. 유해한 증기의 묘사에 바친 정성은 그 증기가 암시하는 힘을 어떤 식으로든 손상시키지 못한다.[70]

영국해협 건너편에서 유해 수증기에 대한 반대는 '녹색 잉글랜드'를 옹호해왔던 과거 지향적인 토리당 계열뿐 아니라 기계화에 대한 사회적 비판과 함께 매연이 일으킨 환경 악화 비난에 합류한 급진적인 지역 사회와 일부 노동자 사이에서도 보편적이었다. 예를 들어, 차티스트 운동(Chartist movement: 1830년대 후반부터 1850년대 전반기까지 영국에서 노동자 계급을 중심으로 일어난 의회 개혁 운동—옮긴이)—남성들의 보통 선거권을 위해 집결했다—출판물에서는 매연으로 오염된 자연이 반복적으로 거론하는 주제였다. 1838년부터 1852년까지 차티스트 신문 〈노던 스타(Northern Star)〉에 실린 에세이와 노동자들의 시는 그러한 안온방해를 강력히 비난했다.

별들마저 시달리는 것 같았네.
뒤섞인 연기와 시끄러운 소음에
부글부글 독이 끓어 넘치는
가마솥 같은 도시에.[71]

개혁 노력이 불발로 돌아가자 차티스트 운동은 땅으로의 복귀를 지지하고 비위생적인 공장으로부터의 탈출구로 자연을 내세웠다. 이 수사법은 정치적으로 보면 대단히 민주주의적이었는데, 안드레아스 말름(Andreas Malm)은 거기서 환경 운동의 원형적 모습을 찾아내기도 한다.[72] 노동자들 사이에서 공해 이슈는 생산 및 노동에 내재된 직업상의 건강 위험과 관련한 조직 유형과 긴밀히 연관되어 있었다. 1846년 〈아틀리에〉는 주물 공장 노동자 200명이 작업 공간의 "미아즈마로 가득 찬 공기"를 고발하고 "2시간 동안 깨끗한 공기를 숨 쉴 수 있도록" 노동 시간 단축을 요구하는 청원을 게재했다.[73]

산업의 변화와 그 영향에 직면해 지배 계급이 가졌던 산업 발전에 대한 열정이 사회 불안이나 노스탤지어 또는 중산층 및 몇몇 엘리트의 저항을 완전히 무시한 것은 아니었다. 다수의 투자자가 과학을 바탕으로 한 산업의 새로운 위협과 위험을 두려워했다. 1850년대에 프랑스에서는 소책자 출판업자인 외젠 위자르(Eugène Husar)가 "과학에 의한 세상의 종말"을 공표했다.[74] 열성 공화주의자로 세상과 동떨어진 배타적 과학자 세계에 적대감을 갖고 있던 의사 프랑수아뱅상 라스파이(François-Vincent Raspail)도 그에 못지않게 격렬했다. 그는 끈질기기도 했다. 1845년부터 사망한 1878년까지 그는 산업용 독을 매도하고 "저주스러운 공장들"이라고 혹평했다.

무역은 당밀과 잿물로 그러듯 비소와 염화 제2수은으로 장난을 친다. ……그것들은 큰 통과 염료 보일러 안에 용해되었다가 끓어 넘쳐서 냇물, 우물, 하수구, 강으로 흘러 들어간다. 증발을 통해 그것들은 10리그(league: 거리의 단위로 1리그는 약 3마일을 가리킨다—옮긴이)까지 대기를 오염시키며, 이런 식으로 독은 식수, 음식이나 소화되기 쉬운 약, 통기성 공기에 의해 공중 보건의 쟁점이 되기에 이른다. 그러니까 결국 모든 종류의 죽음에는 공공의 재앙이 있다. …… 그리고 산업은 뛰어난 재기로 공중 보건에는 가장 처참한 시대를, 그러나 의료, 제약 …… 장례용 호송차 관리 사업에는 가장 번영한 시대를 가져다주고 있다.[75]

세기가 끝나갈 무렵, 대서양 건너편 뉴욕에서는 다른 수십 개의 미국 산업 도시에서 그랬듯 중산층 개혁가들이 공해와 싸우고 도시 공기를 정화하기 위해 집결했다.[76] 영향력 막강한 세인트루이스매연경감여성기구나 시카고매연방지시민협회 같은 단체─흔히 여성들이 이끌었다─가 등장했다. 그들은 변호사와 공장 배출물을 조사하는 감독관에게 지불할 자금을 모으고, 건강을 해치는 산업에 맞서 싸우고, 규제를 거부하는 산업에 압력을 가했다. 이러한 이른바 진보의 시대에 이 도시 중산층 여성들은 청결을 본질적으로 번영과 연결했던 빅토리아 시대 가치에 위배되는 공해에 정면으로 맞섰다. 미학적·도덕적·위생적 고려를 혼합함으로써 개혁가들은 지역 당국의 지지를 따내려고 움직였다. 제1차 세계대전으로 이어진 몇십 년은 경보 및 경고의 증가, 산업 발전과 과학 변화 그리고 신제품에 대한 환멸의 확산으로 얼룩졌다. 영국에서는 산업화에 대해 커져가는 환멸이 지식인 엘리트들을 사로잡았고, 재난과 세상의 종말에 빠진 새로운 문학에 영감을 주었다.[77] 윌리엄 모리스(William Morris), 존 러스킨(John Ruskin), 에드워드 카펜터(Edward Carpenter)에 의해 촉발된 사회주의 및 반(反)산업주의 전통은 산업화, 특히 도시의 공기를 더럽히는 매연의 폐해를 규탄했다. 옛 영국 시골─지금은 멸종 위기에 처한 장소─에 대한 향수는 비참한 도시에 대한 프롤레타리아 계급의 명백한 거부에 뿌리를 둔 것이었다. 작가 에드워드 포스터(Edward Forster)는 지나친 인공화를 향한 근대적 충동을 거부하는 자연주의적 낭만주의를 옹호했다. 위험에 처한 것은 인간과 자연 세계 사이의 중요한 관계였다.[78] 일부 국회의원들은 "(소다) 공장 주변의 전원(田園)이 몇 마일에 걸쳐 파괴되어 사막화하고 있다"며 분노를 표출했다.[79]

20세기로 넘어가면서 산업자본주의의 팽창―신기술(전기, 화학, 전화, 무선 전신, 내연 기관 포함)과 함께―과 그것이 촉진한 국가 위계질서의 대변동은 혼란을 한층 더 야기할 뿐이었다. 오염되고 건강에 나쁘다고 흔히 여겨졌던 이 멋진 신세계는 소외 및 통제력 상실에 대한 불안을 더욱더 자극했다. 인종 퇴화를 둘러싼 공포는 그에 수반해 외국인 혐오 담론과 맹목적인 민족주의를 키우는 강박 관념이 되었다. 극단적 민족주의 및 가톨릭 저자들은 그들이 국가의 순수성을 가장 위협하는 두 가지라고 여기는 이민자의 배제와 거대 산업의 공해 안온방해 성토를 종종 연결시켰다. 작가 루이 베르트랑(Louis Bertrand)은 마르세유로 유입되는 이탈리아 이민자를 묘사한 소설 《침략(The Invasion)》(1907)에서 외국인 혐오의 고정 관념을 마음껏 내뱉는 동시에 경관을 훼손하는 공해를 강력히 규탄했다. 이러한 "산업 지옥 …… 불을 태우고, 질식할 것 같은 매연의 영원한 안개 아래서 끊임없이 연기를 피워대는 지옥이 유리 공장, 납 제련소, 유황 정제 공장의 거대한 수프에 토악질을 해댔다."[80]

디스토피아적(dystopian) 이야기도 이런 맥락에서 양산됐고 종종 산업 매연을 해결할 수 없는 모순, 산업 시대의 전형적인 표식으로 만들었다. 가령 프랑스 소설가 아나톨 프랑스(Anatole France)는 사람이 살 수 없는 도시에서 "인공 공기"가 미래를 지배하고 "완벽한 기계"가 소외된 사람들의 대의로 작용하는 종말론적 풍자 이야기 《펭귄섬(The Penguin Island)》

(1908)을 출간했다. 영국 소설가 리처드 제프리스(Richard Jefferies)의 《런던 이후, 또는 야생의 영국(After London, or Wild England)》(1885)에서는 대재앙이 근대 산업 사회의 붕괴를 초래하고 사람들을 공해 이전의 야생 자연 상태로 돌려보낸다.[81] 커져만 가는 산업의 영향과 대조적으로 자연 회귀라는 주제―환경보호주의를 위한 혼란의 도가니―는 이후 유럽 전역으로 퍼졌다. 게르만 제국에서는 이런 현상이 특히 심각해 이른바 생활 개혁 운동(1892)을 중심으로 조직화했는데, 예술가뿐 아니라 채식주의, 자연 종교, 자연의학 추종자들을 매료시켰다. 1900년 스위스 마조레(Maggiore) 호수 북쪽의 작은 채식주의자 협동조합은 대안적 생활 방식에 초점을 맞춘 공동체 몬테 베리타(Monte Verità)를 만들고, 특히 단순함에 기초를 두며 근대화의 유독성 인공 물질이 없는 미래를 주창했다.[82] 프랑스에서는 이런 열망이 1890년대에 등장한 무정부주의적 자연주의 운동으로 잠시 나타났다. 이들은 주로 자신이 속한 산업이 위기에 처했던 장인과 수공업 노동자로 이뤄졌으며, 산업계가 노동자를 소외시키고 자연을 파괴하는 방식에 대한 가차 없는 비판을 중심으로 단결했다. 주도적 인물 중 한 명인 앙리 지즐리(Henri Zisly)는 "공장의 매연 …… 끊임없는 벌채와 공장에서 나오는 악취로 더럽혀진 오염된 공기"를 저주하며 "이것들이 대기를 교란하는 원인"이라고 했다.[83] 많은 소책자와 논문에서 지즐리는 "화학 비료의 도움 없이는 더 이상 우리를 살게 할 수 없는" 대지(大地)의 피폐함을 지속적으로 고발했다. 이들 저자에게 인류 역사는 타락의 이야기였고, 공해와 폐기물은 그것을 가장 잘 나타내는 상징에 속했다.[84]

민원과 사회 갈등

공해의 위험은 또한 노동자와 공장의 이웃 주민들로부터 더욱 폭력적인 동원을 자극했다. 이러한 사회 갈등은 국지적이고 보통은 주변부로 밀려났기 때문에 좀처럼 제대로 조정되지 않았다. 프랑스에서는 1810년 규제의 틀을 마련했고, 이익 및 불편 절차는 이런 불만 사항의 표출에 유리해 관리 부서는 신경 써서 기록 보관소에 보관하고, 주느비에브 마사르길보는 이를 자세히 연구했다.[85] 지역 당국에 보낸 개인 서신이나 집단 청원은 악취, 부패 및 질병의 징후, 산업 잔류물에 오염된 물의 의심스러운 색깔에 대한 공포를 드러냈다. 프랑스 북부에서는 깨끗한 물에 의존하던 어민과 양조업자들이 탄산칼륨 공장과 제당 공장이 버린 폐수에 대해 자주 불만을 토로했다. 그들은 물이 "구두약에나 비교할 수 있을 것"이라고 주장했다.[86] 산업과 지역 주민 사이의 분쟁은 어디에나 있었다. 1000개의 사례 중 하나를 들어보면, 1859년 디종에서 증기 기관을 설치하려던 한 제과업자가 이웃 주민으로부터 그런 종류의 설비는 도시 밖에 둬야 한다고 요구하는 반대에 부딪혔다. 몇 년 뒤 한 광업 엔지니어가 불편을 최소화하겠다고 대중을 안심시켰지만, 그 구역의 주민들―지주, 커피업자, 돼지 정육업자, 목수, 점원, 포도주 상인, 식초 제조업자, 시계 제조업자, 심지어 성모방문회 수녀들까지―은 석탄 연소가 초래하는 해악에 맞서 도지사를 상대로 집단 시위를 했다.

대기를 망치고 호흡기를 파고드는 엄청난 양의 먼지와 시커먼 물질은 물론 냄새 나고 두터운 매연이 공중 보건에 해를 끼치고 있습니다. 바람에 실려온 똑같은 먼지가 구멍을 전부 막아도 끊임없이 집에 침투해 들어옵니다. 그것은 모든 공공 구역의 물건과 가구를 더럽히고 이웃에게 상당한 손상을 유발합니다. 심지어 잔류물마저도 종종 완전 연소되기 전에 공기를 타고 날아가 이 공장 주변의 다락들에 불이 붙은 채 전부 떨어져 화재의 원인이 되기도 합니다.[87]

이런 민원의 수사법은 정당한 요구의 수립을 통해 당국의 동정과 관심을 불러일으키는 것을 목표로 삼은 교묘한 전략에 기초한 것이었다. 이 수사법은 흔히 건강의 수호, 공익에 대한 호소, 재정적 피해의 위험, 심지어 명예로운 주민들에 대한 존중의 요구를 분명하게 표현했다. 1848년 마르세유 인근에 있는 르루에(Le Rouet) 주민들은 "정원으로 둘러싸인 동네와 쾌적한 가정"을 파괴함으로써 전 구역을 변질시킬 위험이 있는 화학 공장 설치 계획에 반대했다. 주민들은 "그들의 불만, 그들의 경고, 그들의 반대에도 불구하고 굳이 무릅쓰고 한복판으로 들어오려는 공장"을 비난했다. 이게 문제였다. "산업이 나라의 법을 짓밟고 있습니다."[88] 1908년 슈나이더 기업이 완전히 장악한 르크뢰조에서도 주민들이 공기를 숨 쉴 수 없게 만들고, 은식기를 얼룩지게 하고, "구역질"과 "기도(氣道) 장애"를 유발하는 "시커멓거나 누런 악취가 나는 매연"에 관해 도지사에게 호소했다.[89] 이 사건은 사온에루아르(Saône-et-Loire)의 상원의원이자 공장 인근의 주민인 의사 펠릭스 마르탱(Félix Martin)이 개입하지 않았다면 아마도 조용히 무시당하고 역사의 뒤안길로 사라졌을 것이다. 벨기에에서도 1848년 예를 들면 아연 공장과 "이미 나무들을 죽여 어마어마한 황무지를 만들고 있는 …… 그곳들의 유해한 배출물"에 맞서 비슷한 집단 행동이 종종 일어났다.[90] 영국에서는 1823년 리버풀에 첫 소다 공장이 문을 열었을 때 많은 땅을 소유한 귀족, 젠트리(gentry: 영국에서 귀족 바로 아래의 지주 계층—옮긴이), 시 당국의 시위가 있었으며, 1860년대에 그 일이 불거져 전국적 이슈가 되었다. 이런 저항에 대응해 영국 의회는 1863년 알칼리법을 만들었다.[91] 대서양 반대편에서는 공해 반대자들이 악취가 나라에 위협을 준다고 주장했다.[92] 많은 유사성에도 불구하고, 강한 국가적 특성이 취할 수 있는 행동 방침을 특징지었다. 영국과 미국에서는 시민 사회에서 급성장한 운동이 중요한 역할을 한 반면, 독일에서는 그런 동원이 한층 약했다. 이런 차이는 당국의 태도, 그리고 각국 정부와 시민 사회 사이의 관계 구조가 달랐기 때문으로 볼 수 있다.[93]

시위자와 기업가 양측의 경제적 배경과 사회적 지위도 분쟁의 강도와 특성에 영향을 줬다. 투자자 집단 역시 중요했다. 가령, 어민은 공해에 대한 수많은 이의 제기의 선봉에 섰다. 자신의 경제적 이익을 보호하면서 그들은 수질의 야경꾼이자 감시병이 되었다.[94] 1888년 벨기에에서는 헨트(Ghent)와 리에주의 노동자 계급 사이에서 어민 협회가 탄생했다. 이런 집단의 수는 이 나라의 두 주요 산업 도시를 넘어서 빠르게 늘어났고, 1890년에는 "수질 오염 해결책을 수립"하기 위해 중앙 협회를 창설했다. 당초 관심사는 노동자들이 지역의 식량 자원을 보호하도록 참여시키는 데 초점을 두었으나 어류에 대한 위협이 공해 자체에 대항해 싸운다는 한층 넓은 맥락 또는 기회를 창출했다. 예를 들면, 1890년 리에주 어업 집단은 양모 공업이 베스드르(Vesdre)강의 수질을 변화시킨 데 맞서 집결했다. 다음 10년간 갈등은 좀더 급진적으로 변했다. 1905년 브뤼셀에서는 "공장의 잔류물을 강, 운하, 지류에 버려 수천 킬로그램의 물고기를 중독시킬 뿐 아니라 때때로 지역 주민 및 가축에게도 죽음을 불러오는 부도덕한 기업가들에 맞서" 싸울 새로운 협회를 창설했다.[95] 의사와 과학자는 흔히 이런 협회의 선두에 섰고, 이들은 네덜란드수질·토양·대기오염방지협회를 모델로 삼아 자신들의 목표를 확대하는 경향이 있었다. 옛

'아르쇼트(Aerschot) 낚시회' 및 주변 단체들은 1913년 '수질·토양·대기오염방지협회'로 이름을 바꾸기에 앞서 1908년 수질오염방지연맹을 결성했다. 이러한 쟁점은 브뤼셀(1910)과 헨트(1913)의 세계박람회에서 상당한 주목을 받았고, 그 기간 중 '중앙어민회'는 벨기에의 오염된 강 일반 지도를 발간했다. 지도는 쉘트(Scheldt)강과 뫼즈(Meuse)강 유역의 하천들을 검은색으로 칠했는데, 이는 영구 오염을 가리키는 표시였다.[96]

노동 계급—노동자와 농민 모두—은 기업가에 맞설 수단도 자원도 없었다. 가령 영국에서는 유일한 해결책인 소송의 비용이 엄두를 못 낼 만큼 여전히 높았다.[97] 더 일반적으로는, 아무리 독성이 있다 해도 생계가 산업 활동 보존에 달려 있을 때는 공해를 차단하기 어려웠다. 이의 제기를 비합법화하는 극도로 남성적인 노동 문화에서는 이것이 특히 힘들었다. 드문 경우를 제외하면, 노동계에서 들리는 목소리가 없었고—일터의 안온방해를 줄일 수 있는 법령이나 교섭 환경이 없었고—이것이 대중이 공해를 일상생활의 일부로 받아들이는 걸 더욱더 내면화했다. 루르에서는 노동 인구가 대부분 이민자였다. 절반은 필요하면서도 절반은 치명적으로 보이는 폐해에 맞서 어떤 집단 시위운동도 발전하지 않았다. 1919년 한 주민이 회상했듯이 말이다. "우리는 거대한 산업의 규모, 거인증과 인간 노력의 천재성에 완전히 매료되었다. ……우리는 철강 공장의 유독한 연기를 불가피한 것으로 받아들였고, 아무도 불평하지 않았다."[98]

그 모든 것에도 불구하고, 조합의 부상은 노동자에게 점차 어느 정도 정치력과 그들의 우려를 표출할 발판을 제공했다. 1860년대에는 세계박람회에서 노동자 대표들이 중독, 특히 노동자를 둘러싸고 있는 치명적인 먼지로 인한 중독의 위험을 논의하기 시작했다. 1867년 위생을 주제로 한 인기 있는 학회에서 바르비에(L. Barbier)는 "공장과 작업장에서 너무나

도 자주 발생하는 기질성 장애, 형편없는 공장 부지 내의 상태, 건강에 안 좋은 물질 사용에 대비해 조심하라"고 동료 노동자들에게 간청했다.[99] 노동조합에서처럼 위생 문제를 다루는 사회주의자들의 회의에서도 직업 보건을 자주 언급했다. 1889년 파리 노동자회의(Workers' Congress)는 "노동자의 건강에 해로운 특정한 종류의 산업과 생산 방법의 금지"를 요구했는가 하면 1894년 리옹 노동교환소에서 조직한 또 다른 회의는 "노동자의 건강에 돌이킬 수 없을 만큼 해롭다고 알려진 모든 산업 공정의 사용 금지"를 요구했다.[100] 이는 이러한 요구의 역설적인 점을 강조한 헨리 나피아스(Henry Napias) 같은 몇몇 의사들의 질타를 불러일으켰다. "산업 자체를 없애서 산업의 위험을 제거한다니 다소 조잡한 경제적 절차네요. 약간 유치하기까지 하고요! ……철도가 사고를 일으킵니다. 우리는 역마차로 되돌아가야 합니까?"[101]

노동자 조직은 노동자들의 이권을 묵살하는 이런 시도에 맞서 더욱 탄탄해졌다. 19세기 말 프랑스의 화가 조합은 백연의 전면 금지를 요구했다. 비슷하게 국영 성냥 제조 기업의 전국공장노동자연맹은 인―턱 괴사를 유발했다―의 사용을 금지하는 데 성공했다. 이후 인은 1898~1906년 유럽 전역에서 금지됐다.[102] 노동총동맹(CGT, 1895)은 첫 번째 회의 안건에 "직업상의 독 억제"를 올리고, 보네프(Bonneff) 형제―노동계에 호의적인 유명 언론인―를 영입한 후 여론을 설득하기 위해 이 주제에 대한 조사를 의뢰했다.[103] 의회에서는 사회주의자들이 (아무리 실패로 돌아가더라도) 산업 재해에 관한 1898년 법령을 보완할 직업병에 관한 법령 도입을 시도했다. 제1차 세계대전과 그 긴박함은 직장 보건에 관해 조합이 취해 온 입장을 급격히 수그러들게 만들었다. 직업병 보상을 다룬 법제 개혁은 1918년 이후에 승리를 거뒀다. 산업용 독과의 싸움은 이후 노동총동맹의 안건에서 사라졌다.[104] 그럼에도 직장의 공해 문제는 1914년 이전의 소송과 노동조합 운동에 꼭 등장했지만, 임금과 노동 시간 문제에 비하면 여전히 부차적인 사안이었다.

하지만 어떤 상황에서는 공해의 정도가 이따금 폭력화한 동원으로 귀결되기도 했다. 1855년 8월 벨기에의 바스상브르(Basse Sambre) 지방에서 감자 수확을 전멸시킨 혐의를 받는 가성 소다 공장들에 대한 민중 봉기가 발생했다. 1830년대에 그런 공장이 설립된 이래 농민과 지주는 자신들의 작물, 가축, 건강을 망칠까 두려웠던 신산업을 경계해온 터였다. 산성 배출물이 무해하다고 자신하는 기업가, 광업 엔지니어, 의사들에게 매번 묵살당한 마을의 이의 제기는 방출 물질 증가와 함께 갈수록 격렬해졌다. 벨기에의 시골에서 오래된 산업화 이전 활동들이 무너지면서 수반된 과학적 논쟁과 심각한 사회경제적 긴장이 도화선이 되어 결국 1855년 여름에 폭동이 터졌다. 공해에 대항한 반란은 식량 폭동과 유사했다. 시위대는 지방 고위 공직자들이 관리하는 화학 공장을 비난하며, 작물 파괴로 서민을 굶주리게 한 죄목으로 그들을 고발했다. 나뮈르의 여러 지역에 붙은 플래카드는 "부정 축재자에게 죽음을" "화학 공장을 철거하라"라고 선언했다. 이런 저항의 규모는 화학적 안온방해에 관한 지역 분쟁을 국가가 개입할 수밖에 없게 만든 어마어마한 전국적 논쟁으로 바꿔놓았다. 분쟁의 비등점에서 수백 명의 폭도는 군대가 폭력적으로 제압하고 두 사람이 사망하기 전까지 공장을 기습했다.[105]

1910년 마르세유 근처 칼랑크만(Calanques灣)의 현지 주민들도 다국적 화학 기업인 솔베이와 그 소다 공장들에 의해 피해를 입던 프로방스 해안의 '자연스러운' 아름다움을 지키기 위해 집결했다. 정체불명의 산업에 대항하기 위해 지역 정체성이라는 흐름을 중심으로 사회적 인맥이 어우러졌다. 작가인 프레데릭 미스트랄(Frédéric Mistral)이 시위를 지지했다. 실제로 무려 50개의 문화 및 스포츠 협회가 1910년 3월 13일 2000명의 대규모 시위를 조직했다. 이 사건은 20세기에 이어진 조직 동원의 "기념비적 장소" 역할을 했다.[106]

규모가 더 큰 또 다른 폭동—의심할 바 없이 그 시대의 가장 중요한 '생태적' 반란—이 안달루시아 지방에 있는 우엘바 인근 리오틴토 마을의 구리 광산 현장에서 발생했다. 에스파냐 정부의 문헌에는 일찍이 1840년대에 식물 군락을 파괴하고 공중 보건에 악영향을 미치는 광물 가공법에 관한 불만 표출이 간헐적으로 기록되어 있었다. 상황은 1873년 생산 규모를 바꿔놓은 영국 자본의 도착과 함께 악화했다. 구리 광산에 대한 반대 운동이 조직되었다. 운동의 힘은 동일한 시위를 중심으로 다양한 종류의 행동가를 통합시키는 역량에 달려 있었다. 대지주들은 '매연 금지' 연맹 아래 농민 및 이민 노동자들과 나란히 모였다. 카리스마 넘치는 전투적인 무정부주의자 막시밀리아노 토르네트(Maximiliano Tornet)는 공해에 대한 저항을 더욱 일반적인 임금 요구와 연결시켜 노동자를 동원하는 데 성공했다. 에스파냐 정부와 이 나라의 의료 엘리트는 광산에 반대하는 상류층 및 하류층에 맞서 산업적 이해관계를 수호하려는 세력과 연대했다. 이는 인지된 사회 불평등과 소수의 혜택을 위해 공공의 이익을 희생시키길 택한 권력자들의 부당함에 대항하는 시위를 더욱더 공고히 했을 뿐이다. 게다가 영국의 존재가 애국심이라는 민감한 부분을 건드림으로써 선거권을 박탈당한 이들과 지주를 단결시켜 해외 자본주의 침략자에게 대항하도록 만들었다. 1888년 초 사태가 격화되어 2월 4일에는 약 1만 5000명의 시위 군중을 향해 군대가 사격을 개시했다. 100여 명(공식적으로는 48명)이 죽은 이 극적인 사건—공해가 촉매제였기 때문에 한층

더 이례적이었다―은 19세기 유럽에서 가장 폭력적인 반노동 탄압 중 하나였다.[107]

지구 반대편에서 메이지 시대 일본의 노동자 및 농민은 강력한 산업 근대화와 세계 최대 구리 생산지 중 하나인 아시오 광산의 공해에 화가 나 있었다. 차오르던 분노는 식량 부족 및 기근 중에 '독점 기업'들에 대한 폭력의 분출로 모습을 드러냈다. 마을 사람들은 거대 산업에 맞서 자신의 유산과 토지 소유권을 지키려 함으로써 자기 권리를 방어했다. 어떤 점에서 시위대는 유독한 광산들로부터 위협받는 오래된 공동체의 사회적 관계를 보존함으로써 산업 발전을 중단시키려 했다. 광부들은 오랫동안 노동 조건 개선을 요구해온 터였다. 1890년대에 이 대중적 불만을 중개한 이는 작은 마을의 촌장들과 중농(中農)을 대표하는 피해 지역의 대표 다나카 쇼조(田中正造) 중의원 의원이었다. 다나카는 오염된 광산의 농민 희생자들의 대변인이자 옹호자로 떠올랐다. 1891년 농민들은 '아시오 구원 포럼'을 꾸렸지만 보상금을 받아내는 데만 그쳤다. 싸움은 지역 차원에서, 그리고 중의원에서 계속되었다. 도쿄에서는 1896년에 2000명, 이듬해에는 3000명, 1898년에는 1만 1500명의 농민이 가두 행진을 했다. 하지만 그들은 경찰의 폭력에 부딪쳤고 그중 수십 명이 재판에 회부됐다. 1901년 다나카 쇼조는 의원직을 사퇴하고 황제에게 직접 "서양식 기계화로 인해 나날이 심해지고 있는 유독성 누출"을 맹렬히 고발하는 탄원서를 전달하며 호소했다. 시위자들에게 가하는 탄압에 맞서 탄원서는 수질 정화를 위해 힘써주기를, "심하게 오염된 땅을 없애고" "해안 지대의 엄청난 천연자원을 되살리며" 유독한 광업을 청산하기를―그리고 오염된 물과 독성 폐기물의 방류를 영원히 중단하기를―간청했다.[108] 동원은 전국적 규모에 다다랐다. 일본 전역의 교수 800명이 시위를 지지하기 위해 아시오로 집결했다. 광산에 대한 반대는 일시적으로 시위를 약화시킨 러일전쟁이 끝나자 더 커졌다. 1907년 폭동이 일어났다. 사흘간 산업 단지에 다이너마이트를 터뜨리고 불을 지른 노동자들은 군대에 가혹하게 진압당했다.[109] 많은 경우처럼 국가의 근대화라는 생산적 동기가 다른 어떤 고려보다 더 중요했다. 대부분의 지역 희생자는 저항했음에도 자신들의 오염된 고향을 떠날 수밖에 없었다.

• • •

숙명론, 체념, 민원과 반란 사이에서 공해는 무언의 침묵으로 그리고 이따금 언급되는 위험을 전면 부인하는 가운데 좀처럼 받아들여지지 않았다. 비록 공해를 중단시키거나 속도를 늦추는 것마저도 별 도움을 주지 않았지만, 지식과 실용적인 응용 체계는 점차 틀림없이 제자리를 잡고 있었다. 19세기를 거치며 산업이 환경에 미치는 부정적 영향은 갈수록 잘 알려졌다. '공해'라는 단어와 근대적 의미는 이 시기에 일반적 어휘에 진입했지만, 문화 변용(文化變容)의 정치적 과정 또한 확립되었다. 학자와 지식인 엘리트, 엔지니어와 기업가, 화학자와 경제학자들이 발전의 속도가 둔화하지 않도록 위험을 축소하고 공해를 받아들이는 경향이 있었다면—그리고 이것이 오직 대기업만을 지지하는 일이었다고 한다면— 그 밖의 사회 각계각층에서는 위험투성이인 발전의 양면성에 관한 징후를 공해 현상에서 봤다. 이 극도로 양면적이고 적대적인 이해관계 사이에서 국가와 지방 당국은 대규모 산업과 이웃 주민의 의견 차를 화해시키고 대치 분위기를 부드럽게 하려고 애썼다.

공해의 규제 및 관리

아시오와 리오틴토 광산의 비극적 사건은 공해와 그 결과를 효과적으로 관리한다는 게 얼마나 어려운지 드러냈다. 구리의 추출 및 생산은 특히 그것을 잘 보여주는 사례다. 물리적·화학적 속성—가장 유명한 것으로는 저항력과 우수한 열전도도(熱傳導度) 및 전기전도도(電氣傳導度)—덕분에 순수한 구리와 그것의 합금은 여러 가지로 응용하기가 좋았다. 생산량은 기하급수적으로 늘어났다. 1840년대 초에 유럽은 연간 3만 5000미터톤의 구리를 생산했다. 대부분 영국에서 나왔다(2만 5000미터톤). 구리 산업의 중심지 웨일스는 전체 영국 구리의 90퍼센트를 차지했다. 제1차 세계대전 직전에 생산 규모가 바뀌었다. 응용이 훨씬 늘어나—특히 전기 부문에서—수요가 증가했고 에스파냐, 칠레, 일본, 북아메리카 그리고 나중에는 콩고의 광산 및 주물 공장 발달로 이어졌다. 1890년 세계 구리 생산은 28만 미터톤에 이르렀다. 10년 뒤에는 50만 미터톤으로 뛰었고, 영국에서 생산을 중단한 해인 1914년에는 100만 미터톤을 넘어섰다.[1]

구리 광석은 보통 반사로에서 주조 및 정제해야 했다. 이 복잡한 기술은 에너지 집약적이고 공해를 유발했다. 1850년 이후 구리 주물 공장은 중요한 물자를 얻을 수 있는 황산 공장과 긴밀하게 협력했다. 웨일스의 스완지―코페로폴리스(Copperopolis: '구리의 도시'라는 뜻―옮긴이)라는 이름으로도 불렸다―는 이 공정의 환경적 영향을 줄이기가 얼마나 힘들었으며 활용 가능한 규제가 얼마나 많았는지에 관한 좋은 사례다. 1880년대까지 칠레와 미국에서 채굴한 광석을 포함해 세계 구리의 75퍼센트를 스완지에서 정련했다. 이곳의 공장들은 매년 9만 2000미터톤의 황산을 대기 중으로 내보냈다. 이런 상황 때문에 아주 초기부터 주민들은 민원을 제기했고, 어쩔 수 없이 당국이 개입해 제조업자가 배출을 제한하고 정부의 개입을 피할 수 있는 기술적 해결책을 모색하도록 했다.[2]

공해의 증가에 직면해 소송, 조례, 국가 개입 등 많은 법률적·규제적·입법적 대응이 나타났다. 위협―노동과 경쟁력 강요―은 공공의 발전과 국가적 필요성이라는 명분 아래 특정 구역과 주민의 희생을 정당화하려는 당국의 신조였다. 근본적으로 자유주의적이고 산업주의적인 규제 체제는 법 전통의 차이는 물론 당대의 정치적·경제적 변화와 국민 국가 및 제국의 건설에 발맞춰 툭하면 바뀌기 십상이었다. 논란의 첫 번째 요점은 정의에 부여된 상대적 중요성이었다. 이는 관습법 국가에서 항상 지배적이었던 반면, 유럽 대륙에서는 행정적 개입을 선호했다. 법률의 요소가 어떻든 공해 통제는 국가적 규모로 수행해야 했다. 당국의 모호한 개입이라는 희망을 놓고 봤을 때 전문적인 해결책은 재활용, 혁신 요구, 제조 공정 개선의 형태로 자리를 잡았다. 모든 경우, 공해의 진정한 자연화가 벌어지고 있었다. 공해가 참을 수 없게 되자 최종적인 해결책은 높은 굴뚝을 통해 대기 중으로, 바다로, 아니면 사람이 살지 않는 지역으로 그걸 쫓아버리는 것이었다.

관습법 체제

1830년 이후 산업화는 법의 원칙을 계속해서 흔들어놓았다. 영미권에서는 여전히 관습법이 시민과 지주 및 그들의 이웃을 산업의 안온방해로부터 보호하는 주요 원칙이었다. 이러한 사법 제도를 영국과 미국에서 어떻게 운영했는지 설명하기는 쉽다. 자유주의자들에 따르면, 공해는 그냥 만드는 사람과 견디는 사람이 따로 있는—보상과 소송을 통해 공해 유발 기업과 희생자 사이의 균형을 원만하게 회복할 준비가 되어 있는 시장의 '보이지 않는 손'과 함께—부정적 외부 효과의 총체였다.

그러나 이 세기가 진행되는 동안 산업화는 사회의 근본적인 일부가 되었고, 그에 따라 산업과 나란히 판례법이 발전해야 했다. 판사들의 결정은 복잡한 사회정치적 권력관계에 따라 제각각이었다. 소송 사건에서 만일 피고가 노동력이 적고 자본 투자금이 낮은 비전략 부문의 고만고만한 지위에 있는 기업가라면 대지주들에게 패소할 확률이 높았다. 반면 자본이 상당히 큰 유력한 기업가가 일반인의 조직력이 미약한 고소에 직면했다면 보통은 이길 것으로 예상할 수 있었다.[3] 이런 논리는 미국의 뉴욕주, 뉴저지주, 펜실베이니아주에 대한 비교 연구로 입증됐다. 석탄과 철강을 기반으로 한 중공업이 피츠버그를 장악한 펜실베이니아주에서 1840~1906년에 내려진 판결은 심각한 공해에도 불구하고 대부분 기업가에게 유리했던 것으로 밝혀졌다. 반대로, 그보다 힘없는 군소 기업들이 흩어져 있던 나머지 두 주에서는 판결이 더 다양하고 전통적인 관습법 원칙에 한층 부합했으며, 공해가 덜 심한데도 판결이 원고에 유리할 때도 있었다. 따라서 남북전쟁 이후 기업 친화적인 공화당이 세력을 거머쥔 북부 공업 지대에서는 판결이 중공업 발전에 유리한 경향이 있었다. 대다수 판사가 당과 결탁했다. 따라서 1893년 공화당이 뉴욕주를 손에 넣었을 때 그곳의 판결 역시 갑자기 펜실베이니아주의 사례를 반영했다.[4] 미국의 다른 주에서 사법적 판결은 문제의 오염 물질과 조사 중인 기업의 유형에 달려 있었다. 판사들이 부패 기술(putrefaction skill)—무두질 공장, 동물 지방 주조 공장 등등—과 관련한 옛날 수공업의 안온방해 사건에 엄격했다면, 근대적 산업 관행과 신생 국가의 새로운 경제적 우위를 상징하는 (철강이나 화학 같은) 부문에서 발생하는 공해에 대해서는 더 관대했던 것으로 입증됐다.[5]

중요한 경제적 이해관계에 대한 편파성이라는 비슷한 추세는 영국에도 흔했다. 미국 법학에 영향을 받은 영국 민법은 특히 흐르는 물에 관해서는 합리적 사용 정책을 위해 재산 소유자 우선 원칙을 폐기했다. 다시 말해, 공해 사건에서 물가의 주민은 더 이상 역사적 권리에 호소할 게 아니라 대신 외부인에 의한 비합리적 물 사용을 입증해야 했다.[6] 버밍엄 근처에서 일어난 법정 사건에 이어 1858년에 내린 발로(Barlow) 판결은 이러한 중추적인 변화를 촉발했다. 하지만 미국에서처럼 이것은 법의 내적 진화나 특정한 신조의 적용과는 관계가 없었다. 오히려 변화의 일차적 동력은 특정 판사가 이런 환경 분쟁이 일어나 자신 앞에 놓이게 된 사회적·문화적 맥락을 어떻게 해석하고 이해하느냐에 달려 있었다.[7]

산업화가 관습법의 적용과 진화의 경로를 변경했는지 여부를 거론하는 법학자들 사이에서 많은 논쟁이 일어났다. 다시 말하면, 관습법이 산업 진보에 걸림돌인지, 아니면 공해 문제를 해결할 수 있는지, 또는 입법과 규제 행위로 강화할 필요가 있는지 여부에 관해 의견 충돌이 많았다. 많은 이들은 산업화가 불러일으킨 안온방해와 의견 충돌을 처리하기 위해서는 공해법이 일종의 비용-편익 분석(균형의 원칙)을 바탕으로 삼아야 하며, 이런 시각으로 봤을 때 공공의 이익에 부합한다고 생각했다.[8] 그러나 판사들이 실제 비용과 편익을 계산하는 것은 사실상 불가능했으므로—19세기에는 실행된 적이 전혀 없다—사법적 판결은 사회적 권력 다툼과 더 많은 관계가 있었다.[9] 산업 및 안온방해와 관련한 특정한 불신으로 인해 공해 유발 기업에 훨씬 더 관대해지는 사법 체제 쪽으로 점차—간헐적이기는 했지만—법이 바뀌게 된 것도 바로 이 때문이다.[10] 사법 규제는 완벽한 일반화가 분명 어려운 너무나 다양한 추론과 상황에 달려 있었다. 영국에서 산업화는 전통적인 도시의 귀족 사회와 접목됐다. 반면 미국에서 그것은 좀더 선구적인 직업으로 여겨졌다. 그 결과, 사법 처리도 천양지차였다. 산업의 결과로, 아니 특별히 산업을 위해 건설한 도시에는 규제가 거의 없었다. 반대로, 특정 유형 및 규모의 공장만 허용한—그리고 휴가 중인 부르주아의 심기를 건드리지 않도록 도시 경계 밖으로 활동 구역을 지정한—도시에는 분쟁과 소송이 더 흔했다. 이렇게 기업가에게 유리한 판례법을 만들려는 전반적인 움직임에도 불구하고—1900년대 초까지만 해도—관습법이 여전히 이웃을 보호하는 역할을 담당했다. 이따금 판결은 산업공해 유발자와 관련해 엄혹했다. 일부는 징역을 포함하기까지 했다.[11]

관습법이 전 세계적으로 공해와 싸우기엔 무력하다는 것은 서로 다른 사법 제도의 관행 및 조직과 연관된 요인들로 설명할 수 있다. 우선 영미권에서는 법정에 가려면 비용이 많이 들었다. 따라서 보통 시민은 손해나 불편을 보상한다는 개인적 계약이나 조항에 대한 상호 동의, 아니면 재산 구매나 그 밖의 다른 조치를 통해 기업가들과 일종의 협상을 하는 것을 선호했다. 두 번째, 벌금은 언제나 최소였고, 따라서 전혀 영향이 없었다. 끝으로, 판사들은 책임 소재를 따지느라 고심했다. 가령 매연 사건의 경우 수십 개, 아니 수백 개나 되는 공장이 가동 중일 때 어떻게 가해자를 판독할 수 있겠는가? 재판은 좀더 구체적인 사건과 권리에 대해서만 판결을 내릴 수 있다. 하지만 그렇더라도 손해를 계산하기는—즉 보상할 가해자와 피해자의 수에 따라 손해를 조정하기는—여전히 어려웠다.[12]

규제 혹은 입법

이런 법률적 난관과 공해의 지속적 증가에 직면하자 사법 제도는 비효율적이 되었고, 이 새로운 골칫거리를 다루는 데 무력해졌다. 해결책 모색은 공공 기관과 지방 또는 전국의 규제적 통제의 발달에 의존하는 일이 갈수록 잦아졌다. 영국은 이런 현상이 19세기 초부터 흔했지만, 미국에서는 그 세기 말에 가서야 쟁점으로 떠올랐다. 자유주의 때문에 그 과정이 더디고 국가보다는 지역별 계획을 선호하기는 했지만, 국가적 행정 쪽으로의 움직임은 분명히 있었다. 1840년대 초부터 산업 매연은 영국에서 도무지 참을 수 없는 수준에 도달했고, 특정 도시는 자체적으로 일을 추진해야 할 지경에 이르렀다.[13] 1835년 지방자치개혁법은 지방 당국의 권력을 재편하고 표준화했다. 이전까지 각 지방자치단체는 독자적으로 기능했었다. 신설된 특권 중에는 모든 시민을 위한 공중 보건과 안전 보장, 거리 위생, 화재 예방, 식수 공급 및 폐기물 관리도 포함되었다.

맨체스터―가장 유명한 사례―에서 현지 사법 재판소인 영주법원(Court Leet)은 갈수록 벌금을 적게 부과하면서 역량이 떨어졌고, 이해관계 결탁을 통해 지역 정체성의 기둥이라 여겨지는 한 기업에 특히 관대했던 것으로 드러났다. 영주법원은 1846년 폐지되고, 총경이 감독하는 지방 당국의 규제가 이를 대신했다. 그 세기 초부터 안온방해 감독관을 고용했는데, 맨체스터는 사법적 감시 없이 공해를 규제하는 지방 정책으로 때이른 실험을 했다. 이는 성공을 거두지 못했다.[14] 맨체스터 매연방지협회(1842)는 1844년 시에서 기업가들에게 벌금을 강제 부과하는 '맨체스터경찰법'을 통과시키도록 밀어붙였고, 1847년 당국은 제조업자들과의 상황 개선에 협력할 매연 감독관 직위를 신설했다. 1850년대에는 버밍엄과 선덜랜드(1851), 뉴캐슬(1853), 리즈(1856) 그리고 결국에는 그 밖의 모든 영국 대도시에서도 매연 수준을 줄이기 위한 목적의 다른 개선법을 채택했다.[15] 1846년 그리고 다시 1854년에 리버풀은 매연 방지를 강화하는 개정 위생법을 통과시켰다. 산업 오염 물질을 통제하기 위해 마련한 대책을 감시하는 보건위원회도 출범했다. 안온방해 감독관은 1854~1866년 653건의 벌금을 부과했다. 버밍엄에서 360건, 셰필드에서는 같은 기간에 445건이었다.[16]

런던은 대도시 관할권이 뒤엉켜 있어 상황이 특히 복잡했다. 1841년 시의회는 의회 심문으로 이어진 산업 매연 보고서를 요청했다. 매연 방출을 규제해야 한다는 생각이 구체화하면서 1851년 런던은 매연을 방출하는 제조업체에 벌금을 물릴 권리를 부여받았으나, 대도시권 대부분을 제외한 지역구에서만 이뤄졌다. 1853년 대도시권매연안온방해경감법은 모든 산업 용광로(증기 기관으로 가동하는 용광로뿐 아니라) 소유주에게 그들이 배출하는 매연을 연소시킬 것을 명했다. 1887년에는 무려 30명의 감독관이 1853년 법령에 따라 상근직으로 근무했다. 1857년에는 대도시권에 물의 순도(純度)를 감독하는 임무를 띤 템스강보존위원회도 설립되었다. 1870년 대도시권공사위원회는 모든 위반 제조업체에 도시 경계 밖으로 사업장을 이전하라고 명령했다.[17]

이 모든 노력에도 시의 정책은 심도 깊은 조사나 개입 수단이 부족했기 때문에 보통은 효율성에 한계가 있었다. 일반적으로 벌금은 너무 낮게 책정되어 공해를 막는 역할을 좀처럼 하지 못했다. 리버풀에서는 최대 5파운드였고, 맨체스터는 그보다 훨씬 더 적었다. 당국은 산업을 가로막길 주저했다. 그보다는 설득하고 기술 변화를 장려했다. 런던에서는 1853년 법령을 열성적으로 집행한 몇 달 동안 124건의 유죄 선고가 내려졌는데, 이에 기업가들은 이러한 판결을 자신에게 이득이 되도록 재해석하는 데 성공했다. 30년간의 실험이 이뤄졌지만 지방의 규제는 실패했다고밖에 말할 수 없다. 1860년에는 공해 수준이 전례 없는 최고치에 다다랐다.[18]

지방의 이러한 실패가 국가의 개입을 강요했다. 영국에서 국가가 노동 감독에 일찌감치 개입했다면—1833년 제조업체 감독관직 창설과 광산·철도 같은 위험한 활동을 규제하는 여러 가지 공장법 가결—환경에 대한 규제는 더 늦게야 이뤄졌다.[19] 증기 기관이 배출하는 매연에 대한 1821년의 매연방지법은 도중에 급속히 폐지되었다. 하지만 여러 협회와 의원들의 압박으로 마침내 1843년에 의회의 매연방지특별위원회가 발족했다. 맨체스터, 버밍엄, 리버풀의 공해를 조사하자마자 위원회 위원들은 프랑스 모델을 실제로 참조하지 않았음에도 국가적 법률의 필요성에 찬성했다. 채드윅의 연구를 바탕으로 중앙보건국이 창설되었으며 도시보건법(1847), 공중보건법(1848) 그리고 심지어 안온방해제거법(1846, 1848, 1855)

같은 여러 법이 지방 당국에 증대된 공해 통제 권한을 주었다. 무엇보다 1875년의 공중보건법(런던은 여기서 제외됐다)은 각 개인이 치안판사에게 접근할 수 있도록 하는 필수 조직(보건 공무원 같은)을 마련했다. 그러나 이렇게 통합된 위생 대책에도 이러한 법은 산업공해 문제를 직접적으로 다루지 않았고, 따라서 커져가는 불안을 잠재우는 데는 아무런 도움이 되지 않았다.

1858년의 '런던 대악취(Great Stink of London)' 사건 이후, 강의 수질을 개선하기 위해 왕립위원회를 마련했다. 화학 공업의 치명적인 가스 배출이 시커먼 석탄 연기에 더해졌다. 보수파 의원으로 1850년대에 두 차례 총리를 지냈고 리버풀 인근의 지주이기도 한 더비 경(Lord Derby)의 요청에 따라 상원은 1862년 가성 소다 공장의 공해와 그것을 줄일 방법을 조사하는 임무를 띤 특별위원회를 창설했다. 상원 ─ 지주가 자신들의 관심사를 처리하는 곳 ─ 에서 수집한 증거는 이 문제가 어느 정도인지 드러냈다. 리버풀 근처의 위드너스와 세인트헬렌스 주변에 원료 그대로 방치된 폐기물, 타버린 들판, 오염된 물이 특히 심했다. 가성 소다 제조업자들은 국가의 농업에 해를 끼치고 사유 재산을 위협한 죄로 고발당했다. 공공 기관은 이 결과를 간과할 수 없어 1863년 알칼리 노동법(Alkali Work Act)을 통과시켰다. 5년간 지속된 이것은 구체적으로 산업공해를 겨냥한 영국 최초의 법이다. 새로운 엘리트 계급이 대부분 자유주의자이던 나라로서는 확실히 대담했던 이 법은 가성 소다 제조업에만 적용되었다.[20] 이 법은 유독성 방출 물질을 엄청나게 줄였고(염산을 95퍼센트로 응축해야 했다), 이를 지키는지 감독하기 위해 최초로 내무부 산하 국가 감독관을 동원했다. 로버트 앵거스 스미스(Robert Angus Smith)의 진두지휘 아래 4명의 감독관이 새로운 법을 시행하기 위해 공장을 감독하는 임무를 맡았다.[21] 스미스의 접근법은 처벌보다는 예방 쪽이었고, 이것이 영국의 소다 제조업체들이 왜 결국에는 법을 거부하기보다 준수하기로 했는지 설명해준다. 그들은 소송과 지역 주민의 커져가는 압력으로부터 자신을 보호해줄 수단으로서 이 법령이 어느 정도 이점이 있다는 걸 알았다. 제조업자들은 모두에게 적용되며 지방 규제를 넘어서는 배출 기준 덕분에 모두 대등한 지위에 놓여 있었다. 게다가 이 법령은 프랑스의 1810년 법과 아주 흡사하게 기업가를 공공 안온방해 기소로부터 보호하고, 그들이 형법 제도로부터 벗어나게끔 해줬다.[22]

알칼리법 이후, 공해 방지 싸움에서는 기술 향상 쪽으로의 전환이 있었다. 이런 접근법은 제한된 자원으로도 성공을 거뒀고, 1868년에 시기를 특정하지 않은 법 개정으로 귀결됐다. 1874년에는 그 범위를 확대해 산과 유황을 배출하는 다른 산업 부문뿐 아니라 그 밖의 유독 가스도 포함했다. 하지만 여러 해 동안 기술 개량을 강조한 후 스미스는 일부 역효과에 주목했다. 응축 가스를 대기 중으로 보내는 대신 가성 소다 공장 주변의 강으로 흘려보내고, 화학 공장의 잔류 유황이 쌓였던 것이다. 1미터톤의 소다를 생산할 때마다 유황으로 가득 찬 1.5미터톤의 폐기물이 생성됐다. 스미스는 하나같이 엄청난 양의 유독성 합성물(산, 비소, 안티몬 포함)을 방출하는 도자기 공장, 시멘트 공장, 가스등 공장, 소금 공장, 구리 제련소에 대한 우려를 표명했다. 1859년 특히 구리 공장의 공해를 우려한 스미스는 '산성비'라는 용어를 만들었다. 구리 산업의 막강한 거물들은 산성비가 해로운 영향을 끼친다는 비난에 저항했다. (그러는 동안 이웃 주민들에게는 보상금을 지불했다.) 1878년 이 주제에 관한 보고서를 쓰기 위해 꾸민 왕립위원회 위원들은 "구리 공장들의 산성 가스 방출량이 인상적이기는 하지만 …… 이 공장들의 장래에 부정적 영향을 미치고 "많은 사람에게 해를 끼칠 지나치게 엄중한 조치를 부과할 필요는 없다"고 말했다.[23] 1881년의 알칼리법은 17개의 서로 다른 유형의 산업을 감독 대상에 포함시켰다. 이후 1891년과 1906년의 알칼리법은 그 범위를 넓혔다. 스미스(1863~1884년 총감독관을 역임했다)와 그 뒤를 이은 앨프리드 플레처(Alfred Fletcher, 1884~1895)와 카펜터(R. F. Carpenter)의 지휘 아래 반세기 만에 국가법이 관습법과 지방 규제의 법적 우선순위를 대체했고, 그럼으로써 공해의 규모에서 변화가 있었음을 입증했다.[24]

수질 오염은 오랫동안 국법의 규제를 받지 않았다. 사실 1848년의 공중보건법은 도시와 기업가로 하여금 강이나 바다로 폐기물을 버리도록 장려했다. 채드윅의 유명한 위생 제도 역시 이런 처리 방법을 권장했다. 게다가 알칼리법과 산업계에 산을 처리하기 전 응축하라고 한 그 법의 요구는 문제를 더욱 악화시켰다. 하지만 1876년의 하천오염방지법은 정면으로 해결책을 모색하는 과제를 사법 제도와 지방 당국에 맡겼다. 이는 또한 주민들에게 상류의 공해 유발 기업을 법정에서 추궁할 권리가 있다는 걸 확인시켰고, 그로써 관습법을 강화하고 명백히 의지할 곳을 보장했다. 하지만 그 결과에는 한계가 있었다. 법은 지역에서 분수령 수준의 공해 출처를 감시할 감독관청을 지명하지 못했고, 결과적으로 당국은 무력한 처지에 빠졌다.[25] 1893년 리버풀 근처 머지강과 어웰강의 오염을 조사할 위원회가 발족되었다. 위원들은 두 곳의 개탄스러운 상태를 증언할 수밖에 없었다.[26]

19세기에 공해가 가장 심했던 나라 영국에서의 국가 개입은 미국의 불간섭 정책에 거의 영향을 주지 않았다.[27] 1880년대부터 진보 시대(1890~1920) 내내 지방자치법이 대도시의 용인할 수 있는 대기 오염 수준 및 벌금을 책정하기 시작했다. 매연 공해와 싸운 영국의 여러 집단과 달리 미국의 유사한 협회들은 더 많은 열정과 의지를 가지고 일하는 것처럼 보였다. 도시마다 매연 문제를 다룰 자체적인 기관이 있었다. 볼티모어·보스턴·시카고에서는 보건부가 책임을 졌는가 하면, 피츠버그에서는 공공사업부가 그 임무를 처리했다. 필라델피아에서는 증기 기관 감독관이, 클리블랜드에서는 경찰국이, 밀워키에서는 건설 감독관이, 로체스터에서는 공중보건국장이, 신시내티에서는 소방국 감독관이 그 일을 하도록 했다. 이 다양한 공중 보건 공무원들에게 공통된 한 가지 근본 원칙은 불간섭을 고수하는 것이었다. 그렇기에 1893년 세인트루이스에서 엄격한 매연 금지 조치를 도입했을 때 미주리주 대법원이 그것을 불법이며 위헌이라고 선언했던 것이다. 도시는 주민이나 재산에 실제 손해를 끼친 배출 물질에 대해서만 개입할 수 있었다.[28]

하지만 1899년 폐기물과 매연에 관한 의회의 두 법령이 공해와의 싸움에서 지방 자치 당국의 힘을 강화시켰다.[29] 이 새로운 틀은 화해를 선호했고, 시카고가 그 사안의 모델임이 입증됐다. 1905년 연방 대법원의 판결은 최대 공해 유발 기업 중 하나인 제당 공장의─지방 경찰의 소송 절차에 대한─탄원을 기각했다. 1907년 시장 프레드 부세(Fred Busse)─기업 부문의 지지로 당선된 석탄 상인─는 질책하기 위해서뿐만 아니라 기술 설비 개선으로 공해를 줄이는 방법에 관해 제조업자들에게 조언하기 위해 시에 매연검사국을 설립했다. 1909년 10월 1일부터 1910년 9월 30일까지 기업가들을 상대로 매연 위반 소송이 무려 1040건 제기됐고, 벌금 액수는 전무후무한 500달러까지 늘어났다. 이러한 새로운 틀은 엔지니어, 공공 서비스, 지방 자치 협회 사이에 기술 개선을 장려하기 위한 협력을 촉진시켰다. 1907년 피츠버그에서 국제매연방지협회가 설립됐다. 이는 1915년 매연방지협회로 이름을 바꾸었고, 1916년에는 미국의 75개

도시가 매연 금지 조례를 채택했다. 1917년 신시내티의 매연경감동맹은 이 도시의 산업 배출 물질이 75퍼센트 줄어들었음을 확인했다. 공격적인 조치, 당국의 중재, 공학계와 사업계 간 협력은 제1차 세계대전 이전에 미국 도시들, 적어도 이 도시들의 부유한 지역에서는 대기 오염을 상당히 줄이는 결과를 낳았다.[30]

법과 규제

유럽 대륙의 규제 모델은 영국 및 미국과 크게 달랐다. 일반적으로 규제 기관의 권력이 더 컸다. 사법 제도의 임무는 단지 재산 피해에 대해 가능한 배상금 액수를 정하는 것뿐이었다. 잠재된 민족주의를 배경으로 프랑스 법률 전문가들은 1810년 법처럼 영국의 관습법과 산업공해에 관한 특정 법률 사이의 모순을 악화시켰다. 1854년 프랑스 행정 조직의 열렬한 숭배자인 법학자 데지레 달로즈(Désiré Dalloz)는 관습법 모델의 노골적인 부당함을 비판했다.

산업 시설 설립을 희망하는 사람은 보통 그것을 세우고 싶은 동네에 비공식적으로 요청을 하고, 이러한 요청의 결과가 비호의적인 경우는 좀처럼 없다. 이런 결과에 자신감을 얻어 그는 공장을 세우고, 기계를 설치하고, 작업을 시작한다. 그러나 머지않아 많은 당사자들이 손해 배상 요구를 제기한다. 인근 지주들은 자신이 주장할 수 있는 종류의 손해를 대부분 곰곰이 따져보고, 정당성을 입증하기 위해 궁리하고, 그중 한 명이 대표로 법정에 출두한다. 만일 그가 부자라면 그리고 만일 그의 시설이 생산성이 높다면, 이 충돌의 승자가 될지도 모른다. 반대로 만일 소송 비용이 더 비싸다면, 그는 수임료와 높은 손해 배상금 때문에 망해서 어쩔 수 없이 사업을 접어야 할 것이다. ······만일 자본 많은 기업가가 더 가난한 지역에 공장을 열고, 따라서 자신에게 어떤 소송 절차가 닥칠지 두려워할 필요가 없다 하더라도 욕을 들어먹는 것은 그에 못지않게 심각하다.[31]

19세기에 프랑스의 1810년 칙령(안온방해와 위험의 원천인 시설을 통제하는 것)의 행정 및 예방 논리는 대다수 유럽 국가에 기준으로 적용되었다. 프랑스에서 규제는 1917년까지 변경되지 않았다. 지방의 도지사와 내무장관(가끔은 통상장관)은 전권을 보유하고, 법을 만들 당시 지배적이던 산업계 상황에 근거해 그 법의 온전함을 지켰다. 시대가 바뀌면서 관련자들의 재량에 따라, 산업적 변동에 따라, 신규 산업 부문이 생긴 결과에 따라 법 적용의 선례를 남겼다. 그러나 세 등급의 공장과 작업장이라는 전제는 변함이 없었다. 이런 식으로 법에 첨부된 명명법은 항상 확장되고 있었다. 그 법은 1866년과 1886년에 전면 개정되었고 1872년, 1879년, 1881년에는 추가적인 목록이 더해졌다.

이러한 법 개정 제도에는 두 가지 의미가 있었다. 첫 번째, 프랑스의 공해 규제는 시대에 끊임없이 뒤떨어진 채 변화에 대응하고 있었다. 산업 혁신과 신흥 부문이 서류상에 기록되기도 한참 전에 작동했고, 공공 기관은 새로운 공해의 원인을 해결하느라 분주하게 움직이는 일이 잦았다. 이는 또한 기업가들이 흔히 자기 공장이 1등급보다는 2등급이나 3등급으로 분류되는 기계를 사용하려 했다는 뜻이다. 후자의 등급에 대한 공무원의 감시가 덜 엄격했기 때문이다. 따라서 칙령은 암묵적으로 기술 개선을 선호했지만, 그럼에도 좀처럼 강압적이지 않았다. 일단 공해 유발 시

NOMENCLATURE DES ÉTABLISSEMENTS INSALUBRES, DANGEREUX OU INCOMMODES
ANNEXÉE AU DÉCRET CI-DESSUS.

DÉSIGNATION DES INDUSTRIES.	INCONVÉNIENTS.	CLASSES.
Abattoir public¹. . . . . . . :	Odeur et altération des eaux.	1ʳᵉ
Absinthe. (Voy. *Distillerie*.)		
Acide arsénique (Fabrication de l') au moyen de l'acide arsénieux et de l'acide azotique :		
1° Quand les produits nitreux ne sont pas absorbés.	Vapeurs nuisibles	1ʳᵉ
2° Quand ils sont absorbés.	*Idem*.	2ᵉ
Acide chlorhydrique (Production de l') par décomposition des chlorures de magnésium, d'aluminium et autres :		
1° Quand l'acide n'est pas condensé.	Emanations nuisibles. . . .	1ʳᵉ
2° Quand l'acide est condensé.	Emanations accidentelles. .	2ᵉ
Acide muriatique. (Voy. *Acide chlorhydrique*.)		
Acide nitrique.	Emanations nuisibles. . . .	3ᵉ
Acide oxalique (Fabrication de l') :		
1° Par l'acide nitrique :		
a. Sans destruction des gaz nuisibles.	Fumée . . . . . . ᵥ. . . .	1ʳᵉ
b. Avec destruction des gaz nuisibles.	Fumée accidentelle	3ᵉ
2° Par la sciure de bois et la potasse.	Fumée	2ᵉ
Acide picrique :		
1° Quand les gaz nuisibles ne sont pas brûlés. . .	Vapeurs nuisibles	1ʳᵉ
2° Avec destruction des gaz nuisibles	*Idem*.	3ᵉ
Acide pyroligneux (Fabrication de l') :		
1° Quand les produits gazeux ne sont pas brûlés.	Fumée et odeur.	2ᵉ
2° Quand les produits gazeux sont brûlés. . . .	*Idem*.	3ᵉ
Acide pyroligneux (Purification de l').	Odeur.	2ᵉ
Acide stéarique (Fabrication de l') :		
1° Par distillation.	Odeur et danger d'incendie.	1ʳᵉ
2° Par saponification.	*Idem*.	2ᵉ
Acide sulfurique (Fabrication de l') :		
1° Par combustion du soufre et des pyrites. . . .	Emanations nuisibles. . . .	1ʳᵉ
2° De Nordhausen par la décomposition du sulfate de fer.	*Idem*.	3ᵉ
Acide urique. (Voy. *Murexide*.).		
Acier (Fabrication de l').	Fumée	3ᵉ
Affinage de l'or et de l'argent par les acides. . . .	Emanations nuisibles. . . .	1ʳᵉ
Affinage des métaux au fourneau. (Voy. *Grillage des minerais*).		
Albumine (Fabrication de l') au moyen du sérum frais du sang. . . .	Odeur.	3ᵉ
Alcali volatil. (Voy. *Ammoniaque*.)		
Alcools autres que de vin, sans travail de rectification.	Altération des eaux	3ᵉ
Alcools. (Distillerie agricole).	*Idem*.	3ᵉ
Alcool (Rectification de l').	Danger d'incendie	2ᵉ

¹ La création d'un abattoir public entraîne la suppression des tueries particulières établies dans les localités que dessert cet abattoir. (*Ordonnance royale* du 15 avril 1838, art. 2.)
Le décret du 1ᵉʳ août 1864 a conféré aux préfets le droit de statuer sur les demandes de création d'abattoirs publics : ce droit de décision avait été réservé à l'Administration supérieure par l'instruction du ministre de l'intérieur du 22 juin 1855.

그림 6.1 ────────────────────────────

최고 등급으로 분류된 공해 유발 기업들의 명명법. 출처: Henri Naplas, *Manuel d'hygiène industrielle* (Paris: Masson, 1882), 34.

설이 인가를 받고 나면(인가에는 거의 문제가 없었다), 기업의 성격 변동이 적절한 시기에 주목을 받는 소수의 예외적인 경우가 아니라면 그곳을 폐쇄하기는 사실상 불가능했다. 그러나 이 특별한 경우의 절차조차 너무 오래 걸리고 복잡했으며—최고 행정 법원까지 갔다—업계의 관행을 보존하려는 전략과 압력이 너무나 강해서 이런 일은 거의 일어나지 않았다. 이렇게 공장 개설 허가는 곧 공해 허가나 같았다. 더욱이 많은 기업가는 필요한 인가 절차를 회피한 채 이웃과 상호 협약을 맺었다. 현지 시장들은 이렇게 복잡한 행정 시스템 앞에서는 누릴 권력이 거의 없었다. 애초에 자기 직원이 그 과정에 가담하는 걸 망설였던 그들은 자기 행정 구역에 공해 유발 공장이 자리 잡는 것에 거의 반대하지 않았다. 건강에 관해 커져가는 우려가 이따금 도시 계획 형태의 심사숙고로 이어졌던 세기말에 가까워질 때조차 그랬다.

하지만 프랑스의 공공 규제 제도가 국민을 산업공해로부터 보호하는 데 완전히 무력했을까? 답은 상황에 따라, 특히 이웃(흔히 지주들)과 공중보건국의 대응에 따라 달랐다는 것이다. 원고들이 행정 부서와 기업가를 규합해 시설을 이전하거나, 여과 및 응축 설비를 도입하거나, 생산량을 줄임으로써 공해 수준을 낮출 수밖에 없게 만들 방책을 대거 찾아내는 경우도 있었다. 보건위원회가 공해 유발 기업에 거부감을 가져 엄격하게 대하는 경우도 있었고, 재산권이 산업과 무관한 재산 소득을 보호하기에 충분한 경우도 있었다.[32] 하지만 대체로 법은 공해를 대폭 줄이는 데는 도움이 되지 않았다. 그렇게 할 수단은 무시되었고, 모든 금전적 손해의 규제는 민사 재판의 몫으로 남겨졌다.

나폴레옹과 제1제정 치하에서 수립된 프랑스 법률 제도의 기초는 나라별로 미묘한 차이가 아주 크고 완벽하게는 아니지만 많은 유럽 국가들에 의해 채택되었다. 벨기에는 1830년 독립 이후 1824년의 칙령을 확정했다. 이 칙령은 한동안 사법 재판소가 중요성을 회복하기는 했지만 1810년 프랑스 칙령에 크게 영향을 받은 것이었다. 예를 들어, 1847년 리에주의 1심법원은 비엘-몽타뉴에 있는 아연 공장 폐쇄 요청을 판결할 권한이 자신들에게 있다는 입장을 밝혔다. 이듬해 앙베르(Anvers)의 2심법원은 지역 주민에게 끼친 손해를 이유로 한 벽돌 공장의 폐쇄를 명했다. 그 후 판례법은 다른 방향을 취했고, 대법원은 마침내 사법적 판결에 대해 행정적 허가가 우선임을 재확인시켰다.[33] 과학과 산업의 자체 문제 해결 능력에 확신을 표하는 신흥 자유주의 세력의 지도하에 법은 1849년에 이어 1863년에 기업가들에게 매우 유리하게 개정됐다. 정부는 확실히 실용주의적 태도를 보였고, 제도는 정치적인 힘의 균형과 함께 진화했다. 더 정확히 말하면, 1886~1888년 벨기에사회당은 충분한 기반을 얻어 공장 노동자들의 건강을 보호하기 위해 법령을 슬쩍 어기는 데 성공을 거뒀다.[34] 네덜란드에서도 1830년 이후―1846년 대법원에서 1824년의 칙령이 통과됐다―정부의 역할이 바뀌면서 시설 허가를 철회하는 권한에 이어 곧 제조 공장과 작업장의 폐쇄를 명령할 수 있는 권한이 지방 자치 행정부에 주어졌다. 1875~1896년 안온방해법 아래서는 시설 설립을 허가하는 권한이 완전히 지방 당국에 부여됐고, 소급(recourse)은 중앙 내각이 맡았다. 다른 나라에서처럼 네덜란드에서도 법은 기업가에게 유리했는데, 이들은 종종 허가 없이 시설을 설립하고 기정사실의 분위기로 운영하면서 규제를 피해갔다.[35]

게르만 국가들에서는 공해법이 미미한 수준에 머물러 있었다. 가령 프러시아에서는 1832년과 1848년의 증기 기관 조례가 매연 배출 제한을 위해 고안한 기술 표준에 맞추기로 되어 있었다. 이는 거의 시행되지 않았다. 1845년부터 비위생적인 시설이 국가의 허가를 요청할 경우 프로이센 당국은 프랑스보다 산업 발전을 가로막는 경향이 덜해 보였다. 1871년 제국(Reich)의 탄생 이후, 프로이센 행정 서비스가 독일 제국 전역에 퍼졌고, 상법은 어떤 공장도 인근 부동산에 안온방해를 주어서는 안 된다고 명시했다. 의지할 만한 실질적인 중앙 정부가 없는 가운데 도시와 연방 주들이 먼저 조치를 취했다.[36] 이렇게 해서 매연 금지 지방 조례를 브레슬라우(1874), 뉘른베르크(1876), 브라운슈바이크(1883), 슈투트가르트(1884), 드레스덴(1887), 하이델베르크(1890), 뮌헨과 프라이브루크(1891)에서 채택했다. 베를린은 여전히 정부의 관리 아래 있었다. 오스트리아에 매연먼지 방지협회가 존재하기는 했지만, 미국과 달리 독일 제국의 시민운동은 체계적으로 조직되지 않았다. 지방의 규제는 일관성이라고는 거의 없이 단편적이었다. 연료경제학·매연감소협회가 있던 함부르크처럼 야심 찬 해결책을 실제로 채택한 소수의 도시는 이례적인 경우였다. 전반적으로 합심한 공학자들의 노력에도 법률 적용은 우유부단한 것으로 판명 났다. 국립 과학 학술지 〈매연과 먼지(Rauch und Staub)〉(1910)마저 이 주제에 전념할 정도였다.[37] 가령 루르강 유역 같은 특별 지역이나 화학 같은 전략 부문에서는 그 세기 내내 규제 정책이 산업 보호의 양상으로 기우는 듯했다.[38] 산업화와 오염 덜 된 다른 유럽 국가들에서도 비슷한 추세가 전개됐다. 가령 이탈리아는 1860년 통일 이후 1888년에 비위생 시설에 관한 법령을 하나 채택했다. 그 법령은 공장 위치(제한 없이 오염시킬 수 있는 곳)에 초점을 맞췄는데, 매우 비효과적이었다. 공해와의 싸움은 결국 지방 당국의 의무였고, 그들은 국가의 산업화를 증진시키고 경제 성장을 촉진할 성싶은 모든 활동을 신속히 지원했다.[39]

유럽과 북아메리카 바깥에서는 산업화가 덜 진척됐고, 유럽 식민지에 관한 약간의 기록을 제외하면 접근할 수 있는 문서가 극도로 적다. 우리가 아시아의 규제에 관해 조금 알기 위해 써먹을 초점 하나는 일본이다. 메이지 시대 초반에 중상주의와 경제적 민족주의를 도입했는데, 이는 일본의 독립과 힘을 보장하는 것이 목표였던 '근대적' 산업화를 약속했다. 산업화 이전의 제도를 폐지한 일본은 18세기 말 유럽과 북아메리카에서 일어났던 것과 흡사하게 공해 규제를 대대적으로 개편할 제도적 변신을 겪었다.[40] 비극적인 아시오 광산 사례처럼 공해는 대부분의 산업 현장에서 손해 배상금 지급을 통해 처리됐다. 현지 주민 보호를 위해 하천을 다루는 법령을 채택한 시점인 1896년 이전까지는 그 밖의 어떤 규제도 도입하지 않았다. 1897년 한 장관의 조사가 '공해 방지' 법령을 촉발했는데, 이것이 국가의 환경 문제 개입의 시작이었다. 그러나 재산 소유자와 포함된 기술 조항 사이의 동등함을 확보하려던 이 법령은 거의 적용되지 못했다. 그 결과, 1902년 과학자들이 지휘하는 신설 각료 위원회가 출범했다. 보고서에는 공해와 산업 간 연관성이 명확히 설정되어 있었지만, 위원회는 건강에 미치는 부정적 효과를 최소화하기 위해 서구 세계의 모델을 사용하라고 권하며 환경으로 분산되는 공해는 용인할 수 있다고 발표했다. 문제의 해결책은 수로 정비 속에서 찾았다. 새로운 응급조치는 하천 오염의 주범인 광산의 폐쇄—메이지 시대 이전에 존재했던 규제—가 아니라, 산업화에 발맞춰 공학자들의 도움으로 자연을 재건하는 것이었다. 로베르트 스톨츠(Robert Stolz)에 따르면, 이것이 일본에서 국가 자연 관리—사실은 자연 지배—의 출발점이었다.[41]

인도에서는 산업화가 뭄바이(면화), 콜카타(황마), 뉴델리 같은 도시를 장악하면서 유럽의 경우를 상기시키는 조치가 자리 잡았다. 바로 무력한 법이었다. 법은 오래되어 썩어가는 수공예품에는 불리하고, 권력에 훨씬 더 가까운 신생 고자본 산업에는 유리하도록 편파적이었다. 다양한 검사 방법이 특히 매연 방지를 위해 수립되었다. 그러나 하나같이 충분한 수단을 결여하거나 시행력이 부족했다. 뭄바이는 1876년 모든 도축장을 도시 외곽으로 이전하기까지 했지만, 뱅골주에서는 매연경감법(1863)을 폐기했다. 같은 지방에서 '뱅골매연·안온방해법'이 통과되고 난 후인 1905년에는 감독관들이 보고한 매연 과다 사건 1만 건 중 겨우 16건만 재판에 회부됐다. 유럽의 경우처럼 1915년 기업가들은 주로 사업, 고용 및 기술 향상을 위한 시장 개방 확대를 주장하면서 이 법률을 폐기하라고 압력을 넣었다.[42]

그렇다면 19세기에 국가적으로 산업공해 규제 시스템이 존재했다고 결론내릴 수 있을까? 우리는 사회적·경제적·정치적 맥락이 매우 다른 상황을 창출했다는 점을 고려해야 한다. 하지만 사법적·제도적 선택 범위를 뛰어넘는 어떤 공통된 경향이 나타났다. 우선 공해가 전국적 차원에서 문제를 일으키는 지경이 되어 바라는 대로 오직 지방 관할권 아래에서만 다룰 수 없었기 때문에, 모든 나라에서 국가의 개입이 일어났다. 산업화를 추앙하는 그런 나라들에서 최고의 공권력이 개입했다는 사실은 산업공해가 형사 소송 절차를 피해갈 때가 많았다는 뜻이다. 관습법이 있는 나라에서는 공개적인 안온방해 소송 절차를 통해 공해 유발 기업을 추궁하는 일이 오래전에 가능했다―그리고 이는 징역형으로 귀결될 가능성이 있었다. 그러나 지방 및 중앙 행정부가 예방적 개입을 하면서 형사 재판에 호소하는 일은 점차 접근성이 떨어졌고, 민사 재판이 유일하게 손해 배상을 위해 용인되는 수단으로 남았다.[43] 로마법을 사용하며 행정부가 허가를 내주는 나라들에서 전환은 한층 더 확실하게 나타났는데, 이런 곳에서는 국가가 공중 보건에 아무런 위험이 없다는 판결을 내리곤

했다. 이 경우, 허가는 철회할 수 없었고, 따라서 제삼자에게 손해 배상금을 정하는 것은 민사 재판에 달려 있었다. 당연히 제도에는 결함이 있었지만, 보통은 행정부가 형사 소송을 피하기 위해 노력했다. 가령 프랑스는 1829년 어업법에서, 어류 폐사의 경우 기업가를 공해 문제로 추궁할 권리를 형사 법원에 부여했다. 이런 가능성을 활용하는 일은 극히 드물었고, 대법원의 1859년 판결이 그 내용을 확인시키기는 했지만 1870년 칙령은 형사 소송이 뒤따르기 전에 분쟁 당사자들 간의 해결 가능성을 추가했다. 이러한 법률적 협상 및 합의는 중앙 행정부의 기업가적 정신을 입증했다. 산업화가 모든 것을 장악한 세기에 기업가들을 더 이상 불량배나 범죄자로 여길 수는 없었다.[44]

기업가들은 환경 파괴에 대한 처벌은 피해갔지만, 사실 손해를 입은 제삼자에 대한 보상금은 증가했다. 공중된 상호 은밀한 합의—여기에 대해 우리는 아는 바가 거의 없다—와는 별개로 산업공해 유발 기업은 원고에게 보상금을 지불하는 방식으로 자신들의 시설이 끼친 유해 영향을 간신히 진정시켰다. 모리엔 지방의 소다 및 알루미늄 제조업자들과 부슈뒤론(Bouches-du-Rhône), 가르, 알자스, 로렌 및 벨기에 나뮈르 지방의 황산 생산업자들은 모두 자신에게는 거의 부담이 안 되지만 그들의 가난한 원고에게는 상당히 큰 금액을 지불하며 불만을 달래려 했다. 마찬가지로 벨기에 리에주와 프랑스 아베롱주의 비비에(Viviez)에 있는 아연 제조업체들은 회사 예산에 공해 관련 비밀 계약과 변호사 비용을 위한 자금을 포함시켰다. 이것은 일반적으로 운영비의 1퍼센트를 차지했다.[45] 이 협상 '세금' 말고도 기업가들이 즐겨 사용한 또 다른 전략에는 인근 부동산의 매입이 포함됐는데, 이는 안온방해 완충 장치를 확장하거나 장래의 고발인을 제거하고, 희망 사항이지만 보상금 지불을 줄이거나 피하게 해줄 터였다. 이는 새로운 산업 지형에 대한 현저한 적응을 가능케 해준 만큼, 지나고 나서 보면 역사학자에게 실질적인 자연의 상품화를 고찰할 기회를 제공한다.[46]

공해를 자유주의 체제가 다스렸느냐, 아니면 행정 시스템이 다스렸느냐와 상관없이 결국 결과는 똑같았다는 사실은 거의 놀랍지 않다. 법률 외에 두 가지가 다른 모든 것보다 중요했다. 바로 산업주의적 계획—그리고 그에 따른 경제에 대한 법의 적응력—과 혁신 속도인데, 둘 다 산업적 이익 및 활동을 우선시하는 데 기여했다. 공소(公訴)는 생산의 필요성에 부합하도록 법 적용 과정을 도와주는 데 만족할 때가 많았다. 지배적인 대응 방침은 공익이라는 명분하에 특정 구역 및 인구를 목표로 삼은 희생이었는데, 그것이 산업화와 관련 있기 때문이었다. 만일 안온방해를 처리할 준비가 미흡할 경우, 그 이유는 아마도 공해와의 전쟁에서 다른 수단, 이를테면 기술 진보, 재활용, 희석 등이 우위를 점했기 때문일 것이다.

최고의 실용적 수단

애초에 기업가들은 공권력 개입을 긍정적인 움직임으로 보지 않았다. 그들은 체계적인 반대와 로비 활동을 통해 제약적 규제의 결과, 자신들의 회계에 영향을 미치는 추가 비용이 발생하고 있다고 주장했다. 노동계의 협박에다가 나날이 커지고 있는 국제적 경쟁에 찬물을 끼얹는 국내 입법에 관한 우려가 더해졌다. 모든 규제적 개입을 피하기 위해 기업가들은 공해를 줄이도록 공장 시설을 기술적으로 개선하는 선제적 관행을 도입했는데, 이는 19세기 초 이후 유럽에서 이미 채택되어 멀리 일본까지 퍼진 시스템이었다. 자체적으로 문제를 규정하고 해결하는 능력에 대한 업계의 자신감은 점점 더 커졌다. 기술적 노하우 향상은 비판하는 이들을 잠재울 완벽한 방도였다.[47] 기업가들은 새로운 공해 감소 방안을 연구할 자발적 의향은 없었지만, 지역 주민과 공권력의 압력 아래 혹은 산업 부산물을 더욱더 수익성 높게 만들어야 했기 때문에 그렇게 하도록 부추겨진 것이었다. 세기 중반에는 업계의 매연 공해를 줄이려는 당국의 규제에 대응해 기술 혁신 열풍이 진행되고 있었다. 모든 공해 유발 부문이 제조 공정 개조 시도를 어느 정도 함에 따라 수많은 혁신이 공중 보건 및 공공 복지의 이름으로 정당화됐다. 전 세계에서 발행된 수천 건의 정화 작업 합의서와 기술 평가서가 세부 사항의 공유를 떠맡았다.[48]

당시의 전형이던 두 가지 대표적 생산 방법은 검토할 가치가 있다. 첫 번째 사례는 전통적인 수공에 관행에 의지한 반면, 다른 것은 한층 기술적으로 앞선 산업의 습성을 예시했다. 식물 섬유 침수 처리는 점점 덜 용인되었지만 금지하기는 어려웠다. 한편으로는 그 중요성 때문에, 또 한편으로는 시설이 널리 흩어져 있었기 때문이다. 세기 후반에 프랑스, 벨기에, 영국, 미국에서는 여러 가지 새로운 혁신이 비위생적이던 침수 공정을 기계화했다. 침수 처리 작업은 좀더 통제된 공장 환경 안으로 옮겨져 인공적으로 가열된 물로 가득 찬 통에서 기계적 방법으로, 나중에는 화학적 방법을 사용해 이뤄졌다. 이른바 셍크(Schenck) 혹은 '미국식 공정'은 대기근이 아일랜드를 할퀴고 간 이후 식물 섬유의 발전을 촉진하기 위해 만든 벨파스트아마협회(Flax Society in Belfast)의 후원으로 1847년에 시도됐다. 1850년 프랑스 농림식품부 장관은 화학자 파옌을 파견해 "이 새로운 공정의 위생성"을 조사하도록 했다. 프러시아 공학자들이 곧 뒤를 이었다.[49] 새로운 혁신 중에는 1880년 이후 석탄 연소와 가스 조명을 불필요하게 만드는 능력 때문에 끊임없이 찬사를 받은 '요정 전기(fairy electricity)'가 있었다. 1890년 이후 전기 조명이 개발되자 이를 지지한 주요 논지는 그것이 얼마나 더 깨끗한 공기를 남기는지 소비자들이 주목했다는 데 있다. 전기는 검은 석탄과 달리 공해를 줄이는 수력 전기—강에서 나온 '녹색 석탄'과 빙하에서 나온 '백색 석탄'—의 길을 터줄 터였다. 하지만 드높은 기대에도 전기 대부분을 석탄 동력의 발전소에서 생산했기 때문에 안온방해는 계속해서 나타났다. 그 결과 전기의 주요 생산지인 뉴욕시는 1890년 우려할 수준의 대기 오염에 직면했다. 전기는 너무나 급속히 퍼지는 바람에 공해 수준을 낮춘 게 아니라 사실은 배출 수준을 더 높였다. 일부 현장은 전기 덕분에 매연 수준을 낮추기도 했지만, 이 새로운 동력원은 매연 공해를 발전기가 위치한 곳으로 이전시켰을 뿐이다.[50]

말도 안 되게 긴 목록으로 들어가기보다 19세기에 산업계가 당면했던 두 가지 커다란 문제를 예로 들 수 있겠다. 바로 매연과 산성 및 유황 증기다. 첫 번째 경우, 매연 없는 용광로가 대기 오염 해결을 위해 설계한 기술 장치의 원형이 되었다. 영국은 국적을 초월한 지식과 기술 논의에서 선구적 역할을 담당했다. 영국의 경험을 다른 나라들은 주의 깊게 지켜봤다.[51] 매연 감소 장치는 최초의 증기 기관에 수반되어 나타나기는 했지만, 1825년 이후에야 더욱 널리 쓰였다. 바로바로 잇달아 다른 많은 방법이 채택 및 개선되고 버려졌다. 매연을 응축하거나 여과하는—또는 심지어 물줄기를 통과하도록 해서 매연을 '세탁'하는—다양한 기계를 고안했지만, 연소의 개선이 여전히 가장 중요한 관심사였다. 여기에는 산소 순환과 이중 용광로(double furnace) 실험도 포함되었다. 두 번째 용광로(second furnace)에 숯을 넣었더니 석탄 매연이 확연히 줄어들었다.[52] 많은 적재기 (積載器) 모델이 이러한 공정을 개선해줬다. 석탄 적재기로 용광로 문이 열리는 횟수가 줄었고, 그 결과 좀더 최적의 규칙적인 연소가 이뤄졌다. 더욱 성공적인 용광로 중에는 1838~1841년 영국의 엔지니어 찰스 와이 윌리엄스(Charles Wye Williams), 1844년 윌리엄 페어베언(William Fairbairn)이 특허를 낸 것도 있었다. 런던의 1853년 매연 방지 조례, 그리고 그와 유사한 1854년 파리 조례는 혁신을 더욱 부추겼다. 1855년 엔지니어 아돌프 밀(Adolphe Mille)─국립토목기술대학교 출신─은 런던의 시장에 나와 있는 장비의 다양성을 증언했다. 그는 또한 신기술이 불러일으킨 만연한 낙관주의도 목도했다. "우리 주변의 매연이 굴뚝 위 높은 곳에서는 사라지지 않았다 하더라도 다른 곳에서는 **눈에 띄게** 줄었다."[53]

기업가와 공권력이 공유했던 이러한 낙관주의는 그 세기 전반에 걸쳐 맞닥뜨렸던 실패를 완전히 감추지는 못했다. 1894년 프랑스의 국가산업진흥회(SEIN)에 제출된 한 보고서는 산업용 용광로에서 매연 방출 물질 제거라는 문제는 "아직까지 일반적으로 또는 진정으로 실질적인 해결책이 없다"고 단언했다.[54] 독일과 미국에서는 수많은 약속과 기술적 공정이 사실 역효과를 가져왔다. 기업가들은 너무나 다양한 공정과 고비용에 실질적인 저효율을 제시받고는 공해 방지에 아예 회의적이 되었다. 환경협회들에 대한 새로운 공격은 그들의 명분을 약화하고 신용을 떨어뜨렸다.[55] 당국은 기술이 불완전하고, 종종 허술하며 비싸고, 제한적임을 알고 있었다. 더욱이 매연 감소 기술을 설치한 후에도 기업가들은 그 잠재력을 최대한 사용하길 꺼렸다. 그 결과, 지방 및 국가의 규제는 실용주의적 정치에 빠졌다. 그러한 규제는 산업이 가능한 한 많은 매연을 제거해야 한다고 명시했다. 이것이 우선 사항이었지만 엄격한 예방 조치 및 분석보다는 자체적인 노력을 보여주도록 산업계를 내버려뒀다. "모든 매연을 제거하거나 가능한 한 멀리서 태워라"라는 지침과 "최고의 실용적 수단"을 사용하라는 요구는 제조업자들이 수용하고 적합하다고 해석하기엔 지나치게 모호했다. 개선된 기술에 대한 믿음은 사실 매연 감소 장치의 급증으로 이어졌다. 하지만 기술 진보는 부인할 수 없었다. 그 세기가 끝날 무렵 새로운 장치 덕분에 매연 없는 용광로가 발달해 있었다.[56] 따라서 서구 도시들의 지속적인 매연 수준 증가를 이해하려면 반동 효과를 고려하는 게 중요하다. 1865년 경제학자 윌리엄 제번스(William Jevons)는 에너지 생산 효율의 증가로 역설적이게도 소비가 줄어든 게 아니라 늘어났다고 설명했다.[57] 동일한 추론을 산업 매연에도 적용할 수 있다. 단일 용광로의 작업장 안에서는 연기가 많이 감소했다. 그러나 더 많은 공장을 허용 또는 용인하면서 오염원의 총수에 의해 전반적인 공해는 증가했다. 이 논리에 직면한 지방의 경찰과 법원은 무력했다. 근대적 공정을 설치하고 사용하려는 기업가들의 의지가 보통은 고발인의 입을 어떻게든 다물게 했기 때문이다. 여기에 더해진 것이 오염 물질의 입증 가능한 측정을 해내는 데 따른 어려움이었다. 배출 물질 감시를 다루는 엄격한 기준이 없었다는 것, 그리고 1819년 최초의 의회 조사 이후 이 영역에 얼마나 발전이 없었는지를 알면 충격을 받을 만하다. 매연 농도를 과학적으로 규정하고 수량화하려는 프랑스 엔지니어 막시밀리앙 링겔만(Maximilien Ringelmann)의 시도가 1910년경 유럽과 미국에 퍼졌다. 이러한 측정 격자판—음영이 다른 일련의 회색 정사각형이 있어 그것들로 주변의 매연과 비교할 수 있다—은 아직 충분히 발전하지 못해서 조작하는 데 어려움이 있었다. 그럼에도 그것은 적극적인 매연 방지 운동가와 지역 협회가 자신들의 힘으로 매연을 측정함으로써 매연 공해 논쟁에서 역공을 가할 수

있는 전문 지식 획득의 수단이 되었다.[58]

　산성 가스 응축도 동일한 논리적 경로를 따랐다. 가성 소다 생산은 특히 문제였다. 황산과 질산의 생산은 물론이고 황철광에서 정련한 구리처럼 모든 금속 생산 역시 그랬다. 시험을 거친 응축 방법 중 이른바 게이뤼삭탑(Gay-Lussac tower)―1830년대 말 파리 북쪽 쇼니(Chauny)에 있는 생고뱅 공장에 처음 그것을 도입한 프랑스 화학자의 이름이 붙었다―은 단연 가장 유명하다. 일련의 시행착오적인 개선이 성능을 높이기는 했지만 기본 원리는 거의 변함이 없었다. 거기에는 벽돌·탄소 그리고/또는 석회로 가득 채우고 가스 농축을 위해 고농도 황산을 추가한 탑에 산성 가스를 통과시키는 작업이 포함됐다. 1860년 이후 게이뤼삭탑은 프랑스와 벨기에 업계에서 일반적으로 사용됐다. 영국에서는 화학자 존 글로버(John Glover)가 1859년 이후 이 공정을 개선해 80퍼센트에 가까운 응축을 얻어냈다. 미국은 1880년 이후에 이 원리를 채택했다.[59] 자크루이 케슬러탑(Jacques-Louis Kessler's tower)도 그의 클레르몽페랑(Clermont-Ferrand) 공장에서 1877년 사용에 들어갔는데 프랑스, 영국, 독일, 미국 및 러시아에서 1900년경에 인기가 있었다.[60]

　기업가를 공공 규제와 법정 사건으로부터 벗어나게 할 새로운 혁신 추구는 특히 구리 제련 쪽에서 앞서갔다. 1860년대 초 유황의 20퍼센트를 응축하는 데 그치기는 했지만 독일 기업가 모리츠 게르스텐회퍼(Moritz Gerstenhöfer)는 가장 효율적인 시스템을 개발했다. 1886년 발명된 전기다발(electric flux)을 사용한 응축은 제1차 세계대전 이전에는 널리 쓰이지 않았다.[61] 그러나 가장 큰 문제를 제기한 것은 바로 소다업계였다. 19세기 중반까지는 특히 염산의 사용이 너무 저조해서 제조업자들은 그것을 응축하는 걸 망설였다. 염산을 물과 석회를 이용해 응축한다는 것은 이미 알려져 있었다. 1836년 영국인 윌리엄 고시지(William Gossage)는 가스가 기다란 파이프와 탑을 통과해 물웅덩이로 들어가게 함으로써 최초의 진정으로 효과적인 흡수탑을 설계했다. 그는 1840년대에 웨일스에서 구리 정련업자가 되었는데, 그 후 1850년대에 위드너스에서 구리 제련(수입한 황동광으로부터)을 황산 및 소다 생산과 연결시킨 실험으로 90퍼센트 응축액을 얻었다.[62] 하지만 고시지탑(Gossage tower)은 1863년의 알칼리법 요건 때문에 영국 공장들에서 보편적으로 사용하기까지는 인기를 끌지 못했다. 1880년 이후 섬유 및 셀룰로오스 종이 공장에 유익하게도 응축된 산물에서 염소를 추출하는 다음 단계가 이뤄졌다. 1900년에는 고시지탑과 그 대체물이 전 세계에서, 특히 세계 최대 황산 생산지로 떠오른 미국에서 사용됐다.

이 몇 가지 사례로 어느 정도 일반적인 결론을 끌어낼 수 있다. 기술 발전에 대한 신념은 공해를 줄이기는커녕 대신 반대로 증가시키는 결과를 낳았다. 게다가 정치적 행동 부재와 미래의 가상적 진보에 대한 희망을 선호하는 기술 숙명론을 확립했다. 한 가지 유형의 공해가 줄어들면 반동 효과—매연의 경우처럼—나 단순한 오염원 이전을 통해 부차적인 효과가 생겨나는 일이 흔했다. 이와 같이 1860년 이후 대기 중 염산을 제거하는 데 성공을 거두자 제지와 섬유 공업에 폐기물을 보급 및 사용한 1880년 이후까지 하천이 전이된 공해의 초점이 되었다. 마침내 이 기술 혁신은 기업가들이 자신의 활동을 정당화하기 위해 쥐고 있던 재활용이란 주제를 둘러싼 논의의 일부가 되었다. 화학 공업은 가장 심각한 공해 위험을 제기했으므로 끊임없이 그 부산물의 새로운 용법과 재사용법을 발명했다. 영구적인 혁신 경주는 공해의 성격과 확산을 더 복잡하게 만들 뿐이었다.

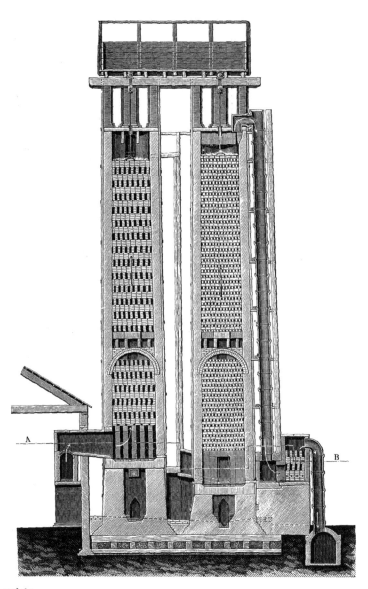

그림 6.2 ―――――――――――――――――――――――――――――――

위드너스에 있는 허친슨(Hutchinson) 황산 공장의 고시지탑(1880).[63] 출처: Georg Lunge, *A Theoretical and Practical Treatise on the Manufacture of Sulphuric Acid and Alkali with the Collateral Branches* (London: John Van Veerst, 1880), 2: 252.

재활용: 위기를 향한 추세

독성 물질과 폐기물은 위협이라고 일축하는 대신 중시해야 할 자산, 생산 주기에 재투입해 새로운 형태로 새로운 목적을 위해 재탄생해야 할 물질로 받아들여졌다. '재활용(recycling)'이란 용어가 아직 없던 때인데도 19세기 중반에 재활용은 첨단의 시도 같은 것이 되었다. 많은 이들이 그것을 해결할 수 없는 공해 문제를 다루는 최상의 선택지, 번영과 풍요의 약속, 산업 잔류물을 처리하는 완전한 방안으로 인식했다.[64] 물론 폐기물 재사용이라는 발상이 새로운 것은 아니었다. 따라서 참신함은 이러한 관행의 체계화—하지만 애석하게도 처리 및 재활용 불가능한 폐기물이 늘어나고 있었다—가 아니라, 독성 강한 부산물을 방출하는 산업 활동의 정당화 수단으로 이용된다는 데 있었다.

재활용은 오랫동안 절대적으로 농업적 용도의 폐기물, 특히 질소 내용물 때문에 비료로 사용하던 분뇨와 관련 있었다.[65] 빅토르 위고는 《레 미제라블》의 한 유명한 장(章)에서 "세상이 낭비하는 인간과 동물의 모든 분뇨를 만일 바다에 버리는 대신 땅으로 되돌린다면 세상을 먹여 살리는 데 충분할 텐데"라고 적었다.[66] 저지(Jersey)섬에 유배되어 있는 동안 사회주의 철학자 피에르 르루(Pierre Leroux)는 '순환' 이론을 발전시켰다. 물질의 흐름이라는 순환적 시각에서 폐기물이 생산의 재료가 된다는 생각이었다.[67] 도시의 과도한 폐기물을 없앨 하나의 해결책으로 제시된 것은 하수 관개 이용 농장이었다. 그것은 가성비가 좋았고 세기 중반에 재활용으로 거둘 수 있는 이익의 시범적 본보기였다. 역사학자들은 굶주린 도시에 영양분을 강탈당한 농촌의 부활이라는 이 신나는 사업을 자세히 연구해왔다. 시골은 식량을 주는 대가로 토양을 보충하는 데 필요한 도시 폐기물 형태의 성분을 받았다. 이 도시-농촌 순환은 문화적·정신적·정치적 회복력을 보여줬다. 산업화 이후 기술적·화학적 노력을 통한 표출도 있었다.[68] 런던 사례에 이어 많은 도시가 배관을 통해, 어떤 때는 장거리 운송된 하수를 가지고 주변 땅에 비료를 주려고 했다. 놀랍지 않게도, 이런 하수 이용 관개 농장은 파리 하류의 젠빌리에(Gennevillers) 평원은 물론 베를린 내륙 지방, 에든버러 인근 그리고 브뤼셀에서 이 같은 시비(施肥) 방식의 이른바 장점에 관한 논쟁의 원인이 되었다.[69]

산업 폐기물 일부는 농업에 재사용하기도 했다. 유채씨 기름, 아마 기름 및 그 밖에 기름기 많은 씨앗에서 나온 부산물이 이처럼 가축 사료로 쓰이는 깻묵으로 변신했다. 이것은 결과적으로 19세기에 또 다른 국제적 사업을 부흥시켰다. 1863년 존 조지프 메치(John Joseph Mechi)는 에섹스(Essex)에 있는 자신의 실험 농장에서 기름기 많은 씨앗의 유통을 훨씬 더 큰 규모로 체계화하려 했다.[70] 철강 산업에서 나온 찌꺼기는 좀더 경제적인 인의 공급원—예전에 인이 풍부한 제품을 생산하기 위해 화학 작업에 쓰던 뼈의 훌륭한 대체물—으로 이용되었다. 근본적으로 인은 제강 공정 중 인산염을 흡수한 탄산칼슘에서 추출할 수 있었다. 그러나 19세기에 산업 폐기물 중 농업에 접목된 주요 출처는 가스등이었다. 석탄 증류는 질소를 함유한 황산암모늄을 생산했지만, 기업가들은 그것으로 무엇을 할지 잘 몰랐다. 1870년대에 영국의 농업은 이 황산암모늄을 연간 4만 6000미터톤 소비했다. 하지만 그것의 질소 함유량은 라틴아메리카에서 수입한 구아노나 질산나트륨 광물보다 떨어졌다. 그 결과, 농민들은 이 푸르스름하고 축축하고 끈적끈적하고 악취가 나며 농장 기계를 부식시킬 만큼 황산을 많이 함유하기도 한 물질의 사용을 망설였다. 하지만 개정된 1881년 알칼리법이 그렇지 않았다면 쓰이지 않은 채 도시 한복판의 공장

창고를 오염시켰을 이 골칫거리 상품의 사용을 권장했다. 1913년에는 약 40만 미터톤의 황산암모늄―가스 공장의 부산물―을 이용했다. 대부분은 안목이 부족한 독일의 사탕무 재배업자들에게 수출했다. 산업 부산물의 이러한 사용은 여전히 제한적이었을지 모르지만, 그에 대한 지속적인 홍보는 산업화라는 경제 정책을 증진시키고 산업 폐기물과 독성 상품의 재활용 약속을 정당화시키는 듯했다.[71]

재활용은 주로 산업 부문 내에서, 특히 화학자와 기술 전문가 그리고 엔지니어가 폐기물을 단순히 처리하는 대신 재사용할 방안을 모색하려 한 화학 공업 내에서 권장됐다. 엔지니어 샤를 드 프레이시네(Charles de Freycinet)―광산 부대(Corps des Mines)의 일원이자 장차 1877년부터 1879년까지 공공사업부 장관 역임―는 1862~1868년 정부의 요청에 따라 산업 위생을 연구하기 위해 영국과 유럽(특히 벨기에와 프러시아의 라인강 지방)에서 조사를 진행했다. 그 결과는 대단히 상세한 복원 또는 오염 제거 전략, 그리고 당시 구할 수 있는 위험 물질의 재사용 관행을 제공하는 여러 장의 보고서로 발표됐다. 여기서 프레이시네는 "산업 잔류물은 무차별하게 매장하거나 과도하게 버리면 토양을 오염시키는 반면, 체계적이고 적절한 방식으로 땅에 뿌리면 해가 없고 심지어 유용할 수 있다"고 주장했다.[72]

특정한 주요 기업가들은 오염 물질을 재활용하는 데 전문가였다. 그중 파옌과 프레데릭 쿨만(Frédéric Kuhlmann)이 유명했다. 후자는 연실의 부산물을 회수해 페인트 생산에 사용하고, 염화소다 공장의 폐기물을 회수해 대량의 염화바륨을 제조함으로써 돈을 벌었다.[73] 1미터톤의 소다를 생산할 때 90퍼센트 황산을 함유한 2미터톤의 유황 폐기물이 발생하는 소다 산업에서 이 고약한 냄새의 잔류물을 재사용해 유황 및 산성 함유물을 되찾는 방안을 모색하는 것은 귀가 솔깃한 일이었다. 그렇지 않으면 유황은 시칠리아에서 비싼 돈을 주고 수입해야 했다. 1837년 고시지는 탄산으로 찌꺼기를 처리해 태워서 재가 되면 이산화황이 나오는 황화수소를 생산하면서 적당히 성공을 거뒀다. 이산화황은 나중에 황산의 생산에 다시 쓰였다. 1863년 알칼리법은 이러한 관행을 표준화했다. 몬트 공정—루트비히 몬트(Ludwig Mond: 독일 출신의 영국 화학 기술자—옮긴이)의 이름을 땄다—은 리버풀의 소다 공장에서 40퍼센트의 유황을 회수하는 데 성공했다.[74]

혁신과 수익의 보증 수표로서 재활용은 공해의 특징을 주로 기술적인 문제로 재규정하는 데 기여했다. 코크스 제조와 조명 가스 생산에 관여한 화학자들은 석탄 산업의 많은 부산물, 즉 타르·암모니아·역청유 및 다른 휘발성 화합물의 가치를 높이는 방안을 모색했다. 사실상 이것이 탄소를 기반으로 한 화학의 시초였다. 이 화학 분야에 속하는 기업들의 극도로 오염적인 성격은 파랑뒤샤틀레 본인도 가스 공장의 타르 증류와 관련해 인정했을 만큼 바로 눈에 띄었다.[75] 그러나 프레이시네는 1870년 그의 《협정(Treaty)》에서 탄소 파생물의 재활용을 적극 옹호했다. 당시는 아직 유통량이 꽤 적었다. 예를 들면, 벤졸(benzol)—벤젠, 톨루엔(toluene), 크실렌(xylene)의 독성 혼합물—은 아닐린을 만들기 위해 석탄에서 추출했지만, 역시 석탄의 부산물인 가용 타르 중에는 겨우 1퍼센트를 차지했다. 또 다른 0.7퍼센트는 나프타(naphtha) 생산에 쓰였다. 타르 대부분과 가스 등 산업의 다른 잔류물—재활용 옹호자들이 무엇이라고 주장했든—은 사실 계속해서 태우거나 묻었다.[76] 하지만 세기말에 탄소 기반 화학은 상당한 발전을 이뤘다. 특히 유기화학이 발달했고, 나중에는 독일에서 회수식 코크스로(coke oven: 석탄을 건류해 코크스를 제조하는 설비—옮긴이)를 개발했다. 이 새로운 코크스로는 타르, 벤젠, 안트라센(anthracene), 페놀(phenol) 같은 부산물을 회수했다. 이러한 공생적 가능성은 화학 공장을 탄광 근처에 짓는 규칙성을 이해하는 데 일조했다.

벤젠은 수많은 유기 화합물 합성의 효시였다. 1845년 영국의 화학자 찰스 맨스필드(Charles Mansfield)는 콜타르로부터 벤젠을 분리한 다음 1849년 산업 차원에서 석탄으로부터 벤젠을 생산하기 시작했다. 1869년 프랑스의 베르틀로는 화학적으로 아세틸렌(acetylene)에서 벤젠을 얻고 있었다. 독성 강한 이 발암성 화합물은 접착제, 니스, 페인트, 잉크의 용매로 쓰였다. 또한 드라이클리닝과 금속의 기름 제거에도 응용되었다. 세기 중반에 영국은 염료와 인공 착색제에 사용하는 아닐린을 산업적으로 생산하기 시작했다. 1856년 윌리엄 퍼킨스(William Perkins)는 모베인(mauveine, 아닐린에서 얻은 착색제)을 발견했고, 런던 근교의 그린포드(Greenford)에 역사상 최초로 합성 염료 생산 공장을 세웠다. 같은 시기 리옹에서는 르나르(Renard) 형제가 [아닐린과 톨루이딘(toluidine)으로부터] 푹신(fuchsin)의 생산에 착수했는데, 그 결과 벤젠과 톨루엔 같은 부산물을 초래했다. 독일은 염색 공업을 위한 석탄의 산업적 재활용에서 세계 선두 주자가 되었다. 1869년 BASF에서 일하던 화학자 카를 그레베(Carl Graebe)와 카를 리버만(Carl Libermann)은 콜타르에서 추출한 안트라센으로부터 얻은 알리자린(alizarin, 붉은색)의 합성 특허를 취득했다. 과거 붉은 색상의 재료였던 식물성 꼭두서니는 빠르게 버림받았다. 마찬가지로 인디고 블루의 식물성 재료는 벤젠과 아닐린에서 제조한 합성 염료로 대체됐다―그리고 1897년 BASF에서 시판했다. 1914년 독일은 전 세계에서 사용하는 착색제의 85퍼센트를 생산했고, 지구상에서 화학적으로 가장 오염된 곳 중 하나가 되었다.[77]

화학 공업에서 대량의 중간 생성물 또는 부산물이 새로운 활동 분야의 창출을 촉진했다고 한다면, 지속적인 재활용 홍보에도 불구하고 갈수록 더 많은 잔류물이 버려지거나 태워졌으며, 생성되는 폐기물의 전체량은 늘어났다는 사실을 상기하는 게 중요하다. 이로 인해 모든 나라에서 그 기능과 위치에 관한 논의가 거셌던 쓰레기의 최종 종착지 두 곳, 바로 쓰레기 하치장과 소각로가 만들어지기에 이르렀다. 이번에도 다시 영국은 1870년대에 쓰인 최초의 쓰레기 소각로로 길을 개척했다. 이는 인기가 많아 1893년에는 55개 도시에서 소각 장치를 갖추고 있었다.[78] 영국은 식민지(콜카타, 마드라스, 뉴질랜드) 덕분에 전 세계로 소각로를 수출했다. 20세기 초반에 엔지니어 월터 프랜시스 굿리치(Walter Francis Goodrich)는 전세계에서 영국제 소각로를 설치한 곳의 명단을 만들었다. 그의 명단은 소각로의 열을 전기로 전환한 영국 위생 제도의 경이로움과 우월함을 찬양하는 출판물에 공개됐다.[79] 뉴욕 및 다른 미국 도시들은 1905년부터 소각로를 지었다.[80] 하지만 유럽 대륙에서는 도시 쓰레기의 소각이 느리게 퍼졌다. 최초의 소각은 콜레라 전염병이 창궐한 이후인 1892년 함부르크에서 이뤄졌다. 프랑스에서는 소각로가 아주 서서히 나타났는데, 아마도 도시와 시골 간의 지속적인 교류 때문이었던 것 같다.[81]

희석: 궁극적 해결책

한 세기 내내, 그리고 전 세계적으로—행정 및 사법 규제의 한계와 불완전한 재활용 방법을 고려할 때—가장 선호한 공해 처리법은 희석이었다. 대기 희석과 수중 희석 둘 다였지만, 철도가 인구 밀집 지역으로부터 공해 출처의 분리를 실현 가능하게 해주자마자 이는 흡족한 관행으로 자리 잡았다. 프레이시네는 1870년 《협정》에서 당국과 기술자를 위한 지침을 완벽하게 요약했다. "공장의 분리는 …… 우리의 목표를 달성할 최적의 수단이다." 차상의 옵션은 대기 중으로 독성 배출 물질을 분산시키도록 굴뚝을 높게 짓는 것이었다. "굴뚝 높이 때문에 결과적으로 초래되는 피해가 적어도 감소할 게 틀림없기" 때문이었다. 세 번째 방법은 "우리가 자연적 유출이라고 부르는 것", 즉 유속이 빠른 강과 바다로 직접 버리는 것이었다.[82]

대기 오염과 수질 오염을 가장 잘 평가하는 방법에 대한 불확실성은 곧 유해한 물질을 흡수하고 영구히 스스로를 재생할 수 있다는 지구의 능력에 대한 오랜 믿음이 강하게 유지되고 있다는 뜻이었다. 아르헤니우스의 탄소 배출에 대한 경고는 거의 관심을 끌지 않았다. 1901년 스웨덴 왕립과학아카데미 회원이자 함부르크 대학의 교수인 독일 화학자 클레멘스 빈클러(Clemens Winkler)는 "소비된 석탄의 양이 광대한 대기의 바다로 흔적도 없이 사라진다"고 주장했다.[83] 높은 굴뚝을 세우고 관리하는 데는 여전히 많은 비용이 들었다. 이웃 주민들의 압력이 없으면 기업가는 그것을 짓는 데 투자하길 망설였다. 1830~1850년 중기 기관이 있는 공장의 굴뚝에 부과하는 최소 높이가 20~30미터로 정해졌고, 국가별로는 자체적인 기준을 설정하도록 되어 있었다. 그러나 화학 공업으로 인해 이미 가장 높은 굴뚝을 짓는 경쟁에 착수한 상태였다. 1841~1842년 두 화학 공장이 리버풀과 글래스고에 각각 124미터와 133미터 높이의 굴뚝을 세웠다. 맨체스터의 몇몇 굴뚝은 100미터가 넘었고, 1857년 백반 제조업자 피터 스펜스(Peter Spence)는 도시 전체에 배출된 매연을 모아들이고 문제를 완전히 해결할 200미터 높이의 굴뚝을 건설할 것을 제안했다.[84] 하지만 이 프로젝트는 거기에 필요한 공공 자금 조달 때문에 실패로 돌아갔다. '코페로폴리스'(스완지)는 공업용 오븐 사태로 번져갔다. 요컨대 시민들의 미약한 시위가 도시에 20~50미터 높이의 굴뚝 숲이 확대되는 걸 늦추는 데 거의 도움을 주지 못했다. 반대로, 1860년 인근 도시 래넬리(Llanelli)에서는 현지의 시위가 약 100미터 높이의 굴뚝을 짓게 만들었다. 끊임없는 의견 충돌과 분쟁은 더 높은 굴뚝에 대한 추구를 저지하지 못했고, 1889년 작센 지방의 프라이베르크(Freiberg)에 유럽에서 제일 높은 140미터짜리 굴뚝이 세워졌다. 화학 공장에 냉각기가 설치되자 광산과 (구리, 은, 납을 생산하는) 금속 주물 공장들은 굴뚝 높이의 신기록을 세웠다. 1908년 '보스턴·몬태나 통합 구리·은 광업회사(Boston & Montana Consolidated Copper and Silver Mining Company)'는 몬태나주 그레이트폴스(Great Falls)에 154.2미터 높이의 굴뚝을 지었다. 물론 오를레앙(Orléans)의 한 기업가는 1851년 소책자에서 비꼬는 투로 이렇게 평가했다. "이 어마어마한 대좌(pedestal, 臺座)의 꼭대기에서 적은 도망치고, 서성거리다가 먹잇감 위로 떨어지며, 출발점의 높이 때문에 더 멀리로 퍼진다."[85] 높은 굴뚝은 공장 바로 인근에서부터 매연을 분산시킴으로써 그곳의 공해를 보이지 않게 만드는 장점이 있었다. 하지만 20세기 초 프라이베르크에서 15~20킬로미터 떨어진 곳에 위치한 타란트(Tharandt) 숲에서는 이미 유해한 영향이 눈에 띄었다.[86]

이는 익숙하고 거의 반복적인 말처럼 들릴 수도 있다. 독일의 엠서강과 라인강, 랭커셔의 머지강과 타인강 및 그 밖의 강들이 이 시기에 가장 심각한 공해의 쓰레기 하치장이 되었다. 강에 쓰레기를 버리는 것은 19세기를 지배한, 공해를 처리하는 보편적 해법이었다. 이전 세기의 태도와는 현격하게 대조적인 상황이었다. 제1차 세계대전 이전에는 큰 강

표 6.1

19세기의 높은 굴뚝 사례(1835~1913)

업체	제품	위치	시기	높이(m)
애덤 비누 공장	비누와 소다	버밍엄, 영국	1835	95
소다애시	소다	리버풀, 영국	1841	123.75
테넌트 회사	화학 제품	글래스고, 영국	1841~1842	132.75
마렐 형제 회사	풀무, 금속 가공	리브드지에, 프랑스	1867~1868	108
슈나이더	철강	르크뢰조, 프랑스	1869	85
납 광업회사	납	메헤르니히, 독일	1884~1885	131
할스브뤼크너 휘터	금속 주물	프라이베르크, 독일	1888~1889	140
페뇰레스 회사	납과 은	멕시코시티, 멕시코	1900년경	91.5
보스턴·몬태나 통합 구리·은 광업회사	구리와 은	그레이트폴스, 몬태나주, 미국	1908	154.2
베르데 구리회사 연합	구리	제롬, 애리조나주, 미국	1913	122

출처: James Douet, *Going Up in Smoke: The History of the Industrial Chimney* (London: Victorian Society, 1989); Frédéric Pillet, "Les cheminées d'usine métalliques au XIXe siècle: Une question de caminologie particulière," *L'Archéologie industrielle en France*, no. 43 (2003): 5-15.

이 오염 물질을 희석하고 치울 수 있을 거라는 생각이 널리 받아들여졌다. 동일한 생각이 딱히 산업적 용도가 전혀 없는 위험한 응축 가스에도 옮겨갔다. 프레이시네가 설명했듯이 "수역(水域)이 충분하면 비위생적인 성분이 희석에 의해 좀 덜 불쾌해질 뿐 아니라, 완전히 존재하지 않는 것처럼 될 수도 있다―바꿔 말해서 환경의 특별한 작용에 의해 화학적으로 완전히 없앨 수도 있다." 프레이시네에게 "공장에서 첫 번째로 신경 써야 하는 일은 반드시 풍부한 물줄기를 찾는 것"이었던 이유는 바로 이 때문이다.[87]

그런데 고형 폐기물은 어떻게 할까? 스위스에서는 바젤의 기업가들이 합성 염료 공정에서 나온 고형 폐기물을 다리 입구를 통해 라인강으로 배출했다. 이런 많은 장소에서 그렇듯이 투기는 보통 밤에 벌어졌다.[88] 세기 중반에 시카고와 취리히의 주민은 자신들의 도시와 접한 호수가 쉽게 해로운 폐기물을 흡수할 만큼 충분히 넓고 깊다고 생각했다. 이런 기대는 전체 수중 생태계를 파괴해버린 조류(藻類)와 박테리아의 증식을 현지 주민들이 목격한 20세기 초반에 무너졌다.[89] 정량적 기록이 거의 없기는 하지만, 그 과정이 대개 눈에 띄지 않았던 만큼 연안 산업 지구에서는 바다로의 투기가 널리 행해졌을 듯싶다. 18세기부터 마르세유의 비누 제조업자들은 폐기물을 해안가에 처분하는 것이 전통이었다. 쓰레기가 항구 부두의 토대를 이룰 정도였다. 이것이 도지사들로 하여금 지중해로의 배출을 규제하도록 이끌었다. 쓰레기를 해안가에서 더 멀리 떨어진 곳에 버리도록 요구한 것이다. 1830년에는 투기한 쓰레기의 양이 해안가에서 100미터 떨어진 곳의 바다 깊이가 겨우 4미터밖에 되지 않을 정도로 많았다. 이것이 항해를 가로막았고, 당국은 해안에서 좀더 떨어진 새로운 투기 지역을 지정할 수밖에 없었다. 1844~1853년에 계속된 항구 개발(15만 세제곱미터의 비누 폐기물이 바닥을 채우는 데 쓰였다)은 "모든 것을 바다로!"의 시대를 열었고, 이는 의사와 엔지니어들의 상당한 지지를 받았다. 1895년에는 생물학자이자 해양학자인 앙투안포르튀네 마리옹(Antoine-Fortuné Marion)의 경고에도 불구하고 코르티우[Cortiou: 프랑스 남부에 있는 작은 만(灣)—옮긴이] 특사가 이런 배출을 가능하게 했다. 20미터를 파내면 생태계가 겪고 있는 잔인한 파괴가 드러났다.

기계는 시커먼 진흙 속에서 도자기 파편, 온갖 종류의 쓰레기만 파낼 뿐이다.

비누 잔류물로 인해 지면은 준설기가 찾아 헤매는 꽤 단단한 곳에 표층을 형성하고, 그 밑에서 유황 냄새 나는 녹색의 끈적끈적한 물질이 나온다. 이것이 축적되어 거의 모든 걸 파괴해온 다황화물(polysulfide, 多黃化物)이다.[90]

이러한 배출물과 범람(氾濫)이 1880년 이후 계속해서 마르세유 화학 공업의 전형적인 결과물을 형성했다. 일반적인 한 가지 사례를 들어보자. 리오틴토 광업회사는 1883년 에스타크(L'Estaque)에 시설을 세우자마자 바지선을 가득 채울 만한 양의 소다 폐기물을 바다에 버렸다.[91] 프랑스의 지중해도 예외가 아니었다. 금속 공장은 슬래그(slag: 광석에서 금속을 빼내고 남은 찌꺼기―옮긴이)를 바다로 버려 부두를 만들었다. 예를 들면 웨일스, 요크셔, 미들즈브러(Middlesbrough)에서는 마차들이 찌꺼기를 절벽 꼭대기에서 바다로 버리곤 했다. 12~15미터 높이의 쓰레기 더미는 200미터 이상 떨어진 바다로 빠져나갈 터였다. 나중에는 쓰레기 더미가 점점 길어지면 바다의 투기 구역도 더욱 확대될 것을 감안해 이렇게 쌓인 새로운 기반 위에 선로(rail)를 깔았다. 1870년 자로(Jarrow) 화학 공장은 매일 해안가에서 2킬로미터 떨어진 곳에 소다 생산 잔류물을 내다버리기 위해 랭커셔의 타인강 어귀에 커다란 배를 전세 냈다.[92] 뉴욕에서는 석유 공업이 조용히 쓰레기를 시설 인근 바다에 쏟아버렸다. 물에는 잉크색이 더해졌고, 번창하던 굴 양식과 어류 자원을 파괴했다. 이런 공해는 제1차 세계대전까지 계속됐다―그리고 증가했다.[93]

주거 지역에서 물리적으로 공해를 제거하는 능력은 공해와의 싸움에서 가장 효과적이지는 않다 하더라도 항상 분별 있는 일이었기에 희석에는 공간적 차원이 있었다. 프레이시네에 의하면, 가장 독성이 심한 공장은 사람들이 약간의 불편을 감내할 경우 가장 가까운 도시에서 4킬로미터 떨어진 곳에 있어야 안전하게 운영할 수 있었다. 이러한 공간적 희석 과정은 도시, 지방, 전 세계라는 세 가지 다른 차원에서 펼쳐졌다. 더러운 공장을 외곽으로 점차 쫓아내는 것(이미 언급했듯이)뿐 아니라, 다기능적인 도시의 맥락 속에서 모든 연구는 공해의 결과로 발생한 공간적·사회적 분화를 보여준다. 노동자 계급 동네는 대부분의 안온방해를 상대했다. 근본적으로 노동자들의 주택이 공장 주변에서 서서히 생겨났기 때문이다. 하지만 미국에서는 더욱 배타적인 접근법을 채택했다. 가령 뉴욕주 ― 세기말에 화학 제품 공장과 연계된 많은 석유 정제 시설을 받아들였다 ― 에서는 공장(무엇보다 스탠더드 오일과 록펠러)이 점점 지자체 차원과 사법적 차원의 행동 결합을 통해 뉴타운크리크와 뉴저지주 그리고 이스트(East)강 같은 지구로 집중되었다. 부동산과 사회적·환경적 요인 또한 역할을 담당했다. 이 모든 것이 확연한 사회 분열을 초래했다. 요컨대 공업 지대에 인구 밀도가 높은 노동자 구역이 탄생하도록 도왔다. 그리고 중산층과 상류층 인구는 여전히 중공업의 공격을 받지 않던 맨해튼 같은 장소로 옮겨갔다. 도시 공해와의 싸움에서 일어난 모든 진전은 일반적으로 중산층 또는 훨씬 더 유복한 계층에게만 혜택을 줬고, 비위생적인 공장이 재배치된 노동자 동네에는 훨씬 더 해로웠다.[94] 이것이 대기 오염과 수질 오염에 대한 초기 미국 투쟁의 흔한 패턴이었다. 당국은 공해에 대한 도시 계획 또는 기반 시설 계획 해법을 자발적으로 내놓지는 않았다. 하지만 독일은 계획 속에 공해가 살짝 등장하는 걸 드러내 보였다. 큰 하천 유역의 중공업과는 멀리 떨어져 세기가 지나는 동안 산업화했던 지방의 유서 깊은 수도 다름슈타트(Darmstadt)와 만하임(Mannheim)은 건강한 삶과 산업 경제의 요구 사이에서 균형을 꾀했다. 1890년 이후 공중 보건을 증진하기 위한 조치로 당국은 산업 오염에 내맡겨진 외곽 지구와 주거 생활에 바쳐진 도심 사이에 공간 분화 패턴을 사용했다. 이는 도시 경계 안에서 증기 기관의 관리를 강화하고 가스등 및 화학 업체로 하여금 도심에서 떠나도록 권장할 뿐 아니라, 산업을 새로운 지정 구역으로 끌어들이기 위해 철도망을 장려 및 구축함으로써 성취됐다. 그 결과―확실하게 강압적인 계획이 없었음에도 불구하고―당국은 특권층에 이롭도록 공해의 지리학을 재구성할 수 있었다.[95] 1870년 영국에서도 비슷한 움직임이 있었는데, 런던 대도시권공사위원회는 공해를 심하게 유발하는 제조업체에 대도시권 경계 밖으로 공장 부지를 이전하라고 명령했다. 그 결과는 안온방해를 교외의 블랙히스(Blackheath) 지역으로 옮긴 것이었다.[96]

지방 차원에서는 공해의 공간적 분배를 좀더 소규모로 관찰할 수 있다. 철도 덕분에 공장을 광산 근처에 세우고 고립된 지역을 중공업을 위해 희생시키는 게 갈수록 쉬워졌다. 가령 잉글랜드의 미들즈브러가 그런 사례였다. 1830년 인구 200명이던 요크셔의 작은 해안가 마을이 이례적인 성장(1900년에는 10만 명의 주민을 부양했다)을 한 것은 오로지 그곳에 들어선 중공업―철강과 금속 제련―때문이었다. 이곳은 지방 중산층의 수도 요크뿐 아니라 셰필드와 리즈의 다기능 산업 도시들을 보호해주었다. '이로노폴리스(Ironopolis: 철을 뜻하는 'iron'과 'polis'를 합성한 말―옮긴이)'란 별명이 붙은 영국의 새로운 철강 중심지 미들즈브러는 철도 시스템과 항구에 의존했다. 이 지역은 세계에서 가장 오염된 철강 도시 중 하나가 됐지만, 현지 주민들은 생활 조건에 대해 거의 불평하지 않았다. 그들 대부분이 생계를 산업에 의존하고 있다는 게 적잖은 이유였다.[97] 이러한 새로운 공간 배치는 광업 지구와 공장을 연결하는 철도망에 의해 가능해졌다. 석탄은 광산 현장에서 코크스로 정련됐고, 공해를 엄청나게 유발하는 이 유독한 공정은 도시로부터 떨어진 곳에 계속 고립시킬 수 있었다. 그러고 나면 석탄은 오염을 덜 시키는 형태로 소비를 위해 도시 지역으로 쉽사리 운송됐다. 물론 도시의 공해 감소는 다른 곳의 공해 수준 증가를 의미할 때가 많았다.[98] 소다 공장 역시 철도를 이용했으며 도심으로부터 더욱 먼 곳으로 이전했다. 마찬가지로 프랑스에서는 1870년 이후 디외즈(로렌), 탄(Thann, 알자스), 마르세유 내륙, 심지어 가르 지방의 살랭드르 같은 외진 지역들로 옮겨갔다. 이런 지역 및 그와 같은 다른 곳들이 기업가를 위한 공간 분리 원칙을 실현했다. 1854년 살랭드르의 소다 공장 소유주는 안온방해 때문에 이웃들에게 보상금을 주기 시작했다가 결국에는 자기 힘으로 고립 및 보호받는 144헥타르(약 355에이커)에 달하는 완충 지대를 만들기 위해 그곳을 매입해버렸다. 그러곤 여기에다 자신의 땅을 세벤(Cévennes) 광산까지 연결하는 기차역을 지었다. 1870년대에는 페시니사가 경영권을 확보했고, 이렇게 해서 지역 생활은 그 회사의 후원, 현지 노동력 관리, 환경 악화로 정의되었다.[99]

　마지막으로 공해는 전 지구적 규모에서 희석될 수 있다. 세기 후반에 미국은 원주민 부족들이 떠난 엄청나게 광활한 미개척지에 제조업 현장을 건설하기 시작했다. 1848년 캘리포니아주의 골드러시부터 1900년대에 금융·철도·광업·전기 부문을 합병한 대기업(모건, 록펠러, 구겐하임 등)의 폭발에 이르기까지 신세계의 무진장한 채굴은 귀금속·구리·납 생산―거기에 수반된 공해 유발 주물 공장과 더불어―의 기하급수적 증가로 이어졌다. 눈에서 멀어지면 마음마저 멀어지게 마련이다. 이런 어마어마한 착취는 몬태나주, 미시간주, 캘리포니아산맥, 유타사막, 네바다주, 애리조나주 같은 장소에 사는 중산층 미국인들의 눈과 폐로부터 먼 곳에서 일어났다. 1900년경 오스트레일리아, 남아프리카공화국, 캐나다(특히 온타리오)는 각각 번갈아가며 금속 광산과 주물 공장을 발전시켰다. 대개 상선(商船)의 비용 하락 때문이었다. 공해는 초기 세계화를 겪었다.[100] 어떤 의미에서는 세기말의 식민주의— 특별한 렌즈를 통해 들여다봤을 때—가 공해의 전 세계 확산에 일익을 담당했다고도 말할 수 있다. 예를 들어, 인도에서 공해 규제는 무엇보다도 인종 분리에 대한 대응이었다. 1863년 철도로 광업 지구까지 연결된 콜카타의 공기는 일부 유럽 도시만큼이나 오염되어 있었다. 시는 영국 대도시권 표준에 맞춰 산업 매연을 규제하라는 명령을 내렸다. 콜카타에서는 델리에서처럼 공해 방지와 더 깨끗하고 건강한 도시 환경을 위한 정책이 주로 유럽의 정착민 거주 구역을 보호하기 위해 촉발됐다. 토착민이 사는 지역은 지저분하고 오염된 곳으로 묘사됐는데, 이는 현지 인구의 후진성을 보여주는 증거였다.[101] 프랑스 제국에서도 공해 유발 산업(인도보다 훨씬 적기는 했지만) 규제는 식민주의자와 토착민 인구 사이의 분리에서 비롯됐다. 1850년경 알제(Algiers)에서는 총독이 황산 공장 건설 허가를 거부했다. 유럽 병사들을 위한 군사 병원과 너무 가까웠기 때문이다.[102]

• • •

19세기 내내 공해 통제는 불가능한 과제처럼 보였다. 부인할 수 없는 성과가 있었고 격렬한 논쟁 이후 몇몇 법령을 채택하기도 했지만 관리와 규제 및 해결책은 나라와 시기마다, 당면 과제의 규모 그리고 문제시 되는 특정 산업마다 상당히 달랐다. 하지만 전반적인 차원에서 산업화 중이던 국민 국가들은 공해 유발 산업을 환영했다. 그들에게 이것은 부와 번영 그리고 세계에서 그들이 차지하는 중요성의 상승을 보여주는 상징이었다. 공해는 관습법—대부분 효과가 없었다—이나 흔히 허술하고 불완전하고 우회하기 쉬운, 통제를 강요하려는 법률에 대한 호소보다는 산업이 광란의 무리에서 멀리 떨어진 좀더 적합한 지역으로 이전하기 시작했을 때 일부 장소에서 감소했다. 철도 및 해상 운송 혁명은 새로운 영토의 정복을 가능케 해줬고, 이것이 산업이 더 고립된 장소를 찾을 수 있도록 해줬다. 동시에 진보의 세기는 기술 발전이 공해 문제를 해결할 것이라는 생각을 고수했다. 규제 당국이 홍보한 그것은 괜찮은 발상이었으나, 반동 효과와 공해의 분산 확대를 가속화하고 악화시켰다. 1830~1914년의 제도적 유산은 뒤이은 세기 내내 현저하게 유지됐다. 전쟁, 세계화 그리고 지속적인 산업 성장의 결과로 20세기에는 오염 물질의 증가—새로운 오염 물질뿐 아니라—가 있었음을 감안해야겠지만 말이다.

3부

새로운 대규모 공해
독성의 시대
1914~1973

유럽 도시들의 1970년대 깨끗해진 하늘과 1890년대 스모그에 잠긴 하늘을 재빨리 비교했을 때 나타날 듯싶은 것과는 대조적으로 20세기에 공해의 전반적인 감소는 일어나지 않았다. 오히려 공해의 성격은 달라졌지만 그 성장은 언제나 빠르게 증가했다. 이는 인구 폭발, 제조 상품의 소비 및 생산 증대, 합성화학의 자연환경 개조와 관련이 있었다. 20세기 동안 인구는 4배 증가한 반면, 에너지 소비는 9배 늘었고 산업 생산량은 40배 넘게 커졌다.[1] 주기적·지역적 위기에도 경제 성장은 제1차 세계대전 이후 산업화한 국가에서 가속화해 영광의 30년(1945~1975)이라 알려진 시기 동안 정점에 도달했고 영국과 미국에서는 3~4퍼센트, 프랑스와 동유럽 국가에서는 5퍼센트, 일본에서는 심지어 8퍼센트의 성장률을 보였다. 1914년의 대대적인 산업 전쟁과 1970년대의 석유 파동 사이에 일어난 환경 변화의 엄청난 가속화는 공해 및 그것의 공간적 재편 증대로 이어졌다.

모든 장점을 갖춘 새로운 표준이 바람직한 사회의 귀감으로 눈에 띈다. 국내총생산(GDP)은 무한 성장이라는 비전과 풍부한 물질적 혜택으로 평화로워진 사회가 곧 도래할 듯한 예감을 부추겼다.[2] 한 국가의 경제적 건실함을 결정하는 알고리즘은 통치자, 기업주, 노조, 역사학자 모두에게 일종의 국제 공통어가 되었다. 1930년대의 심각한 위기를 해결하기 위해 미국에서 개발한 GDP란 용어와 개념은 1945년 이후 유럽과 전 세계로 퍼졌다. 하지만 이 지표는 일정 기간 동안 한 나라 안의 제품 및 서비스 생산을 측정하면서 유산과 자연을 간과했다. 그 결과, 경제적 측면에서 환경 피해와 천연자원 고갈은 보이지 않거나 무관해졌다. 설상가상으로 GDP 증가에 대한 강박증은 공해 방지를 뒷받침하기는커녕 환경 문제를 악화하는 경향이 있었다. 공해는 GDP 스프레드시트(spreadsheet)에서 긍정적으로 평가받는 제조품의 부산물이었다. 사고 처리를 위해 제공하는 서비스나 환경성 질환의 의학적 치료도 마찬가지로 여겨졌다.

'더 많이'를 향해 달리는 이 영원한 경주 속에서 인류는 은근슬쩍 탁월한 새로운 "독성의 시대"로 진입했다.[3] 특히 새로운 화학 물질은 대기, 토양, 하천을 통해 퍼진 광범위한 폐기물의 원인이 되었다. 그것은 보통 위험했고, 이따금 자연환경이나 유기체의 생물 분해에 저항했다. 그럼에도 기업가들은 대부분 구덩이나 하치장 또는 강이나 바다로 미처리 폐기물을 배출했다. 이렇게 오염된 곳이 20세기 초반에는 아직까지 비교적 고립되어 있고 수도 많지 않았다. 그 수와 규모는 1945년 이후 급속히 팽창했다. 1980년 추정치에 따르면 미국의 경우만 위험 폐기물 하치장이 5만 개 있었다.[4] 게다가 이런 물질은 생산할 때만 오염시키는 게 아니었다. 오히려 생산, 소비 및 최종 배출구인 바다로의 투기라는 주기의 모든 국면에 걸쳐 있는 지속성으로 규정되었다. 독이 사라지지 않는 것이다. 이는 언론인 파브리스 니콜리노(Fabrice Nicolino)가 말하는 일종의 "보편적 중독", 역사학자 윌리엄 크로논(William Cronon)이 말하는 "새로운 독성의 시대", 생물학자 레이첼 카슨(Rachel Carson)이 말하는 "독의 시대"를 창출했다.[5]

통제 불가능한 기름 유출처럼 공해의 발전은 여러 측면으로 사회를 강타하는 전이적 성격을 띠었다. 이는 건강한 삶을 누릴 여유가 있는 사람들을 위해 그것을 보존한 지역과 산업 생산 및 거기서 나온 폐기물 수용에 희생된 지역 사이의 사회적·경제적·환경적 불균형을 악화시켰다. 20세기 말에 인간 활동은 탐욕스러운 식성을 채우고자 연간 약 700억 미터톤의 물질을 추출했지만, 인구의 겨우 15퍼센트—주로 북반구의 산업화 국가들에 사는—가 광물 및 화석 자원의 절반을 소비했다.[6] 환경적 위험과 관련한 이런 불평등(경제 발전과 연계된 불평등도 여전히 남아 있다)에도 공해는 틀림없이 세계적인—세계화한—문제였다. 각각의 특정 산업은 새롭고 훨씬 효과적인 공정을 채택한 데다 생산자들이 폐기물의 양을 줄일 수단을 찾아낸 덕분에 공해를 덜 유발하는 경향이 있었지만, 생산의 요구 및 규모는 전부 합쳤을 때 지구상의 공해가 계속해서 증가했음을 의미했다. 사실 네 가지 현상이 기술 향상의 효과를 거스르는 작용을 했다. 첫째, 전 세계에 걸친 산업의 표준화가 독성 배출물의 전체 양을 기계적으로 증가시켰다. 둘째, 광산 자원의 고갈은 곧 산업이 점점 순도 낮은 광맥을 개발할 수밖에 없게 만들고, 그것은 결국 더욱더 공격적인 추출 공정을 요구한다는 뜻이다. 셋째, 대량 소비와 인구 증가는 공해를 소비 행위 자체가 벌어지는 하류로 이동시켰다. 끝으로, 세계화와 전 지구적 경제 통합은 자연의 소비재로의 변신을 두드러지게 만들었다. 신제품의 소비—혹은 그 제품이 필요하다는 인식—는 공해에 대한 반감을 부드럽게 하고 흔히 공적 담론의 화제가 덜 되게 만드는 데 일조했다.[7]

이 새로운 독성의 시대가 출현하는 데는 몇 가지 공정이 결정적 역할을 했다. 우선 양차 세계대전과 냉전은 진보와 산업 팽창의 파괴로 초래된 피해의 일부 탈(脫)억제—또는 피해와 동떨어진 우선순위 설정—를 조장했다(7장). 화석 연료 에너지 체제의 확립과 석유의 우세 또한 지구상의 공해를 두드러지게 만들었다(8장). 제품을 위한 산업 성장에 의존하는 생활 방식과 '소비 사회' 탄생이 오염 물질을 증가 및 전파시켰다(9장). 끝으로, 이런 현상의 속도를 늦추는 데 실패한 법적 규제와 개입 방식의 끊임없는 취약성은 1970년대에 왜 새로운 위험이 많이 등장했는지를 이해할 수 있게 해준다(10장).

산업 전쟁과 공해

1914년 이전의 전쟁―혁명의 갈등과 제국의 충돌로 시작된 크림 전쟁 (1853~1856)과 미국 남북전쟁(1861~1865)―은 끔찍하게 파괴적이고 다양한 환경적 영향을 미쳤지만 어느 것도 20세기 전쟁의 규모나 강도에는 미치지 못했다.[1] 새로운 총력전의 시대는 새로운 방식의 광범위한 오염도 함께 가져왔다. 1960~1970년대에 베트남에서 사용된 네이팜(napalm)과 고엽제는 20세기의 갈등이 초래한 생태 파괴와 공해의 상징이었다. 제1차 세계대전에서 가스전이 시작됐고, 에스파냐와 프랑스의 식민 권력은 항공술의 도움으로 리프 전쟁(Rif War, 1921~1927) 중 모로코의 베르베르족에게 최초로 소이탄을 투하했다. 네이팜―원래는 화염방사기에 쓰이는 가솔린계 물질―은 1942년 하버드 대학교에서 개발해 1945년에 일본 도시들을 상대로, 그리고 그리스 내전(1944~1949)에서, 그다음에는 한국전쟁(1951~1953)과 베트남 전쟁에서 대대적으로 사용됐다. 이것의 방만한 사용으로 수많은 인명 피해는 물론 동물군, 식물군, 토양 및 물이 영구히 오염됐다. 베트콩이

그림 7.1 ————————————————————————————————

랜치핸드 작전(Operation Ranch Hand) 중 미국 비행기들이 투하하는 오렌지 작용제, 1962~1971. 우
리는 전쟁이 공해의 주범이라는 사실을 너무나 자주 잊는다. '생태 파괴'라는 개념은 베트남 전쟁에서
비롯되었다. 공산당 전사들이 숨어 있는 숲에 미 육군이 투하한 대대적인 오렌지 작용제 때문이다. 몬
산토에서 제조한 이 제초제로 300만 헥타르(약 740만 에이커) 넘는 지역이 오염됐다. Akg-images/
©Underwood Archives.

숨어 있는 숲을 파괴하기 위해 베트남 전쟁 동안 미국 공군이 '오렌지 작
용제(Agent Orange)'란 별명의 유명한 제초제를 대량 투하한 사건은 역사상
매우 중요한 생태계 파괴로 여겨진다. 이는 또한 이런 유형의 화학 물질에
대한 민간의 사용과 군사적 이용 사이의 밀접한 관계를 드러내기도 한다.[2]

총력전―개념과 실천으로서―은 1914년에 시작됐다. 단지 병사들을 전선으로 징집하기만 하는 게 아니라 교전국의 인구 및 경제 전체가 분쟁에 완전히 종속되도록 동원했다. 전쟁은 또한 최대한의 파괴를 위해 전례 없는 규모로 화학 자원을 징발하고 과학적·산업적 혁신을 주도하면서 갈수록 산업화했다.[3] 〈나튀르(La Nature)〉(과학의 대중화를 목표로 한 프랑스 잡지)가 1916년 1월에 관찰했듯이 말이다.

> 만일 전시와 평시에 똑같이 가치 있는 산업이 있다고 한다면, 그것은 타르와 벤졸 공업이다. 평시에는 우리의 우아한 여성들이 화사한 색깔의 옷을 입고 섬세한 향수를 뿌릴 수 있게 해준다. 전시에는 우리의 자동차에 외국 석유의 귀중한 대체물을 제공하고 무엇보다도 멜리나이트(melinite), 트로틸(trotyl), 아마톨(amatol) 등 가장 강력한 폭약을 제조하는 기본적인 재료다.[4]

오랫동안 좀처럼 보이지 않았고 무수한 인명 피해―20세기 전쟁 동안 1억 8000명의 사망자가 발생한 것으로 추정된다―에 비해 부차적으로 여겨졌던 환경의 피해와 파괴는 최근 중요한 연구 관심사로 떠올랐다.[5] 군사 작전과 환경 변화 사이의 관계는 갈수록 많은 저서의 주제가 되고 있다.[6] 실제로 전쟁은 자연과 사회의―그리고 이 둘 간의―상호 작용을 재구성하고, 행동을 취하도록 세상을 끌어들이고, 지식의 구축과 생태학적 동원만큼 자연의 모습에 대한 재규정에도 개입한다.

우리는 전쟁을 특징짓는 것이 공해 자체보다는 풍경의 파괴와 급격한 변형이었다는 것을 알 수 있다. 자연환경에 대한 가장 극적인 피해는 무엇보다 공포 및 초토화 정책과 연관이 있었다. 1938년 중국 민족주의자들의 황허강 제방 파괴―일본의 진격을 저지하기 위한 필사적인 작전―

는 의심할 바 없이 공해보다 훨씬 더 큰 영향을 생태계에 미쳤다. 광대한 지역의 대규모 삼림 벌채는 거의 틀림없이 20세기 전쟁의 가장 중요한 환경적 영향일 것이다.[7] 비슷하게, 전쟁 과정의 맨 꼭대기에서는 군산 복합체가 막대한 기반 시설 건설에 착수하고 환경을 형성하는 과학 프로그램을 개발했다. 그러나 새로운 기술과학 궤적의 기반, 이례적인 동원과 전례 없는 규제의 부재가 사회의 활동을 좌우하는 공간인 전쟁은 20세기 공해 역사에서 규모의 급격한 변동을 기록했다. 전쟁에서 환경 보호와 공중 보건은 전투라는 연극—아울러 그 전투의 강박 관념—이 무대 중앙을 차지함에 따라 뒷전으로 밀려났다. 분쟁은 그것이 없었다면 상상도 할 수 없었을 기술 발전을 위한 영감이었다. 신소재 및 물류 설계의 상당한 가속화는 말할 것도 없고, 파괴적인 화학에서부터 핵에너지까지 오염도 높은 새로운 제품들이 대거 등장했다.

전시 동원과 규제의 종말

군사적 개입은 '극한의 시대'에 풍경과 환경을 바꿔놓았다. 어떤 때는 군사 작전이 결과적으로 생태계가 산업의 영향으로부터 벗어나 특별 보호를 받는 데 도움을 주는 안식처를 창출하기도 했다.[8] 사실 전쟁은 특정 자연환경에 가하는 지역적 압력을 줄일 수도 있었다. 역설적이게도 1953년 남한과 북한 사이에 만들어진 250킬로미터의 비무장 지대가 바로 그런 경우였다. 그곳에서는 풍부한 생물 다양성이 발달했다. 정도는 덜하지만, 동독과 서독을 갈라놓았던 3000킬로미터 넘는 옛 철의 장막 (Iron Curtain: 1946년 영국 총리 처칠이 서유럽의 자유주의와 동유럽의 공산주의 사이의 경계선을 풍자한 표현―옮긴이) 지대도 비슷한 상황을 보였다. 전시에는 제한 및 배급 정책이 공해를 유독 심하게 일으키는 일부 활동의 자취를 줄였다. 어떤 나라는 기본 소비재 부족을 겪었다. 예를 들면, 이탈리아와 프랑스는 1938~1945년 GDP가 각각 40퍼센트와 50퍼센트 감소했다.[9] 이 시기 동안 프랑스에서는 하천 오염으로 1880년대에 사라진 이래 처음으로 센강의 연어 낚시가 가능해졌다. 똑같은 현상이 핀란드에서도 눈에 띄었다.[10]

부족은 가끔 에너지 소비 수요가 적고 발생하는 공해도 더 적었던 옛날식 생산 기법으로 돌아가길 강요하기도 했다. 에너지 보존은 일광 절약(daylight savings: 일명 서머타임―옮긴이)―독일과 오스트리아-헝가리 제국에서 1916년에 채택했고, 그 뒤를 프랑스·영국·미국이 따랐다―도입의 이면에 있는 근거였다. 1917년 4월 전쟁에 돌입한 후 미국은 낭비적이고 망국적인 비효율의 상징으로 보였던, 공장에서 뿜어 나오는 자욱한 매연을 (성공하지 못했지만) 제한하려 했다. 제2차 세계대전 중에 미국 정부는 애국적인 의무로 자전거 사용을 권장했는가 하면 영국은 재활용을 홍보했다.[11] 그 밖의 경우, 배급제는 농업에서 화학 비료를 없애거나 저에너지 농사 기법을 개발하지 않을 수 없도록 만들었다. 가령 일본에서는 제2차 세계대전 동안 전쟁 수행을 위해 산업 부문이 사용을 독점하면서 암모니아가 부족해지자 농민들이 유기 물질로 토양을 비옥하게 하려고 퇴비를 만들 수밖에 없었다.[12]

이러한 전시의 제한적인 자원 부족 관리 사례가 존재하고 또 많기는 하지만, 그것 때문에 교전국들이 얼마나 많이―보다 거시경제적 차원에서―생산 조직의 총동원에 몰두했는지 가려져서는 안 될 것이다. 평균적으로 각국의 GDP는 제2차 세계대전 중 거의 35퍼센트 증가했고, 1938~

1944년 미국에서는 214퍼센트 늘었다.[13] 전쟁 중에 공해의 감소가 일어난 곳은 많지 않고 일부에 국한되어 있었다. 보통은 종전 이후 강력한 경제 성장─그리고 거기에 수반된 공해 증가─국면이 뒤따랐다. 경관에 따라, 그리고 나라의 경제 구조와 전장 위치에 따라 상황은 제각각이었다.[14] 전쟁은 시장의 재편에 유리했고, 천연자원─목재·설탕·석유·우라늄─을 향한 열강들의 '지칠 줄 모르는 식성'을 채워줬고, 그들의 극심한 착취를 부추겼다.[15]

전시의 우선 사항은 자연환경에 관한 사고방식과 개발 방법을 재규정하기도 했다. 전쟁은 통제 및 억제를 해제하고, 반대자들의 입을 다물게 하고, 전례 없는 오염 물질 배출 증가에 유리한 근대화의 틀을 부과하면서 전무후무하게 약탈의 논리를 허용했다. 이 산업적 동원의 중심에 포탄, 기관총, 비행기, 탱크 및 트럭의 생산이 있었지만 큰 프로젝트도 포함되었다. 운송 및 에너지 기반 시설은 물론이고 대규모 설비 제조는 전쟁에 총력을 기울이는 데 중요했다.[16] 예를 들어 미 육군은 1941년 이후 5억 켤레의 신발을 주문했고, 자동차 산업에는 군용 차량 생산을 요구했다. 1945년까지 미국 산업은 단독으로 트럭 200만 대, 항공기 30만 대, 대포 19만 3000문, 탱크 8만 6000대를 제조해 연합군 장비의 3분의 2를 차지했다. 이러한 생산 강화에는 필연적으로 수많은 환경적 영향이 수반됐다. 그것을 지속하자면 엄격한 환경 규제의 완화와 일부 법률 위반의 용인이 필요했다. 전쟁과 생산 압력은 공해 배출물을 곧장 수로에 쏟아붓거나 성급하게 버리도록 했다.[17] 군사적 수요를 충족해야 하는 이러한 산업 재전환의 맥락에서 생태적 고려 및 우려는 시대의 절박함 속에 묻혔다. 공해에 관한 행정적·법률적 통제는 완화되었고, 저항의 움직임은 영향력을 상당히 잃었다.

제1차 세계대전은 최초로 고도의 공해를 유발한 에너지 및 화학 전쟁이었다. 석유 생산이 1910년의 4000만 미터톤에서 1921년 1억 미터톤으로 늘어났는가 하면, 로열 더치 셸(Royal Dutch Shell)의 배당금은 1914~1919년 4배로 껑충 뛰었다. 기계화한 전쟁은 석유를 없어서는 안 될 필수 요소로 만들었고, 그 때문에 1917년 프랑스 정부의 수장 조르주 클레망소(Georges Clemenceau)는 자신에게 10만 미터톤의 석유를 빨리 보내달라고 미국 대통령 우드로 윌슨한테 채근할 정도였다. "연합군이 전쟁에서 지기를 원치 않는다면, 독일 대공세 때 다가올 전투에서 혈액처럼 필수적인 석유가 프랑스에 모자라지 않도록 해야 합니다."[18] 석유 수요는 주요 열강이 자신들의 중동(中東) 자원에 대한 영향력을 증대시킬 수밖에 없게 했다. 전쟁 중에 프랑스의 애국적인 '신성한 결합(sacred union)'과 국가 수호는 대부분의 교전국에 생산의 필요를 둘러싼 합의를 강요하고 강력한 기술 산업 근대화를 촉진했다. 분쟁은 많은 참여자—예를 들면, 프랑스의 사회주의자로 무기 생산업체 노조의 창시자이자 전후 국제노동기구(ILO) 초대 의장을 지낸 알베르 토마(Albert Thomas)—에게 생산 증대와 새로운 기술 공정 사용의 필요성을 납득시켰다.[19] 1917~1918년 미국은 연소된 석탄 양의 기록을 갈아치웠고, 이로써 산업 매연을 줄이려던 이전의 노력들은 물거품이 되었다. 피츠버그, 세인트루이스, 신시내티, 시카고를 포함한 많은 도시에서 대기 질이 극적으로 하락했다. 언론은 매연 구름이 이렇게 두꺼운 적은 없었다고 보도했다. 뉴욕에서는 무연탄이 부족해 제조업체들이 더욱 더럽고 품질 낮은 연료를 사용하지 않을 수 없었다. 더욱이 전쟁과 애국심 선전은 항의 운동과 매연 방지 활동가들을 침묵하게 만들었다. 예를 들면, 민간 부문 엔지니어들이 국제매연방지협회를 장악해 좌지우지했다.[20] 독일에서도 전쟁 필수품 생산 때문에 행정부는 산업 매연 제한 법령 제정을 유예할 수밖에 없었다. 1915년 프러시아의 전쟁부 장관은 지방 당국에 환경 품질 규제를 미뤄달라고 요청했다.[21]

특정 환경 규제의 유예는 제1차 세계대전만큼이나 제2차 세계대전에도 적용된 보편적인 원칙인 듯했다. 미국에서는 참전하기 전 세인트루이스와 피츠버그에서 채택했던 공해 방지 규제가 1941년 이후 바로 연기되었다. 이는 전후에도 되돌려지지 않았다. 나치 독일의 경제는 1939년 9월 3일의 승리에 맞춰져 있었고, 1943년―스탈린그라드와 북아프리카에서의 연속적인 패배를 기록한 해―부터는 나라 전체와 인적·생태적 자원을 동원했다. 틀림없이 나치 정부는 대기 오염과 그것의 통제라는 문제를 놓고 고민했다. 이 주제는 직접적으로 히틀러에게 흥미를 불러일으키지는 않았지만, 그럼에도 확실히 논란을 낳았다. 일부 변호사는 국익과 게르만 인종이라는 이름으로 매연 감소 정책을 옹호하고 싶어 했지만, 당국은 마침내 공해 유발 배출 물질을 관장하는 법적 제약을 제한할 것을 결정해 지시했다. 하지만 안온방해와 공해에 대한 민원이 전쟁 중에 완전히 사라진 것은 아니었다.[22] 1945년 이후 동서 간 라이벌 구도는 긴장을 더욱 양극화시켰고, 냉전이라는 유령이 일제히 공해 규제로 회귀하려는 모든 움직임을 크게 둔화시켰다. 공해는 1972년 스톡홀름에서 국제연합 인간환경회의가 열릴 때까지 전후 시기의 대규모 국제회의 주제에서 주변부에 머물러 있었을 뿐이다. 이스라엘 사례는 환경 규제를 완화하는 또 다른 근거를 보여줬다. 1948년의 건국 및 이웃 나라들과의 많은 분쟁―무엇보다 1967년의 6일 전쟁(아랍과 이스라엘 간의 3차 중동 전쟁―옮긴이)이나 1973년의 욤키푸르(Yom Kippur) 전쟁―을 둘러싼 긴장과 상황을 감안해 이스라엘 방위군은 자국 내에서 특별한 지위를 얻었고 국가의 환경 규정

준수를 면제받았다.[23]

분쟁과 마찬가지로 1930년대─또는 냉전 시대 동안─의 전쟁 대비와 사회의 군사화는 주요 사업을 합법화했고, 이를 억제할 수 있는 정치적 제약을 걷어냈으며, 산업적 역량과 자원 전용의 총동원을 위해 신중함은 제쳐두었다.[24] 무력 분쟁에도 불구하고 군대 유지는 전반적인 오염 수준을 높여서 가령 1945년 이후 대기 오염의 6~10퍼센트를 차지했다. 훈련, 정비, 병력 및 무기 배치는 물론이고 연구, 개발, 시험, 저장 같은 매일의 군사 활동이 엄청난 양의 폐기물과 오염된 배출물을 생성했다. 예를 들면, 미군만 해도 전국 최대 화학 회사 5곳을 합친 것보다 많은 연간 75만 미터톤의 독성 폐기물을 발생시켰다. 그 폐기물은 미국의 8500개 군사 주둔지와 캐나다, 독일, 영국, 이탈리아, 파나마, 필리핀, 한국, 터키 같은 동맹 국가의 시설에서 처리 및 저장했다.[25] 군사 기지의 수와 영향력 팽창은 20세기의 전쟁 같은 긴장 상태 증가에서 비롯됐고, 냉전은 그걸 악화시킬 뿐이었다. 1980년대 말에 군사 주둔지 및 군 시설은 지구 표면의 1퍼센트를 차지했다. 그 다수가 지구상에서 가장 오염된 장소를 수용했다. 당시 미국은 전 세계에 흩어진 375개의 대형 군사 기지와 그보다 작은 3000개의 군사 기지를 보유했다. 이 기지들이 특히 영국과 프랑스에서 많은 반대를 불러일으킨 환경 변화의 원인이었다. 프랑스에서는 1970년대에 라르작(Larzac) 기지의 확장에 반대하는 싸움이 벌어져 순전히 군사적인 우려를 뛰어넘는 환경 의식의 출현을 촉진하기도 했다.[26]

1945년 이후 국제 질서의 기초였던 전 세계적 미군의 주둔은 많은 국지적 공해 사건을 창출했다. 일반적으로 군사 기밀은 이러한 위반 행위를 묵인 또는 변명하거나 덮을 수 있도록 보장해줬다. 가령 파나마에서는 화학 무기 실험─대형 미군 시설에서 몇십 년간 이뤄졌다─이 많은 안온방해와 주민의 민원을 불러일으켰다. 1941년 진주만 폭격 이후 미국 군대는 푸에르토리코 인근에 있는 비에케스(Vieques)섬 대부분을 전략적 해군 기지로 사들였다. 전쟁이 끝난 후 군대는 이 섬을 군수품 창고와 실험 및 작전을 위한 기지로 변신시켰다. 60년간 이 작은 섬은 식민 지배하에 있었고, 진짜 폭탄의 세례로 인한 암이나 간경변 발병률이 카리브해 평균을 훨씬 웃돌았다.[27] 유럽에서도 공산주의의 위협을 막기 위한 미군과 북대서양조약기구(NATO) 군대의 주둔이 일부 생태계를 무겁게 압박했다. 예를 들어, 1956년 이탈리아 정부는 사르데냐(Sardegna)에 사격장 및 다양한 군사 시설의 설치를 허가했는데, 이것이 몇십 년간 이 섬을 심하게 오염시켰다.[28]

열강들의 군대 주둔 유지와 연관된 에너지 소비는 군사 장비의 상대적으로 거대한 규모와 더불어 꾸준히 증가했다. 제2차 세계대전 이후 군사 기술은 갈수록 더 많은 에너지를 먹어치웠다. 미 육군의 에이브럼스(Abrams) 탱크는 100킬로미터당 400리터의 연료를 소모했고, B-52 폭격기—1950년대에 의뢰받았다—는 시간당 1만 2000리터의 등유를 연소했으며, F-15 전투기는 수년간 자동차 한 대가 쓰는 것보다 더 많은 7000리터를 사용했다. 1945~1975년 미국에서 군사 훈련 및 무기 생산과 관련한 이산화탄소 배출량이 전체 배출량의 약 10퍼센트를 기록했다.[29] 철의 장막 반대편에서는 전쟁 물자를 위한 필사적인 전략적 광물 자원 탐색과 군사적 요구를 충족시키기 위한 방대한 화학 및 금속 산업의 급속한 구축으로 소련의 모든 지방이 군사 수용소와 '산업용 사막'으로 탈바꿈했다.[30] 우랄 지방—광물 자원이 풍부하다—은 전쟁 물자 충당에 동원됐던 제2차 세계대전 이후, 광업 및 산업 도시가 융성했다. 이는 특히 소비에트연방 북부에서 공해의 막대한 증가를 야기했다. 같은 지방에서 광산과 군사 기지 주변으로 교정(矯正) 노동 수용소로 대표되는 신흥 도시들이 우후죽순처럼 탄생했다. 북극권 한계선 너머의 광대한 광산 분지 한복판에 위치한 보르쿠타(Vorkuta)가 전형적인 사례였다. 1941년부터 철도로 전국의 다른 지역과 연결되고 냉전 시기에 폭격기용 주요 군사 기지가 있던 보르쿠타 지방은 중금속으로 인한 수질 오염과 대기 오염의 패러다임 사례를 제공한다. 같은 현상은 군사적 수요를 충족하는 광물 자원을 개발하기 위해 시베리아에 건설된 도시들에서도 관찰되었다.[31] 비록 규모는 다를지 몰라도 다른 나라의 관행도 같은 패턴을 따랐다. 예를 들면, 일본에서는 양차 세계대전 사이인 간전기(間戰期) 동안 전쟁 동원을 강화하면서 대기 오염과 수질 오염이 악화했다. 지역 당국은 광업과 채석업 및 화학 공장에 의한 수많은 오염 사건을 보고했다. 일본 농림부 내 어업 행정 부서도 1000건 이상의 수질 오염 사례를 파악했고, 전국의 대도시 대부분이 산업에서 발생한 독성 배출물에 희생되었다.[32]

새로운 공해 궤적의 기반

전쟁은 인적 및 물적 자원을 동원하며, 제약을 없애고 공해에 관한 우려를 주변화하면서 20세기 후반에 환경 변화의 대대적인 가속화를 위한 발판을 마련했다. 새로운 무력 분쟁은 모든 대륙에서 추진되는 총력전인 동시에 '세계 전쟁'이었다. 사실상 양차 세계대전은 공간과 시간이란 범주와 표상을 재구성했고, 예전의 힘의 균형―특히 식민지의―을 약화시키는 한편 새로운 과학 및 산업의 역학을 엄청난 규모로 추진했다. 모든 억제를 제거함으로써 세계대전은 잔인하고 파괴적인 기술의 전 지구적 승리에 착수했다.[33] 이것은 또한 대량 소비 사회의 기술적·법률적 틀을 만들고, 국가가 관리하는 군산 복합체의 출현을 촉진하고, 자동차 보급과 항공술 그리고 살충제와 알루미늄처럼 특히 오염이 심한 신생 부문에 힘을 실어줌으로써 새로운 공해의 토대를 마련하기도 했다.

20세기의 전쟁은 '거대과학(Big Science: 원자력이나 우주 개발처럼 많은 인원과 조직, 예산이 들어가는 대규모 연구를 일컫는 용어—옮긴이)'의 확립을 예고했는데, 이것은 새로운 연구 세계를 하나같이 환경에 심각하고 지속적인 영향을 미치는 거대 프로젝트를 위해 일하는 정부와 과학자 및 산업 간의 동반 관계에 의존하도록 만들었다.[34] 이러한 '중과학(heavy science, 重科學)'은 제1차 세계대전과 양차 대전 사이 시기에 결정적인 이정표를 세운 발전에서 비롯됐다. 1916년 미국에서는 학문 연구가 군사적 목표에 봉사하도록 하기 위해 국립연구위원회를 창설했다.[35] 그러나 특히 1940년 이후로 과학은 주요 연구 프로그램(특히 핵)을 중심으로 정치적 사안의 핵심부에 자리 잡았고, 과학자들은 권력의 핵심 지위를 얻었다. 1939년에는 제한된 예산의 소규모 팀들이 여전히 기초 연구를 장악했던 반면, 1945년이후에는 과학자들이 과학과 산업의 확고한 동맹으로 공해 유발 역량이 10배나 커진 군사 프로그램의 핵심부에서 일했다.[36] 화학의 뒤를 이어 물리학—특히 핵물리학과 고에너지물리학—이 군사적 연구와 어느 때보다 긴밀한 관계를 유지했다. 냉전 시대에 들어서자 열강들은 물리적 세계 및 물질에 대한 지식을 향상시키기 위해, 그리고 더욱 파괴적인 새로운 무기를 개발하기 위해 막대한 투자를 했다. 지구의 군사적 지배를 위해 위성 영상, 해양학, 지진학, 기상학 및 기후학을 동원했다.[37] 미국의 매사추세츠 공대(MIT) 같은 일부 대학이 초기 '군산 복합체'의 중심이었다. 이 대학의 학장은 제2차 세계대전이 종식되자 "[MIT의] 군사적 가치는 함대나 부대 한 곳의 가치에 맞먹는다"고 말했다.[38] 유럽원자핵공동연구소 (CERN)의 유럽 프로젝트는 그것이 제시하는 독특한 외교 쟁점 때문에 군사적인 것에서 좀더 독립되어 있지만, 프랑스원자력위원회(CEA) 같은 대부분의 전후 대형 연구 기관은 군사적 이익에 긴밀히 의존하거나 거기서 파생되었다.

전쟁이 없었다면, 유럽 및 북아메리카 사회 전체의 자동차 보급—항공학 및 새로운 화학 물질의 발달처럼—은 훨씬 더 느리게 발달했을 것이고, 독성이 특히 심한 몇몇 신제품도 어쩌면 절대 등장하지 않았거나 그렇게 쉽사리 퍼지지 않았을 것이다. 자동차 산업—예를 들면 프랑스의 르노(Renault)와 시트로엥(Citroën)—의 부상이 제1차 세계대전 중에 증대되었다면, 항공학은 20세기의 분쟁들로 크게 이익을 본 핵심 부문이다. 1914년 전 세계적으로 5000대의 항공기를 제작한 반면, 1918년에는 20만 대를 넘어섰다. 프랑스군은 1914년 8월 350대도 안 되는 항공기를 갖고 있었지만, 1918년에는 연합군용 약 1만 대를 포함해 4만 1500대를 제작했다. 이러한 증가는 비단 양적인 것만은 아니었다. 1918년 비행기는 전쟁 이전보다 2배 더 빠르고 5배 더 높이 날았으며, 에너지 소모도 늘었다.[39] 영국은 1918년 공군을 창설했고, 1920년대에는 공중전을 연구 및 이론화했다. 새로운 항공 기술은 이제부터 민간 지역도 전쟁 파괴의 일부가 될 것이라는 의미였다. 공습은 총력전의 필수 요소가 되었다.[40] 그러나 항공학의 출현 및 부상은 20세기 후반 민간인들한테 익숙해진 고도로 에너지 집약적인 운송 방식 속에서 제2차 세계대전의 근본적인 추동력을 이해하는 데 도움을 준다. 1945년 미국에서만 2000만 미터톤(영국의 경우는 200만 미터톤)의 항공 연료를 생산했다.[41] 제2차 세계대전 중에는 제트 엔진 시대도 등장했다. 1930년대의 단순한 실험 시제품이던 제트

엔진은 분쟁 중에 가동하기에 이르렀다. 이것은 이후 민간용으로 개조하기에 앞서 한국전쟁에서 쓰였다.[42]

새로운 생산 모델의 기반이던 전쟁은 다양한 기술에 영향을 주기도 했는데, 아마도 알루미늄과 화학 물질이 그중 가장 대표적일 것이다. 세기 초만 해도 알루미늄은 아직 소량 생산되는 귀금속이었다. 하지만 가벼움과 물리적 특성에 이상적이어서 항공 분야의 핵심 금속이 되었다. 1930년대에 파시즘의 이탈리아와 나치의 독일에서 알루미늄 산업에 대한 수요가 늘어났다. 전체주의 체제는 알루미늄 제련소에서 야기한 플루오르(fluor, 螢石) 공해에 영향을 받은 시위—가령 이탈리아 북부의 아디제(Adige)강을 끼고 있는 모리(Mori) 주민들의 시위—를 탄압하기도 했다.[43] 제2차 세계대전은 전 세계의 생산력을 3배로 키워놓았다. 전쟁 물자와 군 수요를 충족시키다 보니 미국의 알루미늄 생산량은 1939년 13만 미터톤에서 1945년 100만 미터톤으로 뛰었다. 세계 생산량의 4분의 3이었다. 독일은 1944년에 20만 미터톤을 생산했다. 전시에 쓰인 막대한 양의 산업 설비에서 수익을 내자면 지속적인 군사적 사용을 제약하지 않으면서도 전후 알루미늄의 민간 시장을 찾을 필요가 있었다. 이 금속은 거의 기적적인 특성을 가진 근대적인 재료로, 주방 기구나 포장재(유명한 음료수 캔) 또는 진열창 제조용으로 홍보되었다. 알루미늄은 전후 대량 소비의 진정한 상징 중 하나로 자리 잡았다.[44] 1950년에는 전 세계에서 150만 미터톤을 생산했는데, 제2차 세계대전이라는 결정적 자극이 없었다면 생각할 수 없는 수치다.

양차 세계대전은 또한 이미 알려지기는 했지만 기회와 시장이 부족했던 새로운 화학 물질도 대거 소개했다. 이러한 물질의 확산은 화학에 의한 '보편적 중독'에 이바지했다.[45] 한 가지 예로, 제1차 세계대전 동안 공기 중의 질소를 고정하는 하버-보슈 암모니아 합성 공정(1909)이 개선됐다. 질산염은 폭발물 생산에서 필수였기 때문이다. 독일의 수입 동결과 군사적 수요 증대에 대응해 미국 화학 공업은 전례 없는 규모로 확장됐다. 전쟁은 특히 미국 정부의 화학전 부대(Chemical Warfare Service, CWS)의 영향 아래 미국의 화학을 완전히 탈바꿈시켰다. 1917년 11월 미국화학협회 총무 찰스 로스(Charles E. Roth)는 이 나라가 "독일한테는 거의 40년이 걸렸던 일을 불과 2년 만에 성취했다"고 주장했다.[46] 제2차 세계대전은 제1차 세계대전의 산업적 반향(反響)을 훨씬 더 큰 규모로 선보였다. 화학 부문의 미국 대기업들은 1940년 이전까지 여전히 현지 시장에 국한되어 있었던 반면, 1945년 이후에는 국제 시장을 장악했다.[47] 몇십 년 만에 1만 개의 물질이 시장에 나왔고, 국민의 일상생활에 침투해 자리를 잡았다. 위험에 대한 사전 평가와 정부의 생산 및 유통에 대한 실질적 관리는 거의 필요 없었다. 미국의 화학 감독 관련 직무는 1976년 독성물질관리법이 통과될 때까지 등장하지 않았다. 그즈음에는 6만 2000개의 화학 제품이 유통되고 있었다.[48]

화학 오염 물질의 확산은 대부분 전시 물품을 재활용할 필요성에서 기인했다. 제1차 세계대전이 끝난 뒤 전투에 사용하던 화학 가스가 민간용으로 전환됐다. 염화 가스는 의료 및 공공장소의 소독용으로 재사용됐으나 ┌◻ ㄱ ─ ᄂ 해충, 특히 바구미를 구제했다. 격렬한 논쟁과 비판 그리고 저항에도 불구하고 전투용 가스에서 나온 살충제는 1920~1930년대 미국 농업에 널리 퍼졌다. 이는 전시 생산을 위해 자기들이 개발한 설비를 최적화하려는 화학 공업의 제도를 초월한 홍보와 명망 덕분이었다.[49]

저 유명한 다이클로로다이페닐트라이클로로에테인(DDT)의 경우가 또 다른 놀랄 만한 사례를 제공한다. 1870년대에 한 오스트리아 화학자가 합성한 이 물질은 1939년 스위스의 파울 헤르만 뮐러(Paul Hermann Müller, 1899~1965)가 처음에는 나방, 그다음엔 콜로라도감자잎벌레에 대한 살충제로서 유용성을 발견하기 전까지는(그는 이 발견으로 1948년 노벨 의학상을 받았다) 그저 실험실의 위업 정도였다. 1943년 5월 미국 식품의약국(FDA)의 연구가 안전성을 입증한 뒤 DDT는 미군에 공급되었고, 특히 1943년 나폴리의 장티푸스 유행 이후에는 전장에서 나온 질병 유발 곤충을 제거하기 위해 대규모로 생산되었다. 130만 명에 가까운 민간인이 DDT를 함유한 물질인 네오시드(Neocide) 가루로 치료를 받았다. 1944년에는 미국의 회사 14곳에서 대량으로 DDT를 생산했다. 이것은 태평양 전쟁(1943~1945) 당시 모기─광고 문구에서 종종 위험한 일본인으로 묘사됐다─퇴치에 널리 쓰였다.[50]

DDT는 연합군의 승리와 병사들의 보호에 기여한 기적의 제품으로 인식되고 팔려나갔다. 1945년 이후 제조업자들은 과잉 생산으로 인해 새 시장을 많이 창출해야 했다. 전후의 농업 오염은 대개 전쟁에서 물려받은 재고 처리의 결과였다. 역사학자 에드먼드 러셀(Edmund Russell)은 화학을 통해─특히 해충 박멸 프로그램이라는 형태로─특정 유형의 "인간들 사이의 전쟁"과 "자연을 상대로 한 전쟁" 사이의 끊임없는 교차점과 연계를 밝혀냈다. 전쟁은 환경과의 관계─증대된 폭력의 수사학으로 말한다─를 관장하는 규범 체계 형성에 깊이 관여했고, 이는 결국 전쟁 행위를 더욱 급진적으로 만들었다. 20세기 내내 인간 사회와 자연에 대한 잔인한 취급은 서로 관련이 있었다. 전시에 정당화했던 예외가 평시에 정상화되었다. 따라서 이 대규모 군사 충돌을 되돌아보지 않고서 1945년 이후 강화된 공해의 정착을 이해하는 것은 거의 불가능하다.[51]

폭탄 속에서: 가스들

20세기 전쟁과 공해의 관계를 가늠한다는 것은 대기, 물, 토양에 그것이 미친 영향을 면밀히 조사하기 위해 전투의 심장부로 뛰어드는 일을 수반하기도 한다. 자연에 대한 묘사는 전쟁에서 비롯된 경험에 의해 완전히 재정의되었다. 전무후무한 폭력을 자행한 제1차 세계대전이 특히 그런 경우였다. 평화로운 전원 풍경은 희망을 상징하고 불안과 공포를 잠재우는 고요한 분위기를 제공하는 수단으로 환기되었다.[52] 반대로 황량한 전장 풍경은 그럼에도 주로 도상학(iconography: 상징성, 우의성, 속성 등 어떤 의미를 갖는 도상을 비교하고 분류하는 미술사의 한 분야-옮긴이)과 증언으로 표현되었다. 교육을 받았든 평범한 집안 출신이든 병사들은 생태계의 황폐함을 그렸다. 죽음과 (오랫동안 재생과 풍요의 상징이던) 침묵하는 봄의 이미지가 전쟁 목격자들에게 상처를 줬다.

> 풀 없는 풀, 싹 없는 싹, 꽃 없는 꽃의 모습. 중독된 구근(球根)의 계절. 총력전의 계절. 애정 없는 연인들의 계절. 달의 풍경. 죽은 별들의 모습. 불필요하고 피가 낭자하는 공격의 계절. 아무 소득도 없는 절박한 반란의 계절. 낯선 재료의 계절. 넘치는 무덤의 계절. 가스와 독의 계절. 굶주린 육식성의 자연. 녹슨 자물쇠들.[53]

참호전은 북해의 서쪽 맨 끝에서 스위스 국경까지 이어지는 전선을 따라 전쟁 쓰레기를 남겼다. 척박한 토양에 뒤덮인, 땅속에는 금속과 불발탄이 가득 묻혀 있고 농사에는 부적합한 '전쟁'의 풍경. 프랑스에서 전쟁이 할퀴고 간 농경지 330만 헥타르(약 820만 에이커)-전후 전쟁 배상금 계산에 들어갔으므로 정확한 조사가 이뤄졌다―중에서 1만 헥타르는 전쟁이 끝나고도 경작할 수 없었다. 1930년대의 산림 녹화 프로젝트는 쓸모없어진 땅을 복구하는 역할을 했다.[54] 대포가 땅에 미친 영향은 4만 년 동안의 자연 침식에 해당했다.[55] 파괴는 생태적인 것이기도 했다. '위험 구역(red zone)'은 온갖 종류의 물질로 심각하게 오염되었다. 시신 분해로 인한 지하수 오염의 위험은 신속히 깨달은 문제였다―프랑스과학아카데미는 일찍이 1915년 12월에 이 사안을 파악했다.[56] 장기간 포위되어 있던 베르됭(Verdun)에서는 물을 소독하고 전염병 위험에 대응하기 위해 1916년 염소로 실험을 수행했다. '베르됭화(化)'라는 용어는 이때 생겼다. 그러나 전쟁은 끝없는 한층 장기적인 공해 문제도 제기했다. 발사 무기와 폭발로 인한 대기의 분진이 어떤 지역에서는 고농도의 오염 물질을 초래했다. 납(포탄에 있던 것)이나 수은(도화선으로 사용된 것) 같은 고도의 중금속 세례를 받은 지역은 영구적으로 오염되었다. 가령 1920년대에 프랑스군은 베르됭 인근 숲에 위치한 이른바 '가스 광장(Place-à-gaz)' 주변에서 20만 개의 화학탄을 처리했다. 한 세기 뒤인 2014년 실시한 조사와 측정에 의하면 쉽게 사라지지 않을 만큼 많은 강력한 비소(토양 무게의 17퍼센트)는 물론 카드뮴, 납, 수은도 발견되었다고 한다. 지방 법령에 따라 아직도 이 현장은 오염 때문에 일반에 공개되지 않고 있다. 이는 전선 근처 모든 지역이 제1차 세계대전과 관련한 이런 잔류물 오염의 영향을 받았다는 얘기다.[57]

앙리 바르뷔스(Henri Barbusse)는 그의 유명한 소설 《포화(Under Fire)》(1916)에서 참호의 세상을 "지평선"이 "황량한 들판"과 함께 "연기를 내뿜는 극지의 사막"이라고 묘사하면서 이전의 산업 오염이 재순환되는 이미지를 자신의 이야기 속으로 불러들였다. 그는 마치 산업 전쟁이 이전 세기의 산업화가 치렀던 환경 비용에 마침표를 찍는 것처럼 "어둡고" "구역질나는" 참호의 분위기를 "공장의 매연과 냄새"에 비교했다. "거인 같은 희미한 불기둥이 증기의 거대한 장식 술(tassel)과 곧은 실을 내뻗는 다발(tuft)과 낙하하며 부풀어 오르는 연기 깃털과 뒤섞인다―희끄무레하거나 회녹색, 또는 금빛 도는 흑색이나 구리색, 아니면 마치 잉크로 얼룩진 것 같다."[58] 하지만 바르뷔스가 화학적 위협이라고 언급했던 '질식성 가스'는 1915년 당시 (급속한 사용 증가로 그것이 가져올) 커다란 위험의 속삭임에 불과했다.[59]

대규모 화학전은 1915년 4월 22일 독일 전선의 염소 공세가 벨기에 전선에 있는 이프르(Ypres) 참호에 침투하면서 본격적으로 시작됐다. 1만 5000명의 프랑스 병사가 삽시간에 무력화됐고, 그중 5000명이 사망했다. 새로운 위협의 심각성은 연합국들로 하여금 화학 공업의 방향을 공격 병기의 생산으로 수정하도록 부추겼다. 1918년 생산이 절정에 달했을 때 영국의 공장들은 전쟁 지원을 위해 일주일에 210미터톤의 염소를 생산했다. 그러나 염소는 1915년 5월 31일 러시아 전선에서 이미 6000명의 인명을 앗아간 포스겐(phosgene)으로 빠르게 대체됐다. 독성 가스의 혁신 및 생산―그리고 이상적으로는 그것을 발사체로 발포하는 방법―에 대한 연구가 많아졌다. 새로운 연구는 질식성 가스〔포스겐, 디포스겐(diphosgene), 클로로피크린(chloropicrin) 포함〕 외에 브롬화물(bromide)이나 사이안화물(cyanide)을 기초로 한 무력화 가스, 나중에는 비소를 기초로 한 재채기 유발제, 또는 염소나 비소 화합물 같은 무기를 생산했다. 연합국 진영의 연구는 위대한 화학자 윌리엄 포프(William Pope)가 지휘하는 영국에 집중되어 있었는데, 그는 이염화트리페닐아르신(triphenylarsine dichloride, TD)과 염화디페닐아르신(dyphenylarsine chloride), 심지어 클로로

피크린에 대한 실험실 테스트의 산업화를 촉진한 인물이다. 독일의 화학 연구는 프리츠 하버(Fritz Haber)의 지휘 아래 이뤄졌다. 1917년 7월 12일 이페리트(ypérite) 포탄〔다시 한번 화학 가스—오늘날 유명한 '머스터드 가스(mustard gas)'나 이염화황화에틸(dichlorinated ethyl sulfide)—의 군사적 사용에서 실질적으로 실험실 역할을 한 이프르에서 이름을 땄다〕의 도입은 중요도가 훨씬 더 높은 큰 획을 그었다. 새로운 독은 신체 모든 부위를 공격해 광범위한 화상을 초래했다. 서서히 퍼져 지속되는 머스터드 가스 때문에 군인들은 마스크와 방수 보호복을 바로 착용할 수 있도록 가까이 비치해야 했다. 머스터드 가스는 등장하자마자 전투용 주력 가스가 되었고, 독일에 이어 다른 교전국들도 빠르게 채택했다. 하지만 가스로 인해 대다수 사상자를 낸 그것은 1918년 여름에만 공업용 물량으로 생산했을 뿐이다.[60]

전쟁이 종식된 후 '화학전'은 많은 우려를 낳았다. 유럽에서 평화주의자와 민족주의자들은 전투용 가스에 관해 똑같이 공포를 갖고 있었다.[61] 간전기 동안의 연설과 저술들은 새로운 군사 기술 수단에 의한 오염의 위험을 경고했다. 이 논쟁은 산업공해를 둘러싼 토론과 많은 공통점이 있었다. 인권연맹(League of Human Rights) 부의장인 물리학자 폴 랑주뱅(Paul Langevin)은 100미터톤의 가스만 있으면 20미터 깊이의 유독성 막으로 파리를 뒤덮기에 충분하다고 주장했다. 이런 강한 우려가 워싱턴 조약(1922)—질식성 가스 사용을 금지하기로 했지만 시행되지 않았다—과 생화학 무기 금지에 관한 제네바 의정서(1925) 같은 규정을 도입하는 데 기여했다. 1931년에는 공중전의 위험에 대해 민간인을 법적으로 보호하기 위한 국제 위원회도 창설됐다.

전쟁터를 향한 1930년대의 행진은 이러한 잠정적인 규제의 시도를 무효화했다. 1937년 4월 26일 나치와 이탈리아 파시스트에 의한 에스파냐의 게르니카(Guernica) 폭격은 군사 항공 역사상 민간인과 무방비 도시에 대한 최초의 공습 중 하나로, 그 뒤에 이어진 제2차 세계대전의 파괴적 만행의 신호탄이었다. 태평양에서 일본과 연합국이 끔찍하리만큼 파괴적인 충돌에 몰입하는 동안 제국주의 열강은 이 지역의 식민 지배를 강화했다. 안 그래도 대부분 취약했던 이들 섬 지역에 전쟁이 안긴 생태적 피해는 특히 중요했다.[62] 애석하게도 전투와 직접적으로 연결된 공해는 잘 알려져 있지 않다. 예를 들면, 1942년 1월부터 6월까지 대서양 전투가 벌어지는 동안 독일 잠수함들은 수십 척의 유조선을 침몰시켰고, 싣고 있던 원유가 바다로 흘러들었지만 그 범위가 얼마나 되는지는 가늠하기 어렵다. 독일 도시들에 대한 미국의 폭격도 환경에 실질적인 형벌을 가해 해당 지역을 불모지로 둔갑시킬 만큼 피해를 입혔다. 가령 1943년 7월 27일에 연합군은 거의 1만 미터톤의 인광탄을 함부르크에 쏟아부었는가 하면, 1945년 2월 13일의 드레스덴 폭격은 2만 5000명의 민간인을 죽이고 도시를 완전히 파괴했다. 1945년 5월에만 총 200만 미터톤의 폭탄을 제3제국에 투하했다.[63]

한국전쟁(1950~1953)으로 시작된 1945년 이후 아시아의 전쟁도 똑같은 파괴적 논리의 연장이었다. 영국은 말레이공산당(1948~1957)을 대상으로 고엽제의 군사적 사용을 도입했다.[64] 20년(1955~1975)에 걸친 베트남 전쟁 이후 역사학자들은 풍경이 너무나 황폐해진 오염 때문에 농업에 부적합한 '생태계 학살(ecocide)'을 얘기하기 시작했다.[65] 이 분쟁 중에 자연환경 파괴는 일차적인 군사적 목적이 되었다. 미국 보병대는 숲과 농작물을 갈아치우는 막강한 불도저[롬 플로사(Rome Plow社) 제품]를 앞세우고 전진했다. 숲 한가운데에 헬리콥터 착륙 지대를 즉시 만들기 위해 6톤짜리 폭탄으로 특별히 개발한 '데이지 커터(daisy cutter)'도 고안했다. 소이탄과 네이팜탄이 베트남의 빽빽한 열대 우림을 파괴하는 데 실패한 것에 주목한 미군은 마침내 고엽제로 풍경을 가루로 만들어버렸다. 1961~1971년 몬산토의 악명 높은 제초제 '오렌지 작용제' 4400만 미터톤을 포함해 7000만 리터 넘는 제초제를 무려 260만 헥타르(약 640만 에이커)에 투하했다. 이 제초제는 이후 땅과 물에 스며들어 초목과 생물체를 영원히 오염시켰다. 전부 합치면 베트남의 맹그로브 절반과 경작지 40퍼센트가 오염됐다. 이 나라는 산림 지역의 23퍼센트를 잃었다. 사람들에게 미친 영향은 분쟁이 종식되고 40년이 지났음에도 아직 남아 있다.[66]

더 나아가 전쟁 이후 군사적 오염의 영향은 막대했다. 이런 역사 대부분이 여전히 연구되지 않고 있다. 많은 현장이 수세대 동안 오염 상태로 일반인의 출입이 금지되었고 비밀리에 군사 당국의 감시를 받았다. 잊히거나 더 이상 주시하지 않는 장소, 특히 바다에서 터무니없는 전후(戰後)의 유출이 수십 년이 지나고 참혹한 생태적 결과를 낳는 경우도 있었다. 프랑스에서는 수천 미터톤의 군수품이 〔멘에루아르(Maine-et-Loire) 지방에 있는〕아브리예(Avrillé) 호수에 잠기거나 〔두(Doubs) 지방에 있는〕 자르델(Jardel) 벼랑에 묻혔다. 벨기에에서는 비축 무기 일부가 제브뤼헤(Zeebrugge)에서 조금 떨어진 곳에 있다.[67] 오염된 위험 구역은 제2차 세계대전 이후 훨씬 더 불길해졌고 냉전은 무기, 탄약, 독성 제품의 새로운 묘지를 탄생시켰다. 사실 제2차 세계대전 후에는 좀더 전통적인 무기 비축고에 핵폐기물이 추가됐다.[68]

핵 오염

원자폭탄은 20세기 전쟁의 이례적이고 가장 극적인 상징 역할을 한다. 그것의 영속적인 유산인 핵 오염은 이 폭탄의 파괴적 의미에 아마 필적할 것이다. 양성자, 우라늄 핵분열 및 그 결과인 '연쇄 반응'에 관한 이론적 지식은 대부분 1939년 이전에 얻을 수 있었지만, 전시 비상사태는 이것을 실제 적용으로 전환하는 데, 주로 군사 작전에 활력을 불어넣었다.[69] 1939년 미국 대통령 프랭클린 루스벨트는 이 신기술의 응용 연구를 지시했고, 1942년 생산의 산업 단계로 옮겨가는 '맨해튼 프로젝트'가 시작됐다. 이것이 1945년 봄에 플루토늄 폭탄 2개와 또 하나의 우라늄 폭탄 개발을 이끌었다. 처음에는 뉴멕시코주의 사막(7월 16일)에서, 그다음은 일본의 히로시마(8월 6일)와 나가사키(8월 9일)에서 터진 3개의 폭탄이 그것이다. 두 차례의 일본 공격은 직접적인 침략 행위로는 유일한 핵 폭격으로 남아 있다. 원자폭탄은 약 20만 명을 그 즉시 살상했다. 전쟁 이후 장기간 지속된 방사능 낙진의 영향을 측정하기란 어려운 과제다.

　핵무기의 건강 및 환경적 영향을 둘러싼 문제는 1945년 이래 끊임없이 논란이 되어왔다. 1945년 히로시마와 나가사키 파괴 이후, 과학자들은 심해어류가 살아남았다는 것을 발견했다. 마찬가지로 1947년 10월의 히로시마 동물군 조사는 척추동물과 곤충들이 도시로 돌아왔는가 하면, 현지 식물군도 강한 회복력을 보이면서 도시의 폐허를 스스로 건강하게 복구하고 있다는 사실을 밝혀냈다.[70] 그러나 핵 오염은 이 단독의 폭발 사건에만 한정되지 않았다. 무기 및 권력 경쟁은 급속한 핵무기 확산으로 귀결됐다. 무기 시험 증가와 그로 인한 핵폐기물은 1945년의 핵폭탄보다 훨씬 큰 피해를 야기했다.

1975년에는 냉전의 두 초강대국 외에도 영국, 프랑스, 중국이 원자폭탄을 만들어낸 상태였다. 이 다섯 핵무기 보유국은 유엔 안전보장이사회의 상임이사국들이었다. 1971년 실시된 이들의 대기권 핵실험은 TNT(강력 폭약의 한 종류―옮긴이)를 500메가톤 이상 폭발시킨 것에 맞먹는 에너지를 방출했다.[71] 강대국들이 공식적으로 인정한 폭발은 다 합쳐 2000건이 넘었고, 그중 절반 이상이 미국에 의한 것이었다. 이런 시험을 위해 선택한 장소가 고립되었거나 심지어 사막 지역에 위치해 있기는 했지만, 오염의 정도는 지속되었다. 1946~1958년 미군은 비키니 환초(Bikini Atoll)에서 사전에 주민들을 소개하고 33회의 대기권 핵실험을 수행했다. 1954년 3월 11미터톤 무게의 H-폭탄(또는 수소폭탄)의 원형을 폭발시키자 지름 2킬로미터의 분화구가 생겼고, 지름 100여 킬로미터 지역을 영구히 방사능에 노출시켰다. 동물군과 식물군 오염이 너무나 심각한 나머지 1970년대까지도 현지인들의 섬 복귀가 금지되었다.[72]

철의 장막 건너편에서 소련은 4만 5000개의 핵탄두를 생산했고, 1949~1991년 공식적으로 715건의 핵실험을 수행했다. 그러나 사고, 잠수함 방해 행위나 운하 개통을 위한 민간의 군사용 핵탄두 사용, 북극해의 엄청난 폐기물 투기, 수많은 유출을 합친다면 소련의 군사 핵무기 정권은 지금까지도 알려지지 않은 규모로 전 세계를 오염시키는 데 일조해왔을 것이다. 1949~1989년 소련은 카자흐스탄 세미팔라틴스크(Semipalatinsk)주의 폴리곤(Polygon)이라 알려진 단일 장소에서 468개의 원자폭탄(125개는 대기권에서, 343개는 지하에서)을 터뜨렸다. 이때부터 많은 연구가 방사능 오염의 범위를 밝혀냈다. 서시베리아 시험장은 세계에서 방사능이 가장 많은 장소 중 한 곳으로 남아 있다.[73] 미국과 소련이 유발한 오염의 규모와는 비교가 안 되지만, 다른 나라들도 자체 핵무기 프로그램으로 환경의 방사능 오염에 기여해왔다. 예를 들어, 1960년 이후 프랑스는 사하라와 폴리네시아에서 210회의 핵폭발을 실시해 지역 사회와 주민들에게 수많은 건강상 해를 끼쳤다.[74]

핵무기의 개발 및 유지와 관련한 공해도 오랫동안 감춰져오기는 했지만 중요하다. 미국과 소련은 극비리에 수만 개의 핵탄두를 제조했다. 미국에서는 제2차 세계대전 중 워싱턴주의 컬럼비아강 인근에 있는 핸포드사(Hanford社)의 제조 시설에서 50년간 수천 리터의 방사능 폐기물을 강에 버렸다. 이것은 오랜 시간 동안 컬럼비아강과 이 지방의 지하수를 오염시켰다.[75] 1957년 프랑스에서는 유일하게 대도시권에 있는 코트도르(Côte d'Or) 북부의 전원 지역〔원자폭탄 핵전하(nuclear charge, 核電荷)의 생산 및 관리 부지가 있는 곳〕에 프랑스원자력위원회를 설립했다. 시설의 안전성 보장에도 삼중수소 배출물은 서서히 은밀하게 주변 환경을 오염시켰다.

50년간의 핵무기 생산과 열강 간 경쟁으로 말미암아 수천만 세제곱미터의 지속적이고 위험한 폐기물이 생겼다. 이 방사능 폐기물은 일시적으로 시설 내에 저장 또는 그냥 환경으로 방출되었다. 핵폐기물은 또한 1960년 프랑스의 자크이브 쿠스토(Jacques-Yves Cousteau) 사령관이, 그보다 전에는 《우리를 둘러싼 바다(The Sea Around Us)》에서 레이첼 카슨이 엄중하게 지적했듯 바다를 오염시킨다. 1956년 미국 국립과학아카데미에서 수행한 원자 방사능의 생물학적 효과에 관한 연구는 바다가 폐기물을 저장하는 데 안전하게 쓰일 수 있다고 결론 내렸다. 19세기 전문 지식─최우선 순위가 항상 기술 진보였다─의 전통과 일맥상통하는 이런 보고서는 환경의 재생 능력을 옹호했다. 바다는 모든 방사능 부산물을 희석하고 확산시킬 수 있을 만큼 충분히 크고 넓다고 여겼다.[76] 1947~1959년 미국은 태평양과 대서양에 5만 배럴의 핵폐기물을 버렸다. 영국은 영국

해협에 방사성 용기를 가라앉혔다.[77]

1963년―러시아와 미국의 대기권 핵폭발이 가장 많았던 해―부터 핵무기 실험을 통제하는 국제 규정이 도입됐다. 미국, 소련 및 영국이 1963년 8월 5일 서명한 '부분적 핵실험 금지 조약(Partial Test Ban Treaty)'은 이런 대기권 실험을 제한하고 규제했다. 시험은 계속되겠지만 폭발은 방사능 낙진의 확산을 제한하기 위해 땅속에서 일어날 터였다. 하지만 이 새로운 제약이 생태에 미친 전반적 영향을 과소평가해서는 안 된다. 이런 폭발로 야기되는 오염 규모에는 온통 불확실성이 따른다. 오염의 정도가 기상, 바람 및 희석에 따라 다양해서 가늠하기 어렵기 때문이다. 예를 들면, 대기권 상층부의 핵폭탄 폭발은 비가 내려 방사성 먼지나 재를 지구 상에 도로 가져다 놓을 수는 있지만 반드시 심각한 지반 오염을 유발하는 것은 아니다. 입수할 수 있는 데이터는 별로 없고, 저선량(低線量) 방사선의 효과는 여전히 논란의 여지가 있다. 2005년 질병통제예방센터의 한 보고서는 1950년 이후 미국에서 방사선으로 인한 암 때문에 1만 1000명이 사망했을 가능성을 들먹이면서도 신뢰할 만한 평가를 내리기는 불가능하다고 결론지었다.[78]

이런 불확실성에도 불구하고 원자폭탄은 생태적 사고의 진화와 환경에 대한 새로운 표현 등장에 명백히 중요한 역할을 한다. 군사 기술의 파괴적 잠재력은 정치생태학 발전의 기반으로 작용한 공포와 재난의 철학을 낳았다.[79] 1970년대에 역사학자 도널드 워스터(Donald Worster)는 1945년 7월 16일―최초의 핵폭발이 일어난 날―을 인간이 더 이상 자신들의 행동이 지구에 미치는 영향을 부인할 수 없게 된 "생태학 시대"의 시작으로 간주했다.[80] 내부 고발자와 환경 운동가들에게 전쟁은 흔히 지구 환경의 위험을 설명하는 비유로 사용됐다. 미국 생물학자 헨리 페어필드 오즈번(Henry Fairfield Osborn)은 《약탈당한 우리의 지구(Our Plundered Planet)》(1948)에서 "이 또 다른 세계적인 전쟁 …… 인간이 자연을 상대로 하는 전쟁"을 경고했다. 같은 해에 제3차 세계대전의 위험에 대응해 생태학자 윌리엄 보그트(William Vogt)도 그의 저서 《생존의 길(Road to Survival)》에서 묵시록적 전망을 선언했다.[81] 미국에서는 생물학자 배리 커머너(Barry Commoner)의 경력이 잘 보여주듯 베트남 전쟁에 반대하는 평화주의 운동과 핵무기 반대 운동이 1970년대에 새로운 형태의 환경행동주의 탄생에 좋은 밑거름이 되었다. 제2차 세계대전 중 미 해군에 징집된 커머너는 그의 환경행동주의가 탄생한 1950년대 말 핵무기 실험 반대 싸움에 착수하기에 앞서 식물생리학의 공인된 전문가였다.[82] 핵 쟁점은 또한 해양 오염의 관리와 관련한 새로운 국제 해양법의 발달로 이어졌다. 국제연합 인간환경회의(1972)의 뒤를 이어 런던 협약으로도 알려진 '폐기물 및 기타 물질 투기에 의한 해양 오염 방지 협약'이 핵폐기물의 해양 투기를 금지했다. 이것은 15개국의 비준을 받아 1975년 시행에 들어갔다. 그리고 1974년 7월 주요 강대국들은 '지하 핵무기 실험 제한 조약'에 서명했는데, 이는 150킬로톤(kiloton)의 위력을 가진 핵무기 실험을 금지함으로써 1963년의 문서를 보충했다.[83]

· · ·

20세기에 전쟁과 새로운 군사 작전은 자연과 사회의 관계가 진화하는 데 중심 역할을 했다. 전쟁은 산업의 새로운 궤적과 새로운 독성 제품의 보급을 시작함으로써—그리고 산업에 환경적 책임을 면제해 결과적으로 공해 악화에 이바지한 전시 우선권을 수립함으로써—환경을 여러모로 바꿔놓았다. 20세기 전쟁의 규모는 전무후무한 파괴를 불러왔고, 그 중 공해는 흔히 간과된 측면이 없지 않았다. 그러나 이러한 전쟁을 일탈적 국면으로 분석해서는 안 된다. 전쟁은 오히려 평시에 존재했다가 갈등의 비상사태에서 새롭게 펼쳐질 지평을 찾아낸 오염의 관행을 극대화시켰다. 화학·자동차·항공 산업이 치명적인 분쟁의 주요 수혜자였다. 전쟁이 없었다면 막대한 인력 자원, 천연자원 및 에너지가 한데 모이지 않았을 것이다. BASF나 몬산토 또는 듀폰 같은 기업이 지구를 자신들의 제품으로 넘치도록 채우는 산업 제국이 되지 않았을 것이다. 병적인 측면이 악화된 권력의 이런 순간들이 신(新)에너지와 산업의 궤적―소비 및 교통 혁명―의 전조가 되는 한편, 포드주의(Fordism: 포드 자동차의 대량 생산 방식―옮긴이) 논리를 강화하고 공해의 위험을 무릅쓰며 기동성을 일반화시켰다.

08

에너지 고소비 세상

제1차 세계대전과 1970년대 석유 파동 사이에 공해를 유난히 유발하는 새로운 에너지 모델이 전 세계에 확고히 자리를 잡았다.[1] 전 세계의 국가 에너지 집약도(energy intensity)—에너지 소비와 에너지 생산 사이의 비율—감소는 전 세계 에너지 생산의 전반적인 증대로 상쇄됐다.[2] 더 정확히 말해서, 총에너지 사용은 1948년 석탄 23억 미터톤에 상응하던 것이 1960년 42억 미터톤, 1970년 68억 미터톤으로 뛰면서 불과 20년 만에 3배 증가했다. 존 맥닐(John McNeill)에 따르면, 세계는 20세기 동안 그 이전의 인류사 전체보다 더 많은 에너지를 소비했다.[3]

석탄이 19세기에 가장 중요한 에너지원이었던 반면, 20세기에는 석유에 그 권좌를 빼앗겼다. 석유의 생산 증가는 연평균 5퍼센트로, 세기 초보다 세기말에 84배 더 많았다. 그것은 오랫동안 천연 고체 상태(역청유와 나프타)로 사용되어왔다. 증류 공정은 19세기에 탄소가 풍부한 액체를 생산할 만큼 완벽해졌는데, 탄소는 도시를 밝히는 등유와 항해—그리고

그림 8.1 ─────────────────────────────────

1970년대 미국의 자동차 공해 반대 시위. 〔사진: 찰스 게이트우드(Charles Gatewood).〕 20세기에 석유 및 가솔린 엔진은 환경 전체에 이미 널리 퍼져 있던 공해에 덧붙여졌다. 생활 수준이 높은 나라에서는 많은 시위를 통해 석유 문명이 끼치는 파괴를 맹렬히 비난했다. 사진 속 청년 시위대는 미국의 모터쇼 앞에서 가두 행진을 하며 인구 증가, 자동차 생산 및 공해를 연결시키고 있다. ⓒCharles Gatewood/ The Image Works/Roger-Viollet.

나중에는 육상 교통—추진용 기름을 생산하는 데 쓰였다. 미국, 중앙아메리카, 중동에서 시추를 시작했다. 세기가 진행되는 동안 더 많은 나라가 탄화수소 생산국이 되었다. 1914년 소수에 불과했던 나라가 1970년대에는 100개국이 넘었다. 미국이 선두를 달렸고, 제2차 세계대전 중에 그 우위가 강화됐다. 1945년 미국의 생산량은 전 세계에서 소비하는 석유의 65.4퍼센트로, 베네수엘라(13퍼센트)나 동구권(6.7퍼센트)보다 상당히 앞섰다. 1950년 석유 생산은 석탄을 뛰어넘었고, 1955~1970년 7억 7000만 미터톤에서 23억 3400미터톤으로 증가했다. 1960년에는 중동과 아프리카가 업계 선두 주자로 부상하면서 미국 생산량은 전 세계의 34퍼센트를 차지하는 데 그쳤다.[4]

　세기가 지나면서 전 세계의 사회들은 한층 더 석유에 의존하게 됐다. 목재 같은 전통적인 에너지원의 총소비는 계속 늘어났지만, 이 시점에서 그것들이 일조한 상대적 부분은 급락하고 있었다(1990년 10퍼센트 미만). 그러나 이른바 영광의 30년 시기─제2차 세계대전 이후 급속했던 30년의 경제 팽창 시기─는 큰 대가를 치르고 찾아온 것이었고, 화석 연료 사용은 공해의 관점에서 많은 차질을 야기했다. 화석 연료 생산의 모든 단계에서 안온방해가 발생했다. 추출부터 운송, 정련, 마지막 소비에 이르기까지 화석 연료는 대기와 토양과 물을 오염시켰다. 1970년대─'석유 위기'와 높아진 생태적 위험이 특징이었다─이후 달라진 형태의 에너지는 그 생태적 영향을 조사하기 위한 수많은 검사와 비판을 거쳤다.[5] 20세기의 새로운 글로벌 에너지 모델은 공해를 파악하고 그 위치를 정확히 집어냈다. 그랬다. 석탄 연기는 여전히 세계 많은 지역에서 심각한 문제였지만, 석유 공업과 그 에너지 파생물─가스, 광범위한 수력 및 원자력 기반 시설─의 팽창에 직면해 새로운 도전 과제를 처리해야 했다.

석탄의 치명적인 안개

1914년 석탄은 여전히 세계 에너지 소비의 50퍼센트를 차지했지만, 20세기에는 이전의 우위가 상대적으로 실추됐다. 1946년에는 석탄의 비중이 전 세계 에너지 소비의 40퍼센트로 하락했고, 세기말에는 겨우 25퍼센트

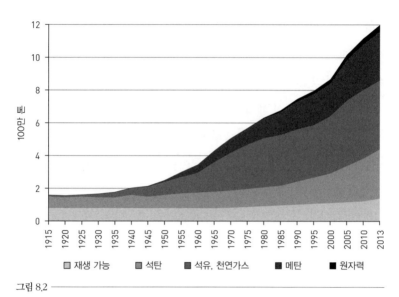

그림 8.2

1915년 이후 전 세계 에너지 소비. 출처: Yves Mathieu, *Atlas Mondial des énergies. Ressources, consommation et scénarios d'avenir* (Paris: Armand Colin, 2014), 12.

로 떨어졌다. 북아메리카에서의 추락은 70퍼센트에서 20퍼센트로 훨씬 더 급격했다. 하지만 1913~1980년 부피로 따졌을 때 석탄의 세계 총소비량은 12억 2000만 미터톤에서 25억 미터톤으로 2배 증가했다. 이런 절대적 소비 증가는 석탄에서 비롯된 매연, 먼지, 그을음 및 오물이 왜―에너지 혼합 구조가 달라졌음에도 불구하고―치명적인 연기로 대기를 시커멓게 만드는 안개를 기술하는 데 스모그(1905)라는 용어가 빈번하게 사용될 정도까지 도시 및 산업 현장 내부와 주변 공기를 계속해서 더럽혀 왔는지 설명하는 데 일조한다.

석탄층의 위치도 지정학적 이슈에 영향을 미쳤다. 1914년 이전에는 대개 미국과 서유럽에 집중되어 있던 탄광과 소비 시장이 양차 세계대전 사이에 다른 장소로 확장됐다. 특히 이 새로운 지역은 소련권인 시베리아

남부의 거대한 쿠즈네츠크(Kuznetsk) 탄전과 우크라이나와 러시아 경계에 있는 도네츠(Donets) 지방 근처에 위치해 있었다.[6] 마오쩌둥 치하 중국의 석탄 생산은 '대약진' 정책(1958~1960)의 실패에도 불구하고 소수의 고도로 기계화한 대형 광산과 1930년대 말 2000만 명의 광부를 고용한 수만 개의 소형 광산을 중심으로 계속됐다. 1976년 중국은 세계에서 세 번째로 큰 석탄 생산국이었다.[7] 그에 비하면 인도는 그저 소규모 생산국이었고, 한편으로 미국〔애팔래치아산맥과 와이오밍주〕과 서유럽의 석탄 생산은 위기에 처했다.

큰 광산에서는 기계화, 규모 확대, 노동 합리화 덕분에 추출 공정이 달라지고 생산이 향상됐다.[8] 광부는 프롤레타리아 영웅의 상징―소련의 알렉세이 스타하노프(Alexey Stakhanov)로 대변되는, 지하 세계의 만성적 위험에 맞서는 강인함과 의지가 합쳐진 해방의 영웅―인 동시에 노동자 단체 및 노동조합 운동과의 강한 연계성 때문에 양극화한 인물이었다. 추출하는 석탄의 총량 및 노동자 수와 관련해 이 세기 내내 갱도 붕괴 및 사고가 줄었다고 한다면, 석탄 가루 중독 건수는 늘어났다. 사실 노동의 기계화는 이 직업에서 탈숙련화를 불러왔을 뿐 아니라 어떤 업무는 경감시키기도 했지만, 기술자들이 작동하는 굴착 기계와 암석 절단기 때문에 광산의 먼지가 늘어나는 결과를 낳았다. 규소를 함유한 먼지를 들이마시면 유발되는 폐 질환인 규폐증(silicosis)이 20세기의 전형적인 광산병이었다. 이는 영국에서 처음 진단되었는데, 이곳에서는 훨씬 나중에야 규폐증을 발견한 미국에 비해 좀더 호의적인 정부가 조직이 탄탄한 노동조합의 말에 귀를 기울였다.[9] 정확한 수치를 얻기는 힘들지만, 1945~1987년 규폐증 때문에 프랑스 탄광에서만 약 10만 명의 사망자가 발생했다. 애석하게도 규폐증의 위험을 낮추는 것이 프랑스에서 '국가의 대의'가 된 적은 사실상 없었다. 고용주들이 해결책으로 이민자와 비정규직을 고용하는 전략을 짰기 때문이다. 아울러 어떤 의사들은 이 질환을 못 본 체하려는 노력에 공모했고, 노조와 공산당은 수동적이었으며, 정확한 기록을 남기지 않았다. 그 대신 당시에는 전반적으로 가부장 체제에 대한 복종 의식이 있었다.[10] 벨기에에서는 1964년까지 진폐증(복합 폐 질환)이 보상을 보장받는 질병으로 인식되지 않았다. 그러한 인식 지연은 이탈리아에서도 나타났다.[11] 1954년 영화감독 조르주 프랑쥐(Georges Franju)는 주위를 환기시키는 〈산업장 먼지(Les Ppoussières)〉란 제목의 다큐멘터리에서 이들 작업장의 위험한 입자 확산을 기록했다.[12]

광산의 산업 먼지는 미국 역사학자 제럴드 마코위츠(Gerald Markowitz)와 데이비드 로스너(David Rosner)에 의해 밝혀졌듯 광부뿐 아니라 광산 주변에 사는 주민들의 건강에도 영향을 미쳤다. 코크스 공장은 보통 탄광 가까이에 지어졌고, 굵은 연기 기둥으로 알아볼 수 있었다. 그곳의 정제된 석탄 생산은 특히 공해가 심한 부문인 탄소화학 산업과도 연계되었다. 더욱이 탄층과 광산촌은 토양 침식, 지하수 오염, 인근 전원 파괴에도 영향을 주었는데, 이 모든 것이 토지 사용을 둘러싼 수많은 갈등을 불러일으켰다.[13] 중국에서는 건강 및 환경 피해가 대기 오염뿐 아니라 위험하리만치 많은 동굴과도 연관이 있었지만, 이것은 아무런 큰 저항도 유발하지 않았다.[14] 영화감독 왕빙(王兵)은 중국 북동부 산시성(山西省)의 방대한 석탄·금속 산업 복합 단지의 위기를 영화화하면서 생태 파괴와 과거 여기서 일했던 노동자들의 무력함을 부각시켰다. 1933년 일제 강점하에서 군사 장비를 생산하기 위해 개발된 광업 지역은 1949년 이후 거대한 국유 공업 지대로 탈바꿈했다. 그곳은 1970년대 개발이 절정에 달할 때는 100만 명의 노동자를 고용했다. 문화혁명이라는 거창한 계획의 전형적

형태였던 그것은 이 지역을 황폐화시켰다. 그 땅과 그곳 사람들이 오늘날에도 이를 증언하고 있다.[15]

그러나 20세기 석탄 기반 산업의 변신을 특징짓는 가장 큰 특성은 생산 규모의 변화였다. 매카시즘(McCarthyism: 1950년대 미국에 불었던 반공산주의 선풍. 공화당 상원의원 매카시의 이름에서 따왔다－옮긴이)이 휩쓴 미국을 배경으로 한 소설 《나는 공산주의자와 결혼했다(I Married a Communist)》에서 미국 작가 필립 로스(Philip Roth)는 화자(話者)가 기차를 타고 인디애나주 게리(Gary)의 공장들을 지나치며 느낀 놀라움(산업적 풍경에 익숙했음에도 불구하고)을 묘사한다. 그곳에는 석탄 및 철강 공장이 산업계의 거인 중 하나인 US 스틸사(US Steel社)의 통제 아래 공존하고 있었다.

내가 산업 시설이 많은 뉴저지주 북쪽 출신인데도 익숙하지 않은 풍경을 접했다. ……우리한테는 큰 공장과 작은 하청 생산 공장이 있고, 기름때가 있고, 냄새가 있었다. ……우리한테는 높은 굴뚝에서 올라온 시커먼 매연이, 사방천지에서 나오는 많은 연기가 있었다. ……우리한테는 먼지가 있고, 악취가 있었지만, 공장에서 강철을 쏟아낼 때 하늘을 훤히 밝히는 제강용 반사로는 …… 우리한테 없었다. 게리에서 맑은 날 밤이면 내 기숙사 창문만큼 멀리 떨어진 곳에서도 볼 수 있었던 붉은 하늘. ……미드웨스트(Midwest: 미국 중서부 지역을 일컫는 말－옮긴이)의 힘은 바로 여기에 집중되어 있었다. 여기에는 제강 산업이 있고, 그것들은 두 주를 관통하는 호숫가를 따라 수 마일에 걸쳐 뻗어 있고, 세상의 어떤 곳보다도 방대했다. 코크스 및 산소 용광로들은 철광석을 강철로 둔갑시키고, 머리 위의 국자들은 수 톤의 녹은 쇠를 운반하고, 뜨거운 금속은 용암처럼 틀에 부어지고, 이 모든 것 사이에서 섬광과 먼지와 위험과 소음이 …… 그들, 24시간 내내 작업하는 노동자들, 절대 끝나지 않는 작업을 하는 사람들을 망칠 수도 있는 증기를 빨아들이고 있었다. 내게는 대단히 최신식이고, 현대적이고, 20세기 산업의 상징 그 자체로 보이는 것을 받아들이는…… 동안…… 내 삶의 어떤 사실도 그보다 더 심각해 보이지 않았다.[16]

생산 규모의 변화는 석탄 기반의 중공업이 새로운 체제의 위업과 권력의 범위를 보여주는 진열장이 된 소련에서도 일어났다. 마그니토고르스크(Magnitogorsk)의 철광을 2000킬로미터 떨어진 곳에 위치한 케메로보(Kemerovo)-노보시비르스크(Novosibirsk)-알타이(Altai) 삼각 지대의 코크스 제조 탄광과 연결한 우랄-쿠즈네츠크(Ural-Kuznetsk) 콤비나트(kombinat: 기술적 연관성이 있는 관련 산업 부문이 집적된 지역 결합체-옮긴이) 같은 특정 지역이 특히 영향을 받았다. 마그니토고르스크의 급속한 산업화—게리에 있는 US 스틸 공장 모델을 따랐다—는 1930년 스탈린의 5개년 계획의 우선 사항이었다. 엄청난 석탄과 철광석 매장량은 철강 산업이 번창하고 미국의 어느 곳과도 경쟁할 수 있는 완벽한 장소를 탄생시켰다. 안전 조치와 대기 오염 통제는 최우선 순위가 아니었다. 지구상의 가장 오염된 도시 중 하나가 될 이곳에서 기관지염, 천식 및 기타 호흡기 질환이 늘어갔다.[17]

어떤 때는 석탄 가루 가득한 숨 막히는 안개가 순식간에 내려오기도 했다. 1930년 12월 '정체불명의 안개'가 벨기에의 뫼즈 계곡을 며칠간 뒤덮었다. 무려 수천 명이 호흡 장애를 호소했고, 약 60명이 사망했다. 19세기의 전문 지식과 의사 결정 과정에 의거해 원인을 찾던 국가 보건 서비스는 우선 그 일이 발생한 상황이 순전히 기상학적 사건이나 강한 유행성 독감의 결과라고 대중을 안심시키고 싶어 했다. 하지만 결국 비난의 화살은 산업으로 돌아갔다. 이 계곡은 전 세계 아연 제조 중심지

그림 8.3 ——————————————————————————

뫼즈 계곡의 안개, 1930. 출처: Albert Humblet collection.

중 하나로 1920년대에 연간 20만 미터톤 이상을 생산했는데, 이는 세계
생산량의 15퍼센트 또는 유럽 전체 생산량의 3분의 1에 해당했다. 광물
을 금속으로 변화시키려면 최종적으로 생산하는 아연의 4~5배라는 엄청
난 양의 석탄이 필요했다. 전문가로 구성된 위원회의 10개월간 조사 결
과, "안개의 유독성"이 "석탄 연소에서 나온 유황 입자", 특히 이산화황과
황산에서 기인한 것이라는 결론이 내려졌다. 하지만 이런 결론에도 불구
하고, 불가피한 일로 간주한 이 참사에서 벨기에 경제의 중요한 공헌 업
체이자 미국 뒤를 이어 세계에서 두 번째로 큰 생산업체인 아연 산업의
책임을 강조하지는 않았다. 그 대신 기상 이변, 계곡이라는 지형, 불리한
기후 조건이 나타났을 때 더 취약한 사람들이 있다는 사실로 책임을 전
가했다. 석탄 관련 산업엔 아무런 잘못이 없었다.[18]

재난에 직면한 산업의 면죄부는 공통된 주제였다. 미국의 도노라 (Donora) 참사는 또 하나의 사례였다. 도노라는 피츠버그 인근 계곡에 있는 아연 산업 도시로, 1948년 10월 지역 주민 상당수가 대기 중에 탄소 입자가 갇히는 기상 사건과 관련한 스모그에 중독되었다. 뫼즈 계곡의 경우처럼 몇십 명이 사망했고, 이 사건의 조사 보고서는 즉각적으로 경제 활동보다는 자연 조건을 탓했다—규제 기관과 전문가, 특히 산업보건안전부(공중보건국의 한 부서)가 산업 생산과 그 방면의 대기업들, 특히 US 스틸에 기득권을 갖고 있다는 증거였다.[19]

석탄 관련 사망률은 비단 광산과 산업 현장에만 영향을 준 것은 아니었다. 주로 코크스 형태로 사용되기는 했지만 석탄은 여전히 가정, 작업장, 도시의 공장에서 가장 널리 쓰이는 유형의 연료였다. 황과 질소 산화물, 미세 입자 및 온실가스는 연기 여과 시스템에도 불구하고 여전히 대기 중으로 방출되고 있었다. 하지만 19세기부터 석탄 전선의 상황이 달라진 것은 사실이다. 코크스가 널리 퍼져 있고 그 제조 공정이 주로 탄광에서 일어난 반면, 더 깨끗한 도시의 공기를 위해 전기가 가스등과 증기 기관을 점차 대체하면서 석탄 증류(distillation, 蒸溜)에 필요한 공장의 수도 줄어들고 있었다. 물론 화력 발전소는 도시와 아주 가까이 세워질 때가 많았고, 연료원으로 다량의 석탄을 썼다. 그러나 한편으로 1000킬로와트시(kilowatt hour)를 생산하는 데 1955년에는 평균 0.7TCE(tons of coal equivalent: 석탄 환산 톤수)가 들었던 데 반해 1967년에는 0.458TCE가 필요할 정도로 에너지 변환 장치가 기술 발달과 더불어 끊임없이 향상되고 있었다. 이 구조적인 변화에도 불구하고, 전기화 보급과 천연가스 및 연료유가 널리 쓰이기 전까지 유럽의 대도시는 탄소 연소에 기인한 안개에 툭하면 둘러싸이곤 했다. 가령 파리에서 석탄 소비의 정점은 시의 에너지

총사용량의 80퍼센트를 석탄이 차지했던 1930~1950년이었다.[20] 도시의 석탄 의존도는 언론에 광범위한 우려를 불러일으켰다. 1926년 프랑스의 공산주의 신문 〈위마니테(L'Humanité)〉는 이산화탄소에 관한 한 기사에서 "우리는 탄소를 어떻게 태우는지 모른다"면서 "도시의 공기가 매연과 버려진 쓰레기로 오염되었다"고 통탄했다. 어떤 "파리에 있는 공장 굴뚝은 시간당 1500킬로의 재를 방출한다".[21]

이런 방출물을 더 제대로 평가하기 위해 측정 도구는 한층 더 정밀해졌지만 발전 속도가 더뎠다. "흑색의 굵고 긴" 매연의 겉보기 밀도(apparent density)를 측정하는 링겔만 농도표(Ringelmann scale)가 상당히 긴 기간 동안 사용되었다. 영국에서는 1930년대에 이산화황 수준을 측정하는 장치를 발명했다. 1950년대까지는 시각과 후각이 여전히 자주 쓰이긴 했지만 새로운 측정 기구와 측정소―이것을 표준으로 삼았다―로 기상 관측이 향상되었다. 그 시기에 학문적 연구로 한층 정교한 센서를 발명했다. 다양한 종류의 오염 물질을 식별할 수 있었고, 도구의 눈금도 갈수록 정확하게 매겨졌다. 무엇보다도 오염원은 물론 도시의 오염 수준까지 측정했다. 대기는 영구적이고 기술적인 감시 대상이 되었다.[22]

안타깝게도 감시 장비의 발달은 도시의 대기 오염 증가를 막지 못했다. 제2차 세계대전 이후 영국―가장 많은 측정 장치를 보유한 나라―에서는 기관지염으로 인한 사망률이 프랑스의 4.5명과 비교했을 때 10만 명당 62명이었다. 이 사망 건수 대부분은 석탄 매연이 원인이었다. 영국은 또한 전후에 가장 큰 공중 보건 참사가 닥친 곳이기도 했다. 1952년 12월 1일 영국 정부는 엄청난 난방 수요에 대응해 연기가 많이 나는 질 나쁜 석탄인 '너티 슬랙(nutty slack: 작은 석탄 덩어리와 가루를 섞은 싸구려 연료―옮긴이)'의 배급제를 중단했다. 며칠 뒤 런던은 스모그에 완전히 둘러싸였다. 이 시기의 사망률은 열띤 논란의 주제였고, 역사학자들은 사망자 수를 4000~1만 2000명으로 추정했다. 이런 재난은 공해와의 싸움이 여전히 자유방임주의 정권과 대치—19세기에 그랬던 것과 똑같이—하고 있는 현실, 필요한 여과 장치를 설치할 거라는 산업에 대한 맹목적 신뢰, 그리고 규제 감독에 대한 전반적인 이상 반응에서 생겨난 것이었다. 새로운 도시 공해—자동차 수 증가로 인한—도 새로운 도전 과제를 불러들였다.[23] 만일 그 후 수년 동안 유럽과 북아메리카 도시에서 석탄으로 인한 대기 오염이 감소했다면, 이는 안온방해의 이전(移轉)과 수력과 원자력 에너지는 물론 석유와 천연가스를 기반으로 한 신에너지 시스템 채택의 결과였다.[24]

검은 금의 저주

20세기에 석유의 부상은 공업 지대를 대대적으로 변모시키고 탄소 배출에 새로운 오염원을 추가했다. 만일 탄화수소의 독성이 사용 제품 종류와 특정 오염 환경에 다소간 좌우된다고 한다면, 공해는 석유를 추출하고 있는지, 변형시키고 있는지, 아니면 연소하고 있는지에 따라 그에 못지않게 다양했다.[25] 제1차 세계대전 이전에 미국 밖에서는 아직 발생 단계에 있던 전 세계 에너지 소비에서 석유가 차지하는 비중은 1915년 3.4퍼센트에서 1973년 50퍼센트로 상승했고, 1965년경에는 석탄을 넘어섰다. 그것은 지식, 국제지정학 및 소비자 관행을 완전히 뒤바꿔놓았다.[26] 이 액체 연료의 사회정치적 이해관계를 조사한 티머시 미첼(Timothy Mitchell)에 따르면, 석유는 사회 통제라는 방대한 프로젝트와 특히 탄전에서 호전적이던 노동 운동의 순화에 일익을 담당했다.[27] 그것은 또한 노동 계급에 대한 묘사가 진화하는 데도 영향을 주었다. 석탄 광부의 모습이 점차 자격을 갖춘 석유화학업계의 노동자 모습으로 대체되었기 때문이다.[28]

석탄 오염은 대개 광산 인근 지역으로 한정되어 있었던 반면, 오븐과 증기 기관 및 석유의 오염은 훨씬 더 방대하게 전 세계로 퍼졌다. 사용 횟수가 훨씬 더 많고 운송도 훨씬 더 용이하고 저렴했기 때문이다.[29] 오염은 추출, 1차 변형, 운송에서 비롯했다. 석유로 인한 생태적 피해는 생산량이 1900년 연간 6000만 배럴에서 1920년대 초 6억 배럴로 껑충 뛰었던 미국에서 시작됐다. 텍사스(1901년 최초로 석유층을 시추한 곳)와 캘리포니아라는 새로운 석유 주(州)가 등장했다. 캘리포니아주의 석유 붐을 타고 로스앤젤레스 인구는 1920년 50만 명에서 1930년 120만 명으로 늘어났다. 유정(油井)과 유정탑이 롱비치(Long Beach)와 도심 사이 시그널힐(Signal Hill)─쑥쑥 내민 많은 유정탑 때문에 '호저 언덕(Porcupine Hill: 호저는 뻣뻣한 가시 털로 뒤덮인 포유류─옮긴이)'이라는 별명이 붙었다─위의 도시 한복판에도 우후죽순으로 생겨났다. 1923년 생산이 최고조에 달했을 때, 해변 바캉스를 홍보하던 관광 협회들은 해안가의 침식과 오염을 고발하기 시작했다.[30] 폭로 기자 업턴 싱클레어(Upton Sinclair)는 소설 《오일!(Oil!)》에서 수익 강박증, 노동자 계급이 어떻게 착취당하고 있는지, 그리고 시추로 어떻게 자연이 파괴되고 있는지 통찰했다.[31] 이후 수십 년간 석유층은 감소했고, 1960년대에 시추는 내륙에서 사막으로, 그다음은 바다로, 도시로부터 점점 더 멀리 옮겨갈 수밖에 없었다. 옮겨갈 때마다 이 활동에 수반된 공해도 점점 더 먼 곳으로 퍼져갔다.[32] 1925년 텍사스주 최초의 유정탑은 근대식 펌프─상징이 된 고개 끄덕이는 당나귀(nodding donkey: 왕복 운동을 하는 부속품의 모습 때문에 붙은 별명─옮긴이)─를 갖추고 있어 지하자원에 대한 접근성과 추출 속도를 더욱 높였다. 어민과 주민들의 울화통이 터지게도—그리고 돈이 들게도—남부의 어떤 주들에서는 해안을 따라 들어선 (기름을 넘겨받는) 항구와 유전이 탄화수소에 빠르게 더럽혀졌다. 피해가 얼마나 막심한지 미국수산국(US Bureau of Fisheries)이 〈석유 및 타르 오염이 수산업에 끼치는 피해〉(1921)란 제목의 보고서를 썼을 정도였다. 보험 회사들조차 이 문제의 규모와 빠른 증가에 놀랐다.[33]

과거 면화 무역의 중심지이던 휴스턴은 펜실베이니아, 남부 캘리포니아, 댈러스 또는 로스앤젤레스보다 더욱 철저하게 석유 공업으로 형성된 석유 허브가 되었다. 정유 공장, 석유화학 공장, 운송 인프라, 저장 시설이 과밀하게 집중된 휴스턴은 1930년대 '미국의 에너지 수도'인 동시에 미국 최악의 석유 오염 장소였다.[34] 기업과 보수적인 엘리트들이 지배하는 지역의 정치 생활로 인해 민원은 제한적이었으며 줄어들기도 했다. 그들은 추출 공정의 모든 규제를 막았다.[35] 1938년 북아메리카는 전 세계의 석유 60퍼센트를 생산했고, 이 지역의 기업 스탠더드 오일(Standard Oil: 존 록펠러의 역사적인 회사), 엑손모빌(Exxon Mobil), 셰브론(Chevron)은 최대의 다국적 채굴 대기업이 되었다.

이베리아 제국들의 몰락 이후, 남아메리카는 미국의 이익을 위한 독점적 영토이자 석유 회사에는 두 번째로 큰 시굴 지역이 되었다.[36] 제1차 세계대전 이후 세계에서 두 번째로 큰 생산국인 멕시코에서 많은 수로와 열대 우림 가까이에 위치한 베라크루스 북쪽의 탐피코(Tampico)라는 작은 항구는 1921년 무렵 주민이 10만 명인 도시였다. 여기에 58개의 서로 다른 석유 회사가 16개의 정유 공장 및 400킬로미터의 송유관과 함께 들어섰다. 아무 제약 없는 이런 기반 시설은 수많은 방출·누출 및 유출의 원인이었고, 이 모든 것이 현지 환경에 치명적 영향을 미쳤다.[37] 국내 석유 생산량이 하락하자 1938년 멕시코의 라사로 카르데나스(Lázaro Cárdenas) 대통령은 멕시코에서 영업 중인 거의 모든 외국계 석유 회사를 수용(收用)하는 명령에 서명함으로써 결과적으로 베네수엘라가 세계에서 두 번째로 큰 석유 생산국이 되었다. 구식 기술을 사용해 유정을 시추하는 베네수엘라의 석유 공업으로 인해 마라카이보(Maracaibo) 호수─이 대륙에서 가장 중요한 담수 저장고─가 심각하게 오염됐다. 게다가 정유 공장은 어마어마한 양의 석유 잔류물을 버렸고, 이 때문에 넓은 토지가 불모지로 변하고 이 지역의 농업은 끝장이 났다.[38]

양차 대전 사이에 석유 공업은 서유럽, 주로 네덜란드(로열 더치 셸)와 영국[브리티시 페트롤룸(British Petroleum, BP)]에서도 발전했는데, 이들은 주로 아시아와 중동의 식민지 제국에 많이 의존했다. 그만큼 발전하지는 않았지만, 프랑스의 석유 붐은 그 지역의 오염 정도를 알 수 있게 해준다. 프랑스석유회사(CFP)는 정부에 의해 1924년에야 설립됐다. 1920년대 초에는 대부분의 석유 및 파생물을 수입했지만 프랑스 정유 공장들은 1931년 40만 미터톤, 1938년 800만 미터톤 이상의 석유 제품을 생산했다.[39] 이 시기에는 주로 센(Seine) 계곡 저지대와 마르세유 인근 에탕드베르(Étang de Berre) 석호(潟湖)의 둑에 위치한 15개 정유 공장이 루마니아와 중동의 석유를 정유했다. 정부는 이 부문을 진흥시키기 위해 석유공단(1939), 국립 아키텐 석유회사(Société Nationale des Pétroles d'Aquitaine, 1941), 석유연구소(1945) 등 전도유망한 회사를 신설했다. 이 기업들이 1966년 한 회사로 통합되고, 결국에는 엘프아키텐(Elf-Aquitaine)이 되었다. 이 신설 기업은 알제리의 석유 개발 기회로 이익을 봤다. 같은 시기에 CFP는 석유가 전 세계 에너지 소비에서 석탄을 앞지른 바로 그해인 1965년 토탈(Total)의 계열사가 되었다.[40] 수입산 알제리 석유를 처리할 신세대 정유 공장이

에탕드베르 주변은 물론 리옹 남쪽의 페젱(Feyzin)에도 세워졌다.

이렇게 전 세계에 작용하는 큰 이권이 있었기 때문에 지역 주민들의 민원과 거듭되는 시위에도 위험과 공해는 거의 주목을 받지 않았다. 1936년 프랑스 남서부에 있는 로양(Royan)의 시장은 지롱드(Gironde)강 어귀에 위치한 두 정유 공장의 오염에 대해 항의했다. 회사들은 바닷물이나 강물에 선박의 폐유에서 나온 탄화수소 방출을 금하는 포고령을 내린 도지사에 의해 모든 책임을 면제받았다.[41] 그즈음 〈위마니테〉는 에탕드베르의 어부 1000명이 "점점 늘어만 가는 정유 공장 배출물로 인한 호수의 수질 오염 때문에" 파업에 들어갔다고 보도했다.[42] 이 지역은 제1차 세계대전 이후 이곳을 포카이아(Phocaea: 해상 교역으로 크게 번창했던 소아시아의 항구 도시—옮긴이)의 더러운 교외 공업 지대로 만들려는 마르세유 상공회의소의 의도적인 욕망에 크게 힘입어 화학 및 석유 공업의 왕위에 오른 터였다.[43] 1945년 이후, 탄화수소의 중요성이 커지면서 에탕드베르에서는 석유화학의 산업화가 추진되었다. 2만 헥타르(약 4만 9000에이커)에 달하는 인근의 항구 포쉬르메르(Fos-sur-Mer) 개발이 곧 그 뒤를 이었다. 이 개발은 중앙 및 지방 당국 양쪽의 지지를 받았다. 비교가 되지 않는 산업과 농업 및 어업의 이익 사이에서 조율하던 정부는 검은 금 쪽으로 운명의 주사위를 재빨리 던졌다. 1957년 오염된 물 때문에 호수의 낚시가 금지됐다. 예전에는 낚시와 산책을 하고 새들이 안식처를 찾는 장소였던 이 해안 지방은 이제 오염이 심한 탄화수소로 심각한 피해를 입었고, 낚시를 금지한다고 해서 이에 대해 확실히 할 수 있는 일은 아무것도 없었다.[44] 도리어 제5~6차 계획(1966~1975)—로테르담처럼 북유럽의 더 큰 항구들과 마르세유가 경쟁할 수 있도록 고안했다—의 우선 사항으로 산업화를 강화 및 장려함으로써 방조했다. 1973년 마르세유의 석유 거래량 수준은 역대 최고치였다. 거의 9500만 미터톤이 이 도시를 거쳐가는 사이, 1975년 초의 대기 중 이산화황 일일 배출량은 800~900미터톤에 달했다.[45] 노동총연맹(CGT) 산하에 뭉쳐 있던 이 지역 의원들—흔히 공산주의자이거나 어민—이 주창해 민원의 초안이 작성됐다. 도지사는 여기에 대응해 산업 폐기물을 감독하고, 건축 허가를 조정하고, 기업가들 사이에 표준을 제정하는 임무를 띤 '산업공해문제 상설사무국'을 설립했다.[46]

동방에서는 소련 당국이 일찍이 바쿠에 있는 유전을 개발했음에도 계속해서 석탄에 중점을 뒀고, 석유를 수용한 것은 1950년대나 들어서였다. 변화는 엄청났다. 1960년 석유는 소련 에너지 소비의 30퍼센트를 차지했다. 당시 이 나라는 7억 미터톤의 석유를 생산했고, 정유 공장과 송유관 건설 열풍이 일었다. 아제르바이잔의 캅카스산맥 일대 매장량은 볼가-우랄(Volga-Ural) 지방에 추월당했다.[47] 경제적 이익이 너무나 컸으므로, 특히 바쿠 지방의 피해가 확연히 보였음에도 생태 파괴 이슈는 조직적으로 억압당했다. 볼가강이 흘러 들어가는 광대한 카스피해 유역도 석유 오염에 희생됐다. 강과 내륙해가 빠르게 악화했다. 철갑상어 개체군이 급격히 감소해 캐비어 생산을 위태롭게 했다.[48]

아프리카에서는 탈식민지화 물결과 함께 석유 개발이 1950년대까지도 본격적으로 시작되지 않았다. 1949년 프랑스 제국의 지사(支社)인 '프랑스령 적도아프리카 석유회사(SPAEF)'가 세워졌지만, 1956년까지 가봉(Gabon)과 알제리사막의 하시메사우드(Hassi Messaoud)에 있는 최초의 석유 매장지는 발견되지 않았다.[49] 가봉에서는 정유 공장이 포르장티(Port-Gentil)와 그 남쪽 지역에 빠르게 정착했다. 원유 생산은 1966년 140만 미터톤에서 1976년에는 1100만 미터톤 이상으로 늘었다. 대부분이 근해에서 생산됐고, 그중 85퍼센트를 해외로 수출했다.[50] 나이지리아에서는 1960년 독립으로 귀결된 내란 이후 니제르(Niger) 삼각주의 대형 매장지 세 곳을 중심으로 석유 공업이 빠르게 성장했다. 원유 생산은 1970년 3억 9600만 배럴에서 1974년에는 8억 2300만 배럴 넘게 증가했다. 그러나 수많은 유출이 삼각주를 심각하게 오염시켜 어장과 농경지에 피해를 입히고 현지 인구를 희생시켰는데, 이 중에는 지역 자원으로 근근이 살아가는 오고니(Ogoni) 원주민 부족도 있었다. 그들의 시위는 대기업의 이익을 보호하는 게 유일한 실질적 관심사이던 당국에 의해 진압되었다.[51] 석유 공업이 들어선 많은 지역—특히 중동과 페르시아만(灣)—이 그렇듯 더 큰 마을 및 도시와는 동떨어진 사막 환경에 상대적으로 고립되어 있었기 때문에 공해는 상당 기간 동안 눈에 보이지 않았다. 이란·이라크·사우디아라비아가 특히 이런 경우로, 모두 제2차 세계대전 이후 석유 공업의 선두 주자로 올라섰다. 이 나라들은 지정학적 긴장 때문에 영국과 미국의 영향력에서 헤어나기 힘들었다. 하지만 그들의 갈등은 1960년 석유수출국기구(OPEC) 창설로 이어졌다.

석유 에너지 체제는 생산 현장을 소비자 시장과 연결하는 데 운송이 주요한 역할을 담당하는, 나날이 세계화해가는 경제를 바탕으로 했다. 1966년에는 석유 자체가 국제 무역의 총가치 중 53퍼센트를 차지했다. 이 엄청난 양의 석유를 수송하려면 어마어마한 기반 시설이 필요했다. 그 기반 시설 대부분은 취약한 것으로 판명 났고, 장기적인 해양 오염과 토양 오염을 야기하는 유출과 사고의 원인이 되었다. 1953~1967년 가스 배관은 과거 총 190만 킬로미터의 2.4배로 늘어났다. 동시에 초대형 유조선의 시대가 밝아오면서 유조선의 평균 규모가 급격히 커졌다. 1950년경 평균 1만 미터톤이던 것이 1961년에는 20만 미터톤으로 훌쩍 뛰었다. 6일 전쟁 이후 수에즈 운하 폐쇄는 점점 더 큰 유조선을 향한 경쟁을 가속화했다. 1967년에는 또한 유조선 토리 캐니언(Torrey Canyon)호가 난파해 대형 석유 유출 연대기에서 처음으로 환경 참사를 유발하기도 했다. 약 4만 미터톤의 원유가 영국해협으로 흘러 들어가 350킬로미터의 해안까지 오염이 퍼지고 거의 10만 마리의 새가 죽임을 당했다. 10년 뒤, 유조선 아모코 카디스(Amoco Cadiz)호 참사로 20만 미터톤 이상의 원유가 브르타뉴 해안 400킬로미터를 오염시켰다. 1979년에는 멕시코만의 해양 유전 폭발로 60만 미터톤의 원유가 바다로 흘러 들어갔다. 이 어마어마한 기름 유출은 미디어가 다루지 않은 훨씬 더 많은 사건을 덮어줬다. 사실 눈에 덜 띄는 수많은 유출 사건이 석유 현장 주변의 환경 파괴에 전반적으로 기여했다. 1951년부터 1999년까지 1200건이 500미터톤 이상의 해양 석유 유출 사건으로 기록되었다. 여기에 처음부터 통제 불능이었던, 그럼에도 불구하고 무수하게 벌어진 일상의 해양 기름 방출을 추가해야 한다.[52]

휘발유 냄새

19세기 프랑스 전원생활에 관한 에밀 기요맹(Émile Guillaumin)의 소설 《소박한 삶(A Simple Life)》 끝부분에서 인생의 황혼기에 접어든 화자는 평생 동안 주변 세계가 어떻게 달라졌는지 회상에 잠긴다. 그의 시점은 1902년이었다. 자동차 한 대의 갑작스럽고 시끄러운 진입이 평화롭고 목가적인 주변을 침범하자 그는 문명에 변화가 찾아오고 있음을 직감한다.

이제는 말들이 필요 없는 마차가 있다. ……갑자기 날카롭고 불쾌한 소음이

들리고 점점 더 커지더니, 모자에 방수포로 된 재킷을 기가 막히게 차려입고 암석 파쇄기 같은 고글(goggle)을 낀 남자들을 태운 자동차가 먼지 구름을 일으키고 역겨운 석유 냄새를 남기며 빠르게 지나가곤 했다.[53]

1899년 필명 투샤투(Touchatout)로 알려진 기자이자 풍자가 레옹샤를 비앙브뉘(Léon-Charles Bienvenue)는 자동차에 대해 불평했다. 그것은 "뻐끔 뻐끔 연기로 모든 사람을 위협하고, 중독시키고, 귀를 먹먹하게 만든다! ……뻐끔뻐끔! ……석유 연기와 그 독특한 자태로 우리 넋을 빼놓는다". 자동차의 갑작스러운 등장에 처음부터 사람들은 눈살을 찌푸렸고, 운전자들은 반감을 샀다. 그 냄새 나고 시끄러운 기계는 파괴적이고 위험한 것으로 여겨졌다. 그럼에도 자동차가 일으키는 먼지와 속도는 그것을 특징짓는 '석유 광란'의 다른 징후였고, 수년간 공간 및 계급 투쟁이 화석 연료 운송을 장악했다.[54]

자동차에 찬성하는 사람들―보통은 이런 사치품 구매력이 있는 엘리트―은 말이 더 이상 필요 없고, 따라서 말의 오물이 더 이상 도로를 더럽히지 않을 것이므로 내연 기관(1893년에 발명됐다)으로 운전하는 '차'가 환경에는 더 나을 것이라고 주장했다.[55] 기업가들로서는 위험 행동의 관점에서 이 문제를 정의하고, 그럼으로써 교육적 도덕을 정치적 의제로 삼는 동시에 운전 행위 자체에 대한 문제 제기 가능성을 배제하는 식으로 교통사고에 주의를 집중시키려고 안간힘을 썼다.[56] 그 결과는 역사상 중요한 성공, 20세기 현대 문명의 토대가 된 특징, 바로 자동차라는 커다란 위험의 사회적 수용이었다. 제2차 세계대전 이래 차량 운행으로 해마다 전 세계에서 몇십만 명이 사망했고(21세기에는 130만 명이 매년 죽었다), 1972년 프랑스와 미국에서는 각각 1만 6000명과 5만 4400명이 사망해 최고치를 찍었다.

자동차의 환경적 영향은 상당히 컸다. 상징성이나 사회적 용법 또는 구성 요소는 고려하지 않고 오직 에너지 쟁점에만 초점을 맞추더라도, 자동차는 화석 연료 소비, 특히 석유라는 새로운 판도라의 상자를 열었다. 1860년대에 개발해 개인 이동용으로 개조한 내연 기관과 외연 기관은 둘 다 19세기 말 최초의 자동차에 도입됐다. 엔진은 민감한 기계다. 그것은 불순물을 제거하기 위해 석유를 정제한 다음 증류하는 데 필요했는데, 이는 자동차용 연료, 비행기용 등유, 트럭 및 트랙터용 디젤, 난방용 기름, 산업 및 해양 항해용 중유(기본적으로 역청유)를 얻기 위해서는—도식적인 방식으로—서로 다른 요소를 분리해야 한다는 뜻이었다. 이 정유와 증류 작업은 그 자체로 극도의 공해를 유발한다. 석유화학 공장은 흔히 인구 밀집 지역에서 한참 떨어진 곳(프랑스에서는 리옹 남부의 페젱, 에탕드베르, 포쉬르메르)에 위치한다. 물론 그것들은 지구상의 공해를 늦추기 위해 아무 일도 하지 않는다.

세기 내내 다양한 종류의 연료 생산은 연료를 필요로 하는 자동차 수의 증가에 맞춰 기하급수적으로 늘어났다. 미국은 자동차를 대량 생산한 최초의 국가 중 하나였다. 1913년 미국은 국민 77명당 1대의 자동차를 뽑냈다. 프랑스에는 국민 318명당 1대가 있었다. 이탈리아는 겨우 2000명당 1대였다. 아프리카와 아시아에서는 이 사치품이 아직 매우 드물었다. 자동차 보급은 양차 대전 사이에 유럽과 미국 전역에 확산됐다. 1910년 전 세계에 100만 대이던 자동차는 1930년 5000만 대, 1955년 1억 대, 1985년 5억 대로 훌쩍 뛰었다. 1950년에는 500만 대의 자동차를 만들었다. 급속한 생산 증가는 매년 또 다른 100만 대가 추가된다는 의미였다.[57] 서구 개인주의의 상징인 자동차가 소련에서 흔한 물건이 되는 데는 좀더 오랜 시간이 걸렸다. 1970년에는 (같은 시기 프랑스의 1300만 대와 비교하면) 겨우 150만 대의 개인 차량이 보급되었다. 하지만 러시아산 자동차가 특히 오염이 심하다는 평판이 있었다는 점을 기억해야 한다.[58]

연료 소비 증가에 수반된 도로 교통은 1960년대 공해의 일차적 원인이 되었다. 자동차는 두 가지 온실가스인 이산화탄소와 메탄 외에도 일산화탄소, 오존, 질소 산화물, 이산화황, 미세 입자, VOC(volatile organic compounds, 휘발성 유기 화합물) 및 납(1921년에 연소를 개선하기 위해 휘발유에 추가했다) 등 인간과 생태계에 유독한 가스를 배출했다. 세기말에는 많은 나라에서 납 첨가물을 금지했지만, 휘발유는 여전히 옥탄값(octane value: 가솔린이 연소할 때 이상 폭발을 일으키지 않는 정도를 나타내는 수치-옮긴이)을 개선하고, 연료 효율을 높이고, 모터와 배기 부품을 보호하기 위해 탄화수소에 첨가하는 150개 이상의 다른 화학 물질을 대개 함유했다. 1970년대 말 이전까지 보통 트럭과 트랙터에 한정되었던 디젤은 질소 산화물, 일산화탄소, 포름알데하이드, 아세트알데하이드, 벤젠, 다환 방향족 탄화수소(Polycyclic Aromatic Hydrocarbons)가 포함된 복잡한 혼합 가스를 배출했다(질산염 유무와 무관). 디젤 자동차는 휘발유 엔진보다 100배 더 많은 미세 입자를 뿜어냈다. 크기가 겨우 0.01마이크로미터(micrometer: 1마이크로미터는 100만 분의 1미터-옮긴이)에서 1마이크로미터에 이르는 이 미세 입자는 폐 조직에 들어갈 정도로 작고, 그보다 더 작은 0.1마이크로미터의 입자(초미세 입자)는 혈관 벽을 통해 폐에 침입한 다음 혈류로 들어가 심혈관계 같은 생물체의 다른 계통에 다다를 수 있다.[59]

그러나 자동차로 인한 대기 오염은 아주 천천히 공중 보건의 위험으로 파악되었을 뿐이다. 1910년 독일 제조업자 빌헬름 마이바흐(Wilhelm Maybach)—카뷰레터로 유명하다—는 〈자동차 매연 문제에 관하여(Ueber

Rauchbelästigung von Automobilen〉라는 제목의 글을 썼다. 1926년에 〈미국 의학협회신문〉은 현재 유명해져 자주 인용되곤 하는, 필라델피아 경찰관들의 혈중 일산화탄소 농도가 매우 높다는 사실을 밝혀낸 연구를 수행했다. 하지만 과학자와 엔지니어에게 매연과 공중 보건 문제는 무엇보다 기술적 사안이었고, 몇몇은 이런 불편을 억누르기 위해 기체 형태의 배기가스를 향기롭게 만들자고 제안했다. 공공 기관은 점점 더 많은 일자리를 공급해주는 이 급성장 부문에 대한 규제 시도를 망설였다. 독일은 양차 대전 사이 베를린에 특별 경찰 순찰대를 창설함으로써 배기가스를 통제해보려 했지만 성공하지 못했다.[60]

자동차 공해에 대한 관심은 1960~1970년대에 커졌다. 디트로이트에 있는 전미자동차노조(UAW)는 지방 경제에서 자동차 산업이 갖는 중요성에도 불구하고 노동 조건 개선과 매연 방출 통제를 중심으로 한데 모였다. 1969년에는 지역 주민을 위한 환경 개선을 목표로 공해방지연맹을 창설하는 데 일조했다.[61] 자동차 공해를 규제하는 데 따른 어려움과 시민사회가 이 문제를 다룰 때의 관계는 대규모 산업 로비와 국가적 맥락의 영향에 의해 형성되기도 했다. 그리스에는 자동차 제조업체가 없었으므로 자동차 수가 훨씬 더 많고 자동차 제조업체의 정치적 힘이 더 컸던 프랑스보다 야심 찬 공공 정책을 펼 수 있었다.[62]

인식의 전환점은 전후의 만성적인 스모그 때문에 로스앤젤레스에서 일어났다. 역설적이게도, 천사들의 도시('Los Angeles'의 에스파냐어 뜻—옮긴이)는 원래 결핵을 고치려고 맑은 공기를 찾던 이민자들이 세운 곳이지만, 지형과 날씨 조건 때문에 그곳의 위치와 낮은 대기(low atmosphere)가 연기를 가두는 경향이 있었다. 1914년 인구 10만 명이 채 되지 않던 이곳은 1960년 600만 명의 거대 도시가 되었다. 이보다 더 명백하게 자동차를 염두에 두고 설계한 도시는 거의 없었다. 자동차 친화적인 도시를 만들자는 결정을 내린 1920년대에 철도 및 전차 선로를 해체했다. 1950년에 300만 대에 가까운 자동차가 로스앤젤레스에 보급되어 산업에서 발생하는 공해와 비슷한 수준(산업의 일일 유해 가스 1280미터톤 대비 1160미터톤)의 오염에 이바지했다. 스모그는 거의 연중 내내 문제여서 도시 80킬로미터 반경 안의 공중 보건과 나무 성장에 영향을 줬다.[63] 사실 자동차를 중심으로 한 발전에 기반을 둔 모든 도시가 많은 문제를 겪었다. 공해를 제거하는 바람(wind)의 혜택을 보지 못한 로스앤젤레스 같은 도시가 특히 취약했다. 아테네와 멕시코시티에서도 차량 수가 늘었는데, 후자는 1950년 10만 대에서 1980년 200만 대로 증가했다. 뭄바이에서는 1980년대 초 40만 대의 차량이 대기 오염의 원인 중 대략 90퍼센트를 차지했다.[64]

제인 제이컵스(Jane Jacobs)와 루이스 멈포드(Lewis Mumford) 같은 영향력 있는 도시 계획 입안자들이 '자동차 중심' 도시 개발에서 파생된 안온 방해를 소리 높여 규탄하는 사이, 다른 운동 단체들은 자동차 제조업체에 압력을 가하기 위해 구매 거부와 시위 캠페인에 착수했다. 이런 상황에서 기술 향상이 실현 가능한 해결책으로 계속 제기됐다. 1966년 캘리포니아주에서는 촉매 변환기─특정 배기가스를 독성이 덜한 물질로 변환하는 장치─가 엔진에 내장되었다. 전 세계의 자동차 제조업체는 1970년대 초 마침내 공해를 줄이기 위해 새로운 기준과 방안을 마련하는 데 동의했다.[65] 이는 그들이 해외 시장, 특히 북아메리카 시장에서 경쟁력을 유지하는 데 필요했다. 사실 경쟁력은 미세 입자 여과와 엔진의 에너지 효율을 지속적으로 개선하게 만든 동인이었고, 이것이 나머지 세기 동안 전반적인 공해 감소로 이어졌다. 아니, 오히려 오염 물질이 다른 것들로 대체되었고, 그 나쁜 효과는 나중까지도 드러나지 않았다. 업계는 툭하면

'깨끗한 자동차'를 약속했다. 1968년 8월 미국 신문 〈네이션즈 비즈니스(Nation's Business)〉는 어쩌면 약간 시기상조이게도 "자동차가 더 이상 공해의 주범으로 여겨지지 않을 날이 가까이 왔다"고 선언했다.[66] 3년 뒤—자동차로 인한 공해가 계속해서 증가하고 있는 가운데—에소(Esso, 스탠더드 오일)가 발간하는 선전 잡지 〈석유의 진보(Pétrole-Progrès)〉는 전기 자동차의 다음 승리를 선언하는 동시에 이론상 탄화수소 연소는 "무해한 제품만 생성하게 되어 있다"고 주장했다.[67] 그러나 실제로는 이동 거리 증대, 치솟는 도로 위의 자동차 수, 그 안의 엔진 동력으로 이점이 대부분 상쇄됐다. 이것은 왜—19세기의 매연 심한 용광로의 경우와 비슷하게—단위당 방출하는 독성 물질이 부인할 수 없이 감소했음에도 실제로는 추가된 장비와 발전을 통해 전체 오염 물질 배출량이 늘었는지를 설명해준다.[68]

천연가스의 참을 수 없는 가벼움

다른 화석 연료 에너지원과 관련한 환경적 위험에 직면하자 '천연'가스는 1960년대에 반가운 대안으로 보였다. 더 적은 독성 연기를 생성했기 때문이다. 천연가스는 에너지원으로서 이미 익히 알려져 있었지만—천연가스는 자연 상태에서 심토(心土)의 다공성 암석에 압축된 가스 형태로 존재하는 화석 연료로서 메탄이 주를 이루지만 프로판(propane), 부탄(butane), 에탄(ethane), 펜탄(pentane)도 들어 있는 탄화수소 혼합물이다—구현하기가 복잡했다. 누출 방지 밀봉 기술 개발은 19세기 말로 거슬러 올라가고 1920년대에 미국에서 최초의 주요 가스관을 건설했음에도 1945년 이전에는 그것을 운송할 기반 시설이 없어 가스 소비가 제한적이고 집중되어 있었다.[69] 1950년 미국은 전 세계 천연가스 공급량의 90퍼센트를 생산했고, 그걸 사용하는 가구 수는 특히 캘리포니아주의 교외 주거 지역에서 1945~1955년 2배가 되었다.[70] 1950~1973년 서유럽에서는 소비가 800퍼센트 증가했고, 전 세계 소비는 1949년 석유 2억 6600만 미터톤에 상응하던 것이 1973년에는 12억 미터톤으로 뛰었다.[71]

천연가스는 석탄 증류와 석유 제품의 균열에서 파생된 '도시'가스라고 알려진 이전의 가스 공급을 점차 대체했다. 후자는 일산화탄소를 방출하므로 독성이 매우 심한 공정이었다. 하지만 천연가스는 먼지를 전혀 방출하지 않고 약간의 이산화황과 이산화질소, 다른 화석 연료보다 적은 이산화탄소만 배출했다. 그것의 메탄 함량—중요한 온실가스—은 1980년 이전에는 미미한 사안에 불과했다. 도시 한복판의 오래된 공장과 그곳의 극도로 유해한 (그리고 위험한) 제조 공정은 천연가스의 좀더 별개인 기반 시설에 자리를 내줬다.[72] 석탄 가스의 2배인 높은 발열량과 낮은 독성은 향후 몇십 년간 천연가스를 탄소 오염을 극복하는 한편 전 세계 에너지 수요 증대를 충족시키려는 노력에 필수적인 연료가 되도록 힘을 실어줬다. 유동적이고 효율적이며 가정과 산업에서 사용하기 쉬운 천연가스는 '청정에너지'원으로 계속해서 소개 및 홍보되었고, 그것이 천연가스의 성공에 기여했다.

천연가스의 부피를 600배 줄여 액체 형태로 운송(섭씨 영하 161도에서)할 수 있게 한 1964년의 액화 가스 같은 새로운 마케팅 기술의 등장은 천연 매장지 부지로부터 멀리 떨어져 있는 전 세계에 이런 형태의 에너지를 유통하는 데 활력을 불어넣었다. 가스 운반선을 통한 이러한 운송 방식은 건설하기 어렵고 비용도 많이 드는 가스관 네트워크에 종지부를 찍었다. 에너지 공급을 다각화하고 싶어 하던 일본은 알래스카 액화 가스의 최대 수입국 중 하나가 되었다. 일본 당국은 이것을 그때까지도 석탄과 석유가 동력이던 연안 대도시들에서 대기 오염을 줄일 수 있는 기회로 보았다.[73] 1960년대에 볼가강, 캅카스산맥, 중앙아시아의 공화국들, 알제리, 이란, 리비아, 인도네시아에서 새로운 가스 매장지가 터졌다. 유럽에서는 노르웨이, 네덜란드, 영국에서 대규모 가스전(田)이 발견됐다. 이 모든 나라에서 가스는 국가가 관리하는 전략 부문으로 여겨졌다. 가즈 드 프랑스(Gaz de France), 브리티시 가스(British Gas), ENI(이탈리아), 디스트리가스(Distrigas, 벨기에), 가스유니(Gasunie, 네덜란드) 같은 대형 국영 회사들이 수입·운송·배급의 국가 독점권을 관리했다.[74] 하지만 매장량이 고갈되면서 유럽은 점점 더 해외에서 수입한 가스에 의존하게 되었다.

석탄이나 석유보다 오염도가 훨씬 덜하기는 했지만 그래도 천연가스는 개발 공정의 각 단계마다 질소 산화물, 황 산화물, 반응성 탄화수소 같은 온실가스를 배출하는 화석 연료였다. 실제로 일단 그것을 추출하고 나서 상업적으로 써먹을 수 있으려면 공급지에서부터 저장, 압축, 운송, 유통에 이르는 일련의 변환 단계를 거쳐 처리하고 정제해야 했다. 부산물—가령 헬륨이나 유황 같은 부식성 화합물—처분도 필요했다. 더욱이 가스전 인근 지역에서는 토양과 물이 심하게 오염됐다. 1960년 이전에는 회사들이 상당량의 잔류 가스를 달리 어떻게 해야 할지 몰랐기 때문에 그냥 태웠다. 예를 들면 이란(러시아에 이어 세계에서 두 번째로 큰 가스 매장지)에서는 정유 공장에서 나온 메탄이나 천연가스 수십억 세제곱미터를 그냥 태우게 방치했다. '국립 이란 가스회사'는 가스를 해외로 수출할 배관망을 구축한 1966년까지 메탄을 계속 태웠다.[75]

천연가스 개발이 환경에 미치는 영향이 아직 완전히 알려진 것은 아니었다. 지역 차원에서 그것은 프랑스 남서부에 있는 이 나라 최대의 천연

가스 매장지 라크(Lacq)의 경우처럼 새로운 공해 주기를 촉발했다. 1951년의 천연가스 발견은 전후 재건 국면의 엄청난 열의와 맞아떨어졌다. 라크는 '프랑스의 텍사스'라며 환영받았다. 언론은 "프랑스의 천재성에 의해 길들여지는 경이로운 자연의 힘"에 찬사를 보냈다.[76] 정치 및 경제 엘리트들은 이 산업을 칭송했고, 고립적·후진적이라고 여겨지는 지역에 이것이 부와 고용 그리고 근대화를 가져다줄 것이라고 상상했다. 하지만 전통적으로 프랑스의 작은 농촌이던 베아른(Béarn) 지방은 몇 년 내로 공장, 가스전, 10킬로미터 반경으로 확장된 가스관 건설에 압도당했다. 무자비한 공정과 최초의 환경 파괴는 민원과 갈등을 불러왔지만, 이는 전반적인 행복감 속에 묻혀버렸다. 하지만 천연가스 추출 기반 시설에서 발생한 안온방해에 반대하는 현지 주민들의 몇몇 시위가 1961년 프랑스기독교노동자연합(CFTC) 같은 특정 노조들에 의해 전해졌다.

라크의 인근 마을 아랑(Arrans) 주민들은 공장에서 너무 가까이 사는 게 걱정이며, 그것들이 자신의 건강에 부정적 영향을 미칠까 봐 두려워한다. 가스와 유황 연기가 들판의 작물을 시들어 죽게 만들고, 포도나무 이파리들이 수확하기 한참 전에 누렇게 변하고, 수세대 동안 여기서 평화롭게 살아왔던 농민들이 방독면 및 공포와 마주하게 되었다.[77]

현지 민원은 유황 냄새에 대한 반응이었다. 어민들은 자신이 잡은 물고기에서 '석유 맛'이 난다고 불만을 토로했다. 농민의 땅을 그들이 사들였다. 새로운 배관 건설은 많은 밭에 피해를 입혔다. 라크 행정 구역의 농업 문제를 연구하고 이산화황과 불소의 유독성 낙진에 항의하기 위해 1961년 9월 노조위원회가 만들어졌다. 경제적 낙관주의에 맞서 점점 더 많은 반대 물결이 이러한 안온방해의 실체를 고발했다.[78] 1959년 현장에서 몇 킬로미터 떨어진 곳에서 학생들을 가르치며 살던 베르나르 샤르보노(Bernard Charbonneau)도 '라크 신화'와 그가 사랑하던 베아른이 어떻게 '쓰레기 하치장'으로 변질됐는지를 공개적으로 밝혔다. 몇 년 뒤, 프랑수아 모리아크(François Mauriac)는 탄화수소 발견으로 야기된 만회할 수 없는 피해를 개탄했다. "밤낮으로 유린당하고—모든 도로에서, 하늘 위에서, 또는 파괴된 대지에서—화학 물질의 과잉 생산에 시달리고, 가장 잘 보호할 거라고 …… 우리가 생각했던 그곳의 시골자들에 의해 파헤쳐진 자연을 어찌할 도리가 없다."[79]

유동적인 전기

19세기 말부터 전기는 가장 빠르게 성장한 에너지 형태 중 하나가 됐다. 그것은 증기 기관, 내연 기관, 조명에 필요한 다른 연료와 관련된 악취나 유독성 매연 또는 증기 없이 무수한 쓰임새를 충족할 수 있었다. 1920년대의 광고는 전기 에너지가 석탄과 그것이 야기하는 검댕과는 대조적으로 소비자에게 얼마나 조용하고 깨끗하고 안전한지에 초점을 맞췄다.[80] 하지만 전기 발전에는 일차 연료가 필요했고, 이는 전기가 공해를 제거한 게 아니라 단지 생산지로 이전한 것뿐임을 의미했다. 전류와 그것의 청결함에 대한 환상은 소비자에게 그 사실을 숨김으로써 에너지 공해의 자연화에 기여했다. 공해 원인은 연료의 출처를 소비자와 연결시킨 정교한 보급망 덕분에 인구 밀집 지역으로부터 멀리 떨어진 장소로 옮겨졌다.[81]

처음에는 다수의 소규모 생산지에 흩어져 있던—가령 1900년경 영국에서는 공급업체 절반이 도시에 있었다ー대형 석탄 발전소를 도심에서 더 먼 곳에 지었으므로, 그에 따라 전기를 소비자에게 수송할 수단이 필요했다. 이런 목적으로 세기가 지나는 동안 고압선 네트워크가 발달했다. 10만 볼트를 전달한 최초의 고압선이 1908년 캘리포니아주에 설치됐고, 1930년대에 20만 볼트 고압선이 그 뒤를 따랐다. 소련은 1961년 50만 볼트 고압선을 구축했다. 전기가 서구의 도시들로 공급되는 것은 오래 걸리지 않았지만, 전원 지역 공급은 더욱 더뎠다.[82] 소련은 낙후했고, 전기 공급은 서구에 비해 한참 뒤처져 있었다. 하지만 기술의 힘을 믿었던 소련 공학자들은 흐루쇼프(N. Khrushchyov) 치하에서 더 많은 발전소를 지었다.[83] 1970년대 초에 산업화한 모든 국가는 충분한 전기 공급과 전력망을 보유했다. 아프리카와 아시아 대부분은 그렇지 않았다.

전력망의 보기 드문 발달에 부응해 대규모 발전소에서 이용하고 변환할 일차 에너지원을 많이 동원해야 했다. 그러고 나면 전기는 주로 구리로 만든 금속 케이블을 통해 운송했다. 그런데 구리는 전 세계에 흩어진 광대한 광산들에서 나왔고 각각의 광산은 자체적으로 일련의 환경 안온 방해를 발생시켰다.[84] 전기는 근대적 기술의 핵심 특징 중 하나를 효과적으로 보여준다. 전기의 작동에 필요한 자원과 폐기물을 보이지 않게 만들고, 생산에 수반되는 폐기물·공해·위험을 제거한다. 이렇게 해서 소비자에게 전기는 깨끗하고 오염 없는 소비재로 보인다. 목재, 석탄, 가스 또는 석유를 교류 발전기를 구동하는 터빈(turbine) 안에서 연소시켜 전기 생성에 사용하는 가열 공정이 20세기에도 여전히 지배적이었다. 전력망의 지속적 확장과 에너지 수요 증대는 화석 연료 소비를 증대시켰다. 따라서 개별 도시는 이 세기 동안 매연 수준을 낮췄지만, 전반적인 공해는 독일의 석탄 사례가 입증한 바처럼 계속 증가했다.[85]

전기의 또 다른 감탄할 만한 장점은 모두 터빈을 돌릴 수 있는 흐르는 물과 바람 그리고 원자핵 분열 덕분에 가연성 연료를 사용하지 않고도 생산할 수 있다는 사실이었다. 19세기 말에 처음 시작된 수력 전기는 초기엔 도시 근처에서 발달했다. 나중에 더욱 확장된 정교한 전력망을 구축하면서 대규모 수력 발전소―댐 및 저수지와 더불어 작동한다―가 좀 더 먼 곳에 지어졌다. 최초의 거대한 댐은 1930년대에 미국의 콜로라도 강과 소련의 볼가강에 건설됐다. 중국은 설비가 최고인 나라들 중 한 곳이지만, 댐이 대부분 작고 1970년대 말까지만 해도 주로 관개용으로 쓰였다.[86] 20세기 동안 매일같이 세계 어딘가에서 대규모―높이 15미터 이상―의 댐 한 개가 들어섰다. 그 수는 1950년 5000개에서 1975년에는 3만 개로 증가했다.[87] 이 대규모 댐들은 막대한 투자를 수반했고, 거기에 대한 강력한 저항을 이겨낼 충분한 영향력에 의해 뒷받침됐다. 이러한 댐은 정부의 힘, '자연을 변화시키고' 국가의 위신과 독립이라는 명분하에 여러 요소를 길들이는 역량을 구현했다. 세계 최고의 정치 지도자들은 전부 자신의 권력을 강화하기 위해 이 전술을 썼다. 루스벨트는 1930년대의 위기 동안, 스탈린은 국가와 계획 입안자들의 뜻에 따라 강을 변용하려 시도할 때, 이집트의 나세르(Gamal Abdel Nasser) 대령은 정치적 독립을 보장할 조국의 근대화를 간절히 바라면서, 그리고 네루(Jawaharlal Nehru)는 1947년 독립한 인도에서 진보를 독려하리라 여겨지는 현대적 '사원(temple)'을 짓기 위해 그렇게 했다.[88]

댐과 정치 사이의 이런 직접적 연관성은 이 많은 계획이 왜 수익을 못 냈고 생태 문제를 일으켰는지 설명해준다. 댐 상류에 있는 계곡을 물로 채우려면 제일 먼저 어마어마한 인구―1947~1992년 인도에서 2000만 명, 1960~1971년 이집트의 아스완댐 공사 동안 누비아족 5만 명, 그리고 1930년대 이후 전 세계에서 총 6000만~8000만 명―의 이동이 수반됐다.[89] 댐 건설 중 실제적인 공해는 이 과정의 부분적 측면에 지나지 않는다 해도, 댐이 주변 환경을 영구히 바꿔놓는다는 점을 기억해야 한다. 댐은 토양의 염류 축적을 가속화하고, 충적토를 줄이고―계곡에 살충제의 필요성을 증대시키고―증발의 결과로 폐기물을 늘리고, 지역의 기후와 풍경을 바꾸고, 주변 환경의 오염과 어류 및 어장의 소멸을 초래했다. 더욱이 댐이 공급하는 새로운 에너지는 새로운 산업을 끌어들였다. 이집트의 아스완댐 건설 이후 충적토의 유입이 사라진 것을 보상하기 위한 화학 비료 사용과 발전소 가까이 새로 지은 공장들 때문에 농업 및 산업 공해가 극적으로 증가했다.[90] 프랑스에서 론강은 방대한 국가 에너지 독립 프로그램의 중심에 있었다. 그곳은 수력 발전 설비로 인해 완전히 바뀌었다. 프랑스의 유명한 전기 회사 중 하나인 CNR(Compagnie Nationale du Rhône)가 1933년 설립됐고, 그 회사의 첫 번째 주요 업적인 제니시아(Génissiat)댐이 1948년에 발전을 시작했다. 하지만 리옹 남부에 있는 화학 산업 사다리의 중첩된 구조(joint constitution), 강물 방향의 물리적 변화, 물 흐름의 변경, 어류와 퇴적물의 움직임을 축소시키는 장벽이 모두 지역의 공해를 더해줬고, 이것이 1960~1970년대의 많은 환경 운동으로부터 맹렬한 비난을 받았다. '론 계곡의 자연수호·공해방지협회'는 그런 단체 중 하나로, 이들은 CNR의 대규모 프로젝트에 반대하거나 그걸 저지하려 했다. 프랑스공산당 소속 상원의원이자 지보르(Givors, 리옹 근처)의 시장인 카미유 발랭(Camille Vallin)이 창립한 이 협회는 수력 전기를 둘러싼 양면성을 밝혀냈다. 수력 전기는 모순이었다. 세계적으로는 동력원으로 찬사를 얻었으나 지역에서는 안온방해의 원인으로 비난을 받았다.[91]

기술력과 에너지 독립이라는 같은 정신으로, 민간 원자력 발전 산업은 무한한 청정에너지를 약속하는 유사한 외양 속에서 발전했다. 원자력 에너지는 전후의 폐허로부터 근대화를 재개하려는 수단으로 1945년 이후에 등장했다.[92] 모든 화력 발전소가 그렇듯이 핵분열도 수증기를 창출했고, 이것이 터빈을 교류 발전기와 연결되게 했다. 최초의 실험적인 원자력 발전소는 1951년 미국의 '아이다호(Idaho) 국립연구소'에서 탄생했다. 그 뒤를 바짝 이어 1955년 영국의 콜더홀(Calder Hall)과 1956년 프랑스의 론 계곡에 있는 마르쿨(Marcoule) 등 미국 밖의 상업적 원자력 발전소가 나타났다. 원자력 에너지 추진은 1960년 이후에 가속화했다. 전 세계의 원자력 발전은 1960년 약 1기가와트, 1980년 100기가와트를 넘어섰다.

이례적으로 위험한 이런 궤적을 사회적으로 수용하도록 만드는 데 사용된 (안심시키는) 연설과 수사학, 근대화의 틀 및 그 밖의 도구 때문에 공해 문제는 비판적 담론과 민간 원자력에 대한 조치에 상당히 늦게 등장했다. 분명 과학계에서는 방사능 오염이 알려져 있었다. 1925년 최초의 국제방사선학회에서 방사선 노출을 줄이고 제한할 필요성이 긴급 사안으로 제기되었고, 1928년에는 국제X선·라듐방호위원회가 창설됐다. 이곳에서는 마리 퀴리가 방사선 노출에 의해 유발된 재생 불량성 빈혈로 사망했던 바로 그해인 1934년에 허용 가능한 방사선량의 한계에 관한 세부 사항을 제공했다. 제2차 세계대전 후에는 국제방사선방호위원회(1950)가 허용 가능한 한계를 명시하고 선량과 그것이 건강, 식물군 및 동물군에 미치는 영향 사이의 관계를 연구하는 임무를 맡았다.[93] 또한 원자력 에너지 생산의 일부분으로서 핵분열을 창출하기 위해 물질을 사용하기 전과 후에도 방사선 노출이 일어났다. 우라늄 광산—생산 및 소비 장소와 한참 떨어져 있다—에서, 그리고 핵폐기물을 관리하고 비축하는 동안에 말이다. 아울러 뜨거운 물을 지역 수로로 방출한 뒤에도 '열' 충격이 일어나는데, 방출한 물은 식물군과 동물군에 해를 끼칠 수 있다. 모든 원자력 발전소는 생산 단계에서 통제된 양으로 공공 기관이 수용할 만하다고 여기는 폐기물 규제 인가의 틀 안에서 액체 및 기체 형태의 방사성 및 화학 유출물을 계속해서 내보냈다. 그러나 이런 한계는 1979년 미국의 스리마일(Three Mile)섬 사건처럼 사고나 재해가 있을 경우 가끔씩 초과되기도 했다.[94]

보건 및 환경 위험은 원자력 발전소를 이미 가동하고 난 후에야 평가되었다.[95] 프랑스에서는 다양한 단체가 원자력 발전소 노동자들의 건강 위험에 대한 두려움을 표명했다. 마르쿨 발전소가 가동되자 "그 광물을 추출할 때 광부들에게 위험 요소가 결코 없지 않았다. ……어떤 것도 그 광물에서 나오는 광선, 또는 불길한 일을 회피하든 해내든 (역시 광물에서 나오는 가스인) 라돈(radon)을 막을 수는 없었다. 바로 죽음이다"라고 프랑스의 한 우라늄 광부는 회상했다. 프랑스기독교노동자연합의 1957년 회의에서 한 노동자 대표는 방사선 효과뿐 아니라 발전소의 쓸모없는 폐기물이 "땅과 바다에 흡수"되는 것과 관련한 위험을 경고했다.[96] 핵 오염은 감각 자극이 없기 때문에 눈에 보이지 않는다는 사실과 광산이 소비자들과 멀리 떨어져 있다—그리고 채굴 과정에서 방출되는 방사능을 광산의 자연적 수준과 구별하기 어렵다—는 사실에도 불구하고, 핵 오염 반대 운동은 1968년 이후에 생겼고 언론의 상당한 관심을 끌었다. 세르부르(Cherbourg)에서는 여러 집단이 1966년 코탕탱(Cotentin)반도 끝에 있는 라아그(La Hague)에서 운영을 시작한 유럽 최대의 폐기물 처리 센터에 모여 원자력 오염에 반대하는 위원회를 만들었다.[97] 1970년대에 지구의 벗(Friends of Earth)은 프랑스 리무쟁(Limousin)과 모르방(Morvan) 지방의 우라늄 광산들을 조사하고 "특히 광부들의 경우 주목할 만한 (사고와는 아주 다른) '보통' 방사능 오염의 원인인 추출"을 조심하라고 경고했다.[98] 연료 추출과 그것의 지역 안온방해가 점점 더 해외로 밀려난 것은 정확히 이 시점이었다. 원자력위원회(CEA)는 지질학자들로 하여금 마다가스카르, 가봉 그리고 니제르[1969년 대규모 우라늄 매장지가 이 나라 중북부에 있는 아를리트(Arlit)에서 발견되었다]처럼 아프리카에서 유망한 광물 자원의 위치를 파악하도록 했다. 이렇게 해서 환경 피해는 식민지에서 독립한 주변 국가들로 한정되었고, 이런 곳에서는 그런 피해와 공해가 환경적 불평등의 중대한 원인이라 할지라도 민원이 더 적었다.[99]

•   •   •

제1차 세계대전과 석유 위기를 가르는 60년 동안 세계는 인구 폭발, 개발 정책의 필요성, 지속적인 수요 급증에 대처하면서 집약적이고 오염이 심한 에너지 모델로 작동했다. 새로운 에너지 변환 장치를 개발했지만, 이전의 에너지원을 대체하기보다는 그냥 가능한 에너지 (그리고 그것들의 오염 물질) 목록에 추가되었을 뿐이다. 20세기의 에너지 소비 세계는 누적에 입각한 세계였고, 이는 그 세계가 생성하는 오염 물질의 범위로까지 확장됐다. 이와 같이 천연가스, 디젤 및 원자력이 새로운 독성 배출물을 생산하는 사이 석탄 소비량은 분명 하락세이기는 했으나 전에 없이 높았다. 이 과정은 심각한 국제적 불균형을 반영하는 것이기도 했다. 더 위험하고 더 오염 심한 이 새로운 궤적에 가세했던 북반구의 주로 산업화한 자본주의 나라들은 근본적으로 남반구 나라들로부터 자원을 약탈했다. 1974년 세계 인구의 6퍼센트만을 차지하는 미국이 전 세계 석탄의 44퍼센트, 석유의 33퍼센트, 천연가스의 63퍼센트를 소비했다.[100] 탄화수소에 점점 더 의존하게 된 이 산업화 국가들 옆에는 사람과 가축의 노동으로 충분한 역학 에너지를 수급하는 아프리카, 인도, 중국의 나머지 시골 및 농업 지역이 있었다. 1971년 전 세계의 트랙터 1570만 대 중 겨우 7퍼센트가 남반구 국가들에서 사용됐다. 이들 나라에서는 여전히 짐수레를 끄는 가축과 인간의 체력이 노동과 제품 운송의 주요 동력이었다. 이들은 생활 수준이 높아지고 사회가 대량 소비에 심취한 북반구의 공해 증가에 아무런 기여도 하지 않았다.[101]

09

대량 소비, 대량 오염

에너지 생산이 일반적으로 눈에 띄고 시끄럽고 냄새나는 일이라면, 에너지 소비 행위는 훨씬 더 유순해 보인다. 20세기 동안 그것은 유형 재화가 풍성해지면서 발생한 안온방해, 불편 및 위험을 사회가 어느 정도 거리를 두고 상징적으로 그리고 물리적으로 유지하는 표준이 되었다. 하지만 각각의 상품은 광산에서부터 최종 소비에 이르는 생산 공정의 핵심에 포함된 감지하기 힘든 오염을 숨기고 있다. 20세기에 생산의 운영 및 단계는 재료 추출과 그 재료를 제조품의 형태로 사용하는 것 사이에서 더욱 복잡해졌다. 재화에는 점점 더 많은 합성 제품이 포함됐고, 그중 다수가 파생 상품인 것을 보면—일반 소비자한테는—거의 마법에 가까웠지만, 환경과 인체의 건강에 심각한 악영향을 끼치기도 했다.

전후 시기에 꽃피웠던 소비 사회의 은밀하고 만성적인 공해는 급속하고 심각한 문제를 불러일으키기도 했다. 1950년대 초 일본 남서부의 미나마타만(水俣灣)에서는 고양이들이 이상하게 미친 듯이 춤을 추다가 갑

그림 9.1

"그건 그렇고 누가 주인이야?" 〈라이프(Life)〉 삽화(Life Magazine, 20 novembre 1902). 대량 소비의 상징인 자동차는 처음부터 소음, 속도 및 공해 때문에 대중의 우려를 낳았다. 1902년 미국의 〈라이프〉에 게재된 이 풍자 삽화에서 화가는 미국적 생활 방식에 새로운 숭배 대상이 등장하면서 수반된 통제력 상실의 느낌을 표현하고 있다. 사실 20세기에 자동차의 출현으로 악화하지 않은 공해를 파악하기는 어렵다. 대량 생산에 필요한 재료(고무, 플라스틱, 금속 포함) 때문에 결과적으로 세계 여러 지역에 걸게 그을린 장소들이 생겨났다.

자기 죽는 일이 벌어졌다. 얼마 안 있어 어부들이 그에 상응하는 불가해한 해악에 시달렸다. 이 설명할 수 없는 죽음이 치소(窒素) 석유화학 공장의 방출물 때문이라는 사실이 점차 확연해졌다. 치소는 아세트알데하이드―특히 염료 생산과 자동차 산업에 수요가 높았던 고무 합성에 쓰이는 에틸렌에서 파생된 유기화학 물질―제조에 특화된 곳이었다. 공장은 1907년 이 만에 들어섰고, 1932년에 아세트알데하이드 합성의 촉매제로 산화수은을 사용했다. 수은 화합물(1932~1966년에 400미터톤)이 만으로 방출하는 다른 많은 중금속에 추가됐고, 그것이 해양 동물군을 오염시키고 먹이사슬에 축적되면서 현지 인구를 중독에 이르게 했다.[1] 수은 중독이 불가해한 질병의 원인으로 밝혀지자 스캔들은 굉장했다. 1949~1965년 직접적인 사인에 의한 사망은 900건으로 기록됐고, 1만 명 이상의 환자가 보상을 받았다. 그러나 이는 장기간의 신경 질환과 몇 세대에 걸쳐 효과가 지속되는 그 질병―나중에 미나마타병으로 알려졌다―을 모호하게 하는 최소 수치에 해당한다.

탄소 기반의 화학과 석유화학의 성장을 바탕으로 한 합성유기화학은 그 세기 동안 더욱 복잡해졌고, 기술 발달의 경계선을 확장시켰다. 모두 화석 연료에서 파생된 합성 고무와 플라스틱 그리고 다른 탄소계 파생물과 함께 20세기에는 소비재 생산에 쓰이는 재료―목재, 유리, 식물성 물질 및 금속뿐 아니라―의 범위가 급격히 커졌다. 더욱이 세계의 인구 폭발(1920년 8억 명에서 1975년에는 40억 명)이 생활 수준 향상과 합쳐지면서 세계가 전후(戰後)의 시기로 일부 거슬러 올라가는 인류세 혹은 '거대 가속(Great Acceleration)'에 진입했다는 가시적 징후를 예고하는 아찔할 정도의 물질 수요 증가로 이어졌다.[2]

선진국에서는 소비 사회의 매력이 개개인의 필요를 깊이 바꿔놓았다.

그러면서 이는 생태 발자국(ecological footprint: 인간이 지구에서 생활하는 동안 들어가는 비용을 토지로 환산한 지수—옮긴이)도 개조했다. 다시 말해, 소비 사회가 천연자원과 생태계에 더욱 커다란 새로운 압력을 가했다. 테일러리즘 (Taylorism: 미국의 프레더릭 테일러가 고안한 과학적 경영 관리법—옮긴이) 전환으로 가능해진 생산 용량 증대를 흡수할 새로운 시장을 모색하던 산업자본주의 전략과 이른바 대량 소비가 연결되었고, 각양각색의 형태를 띠기는 했지만 이것이 전 지구적 현상으로 자리 잡았다. 수요 차원에서 광고, 소비자 신용 및 유통망 혁명의 등장은 상품 보급의 가능성과 그것이 환경에 미치는 영향을 증폭시켰다. 교통이든 음식이든 주택이든 오락이든, 새로운 합성 라이프스타일은 갈수록 더 많은 양의 폐기물과 공해를 창출했다. 오염된 생활은 소비 사회에서 20세기 공해의 규모 변화를 드러내는 몇몇 상징적인 제품—플라스틱, 자동차, 알루미늄 제품 및 살충제—으로 구현됐다.

미국적 생활 방식

20세기에 소비 사회는 꽃을 피웠다. 인정하건대, "사물 체계(system of subjects)"와 엘리트 및 부르주아의 소비자 습성은 서구 문명에 이미 잘 자리를 잡았고 수 세기 동안 그러했다.[3] 그러나 1930년대부터 미국에서, 그다음에는 유럽과 전후(戰後) 세계의 번창한 다른 지역에서 소비주의적 생활 방식이 확대됐고, 그것을 발전시키려는 상업적 도구가 더욱 뚜렷해지고 표준화했다. 1929년 주식 시장 폭락에 이은 경제 위기에 대처하기 위해 미국 정부는 뉴딜(New Deal)의 중요한 부분인 소비 활성화 정책을 채택했다. 비슷한 시기에 영국 경제학자 존 메이너드 케인스

(John Maynard Keynes)는 수요 주도의 경제 정책을 위한 지배적인 이론서가 된 《고용 이자 및 화폐의 일반 이론(The General Theory of Employment, Interest and Money)》(1936)을 집필했다. 케인스식 경제 이론과 미국의 경제 정책은 둘 다 구매력 상승과 관련 있었다.[4] 특히 1945년 이후 복지 국가의 부상은 많은 선진국에 하나의 틀을 제공했고, 전례 없이 많은 인구에게 이 소비 사회에 대한 접근권을 허용했다. 소비주의 열풍으로의 진입은 1939~1944년 구매력이 60퍼센트 증가한 미국에서는 일찌감치 일어났다. 1945년 이후 소비는 경제적 번영은 물론이고 민주주의와 평화를 위한 전제 조건으로도 널리 확인되었다. "미국적 생활 방식"의 땅에서 실행 가능한 "소비자 공화국"이 행복의 개념을 재구성하고 있었다.[5] 그러나 이미 공해 문제는 자본주의 서구와 소비에트연방 사이의 이념적 대립을 초월했다. 미국 대학들의 연구는 두 세계 사이에서 유사성을 찾아내고, 그들의 이념이 아마 소비라는 자유주의 개념에 저항하고 있는지는 몰라도 공산주의 세계의 환경 오염이 덜 심한 것은 아니라고 주장했다.[6]

더욱더 많은 사물과 서비스에 대한 이런 욕망은 평화로운 사회적 관계를 모색하던 정부에 의해, 그리고 수익을 추구하던 기업들에 의해 광고 이용, 신용 대출, GDP 같은 거시경제적 지표 평가를 통해 의도적으로 키워졌다.[7] 절약, 술에 취하지 않은 맨 정신, 수선(repair)은 한물간—국가 발전에 위험하기까지 한—가치가 된 반면, 제한적 수명이 있는 제품의 광적인 소비는 불가피한 일로 확고해졌다. 소비는 애국적 의무이며, 정치경제를 완전히 재구성하는 기본적 자유 행위가 되었다. 냉전 시기에 이뤄졌던 마셜 플랜(Marshall Plan: 제2차 세계대전 이후 미국이 서유럽 16개국에 행한 대외 원조 계획—옮긴이)을 포함한 북아메리카 소비주의 모델의 국제적 홍보도 '대중자본주의' 법률 제정으로 공산주의의 유혹을 막는 게 목표였다.[8] 선진국들의 자본주의는 희망적 미래를 약속하고 사회적 절충의 안정을 제공했으며, 이것이 가난과 결핍에 마침표를 찍게 되어 있었다. 그 결과인 번영과 소비주의는 1979년 프랑스의 저명한 경제학자 장 푸라스티에(Jean Fourastié)의 논문에서 나온 표현인 저 유명한 "영광의 30년"을 정의했다. 1956년 보리스 비앙(Boris Vian)이 "발전의 탄식(Complainte du progrès)"을 노래하는 동안, 조르주 페렉(Georges Perec)은 1965년 소설 《사물들(Les Choses)》로 성공을 거뒀다. 둘 다 개인의 정서적 생활과 내면의 경험에 사물이 난입한 데 대한 증거 역할을 했다. 그러나 대량 소비의 승리를 전 지구의 미국화(Americanization) 과정으로 축소해서는 안 된다. 두 세계대전 사이에 아시아에서 그랬듯 유럽에는 내핍 생활의 필요성을 물질적 풍요의 추구와 혼합하는 다양한 국가적 전통이 존재했다. 소비주의로의 진입은 갖가지 경로를 거쳤고, 흔히 양면성―한쪽에 있는 부 및 개인주의의 매력과 다른 한쪽에 있는 절약 및 공동체에 대한 존중 사이―이 지배했다. 이런 현상은 전후 일본에서처럼 나치 독일에서도 관찰할 수 있다.[9]

대량 소비의 승리는 또한 사회의 도시화 증가와도 때를 같이했다. 제1차 세계대전 직전에는 세계 인구의 20퍼센트만이 도시에 살았던 반면, 1970년대에는 큰 차이가 있었음에도 거의 40퍼센트가 도시에 집중되었다. 서구 선진국에서는 도시 거주자 비중이 이미 70퍼센트를 넘어섰다. 중국과 아프리카에서는 도시 인구가 전체의 25퍼센트 미만을 차지했다. 도시화는 자동차 이동과 연계되어 있었고, 이것은 결과적으로 기존의 마케팅 관행에 지장을 줬다. 상품화의 중앙 집중은 슈퍼, 그다음은 1930년대에 미국에서 시작된 후 유럽으로 건너간 대형 마트(또는 2500제곱미터 이상의 매장 면적을 가진 대형 슈퍼)의 탄생으로 이어졌다. 프랑스 최초의 대형 마트는 1963년 파리 근교에 개장했다. 하지만 1970년에 슈퍼와 대형마트는 아직 프랑스 총매출액의 겨우 6.2퍼센트를 차지했을 뿐이다.[10]

대량 소비―사회적으로는 매우 차별화되어 있지만, 보편적으로는 사물에 의한 해방감에 고무되었다―는 새로운 소비주의 생활 방식이 에너지, 재료, 독성 제품에 부담을 주었기 때문에 공해의 주원인이었다. 아주 오래된 재료이지만, 국제 소비 상승으로 인해 생산이 변경된 가죽을 예로 들어보자. 1858년 독일의 프리드리히 크나프(Friedrich Knapp)가 화학 처리를 바탕으로 한 새로운 가능성의 크롬(chrome) 무두질 공정을 발견한 이후, 뉴욕에 정착해서 인공 염료 수입업자를 위해 일하던 또 다른 독일인 화학자 아우구스트 슐츠(August Schultz)가 1884년 이것을 산업적으로 적용하기 시작했다. 커다란 변화는 20세기 초에 나타났다. 1000년간의 식물 무두질 이후 50년 만에 산업 전체가 크롬 무두질로 전환한 것이다. 20세기 말에는 세계 가죽 생산의 85퍼센트를 이 방법으로 제조했다. 크롬 무두질은 제조 속도를 30배만큼(한 달 대신 하루) 향상시켰기 때문에 소비 사회에 안성맞춤이었다. 게다가 가죽은 지극히 비활성이라서 장거리 운송이 가능했다.[11] 하지만 크롬 무두질은 독성이 매우 강했다. 사용하는 3가 크롬(+3 chromium)이 건강상 또는 환경적 위험을 보이지는 않지만, 생산 공정이나 가죽 소각 중에 산화할 수 있다. 그 결과 나오는 6가 크롬(+6 chromium)은 진짜 독이다. 그것은 많은 무두질 공장을 통해 흔히 환경으로 방출됐고 일부 가죽 제품에도 존재했다. 특히 1945년 이후 주요 가죽 생산 국가이던 인도에서 노동자와 주민 모두에게 골칫거리가 되었다.[12]

전후의 소비주의 혁명은 많은 폐기물을 생성했지만, 역설적이게도 청결과 개인위생에 대한 숭배를 조장했고, 이는 여성을 겨냥한 광고 선전으로 활성화되었다. 전기 가전제품은 해방 및 진보와 동의어였다. 1930년에는 미국 가정의 절반이 이미 진공청소기와 세탁기를 갖추고 있었다. 같은 전자 제품을 1954년 프랑스 가구 중에서는 겨우 8.4퍼센트만이 갖고 있었다. 하지만 20년 후 그 비율은 66.4퍼센트로 상승했다. 청결 숭배는 이런 가전제품이 필수품이라고 주장했다. 현대 생활은 집을 치우고, 박테리아를 죽이고, 건강에 위험한 물질을 제거할 도구를 요구했다. 사실상 그것들은 다른 가전 신제품들과 함께 현대성의 표상이 되었다.[13] 전후 시기는 또한 산업 디자인의 전성기이기도 했다. 사물은 내부의 작동 방식을 감추면서도 효율과 청결을 나타낼 수 있도록 다시 디자인됐다.[14] 세제에 대해 말하자면, 위생 및 미용 제품이 엄청난 성장을 누리는 사이 그 상징이 되었다.

아주 역설적이게도, 도시 폐기물의 어마어마한 증가는 위생이란 이름으로 발명된 일회용품 증가와 포장에 대한 집착에서 비롯됐다.[15] 사물과의 관계는 극적으로 달라졌다. 1930년대에 프로모터(promoter)인 버나드 런던(Bernard London)이 이론화한 것처럼 생산 주기를 촉진하기 위한 순간 소비―계획적 진부화(planned obsolescence)까지―가 보편적이고 선호하는 접근법이 되었다. 올더스 헉슬리(Aldous Huxley)는 이미 1932년 소설 《멋진 신세계(Brave New World)》에서 "버리는 게 고쳐 쓰는 것보다 낫다" 또는 "바느질 자국이 많을수록 재산이 적어진다"는 슬로건을 통해 이 새로운 일회용품 소비의 가상 세계를 예측했다.[16] 나일론 스타킹이 좋은 사례다. 1940년대에 화학 회사 듀폰이 발명한 합성 제품인 나일론은 엄청난 성공을 거뒀다. 하지만 그 내구성이 매출 침체를 초래했다. 나일론의 원래 제조법은 차후에 수정됐는데, 스타킹을 약화시켜 소비자들이 더 많이 살 수밖에 없게 만들려고 섬유의 내구성을 자진해서 줄인 것이다. 백열전구는 계획적 진부화의 또 다른 상징이었다. 1924년 창설된 미국 백열전구 제조업체들의 피버스 카르텔(Phoebus cartel)은 백열전구의 수명을 의도적으로 2500시간에서 1000시간으로 단축했다. 컴퓨터와 전자기기가 있기 전에도 소비 사회는 일회용품 및 대체 제품과 그것들의 쓰레기 소용돌이를 받아들였다. 1925년 미국 경제학자 스튜어트 체이스(Stuart Chase)는 저서 《쓰레기의 비극(The Tragedy of Waste)》에서 이 현상을 기술했고, 10년 뒤 역사가 루이스 멈포드는 그 현상의 메커니즘을 비판했다. '영광의 30년' 동안 브룩 스티븐스(Brook Stevens) 같은 디자이너들에 힘입어 계획적 진부화가 많은 부문으로 확산했다. 그러나 이는 존 케네스 갤브레이스(John Kenneth Galbraith)〔《풍요로운 사회(The Affluent Society)》(1958)〕 같은 경제학자와 밴스 패커드(Vance Packard)〔《쓰레기 제조자들(The Waste Makers)》(1960)〕에 의해서도 비판을 받았다.[17]

직접적인 오염에 시달리는 생산지를 위생적인 소비 장소에서 분리하는 것은 대중이 환경에 방출되는 독성 물질의 증가를 거의 인식할 수 없게끔 만들었다. 하지만 이 대량 소비와 일회용품 소비로 생성된 쓰레기의 범위는 금방 문제로 떠올랐다. 새로운 공장 및 하수도 재처리 시스템―물론 더욱 비싸고 더욱 기술적으로 앞섰다―설치로 안온방해를 이전하고 특히 선진국의 일부 도시를 정화하는 게 가능해지기는 했지만, 쓰레기의 소용돌이는 끝이 없었다. 새로운 쓰레기 관리법이 문제의 일부를 경감시키기는 했어도, 제품에 대한 도시 사회의 탐욕스러운 식성은 갈수록 더 많은 인공 제품을 요구했다. 생성되는 쓰레기의 양이 급증했다. 효율적인 기반 시설이 존재하는 곳에서는 1948년 스태튼(Staten)섬에 거대한 매립지를 개장한 뉴욕시처럼 쓰레기를 수거해 다른 지역에 버렸다. 그곳은 매일 수천 미터톤의 쓰레기를 받으며 세계 최대 매립지가 되었다.

관리법은 나라마다 제각각이었다. 일본은 어떤 경우 건축 자재로 용도를 변경하기도 하면서 도시 쓰레기의 재활용에 상당한 창의력을 발휘해 온 듯하다. 그런가 하면 남반구의 많은 거대 도시에서는 쓰레기 관리가 오염 증가의 원인이 됐다. 가령 1950년대에 멕시코시티는 일일 3000미터톤의 쓰레기를 양산했다.[18] 소비자 운동에 사로잡혀 환경적 반대가 들어설 여지는 거의 없었다. 1960년대에 프랑스에서는 프랑스민주노동총동맹(CFDT)의 프레도 크룸노우(Fredo Krumnow) 같은 일부 노조원이 "쓰레기 문명"을 맹렬히 비난했다.[19] 미국에서는 1970년 4월 제1회 지구의 날(Earth Day)이 이 문제에 대한 관심을 이끌었다. 광적인 소비 모델에 대해 "미국적 생활 방식"이 불러일으킨 안온방해에 맞서는 운동가들은 이의를 제기했다.[20] 하지만 이런 반대는 논쟁의 한계를 근본적으로 바꾸는 데 실패했다. 대개 주류 담론의 바깥에 머물렀고, 신제품 접근의 중독적인 매력으로 인해 소외되었다.

이 급성장 시기가 끝날 무렵, 인류의 생태 발자국은 지구의 수용 능력을 초과했다. 지구의 생태 수용력(biocapacity)에 대한 압박은 소급해서 계산됐다. 그것은 1992년 리우 회의(Rio conference: 브라질 리우데자네이루에서 각국 대표와 환경 운동가, 과학자들이 지구 환경에 대해 토론한 회의 ─옮긴이)에서 탄생한 지표였고, 이후에는 국제생태발자국네트워크(Global Footprint Network)가 산출했다. 이는 소비된 재화와 서비스를 생산하고, 자원을 재생하고, 이런 활동에서 파생된 이산화탄소 등의 폐기물을 흡수하는 데 필요한 공간의 양을 측정한다. 생태 발자국과 관련해 그것은 상품의 유형이나 조직의 영향을 평가한다.[21] 또 다른 접근법〔가상수(virtual water, 假想水)〕은 각각의 제품이나 식품을 생산하는 데 필요한 물의 소비에 초점을 맞춘다. 이는 물 수요가 총소비 이상으로 비례해 증가했음을 보여준다. 더 많은 양의 물을 사용하는 신제품이 추가되면서 소비의 구조가 바뀌기 때문이다.[22] 1980년대 초 자크 테(Jacques Theys)가 언급했듯이 매 성장점마다 더욱 독성이 강해지는 듯하다. 여러 가지 작업을 거치기 쉬워 많은 중간 폐기물을 내놓았던 합성 제품을 선호하면서 천연자원에 바탕을 둔 전통적인 산업은 쇠퇴했다.[23] 그 결과, 부피는 매우 크지만 오염도가 낮은 폐기물(가령 재나 비활성 유기물)의 양은 정체 또는 감소한 반면, 가장 위험한 유형의 폐기물—그것이 핵폐기물이든 아니면 오래가는 플라스틱이나 탄화수소 같은 화학 공업 생산물이든—은 증가하는 경향이 있었다. 예를 들어 1950년대에서 2000년대 초 사이에 뉴질랜드 웰링턴(Wellington)의 생태 발자국 연구는 식품 생산량이 거의 변함없었음을 밝혀냈다. 한편 교통, 주거, 제조품 및 서비스 소비는 모두 급격히 늘었다. 보통은 평균으로 산출되는 이 생태 발자국은 소비 관행에 기대기 때문에 사회 집단 및 지역에 따라 전 세계적으로 매우 다양하다는 점도 기억해야 한다. 세기 중반에 강한 성장이 있었던 몇십 년간 북반구와 남반구, 부자와 가난한 인구 사이에 폐기물 양의 불평등과 격차는 심화했다.[24]

세계의 플라스틱화

이 소비 사회에서 탄소와 석유화학은 삶의 물질적 토대를 완전히 바꿔놓았다. 19세기에 이미 시작된 신소재 합성은 양차 세계대전 사이에 확대됐다. 석유가 어느 정도 도전장을 내밀기는 했지만, 석탄이 여전히 제왕이었다. 기업가와 엔지니어들은 엄청나게 많은 제품을 만들어낼 수 있는 광물의 잠재력에 계속해서 경탄했다. 1930년 리에주 세계박람회 기간 중

그림 9.2 ──────────────────────────────────

L. S. 라우리, 〈산업 경관(Industrial landscape)〉 (테이트 미술관, 런던, 1955). 이 캔버스에 그린 유화는 영국 화가 라우리(L. S. Lowry, 1887~1976)가 평생 그린 도시 풍경을 대표한다. 가상의 작품 세계이지만, 이 그림에는 공장과 연기를 뿜어내는 굴뚝에 장악된 도시 환경을 떠올리게 하는 현실적 요소가 간간이 들어 있다. 이것은 지난 수십 년 동안 상상력의 전형이었다. 전경은 이 섬뜩한 세계에 진입하도록 초대하는 역할을 한다.

방열 다이어그램은 석탄 부산물의 전지전능한 위력을 합성했다.[25]

환경으로 방출된 합성 화학 물질의 양은 의류, 주택, 건설, 교통, 휴식, 농산물 생산을 위한 신소재 수요에 부응하려다 보니 늘어났다. 듀폰의 저 유명한 1935년 슬로건 "더 나은 삶을 위한 더 나은 물건들 …… 화학을 통해서"에 따라, 바이오매스 수요를 줄이고 실크나 상아 또는 고무 같은 값비싸고 희소한 천연 소재의 대체물을 제공함으로써 자연을 보존하는 화학의 확대가 고안되었다. 불확실한 추정치이기는 하지만 약 1000만 가지의 화학 합성물이 20세기에 만들어졌고, 그중 15만 가지는 상업적 적

용을 취득했다.[26]

그러나 석유는 1945년 이후 기적이라 여겨지는 특성을 가진 온갖 종류의 플라스틱에 힘입어 신소재 고안에서 최고의 자리를 차지했다.[27] 롤랑 바르트(Roland Barthes)는 1957년 명작 《신화론(Mythologies)》에서 새로운 플라스틱 열풍을 다음과 같이 분석했다.

이러한 변화가 미치는 범위의 끝에서 인간은 스스로의 힘을 측정하며……, 바로 플라스틱의 여정이 대자연 속에서 품위 있는 환류(free-wheeling, 還流)의 행복감을 제공한다. ……물질들의 위계질서는 폐지된다. 단 하나의 물질이 그것들 전부를 대체한다. 세상 전체가 플라스틱화할 **수 있다**. 삶 자체도.[28]

1910년 탄화수소에서 파생된 최초의 중합체(polymer, 重合體) 합성(최초의 플라스틱인 베이클라이트는 1950년대까지 산업적 규모로 생산됐다) 이후, 양차 세계대전 사이 기간에 미국 및 소련에서는 물론이고 히틀러의 독일에서도 플라스틱과 합성 고무에 관한 연구와 특허가 폭발적으로 증가했다. 이는 폴리염화비닐(polyvinyl chloride, PVC)이 보편적으로 확산하는 결과를 낳았고, 그것을 만든 독일의 IG 파르벤(IG Farben: 독일의 화학 기업 카르텔—옮긴이)은 1930년대에 산업적 생산을 개시했다. 그것의 비용 효과와 경량 및 방수 같은 특성이 광범위한 보급을 보장해줬다. 미국에서는 PVC 생산이 1933년에 〔유니언 카바이드(Union Carbide) 회사에 의해〕 시작됐다. 연간 생산량은 제2차 세계대전 중 120배 늘어나 1952년에는 16만 미터톤에 달했고, 1973년에는 270만 미터톤에 이르렀다. 양차 세계대전은 투자를 자극했다. 제2차 세계대전 중 듀폰은 다음으로 전 세계를 강타할 나일론 스타킹을 시장에 내놓았다. 1948년에는 투명하고 부드럽고 내구성 강하고 가벼운 플렉시글라스(plexiglass)의 최초 상업 특허가 신청됐다. BASF와 다우 케미컬의 화학자들은 폴리스티렌(polystyrene) 제조법을 개발했고, 이는 포장, 커피 잔, 도로의 차음벽, 주택 단열재에 쓰였다. 이런 플라스틱 제품의 긴 목록을 열거하는 것은 거의 끝이 없는 모험이다. 1935년에는 폴리에틸렌(polyethylene, 비닐봉지)이 등장했다. 1937년에는 폴리우레탄(polyurethanes, 페인트와 니스), 1938년에는 1945년 시판명 테플론(Teflon)으로 알려져 곧 프라이팬 코팅으로, 그다음에는 셀 수 없이 많은 다른 용도로 쓰이게 된 폴리테트라플루오로에틸렌(polytetrafluoroethylene), 1954년에는 폴리프로필렌(polypropylene, 범퍼와 자동차 계기판)이 나왔다. 음악 산업에서는 음반을 제작할 때 자연에서 가져온 셸락(shellac: 인도와 태국에 많이 사는 락깍지벌레의 분비물—옮긴이)이 염소 처리한 비닐 중합체로 대체됐다. 1945년 이후 미국 음반 산업은 마이크로그루브(microgroove, 미세한 홈)를 발명했고, 지금은 유명한 레코드판이 세계적 성공을 거뒀다.[29]

19세기 말에 특허를 낸 비스코스(Viscose)—또는 '인조견'이나 '레이온(rayon)'—는 1918년 이후 인기가 높아진 플라스틱 제품 중 하나다. 갖가지 화학 물질로 처리한 셀룰로오스에서 파생한 그것을 제조하려면 독성 물질을 사용해야 했고, 다량의 오염 물질 방출이 불가피했다. 1930년 1000킬로그램의 비스코스를 제조하는 데 2000킬로그램의 소다, 1500킬로그램의 황산, 550킬로그램의 이황화탄소—석탄으로부터 생산한다—가 필요했다. 비스코스 제조의 채택은 리옹 주변의 실크 산업으로부터 강한 저항을 받았다. 1920년에 비스코스는 전체 생산량의 5퍼센트 미만이었다. 그러나 나중에는 이 도시의 많은 주요 실크 생산업체—특히 섬유와 화학의 경계에서 산업 제국을 건설한 질레(Gillet)—가 이 재료를 수용했다.[30] 영국의 코번트리(Coventry) 근처, 이탈리아, 일본 및 미국에서도 다른 비스코스 공장이 문을 열었다. 비스코스 생산은 장기간 논란이 되었다. 노동자에게 미치는 이황화탄소의 위험이 일찍이 의학 문헌과 사회조사에 기록됐다. 프랑스 노동사찰단의 1922년 보고서와 미국 앨리스 해밀턴(Alice Hamilton)의 조사는 이런 공장들의 중독 사례를 기술했다. 영국에서는 지역 주민들이 대기 오염과 이황화탄소 방출에 민원을 제기하기도 했지만, 당국은 위험을 일축했다. 기업가들은 반대자를 주저앉히기 위해 금전적 보상을 제공했다. 1930년대에 파시즘의 이탈리아와 나치 독일의 제조 여건은 훨씬 더 나빴다. 노동자와 주민들은 독성이 매우 강한 폐기물의 희생자였지만, 공장의 위치와 노예에 가까운 노동력 착취가 공해 창출 관행의 억제를 방해했다.[31]

1945년 이후 값싼 에너지 이용과 현대적이라고 여겨지던 전무후무한 물질 수요는 곧 공정의 표준화와 대량 생산의 승리가 보상을 받았다는 뜻이었다. 플라스틱은 사실상 필수품이 되었다. 예를 들면, 서독에서는 플라스틱 소비가 1950년 1인당 1.9킬로그램에서 1960년에는 15킬로그램으로 껑충 뛰었다.[32] 그러나 이 신물질은 대형 석유화학 공장에서 탄화수소를 이용해 그것을 제조할 때도 그렇고 상당량이 당시 토양, 강, 해양에 버려지던 최종 소비 시점에도 그렇고 온갖 유형의 공해 원인이기도 했다.[33] 석유 및 천연가스 매장지 근처에 위치한 석유화학 복합 단지는 1960년대 초 제3세계로 확장되기에 앞서 미국과 유럽에서 먼저 발달했다.[34] 석유화학 통로—미국에서는 의미심장하게 '암의 통로(Cancer Alleys)'라 불린다—의 확장은 특히 염화비닐 제조를 둘러싸고 공해 확대를 촉발했다. 많은 도시와 지역 사회의 물과 공기가 플라스틱 산업으로 오염되었다. 미시시피강 하류가 특히 이런 경우였다.[35]

프랑스에서는 1949~1950년 마르세유 근처 에스타크에서 최초의 대규모 석유화학 공장이 문을 열었다. 10년 뒤에는 정유 공장(센강 하류와 리옹 남쪽의 에탕드베르)과 라크 같은 천연가스 생산지 주변에 이미 50개가 더 확산되었다. 미국에서처럼 이들 공장도 많은 플라스틱 제품은 물론 비료를 생산했다. 이런 공장은 상당한 환경 오염과 비정상적인 암 발병률의 원인이기도 했다. 예를 들어, 리옹 남쪽에서는 산업화의 필요성이 이런 안온방해를 수용하는 결과를 가져왔고, 안온방해는 근교 도시와 노동자 지역으로 이전됐다. 1964년 페젱의 거대한 현대적 정유 공장 개장이 생퐁(Saint-Fons)에 있는 '화학 통로'의 막을 열었다. 2년 뒤 이 정유 공장의 비극적인 폭발은 산업적 위험 및 공해에 대한 논쟁을 불러일으켰다.[36]

20세기 석유화학 산업의 모든 역사는 화학자들이 자연 물질을 모방하고 개선하는 한편 그들 스스로 만든 관행의 과잉에 직면해 바친 노력에 입각해 있었다. 새로운 '화학의 시대'는 1949년부터 에콜 폴리테크니크(École Polytechnique: 프랑스의 최고 명문 공대—옮긴이)의 화학부 학장직을 역임한 피에르 바랑제(Pierre Baranger) 같은 연구자들의 의혹을 불러일으켰다. 1956년 발표한 이 주제에 관한 종합 논문에서 그는 플라스틱이 그저 "감탄스러운 자연 물질의 엉성한 모조품"에 지나지 않으며, 그것의 성공은 특히 자연 없이 살고 대용품 신전(pantheon)의 한복판에서 스스로의 창조물을 통해 자신을 사랑하는 인간의 깊은 무의식적 경향에 기인한 것이라고 논평했다. 바랑제는 또한 그 새로운 창조물의 신전을 얻어내기 위한 광적이고 무모한 화석 원료 탕진을 비난했다.[37] 1960~1970년대로 넘어가면서 플라스틱에 대한 우려는 공중 보건 쟁점과 공해의 주요 원인으로 재정의됐다. 현대 사회는 플라스틱의 재활용이 매우 어려우며 그것의 분해—환경도 오염시켰다—가 특히 느려 보통은 수백 년이 걸린다는 사실을 감안해야 했다. 게다가 거기서 파생한 미세 입자를 해양 생활권의 넓은 주변이 섭취했다. 환경 문제를 조사하던 중 독일 내무장관에게 보낸 수백 통의 편지 가운데 70통이 플라스틱과 그 쓰레기를 공해의 주범이라고 탓했는가 하면, 1971년 5월 수백 명의 서명을 얻은 한 탄원서는 다음과 같은 것에 대해 항의했다.

계속해서 증가하는 환경 오염과 자동차 배기가스, 산업 폐기물 및 풍족한 우리 사회의 분해되지 않는 여러 폐기물(포장이나 플라스틱 병)로 인한 인간·동물·식물의 생활 여건 악화.[38]

1970년 미국의 건축가이자 디자이너 폴 메이언(Paul Mayen)도 산업계는 "이렇게 오염 잠재력이 높은" 제품의 생산을 중지하고 특히 "복구 잠재력이 높은" 플라스틱 개발의 방향으로 힘써야 한다고 역설했다.[39] 끝으로, 폐기물 이슈가 일반적으로 잠잠하고 1980년대 이전에는 플라스틱에 의한 환경 오염 연구가 거의 없었지만, 2명의 미국인 생물학자, 곧 에드워드 카펜터와 케네스 스미스(Kenneth Smith)는 1972년 플로리다 앞바다에 고농도의 합성 중합체 입자가 존재한다는 걸 밝힘으로써 경종을 울렸다. 다음 해에 해양학자 엘리자베스 벤릭(Elizabeth Venrick)은 하와이 북쪽에서 같은 연구 결과를 보고했다.[40]

앞에서 거론한 플라스틱과 융합된 새로운 석유화학 합성 제품의 수와 종류 그리고 양을 완전히 종합해서 얘기하는 것은 불가능하다. 그러나 이것들의 중요도를 인정할 필요는 있다. 실례로, 세기 초에 합성되어 유전체적 특성과 열전도 때문에 변압기의 전기 절연체뿐 아니라 콘덴서, 유압유(油), 페인트, 접착제 및 기타 응용 제품에 쓰인 폴리염화바이페닐(polychlorinated biphenyls, 이하 PCB)에 초점을 맞추는 게 유용하겠

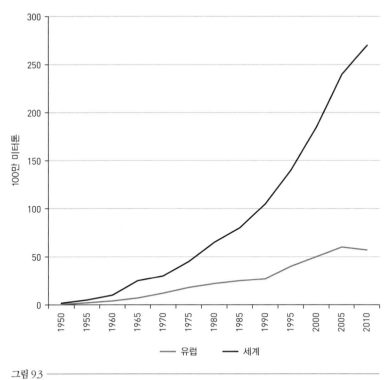

그림 9.3

전 세계 플라스틱 생산량, 1950~2010. 출처: Plastics Europe, *Plastics, the Facts, 2013: An Analysis of European Latest Plastics Production, Demand and Waste Data*, 10.

다. 폴리염화바이페닐의 성장은 주로 1945년 이후 유럽으로 생산이 확산하기 전까지 1929년부터 주요 생산업체이던 몬산토 때문이었다. 몬산토는 1937년부터 그 독성을 알고 있었지만—앨라배마주 애니스턴(Anniston)에 있는 이 회사의 주요 생산지가 심하게 오염되었다—PCB는 1980년대까지 널리 사용되었고 광범위한 공해를 유발했다.[41] 그것은 지속적인 유기 오염 물질로서 실제로 인체의 건강과 환경을 과도하게 중독시켰다. 1975년 이전에 뉴욕시 근처의 허드슨(Hudson)강과 인디애나주 블루밍턴

(Bloomington) 주변 지역은 PCB 생산 때문에 막대한 환경적 대가를 지불했지만, PCB의 방출물과 확산이 다양한 수준으로 전 지구에 영향을 미치기 전까지 결국 모든 생산지가 그러했다.[42]

자동차광: 최고의 물신 숭배

화학의 플라스틱 및 새로운 합성 물질은 일상의 모든 사물에, 무엇보다도 가장 중요하게는 소비 사회의 토템(totem: 미개 사회에서 신성시하는 사물—옮긴이)에 스며들었다. 바로 자동차다. 오늘날에는 자동차 혁명이 전반적으로 끼친 효과와 그것이 현대인에게 가져온 충격을 온전히 파악하기 어렵다. 《어떤 순진한 남자의 삶(La Vie d'un simple)》에 등장하는 나이 든 화자는 20세기 초에 애석해하며 이 기계의 소리와 냄새를 개탄한 뒤 이렇게 말했다.

> 이 자동차들은 사실 도로에 난입해 우리를 언짢게 만들고 해를 끼치는 악마의 도구다. ……그 주제에 대해 재단을 내리는 것은 구시대 사람이고 고개를 설레설레 흔드는 할아비인 내가 할 일은 아니다. 젊은 사람들은 이 진보한 차량에 익숙해질 것이다.[43]

50년 뒤, 바르트는 《신화론》에서 자동차 숭배에 주목했다.

> 오늘날 자동차는 가히 위대한 고딕 성당에 정확히 맞먹을 등가물이라 생각한다. 무명의 예술가들이 열과 성을 다해 고안했으며, 그것을 순전히 마법의 물

체로 여기는 전체 인구가 사용하지는 않더라도 이미지로는 소비되는, 한 시대 최고의 창조물이라는 뜻이다.[44]

개인주의의 상징, 사회적 지위의 지표, 연료와 자재의 간극, 숭배의 대상, 소비주의의 페티시인 자동차는 빠른 이동 순서에서 철도의 권좌를 찬탈했다. 또한 인류가 위험과 공해의 만성적 수용 쪽으로 기울게 하는 도구로도 작용했다. 사회적으로 차별화된 수용을 강조할 가치가 있겠다. 기관차가 소유자에게 더 안전함을 제공하는 동시에 더 많은 오염 물질을 방출하는 사이, 운송은 도시 지역의 외곽으로 밀려났다.[45] 자동차는 연료에서 나오는 독성 먼지 외에도 연료의 화학 첨가물, 타이어 제조 및 처리, 복합 재료 생산, 그리고 그것이 이동하는 데 필요한 거대한 기반 시설 때문에 빠르게 매우 심각한 환경 악화와 여러 가지 오염의 원인이 되었다.

자동차 체제가 완전히 정착하기 위해서는 먼저 우호적인 환경을 조성할 필요가 있었다. 1920~1930년대에는 첫 번째로 전차가 있는 모든 도시에서 그것들을 추격했다. 막후에서는 석유와 자동차 로비가 전 세계 주요 도시에서 자가용이 패권을 차지하도록 밀어붙였다. 프랑스는 이러한 자동차로의 전환에서 선봉이 되었다. 파리의 전차 선로망—당시 세계 최대—은 1930년대에 제거됐다. 교외 노선 폐지에 이어 도심 노선의 제거가 이뤄졌다. 전차는 르노 버스로 대체됐다. 다음 몇십 년간 다른 모든 지방 도시도 같은 과정을 시행했다.[46] 전차 설비가 광범위하게 확장되어 있던 미국에서도 대규모 자동차 및 석유 컨소시엄이 큰 영향력을 행사했다. 일찍이 1922년 제너럴 모터스(General Motors) 대표는 전기 전차를 버스로, 그다음은 자동차로 대체할 전략을 짜는 임무를 맡은 실무팀을 꾸렸다. 1935년 의회는 에너지 회사의 전차 회사 소유를 금지하는 법령을 통과시켰다. 이 법령은 제너럴 모터스가 그것들을 사들일 수 있게끔 해줬고, 이로써 이후 전차 인프라의 품질은 떨어졌다. 2년 뒤 맨해튼의 전차 선로 150킬로미터가 제거됐다. 제너럴 모터스는 또한 뉴욕, 필라델피아, 세인트루이스, 로스앤젤레스를 포함해 45개 도시의 전차 선로망 100여 개의 철거에 어떻게든 관여했다. 1949년 4월, 연방 배심원단은 제너럴 모터스가 스탠더드 오일 및 파이어스톤 타이어(Firestone Tire)와 공모한 혐의가 있다는 사실을 알았지만, 피해는 이미 벌어진 뒤였다. 전차 선로망은 돌아오지 않을 터였다. 자동차가 그 자리를 차지했으니 말이다.[47]

강력한 상상력에 힘입은 자동차는 새로운 욕망과 새로운 풍경을 생성한 거대한 기술 생태계의 일부분이었다. 자동차 인프라는 고속도로 확장과 거기에 수반된 새로운 도시 형태와 함께 거기에 맞춰진 세상을 발명하도록 자극한 제2의 자연이 되었다.[48] 고속도로는 애초 파시즘 정권의 개념이었다. 최초의 구간은 무솔리니의 이탈리아에서 1924년 밀라노와 바레세(Varese) 사이(80킬로미터)에 개통됐다. 그다음 1933년 나치당 창당 직후 독일은 최초의 대규모 고속도로 계획에 착수했다. 이 아우토반(Autobahn)은 일자리를 제공하고, 경제를 회복시키고, 이 나라의 중앙 집권 제도를 강화했다. 또한 전쟁을 앞두고 신속한 병력 이동도 가능케 해줬다. 히틀러의 주요 선전 도구였던 그것은 자연을 길들이는 새로운 인물의 역량을 보여줬다.[49] 같은 원리로 이 거대한 인프라는 냉전 중 미국에 건설됐다. 1950년대에 드와이트 아이젠하워(Dwight Eisenhower) 대통령 당시 주간(州間) 고속도로 시스템을 건설하는 데 1000억 달러 이상의 비용이 들었다. 프랑스에서는 1960년 드골파 정권이 1975년 이전까지 2000킬로미터에 가까운 고속도로 건설을 가능케 한 야심적인 도로망 개발 기본 계획을 채택하면서 유사한 활동을 시작했다.[50] 도시에서 자동차 교통에 주어진 우선권은 느슨한 도시의 균형 상태를 깨뜨렸다. 자동차는 교외 주거지의 무질서한 확장을 더욱더 촉진했다. 로스앤젤레스는 상징적 사례였다. 이 도시는 1930~1960년 주민이 160만 명에서 600만 명으로 늘었고, 극적으로 마치 촉수처럼 뻗어가다 보니 공간을 집어삼키고 믿기지 않을 정도로 많은 에너지를 필요로 했다. 새로운 도시-교외 경관은 환경에 지대한 영향을 주었다. 자동차가 도시의 직장과 갈수록 멀어지는 교외의 집 사이에서 시민을 실어 나를 수 있도록 도로를 건설하느라 석유화학에서 나온 엄청난 양의 아스팔트를 퍼부었다.[51]

공장의 체계화된 테일러리즘—자동화와 효율성을 기반으로 한다—은 곧 자동차가 작업장과 생산 방식도 혁신화했다는 뜻이다. 1920년대에 헨리 포드(Henry Ford)는 최초의 조립 라인과 함께 그 유명한 T형 자동차를 개발했다.[52] 생산 공정을 통제하기 위해 1928년 포드는 레드(Red)강 강둑의 디트로이트(미시간주)에 세계 최대의 공장을 열었다. 이미 1930년대에 8만 명의 직원이 일일 1만 대의 차량을 생산했다.[53] 다수의 산재한 공장과 공급사 가운데 그들의 활동이 안온방해를 퍼뜨렸던 다른 자동차 제조업체들과 달리 이런 통합 전략은 동일한 장소에 환경적 영향이 집중되는 결과를 낳았고, 공해가 특히 잘 보이고 감지되도록 만들었다. 이러한 문제를 예측한 공장은 고체·기체·액체 폐기물을 처리하는 방법을 갖추고 있었다. 포드의 폐기물 관리 체계는 19세기로부터 물려받은 논리를 따랐다. 원치 않는 폐기물을 희석하고 레드강을 따라 환경으로 방출하는 것이었다. 유독한 오염 폐기물 처리 방침의 주요 기준은 금전적 수익성이었다.[54] 1930년 이후 세계 제일의 자동차 제조업체들은 이러한 대규모 공장의 집중 패턴을 따랐고, 이런 추세는 전쟁 뒤에 더욱 강해졌다.

자동차는 너무나 많은 다양한 재료―그중 다수는 시간이 지나면 개조 및 교체한다―로 조립하므로 그것들을 나열하기는 불가능하다. 철강이 포드사 최초의 T형 자동차 무게의 거의 75퍼센트를 차지했지만, 다음 세기 동안 자동차 제조업에 거의 어떤 금속도 사용되지 않았다고 주장할 사람이 있을 정도로 금속의 종류는 다양해졌다. 20세기 자동차광에 관한 최초의 환경사(environmental history)에서, 톰 매카시(Tom McCarthy)는 수명주기의 모든 단계에서 자동차와 연관된 논란과 많은 공해에 대한 아주 완벽한 그림을 그렸다.[55] 특히 중금속이 갈수록 심각해졌다. 전후 일본에서 미쓰비시(三菱) 제조업체들이 진즈(神通)강에 유출한 카드뮴이 끔찍한 뼈 질환을 유발했는가 하면, 도시 한복판의 이산화황 배출 증가는 호흡기 질환을 악화시켰다.[56] 일부에서는 플라스틱이 점차 원초적 자재가 되었다. 이미 1936년 베를린 모터쇼에서 화학 회사 IG 파르벤이 작센의 공장에서 제조한 새로운 종류의 타이어용 합성 고무를 소개했다.[57] 연료 배출 가스의 대기 오염에 대한 지나친 집중은 자동차의 환경적 영향에 대한 연구가 계기판·브레이크·범퍼·차체 등을 위해 갈수록 늘어나는 합성 제품의 고안은 물론이고 그 생산에 요구되는 상당량의 물질, 그것의 관리에 필요한 다양한 용액, 그리고 그 결과로 생기는 폐기물을 너무나 자주 잊어버린다는 뜻이었다.[58]

이 합성 부대용품 중 대표적인 사례 하나―타이어―에 의지해 이러한 공해의 폭이 얼마나 넓었는지 파악할 수 있다. 원래 타이어는 열대 지방의 고무나무, 곧 헤베아 브라질리엔시스(*Hevea braziliensis*)에서 배양한 고무로 만들었다. 공기압식 타이어로 굴러가는 최초의 자동차는 에두아르 미슐랭(Édouard Michelin)이 1895년에 설계했다. 19세기에 고안된 고무의 경화(硬化) 공정을 감안하면 그걸 생산하는 것 자체가 주요 오염원이었다.[59] 20세기 초에는 고무보다 내수성이 10배 강한 합성 중합체 부틸(butyl)이 타이어의 안쪽 튜브와 막에 쓰였고, 여기에는 고무와의 화학적 결합을 촉진하기 위해 염소가 포함됐다. 1930년대에는 생산이 산업화했다. 듀폰은 폴리클로로프렌(polychloroprene)을 기초로 한 최초의 진짜 합성 고무 네오프렌(neoprene)을 발명했다. 네오프렌은 전 미스 프랑스(Miss France) 클로딘 오제(Claudine Auger)가 1965년 제임스 본드(James Bond) 영화 4편 〈007 선더볼 작전(Thunderball)〉에서 노출 심한 합성 잠수복을 입고 나섬으로써 대중문화에서 신화화됐다. 전쟁 이후 타이어 재료는 다각화했다. 저항력을 향상시키기 위해 다양한 끈 금속(아연, 카드뮴)과 함께 유황, 석유, 독성이 아주 강한 카본블랙(carbon black: 천연가스 등을 불완전 연소시켰을 때 생기는 흑색 미세 분말－옮긴이)이 추가됐다.[60] 합성 고무 생산에서 발생한 오염 외에 어쩌면 연료만큼 중요한 다량의 미세 입자를 방출한 일상적인 도로의 마찰 및 마모도 덧붙일 필요가 있겠다. 이 미세한 잔류물은 바다를 대규모로 오염시켰다.[61] 마지막으로, 타이어는 폐기물 관리에 혼란을 주는 폐기물의 전형이 되기에 이르렀다. 1970년대 초 매립지에 쌓인 수백만 개의 타이어는 풀 수 없는 문제를 제기했다. 그것들은 재활용하기 어렵고, 양은 막대하고, 소각할 때 나오는 연기는 매우 해로웠다. 처음에는 소각이 꽤 인기 있었지만, 점차 통제됐다. 이후 타이어를 바다에 빠트리는 공식적인 조치가 취해졌다. 1972년 플로리다 연안의 포트로더데일(Fort Lauderdale) 근처에서 1마일 떨어진 곳에 200만 개의 중고 타이어가 버려졌다. 타이어를 바다에 버리는 근거는 환경적 이익에 바탕을 두고 있었다. 바로 해양 생물을 위한 인공 어초(人工魚礁) 조성이 목표라는 것이었다. 눈에서 멀어지면 마음도 멀어진다. 거추장스러운 독성 폐기물을 눈에 보이지 않게 정리하는 이 방법을 프랑스도 베껴서 9만 세제곱미터의 중고 타이어를 지중해에 집어넣었다. 마찬가지로 포르투갈, 에스파냐, 이탈리아도 전례를 따랐다. 일본은 이 점에서 세계 챔피언의 지위를 자처하며 2000만 세제곱미터의 타이어를 바다에 버렸다. 운영 경비는 공해 사례에서 흔히 그렇듯 다음 세대에 넘겨졌다. 놀랍지 않게도, 이 대규모 사업의 환경적 피해는 꽤 컸다. 미래 세대는 상당한 비용을 들여 바다로부터 타이어를 빼낼 수밖에 없었다.[62]

많은 화학 첨가물은 자동차 운행에도 포함됐다. 예상대로―대부분의 자동차 관련 혁신이 그랬듯―그 기원은 미국이었다. 1922년부터 납을 첨가한 가연 휘발유가 궁극적인 자동차 전염병이 되었다. 제너럴 모터스는 엔진 성능 개선을 위해 테트라에틸납(tetraethyl lead)을 첨가했다. 제조 중 노동자들이 중독됐다. 1925년에는 규제 기관이 그것의 위반을 확인할 충분한 시간인 1년간 테트라에틸납 사용을 금지했지만, 강력한 로비 활동의 이해관계가 결국에는 휘발유에 납을 포함하도록 압력을 넣었다. 테트라에틸납이 자동차 산업과 경제에 가져다준 이득은 신성불가침이었다. 1930년 창립된 케터링 연구소(Kettering Lab)가 제품을 평가하는 업무를 맡았다. 독물학자 로버트 키호(Robert Kehoe)가 지휘한 이 작업은 제너럴 모터스, 듀폰, 에틸 가솔린 주식회사(Ethyl Gasoline Corporation)의 자금 지원을 받았다. 키호는 테트라에틸납은 무해하다고 주장했다. 그의 논거―입증 책임은 그것의 안전성을 증명하기보다는 위험의 심각성을 결정하는 데 달려 있으며 "증명할 수 있는 경제적 이익이 언제나 입증되지 않은 위험보다 더 크다"―는 납에 대한 조치를 수십 년간 지연시켰다. 납의 독성은 정말 걱정거리였고, 키호의 논리에 반대하는 여러 독자적인 연구소가 다음 몇 년간 그것을 입증했다. 결국 우려는 널리 퍼졌다. 1970년대 초 가연 휘발유의 점진적 금지를 도입했다. 그러나 반세기 동안 환경에 퍼진 납은 광범위한 공해의 가장 심각한 사례 중 하나를 초래했고, 멀리 떨어진 북극의 빙하 표본에서까지 발견됐다. 납 중독은 도로 인프라 인근에 사는 사람들에게도 심각한 영향을 끼쳤다.[63]

1970년대로 넘어가면서 자동차는 점점 더 공해 개념과 연관되었다. 자동차가 어디에나 존재한다는 점이 주류의 의문과 의심, 심지어 강한 비판을 불러일으켰다. 처음으로 텔레비전에서 이 의문에 관해 보도했다. 예를 들어, 1973년 10월 6일 파리 모터쇼 개막식에 즈음해 프랑스 텔레비전에서 15분짜리 보도를 방영했는데, 여기서 '삶의 질 부(Ministère de la Qualité de la Vie: 1973~1976년에 있었던 프랑스 정부 부처-옮긴이)'의 공해·안온방해방지 부국장은 안온방해를 줄일 기술적 해결책을 거론했고, 제네바의 바텔 연구소(Institute Batelle) 공학부 대표인 엔지니어 가브리엘 불라통(Gabriel Boulaton)은 자동차를 현대 도시 생활의 순전한 "시대착오"라고 간주했다.[64] 이듬해 만화책 《레망주비튐(Les Mange-Bitume)》(역청유를 먹어치우는 자동차라는 뜻-옮긴이)은 모든 가능성 중 최악인 미래 세계에 관한 방대한 경고성 우화를 선보였다. 극도로 과장된 이 기계화한 미래에 사람들은 기본적으로 자신의 차에서 살며, 소비주의적 의무는 전체주의적 사회 통제와 겹쳐진다. 인간은 운전자로 변이되고, 지도자들은 교통 체증이 하나의 삶의 방식이 되는 사회를 상상한다.[65] 그해 전 세계적으로 (1946년의 400만 대와 비교해) 3900만 대의 차량이 생산됐다. 그러나 이런 비판의 등장이 시사하는 바와는 대조적으로, 그리고 1970년대 석유 파동에도 불구하고, 자동차를 향한 식탐은 조금도 수그러들지 않고 계속 커졌다. 생산량은 세기말에 5000만 대를 넘어섰다.[66]

경량 금속, 중량 충격

제조품―가령, 무게가 지속적으로 늘어나고 있는 자동차―의 대량 생산에는 엄청나게 많은 금속이 필요했다. 강철 화합물 외에도 구리·납·아연 또는 '경'금속인 알루미늄이 20세기가 지나는 동안 상당히 증가했고, 기존의 안온방해와 공해를 꽤 악화시켰다.

가령 전 세계의 구리 채굴은 1900년 40만 미터톤에서 1세기 후에는 1000만 톤으로 증가했다. 대부분의 비철금속이 그랬듯 그 생산도 갈수록 질이 떨어지는 매장지로부터 추출됐다. 영국의 광석은 1800년 9퍼센트 이상의 구리를 함유했는데, 1880년에는 6퍼센트였다. 그런데 광맥이 고갈되고 있었다. 미국의 광석이 함유한 구리는 1880년 3퍼센트, 1930년 2퍼센트, 그리고 1975년 1퍼센트였다.[67] 그에 비해 수요는 올라갔다. 이러한 하락은 순금속을 추출하기 위해 좀더 공격적인 수단을 찾아야 하고 생산 단위당 훨씬 더 많은 양의 광석을 채굴해야 한다는 뜻이었다. 대규모 광산에서는 생산 지형이 바뀌었다. 벨기에령 콩고와 잠비아, 그리고 특히 1920년대 이래 구리의 거물이던 칠레의 구리 매장지가 점점 더 많은 비중을 차지했다. 1970년 칠레는 1922년부터 아타카마(Atacama)사막의 추키카마타(Chuquicamata) 광산에 위치한 아나콘다(Anaconda) 구리회사 덕택에 구리 생산에서 세계를 선도했다. 생산량은 1929년 13만 톤에 달했다. 미국은 중요한 역할을 유지했다. 예를 들어, 리오틴토가 1906년에 개장한 유타주 빙엄(Binham)의 거대한 노천 광산은 1912년 세계 최초의 구리 제련 복합 단지가 되었다. 다음 몇십 년간 그 주변의 넓은 지역이 구리, 비소 및 납에 오염되었다. 환경은 유황 가스로 황폐해졌다.[68] 몬태나주의 아나콘다 구리회사가 운영하는 워슈(Washoe) 광산 주변도 마찬가지였다(그림 10.1 참조).[69] 이 거대한 광산들은 새로운 유형의 '대량 파괴'를 주도했고, 이는 그보다 작은 광산 주변에서도 일어났다. 가령 밴쿠버(Vancouver)섬 솔럼(Tsolum)강의 비교적 작은(13헥타르, 즉 약 32에이커) 워싱턴산(山) 구리 광산에서는 운영한 지 단 몇 년 만에(1964~1966) 수중 생물의 극적인 붕괴와 전반적인 환경 오염이 발생했다.[70]

20세기 초에 광석의 금속 함유량이 감소하면서 새로운 정련 공정이 불가피해졌다. 변환기를 이용해 원치 않는 화학 원소를 공기와 함께 산화시키는 마네스–다비드(Manhès-David, 1880) 공정과 퍼스–스미스(Peirce-Smith, 1908) 공정이 세기 내내 사용되었다. 이러한 건식 제련 공정 외에 황산이나 사이안화물 또는 암모니아와 함께 광석에 물을 뿌려 황화물을 녹이는 습식 제련법이 개발됐다. 일반적으로 여과 장치를 사용한다고 해도 아연 산화물, 비소 및 납까지 포함된 유황 연기는 적지 않았다. 변환기는 밀봉하기도 어렵고 간헐적인 작동으로 굴뚝 연통의 가스 처리 설비에 지장을 주었기 때문에 계속해서 큰 문제였다.[71] 그 결과, 구리 산업 복합 단지는 굴뚝 높이의 기록 경신으로 유명했다. 워슈에서는 1918년 178미터의 굴뚝을 건설했다. 거기서 분당 10만 세제곱미터의 매연을 배출했다. 매연은 파이프에 수거되어 이따금 수 킬로미터를 이동했는데, 그 안에 입자가 침전되도록 했다(그림 10.1 참조).[72] 1980년 이전까지 이런 광산은 특히 신흥 국가에서는 상대적으로 고립되어 있었기 때문에 대개는 규제가 거의 존재하지 않았다.[73]

아연과 니켈을 채굴하는 데는 구리와 비슷한 기술이 필요했으므로, 토양 및 수질 오염과 유황·비소·납 및 기타 중금속이 포함된 독성 먼지 방출은 그것들을 추출하는 공정의 보편적 특징이기도 했다. 제련소에서 나온 독성 매연의 물결로 많은 현지 주민이 사망한 벨기에 뫼즈 계곡(1930)

과 펜실베이니아주 도노라(1948)의 두드러진 참사 말고도 아연 제련이 이뤄진 곳에서는 만성적인 공해를 초래했다. 주요 오염원은 카드뮴이었다. 오스트레일리아의 뉴사우스웨일스(New South Wales)주 외딴 오지에 있는 브로큰힐(Broken Hill) 광산은 20세기에 아연 추출의 중심지가 되었다.[74] 1900년 이전에는 니켈이 거의 개발되지 않았지만 미세하고 내성 강한 합금에서 산업용으로 점점 더 많이 쓰였다. 특히 20세기 군비 경쟁은 니켈의 개발을 부추겼다. 뉴칼레도니아는 오랫동안 세계 제일의 니켈 생산 중심지이자 매장지 중 하나였다. 1920년대에는 거기에 캐나다, 러시아, 남아프리카공화국—그리고 제2차 세계대전 후에는 오스트레일리아와 필리핀—이 가세했다.[75] 아프리카 대륙에 드문드문 있던 금광과 은광에서는 사이안화물의 잔류물—1887년 이후 귀금속용으로 채택된 제련 기술로서 수은을 대체했다—이 여러 세대에 걸쳐 경관을 완전히 훼손했다.[76]

그러나 20세기를 상징하는 금속이 있다면, 그것은 알루미늄이었다. 알루미늄의 생산량은 세기 중에 가장 큰 증가를 보였고, 소비 사회에 나타난 새로운 오염 출현의 특징을 더 잘 나타냈다. 알루미늄은 1960년대부터 세계에서 가장 많이 소비하는 금속 중 하나가 되기 전까지 원래는 사치품 금속이었다. 그것은 광고 카탈로그와 박람회에서 찬사를 받고, 대회와 전문지〔프랑스에서는 1924년 정기 간행물 〈알루미늄 잡지(Revue de l'Aluminium)〉를 창간해 1983년까지 운영했다〕에 의해 알려지면서, 무한한 상업적 가능성을 지닌 듯해 보이는 기적의 제품으로 널리 홍보됐다.[77] 알루미늄은 전후(戰後)에 소비 출구를 찾고 있던 전시(戰時) 생산 촉진 계획의 또 다른 사례였다.[78] 그것은 전후 시기에 대량 소비의 상징이 되었다. 아울러 점차 식품 첨가물로 쓰이기도 했다.[79]

이 새로운 일상의 재료가 끼친 유해한 효과는 카르텔로 뭉치고 조직된 강력한 산업 부문에 의해서, 그리고 그것들의 개발을 뒷받침한 국가에 의해서 일반적으로 무시됐다. 지배적이던 바이어 공정은 보크사이트에서 소다와 함께 알루미나를 추출했지만, 산화철 함량이 높아 생기는 색깔 때문에 '적니(赤泥)'라 부르는, 가성 소다와 중금속(납, 수은 및 크롬)을 함유한 유독성 폐기물을 생성했다. 알루미나는 일단 추출하고 나면 대형 공장에서 극도로 에너지 집약적인 전해법을 통해 알루미늄으로 변환되었다.[80] 이 변환 단계에서 심각한 대기 오염이 발생했다. 1970년대 이전에 생산된 알루미늄 1미터톤당 30~60킬로그램의 불소화 가스를 배출했다.[81]

계속된 논쟁과 매우 강력한 소송에도 알프스의 계곡들에는 20세기로 넘어가면서 물려받은 공해의 유산이 지속됐다. 위생위원회의 한 보고서(1908)는 1904년에 문을 연 생장드모리엔(Saint-Jean-de-Maurienne)의 대형 공장 인근에서 삼림 벌채, 벌들의 죽음, 노동자의 건강 위험이 문제라고 적었다. 농민들은 스스로 조합을 결성하고 공해 때문에 피해를 입은 가축의 양에 따라 매년 재조정된 보조금을 받았다. 마찬가지로 스위스에서도 마르티니(Martigny) 공장 근처의 소농들이 자신의 채소 작물 감소를 불소 배출 때문이라고 탓했다.[82] 이탈리아에서는 무솔리니의 파시즘 정권이 힘을 얻는 상황 속에서 1927년에 창립된 '이탈리아 알루미늄 회사(SIDA)'가 트렌토(Trento) 지방의 작은 마을인 모리(Mori)에 어마어마한 공장을 세웠다. 얼마 안 가서 현지의 누에들이 죽기 시작했고, 수만 명의 주민이 불소화 연기의 희생자가 되었으며, 오염 물질은 4000헥타르(약 9900에이커) 일대에 퍼졌다. 1932년 주민위원회는 사태를 관망하자는 사고방식을 택한 기업가들과, 주민에게 단지 손해 배상금을 지불하기만 한 정부에 항의했다. 실망한 주민들은 1933년에 들고일어났다. 공장은 일시적으로 폐쇄됐다. 엔지니어들이 여과 기술을 공부하기 위해 프랑스로 옮겨간 사이 인근 마을 아이들은 공해의 범위를 벗어난 가정으로 보내졌고, 회사는 공장 활동과 지역 보건 문제 사이의 연관성을 부인하는 방대한 선전 캠페인에 돌입했다. 1935년 공장이 다시 문을 열었을 때 상황은 바뀌어 있었다. 국제적 긴장 고조와 전쟁으로의 행진은 무솔리니 정권으로 하여금 분쟁을 강력하게 진압하도록 밀어붙였다.[83] 미국은 양차 세계 대전 사이의 시기에 유리한 영토 및 자원 역량을 강화했다. 뉴딜이 제공한 경제적 인센티브와 뒤이은 전쟁에 자극받은 대규모 수력 발전 댐 건설이 알코아(Alcoa, Aluminum Company of America)— 예전 이름은 피츠버그 환원 회사(Pittsburgh Reduction Company)—와 그 기업의 산업 생산을 대담하게 만들었다.[84] 퀘벡에서 알코아〔1928년 이후 알코아의 보유 자산은 신규 회사인 알칸(Alcan, Aluminum Company of Canada)에 속했다〕는 1925년 세계 최대의 거대한 공장을 지었다. 이 공장은 회사 대표 아서 바이닝 데이비스(Arthur Vining Davis)의 이름을 딴 아비다(Arvida)라는 자체 도시의 건설을 요구했다. 전적으로 생산에 몰두하는 노동력을 안정시키기 위해 도시 계획이 고안됐고, 이는 공해에 관한 민원이 왜 적었는지를 설명해준다. 1945년 이 공장은 거의 50만 미터톤의 알루미늄을 생산했다.[85]

프랑스의 알루미늄 사례는 1945년 이후 멈추지 않은 성장과 거기에 수반된 공해 문제를 모두 보여준다. 생산량은 보통 오래된 산업 부지에서 떨어져 있는 보크사이트 매장지와 수력 발전 시설에 근접한 현장에서 1956~1972년 7배 증가했다. 1950년 생산량의 85퍼센트는 주요 철강 및 석탄 광업 중심지로부터 멀리 떨어진 곳에서 이뤄졌다.[86] 경제에서 알루미늄이 차지하는 중요성은 정부, 산업, 노조 사이에 제련소와 주변의 식물 군락 그리고 암에 걸린 노동자의 놀라운 수에서 확연해진 오염에 대한 저항을 줄이자는 합의를 끌어냈다. 회사들 역시 공장에서 사회의 평화 및 질서를 보장하려는 온정주의 정책을 시행했다.[87] 1960년대에는 마르세유 근처 가르단(Gardanne)시에서 페시니사가 운영하는 프랑스의 주요 보크사이트 처리 복합 단지는 생산하는 알루미나 1미터톤당 1.5미터톤의 부식성 잔류물을 내보냈다. 저수지에 저장된 어마어마한 양의 적니는 지하수와 토양을 오염시킬 우려가 있었다. 폐기물을 지중해로 떠넘길 파이프관—약 40킬로미터 길이—이 1966년에 건설됐다. 폐기물을 바다에 버릴 때면 역사에서 거듭됐듯 어민과 관광객 유치에 열을 올리던 현지 당국은 시위에 나섰다.[88] 모리엔 계곡에서는 알루미늄 제련 공장에서 비롯된 불소 대기 오염이 특히 오염 물질을 가두는 계곡의 깊이 때문에 긴장을 유발했다. 지형은 특히 이 계곡 역시 관광업을 개발하고 있던 참이라 오염 물질을 더 눈에 띄고 참을 수 없게 만들었다.[89] 계속되는 수요를 충족시키기 위해 생산량이 증가했던 1950~1960년대에 공장은 이른바 쇠데르베리(Söderberg)식 탱크를 사용하는 전해 공정을 채택했는데, 이는 불소가 환경으로 빠져나가기 전에 그걸 포착할 효과적인 조치를 취하지 않고 다량으로 배출했다. 일부 지역에서는 오염의 한계점인 40ppm을 훨씬 초과했다. 1966년 국립임업청은 피해를 입은 숲이 1만 헥타르(약 2만 4700에이커)라는 사실을 파악했다. 오염된 지역의 길이는 40킬로미터였다. 알루미늄 회사 페시니는 9만 9000미터톤의 생산량에 대해 연간 배상금으로 400만 프랑 이상을 지불해야 했다.[90] 주류 매체와 막 떠오르던 환경 신문에 널리 보도된 모리엔—'죽음의 계곡'으로 이름이 바뀌었다—의 공해는 1970년대 초 미디어의 환경 취재 붐에 두드러진 역할을 했다. 지방 환경 단체와 프랑스민주노동총동맹 같은 일부 노조의 뒷받침을 받은 투쟁이 일어났다. 이 계곡에 반공해위원회까지 등장했다.[91] 오직 심각한 저항의 상황에서만 제조업체들은 시설을 현대화하고 배출 물질을 대대적으로 줄

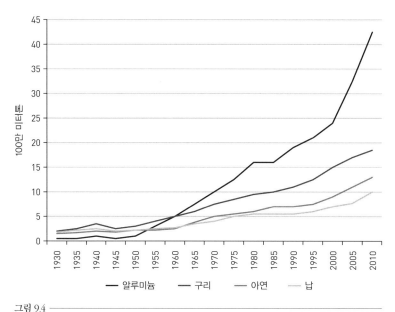

그림 9.4

100만 미터톤 단위의 전 세계 금속 생산량(미가공 알루미늄, 제련한 미합금 구리, 아연, 납). 출처: l'Annuaire statistique mondial des minerais et métaux〔SIM et BRGM〕에서 가져다 Société chimique de France 웹사이트에 재현한 것.

이는 쪽을 택했다.[92] 비슷한 연대기가 있는 비슷한 과정—생산 변화를 강요하는 반대 행동—은 가령 스위스의 마르티니 공장에서처럼 유럽 전역에서 공통적이었다.[93]

'녹색 혁명', 회색 토양

대부분의 경제 부문처럼 농업도 갈수록 화학에 의존하게 됐다. 1914년 이전에는 화학적 투입이 좀처럼 유용하게 여겨지지 않았던 반면, 1945년 이후로는 화학이 특히 비료와 원치 않는 잡초와 해충을 방지하기 위해 고안된 살생물제로 서구의 농업을 변모시켰다. 1970년대에 농화학은 나머지 세계 전역으로 확대되기 시작했다. 이 전파의 중심에는 아름다운 유토피아적 개념이 있었다. 바로 급속하게 팽창하는 세계 인구를 먹여 살리고 풍부한 식품을 도입함으로써 기근과 식량 부족을 없앤다는 것이었다. '녹색 혁명'은 이러한 농업 현대화의 전조로, 소농(peasantry, 小農)에서 농공업으로의 전환을 이뤘다. 이 용어는 중립적이지 않았다. 토양을 개간하고, 작물 해충을 통제하고, 침입종이나 유해종으로 여겨지는 종을 제거하고, 경관과 환경을 표준화함으로써 불확실성을 경감하기 위해 화학적 투입을 사용하면 토양·지하수 및 수로의 오염에 지대하게 공헌하는 것이라는 사실은 알려지지 않았다. 농업에서 살충제로 알려진 'insecticide(직역하면 곤충을 죽인다는 뜻—옮긴이)'라는 단어가 1838년으로 거슬러 올라간다면, 20세기 중반에는 (1959년 프랑스에서) 그것이 영어에서 온 자극적인 단어 'pesticide(해충을 죽인다는 뜻—옮긴이)'로 대체됐다. 이 단어는 즉시 프랑스어로 채택되기는 했지만, 지나고 나서 보면 기묘하게 적절한데 이상하게도 부적합했다. 프랑스어에서 'pest'는 '해충'이 아니라 전염병을 지칭한다. 프랑스어에서 'la peste'는 '흑사병'으로 번역된다. 나중에는 '식물 위생(phytosanitary)'이라는 말이 퍼졌다. 식물 위생은 대단히 중립적인 단어였다. 식물 위생 제품은 살충제뿐 아니라 '제초제(herbicide, 1930년경)'와 '살진균제(fungicide, 1912)'를 아울렀다. 위생은 그것이 과학적 관리를 시사하는 한 상상력에 아무런 영향을 주지 않았다. 하지만 곤충·풀·곰팡이를 '죽이는 약'은 다른 생각들을 불러일으켰다.[94]

1950~1985년 전 세계 곡물 생산량은 2.6배 늘었다. 불균등하게 분배되기는 했지만 이런 폭발적 증가는 오로지 화학 비료, 즉 질소·인·칼륨

(유명한 NPK 삼총사)의 엄청난 사용 덕분에 가능했다. 화학 비료의 적용은 1900~1950년 400만 미터톤에서 1700만 미터톤으로 늘었고, 그다음에는 1980년대 말까지 1억 3000만 미터톤으로 뛰었다. 비료에 같은 시기 동안 20배 늘어난 살충제 사용과 관개(irrigation, 灌漑)의 상당한 증대가 가세했다.[95] 석유화학 제품의 부상은 이런 변화에 지대한 역할을 했다. 탄소의 사용이 새로운 합성 물질을 시판할 수 있게 해줬기 때문이다. 아크롤레인(acrolein) 같은 가축용 사료 첨가제 사용도 언급할 가치가 있겠다. 석유 파생물에서 만들어진 독성이 아주 강한 물질인 아크롤레인은 메티오닌(methionine)이라는 가축용 단백질 성분을 생산하는 데 쓰였다. 그것은 사료와 항코시디알(anticoccidial)에 사용됐는데, 항코시디알의 개발로 더욱 집약적인 형태의 양계업이 가능해졌다.[96] 이런 혁신은 특히 미국과 영국에서 축산에 대규모로 광범위하게 쓰이던 항생 물질의 양적 강화를 위한 여건을 조성했다.[97]

화학 비료와 살충제를 사용하려면 토지를 우선 개간할 필요가 있었다. 구식 복합 작물 재배는 단일 작물 재배에 자리를 내줬고, 1920년에 여전히 미국 인구의 절반을 대표하던 농민의 수는 급격히 감소했다. 기계화도 중요한 몫을 했다. 트랙터 보급―1920년 전 세계에 30만 대였고, 주로 미국에 있었다―은 1940년 300만 대, 10년 뒤에는 600만 대, 1970년에는 1600만 대로 늘었다. 근대화는 눈덩이 효과를 가져왔다. 산업적 단일 작물 재배가 해충에 더 약하고 토양의 영양분도 더 급격히 떨어뜨렸으므로, 더 많은 살충제와 비료의 필요성은 이 새로운 회색 토양 문제를 보충하기 위한 악순환 주기를 정착시켰다. 따라서 농업의 화학 오염 정도는 이런 발달로부터 파생된 것이었다. 농업 오염은 나머지 세계보다 유럽에서, 유럽보다 미국과 캐나다에서 더 빨리 증가했다.[98]

1939년 이전에 미국은 이미 살충제와 관련된, 특히 비소 화합물의 사용으로 인한 보건 스캔들을 경험한 바 있지만 제2차 세계대전이 진정한 전환점을 예고했다.[99] 1949년 캘리포니아주 농민들은 파라티온(parathion)을 뿌렸다. 1951년에는 데메톤(demeton)을, 1953년에는 말라티온(malathion)을, 그리고 1956년에는 메타시드(metacide)를 뿌렸다. 이 유기인화합물(organophosphorus, 有機燐化合物) 제품의 위험은 신경계를 교란하고 심장 이상과 암을 유발하는 효소의 활동이 원인이었다.[100] 1945년 이후 사용된 주요 살충제 중 유명한 DDT는 제2차 세계대전에서 남은 재고 때문에 눈에 많이 띄었다.[101] 살충제의 위험이 점차 지구촌의 정치적 문제로 부상하기는 했지만—그리고 국제적 수준에서 다뤄지기는 했지만—이 사안에 대한 초기 정보 대부분은 1950~1960년대에 그것이 맨 처음 직업병을 일으키는 것으로 우려했던 캘리포니아주에서 나왔다. 1949년 메리스빌(Marysville) 인근에서, 25명의 농장 노동자가 파라티온을 뿌린 과수원에서 일한 뒤 질병에 걸리는 사건이 일어났다. 캘리포니아주 공중보건부는 그 후 농업용 화학 물질 중독 사례 300건을 파악했다. 지형과 역사가 합쳐져 캘리포니아주는 과일과 채소의 주요 생산지가 되었다. 전국의 오렌지 50퍼센트, 올리브와 아보카도와 살구 100퍼센트를 여기서 생산했다. 신품종이 들어오면서 곤충의 도입과 확산도 수반되자 농부들은 화학에 의한 환경 통제 쪽을 택할 수밖에 없었다. 전국에서 사용하는 모든 살충제의 20퍼센트가 캘리포니아주에 적용됐다. 1950년대에 오렌지 과수원에서 일하던 멕시코 노동자들이 노동 조건을 고발하는 '죽음의 행진'을 벌이기는 했지만, 흔히 이주 노동자로 이뤄진 노동력이 목소리를 내기는 힘들었다.[102] 캘리포니아주 밖에서도 1945~1970년 남부 주들에 있는 면화 플랜테이션의 아프리카계 미국인 노동자들 사이에 크고 작은 수천 건

의 심각한 화학 관련 사고가 일어났다.[103]

　유럽, 특히 해방 이후 프랑스에서는 농산업 전체가 곤경에 빠져 있었다. 식량 부족은 끈질기게 계속됐다. 프랑스 정부는 1946년 전시 빵 배급제를 재도입하지 않을 수 없었다. 그에 비해 북아메리카 농업은 《미국 농업의 교훈(Les Leçons de l'agriculture américaine)》(1949)에서 르네 뒤몽(René Dumont) 같은 농학자들이 칭찬했던 효율성의 모델이 되었다. 뒤몽은 "전제적이고 맬서스식 입장으로 후퇴한 통상적인 농업이 온 나라를 망쳐놓을 것"이라고 경고했다.[104] 프랑스 농업은 빠르게 달라졌다. 1946~1954년 100만 명의 농업 노동자가 감소해 그 비중이 활동 인구(active population)의 36퍼센트에서 27퍼센트로 하락했다. 미국의 마셜 플랜 자금에 의존한 1947년의 제1차 계획은 낡은 관행의 근대화와 농업의 기계화 확산을 가능하게 해줬다. 트랙터 수는 1950년 13만 7000대에서 1958년 55만 8000대로, 1965년경에는 100만 대로 늘어났다. 한편 살충제를 밭에 뿌리기 위한 장비도 많아졌다. 맨 처음에 살충제는 인력과 가축의 견인력을 통해 뿌렸지만, 트랙터로 잡아당기는 분무기가 뒤를 이었다. 몇 년 안에 DDT와 HCH(hexachlorocyclohexane)가 옛날에 쓰던 비소 제품(석회와 알루미나의 비산염)을 대체했다.[105] 농업의 근대화와 화학 물질의 집약적 사용은 대규모 농장주들에게 특히 유리했던 반면, 그보다 작은 농장주들은 완전히 사라졌다. 프랑스에서 1958년 샤를 드골(Charles De Gaulle)의 대통령 취임은 이러한 변화를 더욱 가속화했다. 1960년 토지 취득을 담당하는 토지개발·농촌정착법인(SAFER)의 창설과 1962년 시행된 유럽경제공동체(EEC)의 공동농업정책(CAP)은 살충제 채택을 생산 현대화의 한 요소로 홍보했다.[106] 국립농학연구소(INRA, 1946)를 포함한 정부의 기술 지원 부서들은 이런 제품의 사용을 권장했다. 전국농업조합연맹(FNSEA, 1946)

과 전국젊은농민센터(CNJA, 1957) 같은 대규모 농민 단체도 마찬가지였다. 식물 품종 교배 및 개량 전문가이자 1949년부터 1972년까지 국립농학연구소의 감독관에 이어 소장을 맡았던 장 뷔스타레(Jean Bustarret)는 미국 사례에 매료되었다. 그는 살충제 제품들의 열렬한 옹호자가 되어 1956년 먼저 전국농업수호연맹과 잡초방제위원회를 발족했는데, 이 위원회에는 산업계의 대표 주자들ㅡ예를 들면 1953년 아마를 위한 잡초 제거제를 개발한 페시니사ㅡ이 포함됐다.[107]

서구 세계 바깥의 상황은 사뭇 달랐다. 화학 제품이 여전히 비싸고 소규모 농경지에 훨씬 집중된 작업을 요구했기 때문이다. 그 결과, 화학 제품 사용은 제한적이었다. 소련에서는 흐루쇼프가 1953년부터 농업 생산량을 증대하고 영양 부족을 해결할 야심 찬 계획에 착수했다. 흐루쇼프의 계획은 농경지를 970만 헥타르에서 2870만 헥타르(약 240만 에이커에서 710만 에이커)로 확대하기 위해 10년 내로 시베리아 지역은 물론 카자흐(Kazakh)의 스텝 지대까지 경작하는 것을 포함하고 있었다. 이 계획은 과잉 개발로 인한 토양 침식과 토양 비옥도 저하 때문에 실패로 돌아갔다.[108] 이 실패를 보상하기 위해 국가는 1960년대에 화학으로 급선회를 시작했다. 1965~1975년 화학 비료 생산량은 310만 미터톤에서 900만 미터톤으로 3배 증가해 이 나라를 전 세계 생산국 중 1위 자리에 앉혀놓았다. DDT 같은 살충제는 대규모 집단 농장에서도 점점 더 대량으로 사용되었다. 헬리콥터와 비행기로 살포한 살충제는 환경을 오염시켰다. 게다가 소련의 살충제는 서구에서 쓰는 것보다 효과는 덜하면서 오염도는 더 심했다.[109]

남반구에서는 경제적 수단이 대부분의 소형 농장으로 하여금 화학적 현대화로부터 배제되게끔 만드는 요인이었다. 하지만 라틴아메리카의 드

넓은 곡물·설탕·면화 밭—아시아 식민지로부터 물려받은 수출 작물용 밭은 물론이고—이 점차 화학적 처리를 채택했다. 독성이 아주 강한 일부 살충제가 극비리에 플랜테이션에 투입됐다. 1950년대에 다우 케미컬과 셸 오일이 개발한 강력 살충제의 시판명인 네마곤(nemagon)을 바나나나무의 뿌리를 공격하는 미세한 선충을 없애기 위해 마구잡이로 살포했다. 중앙아메리카, 카리브해, 필리핀의 바나나 플랜테이션에서 대량으로 쓰인 네마곤은 미국에서 금지된 1975년 이후 커다란 건강상의 우려를 불러일으켰다. 그럼에도 남반구 국가들의 농업 노동자 수만 명이 암, 실명, 불임 및 네마곤의 사용과 직결된 기타 질병에 희생당했다.[110] 1960년대 초 서구와 같은 마음으로, 그리고 (예를 들면 포드 재단 같은) 미국 단체의 지원을 받은 중앙 정부의 강력한 장려로 녹색 혁명과 살충제가 인도에도 영향을 미쳤다. 공해에는 상당한 사회적 변동이 수반됐고, 이것은 전통적인 소농에게 타격을 줘 그들을 농산업 권력에 완전히 종속되도록 만들었다. 중국에서는 이런 변화에 대한 저항이 더 강했고, 살충제 사용은 1976년 마오쩌둥이 사망하기 이전까지도 여전히 제한적이었다.[111]

  살충제의 집약적 사용과 관련한 건강 및 환경 문제는 화학 물질에 대한 곤충들의 내성이 생기고 나서야 농화학 지지자들의 관심사가 되었다. 화학 공업이 새로운 분자(molecule, 分子)들을 개발하면서 바로 DDT 사용은 감소했다. 1966년 리옹 지방에서처럼 유기 염소계는 갈수록 복잡해져 가는 유기인화합물이 선호되면서 시장에서 퇴출당했다.[112] 그럼에도 처음에는 미미했던 신제품에 대한 비난이 커졌다. 1952년 자연사박물관 관장 로제 아임(Roger Heim)은 "특정 화학 물질, 살충제, 살진균제, 쥐약, 제초제의 대규모 사용은 매우 유감스러운 자연 균형의 변형을 초래할 수 있다"고 경고했다.[113] 1962년 미국 생물학자 레이첼 카슨은 유명한《침묵의 봄(Silent Spring)》을 출간했고, 거기서 동물에 끼치는 살충제의 피해를 규탄했다. 현대적 유기농 운동이 주로 독일과 영국에서 등장한 것도 바로 이때였다. 독일인 에렌프리트 파이퍼(Ehrenfried Pfeiffer), 영국인 앨버트 하워드(Albert Howard), 일본인 후쿠오카 마사노부(福岡正信)는 오스트리아 철학자 루돌프 슈타이너(Rudolf Steiner)가 양차 세계대전 사이에 이론화한 농업 원리에 영감을 받아 유기 농법(프랑스어로는 l'agriculture biologique)을 지지했다. 유기 농법의 실천은 1950~1960년대에 늘어가는 화학 물질 사용에 대한 반작용으로 탄력을 받기 시작했다.[114] 프랑스에서는 프랑스유기농협회와 자연진보협회가 각각 1961년과 1964년에 창설됐다. 이런 맥락에서 1972년 프랑스 정부는 농업용 독성 물질 승인에 관한 1914년 법령을 농업 오염이 야기한 새로운 건강 및 환경상의 위험에 맞추기 위해 개정하기로 했다. 1969년 높은 수준의 DDT가 함유된 프랑스의 우유와 치즈 수입을 금지했던 미국의 결정에 자극받은 면도 있었던 이러한 개정은 전 세계적 운동의 일부였다. 1970년 스웨덴이 DDT를 금지한 데 이어 1972년에는 미국과 프랑스, 그 이후에는 대부분의 서구 국가들이 전철을 밟았다. 그러나 다른 대륙에서는 DDT를 여전히 일상적으로 사용하고 있었다.[115]

• • •

1970년대로 들어서기 직전에 전후 시기의 기적과 희망은 악몽으로 바뀌기 시작했다. 살충제 제품에 대한 경고는 광범위한 자동차 보급과 대량소비의 부상에 수반됐던 유사한 방식으로 늘어났다. 정부는 개입하지 않을 수 없었고, 기업은 그들의 관행과 시장을 바꿔야 했다. 그럼에도 소비의 매력이 이런 분쟁의 범위를 제한했다. 석유 파동에 이은 수년간의 경제 위기 이후, 영광과 번영의 시대가 당대에 대한 진정한 표현으로 부상했다. '영광의 30년'이라는 말이 1979년에 만들어진 것은 우연이 아니다. 하지만 생산 및 소비의 차질에 대한 분석은 이 시기를 재고하기 위해 어쩔 수 없이 시각을 전환하고 초점을 바꾸게 만든다. 훨씬 뒤늦게 깨달은 것이지만 '영광의 30년'을 '오염의 30년'이나 '파괴의 30년'이라는 새 이미지로 각인시킨다 해도 정당할 것 같다. 제1차 세계대전 이후 경제 및 과학의 변화가 굉장히 컸다. 1975년의 세계는 1914년의 세계와는 거의 닮은 점이 없었다. 이 발전에 따른 공해가 자연을 바꿔놓았지만, 전문 지식과 관리에서는 똑같은 논리가 유지됐다. 한편 환경 오염에 대한 규제 및 정치적 저항의 변동이 공해 자체의 규모 변화와 부합했다.

공해의 정치학

전쟁, 에너지 시스템 및 소비 사회는 일제히 오염된 세계와 그런 세계의 정치적 경영을 재구성했다. 규제는 아직도 19세기 양식 및 관행—약간의 지역별 변주는 있으나 다른 수준의 관할권을 막론하고 확산된 사법적 구제책과 행정적 예방 및 통제의 결합—에 뿌리를 두고 있었지만, 오염된 공간을 보호하기 위한 개입 방법은 산업의 과잉과 새로운 국제적 이동 수단에 맞춰져 있었고, 한편으로 모두 새로운 독성 제품과 그것이 불러일으키는 예기치 않은 위험을 따라잡느라 고심했다. 백연의 부상이 이전 세기의 산업화에 대한 당국의 편향을 드러냈던 방식을 상징한다면, 석면은—1914년 이후—기존 규제의 취약성과 무능함을 상징하는 새로운 주력 상품 중 하나가 되었다. 당초 석면은 현대의 기적으로 간주됐다. 이 섬유질의 무기물 규산염은 거대한 산업 사회의 가장 큰 골칫거리 중 하나가 화재이던 때 완벽한 방화제였으므로 처음에는 순수함의 상징으로 여겨졌던 것이다. 석면은 작업장, 사무실, 학교 및 주택에 들

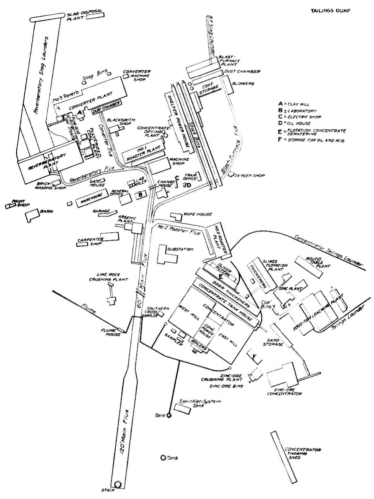

그림 10.1

위슈의 아나콘다 구리 공장, 1916. 많은 화학 산업처럼 구리 제련은 주변 환경을 파괴하는 산성 가스와 유황 가스 때문에 오염도가 극도로 높았다. 20세기 직전에 이 제련소들의 산업적 규모는 어마어마한 양상을 띠었다. 아나콘다 구리회사가 운영하는 몬태나주(미국) 위슈의 광산들, 그리고 연구소와 작업장 및 저장 시설의 광대한 네트워크는 제련소의 배기통—178미터로 당시 세계에서 가장 높은 굴뚝이었다—으로 수렴되는 연통(중앙)을 중심으로 조직되어 있었다. Granger Historical Picture Archive/Alamy Stock Photos.

어갔다. 20세기 동안 어림잡아 1억 7400만 미터톤의 석면을 어떤 식으로든 사용했다. 석면은 광범위한 오염과 수십만 명의 사망자를 낸 데 책임이 있었다.

기적의 제품으로서 석면의 초기 역사는 좀 지나치게 단순화되었다. 20세기 초에 드니 오리보(Denis Auribault)라는 노동 검사관은 "그것의 먼지가 일으키는 해로운 작용"과 프랑스 칼바도스(Calvados) 지방에 있는 콩데쉬르누아로(Condé-sur-Noireau)의 한 공장에서 노동자 최소 50명의 미심쩍은 사망에 대해 경고하는 한 연구에서 이 물질의 위험성을 전했다. 석면 섬유 노출과 특정 직종의 사망 간 연관성은 이미 밝혀진 바 있었다.[1] 영국에서 1920년대에 석면으로 인한 최초의 사망 사례가 있었다. 특히 독일 및 영국 의학 전문지들의 많은 논문은 이 섬유가 폐에 끼치는 위험을 다뤘다. 하지만 석면은 20세기 말까지 어디에서도 금지되지 않았다.

석면은 그 세기 내내 오염 물질의 관리와 규제 이면에 어떻게 복잡한 통제 및 영향력의 네트워크가 숨어 있었는지를 다른 어떤 제품보다 더 명백하게 보여준다. 19세기의 법률적·행정적 정책을 계속 적용했던 산업화 국가들은 산업적 로비가 영향력을 얻고 국제 무역이 강화됨에 따라 독성 제품 확산을 금지하거나 통제할 능력이 없음을 드러냈다. 대체로 위험 제품은 수익성이 더 큰 대체물을 구할 수 있을 때에만 제거됐다. 물론 자연계를 보호하려는 여러 조치가 있었던 만큼 공해 방지 정책도 존재했지만, 그것의 시행은 일시적이고 제한적이었다. 하지만 1970년대 들어 '극단 시대'의 새로운 산업과 건강상의 위험이 공해의 성격을 근본적으로 바꿔놓았다. 새로운 위험과 옛날에 있던 위험에 대한 더 나은 지식은 곧 오염에 대한 우려가 사회 및 국가에 관한 담론에서 더욱 중대한 부분이 되었으며, 입법자들로 하여금 규제 시스템을 개정하지 않을 수 없게 만들었다는 뜻이다. 분쟁과 생태학적 조직의 수가 늘어나면서 새로운 환경 정책이 발달했다. 이런 관점에서 1970년대는 결정적 전환점이었다.

약한 규제

1960년대 이전에 공해를 제한하고 통제하는 정책은 허술했다. 세계보건기구(1945), 식량농업기구(FAO, 1946), 국제노동기구(1919, 1946년에 개편), 국제자연보전연맹(IUCN, 1948) 같은 국제 조직이 이런 현상을 더 잘 이해하기 위해 활동하고 있었지만, 공해는 오랫동안 지자체나 정부의 특권으로 남아 있었다. 19세기로부터 물려받은 네 가지 주요 규제 방법은 관습법, 행정 절차, 기술적 약속, 그리고 희석에 대한 신뢰였다. 이것들이 시간과 나라에 따라 중요도를 달리하며 지속됐다.

　미국에서는 관습법과 지역의 규제 기관 양쪽 모두 연방 정부의 커진 개입에 자리를 내주면서 점차 중요도가 떨어졌다. 1915년 대법원은 통치 당국이 산업공해를 해결하는 것이 더 이상 헌법에 위배되지 않는다고 선언했다. 선례를 남긴 판결이었다.[2] 이러한 법률적 변화에도 제1차 세계대전의 도래는 환경 관련 계획을 약화시켰고, 매연 공해에 반대하는 싸움의 세가 꺾임에 따라 이 분쟁은 중요한 전환점이 되었다. 전쟁에 연루된 모든 나라에서 반(反)공해 운동은 약해졌다. 예를 들면, 1916년 독일제국 대법원은 루르강 오염을 산업화의 정상적인 일부로 여겼다. 한 해 전에 자신의 과수원이 피폐해진 데 대해 시시비비를 가리던 한 고소인의 사건이 법원에서 기각된 일이 있었다. 판사는 공업 도시에서 과수원을 경영하려는 것은 무책임하다고 판결했다. 공해는 불가피한 현상, 산업화의 자연스러운 일부가 되어버렸다.[3] 미국은 1914년 이전에는 매연 공해 문제를 해결하기 직전에 있는 듯했지만, 1930년대의 대공황 중에 그럴 자금이 더 이상 존재하지 않았다. 사실 이 사안에 대한 어떠한 진전도 지역적 상황을 좀처럼 벗어나지 않았다. 가령 1937~1950년 세인트루이스에서 이 도시의 매연 담당 위원을 지낸 레이먼드 터커(Raymond Tucker)는 코크스의 사용을 그보다 더러운 대응물(counterpart, 對應物)인 석탄보다 선호함으로써 도시의 공해를 상당 부분 경감시키는 데 이바지한 시 조례의 도입에 성공했다. 비슷한 개선이 지방 당국으로 하여금 산업 매연의 통제 조치를 채택하도록 밀어붙인 주민들의 항의의 결과로 피츠버그에서도 일어났다.[4] 공해와 관련한 최초의 연방 법령은 19세기의 수로 오염을 다뤘다. 대기 오염 관련 연방 법안이 통과된 것은 1955년 들어서였다. 1963년 청정대기법으로 이어진 전국대기오염관리법은 연방 정부가 이 영역에 개입한 최초의 합법적 기회를 제공했기 때문에 특히 중요했다.

유럽에서는 정부의 개입과 공권력이 사회적·정치적 맥락에 따라 제각각이었다. 프랑스에서는 제1차 세계대전 중 매연에 관한 지자체의 법령을 폐기했으나, 당시 본격적으로 발달하고 있던 교외 대형 공장의 공해를 통제하기 위해 이후 부활되었다. 1930년 12월 뫼즈의 치명적 안개는 벨기에와 해외에서 많은 반응을 불러일으켰다. 하지만 이 사건에 대한 외국의 보도는 한층 숙명론적인 시각에 치우쳐 기업가들로부터 모든 책임을 덜어줬다. 1933년 이 숙명론은 벨기에 총리에 의해 더욱더 조장됐는데, 그는 "대기가 공장에서 나오는 이산화황에 오염되는 것을 예방하는 게 중요하기는 하지만 …… 우리는 산업을 약화시키고 그들의 생계를 앗아갈 조치를 옹호할 수는 없다"고 광산촌에 편지를 썼다.[5] 그럼에도 독성 안개의 한 가지 결과가 있었으니, 1932년 산업 매연 증가에 대응해 프랑스의 대기 오염을 다스리기 위해 통과된 모리제법 — 사회당 상원의원이자 불로뉴비앙쿠르(Boulogne-Billancourt) 시장이던 앙드레 모리제(André Morizet)의 이름을 땄다 — 이 바로 그것이다. 하지만 그 효과는 제한적이었다. 상황을 개선하기는커녕 도지사에게 이 문제를 관리하도록 맡김으로써 지자체 당국에서 착수한 조치를 방해했다. 게다가 이 법은 지방 법령에 준해 3년의 기간이 주어진 대형 공장들에만 적용됐다.[6] 그리고 나자 매연 공해 문제는 양차 세계대전 사이의 정치를 둘러싼 긴장과 1930년대의 대대적인 경제 위기 양쪽에 가려 빛을 보지 못했다. 리옹 같은 특정 대도시가 기업가들과 제한적인 협상을 타결함으로써 지역 주민의 건강을 보호하는 주도권을 잡기는 했지만, 벨기에 및 독일과 마찬가지로 프랑스에서도 당국은 거의 관여하지 않았다. 전 세계적으로 전체주의의 위험 및 대량 실업과 결합한 당대의 정치적·사회적 비상사태는 곧 오염에 대한 관심사가 공공 토론의 주변부로 밀려났음을 뜻했다.[7] 론의 도지사는 1938년 "몇몇 공장은 …… 경기 침체와 불안한 재정 상태 때문에 매연 제어 장치 설치를 연기해야 했다"고 쓴 보고서에서 이것이 정말 사실이었음을 보여줬다.[8]

영국처럼 프랑스에서도 1948년 펜실베이니아주의 도노라와 1952년 런던의 치명적 안개가 발생한 이후인 1950년대까지 대기 오염을 관장하는 국법이 도입되지 않았다. 런던의 그레이트 스모그(Great Smog: 1952년 5일간 런던에서 스모그로 1만 명 이상이 사망한 사상 최악의 대기 오염 참사 — 옮긴이)는 정부가 행동에 나설 추진력을 가속화시켰다. 휴 비버(Hugh Beaver)는 1956년 청정대기법을 만들어낸 대기오염위원회(1953~1954)의 위원장이었다. 이 법령은 이전의 것들과 달리 가정의 화재가 들어간 특별 조항을 포함했고, 몇몇 도시에 무연 연료만 연소시킬 수 있는 지역을 도입했다.[9] 그런데도 또 다른 대대적인 스모그―이번에는 1953년 뉴욕에서 200명의 사망자를 냈다―가 미국에서 1955년 대기오염법이 생기는 결과를 초래했다. 이런 스모그 사건은 전 세계에 잔류 효과를 미쳤다. 프랑스에서는 정부 부처 간 위원회가 마련되고, 이 문제를 논의하기 위한 다양한 행사를 조직했다.[10] 모리제법은 1961년 드골의 새 정부가 반포한 "대기 오염과 냄새에 관한" 법령으로 대체됐다. 그러나 이 국내법은 대부분 비효율적이었고, 사실 해당하는 유일한 도시는 자동차가 아직도 문제의 일부로 여겨지지 않는 파리뿐이었다.[11] 이 법령의 뒤를 이어 물의 관리, 할당 및 오염으로부터의 보존과 관련한 두 번째 법령(1964)이 나왔다.[12]

일반적으로 전 세계 독재 정권들은 공해에 별로 관심을 기울이지 않았고, 주민들의 이의 제기를 진압했다. 1930년대 알루미늄 산업을 보호하려던 무솔리니 치하의 사례가 그런 경우였다. 마찬가지로 에스파냐 내전 이후 프랑코(Franco) 정권에서도 공해는 여전히 부차적인 관심사였다. 이 나라는 오랫동안 정치적 고립과 경기 침체를 겪어온 터였고, 1960년대에 경제 성장이 시작되고 나서야 비로소 중앙 정부에서 대기 오염을 규제하는 몇몇 법령(특히 1972, 1974, 1975)을 마련했다. 세계적으로 환경적 관심은 보통 특정한 지배 정권의 반대파한테서 나왔고, 따라서 1975년 프랑코가 사망하자 마침내 지방 자치 정부는 물론이고 국가 차원의 정치권에서도 환경적 쟁점에 대해 들을 수 있었다.[13] 독일에서는 나치가 정권을 잡기 전, 바이마르공화국이 인플레와 그것의 부정적인 사회적 영향이 일종의 공무상 무기력증의 결과로 매연 공해와의 싸움의 쇠퇴로 이어졌다는 골치 아픈 사실에 직면했다. 독일 관료들은 공해를 억제하기에는 무능했고, 대부분의 노력을 용광로 효율 개선과 독성 그을음을 줄이기 위한 정화 기술 및 여과 장치 설치에 기울였다.[14] 히틀러가 집권하자 현상 유지가 대세였다. 1933년 동물보호법을 채택했다거나 자연 보호에 관한 연설이 많았다는 이유로 나치의 정책이 생태학적으로 중요하다고 해석할 수 있다고 생각한 사람도 일부 있었지만 말이다.[15] 사실은 공해를 경감시킬 어떤 굵직한 조치도 취하지 않았고, 재무장과 전쟁 준비로 당시 공해는 실제로 심해졌다.[16]

동쪽에서는 소련의 부상과 냉전 이데올로기가 무겁게 짓눌렀다. 1917년 혁명 이후 지속되는 국가적 내분과 내전 위험에도 소련 당국은 빠르게 위생 및 공중 보건 사안에 초점을 맞췄다. 보건 서비스를 대폭 혁신하고, 1920년대 초에는 인민노동위원회가 도시를 산업 안온방해로부터 보호할 여러 법령을 제정했다. 예를 들면, 산업을 인구 밀집 지역으로부터 먼 곳에 위치시키기 위해 여러 필지의 토지를 산업용으로 할당했다. 그 밖에 소련 학자들은 산업 오염 물질의 증가와 그 효과를 산출하는 일련의 측정과 평가에 관여했다. 여러 산업 보건 기관을 창설하고, 다수의 출판물에서도 하나의 관심사로 공해를 다뤘다. 1935년 대기 오염 방지에만 할애한 최초의 범(汎)소련 회의가 우크라이나 북동부의 하르키프(Kharkiv)에서 열렸고, 1938년에 두 번째 회의가 뒤따랐다. 여기서 이 나라의 주요 보건 기관과 연구소 소속 대표자들은 대기 질을 확인할 수 있는 방법과 주민 보호를 위해 취해야 할 조치를 논의했다. 물론 이러한 탐구의 배경이 노동자의 권리를 침해한 이 나라의 산업화였던 만큼, 그 계획의 진정성이나 중요성에 의문을 제기할 사람이 있을 수 있다. 또한 이 시기를 즈음해 많은 소련 도시에서는 보건 감독관이라는 전문가 집단이 대기 오염을 통제하는 임무를 맡았다.[17] 제2차 세계대전과 그 뒤에 이어진 스탈린 독재 정권 치하의 재건 시기는 다시 한번 공해 방지 계획의 진전을 늦췄다. 하지만 1940년대에는 소련 당국이 환경 법령을 시행했고 대기, 토양, 물의 독성 물질 '최대 허용 농도' 기준은 서구보다 더 엄격했다. 가령 1949년에는 보건 규정을 적용하지 않으면 새로이 공장을 건축할 수 없을뿐더러 오래된 공장도 문을 다시 열 수 없었다. 상당히 많은 과학적 연구가 오염 물질이 인간의 건강에 미치는 유해 영향을 밝혀냈고, 1960년 10월 25일 자연 보호를 위한 러시아 법령에는 서구 법률에 상응하는 공해 방지 조치가 포함됐다. 1963년에는 연방령에 따라 모든 소련공화국에서 보건 감시를 입법화했다.[18]

냉전 시기 동안 독일민주공화국 같은 동구권의 독재 정권에서는 공해와 환경 문제가 자본주의적 위기와 그것이 지닌 수익에 대한 집착의 발현으로 기술 및 해석되었다. 생산 수단의 사회화와 관련한 기술 진보가 자연스레 문제를 해결할 게 틀림없었다. 1954년 자연 보호 법안이 독일민주공화국에서 통과됐지만, 거기에서는 공해를 전혀 언급하지 않았다. 공해 방지는 1960년대에 채택됐다. 이 시점에서 공해에 대한 과학적 조사와 연구를 본격적으로 시작했다. 여기에는 1965년 착수해 동독의 공장 1000곳에서 뿜어내는 배출 가스 수준을 조사한 폭넓은 아황산 가스 배출 탐구가 포함됐다. 1966년 내각의 법령은 대기 오염 제한을 위해 취해야 할 조치를 규정했고, 1960년대가 끝나갈 즈음 다른 조사를 통해 산업의 오염성 폐기물과 그것이 초래하는 시 당국과 농업 및 삼림에 대한 비용을 평가하려 했다. 공해 경감 조치가 부재한 가운데 공해 유발 기업은 희생자, 즉 농업 생산자와 도시 거주자에게 보상을 하도록 요구받았다. 하지만 공해 기업을 처벌하고 작업장에 예방 수단을 설치하도록 요구하기보다, 기업들이 손해 배상금을 예상 및 계획할 수 있고 그 보상금을 예산과 운영에 통합시킬 수 있도록 했다. 그 결과, 여과 장치 설치는 더디게 진행됐다. 오히려 지역 주민들은 안온방해의 존재와 그에 대한 보상에 적

응했다.[19]

이렇게 법률 제정이 범람했다고 해서 환경 규제가 우선 사항이 되었다고 잘못 생각해서는 안 된다. 그것은 1970년까지 여전히 보류되었고, 그러는 사이 특정 문제를 다루기 위한 미봉책들이 매우 일반화하곤 했다. 즉 이것들이 결코 공해 문제의 뿌리를 파헤친다거나 더러운 산업 부문을 겨냥하는 수고를 한 것은 아니었다. 사실 산업 기관을 규제하는 행정적 틀은 여전히 먼 옛날인 1810년 법의 유산이었다. 프랑스에서는 1917년 12월 19일 법을 개정했고, 그 법이 공해 유발 기업에 대한 제재가 늘어난 시스템을 통해 제삼자에게 더 많은 힘을 부여했다.[20] 하지만 동시에 신생 법안은 일부 산업이 법률의 행정적 범위를 벗어날 수 있도록 허용하는 신고 체제를 도입했다. 기술 향상은 여전히 프랑스 공해 조치의 초점이었다. 그 결과, 유럽의 협력이 증진되자 공해 방지는 일반적으로 산업화를 촉진한 책임 있는 부문들에 의해 장악됐다. 유럽석탄철강공동체(ECSC, 1952)는 산업장 먼지를 경감시킬 방법을 모색했다─그러나 여기서 최우선시한 목표는 기술적 수단을 통해 유럽의 석탄 및 철강 산업을 뒷받침하고 그들의 현대화, 생산 최적화 및 비용 절감을 가능케 하는 것이었다.[21] 유럽경제공동체가 산업으로 초래된 환경 문제를 다루기 시작한 것은 1970년대 들어서였다.[22]

석면의 경우가 그랬듯 산업 회사들이 구속력 있는 규제를 받는 일은 드물었다. 자연 보호와 대기 질에 관한 모호하고 일반적인 관념 속에서 책임 혐의를 입증하기는 어려웠다. 이로 인해 공공 당국은 유해 물질의 확산을 막기에는 근본적으로 무력했다. 공중 보건 보호를 위한 정책은 많은 경우 실패했다. 프랑스를 예로 들면, 에테르니(Eternit)는 1922년 창립되어 1929년부터 이 나라에서 소비하는 석면 시멘트(이 물질의 주요 용도)

표 10.1

1956~1976년 유럽의 대기 오염 법률

연도	국가	명칭
1956	영국	청정대기법
1960	소련	산업공해를 포함한 자연보호법
1961	프랑스	대기오염악취방지관련법
1964	독일연방공화국	대기 질에 관한 기술 지침
1964	벨기에	대기오염방지법
1965	독일연방공화국	청정대기법
1966	이탈리아	오염방지법
1967	체코슬로바키아	청정대기법
1968	영국	청정대기법
1970	독일민주공화국	자연보호법
1970	아일랜드	대기 오염 관찰 법령
1970	네덜란드	대기오염보호법
1971	벨기에	대기 청정 법령
1971	이탈리아	방출 임계 법령
1973	덴마크	환경보호법
1974	독일연방공화국	방출 보호 및 대기 관련 기술 지침 연방법
1975	벨기에	이산화황 및 부유 물질 대기 오염 방지 칙령
1976	프랑스	환경 문제에 관한 시설 등급 관련법
1976	룩셈부르크	대기오염방지법
1976	헝가리	인류환경보호법

의 50퍼센트를 공급했는데, 1937~1974년 생산량이 10배 증가했다. 40년
만에 회사는 이 부문에서 세계 선두 주자 중 하나로, 프랑스(주로 코르시카
섬)와 알제리 및 세네갈 같은 프랑스 식민지는 물론이고 인도와 중국 그

리고 브라질에 있는 공장 및 광산들의 거대한 국제적 집합체가 되었다. 50년을 거치는 동안 이 '죽음의 산업'은 환경, 지역 주민, 노동자를 생산 공정의 매 단계에서 오염시켰다.[23] 1962년 유럽연합은 회원국들에 석면의 위험을 경고했지만, 1975년 이전까지는 그것의 사용을 제한할 구체적인 규제가 프랑스에 전혀 도입되지 않았다.

불확실성의 구축

정부와 갈수록 강력해지는 기업 및 전문가들 사이의 긴밀한 관계는 환경 규제의 지속적인 취약성을 밝히는 데 결정적 요소다. 법률과 규정은 복잡한 권력관계 속에서 이뤄지며 의사 결정으로 귀결되는 담론과 행동, 영향, 전문 지식의 산물이다. 이 범위 안에서 점차 정부의 권력을 넘어서는 힘을 갖게 된 다국적 대기업이 행사하는 영향력은 그들의 규모에 맞춰 확장됐다. 전 세계에 지사를 거느린 이 대규모 조직―여러 나라의 제조업과 관련된―의 부상은 공해를 더욱 엄격하게 규제할 정부가 직면한 본질적인 난관을 분명히 보여준다. 이해관계 로비 활동을 통한 입법상의 영향력 말고도 이 다국적 기업들은 놀랍도록 민첩해서 더욱더 엄격한 공해통제에 직면하면 신속하고 쉽게 천연자원과 값싼 노동을 찾아 이전한다. 동시에 이 거대한 기업 세력은 생산 활동에서 발생하는 폐기물과 오염물을 처벌받지 않고 처리한다. 미국의 대기업들이 특히 이러한 국제화에 발동을 건 책임이 있다. 그들의 관행은 가난한 나라에 대한 끊임없는 착취와 오염 물질의 지속적인 이동에 이바지했고, 그러는 한편 논쟁의 틀을 짜고 그들을 바라보는 방식에 영향력을 행사하려 들었다. 생산 지향의 근대화한 엔지니어 세계에서 이 회사들은 끊임없는 도전을 받았다.[24] 공격과 비난에 직면하면 오염 제거 시장을 창안하고 자신들의 기술적 해법을 퍼뜨렸다. 1960년 프랑스 철강 산업의 노동조합회의소는 자신들의 철강 기술협회 내부에 대기오염방지위원회를 창설했다. 석유 같은 몇몇 부문은 자신들의 배출 물질 및 환경적 부정행위에 대한 비판에 맞서 고유의 대책을 마련했다. 가령 1949년 에소의 프랑스 정보 부서는 〈석유의 진보〉라는 계간지를 창간했다. 주요 산업국들에서도 그에 상응하는 학술지가 등장했다. 삽화가 풍부한 이 정기 간행물은 화석 연료의 무한한 잠재력과 석유 국가들의 부를 찬양하는 동시에 하나같이 산업의 생태학적 위반 사항을 조심스레 은폐했다. 1960년대 말에 공해라는 화제가 더욱 강력하게 대두했을 때 〈석유의 진보〉는 석유 부문에 면죄부를 주고 논란의 초점을 '청정 연소 기관'의 미래 쪽으로 돌림으로써 그것을 최소화하는 데 중점을 뒀다.[25]

자신들이 창출한 공해의 실상을 부인하거나 얼버무리는 기업가들의 전략은 미국의 경우 일찍부터 특히 잘 부각됐다.[26] 사실 많은 공해 유발 기업은 상품에 대한 공격을 피해가거나 엉뚱한 방향으로 돌리는 데 고수의 경지에 오른 담배 산업으로부터 직접 그 기량을 터득했다. 역사학자 로버트 프록터(Robert Proctor)는 흡연의 효과에 대한 대중적 주류 담론에서 과학적 무지를 생성하는 의도적인 정책이 존재함을 입증한 바 있다. 1930년대 독일에서 과학적 연구들이 폐암과 흡연 사이의 상관관계를 보여주기 시작하자 다국적 담배 회사들은 의학적 결과를 둘러싼 불확실성을 근거로 방어선을 조직했다. 미국의 과학자들이 흡연과 암 사이의 관련성을 확인한 1950년대 초 최대 기업 네 곳의 대표들은 담배산업연구위원회를 꾸렸다. 그들의 목표는 담배 회사를 좀더 긍정적인 시각의 틀에 집어넣어 부정적 역풍에 대항하는 것이었다. 연구위원회는 비판적인 연구들이 바탕을 두고 있던 과학적 증거에 도전장을 내밀었다. 이곳은 연구자 및 정책 입안자에게 겁을 주고, 자금을 지원해 '독자적인' 연구를 육성하고, 이 산업의 '청정' 제품을 칭찬하고, 인과관계의 사슬을 뒤죽박죽으로 만들고, 규제 당국에 침투했다. 이를 비롯한 다른 전략들은 다양하고, 활발하고, 강력했다.[27] 가장 큰 야심은 진실을 최종적으로 결정하고 공식적인 증거를 생산하는 과학에 도전하는 것이었다. 담배 회사의 의도적인 무지 구축—이후 '아그노톨로지(agnotology: 로버트 프록터가 만든 신조어로 정확하지 않은 과학적 정보에 대한 사람들의 무지와 의심을 탐구하는 학문—옮긴이)'라 불렸던 관행—은 자신들이 시판하는 제품의 치명적 효과의 실상에 대한 의혹을 퍼뜨림으로써 시간을 벌었다. 공해 유발 기업은 담배 회사의 전철을 밟아 공해나 그들의 제품이 일으키는 위험에 관한 주장을 거부하고 자신들의 생산 모델을 위협하는 어떤 개입도 차단했다.[28]

불확실성의 창조 또는 구축은 산업의 유해 효과 전체에 적용되는 듯하다. 1960년대에 산성비가 문제로 떠올랐을 때, 1952~1953년 런던과 뉴욕의 스모그 이후 산업계가 매연 여과 시스템을 공장에 도입했기 때문에 미국의 삼림을 파괴했다는 비난을 받았다. 역설적이게도 화학 결합으로 산성을 용해시키는 힘이 있는 연료 입자를 걸러냄으로써 이산화황이 갑자기 증가했고, 그런 다음 대기 중에 응축되어 우천 시 땅으로 내려온 것이었다. 국지적인 공해 문제는 지방의 문제로 변모했다. 1969~1975년 꽤 많은 논문이 산업공해와 삼림 파괴를 대놓고 연결하며 이 문제를 다뤘던 반면, 기업가들은 담배 회사가 제공한 매뉴얼을 따르며 쟁점에 관한 확실성을 제공하거나 규제 조치를 정당화하기에는 과학적 지식이 불충분하다고 주장했다. 마찬가지로 염화불화탄소(chlorofluorocarbon, CFC) 오염으로 초래되었으며 1970년에 알려진 오존층 파괴에도 이듬해 동일한 전략이 투입됐다. 제조업체들은 남극 대륙에서 발견된 구멍은 자연적 변화에 기인한 것이라고 주장했다. 거의 글자 그대로 화학 공장 주변의 비정상적인 유행성 질병 발생에 대한 이의 제기도 같은 방식의 틀 안에 갇혔다.[29]

  제조업화학자협회(MCA)는 산업적 전문 지식과 로비 활동이 합류하는 네트워크의 중심에 있을 때가 많았다. 황산 제조업자들에 의해 1872년 창설된 MCA는 미국 화학 공업이 도약한 뒤인 1900년경 상당한 성장을 경험했다. 1902년 듀폰이 화학 제품 생산 쪽으로 옮겨가는 동안 다우 케미컬과 몬산토—각각 1889년과 1902년에 설립—그리고 다국적 기업인 '후커(Hooker) 전기화학'과 유니언 카바이드는 미국을 세계 제일의 화학 물질 생산국으로 변모시키는 데 일조했다. 제1차 세계대전 이후 화학 공업이 새로운 호황을 누리면서 MCA는 그들의 제품 다수가 독성 위험 물질이라는 커져가는 의혹에 대항하기 위해 집결했다.[30] 1920년대에 새로운 가연 휘발유의 기초인 테트라에틸납의 독성이 특히 심한 위험을 불러일으킨다는 주장에 맞닥뜨리자 MCA는 전문 연구진 네트워크를 배치했다. 대학교수인 로버트 키호와 공중보건국의 산업위생부 수장이자 '메트로폴리탄 생명보험사'의 자문이던 앤서니 란자(Anthony Lanza)는 우려를 일축하고 차례로 제품의 안전성을 보증했다. 둘 다 테트라에틸납의 경제적 장점을 고려해야 한다—그리고 무엇보다도 독성에 대한 명백한 증거가 확립될 때까지 그 화학 물질을 무해한 것으로 여겨야 한다—고도 주장했다. 1964년 효과적인 로비 전략 덕분에 미국 산업은 1940년대보다 3배 더 많은 22만 4000미터톤의 가연 휘발유를 생산했다.[31] 업계에 의해 '프레온'으로 개명된 염화불화탄소의 안전성에 대한 논란도 유사한 경로를 따랐다. MCA의 돈 덕택에 키호는 1930년 케터링 연구소를 차렸고, 이곳은 산업용 화학 물질에 관한 가장 영향력 있는 연구 기관으로 자리 잡았다. 하지만 역사적 연구에 의하면 이러한 영향력 있는 전문가와 그들을 지원하는 집단은 자기 제품의 유해 효과를 완벽하게 파악하고 있었음이 드러났다. 시간을 벌고 규제를 피하기 위한 은폐와 얼버무림이 진짜 위험을 가렸다. 1930~1931년 심각한 산업 사건[호크스 네스트(Hawks Nest) 터널 참사: 터널을 뚫은 결과, 거의 1000명의 노동자—대부분 흑인—가 규폐증으로 사망했다]이 벌어졌을 때, 기업가들은 대기위생재단(Air Hygiene Foundation, AHF)을 설립했는데, 이는 공해와 노동자 사망에 대한 업계의 책임을 부인하는 대단히 효과적인 로비 활동 단체가 되었다. 기업들은 흔히 법률을 제정하는 동안 자신들의 이익이 반드시 보존되게끔 했다. 미국에서는 업계의 간청에 따라 1947년에 연방살충살균살서제법(Federal Insecticide, Fungicide and Rodenticide Act), 1948년에 수질오염법, 1955년에 대기오염법이 각각 약화됐다—강력한 효력이 없어졌다. 화학 공업의 영향력이 커졌기 때문에 제품의 독성을 입증하는 보고서[특히 종양학자 빌헬름 휘퍼(Wilhelm Hueper)의 보고서]가 많이 나왔음에도 제조업체들은 1960년대까지 제품이 시험대에 올랐을 때 법적인 승리를 거두곤 했다. 전문가와 갈수록 커져가는 로비의 영향 덕분에 산업계는 과학적 결과 이면의 의미를 모호하게 만들어 책임 소재에 불확실성을 부여하고, 추가적인 시간을 요구하고, 기술 향상을 필연적인 해법으로 강조하는 데 성공했다. 이것이 페인트의 납 화합물(1928년에 설립된 납산업협회는 자신들의 이익 대비 따져봤을 때 허용할 수 있는 위험이라고 여겼다)—1920년대부터 1950년대까지—과 1950년대부터 1970년대까지 플라스틱, 특히 염화비닐과 폴리염화비닐을 위한 패러다임이었다. 후자에 대해서는 역사학자 제럴드 마코위츠와 데이비드 로스너가 제품의 위험한 성질과 발암성에 관해 화학업계가 자기들이 알고 있는 정보를 어

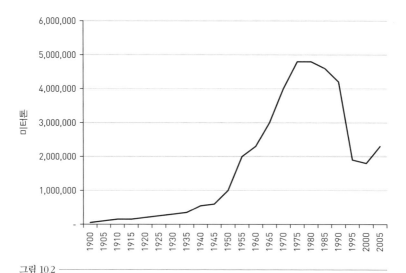

그림 10.2 ─────

전 세계 석면 생산량, 1900~2005. 출처: Jock McCulloch and Geoffrey Tweedale, *Defending the Indefensible: The Global Asbestos Industry and Its Fight for Survival* (Oxford: Oxford University Press, 2008), 14에 근거해 작성.

떻게 1970년대까지도 일반 대중에게 은폐했는지 폭로했다.[32]

하지만 석면의 사례가 가장 교훈적이었다. 이 마법의 섬유는 건강이 우려되는 일차적 관심사였다. 경고들로 인해 많은 환경 연구 분야가 생겨났다. 하지만 동시에 제조업체들은 자사 제품을 확산시킬 상업적 전략을 채택하는 한편, 그것이 건강과 환경에 미치는 영향을 없애거나 묵살했다. 다수의 광산과 공장이 문을 열면서 전 세계 생산량은 3만 1000미터톤(1900)에서 57만 미터톤(1940), 220만 미터톤(1960)으로 늘어났고 1970년대에 최고치에 도달했다. 주로 캐나다(150만 미터톤)와 소련(100만 미터톤)과 남아프리카공화국에서 연간 거의 350만 미터톤을 생산했다.[33]

산업의 성장은 제품의 유해성에 관해 경고하는 의학 지식 체계의 성장과 병행됐다. 일찍이 1898년에 영국의 한 공장 감독관은 석면 생산과 연관된 노동자들의 병리학적 상태를 파악했고, 뒤를 이어 1906년 프랑스의 노동 감독관 오리보한테서도 유사한 정보가 나왔다. 1920년대에 몇몇 의학적 설명은 석면을 하나의 병원체로 지적했고, 1931년 영국 정부는 산업 전반에 분진 억제를 도입했다. 1930년대에 독일과 일본의 의사들은 이 섬유가 폐암의 주된 촉매제라고 보고했다. 전쟁 중에 독일은 폐 주변의 얇은 세포막인 늑막의 암을 직업병으로 인정하기까지 했다. 1955년 남아프리카공화국 광산들에 대한 역학 조사 결과, 질병의 지표들이 확인됐고 위험을 그 주변의 주민들한테로 확장했다. 이 연구에서는 중피종(mesothelioma, 中皮腫)─혹은 '석면암'─이 부각되었다. 그런데도 1945년 이후 생산량은 계속 늘었다. 각국 정부는 석면의 사용을 강력하게 권장했고, 그 사용량은 건설·농업·전기 및 자동차 산업 등 다양한 분야에서 증가했다.[34] 몇몇 장소가 특히 영향을 받았다. 이탈리아 피에몬테(Piemonte) 주의 소도시 카살레몬페라토(Casale Monferrato)는 중요한 사례다. 최초의 석면 공장이 1906년에 세워졌는데, 이후 그곳은 에테르니의 세계 최대 공장이 되었다. 석면은 발전과 번영의 상징으로 소개됐다. 그 먼지는 학교 운동장 석판과 골판 지붕 등 어디에나 있었다. 이 공장은 1986년에 문을 닫고 철거하기 전까지 오랫동안 환경을 오염시키고 수천 명의 목숨을 앗아갔다.[35] 왜 아무런 대책도 없었냐는 역설은 신뢰 사회를 이용한 공장주들과 산업에 대해 선량한 시민이며 이웃이라는 이미지를 얹어준 정부로부터 영감을 받은 '반(反)'행동주의로 설명할 수 있을 것이다. 석면에 대한 의혹에 맞서기 위해 제조업자들은 다양한 기관을 창설해 자신들의 연구 인맥을 활성화시켰다. 1941년 산업위생재단(Industrial Hygiene Foundation)으로 개명한 대기위생재단은 반박 보고서를 작성하고 노출 허용 한계치라는 개념을 널리 알리도록 앤서니 란자 같은 과학자에게 의뢰했는데, 이 개념은 독성 물질을 취급하고 그것이 불러일으킨 분쟁을 해결하는 데 필수적인 도구가 되었다. 캐나다는 석면 사례로 사람들의 시선을 끌었다.[36] 1952~1953년 이후 석면의 위험은 더 이상 의심스럽지 않았지만, 기업가들은 독성에 관한 자료를 숨기고 조작해 반드시 생산량을 더 늘리려 들었다. 이러한 얼버무림이 이후 자리를 잡았다.[37] 1970년대의 스캔들과 폭로 이후에도 부인은 계속됐고, 1970년대 말에 가서야 주요 산업국들은 이른바 '통제된 사용'이라는 것을 통해 석면을 조심스럽게 규제하기 시작했다.[38]

독성에 대한 전문 지식이 강한 위력을 차지했던 만큼 산업은 거기에 대해 독점권을 갖고 있지 않았다. 또한 공해를 바라보는 더욱 심도 있는 시각이 독성학과 생태학 발달로 형성되었다. 역사학자 크리스토퍼 셀러스(Christopher Sellers)는 제2차 세계대전 이후 환경에 대한 과학적 사고가 재계의 공업독성학에 뿌리를 두고 있음을 밝힌 바 있다.[39] 더욱이 생태학은 런던에서 영국생태학회를 창설한 1913년과 이 학문을 언론 매체가 인식한 1970년대 사이에 단순히 식물학과 동물학의 한 분야에서 일관된 어휘와 점점 늘어나고 있는 실무자들 사이에 수용된 체계와 응용을 모두 갖춘 완전한 학문으로 변모했다. 생태학은 자연계와 그것의 작용 양쪽에 대한 지식을 명시하면서도 환경을 더욱 합리적이고 효율적으로 개발할 수 있는 일련의 기술과 지식도 지정했다.[40] 자연의 불균형, 그리고 물질과 생물종 사이의 상호 관계에 관한 연구가 이 학문의 중심에 있었다. 1935년 아서 탠슬리(Arthur Tansley)는 생태계를 "지구상에서 자연의 기본 단위", 인류 개입의 영향 아래 끊임없이 변화하는 요소들로 정의했다.[41] 하지만 생태학자들의 세계에는 긴장이 있었다. 미국 학자 유진 오덤(Eugene Odum)의 연구와 1963년에 발표된 그의 유명한 논문 《생태학(Ecology)》을 따르자면, 전투적 생태학의 한 분야―생물학자 레이첼 카슨과 배리 커머너의 베스트셀러가 그 전형이다―는 인간의 활동이 생태계에 가져온 폐해를 부각시키는 것을 전문으로 한다.[42] 그런가 하면 자기 학문의 과학적 성격을 정당화하고 싶어 하면서도 어떠한 전투적인 (또는 정치적인, 반공업적인) 시각도 거부하는 다른 생태학자들의 경우, 생태학은 무엇보다도 자연과학으로 "공해과학도 환경과학도 아닌" 자연계의 전반적인 행진에 관한 학문이었다.[43]

새로운 생태과학 이외에 의학도 여전히 독성에 대한 전문 지식의 핵심 출처였다. 산업국―로스앤젤레스, 런던, 파리―의 많은 의사들이 대기오염의 영향을 탐구하기 시작했고, 그것에 대한 대중적 인지도를 높임으로써 공해 반대론을 구축하는 데 일조했다. 하지만 영국―양차 세계대전 사이의 시기부터 정기적인 대기 질 측정이 필요했다―과 이런 유형의 과학적 측정이 더뎠던 프랑스의 상황은 아주 달랐다. 1950년대에 프랑스 의사들은 장기간 저용량 발암 물질 노출로 인한 발암 위험의 가능성을 일찍이 발견한 영어권 동료들―가령 로스앤젤레스의 폴 코틴(Paul Kotin) 교수―의 연구에 대해 알게 됐다.[44] 1958년 대기오염방지협회(APPA) 창립에서 드러나듯 1950년대부터 공해의 과학적 측정 및 평가가 더욱 두드러졌는데, 이 협회는 프랑스의 주요 지방 도시―리옹과 마르세유 포함―는 물론 라크처럼 특히 오염이 심한 곳에도 지사를 열었다. 하지만 과학적 조사는 천천히 확산됐다. 그것의 규제적 영향도 더뎠다. 업계가 더 민첩했다. 프랑스에서 주요 공해 유발 기업의 대변자들은 공해 조사를 담당하는 체계로 빠르게 통합됐다. 프랑스전력공사(EDF)와 프랑스석탄공사 같은 큰 에너지 회사들이 APPA의 이사회를 대표했다. 기업가들은 1960년 자체적인 협회를 조직하기 시작했다. 오염이 대단히 심각한 로렌 탄광회사 사장이기도 했던 엔지니어 루이 아르망(Louis Armand)이 초대 위원장을 지낸 대기오염방지기술대책위원회(CATPA)에는 좀더 전문적인 단체인 '대기 오염 연구를 위한 전문직 간 기술연구소'가 합류했다.[45] 사실 의료계 직종은 구분되어 있고 그다지 동질적이지 않았지만, 의학적 비전은 흔히 화학과 공학에 기반을 두고 역학은 뒷전으로 밀어내는 기술적 접근법에 물들어 있었다. 그런 위계 서열이 공장의 공해를 둘러싼 책임의 걸림돌이었다.[46]

동원

20세기에 자연─아주 깨끗하든 아니면 오염되었든─에 대한 개념은 크게 진화했다. 그럼에도 앞뒤가 맞지 않는 해석은 지속됐다. 한편으로 자연은 존재 자체가 인간의 착취와 산업이라는 재단의 희생양이 되는 것을 정당화하는 고갈되지 않는 무한한 자원으로 여겨졌다. 다른 한편으로 자연은 약하고 제한적이라고 인식됐다. 공해와 과잉 개발이 그것의 지속 가능성을 위협했다. 이렇게 비교가 불가능할 만큼 다른 해석은 특히 '공해'가 1960년대에 대중적 어휘로 들어가면서 공해를 이해하는 방식에 심오한 영향을 미쳤다. 양차 세계대전 사이에 공해는 계속해서 번영, 완전 고용, 현대화의 상징이었다. 19세기 유럽의 대규모 공업 단지에서 생겨난 개념이 지속된 것이다. 시커먼 연기 기둥을 뿜어대는 굴뚝은 성장을 지지하는 광고의 흔한─그리고 긍정적인─특징이었다. 그러한 비전은 공장이 침략 및 피해와 연관되고 더욱 바람직한 미학으로서 푸른 하늘이 점차 어두운 공장의 구름 이미지를 대체하기 시작한 1960년대 말까지 변함이 없었다.[47] 1945년 이후 정책 기획 활동을 했던 필리프 생마르크(Philippe Saint-Marc) 같은 전직 고위 관리들은 환경 이슈로 전환했다. 1972년에 생마르크는 널리 알려진 자연 헌장(Charter of Nature)을 작성했는데, 이것은 엄청난 관심을 받은 공해에 관한 1975년의 저서로 발간하기에 앞서 30만 명의 서명을 모았다.[48]

다수의 과학자들이 공해 유발 대기업의 보호에 매여 있었지만, 다른 많은 과학자들은 오염 관행을 비난했다. 내부 고발자들이 20세기 내내 대중 매체가 산업의 위험 및 오염 문제에 접근하는 데 상당한 기여를 했다.[49] 소련에서는 몇몇 과학자가 환경 오염의 규모와 강요된 산업화로 인해 일어난 파괴를 경고했다. 탄압을 겪기는 했지만, 그들은 자연 보호를 계속해서 요구하는 자연주의 공동체의 모태가 되었다.[50] 과학자들이 더욱 높은 사회적 지위와 강력한 미디어 제도의 지지를 얻은 미국에서는 그중 일부가 공해에 대한 인식을 위해 광범위하게 활동하고 규제 변화에 대한 목소리를 높였다. 가령, 종양학자 휘퍼는 그가 1920년대에 발암 위험이 있다고 비난했던 많은 화학 물질의 금지에 공헌했고, 그런가 하면 하버드 대학 최초의 여성 교수였던 앨리스 해밀턴 박사는 직장 공중 보건에 대한 그의 저서가 노동법의 중대한 변화를 촉진하면서 유명한 사회 참여 지식인이 되었다. 해밀턴은 또한 환경 오염을 분석하는 중요한 수단으로서 전문적인 전염병학이 출발하는 데도 기폭제 역할을 했다. 그는 1910년부터 임상 검사와 독성학 그리고 전염병학 현장 조사를 결합해 페인트의 백연과 휘발유의 테트라에틸납 사용을 맹렬히 비난했다. 또한 대부분의 미국 산업 부문 사망률이 유럽의 같은 부문보다 높다는 사실을 밝히기도 했다.[51] 한편 영국에서는 최초의 공장 의료 감독관 토머스 모리슨 레그(Thomas Morrison Legge)가 '직업병'이라는 개념을 대중화하고, 직업병과 공해의 관계에 대한 확실한 인식을 심는 데 기여했다. 하지만 영국 산업의 테일러주의적 조직은 1932년 레그가 사망한 뒤 그의 유산 대부분이 잊히는 걸 비호했다.[52]

영광의 30년 동안 산업 호황은 공해 통제에 저항을 불러일으켰고, 그것의 장점에 의문을 던지게끔 했다. 페어필드 오즈번의 선구적 저서 《약탈당한 우리의 지구》는 일부 저항과 근거를 제시했다. 몇 년 뒤인 1952년 프랑스인 로제 아임도 《자연의 파괴와 보호(Destruction and Protection of Nature)》로 합세했다.[53] 저명한 이 두 과학자의 저서는 공해 방지에서 동식물학자들이 담당했던 중요한 역할을 증명했다. 그러나 가장 결정적인 이정표는 생물학자 레이첼 카슨의 저서였다. 1950년대 말 암 연구─휘퍼가 수행한 연구를 포함해─에서 영감을 받은 카슨은 살충제의 영향에 초점을 맞췄고, 이것이 이례적인 조류 사망률은 환경 속 살충제와 농업에서 이런 제품이 확산한 결과임을 입증하도록 이끌었다. 그는 굉장한 책 《침묵의 봄》(1962)에서 잘못된 정보를 준 화학 공업을 고발하고 살충제가 어떻게 인간에게 암을 일으키는지 설명했다. 이 책은 빠르게 환경의 독성 물질 금지를 위한 시금석이 되었다. 그리고 즉시 전 세계로 번역되었다. 카슨은 화학 공업─특히 DDT의 주요 제조업체인 듀폰─으로부터 강하게 공격받았지만, 그래도 대중과 정책 입안자들을 간신히 설득할 수 있었다. 공해에 반대하는 정치적 추진력이 세를 잡기 시작했다. 카슨의 저서는 1972년 미국의 DDT 금지에 중요한 역할을 했고, 서구 대부분의 나라에서 부수적인 금지가 뒤따랐다.[54]

한편 1945~1970년 산업공해에 가장 영향을 크게 받았던 미국에서는 다른 과학자들이 오염에 새로운 혐의를 도입했다. 1950년대 말 지구화학자 클레어 패터슨(Clair Patterson)은 지표면의 납 농도를 연구하기 시작했고 산업 시대가 시작될 무렵 이후로 그것이 대폭 증가했음을 밝혔다. 가연 휘발유, 살충제, 식품용 캔 납땜, 수도관, 주방용품 유약 및 페인트가 특히 확산의 원인이었다. 1965년 패터슨은 납 첨가물과 관련한 위험을 대중에게 경고하고, 그것의 산업적 활용을 반대하는 여론전에 착수하는 논문을 한 편 발표했다. 자연히 패터슨은 납 업계의 가차 없는 반대에 부딪혔고, 그들의 로비 활동과 중상모략 전략의 희생양이 됐다. 1971년 그는 대기 오염의 납을 조사하는 국립연구위원회 연구팀에서 배제됐다. 그럼에도 패터슨의 경고는 미국 환경보호국(EPA)으로 하여금 1973년 소비재에서 모든 납 첨가물을 줄이거나 없애겠다고 선언하도록 했다.[55]

1960년대에 공해는 기술 담론에서 떼려야 뗄 수 없는 특징적 주제였다. 에른스트 슈마허(Ernst Schumacher)와 이반 일리치(Ivan Illich) 같은 저자들은 적정하고 사용자 친화적이며 청정한 기술(권위주의적이고 공해를 유발하는 기술과 차별화된다)에 대한 일치된 의견을 발전시켰다.[56] 이러한 논의는 지식인들 사이에서 상당히 큰 열풍을 일으켰다. 다수의 출판물과 실험으로 혁신적인 관행이 조성됐고, 소비재의 홍수 속에서 사람들은 더 단순한 수제 도구를 이용했다. 많은 옹호자들은 이러한 '소프트 테크놀로지(soft technology)'가 '주변부 게토(marginal ghetto)'를 탈출해 세상을 지배할 것이라고 주장했다.[57] 대규모 시스템은 제조와 시행에서 일종의 중앙 집권적 권위주의를 요했다. 그것을 통제하려면 표준화와 그 표준의 광범위한 채택 및 수용이 필요했다. 이와 대조적으로 더 작고 규격화하지 않은 기술은 일종의 사회적 혼돈을 나타냈다. 통제와 권력과 부의 축적에서 탈집중화가 일어난 것이다. 결과적으로 대규모 시스템은 민주적 기술, '소프트'하고 적당하고 공해를 거의 유발하지 않는 기술에 반대했다. 이 시기 동안 기술 거대증(gigantism)은 여러 가지 상황 속에서 많은 이들에게 공격을 받았다. 가령 공항 건설은 1950년 이후 그 수가 늘어나면서 점점 더 많은 반대와 갈등을 불러일으켰다. 소음 외에도 공항이 끼치는 환경적 영향은 안온방해 범위를 진단할 새로운 전문 지식 분야의 도입을 가져왔다. 파리 인근의 루아시(Roissy)와 런던뿐 아니라 도쿄와 오사카의 대규모 공항 건설 계획은 상당히 큰 반대에 부딪혔다. 1975년 경제협력개발기구(OECD)의 한 보고서는 확장을 통해 공해와 안온방해 그리고 환경적 위험을 창출하는 공항의 배출 물질을 공장의 그것과 비교했다.[58]

몇몇 경제학자도 영구적 성장의 오류를 강력히 비난했다. 19세기로부터 물려받은 경제 이론은 성장이 자연에 미치는 유해한 영향을 감안하지 않았던 반면, 새로운 해석은 부정적 외부 효과, 즉 그러한 영향의 비용 및 시장 혼란에서의 역할이라는 문제를 해결하려 애썼다. 1930년대 대공황 시대의 자본주의 위기라는 맥락 속에서 공해는 단지 하나의 비용이 아닌, 경제 성장의 실상을 왜곡하고 부정적 외부 효과를 증폭시키고 타인에게 가하는 손상보다 공해 유발 기업을 선호한 대가로 드러났다. 예를 들어, 영국 경제학자 아서 세실 피구(Arthur Cecil Pigou)는 제품 가격에 외부 효과를 내재시켜 시장 균형과 '가격 실체'를 회복하기 위한 공해세 도입을 제안했다.[59] 마찬가지로 1950년 독일계 미국 경제학자 칼 윌리엄 카프(Karl William Kapp)는 민간 기업의 활동이 어떻게 우세한 경제 이론과 그 이론의 가격 체제가 고려하지 않는 사회적 비용을 초래하는지 밝혀냈다. 대차대조표상에서 대기 오염과 수질 오염, 생물 다양성 감소, 노동 조건 및 생활 환경 악화는 그것들을 탄생시킨 생산 방식 옆에 한 번도 나타나지 않았다. 오히려 그런 비용은 사회가 짊어졌다.[60] 이런 주장은 1960년대 말에 호응을 얻었다. 1967년 영국 경제학자 에즈라 미샨(Ezra J. Mishan)은 니콜라스 게오르제스큐뢰겐(Nicholas Georgescu-Roegen)과 허먼

데일리(Herman Daly)의 이단적인 바이오 경제(bioeconomy) 이론을 알리는 야심 찬 논문《경제 성장의 대가(The Costs of Economic Growth)》를 발표했다. 그는 공해를 추가적 발전의 제동 장치, 경제 체제 자체에 대한 위협으로 분석했다. 몇 년 후 경제학자들은 이 문제를 광범위한 분석을 통해 수용했다. 평론가들조차 공해가 성장에 부담을 준다고 주장해야 했다. 장 필리프 바르드(Jean-Philippe Barde) 같은 일부 경제학자는 지배적인 신고전주의 경제의 연장 형태를 띠는 환경 경제를 구축하려고 했다. 그와 반대로 다른 학자들은 공해의 규모와 환경 문제가 경제학의 새로운 학문을 구축하기 위해 이런 분석틀을 해체할 필요가 있도록 만들었다고 생각했다. 이것이 르네 파세(René Passet), 게오르제스큐뢰겐, 그리고 정치경제학을 정치생태학으로 교체하자고 제안한 베르트랑 드 주브넬(Bertrand de Jouvenel)의 시각이었다. 그들의 연구는 성장의 한계를 분석하는 것과 생명과학의 가르침을 이용해 일부 경제학자들이 바이오 경제라 부르는 것을 구축하는 일의 중요성을 강조했다.[61] 이그나치 삭스(Ignacy Sachs)는 생태 게임의 승자와 패자, 그리고 공해 보급이 초래한 악화를 파악하게 해줄 환경적 정치경제학을 구축하자고 제안했다.[62] 1972년 유명한 로마 클럽(Club of Rome) 보고서 발간은 예전에는 전문가들에게만 한정되었던 이런 논란이 언론 매체와 정치계에서 가시화하는 데 이바지했다.[63]《성장의 한계(The Limits to Growth)》(로마 클럽 보고서의 제목 — 옮긴이)와 주류 담론에서 생태경제학의 등장은 많은 경제학자로 하여금 환경에 눈을 돌려 공해를 자신들의 분석 모델에 통합하지 않을 수 없게끔 만들었다. 미국의 바실리 레온티예프(Wassily Leontief)가 그런 사례 중 한 명이었다. 그의 야심적인 논문은 경제적 비용, 영향, 그리고 공해에 미친 파장을 분석하고 모델로 삼았다. 당시 젊은 사회학자였던 자크 테는 자동차 공해의 영향에 관한 연구에 착수했다. 그가 혼자만 새로운 길을 밟은 것은 아니었다. 로렌의 대기 오염을 모델로 공해와 관련한 비용의 체계를 연구한 것 등등이 1970년대의 공해와 경제에 대한 많은 탐구를 자극했다. 이러한 관심사를 다루는 데 대한 호기심과 몰입이 다음 10년간 사그라들긴 했지만 말이다.[64]

제2차 세계대전 후의 세계화는 곧 이런 경제적 사고의 진화가 유럽과 미국에만 영향을 미친 게 아니었음을 의미했다. 일본이 화학 농법으로 급속히 전환함에 따라―미군에 의한 도입 이후―농민들은 수확 증대와 건강한 작물을 가로막는 고질적 문제 경감의 해결책으로 즉시 살충제와 제초제를 사용했다. 동시에 일본의 의사와 소비자들은 화학 물질의 효과에 대한 우려를 제기했다. 전쟁 이전부터 화학 물질 투입 없는 농법 운동을 처음으로 추진했던 불교도 의사 야나세 기료(梁瀬義亮)가 1950년대에 새로운 화학 물질의 위험을 당국에 경고했지만 소용이 없었다. 비슷하게, 요코하마 세관의 식물검역과 직원이던 미생물학 연구원 후쿠오카 마사노부는 농업 공해에 반대해 사직서를 냈다. 이후 땅을 경작하는 쪽으로 돌아선 그는 1975년 저서 《짚 한 오라기의 혁명(The Revolution of One Strand of Straw)》에서 '자연 농법'을 주창했다. 과학적 농법 및 공해를 고발한 이 책은 선(禪)·도교·신도(神道) 및 불교의 전통으로부터 자양분을 공급받은, 사람과 자연의 합일 개념을 바탕으로 했다.[65] 1970년대에는 유기 농법 운동이 떠오르고 있었다. 작가 아리요시 사와코(有吉佐和子)는 주요 일간지 〈아사히신문〉에 《복합오염(複合汚染)》이란 제목의 연재소설을 게재해 그들에게 힘을 실어줬다. 도시 중산층 소비자들이 건강한 식품에 접근하는 제휴(提携)―즉 직접 판매―체제를 도입한 것도 바로 이 시기였다.[66]

과학자와 소비자 말고도 특정 전문가 협회나 공해의 희생자였던 공동체 집단이 환경 침략에 맞서 스스로를 지키고자 결집했다. 1920년 프랑스 양봉가들은 〈프랑스의 꿀벌〉이라는 신문을 발간했다. 1945년 이후 이 신문은 새로운 농화학의 범죄라고 여기는 것들에 맞서며 정부에 호소했다. 1946년에는 이렇게 선언했다. "우리는 사방에서 농업용 살충제 사용이 늘고 있는 데 대항해 양봉가들이 마땅히 제기해온 경고의 외침을 듣고 있다."[67] 프랑스 양봉가들은 기준, 표시 그리고 살포법을 제대로 가르치는 교육을 요구했다. 그러나 양봉—낡고 시대착오적인 관행, 즉 아마추어들이 주로 소규모로 하는 수익성 없는 활동으로 여겨졌고, 그에 따라 대규모 농업 생산자들에 비해 평가 절하됐다—은 유채씨 수확 증대를 선호하는 바람에 자진해서 희생됐다. 마찬가지로 어민들의 민원은 1945년 이후 산업 생산이라는 명분 아래 끊임없이 거부당하고 하찮게 여겨졌다. 양봉처럼 산업적 번영은 규모의 문제였다. 대형 산업은 규제 당국이 너그럽게 양해를 해줬다. 스포츠 및 취미용 낚시는 그만큼의 정치적 영향력이 없었다.[68] 하지만 19세기의 역사적 전통을 계속 따랐던 어민 협회는 종종 선구자적 역할을 했고, 오염물 배출과 어류 사망률 사이의 연관성을 측정하는 방법을 습득해 하천 오염 기업이 지불하는 손해 배상금과 이자를 관리하는 권한을 부여받았다. 그러는 사이 1960년대에 프랑스에서 어민의 수는 거의 300만 명으로 늘어났다.[69]

환경 불평등에서 환경 불공정까지

규제의 무기력함과 공해를 일으키는 산업 활동의 교차점에서 환경 불평등 문제가 대두됐다. 자동차와 대규모 개발 계획으로 형성된 도시의 역학은 생태계를 파괴하고 새로운 공간적·사회적 재구성으로 이어졌다. 오염의 영향은 여러 가지 규모로 유발됐고, 이것이 점점 취약한 계층 및 지역을 희생시켰다.[70]

완벽한 산업 인프라와 그것의 이전이 오염과 어떤 관련이 있었는지 그 개요를 작성하기는 힘들지만─인건비와 교통 인프라 변동 같은 다른 요인이 있으므로─일부 지역이 가장 오염이 심한 산업을 집중적으로 유치함으로써 희생됐음을 시사하는 반박할 수 없는 증거는 있다. 차별이 유독 심했던 미국이 특히 그런 경우였다. 시카고와 펜실베이니아주의 산업 도시들이 가슴 아픈 사례 역할을 한다. 환경 불평등의 사회적 역학을 이해하려는 시도로 앤드루 헐리(Andrew Hurley)는 산업공해가 인디애나주 게리(Gary)시의 불평등을 악화시킨 방식을 추적했다. 1906년 US 스틸이 들어선 이후 게리는 급성장하기 시작했다. 20세기 초에 게리는 시카고에서 몇 마일 떨어진 미시간 호숫가의 소도시였다. US 스틸은 이곳에 세계 최대의 철강 공장을 지었고, 게리는 미국에서 가장 오염된 도시들 중 하나가 되었다. 1939년에는 호수를 따라 10킬로미터 넘는 산업 전선(industrial front)이 세워졌다. 이곳의 공장들에서 발생한 극심한 공해는 주민에게 불균등하게 영향을 미쳤다. 주로 노동자─거의 모두 아프리카계 미국인 출신─에게 영향을 주었지만, 공해와 그 피해는 거기서부터 공장 주변의 이민자로 이뤄진 노동자 계급 동네로, 그다음은 백인 노동자가 거주하는 지역으로, 그리고 끝으로 중산층 백인 동네로 흘러나갔다. 공해 출처 가까이에 있던 극빈층에게는 불리하게도 1945년부터 1980년까지 점차 부유한 지역 주민에 의한 회피 전략이 시행됐다. 헐리의 책을 읽어보면, 환경 의식의 대두는 특정 계층에 국한된 과정이었다.[71] 만일 이런 연구가 역사적 현상인 환경 불공정을 경험적으로 입증한다면, 그것을 정확히 기록하기는 쉽지 않다. 1976년에 드러난 '러브 운하 사건(Love Canal case: 1940년대에 미국의 화학 기업이 건설 중단된 러브 운하 지역에 10년간 유독성 화학 폐기물을 매립한 미국 최악의 환경 오염 사건—옮긴이)' 같은 많은 예가 있다. 1953년 후커 케미컬 공장이 폐쇄된 후 노동자 계층 분할 구역과 학교가 과거 독성 물질 매립지였던 부지에 세워졌다.[72] 화학 물질이 주민들의 가정으로 침출됨에 따라 오염은 다반사가 되었다. 배턴루지(Baton Rouge)와 뉴올리언스 사이에 있는 루이지애나주 화학 통로(암의 통로)의 대기 질 측정값도 계층 지형과 딱 들어맞는 더 높은 수준의 공해 발생을 나타낸다. 즉, 극빈층이 가장 오염된 장소에 산다.

산업 생산에서 가장 이득을 보는 인구가 공해에 가장 덜 시달린다는 사실을 많은 연구가 확인해준다. 같은 맥락에서 환경적 위험에 가장 많이 노출된 사람들은 부의 혜택을 받지 못하는 경향이 있다. 불평등과 공해 사이에는 오래된 관계가 있다. 안온방해 관리는 가장 취약한 사회 집단을 가장 유해한 환경에 놓이게 하는 차별화된 지형을 따른다. 사회적·지리적 기동력이 훨씬 더 큰 부유층은 좀더 안전한 도시 주변에 소득을 기초로 한 소수의 거주지를 구축하고 산업 재편과 녹지 접근성을 통해 피해로부터 그럭저럭 자신들을 분리시킨다.[73] 이런 현상은 도시별·지방별·국가별 변화에 따라 다른 시각이 있고, 이것이 1945년 이후의 경제 세계화 이래 한층 더 적절해졌으므로 다양한 차원에서 분석할 수 있다. 사실 환경 불평등의 궤적은 국경마저 초월한다. 식민적·탈식민적 관계 속에서 서구 (또는 북반구) 국가들이 현재 하는 것만큼 엄격한 생산 환경 기준을 정하지 않는 나라들로 가장 건강에 나쁘고 위험한 산업을 이전하는 게 가능해졌다.

개발도상국은 흔히 자신들의 하층토(subsoil)를 서구 대기업의 지배

표 10.2

루이지애나주 콘벤트(Convent)의 아프리카계 미국인 인구가 겪는 과도한 오염 물질 노출 부담을 두드러지게 보여주는 지역별 측정 오염율

장소	인구 중 아프리카계 미국인의 퍼센티지	오염 물질 배출량 (1인당 킬로그램)
미국	12.1	3.2
루이지애나주	30.8	9.5
'암의 통로' 패리시, 루이지애나주	36.8	12.2
세인트제임스 패리시, 루이지애나주	49.6	163.3
콘벤트, 루이지애나주	83.7	1032.8

'1995 Toxic Release Inventory'에서 가져옴. 출처: Gerald Markowitz and David Rosner, *Deceit and Denial: The Deadly Politics of Industrial Pollution* (Berkeley: University of California Press, 2002), 265를 근거로 작성.

에 내줬고, 이 회사들의 광업 운영―고국에서 경험하는 것보다 더 느슨한 통제하에―은 오염이 심한 활동과 토지 약탈의 중대한 원인이 되어 버렸다. 가령 벨기에령 콩고―독립한 이후 자이르(Zaire)로 이름을 바꿨다(그리고 지금은 콩고민주공화국)―는 광물 자원을 약탈당하고 탈식민지 이후에도 착취가 연속된 식민 국가의 전형이다. 이 모델에서 안전하지 못하고 불미스러운 추출 관행은 노동자와 인근 주민의 건강을 희생시킨다. 20세기 초부터 벨기에·영국·미국의 회사들은 이 나라에서 많은 양의 구리, 코발트, 금, 다이아몬드, 망간, 우라늄, 텅스텐, 주석, 탄탈룸이 추출되는 천혜의 카탕가(Katanga) 지방에 대한 지질학적 자원을 정복하는 데 착수했다. 가장 잔인한 형태의 추출 자본주의, 끔찍한 노동 조건 속에서 반강제 노동이 카탕가 광산들에서 이뤄졌다. 광산의 아프리카 노동력은 1914년 광부 8000명에서 1921년에는 4만 2000명으로 늘어났고, 그러는 사이 콩고의 다른 지방들은 노예제에 가까운 조건하에서 거의 10만 명

의 광부를 고용했다. 착취는 제2차 세계대전 중에 강화됐다. 노동자 수는 1939~1945년 50만 명에서 거의 100만 명으로 증가했다. 종전 후 콩고는 세계 3위의 구리 최대 생산국이 되었고, 이것이 환경 파괴에 기여했다.[74] 콩고의 상황은 예외가 아니었다. 유사한 상황이 개발도상국 대부분의 원료 추출 지역에 존재했다. 예를 들면, 프랑스령 아프리카 제국(니제르, 마다가스카르, 가봉)의 우라늄 광산도 그에 맞먹는 상황을 제공했다.[75] 베트남에서는 광석의 추출 및 처리로 유발되는 오염과 노동자의 건강을 완전히 무시한 채 자원을 착취할 수 있게 해주는 특정 권리를 국제 기업들에 부여했다. 1889~1930년 상수도를 포함한 환경에 상당한 피해를 주더라도 자원의 최대 개발을 보장하도록 광업법(1810년의 광업법에서 파생됐다)을 개정했다. 광업 지역은 비활성 폐기물 외에도 중금속 먼지와 상당량의 사이안화물, 염산, 생석회 배출물 때문에 파괴됐다. 이런 오염과 관련한 사망률이 두드러졌다. 독립은 광산의 높은 사망률을 줄이는 데 아무런 도움도 되지 않았다.[76] 광업은 보통 대다수 인구의 시야 밖에서 벌어졌지만, 또한 식민 공간이나 탈식민 공간에 한정되지는 않았다. 권력과 관심의 중심에서 떨어진 광업은 선진국에서도 눈에 띄었다. 미국에서 광산은 지역 주민의 건강에 악영향을 미치는 치유할 수 없는 오염과 돌이킬 수 없는 생태계 피해를 야기했다.[77]

남아프리카공화국에서는 1948년 이후 아파르트헤이트(apartheid: 남아프리카공화국의 극단적인 인종 차별 정책 및 제도—옮긴이) 정권이 인종·계층·환경 착취를 논리적 극단까지 몰고 갔는데, 이는 극명한 환경적 불평등으로까지 번졌다. 공해는 취약 인구가 사는 곳에 집중되었다. 유럽이나 미국에서 통과된 법령들의 기술적 정신을 따른 환경법—1956년(하천법)과 1965년(대기에 관한 법)에—이 있기는 했지만, 남아프리카공화국식의 변형으로 말미암아 공간적 구분에 따른 법의 엄중함과 집행에서 차별화가 굳어졌다. 공중 보건과 생태계 보호는 어떤 지역에서는 우선시되고, 가난한 흑인 지역에서는 거부당했다. 그 결과, 많은 규제에도 불구하고 사회적·정치적 취약 지역에서는 다 알면서도 공해를 허용했으므로 공해는 지속됐다. 아파르트헤이트는 적어도 공해의 규모와 유해 효과가 나라 전체에 영향을 미쳤던 1970년대 초까지 이런 불평등과 공해의 심각성이 어느 정도 눈에 띄지 않게 유지되도록 보장해줬다.[78]

지리적 분산―공해와 계층―은 사회적 불평등과 그 역학을 심화시켰다. 환경적 복지는 오랫동안 탈물질주의적 사안, 사회의 좀더 부유한 지역만이 누릴 수 있는 사치라고 여겨졌다. 하지만 역사 기록은 그렇지 않음을 시사한다. 공해는 도시와 농촌 환경 양쪽의 노동자 및 노동 계급을 사로잡았던 집착에도 나타났다. 환경사 연구의 이 선구적 분야는 자신들이 살아가는 환경의 보호를 간절히 열망하는 하위 집단의 수많은 사회 투쟁이 역사적으로 존재했다는 데 주목한다.[79] 공해의 대중적 표현을 재구성하는 것이 항상 쉽지는 않다. 흔히 풀뿌리 선동가의 목소리는 그들의 고통을 부인하거나 묵살하는 선전(광고, 화학 물질 찬성 시위 등등)의 홍수로 익사당하는 반면, 공해는 진보의 상징으로 추앙받았다. 하지만 몇몇 전기와 자서전은 가난하고 선거권을 박탈당한 이들이 자신을 둘러싼 환경적 안온방해에 절대 무관심하지 않았던 방식을 여실히 보여준다. 프랑스에서 양차 세계대전 사이에 발간된 노동자들의 글 연구는 오염된 공기에 대한 강한 우려, 더럽혀지지 않은 자연과 다시 접촉하고 싶다는 바람을 보여준다. 예를 들어, 모리스 림(Maurice Lime)은 제1차 세계대전 중에 메츠(Metz)에 살던 한 어린이의 삶에 관한 이야기를 들려준다. 그는 철도 노동자의 아들로 광부가 되었다. 림은 이렇게 썼다. "여기서부터 모젤

(Moselle)강까지 광산들―그다음은 철강 공장들―이 먼저 오른(Orne)강을 더럽히고 물고기를 죽이며, 그러는 사이 용광로에서 나오는 배출 가스가 포도밭을 파괴하고 숲을 쇠약하게 만든다." 1931년 출간한 《포부르(Faubourg)》에서 루시앙 부르주아(Lucien Bourgeois)는 교외에 정착한 젊은 노동자 계급 부부의 궤적을 소개하는데, 그들은 여기서 "깨끗한 공기를 기쁘게 들이마셨다. 그들이 살던 도시의 공기는 더러웠기 때문이다". 자유지상주의 작가이자 노동자인 조르주 나벨(Georges Navel)도 1920년대 리옹에서 보낸 어린 시절 이야기에서 "높은 굴뚝, 줄지어 선 나병에 걸린 듯한 벽면, ……매연으로 시커메진 셔터와 공장 전면"이 있는 "노동자 계급 동네의 추한 모습"을 묘사했다. 프롤레타리아이자 사회주의 작가인 알베르 술릴루(Albert Souillou)는 "라쿠르뇌브(La Courneuve)와 스탱(Stains) 옆에 있는, 세계에서 가장 흉측한 평원"이 있는 곳, 파리 교외 공업 지역의 풍경을 회상했다. 술릴루는 산업에 희생된 하천 수로를 이렇게 묘사했다. "아름답던 풀밭을 죽여버리고 생드니에 도달하자마자 시커멓고 탁하고 피비린내 나고 지저분한 모습으로 나타난, 너무나 지저분해서 더 이상 흐르고 있지도 않은 역겨운 시냇물."[80]

노조와 그들의 투쟁이 프랑스 공장 내부의 노동 조건 개선에 결정적 역할을 하기는 했지만―프랑스 위생안전노동조건위원회(CHSCT, 1947)가 인정한 대로―반면 그들은 외부의 공해나 산업 생산과 관련한 좀더 전체적인 생태학적 이해관계에는 관심이 덜했던 것 같다. 하지만 이런 관찰은 맥락, 경제적 상황이나 사회 갈등의 범위, 심지어 제시되는 정치적 기회의 맥락에 따라 노조 조직의 관심사가 달랐으므로 넓게 바라봐야 한다. 많은 경우 노조 투쟁은 환경 투쟁에 영향을 미쳤고 실질적인 '노동환경주의'를 탄생시켰다.[81] 1960~1970년대에 미국은 폐기물과 공해가 불러일으킨 위협에 맞서 석유, 화학, 철강 및 농업 노조들이 주도한 많은 분쟁을 겪었다. 1973년 셸 오일에 대한 대대적인 파업은 자연 보호 단체들의 뒷받침을 받은 것이었다. 노동자의 건강과 공해 방지가 약탈적이라고 여겨지던 대기업―환경과 노동력 양쪽 모두의 적이었다―에 맞서는 공통된 명분이었다.[82] 사실 미국의 노동 운동과 환경 운동은 일찍이 동맹을 맺었다. 이러한 유대가 깨진 것은 로널드 레이건(Ronald Reagan) 정부의 절정기인 1980년대 들어서였다.[83] 환경 단체와 노동 단체 사이의 동맹은 또한 살충제 반대 투쟁에서 단단해졌다.[84] 유명한 노조 지도자 앤서니 마조키(Anthony Mazzocchi)는 미국에서 환경주의와 노동조합 운동 사이의 이러한 관계 개선의 상징이었다. 1953년부터 화학 공장들 안에서 직업과 환경의 보건을 결합시키려 한 그의 지속적이고도 단호한 행동은 노동자 및 환경의 보건이라는 주제가 정부 의제에 오르도록 밀어붙이는 데 일조했다. 그의 노력(그리고 그와 함께 일했던 이들)은 기념비적인 1970년 산업안전보건법을 추진하는 데도 어느 정도 선봉에 섰다.[85] 공해에 반대해 동원된 비슷한 형태의 노동 운동이 이탈리아·프랑스·캐나다에서도 일어났고, 일부 어렵게 결과물을 얻기도 했다.

염화비닐에 대한 간단한 사례 연구는 직업 보건과 공해 사이에 결성된 동맹을 잘 보여준다. 국제적으로는 국제화학·에너지·광산·일반노동조합연맹〔특히 사무총장 찰스 레빈슨(Charles Levinson)〕이 1970년대 초부터 PVC에 관한 우려를 제기해온 참이었고, 한편 프랑스에서는 노동총연맹과 프랑스민주노동총동맹의 화학연맹에 뒤이어 의사들〔예를 들면 보건 정보 단체〕도 우려를 표명해온 터였다. 직장의 보건과 공해 고발은 다른 노조들도 제기했는데, 이들은 리스크를 돈으로 환산하는 산업계의 전략에 갈수록 도전장을 던졌다. 직업 보건은 고용주에게 약(medicine)으로 여겨졌다. 대신 노조는 또 다른 전문 지식, 노동자와 더 가깝고 그들을 위해 직접적으로 작용하는 것을 발명하길 원했다. 이런 긴장이 비트리(Vitry)의 론풀렝크사(Rhône-Poulenc社, 1970)와 리옹 인근 피에르베니트(Pierre-Bénite)에 있는 위진쿨만사(Ugine-Kuhlmann社, 1971)에서 있었던 사건은 물론 리옹에 있는 납 공장 페나로야(Penarroya)의 이주민 노동자 투쟁(1971~1972)과 1974년 클레몽페랑(Clermont-Ferrand)의 석면 회사 아미솔(Amisol)에서 시작된 또 다른 투쟁 같은 수많은 사회적·환경적 투쟁으로 분출되기에 이르렀다. 이러한 갈등은 모든 경우 노동자와 제휴한 또 다른 전문 지식의 발명에 대한 요구로 이어졌다.[86] 1970년대 초에 수십 년간의 결실 없는 대화 끝에 일본의 노조들 역시 미나마타병을 유발한 화학 오염에 대적하기 위해 인근 지역 사회와 협력하는 데 성공했다. 산업계의 조합주의(corporatism: 자본주의 사회에서 주요 이익 집단이 정권과 밀접한 관계 속에 자신의 요구를 협상하고 교환하는 체제—옮긴이)를 배격했던 노조들은 결국 화학 공업의 악행을 규탄하게 됐다. 그들은 공해에 대한 민원을 뒷받침하는 한편, 고용주들에게 직업병을 인정하고 그에 대한 지원을 약속할 것과 산업의 환경 파괴를 줄이도록 압력을 넣었다. 사실 일본 사회는 규제에 대한 의식과 산업공해에 대한 책임이 커졌음을 보여줄 준비가 충분히 되어 있었다. 미나마타의 수은 중독(1973), 도야마현(富山縣)의 카드뮴에 오염된 강(1970), 욧카이치(四日市) 주민이 겪은 천식 '유행병'(1972) 등 1970년대까지 많은 사건이 주류의 쟁점이자 상당히 우려할 만한 이유로 작용했다.[87]

1968년: 전환점

노조의 공해 반대 운동 확대는 1968년 즈음부터 몇 년 동안 광범위하게 지지를 얻은 큰 물결의 표시였다. 넘쳐나는 참사가 언론 매체와 대중의 관심을 사로잡았다. 1967년에 콘월(Cornwall) 앞바다에서 토리 캐니언호 침몰로 야기된 기름 유출, 그리고 1969년 600여 킬로미터에 걸쳐 약 2000만 마리의 물고기를 살상해 분노를 자아낸 라인강의 어마어마한 살충제 유출 등등. 소련권과 서구 양쪽에서 도시 매연, 살충제, 탄화수소나 납 또는 석면의 방출에 반대하는 대규모 캠페인이 일제히 등장하면서 동원은 확산됐다.

소련에서 최초의 대규모 여론 동원—과학자와 작가들이 앞장섰다—은 1960년대 초 바이칼(Baikal) 호수의 오염 위험에 반대해 일어났다.[88] 프랑스에서는 라디오 기자 장 카를리에(Jean Carlier)가 장엄한 알프스산맥 지역을 더럽힐 위험이 있는 바누아즈(Vanoise) 공원의 대규모 관광 프로젝트를 막기 위해 여론을 부추겼다. 갓 설립된 프랑스자연보호협회연맹(FFSPN)의 지원을 받은 이 녹색 캠페인은 성공을 거뒀다. 환경 위협을 비판하는 출판물은 점점 더 많은 주목을 끌었다. 1970년경에는 주요 산업화 국가들에 진정으로 전투적인 생태 언론이 등장했다.[89] 미국에서는 지구의 날 기념행사가 체계적으로 대기 오염을 언급했다. 이 주제에 관한 콘퍼런스가 전국에서 사람들을 불러들였다. 여론 조사는 미국에서 대기 오염을 '매우 심각한' 문제로 여기는 사람의 비율이 1965년 28퍼센트에서 1968년 55퍼센트로 증가했음을 보여줬다.[90]

1960년대는 환경주의에 대한 접근법에서 생태 의식의 자각이나 각성—공해가 대중적 담론의 대세로 편입했음을 알렸다—이상으로 더 명

그림 10.3 ————————————————————————————————————

대기 오염에 대한 풍자적 규탄. 출처: *Survivre et vivre*, no. 11 (spring 1972).

확한 전환에 부합했다. 이전의 자연 보호 감성이 엘리트적 전통의 틀에
갇혀 있고 지역별 규제를 위해 작용하는 경향이 있었던 데 반해, 새로운

환경주의는 더욱 전투적이고 어디서든 공해 유발 산업 부지의 선정을 거부했다. 수학자 알렉상드르 그로텐디크(Alexandre Grothendieck)가 창간한 프랑스 학술지 〈생존과 삶(Survivre et Vivre)〉 같은 새 출판물에는 더욱 공격적인 접근법이 확연히 나타났다. 그 내용에는 급진적 담론과 현대 사회 및 그 공해에 관한 풍자적 비난이 뒤섞여 있었다.[91] 학술지의 일부로 1970년에 시작된 아동용 도서 '바바파파(Barbapapa)' 시리즈는 대단히 생태학적인 사회 비전을 내놓았고, 과학기술적 생산주의에 암묵적인 (그리고 종종 명시적인) 도전을 제기했다. 흔히 공해 유발 산업은 언젠가는 죽게 되어 있는 약탈자로 그려졌다(그림 10.3 참조).

새로운 환경 이슈가 정치적 풍토를 바꿈에 따라 이 운동의 어휘도 상당한 변화를 겪었다. '환경(environment)'이란 말 자체의 의미가 달라져 특히 폐기물과 공해의 확산에 직면한 북미의 계획자와 기상 요원 가운데에서 갈수록 더 많은 담론 속으로 파고들었다.[92] 1926년에 만들어진 'recycle(재활용하다)'이라는 영어 동사는 1945년 이후 보급됐다. 프랑스어에서 여기에 해당하는 동사 'recycler'와 명사형 'recyclage'는 1959년과 1960년에 등장했다. 이런 단어의 용도는 1970년대 동안 두 언어에서 확장됐다. 정확히 전 세계 차원에서 쓰레기의 양이 기하급수적으로 늘어나던 바로 그 시기였다.[93] 이러한 언어상의 변화에는 환경에 대한 지적·정치적 이해의 훨씬 광범위한 재구성과 많은 나라에서 어느 정도 '생태 혁명'을 주도한 제도적 재편도 수반됐다.[94] 공해와 그 효과에 대한 우려가 커지다 보니 결과적으로 정치생태학이라는 새로운 통합적 개념의 초기 단계라고 일괄해서 이해할 수 있는 지적인 조류가 누가 봐도 더디고 단속적이고 미미하고 어렵사리 출현했다. 이것은 결코 균일하고 통일된 이론적 말뭉치가 아니었다. 오히려 자유주의와 중도주의의 입장에서부터 향수를 불러일으키는 낭만주의 및 반자본주의적 요소를 띠면서 가끔 결합하기도 하는—같은 저자의 저서 안에서조차—무정부주의적 자유지상주의 접근법까지의 범위에서 복잡한 성운(nebula, 星雲)을 이뤘다.[95] 1968년 혁명에 수반된 지적·정치적 동요 속에서 정치적 분열은 팽팽해졌다. 공해는 자연과 문화 사이의 경계를 놓고 새로운 논쟁을 불러일으켰다.

공해 문제를 둘러싼 새로운 전투적인 세계가 출현했다. 다수의 새 조직은 지역적인 관심사를 훌쩍 뛰어넘는 규모에서 운영됐다. 1971년 밴쿠버(캐나다)에서 창설된 비정부 기구 그린피스(Greenpeace)는 상호 보완적인 2개의 기반 사이에 중요한 연결 고리를 맺었다. 바로 한편으로는 공해 방지와 환경 보호, 다른 한편으로는 반핵 투쟁이었다. 점점 더 많은 환경 단체가 갈수록 늘어나는 청중의 메시지에 반응하고 있었다. 1971년에는 지구의 벗이 탄생했다. 이 국제적 네트워크의 한 부문이 잡지 〈야생(Le Sauvage)〉(1973~1980)의 창간인이기도 한 언론인 알랭 에르베(Alain Hervé)의 주도로 프랑스에 빠르게 안착했다. 공해의 주류 정치 편입은 좀 더 전통적인 선거 및 제도적 역학을 통해서도 일어났다. 1971년 12월, 스위스 뇌샤텔(Neuchâtel)에서 국민환경운동—최초의 확실한 환경주의 정당—이 창설됐다. 이 정당은 1972년 자치 지역 선거에서 8석을 얻었다. 오스트레일리아의 녹색 정당인 '태즈메이니아그룹연합(United Tasmania Group)'도 1972년 3월에 결성됐다. 향후 몇 년간 대부분의 산업화 국가에 녹색 정당이 우후죽순처럼 생겨났다. 그들의 존재는 정치 지형을 바꾸고 공해 문제를 당당하게 공공 무대에 올려놓았다.[96] 프랑스에서는 1973년 평화주의자·여성주의자인 솔랑주 페르넥스(Solange Fernex)가 '생태와 생존' 운동을 시작했다. 1973년 뮐루즈(Mulhouse) 국회의원 선거에서 이 운동의 후보가 총선에 입후보한 프랑스 최초의 환경 진영 출신이었다. (투표의 2.7퍼센트를 얻었다.) 이듬해 지구의 벗 명예 대표이던 르네 뒤몽은 대통령 선거에서 환경 진영의 후보가 되었다. 농학자로 출발했지만 1960년대에 제3세계주의, 그다음은 환경 문제로 옮겨간 뒤몽은 1973년 《유토피아 아니면 죽음(L'Utopie ou la Mort!)》을 발표했다. 이 책은 15만 부가 팔렸다. 뒤몽은 "이기적인 부자 나라들", "우리 일탈의 상징"인 자동차, 지역의 공예품을 붕괴시키고 생태계를 파괴하는 "기계화한 산업"을 혹평하며 낭비 사회에 대해 과격한 비판을 펼쳤다. 급진적이고 해방적인 개념의 정치를 옹호한 그의 저서에서 공해는 중심적인 자리를 차지했다.[97] 뒤몽은 투표수 중 겨우 1.32퍼센트를 얻었지만, 언론 매체와 정치 사안에서 공해의 새로운 가시화를 구현하기에 이르렀다.

1970년경 공해 문제의 이러한 정치화는 행정적·규제적 구조의 커다란 개편으로 이어졌다. 베를린 시장이자 1961년 독일연방 선거 당시 사회민주당(SPD) 후보였던 빌리 브란트(Willy Brandt)는 전당 대회 연설에서 당원들에게 "루르 지방의 하늘은 다시 푸르러져야 합니다!"라고 강조했다. 당의 선거 영향력을 평상시의 노동자층 이상으로 확장하는 게 애초의 목표였던 브란트의 호소는 중요한 뿌리를 내렸다. 1965년의 새로운 대기오염법—비록 강제할 수단이 약하기는 했지만—으로 환경 제도화를 위한 국가적 틀에 착수했다.[98] 1970년대 초까지 국가는 지금은 널리 받아들여진 환경 문제에 대한 해답을 제공할 새로운 행정부를 창출하고 있었다. 리처드 닉슨 대통령 주재하에 환경 법률 제정 돌풍이 미국에서 불었다. 1970년 12월 2일, 1969년 국가환경보호법을 채택한 데 이어 제1회 지구의 날이 조직되기 직전에 의회는 환경보호국을 설립했다. 환경보호국의 목적은 환경 보호에 관한 정부의 조치를 조직화하고, 환경 기준을 정해

관리하고, 연구를 지원하고, 공해와 관련한 위험을 대중에게 알리는 것이었다. 공해 배출물에 한계를 부여하는 자동차 인증 제도 마련과 1972년의 DDT 사용 금지(수출 목적 제품은 제외하고)는 환경보호국의 첫 번째 의제의 물결을 이뤘다. 이곳은 또한 하천의 생태학적 복원을 가능케 하는 공공 당국의 조치를 중앙 집권화하기 위해 수로 오염 관리를 재구축하기도 했다.[99] 차후 이런 유형의 공공 기관은 환경 보호 단체가 흔했던 영어권 전역으로 확산됐다.

1971년 이후에는 전 세계 국가들에 새로운 환경 부처가 생겼다. 이런 부처는 국가 기구의 중심에 있는 새로운 개입 도구가 되었다. 또한 정부 내부에 환경 문제를 위한 전담 본부와 중앙 당국의 존재를 보장했다. 환경이 정부의 경쟁적인 여러 부서 사이에서 갈피를 못 잡는 일은 중단됐다. 이런 제도적 기반에서 서서히 새로운 특정 법률 영역이 등장했다. 가령 프랑스에서는 환경 감독을 요하는 시설의 규제를 예전에는 노동 감독관이 수행했었다. 이런 책임이 1960년대 말 새로운 환경부로 이전되기 전까지는 로베르 푸자드(Robert Poujade)가 이끄는 광산부에서 이를 맡았다. 그러나 많은 이들은 이런 변화가 행동보다는 말뿐이며 개정이 이전 법령과의 단절은커녕 그 연속선상의 일부임을 곧 깨달았다. 산업 시설 등급 체계를 개정한 1976년 7월 19일 프랑스 법령은 과거 수십 년 동안 노동 계급이 어렵게 얻은 이득에 역행하는 것처럼 보였다. 새 법령은 기술적 해법에 대한 선호를 유지했고, 업계의 개선은 경제적으로 허용되는 비용을 들여 이용 가능한 최고의 기술을 채택한다는 걸 확고히 했다. 감독관의 힘은 공해 유발 기업 처벌보다는 그들의 생산 설비 현대화—흔히 대규모 국고 보조금에 의존하면서—를 북돋우는 데 국한됐다. 이런 면에서 새로운 개정은 프랑스 환경 법제의 확실한 퇴보를 나타냈다.[100]

1960년대 이전에 일본은 공해 기업의 천국이었지만, 1960년대 말의 환경 열풍이 정점에 달하면서 상당한 변화를 가져왔다. 1964년 도쿄 인근의 요코하마는 지역 산업의 배출물 기준을 공식화하는 동시에 주민들을 규제 개발에 참여시켰다. 1967년 도쿄 도지사는 공해조사국을 설치하고, 1969년에는 한층 더 엄격한 기준을 가진 공해에 관한 조례를 발표했다. 사회 및 환경 운동의 압력을 받은 보건부는 1968년 미나마타 직업병을 인정했고, 이것이 피해자의 지위를 인정하는 과정의 기초를 닦았다. 1970년 의회는 임시 회기―공해 의회(Pollution Diet)라고 불렸다―에서 14개의 환경법을 승인했고, 이로써 일본은 공해 규제의 세계적 선봉에 섰다. 시스템을 완성한 것은 1971년의 환경청 설립과 2년 뒤 상당한 금액을 보장하는 공해 관련 피해 보상에 관한 법률이었다. 10년도 안 되어 일본의 공해 방지 법률은 관점의 급진적 변화를 일으켰다.[101] 산업 세계 바깥에서는 서구의 영향력 아래 있던 나라들에서 일부 제도적 변화가 발생했다. 1976년에는 과거 프랑스 식민지였다가 1960년 독립한 코트디부아르의 펠릭스 우푸에부아니(Félix Houphouët-Boigny) 정부가 자연보호 환경부를 설립했다. 하지만 그 존재는 매우 불안정했고 얼마 지나지 않아 사라졌다.[102] 1974년 중국 역시 공해 문제를 다루려 시도했다. 국무원이 공해 경감을 목표로 설정했지만, 성공은 미미했다.[103]

　　1960년대 말에서 1970년대 초까지 국법이 환경 정책을 지배하는 듯했던 만큼 1970년대 초에는 국제기구들의 의제에서 공해 방지가 두드러졌다. 확실히 냉전이 이미 환경 전문 지식 및 표준과 관련해 많은 국제기구의 행동에 어느 정도 영감을 준 터였다. 예를 들어, 세계보건기구는 적어도 1963년부터 대기 오염이 야기한 건강 문제를 특별히 다뤄왔다.[104] 그러나 국제적 환경 참여 역사에서 결정적인 순간 중 하나는 '스톡홀름 회의'나 '지구 정상회의(Earth Summit)'로 알려진 1972년 국제연합 인간환경 회의와 함께 찾아왔고, 이는 국제연합 환경계획(UNEP) 설립으로 결실을 맺었다. 미국은 환경 정책의 국제적 재편을 조직화하는 (그리고 자금을 대는) 데 중심축이었다. 또한 북대서양조약기구의 논의에서 환경을 중심 주제로 삼아야 한다고 주장했다. 유명한 로마 클럽 보고서를 위한 연구는 매사추세츠 공대에 기반을 두고 있었고, 그곳의 미국 저자들이 협력팀을 이끌었다. 미국은 1970년대 중반 '지구 환경 모니터링 시스템(GEMS)'을 주도하기도 했다.[105] 유럽에서는 유럽석탄철강공동체(ECSC)의 최초 분진 프로그램(1958)과 더불어 유럽평의회가 1964년 소집한 대기 오염에 관한 스트라스부르 회의, 1968년의 물 헌장(Water Charter) 채택, 제품 보수에 특정 독성 세제의 사용을 제한하는 최초의 국제회의 같은 여러 가지 계획에 착수했다. 식량농업기구 쪽에서도 1970년 12월 로마에서 열린 '해양 오염과 그것이 생물 자원 및 어업에 미치는 영향에 관한 기술회의'를 조직했다. 처음으로 국제기구가 해양 오염 문제를 토론하기 위해 과학자, 엔지니어, 변호사, 행정가를 같은 지붕 아래 모이게끔 한 것이다. 당시 마르세유 앙둠(Endoume) 해양 기지 책임자이자 해양 오염 전문가이던 생물학자 장마리 페레(Jean-Marie Pérès)에게 이 계획은 "바다에 버려지는 모든 것이 그 광대함 속으로 영원히 사라지고 누구에게도 해를 끼치지 않는다고 우리가 생각했던 때"와 비교하면 아주 짧은 기간에 상당한 진보가 이뤄졌음을 보여줬다.[106] 국제해사기구(International Maritime Organization) 역시 '선박 폐기물 및 기타 물질 투기에 의한 해양 오염 방지 협약'(1972), 1976년 바르셀로나에서 이뤄진 '지중해를 오염에서 보호하기 위한 협약'을 포함한 최초의 주요 협약 채택에 중요한 역할을 담당했다.[107]

20세기의 규정은 대개 이전 세기 규정의 정신을 따르기는 했지만, 공해의 새로운 규모와 그 범위가 확대된 결과, 안온방해를 경감시킬 규제적·법률적 혁신이 이뤄졌다. 특히 1968년 이후에는 정치생태학, 사회 갈등, 자발적인 국제 협력의 시작이 환경적 관심사의 범위를 바꾸고 주요 정책을 시행하는 것처럼 보였다. 좀더 체계적인 산업 폐수의 재생 처리는 특정 하천(예를 들어 라인강)과 더욱 풍요로운 국가들의 생태학적 상황을 개선할 수 있게 만들었다. 그리고 이산화황으로 인한 도심의 오염이 도시에서 부인하기 어려울 만큼 감소했다. 하지만 이러한 생태학적 이득은 제한적이고, 미약하고, 일시적이었다.[108] 그것은 또한 불균등하게 분포되어 있었다. 공해의 경감은 실질적인 제거보다는 이전(移轉)에 해당할 때가 많았다. 부유한 나라의 경우는 어쨌든 세계화 확산이 원치 않는 오염 물질을 박식한 이들의 시선으로부터 먼 곳으로 이전시키는 귀중한 수단이 되었다. 영국이 1980년대에 유황 오염을 줄이는 데 성공한 것은 보수당 마거릿 대처(Margaret Thatcher) 총리의 신자유주의 정책—자유 무역과 수입 의존을 증진시켰다—이 노조를 약화시키는 수단으로 석탄 산업을 포기하기로 선택했기 때문이다. 1970년대에 공해는 부인할 수 없을 만큼 많은 논쟁의 중심에 있었다. 그러나 20세기 말에 공해는 많은 당국이 주장했듯 현명한 규제와 기술 진보 덕분에 조금씩 사라지기는커녕 단순히 장소를 옮기거나 다른 형태로 재등장했다.

에필로그: 심연으로 곤두박질치며 ─────────

1970년대 이후 공해는 현대 사회에서 근본적인 분석과 행동의 범주가 되었다. 정치생태학이 등장함에 따라 오늘날만큼 환경 오염이 많은 적이 없었고, 이는 공중 보건의 큰 문제로 이어졌다. 70억 명 이상(1970년대 중반 40억 명뿐이었던 것과 비교해)의 인구가 사는 지금의 세상─계속해서 소비는 점점 더 늘어나고 있다─에서 환경과 인체는 독성 물질로 포화된 상태다. 이 과정을 늦출 수 있는 것은 아무것도 없는 듯하다. 오늘날 '공해(pollution)'란 단어는 어디에나 있고, 그 말을 둘러싼 의미는 새로운 형태의 공해에 맞춰 계속 확장하고 있다. 공해는 '빛'이나 '시각', '소음'이나 '전자기', 심지어 '정신'이나 '유전자'일 수도 있다. 전자우편 서버는 인터넷을 어지럽히고 오염시키는 스팸(spam)으로 꽉 차 있다. 프랑스어에서 스팸은 'pourriel'(프랑스)이나 'polluriel'(퀘벡)으로 번역되며, 스팸 메일을 보내는 행위를 나타내기 위해 'pollupostage'란 말도 생겼다. 이러한 언어의 변신은 이해관계의 세계화가 작용하고 있음을 반영한다. 공해는 우리 시대 최고의 강박 관념 중 하나요, 언론 매체에서 거의 끊이지 않는 불가피한 화제로 부상했다. 셀 수 없이 많은 과학 출판물이 지금 생물 다양성 붕괴, 건강 위험, 세계적 환경 불균형을 경고하고 있다.[1] 그러나 본

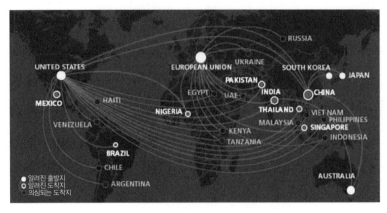

그림 11.1

전 세계 전자 폐기물 거래, 2012. 출처: Karin Lundgren, *The Global Impact of E-Waste: Addressing the Challenge* (Geneva: Organisation internationale du travail, 2012), 15를 근거로 작성. 컴퓨팅 사물과 네트워크 보급은 일반적으로 공해를 덜 발생시키는 비물질적─또는 탈물질적─세계가 승리를 거두는 조건이라고 칭송받는다. 하지만 이 오류는 이러한 도구가 생성하는 독성 폐기물 증가의 불가피한 눈가림에 의존하며, 전 세계 생태 교류의 불평등을 반영한다. 폐기물 거래는 공해 부담을 주로 지구상의 가난한 나라에 있는 극빈층 인구가 짊어진다는 것을 보여주는 많은 사례 중 하나일 뿐이다.

격적으로 주류 정치적 의제로 통합되었음에도 공해는 증대되고 다각화하고 있으며 공공의 개입 방식은 거의 변함없다는 사실을 어떻게 설명할 수 있을까? 이 문제의 모든 영향을 탐구하는 다수의 전문가 및 과학자 집단─의사, 화학자, 역학자, 사회학자 및 지리학자─과 마주했을 때 역사학자는 어떤 기여를 할 수 있을까?

우리의 역사적 탐구가 세계 경제 구조와 환경과학의 개념화 발달에서 가장 중요한 순간이었던 1970~1975년의 기간에 멈춰 있기 때문에, 이 에필로그에서는 현대적인 변화의 주요 요소를 강조하고자 한다. 기하급수적인 인구 증가, 대부분의 세계 경제국에서 부상한 신자유주의, 세계화 확산, 그리고 전례 없는 재원(finance)의 중요성 등 전 세계의 상황이 상당히 달라졌다. 그리고 새로운 정보통신 기술이 산업 세계, 그것의 지리학,

부문 간 서열에서 구조적 변화를 초래했다. 동시에 기후 온난화나 대규모의 종 멸종 같은 전 지구적 환경 위협이 우리가 공해에 대해 생각하는 방식을 바꿔놓고 있다.

현재를 검토하는 이 에필로그는 지난 40년 동안의 공해에 관한 완전한 그림을 제공한다기보다—책 한 권으로 충분치 않을 텐데, 이렇게 적은 분량으로 가능하겠는가?—역사와 관련해 반복과 변동, 오염의 양, 새로운 공해 주기의 등장을 고찰하는 것이 목적이다.[2] 1970년대의 수많은 경고에도 변한 게 거의 없다는 점은 확실하다. 이익 집단의 로비 활동과 '의혹을 파는 사람들'은 꾸준히 더 강해지고 더 조직화해 불확실성의 경화증을 일으키고 어떠한 효과적인 조치도 둔화시키고 있다. 지난 몇십 년간 기술이 발달하면서 새로운—그리고 언제나 그랬듯 예상치 못했던—위험과 오염을 불러일으킨 정신없는 속도는 물론 공해를 분석하고 다루는 데 사용하는 범주들의 재인정(requalification)은 첫 번째 고려할 단계다. 그러나 19세기 산업자본주의의 궤적을 연장시키는 오랜 형태의 공해도 두드러진다는 점을 강조해야겠다. 새로운 장소에서 그것은 영원히 되풀이되기 때문이다. 새로운 위험이 주목을 끄는 만큼, 오염 퇴적물은 대체보다는 축적을 통해 더 많은 피해를 야기한다. 산업계 및 상업계의 로비 활동 외에도 이렇게까지 신랄하고 전문화한 적이 없던 의식과 지식의 통합이 혼란에 이바지하며 이 난제를 심화시키고 있다. 그 모든 선의에도 불구하고 전문화의 심화는 곧 나무를 보느라 숲을 보지 못한다는 뜻이다. 공해의 근절을 전면과 중심에 놓을 세상에 대한 희망의 징조가 과연 있는 걸까?

재인정

다수의 새로운 개념이 구축됐고, 이것들이 1970년대에 시작된 새로운 공해 시대를 특징지었다. 프랑스와 미국의 사회학자 알랭 투렌(Alain Touraine)과 대니얼 벨(Daniel Bell)은 둘 다 후기 산업 사회의 조짐을 이론화했다. 다른 이들은 포스트모더니티(postmodernity) 개념을 선호했다.[3] 어느 쪽이든 모두 물질적 요소가 비물질적 요소(지식과 정보)에 종속되고, 피라미드식 위계보다는 복잡한 네트워크를 통해 경제 체제가 조직되는 패러다임의 전환을 환기시켰다. 탈산업화의 물결을 겪고 나날이 확대되는 금융 서비스와 자본 이익의 비중에 끌려가는 서구 사회에서 이 개념은 여전히 논란을 일으킨다. 현재 시점에서 미국의 미래학자 제러미 리프킨(Jeremy Rifkin)은 우리 세계의 과학기술적 잠재력(가령 이른바 '지능망')과 그것이 환경에 미치는 긍정적 영향을 근거로 3차 산업혁명의 논지를 옹호한다.[4] 이 3차 산업혁명 지지자들과 디지털 자본주의를 극찬하는 모든 이는 겉보기에는 정당한 관찰로부터 시작한다. 에너지 법칙이 경제 활동을 지배한다는 것이다. 그러나 현재의 위기는 과거 에너지의 궤적에 존재했던 추동력이 사라졌음을 나타낸다. 화석 에너지와 산업 문명의 경제적 성공을 추진했던 '희토류'가 고갈됐다. 이것들의 추출에서 발생한 엔트로피(entropy) 부채—과거의 경제 활동에 기인한다—가 생물권이 흡수할 수 있는 것보다 훨씬 더 빨리 축적되고 있다. 그러나 이런 접근법은 다시 한 번 기술이 물질적 족쇄로부터 문명을 해방시킬 수 있다는 다소 지나치게 단순한 시각에 갇혀 있다. 그것은 세상을 하나의 총체적 단위로 보거나 생산 체제의 핵심에 맞서는 걸 거부한다는 증거다. 전 지구적 차원에서 고려해야 할 점은 바로 끊임없이 커지는 산업의 위력과 중요성 및 그것의 효과이기 때문이다.

독일 사회학자 울리히 벡(Ulrich Beck)이 1980년대 중반에 견지했던 또 다른 시각은 '위험 사회'에 관한 것이었다. 벡에 따르면, 옛날의 공해는 감각으로 감지할 수 있었던 반면—그러나 자원의 희소성을 관리하고 극복하려는 절박함으로 인해 하찮게 취급했다—새로운 공해는 이제 대부분이 인식되지 않는다. 과거의 환경적 위험이 기술과 위생 결핍의 결과로 나타날 수 있었다면, 이제 그 원인이 정면으로 '과도한 산업 생산' 탓으로 돌려졌다. 위험은 "산업화의 **도매 상품**"이 되었고 "〔현대화가〕 세계적이 〔됨에 따라〕 체계적으로 심화했다".[5] 벡의 위험 사회로부터 우리는 점점 더 인간의 활동이 자극하는 위험을 자각하는 '성찰적 현대성'의 시대로 진입했다. 우리 시대에 관해 안심시켜주는 독서를 하다 보면 지난 몇십 년간 공해 위험에 대한 전례 없는 자각과 거기에 맞서 위험을 줄이려는 조치가 늘어났을 듯하다.[6] 그러나 이런 분석은 역사적인 근시안 때문에 실패한다. 지난 두 세기의 산업적·기술과학적 변화는 무의식적인 게 아니었다. 경고와 논쟁이 거기에 계속해서 수반되었다. 우리 동시대인들은 내재된 위험과 위협에도 불구하고 환경 오염이라는 비용을 지불하면서 산업화와 권력을 선호했다.[7] 역사는 이전 세기들에 환경에 대한 성찰이 이미 얼마나 많이 존재했는지 보여주지만, 최근의 시대는 유해 효과를 해결할 새로운 기술민주주의가 발전할 것이라는 기대를 대체로 저버린다.

산업 성장과 공해 억제를 화해시키기 위해 '지속 가능한 발전'이라는 개념이 만들어졌다. 이 표현은 노르웨이의 그로 할렘 브룬틀란(Gro Harlem Brundtland)이 작성한 1987년 국제연합 보고서에서 처음 공식적으로 사용한 듯한데, 그 개념은 이미 환경계에서 여러 해 동안 논란이 되어

온 터였다. 일찍이 1980년에 국제연합 환경계획과 세계자연기금(WWF)의 합동 보고서에 나온다.[8] "지속 가능한 발전"은 "미래 세대가 자신들의 필요를 충족시키는 능력과 타협하지 않으면서 현재의 필요"에 반응해야 한다. 그것은 모두가 스스로 인식할 수 있는 폭넓은 시야를 제공하지만, 어떻게 보면 '무력화시키는' 모순 어법이기도 하다.[9] 위장환경주의와 연루된 회사들의 선전 도구인 지속 가능한 발전은 거의 생태학적이지 않은 행동 속에다 자신의 결정을 은폐하면서도 미사여구로 타협의 미덕을 찬양하는 정책 입안자들에 의해 자주 들먹여지기도 한다. 결과적으로 이 개념은 심하게 비판받을 때가 많다.[10] '지속 가능한 발전'은 생태와 자본주의를 화해시키려는 목적의 우수한 통치 모델을 대표하는 반면, 사실은 현상 유지에 이용되는 거짓 공약을 점점 더 닮아가고 있다.[11]

기후 쟁점과 논란을 둘러싸고 현대에 들어 가장 중요한 공해의 재인정이 나타난 것은 바로 이런 맥락에서다. 사실 현재 공해에 대한 연구 및 자료 수집은 지구 온난화가 가장 중요한 생태계의 비상사태로 떠오른 세상에서 발전하고 있다. 대기 가스가 일으킨 온실 효과—1824년 프랑스 물리학자 조제프 푸리에(Joseph Fourier)에 의해 이미 밝혀졌고, 아르헤니우스가 이산화탄소에 의해 악화한다는 가설을 세웠다(1896)—는 전후 시기에 학계를 움직이기 시작했다. 대규모 화석 연료 연소가 지구의 기후에 극적인 혼란을 초래할 가능성을 둘러싸고 점차 합의가 도출됐다. 이렇게 해서 이 무해한—식물의 생장에는 유익하기까지 한—기체는 오염 물질 스펙트럼에 진입했다.[12] 1965년 미국의 린든 존슨(Lyndon Johnson) 대통령에게 제출된 공해 증가와 관련한 위험 보고서는 인간의 활동이 이산화탄소 배출에 책임이 있음을 지적했다.[13] 10년 뒤, 이 보고서 저자들 중 한 명인 미국 지구화학자 월리스 브로커(Wallace Broecker)는 〈사이언스〉에 지구 온난화의 분출이 임박했다고 발표했다. 그의 논문은 2010년에 이산화탄소가 상징적인 임계값인 400ppm에 도달할 것이라고 예측했다. 당시 지구의 이산화탄소 수준은 330ppm이었다. 브로커의 예측은 크게 벗어나지 않아 2013년 400ppm에 도달했는데, 1750~1975년에 측정한 수치만큼이나 눈에 띄는 증가였다. 브로커는 또한 "현재의 …… 추세로는 약 10년 내로 이산화탄소가 초래한 확연한 온난화에 굴복할 것"이라고 예견했다.[14] '지구 온난화'라는 표현은 이후 도전을 받았다. 어떤 이들에게 그것은 기후 피해를 인간의 활동 탓으로 돌리는 데 지나치게 직설적이었다. 미국항공우주국(NASA)은 몇 년 동안 이 현상이 완곡하게 들리도록 해주는 '예기치 않은 기후 변화(inadvertent climate modification)'를 선호했다.[15] 1979년에 국제연합 환경계획과 세계기상기구(WMO)는 제네바에서 제1차 세계기후회의를 소집할 만큼 상황이 충분히 우려스럽다고 여겼다. 그 뒤를 이어 가장 큰 국제 과학 단체들이 포함된 글로벌 연구 프로그램이 닻을 올렸다.

전문가들은 기온 상승 및 이산화탄소 수준과 메탄 같은 다른 기체 사이의 상관관계를 입증하기 시작했다. 1988년 6월 23일, 미국이 일찍 찾아온 여름의 폭염에 휩싸이자 NASA 연구소 대표 제임스 핸슨(James Hansen)은 미국 상원위원회에 출석해 증언하며, 지구 온난화가 기후의 자연적 변동이 아닌 인간의 활동에 의해 초래된 것이라고 분명하게 말했다. 그는 이러한 추세가 강해질 것으로 예상하며 자신의 주장을 '99퍼센트' 확신한다고 덧붙였다. 기후 문제가 탄생한 것이다. 같은 해 토론토에서 열린 G7 정상회의는 지속 가능한 발전 개념을 채택했고, 정부간기후변화위원회(Intergovernmental Panel on Climate Change, IPCC)가 창설됐다. 그 결과, 이 현상을 이해하고 중단시키기 위한 많은 외교적 교섭이 이뤄졌다. 1992년 리우데자네이루에서 열린 지구 정상회의는 국제연합 기후변화협약(UNFCCC)을 채택했다. 이 체제는 인류가 발생시킨 온실가스 방출을 1990년 수준으로 감축하기로 한 1997년의 교토 의정서(Kyoto Protocol)로 정점에 이르렀다. 이제 당사국 총회(Conference of the Parties, COP)하에서 이뤄지게 된 이러한 주요 국제 회담은 제한 장치를 설치하는 데 계속해서 실패했다. 2015년 파리 회의(또는 COP 21)가 국가들 간에 최소 협정을 둘러싼 합의와 공동의 대의를 실현했다면, 어떤 회의도 대기 중에 유입되는 온실가스 농도의 증가세를 크게 늦추지는 못했다.[16]

토론의 초점은 우선 이 현상의 실상에, 그다음은 온실가스를 오염 물질로 간주해야 하는지 여부의 문제에 맞춰졌다. 논쟁은 21세기 초에 특히 격렬해 기후과학자와 기후 회의론자가 맞붙고, 환경 단체와 석유 압력 단체가 대적했다. 기후 회의론(skepticism)이 석유 및 석탄 산업의 자금을 받고 어떻게 매수되었는지, 혹은 보수주의 싱크탱크(think tank)와 얼마만큼 긴밀하게 연계되었는지는 많은 연구가 보여준다. 그런 저자 중 일부는 예전에 담배 및 화학 산업으로부터 제품의 위험도를 최소화하도록 위탁받은 공모자였다. 전문적인 '의혹을 파는 사람들'은 온실가스 방출 감축 조치를 막기 위해 대중의 무지를 인위적으로 유지시켰다. 이산화탄소가 오염 물질인지 여부에 대해 애매하게 넘어가면서 그들은 기후 행동을 서서히 중단시키는 데 견인력을 얻어왔다.[17] '진정한 공해'를 방지하기 위해 (그리고 이산화탄소는 식물한테 필수이므로) 벨기에 화학자 이슈트반 마르코(István Markó)는 "이산화탄소는 독도 아니고 오염 물질도 아니다! 그런 적도 없고 앞으로도 그렇게 되지 않을 것"이라고 했다.[18] 반대로 기후 전문가와 환경 운동가들은 그것이 산업 시대 공해의 주범이라고 주장한다. 세계보건기구는 이산화탄소가 특정 임계값을 벗어나면 환경을 오염시키고 대기 중 화학 성분을 변경시켜 건강에 영향을 주고 생태학적 불균형을 초래하는 한 이산화탄소는 '기후 오염 물질'이라는 개념을 지지한다.[19]

　온실가스 사례가 보여주듯 무엇을 오염 물질로 여기느냐를 정의하는 경계는—과거보다 더욱더—빈틈이 많다. 가령 분자 구조의 수명 때문에 누적 효과가 제대로 알려져 있지 않은 화학적 오염이 증가하고 있다. 과거의 잔류 유기 오염 물질(DDT 또는 또 다른 유기 염소계 살충제 린데인(lindane))이 환경 곳곳에 남아 있을 뿐 아니라, 수십만 가지의 새로운 오염 물질이 계속해서 시판되고 있다. 그렇다면 오염의 규모와 상황적 맥락이 이토록 다양한데 어떻게 공해의 범위와 변화를 평가할 것인가? 그리고 모든 지표가 드러나는 것만큼이나 숨겨져 있는데 어떻게 그걸 효과적으로 평가할 것인가? 이 책에서 언급한 과거의 세상과 달리 감각으로 인지할 수 있는 매연과 시커먼 물은 더 이상 가장 위험한 공해가 아니다. 그 대신 아주 적은 용량과 불확실한 효과 때문에 더욱더 알아채기 어려운 수많은 복합 분자가 더 큰 위협을 제기한다.[20] 독물학자 앙드레 시콜렐라(André Cicolella)에 따르면, 세제 및 화장품 등 다양한 용도를 충족시키려고 개발한 합성 제품의 확산이 "보이지 않는 만성 질환 스캔들"을 일으킨다.[21]

　환경 호르몬은 독성 물질에 대한 우려의 연속성을 강조하는 것만큼이나 이러한 공해의 현대적 재인정 과정을 잘 보여주는 유용한 사례 역할을 한다. 미국의 동물학자, 역학자, 환경 운동가인 테오 콜본(Theo Colborn)은 1996년의 연구서 《도둑맞은 미래(Our Stolen Future)》에서 호르몬계를 교란시킨 결과 이상을 일으키는 모든 분자나 복합 화학 물질을 지칭하는 환경 호르몬 개념을 이론화하고 대중화시켰다. 콜본은 연구를 통해 이러한 부담이 특히 생식계에 미치는 것을 우려했다. 《도둑맞은 미래》는 이렇게 묻는다. "만일 공해가 사람들을 덜 지적으로 만든다면 어떻게 될까?" 콜본은 호르몬에 미치는 화학 물질의 영향이 아동에게 집중력 장애와 심지어 공격성 및 폭력의 형태로 나타날 수 있음을 시사했다.[22] 이런 종류의 경고는—초기에는 격변설 주창자의 상상이라거나 '사회생물학적 추이'의 일부라고 거부당했으며, 실질적인 문제를 가릴 가능성이 농후한 일종의 '선동적 드라마화(化)'라고 비난받았음에도—20세기 말 화학 오염 물질에 대한 재정의를 내리는 데 중요한 역할을 할 수 있었다.[23] '독'은 기술적 용어로는 다소 지나치게 흑백논리의 성격을 갖고 있다. 이 새로운 위험 물질은 교묘하고 조심스럽게 신체에 지장을 줄 수 있다. 특히 용량이나 노출 정도가 더 이상 피해를 확인하는 중심 지표가 아니라는 게 명료해진 이후로는 살충제, 플라스틱, 특정 자동차 배기가스만큼이나 풍부한 제품 속 환경 호르몬의 존재가 공중 보건의 쟁점이 되었다. 아주 적은 용량도 큰 영향을 미칠 수 있으니 말이다. 역학자와 공중 보건 담당자도 노출의 시기(특히 자궁 내부) 및 다중 노출과 저 유명한 '칵테일 효과(약의 혼용에 따른 부작용—옮긴이)'를 밝혀낼 필요가 있었다.

대단히 광범위한 이 새로운 복합 물질 중에서도 19세기 말에 합성되었으나 1960년대 이후 플라스틱 산업에 주로 쓰이는 비스페놀 A(bisphenol A)는 좋은 사례다. 오늘날 대량 생산—연간 600만 미터톤—되고 있는 이것은 플라스틱 제조에 쓰이며 선글라스부터 CD와 젖병에 이르기까지 일상의 많은 제품에서 찾아볼 수 있다. 21세기 초에 저용량의 비스페놀 A 노출에 대한 의혹이 퍼지기 시작했다. 좀더 심층적인 조사와 연구 결과, 캐나다는 2008년 젖병에서 이것의 사용을 금지하기에 이르렀고, 2011년 유럽의 단속이 그 뒤를 따랐다. 비스페놀 A 이후로는 프탈레이트

(phthalate)가 새로운 관심의 초점이 되었다. 전 세계에서 매년 300만 미터 톤 이상을 생산하는 이 합성 분자는 무엇보다도 플라스틱, 화장품, 페인트, 의복에 들어 있다. 그중 일부는 인간의 생식에 대단히 유해하다.[24] 점점 더 많은 연구가 보이지 않는 저용량 화학 오염이 얼마나 위험한지 확인해준다. 그것은 생식계 다음에 뇌에 영향을 주어 특히 아동의 인지력과 지적 능력에 피해를 입힐 수 있다.[25]

다이옥신 오염 역시 공해를 이해하는 새로운 방식을 보여준다. 문제는 이미 베트남 전쟁 때도 있었으나, 다이옥신은 1976년 세베소(Seveso) 참사로 공공 영역에 화려하게 데뷔했다. 트리클로로페놀(trichlorophenol)을 제조하는 회사 이크메사(Icmesa) 화학 공장의 반응 용기에서 독성 구름이 빠져나간 사건이다. 이 구름이 이탈리아의 롬바르디아(Lombardia) 평원 전역에 퍼졌다. 지역 주민들은 즉각 염소여드름(chloracne) 같은 피부 질환을 포함해 건강상 문제에 시달렸다. 아울러 2만 헥타르(약 4만 9000에이커)의 토양이 오염됐고, 8만 마리의 중독된 소를 도살해야 했다.[26] 다이옥신은 여러 해 동안 환경에 잔류하는 '지속적인 유기 오염 물질'이다. 세계보건기구로부터 발암성 물질로 간주된 다이옥신 계열은 사실 700가지의 다른 분자로 구성되어 있고, 그중 약 30개가 특히 유해하다. 이것들은 열처리 과정에서 나타나는데, 보통 소각로 주변에서 더 높은 농도로 발견되는 이유도 그 때문이다. 우연한 원인 외에 다이옥신은 먹이 체계에 침투해 특히 동물성 지방에 축적된다. 세베소 사고 이후, 다수의 다이옥신 오염 사례가 신문의 헤드라인을 장식했다. 스위스 바젤 인근에 있는 시바(Ciba) 화학 공장의 다이옥신 드럼 사건(1982~1985), 프랑스 알베르빌(Albertville) 인근 소각로 주변에서 일어난 다이옥신 함유 우유 사건(2001), 독일의 사료 생산업체에 배달된 오염 식용유 사건(2011) 등이다. 다이옥신은 지역에서 생성되지만 지구 전역으로 퍼지며 특히 폴리염화바이페닐에 농축되어 있는데, 이 오염 물질의 위험은 처분을 요하는 다량의 재고 때문에 반복되기도 한다.[27]

보이지 않는 분자, 생명공학, 디지털 세계

눈에 보이지 않는 오염 물질이 자연환경에 확산한 것은 화학 분자가 셀수 없이 많아서일 뿐 아니라 유전·나노·디지털 신기술 때문이기도 했다. 20세기 말에 등장해 오랫동안 산업 세계 공해에 대한 해결책으로 종종 제시되었던 신기술 체제는 사실상 새로운 일련의 공해 주기를 도입했다. 그에 따라 1980년대부터 몬산토를 비롯한 공업 및 종자 회사들에 의해 세계 기아 및 농업 오염과 맞서 싸운다는 명분으로 최초의 유전자 변형 생물(genetically modified organism, GMO)—즉 유전자 도입(transgenesis)이나 하나 또는 여러 개의 새로운 유전자 게놈에 삽입하는 작업을 통해 유전적 유산을 인간의 개입으로 변형한 것—이 개발됐다. 어떤 GMO는 살충제 물질을 포함하도록 고안했으므로, 그것을 쓸 경우 좀더 완화되고 '합리적'인 살충제와 제초제의 사용으로 이어질 터였다.[28] 1983년 실험을 통해 최초로 유전자 도입 식물을 얻은 뒤 1987년 제초제에 내성을 갖춘 식물이 등장했다. 1990년에는 최초로 유전자 도입 식물을 시판했다.[29] 1990년대 말에는 전 세계적으로 거의 4000만 헥타르(약 9900만 에이커)에서 유전자 도입 식물을 재배했다. 유전자 도입을 기반으로 한 농업의 확장은 규제와 많은 논란에도 가속화했다. 2006년까지 1억 200만 헥타르(약 2억 5200만 에이커), 10년 뒤에는 특히 GM 농지로 농업 모델의 구조를 개편한 미국·아르헨티나·브라질·인도·중국에서 거의 2억 헥타르(약 4억 9400만 에이커)가 경작됐다. 같은 종에 속하지만 유전자 개입이 되지 않은 인근 식물들에 새로운 유전 인자를 전달하는 유전자 변형 식물들로 인해 교잡 수분(交雜受粉)이 일어났으므로 '유전자' 공해라고 불러도 되겠다. 가령 캐나다에는 재배 중인 것 가운데 오염되지 않은 천연 유채씨가 거의 없다. 화학 물질 사용을 방지하는 합리적이고 기술적인 해결책으로 칭송받던 유전자 변형 식물은 결국 완전히 상반된 효과를 양산했다. 많은 GMO가 제초제 저항력을 갖도록 특별히 고안되었으므로—밭에 화학 물질을 뿌리는 편이 차라리 문제가 덜한 쪽이 되어버렸다—적기는커녕 더 많은 화학 물질 살포가 일어났다.[30] 새로운 세대의 유전자 변형 생물로 가뭄을 잘 견디는 식물이나 바이오리파이너리(biorefinery: 친환경적 식물 자원에서 화학제의 물질을 얻어내는 기술—옮긴이)와 제지 산업의 필요에 부합하는 변형된 섬유소/목질소 비율의 나무가 탄생했다. 유전자 변형 생물은 옛날의 "회색 공해(산업공해)에 '늘어난' 녹색 공해(유전 공해)"를 추가할 조짐을 보이며 무한 증식이라는 확실한 유령을 예고했고, 이런 신제품을 둘러싼 더 많은 논란과 저항을 불러왔다.[31]

100만 분의 1 미만—두 원자 간 거리의 자릿수이므로 세포보다 작다—의 성분을 생산하는 나노 기술(nanotechnology: 1974년 일본 물리학자 다니구치 노리오(谷口紀男)가 만든 용어)로 봤을 때, 공해의 원인이 되는 것은 바로 그 크기다. 그것들은 이렇게 극소한 수준에서 생물학적 장벽을 쉽게 넘어가는데, 이것이 화장품 산업이 현재 이용하는 특성이다. 나노 기술은 1980년대 말에 등장해 연대기상으로는 물론이고 인식론상으로도 유전자 변형 생물체의 발달과 아주 유사한 발전을 거쳤다. 분자 조작을 통해 얻은 이 나노 소재는 근본적인 윤리 문제를 제기했다. 많은 나노 소재가 유해하다고 인식됐으며 산화 스트레스, 사이토카인(cytokine) 염증, 세포 괴사를 유발했다. 게다가 미토콘드리아와 세포핵에 흡수되어 DNA 변형이 일어날 수도 있다. 더욱이 이 미세 금속 입자를 되찾거나 재활용할 아무런 가능성도 없이 제품에 포함되니 그것들이 결국 어디로 갈지 알 도리가 없다. 가령, 항균성 때문에 의복에 들어가는 나노실버(nanosilver)는 세탁하면 되찾을 방도 없이 환경으로 유출된다. 더 심각한 문제로, 티타늄 나노 입자는 요구르트를 하얗게 만들고 제과류에 윤기를 더해주는 식품 첨가제(E171)로 우리가 섭취한다. 이 새로운 위험을 주제로 한 학술지 〈나노독성학(Nanotoxicology)〉이 2007년 이래 정기적으로 발간되고 있다.[32]

논란에 휩싸인 이러한 공해 외에도 하이테크 사물의 끊임없는 생산과 갱신은 오염 폐기물과 거의 숨겨져 있는 새로운 안온방해를 증대해왔다. 지금은 어디에나 있는 이 새로운 디지털 도구는 카풀(carpool)처럼 특정 서비스의 비물질화와 통합을 촉진함으로써 오염이 덜한 관행의 시대를 열겠다고 장담했지만 사실은 많은 부작용을 초래했는데, 거기에 대한 연구는 이제 막 시작됐을 뿐이다. 많은 전문가가 전자기 오염(전자-스모그)을 인정하고 있다. 국제암연구소(IARC)는 휴대폰과 위성 안테나가 생성하는 전자기장을 인간의 잠재적인 발암 물질로 분류한다. 2015년 5월에 38개국 출신의 과학자 190명은 국제연합과 세계보건기구에 노출 제한 조치를 취해달라고 촉구하며 이런 현상의 실상을 확인해주었다. 하지만 공공 당국은 새로운 디지털 세계의 범위와 접근성을 지속적으로 확장하기 위해 방출 기준과 노출 임계값을 감시하는 정도면 충분하다며 마음을 놓았다. 어떤 제약의 전망도 진지하게 구상하지 않았다.[33]

컴퓨터는 1970년에는 사실상 존재하지 않았지만, 지금은 세계 인구 대다수의 일상에 침투한 상태다. 컴퓨터는 무엇보다 실리콘, 플라스틱, 금속으로 만들어지므로 이것을 비물질적 현상이라 여긴다면 오류가 될 것이다. 유형 재화의 생활 주기 전문가들은 전자책 리더기, 스마트폰, 컴퓨터―짧은 기간 내에 대량 소비 제품이 되었다―를 생산하는 데 얼마나 많은 에너지와 자원이 필요한지, 그리고 그것들이 얼마나 많은 독성 잔류물을 생성하는지 산출해왔다.[34] 휴대폰(1983년 미국에서 처음 제조했다) 수는 1985년 30만 개에서 2006년 2억 개 이상으로 늘어났다. 당시에는 사실상 존재하지 않았던 스마트폰은 한층 더 극적인 속도로 증가하고 있다. 2016년 전 세계에서 15억 개가 팔렸다. 이만큼의 양을 생산하기 위해 전기·전자 부문은 전 세계 금 수요의 12퍼센트, 은 수요의 30퍼센트, 구리 수요의 30퍼센트, 그리고 추출 및 정련 과정에서 상당한 환경 피해를 유발하는 루테늄(ruthenium)이나 인듐(indium) 같은 희금속의 최대 80퍼센트를 소비한다. 콜탄〔탄탈룸(tantalum) 광석〕 같은 일부 부문은 아프리카에서 전쟁을 야기하는가 하면, '희토류'―스칸듐(scandium)과 이트륨(yttrium)처럼 전자기적 특성이 있는 금속군―를 추출하려면 어마어마한 양의 지각(地殼)을 제거해야 한다.[35] 중국이 현재 전 세계 생산량을 장악하고 있으며, 그 결과 방사성 원소는 물론 중금속이나 황산 같은 많은 독성 요소를 현지에 방출하고 있다. 광업 지구에서는 암 발생률이 70퍼센트에 달하는가 하면 현지의 농업 수확량은 떨어진다. 예를 들어 희토류의 본산 바오터우(包頭: 중국 네이멍구자치구 중남부 최대의 공업 도시―옮긴이)의 공장들은 세계 생산량의 70퍼센트를 처리하며, 현재 10제곱킬로미터에 이르는 호수에 수천 리터의 독성 폐기물을 버리고 있다.[36]

또 한 가지 고려해야 할 디지털 세상의 공해 양상은 이미 항공 운송 수준에 도달한 산업의 에너지 소비다. 설비의 에너지 효율이 나아지고는 있지만, 19세기의 용광로처럼 반동 효과가 모든 긍정적 결과를 상쇄

한다. 데이터 생산의 기하급수적 성장과 스크린 및 일반적 디지털 사용의 보급은 에너지와 재료의 소비 수요를 상승시키고 있다.[37] 게다가 데이터 센터가 문의를 처리하고 데이터 저장 서버를 가동하기 위해서는 어마어마한 양의 에너지가 소비되는데, 이 서버들을 계속해서 냉각해야 하니 거기에 또 에너지가 소비된다. 프랑스에서는 데이터 센터가 이 나라 전기 에너지의 10퍼센트를 소비한다. 개별적 사용은 하찮아 보일 수 있지만, 구글에 문의하는 단순한 인터넷 요청도 12와트짜리 백열전구를 2시간 소모하는 것에 해당한다. 1메가바이트짜리 첨부 파일을 10명의 메일 수신자에게 보내는 데는 자동차 한 대를 500미터 이동시키는 데 필요한 에너지가 들어간다. 전 세계에서 1시간에 100억 개의 이메일을 사용하는데, 이는 50기가와트 시간 또는 4000회의 파리-뉴욕 비행기 왕복 여행에 해당한다.[38]

최첨단 기술에서 나오는 폐기물 역시 생태 오염과 전 세계에서 불평등하게 배분되는 거래의 중요한 원인이다. 너무 잠깐이기는 하지만(유감스럽게도), 우주 정복의 잔해도 언급할 만하다. 1957년 최초의 인공위성인 소련의 스푸트니크(Sputnik) 1호 발사 이래, 우주로 날려 보낸 물체의 수는 특히 전자통신의 부상과 더불어 1980년대부터 급증해왔다. 그것들은 지구 주변 궤도에 내버려져 표류하든가―원치 않는 위성들이 시간당 거의 3만 킬로미터의 속도로 이동하고 있다―아니면 결국에는 지상으로 추락한다. 미국항공우주국에 따르면, 2013년에 이러한 잔해는 10센티미터 이상의 물체 2만 9000개, 1센티미터 이상의 물체 67만 개, 1밀리미터 이상의 물체 1억 7000만 개로 이뤄져 있다.[39] 2017년 4월 18일부터 21일까지 독일 다름슈타트에서 열린 제7회 유럽우주잔해회의(European Space Debris Conference)에서 과학자들은 충돌 위험 때문에 안전 문제를 제기하는 이

잔해의 중요성에 다시 한번 우려를 표명했다.[40]

하이테크 폐기물은 주로 일상적 소비의 결과물이다. 설비의 지속적 갱신과 노후화 증대(매년 7억 5000만 대의 휴대폰이 버려진다) 때문에 전자 폐기물의 양은 1990년대 이래 연간 3~5퍼센트의 꾸준한 속도로 증가하고 있다. 이 폐기물은 인간의 건강과 환경에 극도로 유해한 화합물을 함유한다. 예를 들어 수은·납·카드뮴·사이안화물이 전부 있으며, 이런 것의 처분이나 재활용을 담당하는 노동자들이 특히 여기에 노출된다. 가령 1997~2004년 3억 1500만 대의 노후화한 컴퓨터에 5억 킬로그램 넘는 납이 들어 있었던 것으로 추정된다. 이 폐기물의 재활용이 일각에서 '유독성 식민주의'라고 부르는 국제 무역의 주제다.[41] 부유한 산업 국가의 소비자들이 주로 사용하는 전자기기에서 나오는 폐기물이 심각한 오염을 유발하는 매립지 저장이나 재활용을 위해 아시아, 아프리카, 라틴아메리카로 보내진다. 2007년 미국은 컴퓨터 폐기물의 거의 80퍼센트를 아시아로 수출했다. 바젤 회의―1989년에 서명하고 거의 190개 국가가 비준했다(하지만 미국은 하지 않았다)―에서 공식적으로 이런 거래를 금지하기는 했지만, 최근 독일의 다큐멘터리 감독 코지마 다노리처(Cosima Dannoritzer)가 〈전자 폐기물의 비극(E-Waste Tragedy)〉(2014)에 담았듯 가나의 수도 아크라(Accra) 교외에 있는 것과 같은 야외 쓰레기 하치장으로 해마다 수백만 미터톤이 운송된다. 이 영화의 슬로건은 "전자 제품의 불법 재활용은 세계적 규모의 독성 사업"이라고 주장했다. 중국과 인도는 세계 전자 폐기물 대부분을 수입하고 있다. 1970년대 말 개장한 구이유(贵屿) 쓰레기 하치장이 현재 세계에서 제일 크다. 2005년 이곳은 10만 명을 고용했지만, 이 수치는 이후에 의심할 바 없이 늘어났다.[42] 많은 환경 단체는 이런 오염과 그것이 유발하는 사회·건강·환경의 파괴를 맹렬히 비난한다. 하지만 이들 쓰레기 하치장은 최근 몇십 년간 오염의 세계화와 확고해진 환경 불평등의 상징 역할을 한다.

세계화와 불평등한 생태학적 교류

불평등한 교류와 이동 거리 확장은 지속적으로 공해 역학의 일부였다. 세계화와 함께 이 과정은 한층 더 견고하고 복잡해졌다. 세계화의 새로운 기동성과 이동 규모를 급격히 변화시키는 역량으로 말미암아 이제는 불평등한 생태학적 교류를 전 지구적 차원에서 말할 수 있다. 북반구 도시들에서는 유명한 특정 분자―가령 이산화황이나 일산화탄소 또는 산화납―의 대기 중 농도가 감소했다는 점을 부인할 수 없다. 이러한 성공으로 산성비의 양이 줄어들었다. 반면 다른 곳에서 질소 산화물과 이산화황 방출량이 대폭 증가했다. 중국의 경우는 선진국보다 거의 10배가 더 높다. 그리고 미세 입자는 특히 자동차 교통 때문에 어디서나 증가했지만, 이는 주로 남반구 국가들에 영향을 주고 있다.

역사적으로 분석해보면 이른바 탈산업화 세계의 새로운 공해가 지구상의 공해 부담을 더해주고 있다(옛날의 오염원을 대체하기보다는)는 점이 드러난다. 새로운 탈산업 기술과 그 공해가 개선된 대체물로 작용한다는 통념은 위험을 불균등하게 재분배하는 세계화로 인해 유발된 일종의 근시안에서 비롯한 것이다. 국가와 사회 집단 사이에 큰 격차가 있기는 하지만, 전반적으로 전 세계의 생활 방식은 갈수록 더 많은 자원을 요구한다. 신흥 경제국―그리고 지구상의 운 좋은 '가진 나라들'이 누렸던 자원과 풍요에 대한 그들의 갈망―은 세계 체제의 지평선에서 이 걷잡을 수 없는 눈덩이 효과를 입증한다.[43] 지구가 갱신할 수 있는 자원 소비의 임계 값을 초과하는 상징적 날짜가 매년 조금씩 앞당겨지고 있다. 현재의 산출 방법에 따르면, 지구의 생태 수용력(biocapacity)은 1976년에는 11월 19일, 1986년에는 10월 25일, 1996년에는 10월 4일, 2006년에는 8월 24일, 2016년에는 8월 8일을 초과했다. 만일 모든 인간이 오스트레일리아 주민 으로 산다면, 그들의 수요를 맞추기 위해서는 지구 5.5개가 필요할 것이 다. 또한 프랑스처럼은 3개, 중국처럼은 2개, 인도처럼은 0.7개의 지구가 필요할 것이다.[44]

재화와 용역을 과소비하는 북반구 도시에는 쓰레기를 비우고 도시 위 생을 어느 정도 제공하는 기반 시설이 충분히 발달해 있고, 이로 인해 소 비란 것이 많은 오염을 야기하는 생산 시슬(광산, 운송, 산업 포함)을 바탕으 로 함에도 무공해 세상이라는 인상을 남긴다. 이 시슬의 반대쪽 끝에 세 계 도시 인구의 약 3분의 1—1970년대보다 훨씬 더 많다—이 거주하고 수많은 현대 프롤레타리아가 극도로 비위생적인 조건에서 더불어 살아 가는 빈민가들이 아직 있다. 중앙아시아와 사하라 이남 아프리카 전역에 서 위생 인프라 부족, 독성 산업의 만연, 통제 불가의 자동차 교통이 상 상을 초월한다. 21세기 초반에 주민 1000만 명인 킨샤샤(Kinshasha: 콩고 민주공화국의 수도—옮긴이) 같은 거대 도시에 주요 배수 시설이 없다. 마닐 라에서는 주택의 10퍼센트만이 그런 시설을 갖추고 있다. 마이크 데이비 스(Mike Davis)는 "멕시코의 이스타팔라파(Iztapalapa), 상파울루주의 쿠바 탕(Cubatão), 리우데자네이루주의 베우포르드호슈(Belford Roxo), 자카르타 의 시부부르(Cibubur), 튀니스 남부의 변두리, 알렉산드리아의 남서부 등 등" 제3세계 대부분의 대도시에는 "파이프라인과 화학 공장 그리고 제련 소 옆에 위치하며 공해로 뒤덮인 침울한 빈민 지구"가 있다고 말한다.[45]

19세기 유럽의 많은 산업 도시를 특징지었던 '배출 증후군'이 1980년
대 남반구 빈민가에 상당 규모로 존재했다. 방콕 판자촌에서는 1989~
1991년 화학 공장 폭발로 수백 명의 주민이 사망하고 공해가 널리 퍼졌
다. 과거의 바나나 플랜테이션 위에 건설한 상파울루시 인근의 쿠바탕시
는 1980년대 초 인구가 10만 명에 도달했고, 이 나라의 철강과 비료의
거의 40퍼센트를 생산하는 거대 산업 복합 단지의 본거지였다. 이곳은
'죽음의 계곡'이 됐다. 영아 사망률이 그 주의 다른 지역보다 10배 더 높
았다. 그을음과 부유 입자가 너무나 널리 퍼져 새와 곤충이 그야말로 사
라졌고 초목은 가차 없이 전멸했다. 하지만 최근에 상황이 호전되기 시
작했다.[46]

현재 공해 체제의 많은 부분에 대해 중국―새로운 세계의 공장―은
과거의 관행으로부터 물려받은 구식 공해가 사라지지 않았음을 입증하
는 무시무시한 실례를 제공한다. 단 몇 년 만에 중국은 세계에서 가장 오
염된 나라가 되었다. 1979년 중국은 '사회주의 시장 경제'에 착수해 국
제 무역에 문호를 개방했다. 특히 섬유와 질 낮은 제조품 같은 노동 집
약적 분야에서 급속한 산업화를 추진했다. 성장률은 10퍼센트에 육박했
고, 경제 특구는 이 지역으로 생산 시설을 대대적으로 이전하도록 부추
기는 세금 인센티브와 온순하고 값싼 노동력을 다국적 기업에 제공했
다. 사회적·생태학적 비용은 상당했다.[47] 중국은 전 세계 연간 석탄 소비
의 거의 40퍼센트를 차지한다. 석탄은 중국 에너지 수요의 68퍼센트, 전
기의 80퍼센트를 공급한다. 2008년 이 나라는 총배출량의 약 23퍼센트로
전 세계 온실가스의 최대 배출국이 되었다. 공업 지역은 석탄 오염이 너
무나 심해 심각한 건강 문제를 야기했고, 농지를 척박하게 만들었다. 당
국은 어쩔 수 없이 주민을 이주시켰다. 30년 만에 중국의 산업화와 농업

현대화는 경작지의 20퍼센트―즉 2000만 헥타르(약 4900만 에이커)―와 하천의 40퍼센트를 오염시켰다. 약 3억 명의 농촌 주민이 건강에 위험한 수준으로 중금속을 함유한 물을 소비한다. 대기 오염도 그에 못지않게 심각하다. 산성비가 늘고 있으며, 폐 질환 발병률은 정상 수위를 훨씬 넘어 매년 전국에서 160만 명의 목숨을 앗아갈 수 있는 상황이다. 언론 매체는 정기적으로 스모그의 규모와 걷잡을 수 없다고 여겨지는 오염에 직면한 주민들의 고통을 보도한다.[48] 중국 환경부조차 문제의 심각성을 인정한다. 2013년 환경부는 언론인 덩페이(邓飞)의 중국 주요 오염 지역 지도를 묵살한 뒤 (특히 암으로) 병든 주민의 비율이 특별히 우려되는 오염 마을 명단을 발표했다. 이런 '암 마을'은 약 450개였는데, 모두 공업 지역에 위치해 있었다.[49]

중국 외에도 아시아 전체가 지속적 산업 팽창이 초래한 대규모 공해의 피해지다. 1990년대 이래 전 세계 석탄 소비는 특히 발전소 건설 때문에 꾸준히 증가해왔다. 2013년까지 석탄 연소와 탄화수소(1975년 이래 2배가 됐다)로 인해 대기 중으로 분산된 360억 미터톤의 탄소 중 3분의 2 이상은 아시아·태평양 지역에서 피어오르고 있다.[50] 이른바 아시아의 갈색 구름층―산업과 도로 교통은 물론 화전 농법 같은 농업 관행과 쓰레기 소각으로 생성된 그을음 입자와 오염 가스의 거대한 층―은 20년간 위성 사진에 나타난 두드러진 특징이었다. 파키스탄부터 인도와 중국에 걸쳐 있는 이것은 이론의 여지없이 세계 최대의 공해로서 현지의 기후를 파괴하고 이미 취약해진 인구를 위협하고 있다.[51] 수질 오염은 이 지역의 또 다른 큰 문제다. 대규모 댐(예를 들어 중국 양쯔강의 싼샤댐), 과소비, 농업 및 산업 폐기물 대량 방출은 하천의 염류화와 오염을 초래한다.[52]

2007년 이래 미국의 비정부 기구 '깨끗한 지구(Pure Earth)'는 세계에서 가장 오염된 장소 명단을 발표해왔다. 사하라 이남 아프리카와 동남아시아는 일관되게 가장 오염된 지역 순위에 올랐다.[53] 폐기물과 공해를 남반구 국가들로 이동시키는 것은 위험의 불공평한 배분과 병행한다. 1978년 인도 뉴델리 남쪽으로 600킬로미터 떨어진 곳에 위치한 인구 30만 명의 마디아프라데시(Madhya Pradesh)의 주도(州都) 보팔(Bhopal)에 지어진 큰 살충제 공장이 그런 사례 중 하나였다. 1984년 일련의 기술적 오류로 독성 구름이 빠져나가 25제곱킬로미터의 지역으로 퍼졌고, 수천 건의 사망과 수십만 건의 질병을 초래했다.[54] 좀더 최근에는 방글라데시와 파키스탄의 섬유 공장에서 화재가 발생해 수백 명의 사상자를 냈고, 이들 나라의 불충분한 보안 상태를 입증했다. 중국에서는 2010~2013년 특히 광업에서 산업 재해가 98퍼센트나 증가했다.[55]

공해와 위험의 관점에서 지역별 격차의 규모를 완전히 이해하기 위해서는 특히 남반구의 유해한 생산 대부분이 부자 나라들의 수요를 충족하기 위해 존재하는 이상 소비 장소와 생산 장소를 구분할 필요가 있다. 바꿔 말하면, 사회 계층과 그들의 소비 패턴에 따라 분석을 재설정해야 하며, 따라서 공해의 원인을 오로지 그 배출처로 돌리는 데서 그것을 촉진하는 소비자의 관행을 포함하도록 전환할 필요가 있다. 소비야말로 산업 공해의 진정한 근원이다. 언론인 에르베 켐프(Hervé Kempf)의 말처럼 지구를 망가뜨리고 피해를 표면화하는 것은 바로 부자들이다. 중국이 세계 제일의 공해 유발 국가가 되었다면, 그것은 북반구 소비자에게 공급하는 거대한 공장으로 자진해서 변모했기 때문이다. 그곳의 유해한 생산은 자체 내수 시장을 만족시키는 게 아니라 북아메리카 및 유럽 소비자의 필요를 충족시킨 결과다.[56]

공해의 외주화는 특히 폐기물 처리에서 확연히 나타난다. 예전에도 실행된 적이 있지만, 위험 폐기물 수출은 1970년대에 진정으로 국제적 활동이 되었다. 멕시코는 미국의 폐기물을 엄청난 규모로 받아들이기 시작했고, 동남아시아 국가들은 일본의 쓰레기를 비축하기로 합의했고, 모로코 및 몇몇 다른 아프리카 나라들은 유럽과 미국으로부터 폐기물을 수용했다. 1980년대 말 들어서 유해 폐기물의 국제적 거래는 연간 수백만 미터톤에 달했다.[57] 몇몇 사례가 이런 현상을 아주 잘 보여주는데, 그중 일부는 믿기 어려울 정도다. 예를 들어, 1987년 언론 매체는 미국의 독성 소각로 잔류물을 가득 실은 바지선이 그걸 받을 나라가 없는 바람에 대서양 주변을 목적지 없이 항해하고 있다고 보도했다. 많은 시위 활동의 압력을 수반한 이런 사건은 이 같은 유해한 불법 거래 규제를 목표로 한 최초의 협약과 조약이 출현하는 원동력이 됐다. 하지만 컴퓨터 및 전자기기 잔여물이 그렇듯 북반구에서 남반구로의 수출은 꾸준한 속도로 계속 증가하고 있다. 대부분의 수령국이 원산국에 마련된 위생 기준에 부합하지 않는데도 말이다. 이런 식으로 선진국에서 금지된 일부 독극물의 경우는 심지어 명백한 범죄인데도 노골적인 환경 불공정이 전 세계에서 활발히 자행되고 있다.[58] 가령 2006년 코트디부아르에서 벌어진 프로보 코알라(Probo Koala)호 참사가 그런 예였다. 프로보 코알라호는 트라피구라사(Trafigura社) 소속의 유조선으로, 581미터톤의 독성이 아주 강한 탄화수소 폐기물—석유, 황화수소, 페놀, 가성 소다, 유기 유황 화합물의 혼합—을 아프리카 해안으로 운송했다. 오염 물질 혼합은 가공할 가스를 양산했고, 수만 명이 여기에 중독됐다.[59] 좀더 넓게 봤을 때, 독극물 거래는 한층 일상화했다. 아프리카 대륙에서 시판하는 디젤 연료가 유럽에서 판매하는 것보다 독성이 훨씬 더 강하다. 이런 거래를 조직하는 게 바로 서구의 석유화학 회사들인데도 말이다.[60]

대부분의 선진국은 이렇게 계속해서 공해의 외주화—과거와 마찬가지지만 완전히 새로운 차원에서—를 선호한다. 그것이 다른 곳에 미칠 영향에는 한 번도 의문을 제기하지 않은 채 가장 오염이 심한 공장의 이전 또는 위험 물질 수출을 통해서 말이다. 눈에서 멀어지면 마음도 멀어진다. 거대한 컨테이너선으로 가능해진 수송 혁명은 이런 유형의 국제 거래가 이뤄지도록 하는 한편, 디젤 소비를 통해서 혹은 남반구 나라에 선박을 유기함으로써 그 자체로 공해의 원인이 되고 있다.[61] 오염 심한 무두질 작업이든 아니면 금속 공업 같은 중공업이든, 공해를 유발하는 공장은 유럽을 벗어나 환경·보건·노동 규제가 덜 엄격한 나라들로 떠났다.[62] 현재 전 세계가 지구상의 생산 위험과 생태 불평등의 이런 격차를 제어할 채비를 하고 있다. 환경 불공정 문제가 전 지구적 차원에서 재차 강조되고 있는 것이다.[63]

에너지 소비업계의 부활

새 유형의 공해, 그리고 공해 유발 산업을 어디에 위치시키는지 문제 이면에 있는 새로운 논리가 오래된 역학을 대체한 게 아니었다. 거기에 추가된 것이었다. 오늘날에도 세계에서 생산하는 대부분의 전기가 여전히 화석 연료로부터 나온다는 사실을 기억해야 한다. 전기의 40퍼센트는 아직도 석탄에서 생산되며, 석탄의 약 75퍼센트가 전기에 쓰인다.[64] 석탄은 특히 석유 가격이 치솟기 시작할 때면 여전히 주요한 연료다. 핵에너지로 말하면, 그것은 2011년 후쿠시마 사고 이후 의문시되었다. 석탄은 중국과 인도에서 여전히 산업 발전의 기초다. 인도에서 석탄 개발의 놀라운

성장은 그 여파로 삼림 파괴, 지반 침하, 대기 오염 및 수질 오염과 함께 생태계가 파괴된 고립 지역을 남겼다. 메갈라야 분지(Meghalaya Basin)에 서는 다수의 영세한 광산('토끼굴'이란 별명을 갖고 있다)이 방글라데시와 네팔에서 온 이주 노동자들에 의해 가동된다. 여기서도 마찬가지로 이런 착취로 인해 땅이 황폐해진다.[65]

재생 가능 에너지의 발달에도 불구하고—그것의 영원한 성장과는 무관하게—석탄도 석유도 생산이 감소하지 않았다. 사실 그 반대가 맞다. 1990년대 이후에는 오히려 오일 샌드(oil sand: 원유를 포함한 모래 혹은 사암—옮긴이)와 셰일 가스(shale gas) 매장지 개발이 글로벌 에너지 체제의 두드러진 특징이 되었다. 원유 재고가 고갈되면서 이 비전통적인 탄화수소 개발은 예전에는 어렵다고 여겨졌던 상황에서도 재정적인 관심을 불러일으켰다. 캐나다, 베네수엘라, 마다가스카르의 오일 샌드는 비교적 사업 호황을 일으키고 있다. 앨버타(캐나다) 북부의 오일 샌드 개발은 1967년에 시작됐지만 2002년 이후 현저하게 속도가 붙었다. 오일 (또는 타르) 샌드는 모래·물·진흙·역청유로 구성되어 있는데, 이것의 추출은 종래의 석유보다 훨씬 더 큰 환경적 피해를 초래한다. 순 물질을 추출하려면 용액으로 역청유를 가열해야 한다. 주변 지역은 말 그대로 황폐해지며, 의사들은 희귀 암의 출현에 주목해왔다.[66] 유기질이 풍부한 점토층에 함유된 천연가스인 셰일 가스는 고압의 물과 윤활제, 살생물제 및 세제를 포함해 갖가지 화학 첨가물의 주입이 필요한 수압 파쇄법으로만 채굴할 수 있다. 대규모 가동은 특히 2000년대에 미국에서 시작했다. 이는 지하수 오염 외에도 지진의 위험을 높이는 동시에 고도의 온실가스를 배출하는 산업이다. 현재 미국, 특히 선구적인 노스다코타주와 몬태나주의 경관에는 셰일 가스 개발로 오염된 지역이 여기저기 흩어져 있다.[67]

탄화수소 범위가 이렇게 확장됐다고 해서 좀더 전통적인 석유 오염의 정도가 약해진 것은 아니다. 1975~2000년은 굵직한 기름 유출 사건들로 얼룩졌고, 이것이 초대형 유조선과 그것의 화물 밀폐에 관한 규제 증가로 이어졌다. 이중 선체(double hull)는 의무가 되었다. 사고는 종종 떠들썩하게 공론화됐다. 1967년 토리 캐니언호 사건, 1978년 브르타뉴 해안에서 일어난 아모코 카디스호 사건(22만 3000미터톤의 석유 유출), 1989년 알래스카에서 일어난 엑손 밸디즈호 사건(3만 7000미터톤의 석유 유출)이 그랬다. 그 밖에 덜 알려진 다수의 사고가 아프리카와 라틴아메리카 해안에서 일어났고, 유출량은 훨씬 많았다. 예를 들면, 애틀랜틱 엠프레스(Atlantic Empress)호는 1979년 트리니다드토바고에서 28만 미터톤을 유출했고, ABT 서머(ABT Summer)호는 1991년 앙골라에서 26만 미터톤을 유실했다. 이런 사고 목록은 줄줄이 있지만, 그렇다고 세계자연기금이 연간 450만 미터톤으로 추정한 고질적이고 훨씬 더 큰 유실량이 거기에 가려져서는 안 될 것이다.[68] 게다가 굴착 장치 또는 유전에서 벌어지는 누출이나 사고는 비일비재한데 축소 보도될 때가 많다. 2010년 멕시코만에서 브리티시 페트롤륨이 운영하던 딥워터 호라이즌(Deepwater Horizon) 석유 굴착 장치 폭발은 역사상 최악의 원유 유출 사건을 일으켰다. 83만 5000미터톤의 기름이 바다로 빠져나갔고, 2000킬로미터 이상의 해안가를 오염시켰다.[69] 그보다 덜 알려진—대부분 눈에 보이지 않기 때문에—2015년 말의 로스앤젤레스 인근 서던캘리포니아(Southern California) 가스 회사의 어마어마한 메탄가스 유출도 에너지 인프라의 취약성을 반영했다. 마찬가지로 어떤 경관은 나이지리아의 니제르 삼각주처럼 전 지역을 파괴하는 고질적인 유출과 방류에 영향을 받았다.[70] 또한 전쟁과 연관된 기름 유출도 흔해서 1980년대 이래 특히 근동과 중동 지방에 영향을 끼쳤다. 1980~1988년의 이란-이라크 전쟁, 1990~1991년의 1차 걸프 전쟁, 2003년 미군이 주도한 이라크 침공, 그리고 시리아와 중동에서 계속되고 있는 분쟁이 그것이다. 예를 들어, 이라크 군대는 쿠웨이트에서 철수한 1991년 이 나라의 유정 대다수를 파괴했다. 100만 미터톤 이상의 기름이 바다로 유출되어 해안 지역의 엄청난 오염과 인구의 심각한 건강 문제를 초래했다.[71]

석유 붐은 여전히 통용되고 나날이 커져가는 석유화학 산업을 먹여 살리는데, 그중 일부가 플라스틱이다. 유럽에서 플라스틱 소비가 정체되는 징후를 보였다면, 나머지 세계에서는 폭발적으로 증가해왔다. 1970년대에는 매년 5000만 미터톤 미만의 플라스틱을 제조했다. 40년 후 그 수치는 3억 미터톤 이상으로 껑충 뛰었다. 수백만 미터톤은 결국 바다로 흘러간다. 이 분해되지 않은 폐기물이 1990년대에 발견되어 태평양 쓰레기 섬(Great Pacific Garbage Patch)이란 별명이 붙은 광대한 '플라스틱 대륙'—분명히 대륙은 절대 아니다—의 기원이다.[72] 사진작가 크리스 조던(Chris Jordan)은 세계에서 가장 고립된 군도 중 하나인 태평양의 미드웨이제도 (Midway Islands)에 관한 다큐멘터리[〈미드웨이 여행(Midway Journey)〉, 2011]를 찍으면서 그곳에 있는 플라스틱 쓰레기의 양을 보고 놀랐다. 이것이 앨버트로스의 사망률이 높은 원인이었다. 새들이 플라스틱을 삼켰기 때문이다. 그는 자신을 망연자실하게 만든 사진들, 즉 내장 전체가 플라스틱 쓰레기로 가득 찬 새들의 사진을 가지고 돌아왔다.[73] 더욱 걱정스럽게도 대양은 지금 육안으로 감지할 수 없는 잔류성 유기 화합물(가령 폴리염화바이페닐)과 플라스틱 미세 입자들로 뒤덮여 있다—1만 미터 깊이까지. 후자는 합성 섬유 의복을 세탁한 잔여물, 브레이크 마모와 자동차 타이어에서 나온다.[74]

현대의 금속 함유 자원 추출도 그 양이 계속 늘어나면서 탄화수소와 동일한 궤적을 따르고 있다. 하지만 풍부한 광물 매장지가 드물어 광산 굴착 때 훨씬 더 깊게 파야 한다. 가령 구리의 경우, 광석의 평균 금속 함유분이 21세기 초에 0.5퍼센트로 떨어졌고, 이런 하향 추세는 모든 금속에 일관되어 결과적으로 더 강력한 화학 물질과 더 많은 에너지 비용을 사용하는 훨씬 공격적인 추출 공정을 야기한다.[75] 광업은 세계의 경제 식민지화를 완성하고 있다. 북극권 내에서 소련의 니켈과 인회석(일종의 인산염) 개발은 러시아의 생산주의 열풍과 함께 계속 상승세에 있는 극심한 수준의 오염을 낳았다. 수은과 메틸수은은 그 부스러기와 함께 이누이트족(Inuit) 인구의 건강을 위험에 처하게 만들고 여러 해양 종을 위협하는 수준으로 방출된다. 지구상에서 가장 외진 장소 중 일부마저 이런 오염에 전혀 기여한 적이 없음에도 현재 피해를 보고 있다.[76]

모든 금속을 검토하는 건 불가능하므로, 알루미늄에 관한 조사가 좋은 실례로는 충분할 듯하다. 이 부문은 새로운 오염 방지 시설을 채택했기 때문에 1980년 이후 이따금 청정한 것처럼 알려져왔지만 생태 파괴는 여전히 계속되었다─그리고 국제적으로 확산했다. 알루미나 생산에서 발생한 적니의 방출은 프랑스의 가르단 같은 오래된 장소를 포함해 대규모 참사를 정기적으로 촉발하며, 이 지역의 칼랑크 국립공원을 아직도 오염시키고 있다.[77] 분지 중 한 곳이 무너져 2010년 어이카(Ajka)의 알루미늄 공장에서 100만 세제곱미터의 적니를 방출한 헝가리도 그런 경우다. 이 공장은 1942년 나치에 의해 세워졌고 1993년에 민영화되었는데, 사고 당시 1100명을 고용했다.[78] 먼지는 알루미늄 생산의 또 다른 장기적 오염 부산물이다. 흔히 그렇듯 이것은 더욱더 국제화하고 있는 산업이다. 알루미늄 사업은 위험이 눈에 덜 띄는 가난한 나라들로 외주화되기 시작했다.

알루미늄 생산은 아프리카(카메룬, 가나, 기니), 남아메리카(브라질, 자메이카, 수리남), 인도, 그리고 러시아와 더불어 세계 제일의 생산국이 된 중국에서 꽤 성장했다.[79] 2015년 브라질 역사상 최악의 참사 중 하나인 히우도시(Rio Doce) 사건으로 500킬로미터에 걸쳐 토사 유출이 일어났다. 추출한 폐기물을 저장한 수만 개의 저류 연못은 환경을 오염시키고 지역 주민의 목숨을 앗아갈 우려가 있다.[80]

농업 부문에서는 화학 오염 주기가 계속해서 확장되어 토양 악화와 수확 감소의 가속화로 이어지기도 했다. 전 세계에서 사용한 화학 비료의 양은 1960년 3000만 미터톤에서 1990년 1억 5000만 미터톤, 그리고 2011년에는 1억 7500만 미터톤으로 증가했다. 〔주로 아시아(1970~2000년 450퍼센트), 남아메리카(200퍼센트), 아프리카(100퍼센트)에서 늘어났다.〕[81] 마찬가지로 화학 농법에 이미 열중하는 나라들에서는 살충제의 양이 1980년대와 2010년 사이에 줄어들지 않고 있다. 지역별로는 상당한 변동성이 있긴 하지만 오히려 정체하거나 심지어 약간 증가하는 경향이 있다. 사용제품의 효능이 대폭(1945년에 비해 10배) 상승했음에도 2007년 전 세계에서 250만 미터톤의 살충제를 소비했는데, 사실 같은 효과를 내기 위해서는 10배 더 적게 써도 된다는 뜻이지만 실제로는 정확히 그렇지도 않았다. 유럽은 전 세계 평균 1.5킬로그램과 비교했을 때 헥타르당 3.9킬로그램(에이커당 약 3.5파운드)을 소비한다. 21세기 초에 —주로 제초제와 살충제, 특히 살진균제의 주요 소비자인 포도밭의 내구력을 위해 —프랑스는 미국과 일본에만 뒤지는 연간 약 11만 미터톤의 살충제를 사용했다.[82]

'녹색 혁명'에 몰두한 아시아, 아프리카, 라틴아메리카의 많은 나라는 더 많은 비료와 살충제를 필요로 하는 다수확 식물을 채택함으로써 자국의 농업을 현대화했다. 1972~1985년 살충제 수입은 아시아에서 261퍼센트, 아프리카에서 95퍼센트, 라틴아메리카에서 48퍼센트 늘었다. 아시아는 1970년 이전에는 아직 작은 소비지였으나 느슨한 규제 감독을 약속한 당국의 지원을 받아 공장을 세운 국제적 대기업들의 중요한 직판점(outlet)이 되었다. 일부 농업용 화학 물질은 점진적으로 금지했지만, 그 밖의 많은 물질을 1970~1980년대에 도입했다. 가령 피레트로이드(pyrethroid), 그다음은 아트라진(atrazine: 프랑스에서는 2002년에 마침내 금지되었다)과 네오니코티노이드(neonicotinoid)—곤충의 중추신경계에 영향을 미친다〔가령 2009년 프랑스에서 특별히 금지된, 바이엘이 생산한 가우초(Gaucho)〕—뿐 아니라 글리포세이트(glyphosate)가 활성 물질인 침투성 (즉 '종합') 제초제를 예로 들 수 있다. 전 세계에서 가장 많이 팔린 글리포세이트는 1975년부터 시판된 몬산토의 라운드업(Rounup)인데, 유럽연합에서 현재 사용 재허가를 논의 중이다. 한편 종자 코팅 같은 신기술은 허용된 물질이 점점 더 침투할 수 있게끔 해준다.[83] 상황은 어느 때보다 더욱 모호해 보인다. 프랑스에서 살충제 사용은 훨씬 더 엄중해졌다. 항공 살포는 엄격히 통제되며, 2017년 1월 1일 지방 당국들은 공공장소에서의 화학제 분사 사용을 금지했다. 2019년 이후에는 살충제 제품을 더 이상 개인들한테 판매하지 않기로 했다. 하지만 유기 농법의 진보에도 불구하고 대체로 농업은 해마다 소비가 계속 늘고 있는—농림부의 공식 통계에 따르면, 2011~2013년 거의 6퍼센트, 2014년에는 9퍼센트—살충제에 여전히 의존한다.[84]

교통에서도 화석 연료 에너지 수요는 역시 줄지 않았다. 1970년대 이래 교통수단은 꾸준히 증가해왔고, 전 세계적으로 자동차의 생태 발자국은 계속해서 늘고 있다.[85] 이 부문에서 공해 문제에 대한 사고는 1970년대 이후 형성된 자동차 문명을 혹평하는 강력한 비판에도 불구하고 아직도 주로 기술적 시각에서 이뤄지고 있다(예를 들면 '청정 자동차' 언급). 프랑스에서 자동차 수는 1985년 2400만 대에서 2015년 3800만 대로 늘었다. 전 세계적으로 1년에 거의 1억 대의 차량이 주로 중국, 미국, 일본 및 독일에서 생산된다. 2010년에는 10억 대의 자동차가 유통되었다. 프랑스의 무가지(無價紙)—주로 광고주들로부터 보조금을 받는 신문—에 따르면, 현 추세로는 이 수치가 2035년에 17억 대까지 불어날 수 있다고 한다. 기사는 자동차가 여전히 "대체 불가능한 이동 자유의 수단"으로 남을 것이 분명하며 "더 청정하고 똑똑하고 효율적이고 공유할 수 있게 만들어져 새로운 활기를 찾을 것"이라고 결론 내렸다.[86]

촉매 변환기는 일산화탄소와 이산화질소 같은 오염 물질의 배출 경감을 보장해왔다. 디젤 엔진의 여과 장치는 미세 입자 오염을 줄여왔다. 그러나 이 모든 기술 개선은 이동 거리 증가는 물론 차량의 크기 및 힘의 계속적인 증대, GPS와 에어컨처럼 많은 내장 전자 장치 추가로 인해 완화—상쇄—되었다.[87] 공해를 경감할 것이라 기대를 모았던 기술—촉매 변환기처럼—이 귀금속〔팔라듐(palladium)과 백금 포함〕 사용에 의존하며, 이런 장치가 공해를 제거하기보다 이전시킨다는 사실 또한 너무 자주 잊곤 한다.[88] 오염이 덜한 엔진과 연료를 개발하려는 노력은 이 모든 물건이 진정으로 필요한지, 혹은 우리가 그것들 전부를 더욱 검소한 방법으로 사용할 수 있을 것인지에 관해 진지하게 재고하는 걸 어렵게 만든다.[89] 다수의 공식 보고서는 교통으로 발생하는 대기 오염의 건강상·금전상 비용을 평가하려 시도한다. OECD 지역만 쳐도 9000억 달러가 될 것이다.[90] 또한 1970년대 이후 자동차 보급은 전 세계 모든 중산층 인구로 확대되어 국가의 부와 제조업체에 큰 이익을 가져왔고, 이들은 계속해서 자동차를 경제적 번영의 지표로 바라보고 있다.[91] 인도에서는 자동차가 현재 이 나라 도시 공해의 주요 원인 중 하나다. 1990년대 말 이미 교통 부문이 전국에서 소비하는 석유 제품의 40퍼센트 이상을 차지했다. 질소 산화물과 공기 중 입자로 인한 공해는 주로 교통수단에서 파생했다. 최초로 배출 기준을 채택한 것은 1990년 들어서였다.[92] 또한 인도는 지난 20년간 주요 자동차 제조국이 되었으며, 타타(Tata)는 모두를 위한 자동차라는 포드의 약속을 남반구 국가들에서 재창출하려고 노력 중이다. 1970년대에는 거의 존재하지 않던 중국의 자동차는 21세기 초 4000만 대에 육박했다. 중국 대도시 지역의 엄청난 공해는 이러한 괄목할 만한 자동차 증가와 관련이 있다. 언론 매체는 이처럼 정점에 오른 자동차 공해에 대해 수시로 보도한다.[93]

육상 차량과 함께 항공 운송도 고려해야 한다. 항공 운송은 1960년대에는 아직 태동기에 있었고 소수의 엘리트만 활용했다(승객 1억 1000만 명). 그 후 승객 수가 10~15년마다 2배로 늘더니 1987년에는 10억 명, 2003년에는 15억 명, 2016년에는 37억 명까지 증가했다. 2030년까지 70억 명으로 늘어날 것으로 예상하는데, 이는 특히 이산화탄소 배출이라는 관점에서 생태에 상당한 영향을 미칠 것이다.[94] 자동차에서 그랬듯 이런 성장에 직면한 당국과 제조업체들은 '지속 가능한' 항공의 시대를 열 '기술적 도약'에 매달리고 있다. 교통 관리 개선, 좀더 효율적인 항공기 및 엔진 발달, 농업 연료(agrofuel: 농업에서 나오는 부산물로 얻는 연료—옮긴이) 사용 덕분에 제조업자들은 항공 여행 및 운송으로 발생하는 공해를 경감할 수 있을 것으로 기대하고 있다.[95]

널리 확산된 기동력과 자동차 보급에 기인한 온실가스 배출의 폭발적 증가는 지구상의 기후 문제에 대한 관심 증대와 더불어 핵의 궤도에도 새로이 힘을 실어줬다. 1960년대 말 최초의 원자력 발전소 건설은 애초

방사능과 관련해 심각한 우려에 부딪쳤다. 하지만 이 두려움은 전 세계의 원자로 수가 급증하는 사이 감소했다. 석유 위기 이후 프랑스의 메스메르(Messmer) 계획―총리의 이름을 딴 것으로 1974년 3월에 채택했다―은 전무후무한 사상 초유의 방대한 건설 프로그램을 촉발했다.[96] 1990년대 초 전 세계에는 약 400개의 원자로가 있었지만, 그 후로 건설은 정체됐다.

2012년에 원자력 부문은 전 세계 생산 전력의 12.9퍼센트, 소비 에너지의 4.4퍼센트를 기록했다. 미국은 가동 중인 원자로를 가장 많이 보유하고 있었다. 프랑스는 국가 에너지 전체에서 원자력의 비중이 1위를 차지했다. 에너지 소비의 37퍼센트와 전력의 78퍼센트가 원자력이었다. 일본도 2011년 이전에 전력의 29퍼센트를 54개 원자로에서 생산해 주요 핵 원자로 보유국―세계 3위―이 되었다. 하지만 1970년대 말부터 몇몇 커다란 사고―1979년 미국의 스리마일섬, 그리고 특히 1986년 소련(우크라이나)의 체르노빌과 2011년 일본의 후쿠시마―이후 원자력의 안전성을 둘러싼 심각한 의문이 들기 시작했다. 소련은 일찍이 1957년 우랄산맥에 있는 키시팀(Kyshtym)의 마야크(Mayak) 원자력 복합 단지에서 원자력 사고를 겪은 적이 있었다. 폭발은 대대적인 방사능 오염을 일으켰다.[97] 하지만 체르노빌 사건은 원자력의 잠재적 성장을 억누를 결정적 시기의 중대 참사였다. 이 사고는 원자력의 장점이라고 여겨지던 비용 편익에 의문을 제기하게 만들었다. 원자로의 노심부가 녹자 방사능 구름이 유럽 전역으로 퍼져나갔다. 그 영향은 수천 킬로미터 밖에서도 느껴졌다. 이 참사의 정확한 대차대조표 확인은 평가하기도 불가능하고 논란의 소지가 있다. 하지만 파손된 부분을 막기 위해 현장에 투입했던 2만 5000~12만 5000명의 '처리자(liquidator)'들이 다소 빠르게 사망하고, 20만 명 이상이 장애에 시달리고, 1만 4000~98만 5000명이 방사능 오염으로 죽었을 가능성이 있다. 몇 년 후 국제연합과 세계보건기구는 1000만 명이 방사능 오염의 영향에 시달리고 그중 다수는 백혈병이나 갑상선암에 걸렸을 것이라고 추정했다. 발전소 주변 지역은 수백 년간 오염된 채로 있을 것이다. 당시 인구 5만 명이던 프리피야트(Pripyat)는 유령 도시가 되었다.[98] 후쿠시마 참사는 특히 일본이 세계에서 가장 엄격한 안전 규약 및 조치를 갖춘 나라에 속했기 때문에 똑같은 공포와 의혹을 다시금 불러일으켰다. 이번에도 또다시 보고(report)가 논란을 자초했고, 많은 연구가 아직 진행 중이다. 하지만 방사능 오염이 입증되었고, 발전소의 냉각수 시스템을 통해 (특히 바다로) 계속 퍼져나가고 있음에도 여전히 아무런 제한을 받지 않고 있다. 여기에 방사능 수치가 처음 의심했던 것보다 높아 계속해서 경종을 울리고 있다.[99]

이런 참사에 직면해 핵 위험 문제를 공해 논쟁에서 제외하기는 불가능하다. 동식물군, 환경 및 발전소 인근에 사는 주민에게 독성 가스를 덜 방출하므로 많은 이들이 원자력을 '녹색'이나 '청정' 에너지원으로 여긴다. 프랑스에서 이런 입장은 가령 엔지니어 장마르크 얀코비치(Jean-Marc Jancovici)로 상징된다.[100] 하지만 원자력 에너지는 우라늄 추출 및 그것의 연료 변형 중에, 그리고 원자로 건설 및 철거 중에, 사실은 주기 내내 이산화탄소를 배출한다. 또한 광산 폐기물이나 공인된 배출물, 혹은 폐기물 관리 및 원자로 철거와 관련한 고질적인 위험으로 인해 암암리에 퍼지는 수많은 방사능 오염도 있는데, 이런 것들은 보통 '선량(線量) 관리 시스템' 기관에 의해 은폐된다.[101] 정부는 지구 온난화 시대의 반핵 비판에 직면해 원자력에 대한 자국의 입장을 수호해야 한다.[102]

방사능 폐기물 문제는 어느 때보다 더 의미심장하다. 1982년까지 엔지니어 사회 내부에서조차 논란 있는 관행이었지만, 10만 미터톤의 방사능 폐기물이 콘크리트 컨테이너에 담긴 채로 바다에 버려졌다. 그중 75퍼센트는 영국에서 나온 것이었다. 이런 관행은 이후 런던 국제협약(1993)에 의해 금지됐지만, 프랑스의 코탕탱(Cotentin)반도 끝에 있는 라아그(La Hague) 핵연료 재처리 시설처럼 배관을 통한 바다 투기는 여전히 벌어지고 있다. 1966년 처음—그리고 애초에는 군사용으로—가동하기 시작한 이 시설은 이후 폐기물 저장 시설을 추가했다. 1970년대에는 토목공학을 통해 시설을 개조했고 독일, 네덜란드, 스위스, 벨기에 및 일본에서 들여온 사용 후 연료를 처리해 방사능 성분을 분리했다. 그리고 이렇게 회수한 플루토늄을 마르쿨 공장으로 운송해서 폐기물을 재처리해 만든 연료, 곧 MOX 연료(Mixed Oxide fuel)를 생산했다. 2014년 프랑스에는 146만 세제곱미터의 방사능 폐기물이 있었다. 두터운 점토층에 아주 깊숙이 매장하는 계획—프랑스의 뷔르(Bure)에 있는 장소처럼—은 철저한 조사와 논쟁의 대상이다. 이 방식은 소수의 사람들이 실행 가능한 유일한 해결책이라고 정당화하지만, 많은 사람이 유해한 오염으로 인한 위험 가능성을 단지 늦추거나 미루는 근시안적 전략이자 엄청난 위협으로 여긴다.[103]

무능함의 구축

공해 규제는 19세기에 확립된 체제의 전형인 대응, 방법 및 관행을 계속해서 따랐다. 측정 도구와 과학적 지식에서 현저한 발전이 있었으니만큼 더 나은 결과가 나왔어야 함에도 여전히 정치적 결정과 새로운 규정을 정당화하는 주요 기준은 전문 지식, 오염을 줄이는 데 거의 아무런 도움도 되지 않는 미흡한 한 다발의 명령과 제약이었다. 생명체의 외부 물질 노출과 관련한 위험을 탐구하는—특히 사람들에게 공해의 위험을 경고하는 최전선에서—학문인 독성학은 공해가 암의 폭발적 증가 원인이라는 사실 같은 위험의 심각성을 묵살하곤 했던 '위로부터의 공중 보건'을 위해 방향을 바꾸기 일쑤였다. 게다가 제조업자는 산업 기밀의 중요성 때문에 자신들이 독성 연구에 대해 알려야 할 의무를 면제받아야 한다고 계속 주장했다.[104] 역학의 경우는 특히 많은 독극물 위험이 요구하는 신속성과 함께 구체적 증거를 입증하려 애쓰다 소외당했다. 또한 역학에서 입증된 결과를 산출한다는 것은 대규모 인간 실험의 원칙과 거기에 수반되는 본질적 위험을 수용한다는 걸 암시했다.[105] 과거처럼 과학자와 대중 사이의 신뢰도 격차가 과학 전문 지식과 당국에 도전장을 던졌다. 점점 더 많은 대중 단체들이 19~20세기 신탁의 전철을 밟은 학계와 행정 당국의 전문 지식 독점에 이의를 제기했다.[106]

오늘날과 마찬가지로 과거에도 물론 절대적으로 무대책이었던 것은 결코 아니다. 완전하게든 부분적으로든 일부 독성 제품을 금지했고, 그것들의 사용은 점점 더 많은 통제를 받았다. 2005년 유럽연합 전역에서 금지된 석면이 바로 그런 사례다(이탈리아는 1993년, 독일은 1994년, 프랑스와 벨기에는 1997년, 영국은 1999년). 물론 석면이 건강에 미치는 영향은 향후 몇십 년 동안 계속해서 느끼겠지만 말이다. 프랑스만 해도 1955~2009년 6만 1000~11만 8000명이 석면 노출에 의해 사망했고, 2050년까지 7만 5000명의 추가 희생자가 있을 것으로 예상된다.[107] 유럽 밖에서는 석면 사용을 계속 허용하고 있으며, 연간 250만 미터톤이 주로 러시아·중국·카자흐스탄·브라질에서 생산된다. 이 수치는 (아직도) 꾸준히 올라가고 있다. 역사적으로 석면 생산국이자 수출국이던 캐나다는 2011년 이후에야 생산 속도를 늦췄으며, 2018년까지는 생산을 중단하지 않으려 했다.[108] 또 다른 상징적 제품은 냉장고와 에어컨 설비에 쓰이는 염화불화탄소다. 이것은 1987년 '오존층 파괴 물질에 관한 몬트리올 의정서'를 이끌어냈고, 2009년에는 모든 나라가 여기에 서명했다. 1994년 세계적으로 프레온 가스 생산을 중단한 후 지구상의 배출 가스가 급감한 것은 전 세계가 오염 물질과의 싸움에서 거둔 대대적인 성공담 중 하나다. 국제연합 환경계획 보고서에 의하면 이러한 금지로 매년 200만 건의 피부암 발생을 막았고, 2016년에는 오존층 약화가 멈추었다. 하지만 언제나 그렇듯 이 과업은 아직 완수되지 않았다. 제조업에서 염화불화탄소의 대체 물질로 도입한 가스 중 수소염화불화탄소(hydrochlorofluorocarbons, HCFC)는 향후 몇 년간 완전히 금지되지 않을 테고―오존층을 파괴해 몬트리올 의정서를 위반한다 해도―수소불화탄소(hydrofluorocarbons, HFC)는 잠재적인 온실가스다. 2016년에는 르완다에서 몬트리올 의정서에 추가 사항을 덧붙인 키갈리 개정서(Kigali Amendment)에 서명했다. 초점은 염화불화탄소의 유해한 대체 물질을 금지하는 것이 목표였지만, 에어컨 사용이 계속해서 확산하는데도 그것을 무엇으로 대체할지는 사실상 알지 못했다.[109] 일반적으로 독성 제품을 금지할 때는 시장이 즉각적인 대체물을 공급할 수 있기 때문이다. 1970년대 이래 여러 나라의 농업 관행에서 금지된 DDT의 경우가 바로 그랬다. 스톡홀름 회의(2001~2004)가 명확하게 일반화하려 했으나 인도는 이를 무시했다.[110] 1970년대부터 지금까지 여러 나라에서 금지한 가연 휘발유나 (일부 국가에서 아직도 허용하고 있기는 하지만) 1976년부터 프랑스에서 금지한 에어로졸 스프레이에 함유된 염화비닐 역시 그런 경우다.[111]

그러나 이런 몇 가지 상징적 사례를 제외하고는 독성 제품의 지속적 확산과 제도적 대응 부족이 공해 이야기를 지배한다. 공해를 직면한 사회적·정치적 무능함의 구축이 현대 공공 정책의 주요 현상이다. 그것은 이 책 전반에 걸쳐 기술한 산업 로비, 노동력에 대한 압력, 그리고 어떤 규제 과정도 경제 성장에 대한 집중적 헌신이라는 핵심을 건드리지 못하도록 보증하는 일련의 구조적 편향 같은 역사적 역학의 연속성으로 설명할 수 있다. 독성 물질 및 방사능 규제의 기초로 사용하는 대부분의 데이터는 산업 자체에 의해 만들어진다. 게다가 많은 규제 기관의 전문가는 그들이 다뤄야 할 산업과 모호한 관계—공개적인 이해관계 충돌, 그러나 좀더 미묘한 묶인—를 갖고 있다. 무능함은 또한 산업과 연구진 사이의 나날이 친밀해지는 관계에 기인한 것일 수도 있다. 일부 과학자가 금전을 대가로 의혹 수준을 인위적으로 유지시키는가 하면, 민간 혹은 관민(官民) 자금이 어떤 지식을 생산하기 어렵게 만든다. '의혹을 파는 사람들'과 이익 로비는 불확실성을 생성하면서 여전히 활발하게 활동하고, 이것이 효과적이거나 야심적인 모든 조치를 가로막는다.[112] 불필요한 우려를 자아내는 연설과 '평상시대로의 사업'을 선호하는 행동 사이의 간극이 추가적인 장애물이자 무능한 규제의 원인으로 현재 떠오르고 있다. 공해 유발 대기업이 누리는 영향력이 이렇게까지 중요한 적은 아마 없었을 것이다. 산업계와 과학계의 긴밀한 연계는 스캔들로 드러난다. 다음은 많은 사례 중 하나다. 요컨대 2017년 저명한 프랑스 폐학자(pulmonologist)이자 디젤로 인한 대기 오염의 위험에 대해 수도 없이 안심해도 좋다고 선언했던 저자 미셸 오비에(Michel Aubier)가 1990년대 이후 거대 석유 기업 토탈과 자신의 유대 관계를 속인 죄목으로 집행유예 6개월을 선고받았다.[113]

환경 규제에 대한 저항은 그저 고전적 형태의 이해관계와 로비 활동의 문제가 아니라 점점 더 미묘하고 은밀한 방식으로 전개되고 있는 무지의 구축 과정이다. 이런 분쟁의 이해관계에 불확실성과 무지를 확실히 세우는 것이 '의혹을 파는 사람들'과 그들의 산업계 고용주한테는 가장 중요하다. 가령 글리콜에테르(glycol ether)의 경우에 드러났듯 말이다. 그것의 비가시성은 대단히 정치적이다.[114] 그래도 역시 공중 보건 문제의 틀이 살충제를 중심으로 짜인 방식은 대립과 불확실성의 패러다임 안에 뿌리를 두고 있으며, 그 패러다임은 데이터의 실제 의미를 약화시키기로 작정한 회의주의자들과 반대되는 데이터 및 도구에 전념하는 정부에 흠집을 낸다.[115] 이 섬뜩한―그리고 너무 흔한―반복구(反復句) 안에서 진실과 위생을 확인하는 데 자산 역할을 해주는 과학의 역량은 난관으로 가득 차 있다. 오히려 과학은 우유부단과 무대책, 심지어 무지의 도구가 되어 왔다. 아그노톨로지―적극적인 무지의 구축―는 19세기에 이미 존재했지만, 그것이 독극물 논쟁에서 중심이 된 것은 1945년 이후 가속화했다. 우리가 현대의 공해를 생각할 때 그것은 어느 때보다 더 결정적이다.[116]

신생 화학 물질과 관련한 노동자의 건강 문제에 대해서도 비슷한 판결을 내릴 수 있다. 전문적인 위험 관리 시스템은 전문가들에 의해 그리고 그들을 위해 고안되며, 이 때문에 고용인(employee) 대표 및 시민이 그 소유권을 갖는 것은 매우 어렵다. 만일 그런 통제가 모든 의도와 목적에도 불구하고 지식의 부족이나 지식에 대한 접근성을 통해 보이지 않게 된다면, 현상 유지가 우세해진다.[117] 동시에 당국은 낡은 산업 현장을 복귀시키고, 그것들이 경관에 남기는 상처에 새로운 의미를 부여함으로써 과거의 공해를 둘러싼 무지의 기운(aura)을 보존한다. 유럽과 미국에서 1970년대에 착수한 산업 유산 정책은 오래된 오염 지역의 흔적을 제거하기 위해―기본적으로―고안됐다. 사실 잔존하는 현장을 영광스러운 기념물로 둔갑시킨 산업 유산은 산업에 희생되어 노후화한 공간을 은폐하려는 전략에서 나온 것이다. 근대 초기 시골의 원형적 공장 건물과 19세기 금속 구조물의 신성한 발자취를 따라가면 이제 현대 화학 공업 세습화의 초기 노력을 목격할 수 있다.[118]

무능함의 구축은 여러 형태를 띠는데, 현상을 저지하려는 시도로 도입된 많은 장치와 법률에도 불구하고 오염의 양 및 강도가 어떻게 계속 증가하는지 설명해준다. 즉 규제 장치는 아주 많은데 19세기에 그랬듯이 공해 기업 보호와는 동떨어져 발달해왔다. 환경법—그리고 더 구체적으로 말하면 오염법—은 점점 더 범죄의 영역을 포함하게 된 새로운 법률 분야로 나타났다. 환경 범죄와 심지어 생태계 파괴 개념까지 흔해졌다.[119] 더욱이 최근에는 환경 행정의 급성장과 국제 협력 강화가 두드러져 약간의 성공과 많은 실망을 초래했다.[120] 그러나 황금률은 어디로 가지 않는다. 국가의 정치적 의지 없이는 법률도 효과가 없다. 1980년대의 보도와 조사는 환경법의 엄청난 비효율성, 불확실성과 모순의 표시인 '바로크 양식'을 부각시켰다.[121] 산업적으로 분류된 프랑스 기관의 경우, 감독관 수는 구조적으로 계속 불충분했고 감독을 요하는 공장보다 훨씬 느리게 늘어났다. 프랑스에서 21세기 초 급격히 증가—1000명 이상—하기 전까지 감독관은 1978년 273명, 1988년 515명, 1996년 581명이었다. 그러나 이런 팽창도 산업 성장을 따라가지는 못했다. 감독관들은 50만 개 넘게 분류된 기관을 맡았다.[122] 영국에서는 관습법과 실용주의가 여전히 규제의 중심이며, 프랑스처럼 감독관은 협상을 선호한다. 형사적 제재는 아직도 드물다.[123]

모든 차원에서—지역과 국가와 세계—점점 더 복잡해지는 규제와 제도상으로 가중된 혼란도 결정과 계획을 쓸모없게 만듦으로써 좋은 의도의 행동을 효과 없게 만드는 데 기여한다.[124] 주로 국제연합이나 그 단체들의 후원하에 결론이 나는 환경에 관한 국제회의는 비준을 한다손 쳐도 그러기 전까지 수년이 걸린다.[125] 더욱이 대부분 회의는 주요 산업 투자자의 이익이나 그들이 행사하는 압력에 응하도록 강력하게 조정된다. 예를 들어, 기후 회의와 온실가스 방지는 과세보다는 탄소 시장—산업이 강행하려 해온 배기가스 거래 시스템—을 바탕으로 한다. 그 결과, 19세기에 도입된 광범위한 환경의 상품화가 계속되어 공해 기업들은 보상금을 지불하면서 공장을 운영할 수 있다.[126]

최근 설립된 유럽의 화학 감독 단체 '화학 물질의 등록, 평가, 허가 및 제한(REACH)'은 적용하기엔 어려움이 있는 초국가적 수준의 또 다른 규제 시도다. 특히 그것이 수용한 많은 면제와 완화 때문이다. 지난한 협상 끝에 2007년 통과된 목표는 제조 및 수입되어 유럽 시장에 나온 화학 물질을 기록 및 평가하고 더 잘 통제하는 것이다. 그러나 이 규제의 가장 중요한 역설은 새로운 제제(formulation, 製劑)가 새로운 감시 활동 체제를 통해 독성을 평가할 수 있는 수준보다 훨씬 더 빨리 시장에 도착한다는 사실에서 비롯됐다. 새로운 화학 물질 평가의 지연을 따라잡은 게 아니라, 한층 더 혼란스럽고 통제 불능인 상황이 된 것이다. 제멋대로 늘어나는 의무 사항을 관리하기 위한 방안으로 규제는 기업당 연간 1미터톤을 초과하는 새로운 물질이나 수입 물질에만 이를 적용했다. 바꿔 말하면 많은 분자, 특히 대단히 가볍거나 노출 지속 시간이 분량보다 훨씬 더 중요한 위험을 제기하는 나노 분자는 관심에서 벗어났다.[127]

그러니까 공해를 억제할 환경법 및 규정의 확산 규모는 달라졌지만, 그 발전이 완전히 순차적이고 연속적인 과정이었던 적은 한 번도 없다. 더 나아가서 과거에 그랬듯 가장 공해가 심한 산업은 환경 기준에 저항하거나 그걸 애매하게 만들거나 유화시키는 것, 혹은 반대를 잠재우는 것을 멈추지 않는다. 많은 국제적·초국가적 규제 노력이 어느 정도 진심 어린 호의를 표현하지만, 대다수 국가는 경제-환경 같은 이분법은 전혀 존재하지 않는다는 합의에 서서히 도달할 때마저 자국의 경제 성장을 가로막을 조짐이 보이면 공해 통제 정책을 고수하길 거부해왔다. 가령 중국에서는 국가환경보호총국의 역할이 커지고 있다. 그곳의 공무원은 1985~1995년 2배로 늘어나 8만 8000명에 달했다. 하지만 결과는 혼재되어 있다. 1990년대 말에는 단 12개의 오염 물질만이 통제 대상이었다. 오직 산업 부문만 주 오염원인 질산염과 살충제에 대한 우려를 약간이나마 표명했다.[128] 중국 체제의 독재적인 조직과 생산 증대에 부여된 우선순위는 끊임없이 환경 계획을 소외시키고 있다. 1998년에는 학계와 환경 운동가 주도로 공해피해자법률지원센터가 발족했다. 이듬해에 공산당은 인민공화국 50주년을 맞아 공해를 제한하기 위해 베이징 소재 공장들에 일시적 가동 중단을 실시했다.[129] 그러나 나쁜 대기 질과 전례 없는 규모 및 밀도의 스모그에 대한 경고는 진정한 '에어포칼립스(airpocalypse: 공기와 대재앙의 합성어—옮긴이)'를 낳았다. 석탄에 대한 지속적인 의존이 이러한 강한 고질적 공해의 주요 원인이다. 만일 중국 당국이 정기적으로 혁신적인 '녹색' 경제로 전환하기 위한 야심 찬 행동 계획을 약속한다면—지금으로서는 부질없지만—생산 추구를 절대 거스르지 않는 이런 미봉책의 성공은 의심하는 게 마땅하다.[130] OECD에 의하면, 2014년 중국에서 대기 오염이 건강에 미친 영향의 경제적 비용은 1조 4100억 달러에 달할 것이다(인도는 5000억 달러).[131]

중국 사례는 환경법 및 규제가 사실은 과거와의 단절 없이 재현, 문화, 정치적 권력관계 및 사회적 균형이 결합된 요소의 그물망에 갇힌 의사 결정자들의 자발적인 정치적 행동에 대단히 의존하고 있음을 드러낸다. 예를 들면, 2014년 멕시코시티 의회가 주민 수백만 명의 건강을 해친대기 질을 개선하기 위해 이 도시에서 공해를 유발하는 자동차를 없애기로 했을 때 모든 조치를 중단할 만큼 강한 아우성을 불러일으켰다.[132] 진정한 정치적 의지가 없으면 그러한 성과는 명시한 목표와 완전히 달라진다. 1975년에 프랑스인들은 1990년까지 80퍼센트의 유출물을 환경으로 되돌리기 전에 처리 및 제거할 계획을 세웠으나 이 목표치에 결코 미치지 못했다. 1988년 발표된 한 보고서는 95퍼센트의 수질 오염 위반이여전히 보고에서 빠지거나 처리되지 않고 있다고 밝혔다.[133] 좀더 최근에는 '그르넬 환경 라운드 테이블(Grenelle Environmental Round Table)'—국가의 환경 문제에 관한 복수 관할 구역 간 대화—이후 2008년 프랑스에서 채택한 에코피토 계획(EcoPhyto plan)은 향후 10년 동안 살충제 사용의 50퍼센트 감소를 목표로 했다. 그 목표는 (앞서 말했듯이) 소비가 계속 늘어나는 바람에 완전히 실패했다.[134] 공해 방지는 여전히 경제적·금전적 이익과 우선순위, 영향력을 위한 투쟁, 권력을 쥔 자들의 이해관계보다 부수적이다. '공해 유발 산업' 복합 단지는 국가와 정부를 갈수록 집락화(集落化)하면서 거기에 유리하도록—유럽의 많은 자동차 제조업체가 개입했던 2015~2016년의 디젤게이트(Dieselgate: 폴크스바겐이 자사 디젤 엔진의 배기가스가 기준치의 40배라는 사실을 은폐하기 위해 기술적으로 조작한 사례—옮긴이) 사건처럼—기존의 기준을 영악하게 속이고 피해가려는 노력을 조직할 수 없을 때 규제를 만든다.[135] 설상가상으로 다수의 정치 지도자는 공해를 심각한 문제로 다루길 거부하고 문제점에 계속 무지하다. 조지 부시(George W. Bush) 대통령 재임 중(2001~2009) 미국 행정부는 국가의 공해 방지를 적극적으로 저지했다. 환경보호국의 규모를 축소하고, 산업 폐기물 관리 프로그램을 동결하고, 1970년대부터 물려받은 대기 질 및 하천 관련 법을 폐기하고, 기후 변화와 그 이면의 과학을 대놓고 부인했다.[136] 버락 오바마 대통령 정부는 물론 환경 문제에 더 큰 관심을 쏟기는 했지만, 2016년 도널드 트럼프가 대통령으로 당선되면서 다수의 국제 협약과 연구 및 행동 프로그램을 문제 삼고 부인하는 정책을 재가동했다.[137]

권력과 비대칭

역사는 공해와의 전쟁에서 결국 사회·정치적 권력관계가 이 갈등의 이면에 있는 동기를 이해하는 데 얼마나 핵심인지를 보여준다. 1970년대에 환경 운동은 일련의 환경적 관심사를 정치적 의제로 확립할 수 있었다. 그러나 역사의 흐름에는 환경과 관련한 이런 잠깐의 시기 말고는 산업주의에 유리한 지배적 의견—그 목적이 새로운 '녹색' 산업주의든, 아니면 정통적인 공해 관행 유지든—과 대중에게 경고하고 오염을 맹렬히 비난하면서도 언제나 소외되었던 환경 단체 사이의 비대칭이 반복되었다. 현대에 와서는 지역별 상황이 일부 안온방해를 제공하고 조금씩 전 세계에 환경 의식이 생겨나고 있는 것 같지만 역사적 연속성에 보조를 맞추고 있는 듯하다.

환경적 실패와 매우 느린 규제 속도는 성장을 가로막는 것이면 무엇이든 거부함으로써, 성장을 신장시키고 싶어 하는 전문가와 의사 결정자들이 구현하는 지배적인 경제적 상상력에 기인한다. 이는 세계화한 경제 체제에서 경쟁력을 갖춰야 할 회사들에 부과될 추가 비용 때문이다. 전쟁 이후 이미 막강해진 다국적 기업은 기동성의 가속화와 자본의 순환에서 이익을 얻었기 때문에 지난 몇십 년간 자신들의 영향력이 커지는 것을 지켜봐왔다. 전 세계에 자회사와 공장을 거느린 이들 복합 기업은 천연 재료와 값싼 노동력을 찾아 자유롭게 이동하는 유동적 독립체다. 그들의 기동성이 환경 규제의 운명에 결정적 역할을 한다. 1970년대에는 국제적 기업들이 약탈 행위와 오염 때문에 비난받았던 반면—슈마허와 일리치 같은 지식인은 이런 조직을 강하게 공격하며 그들의 관행이 역효과를 초래한다고 봤다—1980년대에는 지적(知的) 공격이 공공 정책의 지위를 갱신하고 회복시켰다. 적극적인 경영 담론과 세뇌된 경영진이 불러일으킨 '새로운 자본주의 정신'이 사업가라는 인물을 진보적인 사고의 선구자로 추켜세우고, 그러는 사이 마르크스주의가 위기에 빠져 사회 비판에서 그것이 차지하는 지위는 완전히 만신창이가 됐다. 강요된 낙관주의와 금전적 성공 및 소비의 영원한 찬양이 특징이던 시기에 기업은 난공불락의 토템(totem)이 되었다.[138] 1980년대에 7000개이던 다국적 기업은 현재 약 8만 개에 달한다. 이들은 7500만 명을 고용하고 있으며, 전세계 무역 흐름의 거의 70퍼센트를 차지한다. 일부 남반구 국가의 회사가 국제화하고는 있지만, 대부분의 다국적 기업은 북반구에 기반을 두고 있으며 공해의 불균등한 증가에 크게 기여하고 있다. 그들은 세계의 사회적·생태적 위기에서 담당한 역할 때문에 많은 사람에게 지탄을 받는다. 미국 언어학자 놈 촘스키(Noam Chomsky)는 그 속에서 모든 민주주의적 통제를 벗어나 불법적 권력을 행사하는 '민간 압제'와 '독재 기관'을 본다. 그럼에도 그들의 권력과 영향력 증대에는 굽힘이 없다. 다국적 기업은 위계적인 사회관계, 자연 지배, 법적 처벌 면제를 바탕으로 새로운 유형의 제국을 구현한다.[139] 비즈니스업계는 자신들의 반대자, 특히 탐사 언론을 억압함으로써 활력을 얻는다. 따라서 과세나 법률을 요리조리 빠져나가는 은밀하고 부끄러운 관행에 대한 내부 고발자의 누설에 대응하기 위해 유럽 의회는 2016년 4월, 이들 대기업의 이익을 위한 '영업 비밀에 관한 훈령'을 승인했다. 이런 로비 활동의 보이지 않는 영향력은 개혁 프로젝트와 공해 배출 물질을 제한하려는 모든 시도를 차단하는 데 일조했다.[140]

평상시대로 사업을 한다는 사고방식이 우선인 이런 틀 속에서 환경을 목표로 한 정책은 경쟁력과 수익 추구를 지키려 무던히 애를 쓰기도 했고, 그에 따라 비극적인 '지속 가능한 발전'이라는 수사학의 유산을 낳았다. 이른바 포터 가설(Porter hypothesis)—1991년 하버드대 경영학과 교수[마이클 포터(Michael Porter)—옮긴이]가 이름을 붙였다—은 환경 규제가 공해를 줄이는 동시에 기업 이익을 위협하지 않을 수 있다고 설명한다. 이 논지에 따르면, 우수하고 유연한 표준은 기업으로 하여금 안온방해를 경감시키기 위해 혁신을 밀어붙이게 하는데, 이것이 생산성 향상에 유리하며 장기적으로는 오염 제거 비용보다 예기치 않은 이익을 더 키워준다는 것이다.[141] 이런 연구에서 탐구한 장기적 역학에 들어맞게도 이 논지는 공해 유발 기업이 활동을 전개하는 데 점점 더 유리한 틀을 창출함으로써 궁극적으로는 그들을 지속적으로 보호한다. 포터 가설은 산업 통제 수단을 제안하는 것이라고 주장하지만, 지구 온난화의 경우 이 학문 분야를 지배하는 경제학자들은 계속해서 완전 시장, 주체들의 합리성, 무한히 관대한 대자연뿐 아니라 다른 최전방 조치로 상쇄되는 탄소 시장의 정당화와 오염 부문의 산업 투자에 관한 풍부한 수사법을 들먹인다.[142]

최근 몇 년 동안 새로운 패러다임인 '생태적 현대화'도 부상하고 있다. 이 용어는 경영과 합리주의 그리고 기술상의 개념을 기초로 한 경제와 환경의 관계에 대한 새로운 접근법을 지칭한다. 그것은 환경 보호를 미래 성장을 위한 조건이자 경제적 기회의 원천으로 만든다.[143] 그 옹호자들에 따르면, 공해 규모와 전 세계의 환경 불균형은 너무나 커진 나머지 지구상의 물리적 과정을 완벽하게 통제해야만 그 효과를 상쇄할 수 있을 정도다. 여기서부터 책임감 있고 정보에 밝고 실용적이고 낙관적인 수많은 사람은 미래로 가는 길을 그리며 주로 기술적 해결책을 제시한다. 2015년 미국에서 18명의 과학계 지도자들이 발표한 '신환경운동 서명 (Ecomodernist Manifesto)'이 이 전략의 대표적 본보기다. 이러한 자칭 '환경실용주의자(ecopragmatist)'에게 공해란 근본적으로 혁신의 문제이며, 전 세계적으로 더 나은 기술을 관리할 필요성이다. "인류의 안녕과 환경 파괴를 구분하는" 더 많은 혁신에 의해서 글로벌 기후 변화, 성층권의 오존층 고갈, 해양 산성화, 대기 오염 및 수질 오염을 전부 해결할 수 있으며 한편으로 지구를 다시 녹화하고 최고 부유층의 안락한 첨단 기술을 유지할 수 있다. 석탄과 석유는 삼림 보존 능력 때문에 칭송받는다. 살충제와 트랙터는 수확량을 증대해 더 이상의 농업 팽창을 피하기 때문에 찬양을 받는다. 원자력 에너지는 에너지 부족에 직면해 최고의 해법으로 제시된다.[144]

정치 엘리트, 산업가 및 과학자는 기술적 돌파와 혁신을 공해가 제기하는 위험에 대한 해결책으로 기대한다.[145] 2015년 12월 파리에서 열린 기후 회의에서 나온 최종 합의에는 '공해' '에너지' '석유' '석탄' '생태'란 말이 없다. 반면 '기술'과 '테크놀로지'에 대한 언급은 도처에 보인다. 기후 위험에 관한 합의는 물질주의적 생활 방식에 이의를 제기하지 않으며, 기후공학의 새로운 테크놀로지와 방대한 기술과학 프로젝트를 홍보한다.[146] 이러한 틀 속에서 지구공학은 테크놀로지 열풍에 대한 청춘의

샘(fountain)이다. 다국적 기업과 소수의 주요 공공 기관에 의해 이것은 예를 들면, 공해 활용 시스템을 상상함으로써 기술과학적 해법을 제공한다고 홍보된다. 지구공학은 모든 것을 통제하기 위해 모든 것을 인위적으로 만드는 작업을 옹호한다. 노벨 화학상 수상자 파울 크뤼천(Paul Crutzen)의 제안대로 온실가스 효과를 보상하기 위해 대량의 유황을 대기 중에 주입하는 지경으로까지 말이다.[147] 19세기의 과학적 논리를 따른다면, 공해는 아직도 개념상으로 고유의 과학적 문제다. 많은 보고서는 빅 데이터와 로봇공학 덕분에 출현할 더 깨끗하고 효율적인 'e-농업'을 정치적 선택이 약속하도록 이끈다.[148] 모순 어법이 확산한다. '녹색 경제'에는 이렇게 더 낮고 더 푸르고 더 부유한 미래에 대한 공약이 많다. 에코디자인(ecodesign)은 처음부터 공해를 피하기 위해 고안한 재료를 생산해야 한다. 가상의 미래에는 "화학, 방사능 또는 생물학적 오염 물질 피해자의 피를 청소할 수 있는 마이크로스피어(microsphere: 직경 0.01~100마이크로미터의 미립자—옮긴이)" 아니면 "질소 분자를 삼키는 정화된 타르"나 토양과 물을 정화할 수 있는 "오염 물질 제거 미생물"처럼 위험 물질을 흡수할 수 있는 기적의 코팅이 도입될 것이다.[149] 생태학자와 생물학자는 그들대로 "공해를 분산시킬 생태학적 해법"을 연구하고 있다. 생태계의 완전한 복구는 불가능하지만, 오염된 경관에서 오염 물질을 제거할 천연 전략이 점점 더 늘어나고 있다. '토양 식물 정화법'은 식물과 미생물을 사용해 "토양 오염 물질을 추출하고, 억제하고, 비활성화하고, 분해할" 수 있게끔 할 것이다. 많은 이들은 언젠가 존재했던 기술자 패러다임을 다시 활성화하기 위해 '생태 기술(ecotechnology)'과 '복원 과학'의 발달을 요구한다. 하지만 전문가들은 지나치게 되면 어떠한 환경 수선(repair)도 환상에 불과해지는 제한과 임계값이 있기 때문에 이 모든 오염 제거 기술로는

불충분하다는 걸 인정한다.[150]

또 다른 예언가들은 새로운 '무한 청정' 에너지 궤적의 출현을 선언한다. 제러미 리프킨은 산업 시대의 구식 안온방해와 단절할 수소 경제의 출현을 예고한 바 있다.[151] 에어 리퀴드(Air Liquide) 그룹의 aB&T(advanced Business and Technologies) 부사장이자 유럽 기구들에서 이 부문의 영향력 있는 로비스트인 피에르에티엔 프랑크(Pierre-Étienne Franc)에 의하면, 과거 10년 동안 "대기 오염 방지"에서 향후 "유일한 길"을 보여주는 수소 체제의 발달을 촉진하기 위해 수많은 출판물, 프로젝트, 투자가 있었다.[152] 지질학자들은 그들대로 생산에서 어떠한 화석 에너지도 필요로 하지 않을 것이며, 따라서 '무공해' 에너지를 제공할 '천연 수소'의 무한한 잠재력을 옹호한다. 물론 저자들도 이런 약속이 아직 전혀 입증되지 않았음을 인정하지만 말이다.[153] 공해 방지는 신제품을 판매하고, 자금을 확보하고, 공공 당국과 시민의 관심을 끌어들이기 위한 보편적인 마케팅 및 광고의 논거가 되었다. 재생 가능 에너지(태양과 풍력 등등)에 대한 열풍이 이러한 논리의 일부일 때도 있다.

'경제적 현실주의', 인간의 독창성뿐 아니라 시장의 장점에 대한 낙관주의, 자유주의적이고 기업가적인 사고, 이 모두를 결합한 강압 수단에 봉착해 환경과 공해를 둘러싼 접근법을 가지고 경제적 결정이 지구상의 생태적 리듬에 제약을 받기 마련이라고 주장하는 운동은 변함없이 주변화하고 무시된다. 이 주변성은 그들의 경고를 사람들이 듣지 않는다는 게 아니라, 규제에 미치는 그것의 영향력이 매우 제한적이고 항상 의사 결정의 주변부에 있다는 뜻이다. 사실 묵시록적인 극영화 및 다큐멘터리, 언론의 탐사 보도, 충실한 논문은 각국에서 기업가의 책임, 기업가와 정책 입안자의 묵인을 규탄하면서 현 상태의 문제를 재탕한다. 프랑스에서는 에르베 켐프, 파브리스 니콜리노, 마리모니크 로뱅(Marie-Monique Robin) 같은 언론인―퀘벡의 장피에르 로젤(Jean-Pierre Rogel)처럼―이 끈질긴 현상 유지에 대해 가장 목소리를 높이는 비판자에 속한다.[154] 생태학을 미래에 관한 광범위한 새로운 의견으로 여기고, 오염 관행에 대한 저항이 현대 생활의 중심 교리가 될 수 있을 거라는 생각은 유행으로 자리 잡았다. 반공해 운동의 호전성이 '하이브리드(hybrid) 사회'―나라별로 이 운동의 정도에 따라 어두운 녹색 또는 밝은 녹색―의 막을 열며 정통성의 형태를 획득한 것이 사실이다. 동시에 단체의 제도화와 생태학적 호전성은 갖가지 경로를 따라가며 계속된다.[155] 전 세계 어디서나 환경 단체가 생겨나고 있고, 정치 분야에는 녹색 정당이 성장하고 있으며, 국제 비정부 기구가 공해 방지와 그 위험에 대해 여론에 경종을 울리는 쪽으로 활동 분야를 확장하고 있다.[156]

하지만 공해와 오염은 몇몇 지역과 특정 제품의 예외는 있으나 그럼에도 지난 40년간 줄어들지 않았다. 다수의 표준화 전략이 정치생태학의 자격을 박탈하고, 공해를 통제할 수 있다면 그걸 견딜 만한 대상으로 만들기 위해 작동 중이다. 무한 성장과 행복한 세계화 비전을 가진 이상주의자들―자신들 정책의 생태학적 결과를 알아차리지 못한다―은 끊임없이 비판을 흡수하려 하고, 급진적이고 묵시록적인 담론을 체념한 수용으로 변모시키는 데 성공을 거두고 있다.[157] 하지만 좀더 폭넓게 보면, 공해 문제는 언론 매체에서 완곡어법으로 프레이밍(framing)된다. 기업가들이 세계의 전반적인 조직과 그 생산적·소비주의적 모델에는 한 번도 의문을 제기하지 않은 채 작은 개별적 제스처와 착한 관행을 요구하는 해법이다.[158]

공해가 불평등과 국제적 불공정을 부각시키는 반면, 그에 대한 규제는 권력과 전문 지식의 급진적 개조를 요구한다. 경제의 물질주의를 감소시키고 '청정' 무한 에너지를 발명하기 위한 혁신의 요구는 공해 없는 세상에서 사는 데 필요한 사회·정치적 구조와 생활 양식의 재해석을 절대 허용하지 않는다.[159] 공약의 현대화 그리고 탈정치화와 위선의 다양한 전략에 직면했을 때, 그 밖의 방안으로는 현대 사회의 생태 발자국과 방출된 오염 물질의 양을 줄일 수 있는 유일한 방법으로 물질주의나 에너지 중독성이 낮은 궤적을 고려하는 것이 포함된다. 최근의 시나리오는 희망을 불러일으키는 모델이 있음을 입증한다. 거기에는 개발의 자유가 주어질 경우 2050년까지 100퍼센트 재생 가능 에너지를 향한 초석을 마련하고 있는 네가와트 협회(négaWatt association)가 제시한 경로처럼 생산 및 소비 구조의 재고(再考)가 포함된다.[160] 마찬가지로 제이슨 코번(Jason Corburn)의 '거리 과학(street science)' 연구는 천식, 대기 오염, 납 오염에 대한 브룩클린(Brooklyn)의 지역 사회 운동이 어떻게 환경 불평등 인식을 알리고 공해 문제 구축의 민주화를 활성화하고 있는지 보여준다.[161] 새로운 프로젝트들에는 불가피하다고 여겨지는 공해를 (기껏) 통제하기 위해 기술 과학적인 세계의 인공화(artificialization)를 강조하는 게 아니라, 무한 성장 공약에서 등을 돌리고 더 냉철하고 공평한 생활 방식을 선호하는 것이 포함된다.

• • •

인간의 활동이 환경에 미치는 유해 효과는 지역의 안온방해에서 전 지구적 공해로 바뀌었다. 이런 변신에 대한 역사적 탐구는 그 원인과 영향을 밝혀왔고, 현재 심연을 향한 제어 불능의 경주처럼 보이는 현상에 의

그림 11.2 ───

프로젝트: '댄싱'; 작가: Pasha Cas; 큐레이터: Rash X; 사진: Olya Koto; 장소: Temirtau, Kazakhstan, 2016. 카자흐스탄의 산업 도시 테미르타우에 있는 아파트 건물 벽면에 전시된, 스트리트 아트 예술가 파샤 카스의 이 작품은 앙리 마티스의 유명한 그림 '춤'을 환기시킨다. 이미지는 석유에서 파생된 부를 신격화하는 세상에 대해 경고하며, 그 주위를 사람들이 만족스러운 듯 착각하며 돌고 있다. 한편 배경에 있는 도시의 금속 공장에서 발생한 납 오염 수치는 공인된 기준보다 5배 더 높다.

미를 부여했다. 사회과학의 관점에서 봤을 때 이런 진단은 물리학, 생화학, 생태독성학, 의학, 법학 및 경제학 등 다른 학문과 공유해야 한다. 지구는 더욱 더워지고, 바다는 더욱 산성화하고, 종들은 사라지고, 인간의 신체는 달라지고 있다. 이 모든 걸 역사적 시각에서 바라보는 것은 망연자실한 상태로 가라앉거나 혹은 우리가 효과적으로 조치할 수 없는 불가피한 과정을 그저 상상만 하고 있지 않도록 해준다. 오히려 우리는 공해가 무엇보다 대량 오염의 시대에 논의해야 할 진보 개념에 의존하는 사회적·정치적 사실이라는 점을 이해할 수 있다. 지속적 공해, 합성 분자나 핵 분자 속 공해의 잔존, 북극에서 우주까지 가장 고립된 지역으로의 지리적 확산, 그리고 잔류물의 전례 없는 파편화는 특히 난제를 제기하며 어떠한 해결책도 모호하고 벅차게 보이도록 만드는 게 사실이다. 하지만 행동 수단과 힘의 균형은 물론이고 굴절과 중요한 순간 그리고 관성을 지적하는 장기적 성찰이 더 공정하고 덜 유해한 세상을 예고함으로써, 현대의 환경 문제에 직면할 수 있는 새로운 사회적·정치적 배열의 출현을 이해하고 그 문을 여는 열쇠를 제공할 거라고 기대하는 것은 가능하다—사실상 중요하다.

주

서문

1. Daron Acemoglu, Philippe Aghion, Leonardo Bursztyn, and David Hemous, "The Environment and Directed Technical Change," *American Economic Review*, vol. 102, no. 1 (2012): 131-166.

2. John Copeland Nagle, "The Idea of Pollution," *UC Davis Law Review*, vol. 43, no. 1 (2009): 1-78.

3. Mary Douglas, *De la souillure: Essai sur les notions de pollution et de tabou* (Paris: Maspero, 1971 [1966]).

4. Patrick Fournier, "De la souillure à la pollution: Un essai d'interprétation des origines de l'idée de pollution," in *Le Démon moderne: La pollution dans les societies urbaines et industrielles d'Europe*, edited by Christoph Bernhardt and Geneviève Massard-Guilbaud (Clermont-Ferrand, France: Presses universitaires Blaise-Pascal, 2002), 33-56.

5. Adam W. Rome, "Coming to Terms with Pollution: The Language of Environmental Reform (1865-1915)," *Environmental History*, vol. 1, no. 3 (1996): 6-28.

6. Edward Frankland, "Les eaux de Londres," *Revue des cours scientifiques de la France et de l'étranger*, no. 3 (19 December 1868): 34-40.

7. 예를 들면, 프랑스에서는 다음에 실린 두 편의 논문. *Bulletin de la Société libre d'émulation du commerce et de l'industrie de la Seine-Inférieure, année 1873* (Rouen: Henry Boissel, 1874), 70, 72, 197.

8. The Lancet, *Pollution de la Tamise par la vidange* (Paris: J. Cusset, 1883); André-Justin Martin, *Congrès internationald'hygiène et de démographie de 1889: Rapports sur la protection des cours d'eau et des nappes souterraines contre la pollution des résidus industriels* (1889).

9. Peter Thorsheim, *Inventing Pollution: Coal, Smoke, and Culture in Britain since 1800* (Athens: Ohio University Press, 2006).

10. Christoph Bernhardt and Geneviève Massard-Guilbaud, "Écrire l'histoire des pollutions," in *Le Démon moderne*, edited by C. Bernhardt and G. Massard-Guilbaud (Clermont-Ferrand, France: Presses universitaires Blaise-Pascal, 2002), 9-30.

11. Guy Debord, *A Sick Planet*, translated by Donald Nicholson-Smith (London: Seagull Books, 2008), 77.

12. Stéphane Foucart, *La Fabrique du mensonge: Comment les industriels manipulent la science et nous mettent en danger* (Paris: Denoël, 2013); Naomi Oreskes and Erik M. Conway, *Les Marchands de doute: Ou comment une poignée de scientifiques ont masqué la vérité sur des enjeux de société tels que le tabagisme et le réchauffement climatique* (Paris: Le Pommier, 2012 [2010]).

13. 종합을 시도했다. 예를 들어 Adam Markham, *A Brief History of Pollution* (London, Earthscan, 1994) 참조.

14. Grégory Quenet, *Qu'est-ce que l'histoire environnementale?* (Seyssel, France: Champ Vallon, 2014).

15. John R. McNeill, *Something New under the Sun: An Environmental History of the Twentieth Century* (New York: Norton, 2000). 2010년에야 프랑스어로 번역되었다. *Du nouveau sous le soleil: Une histoire de l'environnementmondial au xxe siècle* (Seyssel, France: Champ Vallon, 2010); Joachim Radkau, *Nature and Power: A Global History of the Environment* (Cambridge: Cambridge University Press, 2008 [2000]); Stephen Mosley, *The Environment in World History* (London: Routledge, 2010).

16. Geneviève Massard-Guilbaud, *Histoire de la pollution industrielle (France,*

1789-1914) (Paris: EHESS, 2010), 325.

17. Christophe Bonneuil and Jean-Baptiste Fressoz, *L'Événement anthropocène: La Terre, l'histoire et nous* (Paris: Le Seuil, 2013); Jason Moore, *Capitalism in the Web of Life: Ecology and the Accumulation of Capital* (London: Verso, 2015).

18. Alf Hornborg, *Global Ecology and Unequal Exchange: Fetishism in a Zero-Sum World* (London: Routledge, 2011), 48.

19. Stefan Giljum and Roldan Muradian, "Physical Trade Flows of Pollution-Intensive Products: Historical Trends in Europe and the World," in *Rethinking Environ-mental History: World-System History and Global Environmental Change*, edited by Alf Hornborg, John R. McNeill, and Joan Martinez-Alier (Lanham, MD: AltaMira Press, 2007), 307325.

1부 환경의 산업화 및 자유화(1700~1830)

1. Fernand Braudel, *Civilisation matérielle, économie et capitalisme (xve-xviiie siècle)*, 3 vols. (Paris: Armand Colin, 1979); Immanuel Wallerstein, *The Modern World-System, vol. 2, Mercantilism and the Consolidation of the European World-Economy (1600-1750)* (Cambridge: Cambridge University Press, 1980).

2. Serge Gruzinski, *Les Quatre Parties du monde: Histoire d'une mondialisation* (Paris: La Martinière, 2004); Gruzinski, *L'Aigle et le dragon: Démesure européenne et mondialisation au xvie siècle* (Paris: Fayard, 2012); Sanjay Subrahmanyam, "Connected Histories: Notes towards a Reconfiguration of Early Modern Eurasia," *Modern Asian Studies*, vol. 31, no. 3 (1997): 735-762.

3. Christopher A. Bayly, *La Naissance du monde moderne* (Paris: Éd. de l'Atelier/Éd. Ouvrières, 2007 [2004]), 1장; Kenneth Pomeranz, *Une grande divergence: La Chine, l'Europe et la construction de l'économie mondiale* (Paris: Albin Michel, 2010 [2000]).

4. John F. Richards, *The Unending Frontier: Environmental History in the Early Modern* Centuries (Berkeley: University of California Press, 2003); Carolyn Merchant, *Death of Nature: Women, Ecology, and the Scientific Revolution* (San Francisco: Harper & Row, 1980).

5. Robert B. Marks, "The Modern World since 1500," in *A Companion to Global Environmental History*, edited by John R. McNeill and Erin Stewart Mauldin (Oxford: Wiley-Blackwell, 2012), 57-78.

6. Jan De Vries, "The Industrial Revolution and the Industrious Revolution," *Journal of Economic History*, vol. 54, no. 2 (1994): 249-270.

7. Jan Luiten Van Zanden, ed., *The Long Road to the Industrial Revolution: The European Economy in a Global Perspective (1000-1800)* (Leiden: Brill, 2009); Patrick Verley, "La révolution industrielle. Histoire d'un problème," in *La Révolution industrielle*, edited by P. Verley (Paris: Gallimard, 1997), 13-120; Verley, *L'Échelle du monde: Essai sur l'industrialisation de l'Occident* (Paris: Gallimard, 1997).

01 스케치: 공해의 앙시앵 레짐

1. Pierre Quef, *Histoire de la tannerie* (Paris/Namur: Wesmael-Charlier, 1958); Peter C. Welsh, "A Craft That Resisted Change: American Tanning Practices to 1850," *Technology and Culture*, vol. 4, no. 3 (1963): 299-317.

2. Jean-Pierre Leguay, *La Pollution au Moyen Âge* (Paris: Éd. Jean-Paul Gisserot, 1999).

3. Mary Douglas, *De la souillure: Essai sur les notions de pollution et de tabou* (Paris: Maspero, 1971 [1966]); Michel Serres, *Le Malpropre: Polluer pour s'approprier?* (Paris: Le Pommier, 2008).

4. Madhav Gadgil and Ramachandra Guha, *This Fissured Land: An Ecological History of India* (Berkeley: University of California Press, 1992).

5. Gerald Groemer, "The Creation of the Edo Outcaste Order," *Journal of Japanese Studies*, vol. 27, no. 2 (2001): 263-293; Rama Sharma, *Bhangi, Scavenger in Indian Society: Marginality, Identity and Politicization of the Community* (New

Delhi: M.D. Publications, 1995); Vijay Prashad, *Untouchable Freedom: A Social History of a Dalit Community* (New Delhi: Oxford University Press, 2000).

6. Patrick Fournier, "De la souillure à la pollution: Un essai d'interprétation des origines de l'idée de pollution," in *Le Démon moderne: La pollution dans les societies urbaines et industrielles d'Europe*, edited by Christoph Bernhardt and Geneviève Massard-Guilbaud (Clermont-Ferrand, France: Presses universitaires Blaise-Pascal, 2002), 33-56.

7. Bertrand Gille, ed., *Histoire des techniques: Technique et civilisations, technique et sciences* (Paris: Gallimard, 1978).

8. Gérard Gayot, *Les Draps de Sedan (1646-1870)* (Paris: EHESS/Terres ardennaises, 1998); Jean-Michel Minovez, *La Puissance du Midi: Drapiers et draperies, de Colbert à la Révolution* (Rennes, France: Presses universitaires de Rennes, 2012).

9. Paul Delsalle, *La France industrielle aux xvie-xviie-xviiie siècles* (Paris/Gap: Ophrys, 1993), 247-257.

10. Jean-Pierre Darcet, *Description d'une magnanerie salubre* (Paris: Huzard, 1838); David Jenkins, ed., *The Cambridge History of Western Textiles* (Cambridge: Cambridge University Press, 2003), 12장 참조.

11. François Jarrige, "Quand les eaux de rouissage débordaient dans la cité. Essai sur le mode d'existence d'une nuisance (France, xviiie-xixe siècle)," in *Débordements industriels: Environnement, territoire et conflit (xviiie-xxie siècle)*, edited by Thomas Le Roux and Michel Letté (Rennes, France: Presses universitaires de Rennes, 2013), 137-154.

12. Brenda Collins and Philip Ollerenshaw, *The European Linen Industry in Historical Perspective* (Oxford: Oxford University Press, 2003).

13. Sylvain Olivier, "Rouissage et pollution des cours d'eau en Languedoc méditerranéen au xviiie siècle" in *Pollutions industrielles et espaces méditerranéens (xviiie-xxie siècle)*, edited by Laura Centemeri and Xavier Daumalin (Aix-en-Provence, France: Karthala, 2015), 29-44.

14. André Guillerme, *Les Temps de l'eau. La cité, l'eau et les techniques (nord*

de la France, fin iiie-début xixe siècle) (Seyssel, France: Champ Vallon, 1983), 168-169; Leonard Rosenband, *La Fabrication du papier dans la France des Lumières: Les Montgolfier et leurs ouvriers (1761-1805)* (Rennes, France: Presses universitaires de Rennes, 2005 [2000]).

15. Brenda J. Buchanan, ed., *Gunpowder, Explosives and the State: A Technological History* (Aldershot, UK: Ashgate, 2006); Jan Lucassen, "Working at the Ichapur Gunpowder Factory in the 1790s," *Indian Historical Review*, vol. 39, no. 1-2 (2012): 19-56, 251-271.

16. Wayne D. Cocroft, *Dangerous Energy: The Archaeology of Gunpowder and Military Explosives Manufacture* (Swindon, UK: English Heritage, 2000).

17. Denis Woronoff, *Histoire de l'industrie en France (du xvie siècle à no. jours)* (Paris: Le Seuil, 1996), 105-143; Robert Delort and François Walter, *Histoire de l'environnement européen* (Paris: Presses universitaires de France, 2001); Fernand Braudel, *Civilisation matérielle*, vol. 3, *Le Temps du monde.*

18. Braudel, *Civilisation matérielle*, vol. 3.

19. Dean T. Ferguson, "Nightsoil and the 'Great Divergence': Human Waste, the Urban Economy and Economic Productivity (1500-1900)," *Journal of Global History*, vol. 9, no. 3 (2014): 379-402.

20. Susan B. Hanley, "Urban Sanitation in Preindustrial Japan," *Journal of Interdisciplinary History*, vol. 18, no. 1 (1987): 1-26.

21. Vijay Prashad, "The Technology of Sanitation in Colonial Delhi," *Modern Asian Studies*, vol. 35, no. 1 (2001): 113-155.

22. Guy Dejongh, "New Estimates of Land Productivity in Belgium, 1750-1850," *Agricultural History Review*, vol. 47, no. 1 (1999): 7-28; Isabelle Parmentier, "Résidus de consommation, tri sélectif et recyclage à Nivelles au xviiie siècle," *Bijdragen tot de geschiedenis*, vol. 84, no. 4 (2001): 399-417.

23. André Guillerme, *Les Temps de l'eau.*

24. Chloé Deligne, *Bruxelles et sa rivière. Genèse d'un territoire urbain (xiie-xviiie siècle)* (Turnhout, Belgium: Brepols, 2003), 107-108; Emily Cockayne, *Hubbub: Filth, Noise and Stench in England (1600-1770)* (New Haven, CT:

Yale University Press, 2007); Thomas Le Roux, "Une rivière industrielle avant l'industrialisation: la Bièvre et le fardeau de la prédestination (1670-1830)," *Géocarrefour*, vol. 85, no. 4 (2010): 193-207.

25. Pierre-Denis Boudriot, "Essai sur l'ordure en milieu urbain à l'époque préindustrielle: Boues, immondices et gadoue à Paris au xviiie siècle," *Histoire, économie et société*, vol. 5, no. 4 (1986): 515-528; Boudriot, "Essai sur l'ordure en milieu urbain à l'époque préindustrielle: De quelques réalités écologiques à Paris aux xviie et xviiie siècles. Les déchets d'origine artisanale," *Histoire, économie et société*, vol. 7, no. 2 (1988): 261-281.

26. Reynald Abad, "Les tueries à Paris sous l'Ancien Régime ou pour-quoi la capitale n'a pas été dotée d'abattoirs aux xviie et xviiie siècles," *Histoire, économie et société*, vol. 17, no. 4 (1998): 649-676; Margaret Dorey, "Controlling Corruption: Regulating Meat Consumption as a Preventative to Plague in Seventeenth-Century London," *Urban History*, vol. 36, no. 1 (2009): 24-41.

27. Brian W. Peckham, "Technological Change in the British and French Starch Industries (1750-1850)," *Technology and Culture*, vol. 27, no. 1 (1986): 18-39.

28. Line Teisseyre-Sallmann, "Urbanisme et société: l'exemple de Nîmes aux xviie et xviiie siècles," *Annales ESC*, vol. 35, no. 5 (1980): 965-986.

29. Eva Halasz-Csiba, "Le tan et le temps: Changements techniques et dimension historique du tannage en France (xive-xviiie siècle)," *Techniques et culture*, vol. 38, no. 1 (2001): 147-174; Jean-Claude Dupont and Jacques Mathieu, *Les Métiers du cuir* (Québec: Presses de l'université de Laval, 1981), 130.

30. Jocelyne Perrier, "Les techniques et le commerce de la tannerie à Montréal au xviiie siècle," *Scientia Canadensis, Canadian Journal of the History of Science, Technology and Medicine*, vol. 24, no. 52 (2000): 51-72; H. Depors, *Recherches sur l'état de l'industrie du cuir en France, pendant le xviiie siècle et le début du xixe siècle* (Paris: Imprimerie nationale, 1932), 85; Daniel Heimmermann, *Work, Regulation and Identity in Provincial France: The Bordeaux Leather Trades (1740-1815)* (New York: Palgrave Macmillan, 2014); Jean-Pierre Henri Azéma, *Moulins du cuir et de la peau: Moulins à tan et à*

chamoiser en France (xiiᵉ-xxᵉ siècle) (Nonette, France: Éd. Créer, 2004).

31. Robert Fox and Agustí Nieto-Galan, eds., *Natural Dyestuffs and Industrial Culture in Europe (1750-1800)* (Canton, MA: Science History Publication, 1999); Christine Lehman, "L'art de la teinture à l'Académie royale des sciences au xviiiᵉ siècle," *Methodos*, no. 12 (2012). https://journals.openedition.org/methodos/2874#text.

32. Daniel Faget, "Une cité sous les cendres: Marseille et les pollutions savonnières (1750-1850)," in *Débordements industriels: Environnement, territoire et conflit (xviiiᵉ-xxiᵉ siècle)*, edited by Thomas Le Roux and Michel Letté (Rennes, France: Presses universitaires de Rennes, 2013), 301-315.

33. Fernand Braudel, *Civilisation matérielle*, vol. 1, *Les Structures du quotidien*, 421-435 and 607-615.

34. Georges Vigarello, *Le Propre et le sale: L'hygiène du corps depuis le Moyen Age* (Paris: Le Seuil, 1985); Vigarello, *Le Sain et le malsain. Santé et mieux-être depuis le Moyen Âge* (Paris: Le Seuil, 1993); Vigarello, "Le sain et le malsain," special issue of *Dix-huitième siècle*, 1977; Fournier, "De la souillure à la pollution."

35. Keith Thomas, *Dans le jardin de la nature: La mutation des sensibilités en Angleterre à l'époque moderne (1500-1800)* (Paris: Gallimard, 1985).

36. 이 전제는 중세 연구가 린 화이트(Lynn White)가 다음에서 제안한 유명한 논지를 따른다. *Medieval Technology and Social Change* (Oxford: Oxford University Press, 1962). 또한 White, "The Historical Roots of Our Ecological Crisis," *Science*, vol. 155, no. 3767 (1967): 1203-1207 참조.

37. Ferhat Taylan, *Mésopolitique: Connaître, théoriser, gouverner les milieux de vie (1750-1900)* (Paris: Presses de la Sorbonne, 2018).

38. Mark Jenner, "Environment, Health and Population," in *The Healing Arts: Health, Disease and Society in Europe (1500-1800)*, edited by Peter Elmer (Manchester, UK: Manchester University Press, 2004), 284-314; Gilles Denis, "Dégâts sur les plantes, des météores aux manufactures: De la rosée de miel (Stanhuf, 1578) aux gaz vénéneux (Candolle, 1832)," in *Ordre et désordre du*

monde: *Enquête sur les météores, de la Renaissance à l'âge moderne*, edited by Thierry Belleguic and Anouchka Vasak (Paris: Hermann, 2013), 389-422.

39. Jo Wheeler, "Stench in Sixteenth-Century Venice," in *The City and the Senses: Urban Culture since 1500*, edited by Alexander Cowan and Jill Steward (Aldershot, UK: Ashgate, 2007), 25-38; Carlo Cipolla, *Contre un ennemi invisible: Épidémies et structures sanitaires en Italie de la Renaissance au xviie siècle* (Paris: Balland, 1992 [1978]).

40. Denis, "Dégâts sur les plantes."

41. Julien Vincent, "Ramazzini n'est pas le précurseur de la médecine du travail: Médecine, travail et politique avant l'hygiénisme," *Genèses: Sciences sociales et histoire*, vol. 89, no. 4 (2012): 88-111.

42. Mark Jenner, "The Politics of London Air: John Evelyn's *Fumifugium* and the Restoration," *The Historical Journal*, vol. 38, no. 3 (1995): 535-551.

43. Harold Cook, "Policing the Health of London: The College of Physicians and the Early Stuart Monarchy," *Social History of Medicine*, vol. 2, no. 1 (1989): 1-33.

44. Roselyne Rey, "Anamorphoses d'Hippocrate au xviiie siècle," in *Maladie et maladies. Histoire et conceptualisation. Mélanges en l'honneur de Mirko Grmek*, edited by Danielle Gourevitch (Geneva: Droz, 1992), 257-276; Charles-Louis Montesquieu, *L'Esprit des lois*, 1748.

45. Pierre Van Musschenbroek, *Essai de physique*, 2 vols. (Leiden: Samuel Luchtmans, 1739, 1751 [1726]). 인용은 2권, 615-617쪽에서 가져왔다.

46. Pierre Darmon, *L'Homme et les microbes (xviie-xxe siècle)* (Paris: Fayard 1999); Jean-Pierre Peter, ed., *Médecins, climats et épidémies à la fin du xviiie siècle* (Paris/La Haye: Mouton, 1972).

47. James C. Riley, *The Eighteenth-Century Campaign to Avoid Disease* (London: Macmillan, 1987); Vladimir Janković, *Confronting the Climate: British Airs and the Making of Environmental Medicine* (New York: Palgrave Macmillan, 2010).

48. Alain Corbin, *Le Miasme et la jonquille: L'odorat et l'imaginaire social (xviie-*

xixe siècle) (Paris: Aubier, 1982); Jean-Pierre Goubert, "Le phénomène épidémique en Bretagne à la fin du xviiie siècle (1770-1787)," *Annales ESC*, vol. 24, no. 6 (1969): 1562-1588; Sabine Barles, *La Ville délétère: Médecins et ingénieurs dans l'espace urbain (xviiie-xixe siècle)* (Seyssel, France: Champ Vallon, 1999); Arlette Farge, "Signe de vie, risque de mort: Essai sur le sang et la ville au xviiie siècle," *Urbi*, no. 2 (1979): 15-22.

49. Mark Jenner, "Follow Your Nose? Smell, Smelling and Their Histories," *American Historical Review*, vol. 116, no. 2 (2011): 335-351; Cockayne, *Hubbub*; Elizabeth Foyster, "Sensory Experiences: Smells, Sounds and Touch in Early Modern Scotland," in *A History of Everyday Life in Scotland (1600-1800)*, edited by Elizabeth Foyster and Christopher Whatley (Edinburgh: Edinburgh University Press, 2010), 217-233; Douglas Biow, *The Culture of Cleanliness in Renaissance Italy* (Ithaca, NY: Cornell University Press, 2006).

50. Wheeler, "Stench in Sixteenth-Century Venice"에서 재인용.

51. Gilles Denis, "Normandie, 1768-1771: Une controverse sur la soude," in *La Terre outrage: Les experts sont formels!*, edited by Jacques Theys and Bernard Kalaora (Paris: Autrement, 1992), 149-157.

52. Thomas Le Roux, *Le Laboratoire des pollutions industrielles (Paris, 1770-1830)* (Paris: Albin Michel, 2011), 47.

53. Jean Nicolas, *La Rébellion française: Mouvements populaires et conscience sociale (1661-1789)* (Paris: Le Seuil, 2002), 155.

54. Edward P. Thompson, *Les Usages de la coutume: Traditions et résistances populaires en Angleterre (xviie-xixe siècle)* (Paris: EHESS/Gallimard/Le Seuil, 2015 [1991]).

55. Michael Stolberg, *Ein Recht auf saubere Luft? Umweltkonflikte am Beginn des Industriezeitalters* (Erlangen, Germany: Harald Fischer Verlag, 1994), 18-23.

56. Laurette Michaux, *Tanneurs et travail du cuir en Moselle du Moyen Âge au xxe siècle* (Metz, France: Archives départementales de la Moselle, 1989), 94; Arlette Brosselin et al., "Les doléances contre l'industrie," in *Forges et forêts. Recherches sur la consommation proto-industrielle du bois*, edited by Denis

Woronoff (Paris: EHESS, 1990), 23; Kieko Matteson, *Forests in Revolutionary France: Conservation, Community and Conflict (1669-1848)* (Cambridge: Cambridge University Press, 2015), 83-86.

57. *The Decision of the Court of Session from Its Institution to the Present Time*, vol. 16 (Edinburgh: Bell & Bradfute, 1804), 13191-13193.

58. Dorothy Porter, *Health, Civilization and the State: A History of Public Health from Ancient to Modern Times* (London: Routledge, 1999).

59. Vincent Milliot, *Un policier des Lumières* (Seyssel, France: Champ Vallon, 2011); Milliot, ed., *Les Mémoires policiers (1750-1850): Écritures et pratiques policières du siècle des Lumières au Second Empire* (Rennes, France: Presses universitaires de Rennes, 2006); Joanna Innes, "Managing the Metropolis: London's Social Problems and Their Control"; Neal Garnham, "Police and Public Order in Eighteenth-Century Dublin," in *Two Capitals: London and Dublin (1500-1840)*, edited by Peter Clarke and Raymond Gillespie (Oxford: Oxford University Press, 2001), 53-82, 83-92; Jérôme Fromageau, "La Police de la pollution à Paris de 1666 à 1789" (PhD diss., Université de Paris 2, 1989).

60. Paul Slack, "Responses to Plague in Early Modern Europe: The Implications of Public Health," *Social Research*, vol. 55, no. 3 (1988): 433-453; Daniel Panzac, *Quarantaines et lazarets: L'Europe et la peste d'Orient (xviie-xxe siècle)* (Aix-en-Provence, France: Édisud, 1986).

61. Cockayne, *Hubbub*, 19; James Oldham, *The Mansfield Manuscripts and the Growth of English Law in the Eighteenth Century*, vol. 2 (Chapel Hill: University of North Carolina Press, 1992), 882-925.

62. Nicolas Des Essarts, *Tableau de la police de la ville de Londres* (Paris: 1801), 17.

63. Jean-Baptiste Robinet, *Dictionnaire universel des sciences morale, économique, politique et diplomatique*, vol. 28 (London, 1783), 186 ("Servitude").

64. Nicolas Delamare, *Traité de la police*, 4 vols. (Paris: 1713-1738).

65. Joseph-Nicolas Guyot, *Répertoire universel et raisonné de jurisprudence, 17*

vols. (Paris: Visse, 1784-1785), 17: 626; *Encyclopédie méthodique par ordre des matières*, vol. 8, *Jurisprudence* (Paris: Panckoucke, 1789), 278.

66. William Hawkins, *A Treatise of the Pleas of the Crown* (London: 1762), 1: 199; William Blackstone, *Commentaries on the Laws of England* (Oxford: 1770), 3: 217.

67. Joshua Getzler, *A History of Water Rights at Common Law* (Oxford: Oxford University Press, 2004).

68. Ernest Wickersheiner, "Fumées industrielles et établissements insalubres à Rouen en 1510," *Annales d'hygiène publique industrielle et sociale*, vol. 5 (1927): 567-575; William H. Te Brake, "Air Pollution and Fuel Crises in Preindustrial London (1250-1650)," *Technology and Culture*, vol. 16, no. 3 (1975): 337-359.

69. Pierre-Claude Reynard, "Public Order and Privilege: Eighteenth-Century French Roots of Environmental Regulation," *Technology and Culture*, vol. 43, no. 1 (2002): 1-28.

70. Le Roux, *Le Laboratoire*, 1장. 인용은 50쪽에서 가져왔다.

71. Antoine-François Prost de Royer, *Dictionnaire de jurisprudence et des arrêts*, vol. 3 (Lyon, France: 1781-1788), 744.

72. Jean Georgelin, *Venise au siècle des Lumières* (Paris: EHESS/Mouton, 1978), 33-36; Wheeler, "Stench in Sixteenth-Century Venice"; Braudel, *Civilisation matérielle*, 1: 569.

73. Peter Brimblecombe, *The Big Smoke: A History of Air Pollution in London since Medieval Times* (London: Methuen, 1987).

74. Leona Jayne Skelton, "Environmental Regulation in Edinburgh and York (c. 1560-c. 1700): With Reference to Several Smaller Scottish Burghs and Northern English Towns" (PhD diss., Durham University, 2012); Cockayne, *Hubbub*, 206-214; Brimblecombe, *The Big Smoke*.

75. Jan De Vries and Ad Van der Woude, *The First Modern Economy: Success, Failure, and Perseverance of the Dutch Economy (1500-1815)* (Cambridge: Cambridge University Press, 1997), 274; Peter Poulussen, "Ennuis de voisinage et pollution de l'environnement," in *La Ville en Flandre. Culture et société*

(1477-1787), edited by Jan Van der Stock (Brussels: Crédit communal, 1991), 72-76.

76. Victor S. Clark, *History of Manufactures in the United States (1607-1860)* (Washington, DC: Carnegie Institution of Washington, 1916), 68-70.

77. Braudel, *Civilisation matérielle*, 1: 579.

78. Imai Noriko, "Copper in Edo-Period Japan," in *Copper in the Early Modern Sino-Japanese Trade*, edited by Keiko Nagase-Reimer (Leiden: Brill, 2015), 10-31.

79. David Arnold, *Toxic Histories: Poison and Pollution in Modern India* (New York: Cambridge University Press, 2016), 177, 189.

80. Le Roux, *Le Laboratoire*. 인용은 11쪽에서 가져왔다.

81. William Cavert, *The Smoke of London: Energy and Environment in the Early Modern City* (Cambridge: Cambridge University Press, 2016), 5장.

82. Le Roux, *Le Laboratoire*, 3장.

83. Oldham, *The Mansfield Manuscripts*.

84. Clark, *History of Manufactures*, 63-64.

02 새로운 공해 연금술

1. David Blackbourn, *The Conquest of Nature: Water, Landscape and the Making of Modern Germany* (New York: Norton, 2006); Fredrik Albritton Jonsson, *Enlightenment's Frontier: The Scottish Highlands and the Origins of Environmentalism* (New Haven, CT: Yale University Press, 2013).

2. Richard L. Garner, "Long-Term Silver Mining Trends in Spanish America: A Comparative Analysis of Peru and Mexico," *American Historical Review*, vol. 93, no. 4 (1988): 898-935; Jason W. Moore, "Silver, Ecology, and the Origin of the Modern World (1450-1640)," in *Rethinking Environmental History: World-System and Global Environmental Change*, edited by Alf Hornborg, John R. McNeill, and Joan Martinez-Alier (Lanham, MD: AltaMira Press, 2007), 123-142.

3. Martin Lynch, *Mining in World History* (London: Reaktion Books, 2002), 프롤로그.

4. Donald J. Hughes, *Environmental Problems of the Greeks and Romans: Ecology in the Ancient Mediterranean* (Baltimore, MD: Johns Hopkins University Press, 2014). 이 책의 초판은 *Pan's Travail: Environmental Problems of the Greeks and Romans* (Baltimore, MD: Johns Hopkins University Press, 1994)였다.

5. John Ulric Nef, *The Conquest of the Material World* (New York: Meridian, 1964), 44.

6. Martin Novak et al., "Origin of Lead in Eight Central European Peat Bogs," *Environmental Science and Technology*, vol. 37, no. 3 (2003): 437-445.

7. Christoph Bartels, "The Administration of Mining in Late Medieval and Early Modern Europe (Fourteenth to Eighteenth Centuries)," in *Copper in the Early Modern Sino-Japanese Trade*, edited by Keiko Nagase-Reimer (Leiden: Brill, 2015), 115-130.

8. Jason W. Moore, "Ecology and the Rise of Capitalism," 2 vols., (PhD diss., University of California, Berkeley, 2007), 2장.

9. Michel Angel, *Mines et fonderies au xvie siècle d'après le "De re metallica" d'Agricola* (Paris: Les Belles Lettres/Total Édition, 1989); Pamela O. Long, "Of Mining, Smelting and Printing: Agricola's De re metallica," *Technology and Culture*, vol. 44, no. 1 (2003): 97-101; Marie-Claude Deprez-Masson, *Technique, mot et image: Le "De re metallica" d'Agricola* (Turnhout, Belgium: Brepols, 2006); Robert Halleux, "La nature et la formation des métaux selon Agricola et ses contemporains," *Revue d'histoire des sciences*, vol. 27, no. 3 (1974): 211-222.

10. Georgius Agricola, *De re metallica*, translated by Herbert Clark Hoover and Lou Henry Hoover (London: Mining Magazine, 1912). 1556년 출판한 초판으로 번역했다.

11. Bruce T. Moran, *Distilling Knowledge: Alchemy, Chemistry, and the Scientific Revolution* (Cambridge, MA: Harvard University Press, 2005), 3장; Charles Webster, *Paracelsus: Medicine, Magic, and Mission at the End of Time* (New Haven, CT: Yale University Press, 2008).

12. 은 생산량 데이터는 믿을 만한 여러 출처마다 들쭉날쭉하다. 이 수치는 완성된 재

료, 즉 완전히 정련된 은을 반영한 것이다.

13. Kendall W. Brown, *A History of Mining in Latin America from the Colonial Era to Present* (Albuquerque: University of New Mexico Press, 2012); Richards, *The Unending Frontier*, 10장; Peter J. Bakewell, "Mining in Colonial Spanish America," in *The Cambridge History of Latin America*, edited by Leslie Bethell (Cambridge: Cambridge University Press, 1984), 105-152.

14. Brown, *A History of Mining*.

15. Antonio Matilla-Tascón, *Historia de las minas de Almadén, vol. 2, 1646-1799* (Madrid: Ministerio de Hacienda, 1987); Alfredo Menéndez-Navarro, *Un mundo sin sol: La salud de los trabajadores de las minas de Almadén (1750-1900)* (Granada, Spain: University of Granada, 1996); Arthur Preston Whitaker, *The Huancavelica Mercury Mine: A Contribution to the History of the Bourbon Renaissance in the Spanish Empire* (Cambridge, MA: Harvard University Press, 1941); Richards, *The Unending Frontier*, 10장.

16. Kendall W. Brown, "Workers' Health and Colonial Mercury Mining at Huancavelica, Peru," *The Americas*, vol. 57, no. 4 (2001): 467-496; Brown, *A History of Mining*, 8장.

17. Nicolas A. Robins, *Mercury, Mining, and Empire: The Human and Ecological Cost of Colonial Silver Mining in the Andes* (Bloomington: Indiana University Press, 2011); Matthew C. LaFevor, "Building a Colonial Resource Monopoly: The Expansion of Sulphur Mining in New Spain (1600-1820)," *Geographical Review*, vol. 102, no. 2 (2012): 202-224.

18. Jerome O. Nriagu, "Mercury Pollution from the Past Mining of Gold and Silver in the Americas," *Science of the Total Environment*, no. 149 (1994): 167-181; Antonio Martínez-Cortizas et al., "Mercury in a Spanish Peat Bog: Archive of Climate Change and Atmospheric Metal Deposition," *Science*, vol. 284, no. 5416 (1999), 939-942.

19. Sven Rydberg, *The Great Copper Mountain: The Stora Story* (Hedemora, Sweden: Gidlunds, 1988).

20. Takehiro Watanabe, "Talking Sulfur Dioxide: Air Pollution and the Politics of

Science in Late Meiji Japan," in *Japan at Nature's Edge: The Environmental Context of a Global Power*, edited by Ian Jared Miller, Julia Andeney Thomas, and Brett L. Walker (Honolulu: University of Hawaii Press, 2013), 73-89; Imai Noriko, "Copper in Edo-Period Japan."

21. Lynch, *Mining in World History*, 55, 118-119; Yang Yuda, "Silver Mining in Frontier Zones: Chinese Mining Communities along the Southwestern Borders of the Qing Empire," in *Mining, Monies, and Culture in Early Modern Societies: East Asian and Global Perspectives*, edited by Nanny Kim and Keiko Nagase-Reimer (Leiden: Brill, 2013), 87-114; Guangle Qiu et al., "Methylmercury Accumulation in Rice Grown at Abandoned Mercury Mines in Guizhou, China," *Journal of Agriculture and Food Chemistry*, vol. 56, no. 7 (2008): 2465-2468.

22. Eric Ash, *Power, Knowledge, and Expertise in Elizabethan England* (Baltimore, MD: Johns Hopkins University Press, 2004); Michael J. Braddick, *State Formation in Early Modern England (1550-1770)* (Cambridge: Cambridge University Press, 2000).

23. Lynch, *Mining in World History*, 63-64.

24. Edmund Newell, "Atmospheric Pollution and the British Copper Industry (1690-1920)," *Technology and Culture*, vol. 38, no. 3 (1997): 655-689.

25. J. Morton Briggs, "Pollution in Poullaouen," *Technology and Culture*, vol. 38, no. 3 (1997): 635-654; Anne-François Garçon, "Les Métaux non ferreux en France aux xviiie et xixe siècles: Ruptures, blocages, évolution au sein des systèmes techniques" (PhD diss., Université de Paris 1, 1995).

26. E. D. Clarke, *Voyage de Sundsvall en Medelpadie à Drontheim en Norvège* (Paris: Librairie Gide fils, 1822). 이 책을 알려준 준비에브 뒤프렌(Geneviève Dufresne)에게 감사드린다.

27. Karl Polanyi, *La Grande Transformation: Aux origines politiques et économiques de notre temps* (Paris: Gallimard, 2009 [1944]).

28. Robert Allen, *The British Industrial Revolution in Global Perspective* (Cambridge: Cambridge University Press, 2009); Jan De Vries, *The Industrious Revolution:*

Consumer Demand and the Household Economy (1650 to the Present) (Cambridge: Cambridge University Press, 2008); Pomeranz, *Une grande divergence*; Liliane Hilaire-Pérez, *La Pièce et le geste: Artisans, marchands et culture technique à Londres au xviiie siècle* (Paris: Albin Michel, 2013); Hilaire-Pérez, *L'Invention technique au siècle des Lumières* (Paris: Albin Michel, 2000); Philippe Minard, *La Fortune du colbertisme: État et industrie dans la France des Lumières* (Paris: Fayard, 1998); Jeff Horn, *The Path Not Taken: French Industrialization in the Age of Revolution (1750-1830)* (Cambridge, MA: MIT Press, 2006); Joel Mokyr, *The Enlightened Economy: An Economic History of Britain (1700-1850)* (New Haven, CT: Yale University Press, 2010); Peter M. Jones, *Industrial Enlightenment: Science, Technology and Culture in Birmingham and the West Midlands (1760-1820)* (Manchester, UK: Manchester University Press, 2008); Patrick Verley, *La Révolution industrielle*; Charles F. Sabel and Jonathan Zeitlin, eds., *World of Possibilities: Flexibility and Mass Production in Western Industrialization* (Cambridge: Cambridge University Press, 1999); Jonathan Zeitlin, "Les voies multiples de l'industrialisation," *Le Mouvement social*, no. 153 (1985): 25-34.

29. Sarah B. Pritchard and Thomas Zeller, "The Nature of Industrialization," in *The Illusory Boundary: Environment and Technology in History*, edited by Stephen Cutcliffe and Martin Reuss (Charlottesville: University of Virginia Press, 2010), 69-100; Charles Coulston Gillispie, "The Natural History of Industry," *Isis*, vol. 48, no. 4 (1957): 398-407.

30. Giorgio Riello, *Cotton: The Fabric That Made the Modern World* (Cambridge: Cambridge University Press, 2013).

31. Maxine Berg, *The Age of Manufactures (1700-1820): Industry, Innovation and Work in Britain* (London: Routledge, 2005 [1994]), 9장.

32. Arthur Young, *Annals of Agriculture and Other Useful Arts* (London, 1785), 4: 168.

33. Francis D. Klingender, "Le sublime et le pittoresque," *Actes de la recherche en sciences sociales*, vol. 75, no. 1 (1988): 2-13.

34. Anna Seward, *The Poetical Works of Anna Seward* (Edinburgh: James Ballantyne, 1810), 2: 314-315.

35. Malcolm McKinnon Dick, "Discourses for the New Industrial World: Industrialisation and the Education of the Public in Late Eighteenth-Century Britain," *History of Education*, vol. 37, no. 4 (2008): 567-584.

36. Charles-François Mathis, *In Nature We Trust: Les paysages anglais à l'ère industrielle* (Paris: Presses de l'université Paris-Sorbonne, 2010), 87-116.

37. Mark Crosby, Troy Patenaude, and Angus Whitehead, eds., *Re-envisioning Blake* (Basingstoke, UK: Palgrave Macmillan, 2012).

38. Martin Lynch, *Mining in World History*; Peter Perdue, "Is There a Chinese View of Technology and Nature?," in *The Illusory Boundary: Environment and Technology in History*, edited by Stephen Cutcliffe and Martin Reuss (Charlottesville: University of Virginia Press, 2010), 103; Joseph Needham, *The Development of Iron and Steel Technology in China* (Cambridge, MA: W. Heller & Sons, 1964); Teng T'o, "En Chine du xvie au xviiie siècle: les mines de charbon de Men-t'ou-kou," *Annales ESC*, vol. 22, no. 1 (1967): 54-87.

39. Conrad Totman, *Japan: An Environmental History* (London: I.B. Tauris, 2014), 174.

40. Richard W. Unger, "Energy Sources for the Dutch Golden Age: Peat, Wind and Coal," *Research in Economic History*, vol. 9 (1984): 221-253.

41. Brinley Thomas, "Escaping from Constraints: The Industrial Revolution in a Malthusian Context," *Journal of Interdisciplinary History*, vol. 15, no. 4 (1985): 729-753.

42. John Ulric Nef, *The Rise of the British Coal Industry*, 2 vols. (London: Routledge, 1932); Richards, *The Unending Frontier*, 6장; Michael W. Flinn and David Stoker, *The History of the British Coal Industry, vol. 2, 1700-1830: The Industrial Revolution* (Oxford: Clarendon Press, 1993).

43. Astrid Kander, Paolo Malanima and Paul Warde, *Power to the People: Energy in Europe over the Last Five Centuries* (Princeton, NJ: Princeton University Press, 2013); Pomeranz, *Une grande divergence*; Edward A. Wrigley, *Energy*

and the English Industrial Revolution (Cambridge: Cambridge University Press, 2010); Wrigley, *The Path to Sustained Growth: England's Transition from an Organic Economy to an Industrial Revolution* (Cambridge: Cambridge University Press, 2016).

44. Michael W. Flinn and David Stoker, *The History of the British Coal Industry*, 69-145.

45. J. Kanefsky and J. Robey, "Steam Engines in Eighteenth-Century Britain: A Quantitative Assessment" *Technology and Culture*, vol. 21, no. 2 (1980): 161-186.

46. Nicholas von Tunzelmann, *Steam Power and British Industrialization to 1860* (Oxford: Oxford University Press, 1978).

47. Marcel Rouff, *Les Mines de charbon en France au xviiie siècle (1744-1791)* (Paris: Rieder, 1922); Denis Woronoff, "Une nouvelle source d'énergie: le charbon en France à l'époque modern," in *Economia e Energia* (Florence: Le Monnier, 2003), 711-724.

48. Jennifer Tann and M. J. Breckin, "The International Diffusion of the Watt Engine (1775-1825)," *The Economic History Review*, vol. 31, no. 4 (1978): 541-564.

49. David Levine and Keith Wrightson, *The Making of an Industrial Society: Whickham (1560-1765)* (Oxford, Oxford University Press, 1991), 106-134.

50. Cavert, *The Smoke of London*, 93-98.

51. Le Roux, *Le Laboratoire*, 49-50.

52. Richards, *The Unending Frontier*, 5장, 185.

53. Reynald Abad, "L'Ancien Régime à la recherche d'une transition énergétique? La France du xviiie siècle face au bois," in *L'Europe en transitions: Énergie, mobilité, communication, XVIIIe-XXIe siècles*, edited by Yves Bouvier and Léonard Laborie (Paris: Nouveau Monde Éditions, 2016), 23-84.

54. Isabelle Parmentier, *Histoire de l'environnement en pays de Charleroi (1730-1830): Pollution et nuisances dans un paysage en voie d'industrialisation* (Brussels: Académie royale de Belgique, 2008), 137; Paul Benoit and Catherine

Verna, eds., *Le Charbon de terre en Europe occidentale avant l'usage industriel de la coke* (Turnhout, Belgium: Brépols, 1999); Le Roux, *Le Laboratoire*; Eloy Martín Corrales, "La contaminación industrial en el litoral catalán durante el siglo XVIII," in *Pollutions industrielles*, edited by Laura Centemeri and Xavier Daumalin, 215-237.

55. François Crouzet, "Naissance du paysage industriel," in *Les Sources de l'histoire de l'environnement: Le xixe siècle*, edited by Andrée Corvol (Paris: L'Harmattan, 1999), 61에서 재인용.

56. Barrie M. Ratcliffe and W. H. Chaloner, eds., *A French Sociologist Looks at Britain: Gustave d'Eichthal and British Society in 1828* (Manchester, UK: Manchester University Press, 1977), 133-135에서 재인용.

57. Brian W. Clapp, *An Environmental History of Britain* (London: Longman, 1994).

58. André Guillerme, *La Naissance de l'industrie à Paris: Entre sueurs et vapeurs (1780-1830)* (Seyssel, France: Champ Vallon, 2007).

59. Michael Sonenscher, *The Hatters of Eighteenth-Century France* (Berkeley: University of California Press, 1987).

60. André Guillerme, "Le mercure dans Paris: usages et nuisances (1780-1830)," *Histoire urbaine*, vol. 18, no. 1 (2007): 77-95.

61. Liliane Mottu-Weber, "Inventeurs genevois aux prises avec la maladie des doreuses et doreurs en horlogerie (fin xviiie-début xixe siècle)" in *Artisans, industrie: Nouvelles révolutions du Moyen Âge à no. jours*, edited by Liliane Hilaire-Pérez et al. (Lyon, France: ENS Éditions, 2004), 283-296.

62. Thomas Le Roux, "Santés ouvrières et développement des arts et manufactures au xviiie siècle en France," in *Economic and Biological Interactions in Pre-industrial Europe from the 13th to the 18th Centuries*, edited by Simonetta Cavaciocchi (Florence: Firenze University Press, 2010), 573-585.

63. Jean Delumeau, *L'Alun de Rome (xve-xixe siècle)* (Paris: École pratique des hautes études, 1962).

64. Charles Singer, *The Earliest Chemical Industry: An Essay in the Historical*

Relations of Economics and Technology Illustrated from the Alum Trade (London: Folio Society, 1948).

65. John Svidén and Mats Eklund, "From Resource Scarcity to Pollution Problem: The Production and Environmental Impact of a Swedish Alum Works (1723-1877)," *Environment and History*, vol. 2, no. 1 (1996): 39-61.

66. Mats Eklund et al., "Reconstruction of Historical Cadmium and Lead Emissions from a Swedish Alumworks (1726-1840)," *The Science of the Total Environment*, vol. 170, no. 1-2 (1995): 21-30.

67. Maurice Picon, "Des aluns naturels aux aluns artificiels et aux aluns de synthèse: Matières premières, gisements et proceeds," in *L'Alun de Méditerranée*, edited by Philippe Borgard, Jean-Pierre Brun, and Maurice (Naples: Publications du Centre Jean-Bérard, 2005), 13-38.

68. Serge Chassagne, *Oberkampf, un entrepreneur capitaliste au siècle des Lumières* (Paris: Aubier Montaigne, 1980), 157-160; Chassagne, *Le Coton et ses patrons (France, 1760-1840)* (Paris: EHESS, 1991).

69. Bernadette Bensaude-Vincent and Isabelle Stengers, *Histoire de la chimie* (Paris: La Découverte, 1993).

70. Le Roux, *Le Laboratoire*, 3장.

71. John Graham Smith, *The Origins and Early Development of the Heavy Chemical Industry in France* (Oxford: Clarendon Press, 1979).

72. Xavier Daumalin, "La pollution des soudières marseillaises au début du xixᵉ siècle. Réflexions autour d'une étude de cas" in Letté *Débordements industriels*, 75; Jean-Baptiste Fressoz, *L'Apocalypse Joyeuse: Une histoire du risque technologique* (Paris: Le Seuil, 2012).

73. Smith, *The Origins and Early Development*.

74. René Davy, *L'Apothicaire Baumé (1728-1804): Les origines de la droguerie pharmaceutique et de l'industrie du sel ammoniac en France* (Cahors, France: Couesant, 1955).

75. Leslie Tomory, *Progressive Enlightenment: The Origin of the Gas Lighting Industry (1780-1820)* (Cambridge, MA: MIT Press, 2012); Jean-Pierre Williot,

Naissance d'un service public, le gaz à Paris (Paris: Rive Droite/Institut d'histoire de l'industrie, 1999).

76. David E. Nye, *American Technological Sublime* (Cambridge, MA: MIT Press, 1994), 5장: "The Factory: From the Pastoral Mill to the Industrial Sublime," 109-142.

77. Anna Seward, *The Poetical Works of Anna Seward* (Edinburgh: James Ballantyne, 1810) 2: 318.

78. Cavert, *The Smoke of London*, 3-5.

79. David Barnett, *London, Hub of the Industrial Revolution: A Revisionary History (1775-1825)* (London: I.B. Tauris, 1998); Leonard D. Schwarz, *London in the Age of Industrialisation: Entrepreneurs, Labour Force and Living Conditions (1700-1850)* (Cambridge: Cambridge University Press, 1992).

80. Brimblecombe, *The Big Smoke*.

81. Thomas Salmon, *Modern History, or The Present State of All Nations*, 5 vols. (Dublin: 1739), 4: 489.

82. Cavert, *The Smoke of London*, 특히 72, 193-194, 213-231.

83. Cavert, *The Smoke of London*, 32-39; Peter Brimblecombe, "London Air Pollution (1500-1900)," *Atmospheric Environment*, vol. 11, no. 12 (1967): 1157-1162.

84. William Frend, "Is It Impossible to Free the Atmosphere of London in a Very Considerable Degree, from the Smoke and Deleterious Vapours with Which It Is Hourly Impregnated?" *The Pamphleteer*, vol. 15, no. 29 (1819): 62-65.

85. Catherine Bowler and Peter Brimblecombe, "Control of Air Pollution in Manchester Prior to Public Health Act (1875)," *Environment and History*, vol. 6, no. 1 (2000): 71-98; Stephen Mosley, *The Chimney of the World: A History of Smoke Pollution in Victorian and Edwardian Manchester* (Cambridge: White Horse Press, 2001).

86. Alexis de Tocqueville, *Journeys to England and Ireland* (New Haven, CT: Yale University Press, 1958) 104-107.

87. Julien Vincent, "La réforme sociale à l'heure du thé: La porcelain anglaise,

l'Empire britannique et la santé des ouvrières dans le Staffordshire (1864-1914)," *Revue d'histoire moderne et contemporaine*, vol. 56, no. 1 (2009): 29-60.

88. Parmentier, *Histoire de l'environnement*.

89. Claude Lachaise, *Topographie médicale de Paris* (Paris: 1822); Alexandre Parent-Duchâtelet and Charles Pavet de Courteille, *Recherches et considerations sur la rivière de Bièvre ou des Gobelins* (Paris: 1822).

03 규제 혁명

1. 화학 공업과 최초 산업화 사이의 관계에 대해서는 오래 되었지만 여전히 중요한 William A. Campbell, *The Chemical Industry* (Harlow, UK: Longman, 1971)를 언급해야겠다. Archibald Clow and Nan L. Clow, *The Chemical Revolution: A Contribution to Social Technology* (London: Batchworth Press, 1952); Albert E. Musson, ed., *Science, Technology, and Economic Growth in the Eighteenth Century* (London: Routledge, 2008 [1972]).

2. Ernst Homburg, "Quimica e industria (1500-2000)," *Anales de Quimica*, vol. 105, no. 1 (2009): 58-66. 생산량은 1830~1870년에 다시 10배 증가했다.

3. Theodore J. Kreps, *The Economics of the Sulfuric Acid Industry* (Stanford, CA: Stanford University Press, 1938).

4. Peter J. T. Morris, "Chemical Industries before 1850," in *The Oxford Encyclopedia of Economic History*, vol. 1 (Oxford: Oxford University Press, 2003), 394-398.

5. Le Roux, *Le Laboratoire*, 111-116에서 재인용. Oldham, *The Mansfield Manuscripts*, 886-893.

6. Corbin, *Le Miasme et la jonquille*.

7. Thomas Le Roux, "Du bienfait des acides: Guyton de Morveau et le grand basculement de l'expertise sanitaire et environnementale (1773-1809)," *Annales historiques de la Révolution française*, no. 383 (2016): 153-175.

8. Louis-Bernard Guyton de Morveau, *Encyclopédie méthodique. Chimie, pharmacie et métallurgie*, vol. 1 (Paris: Panckoucke, 1786), 27.

9. Antonio García Belmar and José Ramón Bertomeu-Sánchez, "L'Espagne fumigée: Consensus et silences autour des fumigations d'acides minéraux en Espagne (1770-1804)," *Annales historiques de la Révolution française*, no. 383 (2016): 177-202; Elena Serrano, "Miasmas, Politics, and Material History: The Voyages of Guyton's Disinfection Apparatus through Spain (1790-1805)," in *Compound Histories: Materials, Chemical Governance and Production (1760-1840)*, edited by Lissa Roberts and Simon Werrett (Leiden: Brill, 2017).

10. Lars Oberg, "De mineralsura rökningarna: En episod ur desinfektionsmedlens historia," *Lychnos*, 1965-1966, 159-180; John Johnstone, *An Account of the Discovery of the Power of Mineral Acid Vapours to Destroy Contagion* (London: J. Mawman, 1803).

11. Bernadette Bensaude-Vincent, *Lavoisier: Mémoires d'une révolution* (Paris: Flammarion, 1993); Jan Golinski, *Science as Public Culture: Chemistry and Enlightenment in Britain (1760-1820)* (Cambridge: Cambridge University Press, 1992).

12. Georges Vigarello, "L'hygiène des Lumières," in *Les Hygiénistes. Enjeux, modèles et pratiques*, edited by Patrice Bourdelais (Paris: Belin, 2001), 26-40.

13. R. O'Reilly, *Essai sur le blanchiment* (Paris: Bureau des Annales des arts et manufactures, 1801), 99.

14. Hasok Chang and Catherine Jackson, eds., *An Element of Controversy: The Life of Chlorine in Science, Medicine, Technology and War* (London: BSHS, 2007). 특히 6장 참조.

15. Le Roux, *Le Laboratoire*, 85-92, 339-342.

16. Le Roux, *Le Laboratoire*, 127-131.

17. John Perkins, ed., "Sites of Chemistry in the Eighteenth Century," special issue of *Ambix*, vol. 60, no. 2 (2013): 18.

18. Ursula Klein and Emma Spary, eds., *Materials and Expertise in Early Modern Europe: Between Market and Laboratory* (Chicago: University of Chicago Press, 2010); Christelle Rabier, ed., *Fields of Expertise: A Comparative History of Expert Procedures in Paris and London (1600 to Present)* (Cambridge:

Cambridge University Press, 2007).

19. Louis-Bernard Guyton de Morveau, *Traité des moyens de désinfecter l'air, de prévenir la contagion et d'en arrêter le progrès* (1805 [1801]), 311-312.

20. Arthur Donovan, *Antoine Lavoisier: Science, Administration, and Revolution* (Oxford: Blackwell, 1993); Gérard Jorland, *Une société à soigner. Hygiène et salubrité publiques en France au xixe siècle* (Paris: Gallimard, 2010), 19-26.

21. William Coleman, "L'hygiène et l'État selon Montyon," *Dix-huitième siècle*, no. 9 (1977): 101-108.

22. Christian Laval, *Jeremy Bentham, les artifices du capitalisme* (Paris: Presses universitaires de France, 2003); William Cavert, *The Smoke of London*, 6장.

23. Bernard Delmas, Thierry Demals, and Philippe Steiner, eds., *La Diffusion internationale de la physiocratie (xviiie-xixe siècle)* (Grenoble, France: Presses universitaires de Grenoble, 1995).

24. Philippe Minard, "L'inspection des manufactures et la réglementation industrielle à la fin du xviiie siècle," in *Naissance des libertés économiques (1791-fin xixe siècle)*, edited by Alain Plessis (Paris: Institut d'histoire de l'industrie, 1993), 49-60에서 재인용.

25. Paolo Napoli, *Naissance de la police moderne: Pouvoir, normes, société* (Paris: La Découverte, 2003), 67-68, 83.

26. Liliane Pérez, "Technology, Curiosity and Utility in France and England in the Eighteenth Century," in *Science and Spectacle in the European Enlightenment*, edited by Bernadette Bensaude-Vincent and Christine Blondel (Aldershot, UK: Ashgate, 2008), 25-42; William Clark, Jan Golinski, and Simon Schaffer, eds., *The Sciences in Enlightened Europe* (Chicago: University of Chicago Press, 1999); William Sewell, "Visions of Labour: Illustrations of the Mechanical Arts Before, In, and After Diderot's *Encyclopédie*," in *Work in France: Representations, Meaning, Organization and Practice*, edited by Steven Kaplan and Cynthia J. Koepp (Ithaca, NY: Cornell University Press, 1986), 258-286.

27. Michel Foucault, *Surveiller et punir* (Paris: Gallimard, 1975); Foucault, *Naissance*

de la biopolitique: Cours au Collège de France (1978-1979) (Paris: Gallimard/ Seuil, 2004).

28. Ken Adler, *Engineering the Revolution: Arms and Enlightenment in France (1763-1815)* (Princeton, NJ: Princeton University Press, 1999).

29. Kendall W. Brown, *A History of Mining in Latin America*, 34-35; Mark Chambers, "River of Gray Gold: Cultural and Material Changes in the Land of Ores, Country of Minerals (1719-1839)" (PhD diss., Stony Brook University, 2012); Hjalmar Fors, *The Limits of Matter: Chemistry, Mining and Enlightenment* (Chicago: University of Chicago Press, 2014); Pierre-Claude Reynard, "Public Order and Privilege."

30. Guillaume Garner, *État, économie, territoire en Allemagne. L'espace dans le caméralisme et l'économie politique (1740-1820)* (Paris: EHESS, 2005); Pascale Laborier, Frédéric Audren, Paolo Napoli, and Jakob Vogel, eds., *Les Sciences camérales. Activités pratiques et histoire des dispositifs publics* (Paris: Presses universitaires de France, 2011); Philippe Minard, "Économie de marché et État en France: Mythes et légendes du colbertisme," *L'Économie politique*, vol. 37, no. 1 (2008): 77-94.

31. Christian Hick, "'Arracher les armes des mains des enfants.' La doctrine de la police médicale chez Johann Peter Frank et sa fortune littéraire en France," in *Les Hygiénistes*, edited by Patrice Bourdelais, 41-59; Virginie Tournay, "Le concept de police médicale: D'une aspiration militante à la production d'une objectivité administrative," *Politix*, vol. 77, no. 1 (2007): 173-199.

32. Andrew Harris, "Policing and Public Order in the City of London," *London Journal*, vol. 28 (2003): 1-20; F. M. Dodsworth, "The Idea of Police in Eighteenth-Century England: Discipline, Reformation, Superintendance (c. 1780-1880)," *Journal of the History of Ideas*, vol. 69, no 4. (2008): 583-605.

33. Thomas Le Roux, "Les effondrements de carrières de Paris: La grande réforme des années 1770," *French Historical Studies*, vol. 36, no. 2 (2013): 205-237; Le Roux, *Le Laboratoire*, 85-101.

34. Mark Jenner, "Monopoly, Markets and Public Health: Pollution and Commerce

in the History of London Water (1780-1830)," in *Medicine and the Market in Pre-Modern England and Its Colonies (c. 1450-1850)*, edited by Mark Jenner and Patrick Wallis (Basingstoke, UK: Palgrave Macmillan, 2007), 216-237; Frédéric Graber, "La qualité de l'eau à Paris (1760-1820)," *Entreprises et histoire*, no. 50 (2008): 119-133.

35. Guillaume Leyte, "Les évocations, entre régulation juridique et arbitrage politique," in "Cassations et évocations. Le Conseil du roi et les parlements au xviiie siècle," special issue of *Histoire, économie et société*, vol. 29, no. 3 (2010): 37-43.

36. Le Roux, *Le Laboratoire*, 116-141.

37. Le Roux, *Le Laboratoire*, 116-141.

38. Oldham, *The Mansfield Manuscripts*, 1: 184, 2: 882-925.

39. Parmentier, *Histoire de l'environnement*, 138; Eloy Martín Corrales, "La contaminación industrial."

40. David Armitage and Sanjay Subrahmantan, eds., *The Age of Revolutions in Global Context (c. 1760-1840)* (Basingstoke, UK: Palgrave Macmillan, 2009); Bayly, *La Naissance du monde moderne*.

41. Jehan de Malafosse, "Un obstacle à la protection de la nature: le droit révolutionnaire," *Dix-huitième siècle*, vol. 9, no. 1 (1977): 91-100; Andrée Corvol. ed., *La Nature en Révolution (1750-1800)* (Paris: Groupe d'histoire des forêts françaises/L'Harmattan, 1993); Christian Dugas de La Boissonny, "La législation révolutionnaire," in *Nature, environnement et paysage, l'héritage du xviiie siècle: Guide de recherches archivistiques et bibliographiques,* edited by Andrée Corvol and Isabelle Richefort (Paris: L'Harmattan, 1995), 59-72; Reynald Abad, *La Conjuration contre les carpes: Enquête sur l'ori-gine du décret de dessèchement des étangs du 14 frimaire an II* (Paris: Fayard, 2006). 프랑스 혁명이 환경에 미친 영향에 관한 좀더 긍정적인 재평가는 Peter McPhee, *Revolution and Environment in Southern France: Peasants, Lords and Murder in the Corbières (1780-1830)* (Oxford: Oxford University Press, 1999) 참조.

42. Mark Fiege, *The Republic of Nature: An Environmental History of the United States* (Seattle: University of Washington Press, 2012), 1~2장; Charles A. Miller, *Jefferson and Nature: An Interpretation* (Baltimore, MD: Johns Hopkins University Press, 1988).

43. Richard W. Judd, *The Untilled Garden: Natural History and the Spirit of Conservation in America (1790-1840)* (New York: Cambridge University Press, 2009); Richard Slotkin, *The Fatal Environment: The Myth of the Frontier in the Age of Industrialization (1800-1890)* (New York: Atheneum, 1985), 107-119.

44. François-Xavier Guerra, *Modernidad e independencias* (Madrid: Editorial MAPFRE), 1992.

45. Plessis, ed., *Naissance des libertés économiques;* Steven Kaplan and Philippe Minard, eds., *La Fin des corporations* (Paris: Belin, 2003); Le Roux, Le Laboratoire, 168-173.

46. Thomas Le Roux, "Régime des droits *vs* utilité publique—Justice, police et administration: faire face à l'industrialisation (France-Grande-Bretagne, 1750-1850)," in *Justice et police, le noeud gordien (1750-1850)*, edited by Marco Cicchini, Vincent Denis, Vincent Milliot, and Michel Porret (Geneva: Georg/L' Équinoxe, 2017)에서 재인용.

47. Robert Knight, *Britain against Napoleon: The Organization of Victory (1793-1815)* (London: Penguin, 2014).

48. Jean-François Belhoste and Denis Woronoff, "Ateliers et manufactures: une réévaluation nécessaire," in *À Paris sous la Révolution. Nouvelles approches de la ville*, edited by Françoise Monnier (Paris: Publications de la Sorbonne, 2008), 79-91; Patrice Bret, *L'État, l'armée, la science: L'invention de la recherche publique en France (1763-1830)* (Rennes: Presses universitaires de Rennes, 2002); Charles C. Gillispie, *Science and Polity in France: The Revolutionary and Napoleonic Years* (Princeton, NJ: Princeton University Press, 2004); Mary Ashburn Miller, *A Natural History of Revolution: Violence and Nature in the French Revolution* (Ithaca, New York: Cornell University Press, 2011); Thomas Le Roux, "Accidents industriels et régulation des

risques: l'explosion de la poudrerie de Grenelle en 1794," *Revue d'histoire moderne et contemporaine*, vol. 58, no. 3 (2011): 34-62.

49. Le Roux, *Le Laboratoire*, 195-212.

50. Horn, *The Path Not Taken*; Igor Moullier, "Le Ministère de l'Intérieur sous le Consulat et le Premier Empire (1799-1814): Gouverner la France après le 18 Brumaire" (PhD diss., Université de Lille 3, 2004).

51. "Rapport ⋯ sur la question de savoir si les manufactures qui exhalent une odeur désagréable peuvent être nuisibles à la santé" (17 December 1804), *Procès-verbaux des séances de l'Académie des sciences, tenues depuis la fondation de l'Institut jusqu'au mois d'août 1835* (Hendaye: Observatoire d'Abbadia, 1910-1922), 3: 165-168.

52. Catherine Bowler and Peter Brimblecombe, "Control of Air Pollution."

53. Le Roux, *Le Laboratoire*, 5~6장.

54. "Rapport sur les manufactures de produits chimiques qui peuvent être dangereuses" (30 October 1809), *Procès-verbaux des séances de l'Académie des sciences*, 4: 268-273.

55. 1804년과 1809년 보고서—그리고 1810년 법령—는 Massard-Guilbaud, *Histoire de la pollution industrielle*, 34-45에서 재논의했다. Le Roux, *Le Laboratoire*, 255-261, 274-283; Fressoz, *L'Apocalypse joyeuse*, 150-165.

56. Le Roux, *Le Laboratoire*, 246-249, 315.

57. Ann Fowler La Berge, *Mission and Method: The Early-Nineteenth-Century French Public Health Movement* (Cambridge: Cambridge University Press, 2002 [1992]).

58. Patrice Bret, "Des essais de la Monnaie à la recherche et à la certification des métaux: un laboratoire modèle au service de la guerre et de l'industrie (1775-1830)," *Annales historiques de la Révolution française*, vol. 320, no. 2 (2000): 137-148.

59. Jean-Pierre Darcet, *Collection de mémoires relatifs à l'assainissement des ateliers, des édifices publics et des habitations particulières*, 1843, 21-22.

60. Julien Vincent, "Bernardino Ramazzini, historien des maladies humaines et

médecin de la société civile: La carrière franco-britannique du *De morbis artificum diatriba* (1777-1855)," in *La Société civile: Savoirs, enjeux et acteurs en France et en Grande-Bretagne (1780-1914)*, edited by Christophe Charle and Julien Vincent (Rennes: Presses universitaires de Rennes, 2011), 169-202; Thomas Le Roux, "L'effacement du corps de l'ouvrier: La santé au travail lors de la première industrialisation de Paris (1770-1840)," *Le Mouvement social*, no. 234 (2011): 103-119.

61. Merel Klein, "Risques industriels à une période de transferts et de transition: la gestion des manufactures et des ateliers dangereux à Amsterdam (1810-1830)," in *Risques industriels. Savoirs, régulations, politiques d'assistance (fin xviie-début xxe siècle)*, edited by Thomas Le Roux (Rennes: Presses universitaires de Rennes, 2016), 257-278.

62. Mary Anderson and Eric Ashby, *The Politics of Clean Air* (Oxford: Clarendon Press, 1981); Bill Luckin, "Country, Town and Metropolis: The Formation of an Air Pollution Problem in London (1800-1870)," in *Energie und Stadt in Europa*, edited by Dieter Schott (Stuttgart: Steiner, 1997), 77-91; Masahiko Akatsu, "The Problem of Air Pollution during the Industrial Revolution: A Reconsideration of the Enactment of the Smoke Nuisance Abatement Act of 1821," in *Economic History of Energy and Environment*, edited by S. Sugiyama (Tokyo: Springer, 2015), 85-110.

63. David Zylberberg, "Plants and Fossils: Household Fuel Consumption in Hampshire and the West Riding of Yorkshire (1750-1830)" (PhD diss., University of York, 2014), 6장.

64. Grégoire Bigot, *L'Autorité judiciaire et le contentieux de l'administration: Vicissitudes d'une ambition (1800-1872)* (Paris: LGDJ, 1999).

65. Thomas Le Roux, "Déclinaisons du 'conflit': Autour des atteintes environne-mentales de l'affinage des métaux précieux (Paris, années 1820)," in *Débordements industriels*, edited by Thomas Le Roux and Michel Letté, 179-198.

66. Fressoz, *L'Apocalypse joyeuse*, 178-188; Daumalin, "La pollution des soudières marseillaises au début du xixe siècle."

67. Adolphe Trébuchet, *Code administratif des établissements dangereux, insalubres ou incommodes* (Paris: 1832), 110-119.

68. Le Roux, *Le Laboratoire*, 473-477. 인용은 287쪽에서 가져왔다.

69. Jean-Baptiste Fressoz, "L'émergence de la norme technique de sécurité en France vers 1820," *Le Mouvement social*, no. 249 (2014): 73-89; Fressoz, "The Gas Lighting Controversy: Technological Risk, Expertise and Regulation in Nineteenth-Century Paris and London," *Journal of Urban History*, vol. 33, no. 5 (2007): 729-755.

70. Thomas Percival, *Medical Ethics* (Oxford: Parker, 1849 [1803]), 118.

71. Jean-Antoine Chaptal, *De l'industrie française* (Paris: Renouard, 1819), 2: 75-76.

72. Le Roux, *Le Laboratoire*, 7, 9장.

73. François Jarrige, *Au temps des "tueuses de bras": Les bris de machines à l'aube de l'ère industrielle* (Rennes: Presses universitaires de Rennes, 2009).

74. Alexandre Parent-Duchâtelet, *Hygiène publique* (Paris: Baillière, 1836), 323.

75. François-Emmanuel Fodéré, *Traité de médecine légale et d'hygiène publique* (Paris: Mame, 1813), 6: 318.

76. Antonio García Belmar and José Ramón Bertomeu-Sánchez, "L'Espagne fumigée."

77. Gilles Denis, "Dégâts sur les plantes."

2부 진보 시대 공해의 자연화(1830~1914)

1. Pomeranz, *Une grande divergence*; Allen, *The British Industrial Revolution*.

2. Emmanuel Fureix and François Jarrige, *La Modernité désenchantée: Relire l'histoire du xixᵉ siècle français* (Paris: La Découverte, 2015).

3. David S. Landes, *L'Europe technicienne ou le Prométhée libéré: Révolution technique et libre essor industriel en Europe occidentale, de 1750 à no. jours* (Paris: Gallimard, 1975 [1969]).

4. Fernand Braudel and Ernest Labrousse, eds., *Histoire économique et sociale de la France* (Paris: Presses universitaires de France, 1976).

5. Denis Woronoff, *Histoire de l'industrie en France, du xvie siècle à no. jours* (Paris: Le Seuil, 1998 [1994]), 149; Geneviève Massard-Guilbaud, *Histoire de la pollution industrielle*, 8.

04 진보의 어두운 면

1. Victor Hugo, "Voyage en Belgique," *Œuvres complètes. Voyages* (Paris: Robert Laffont, 2002 [1837]), 611.

2. Pascal Grousset, "De l'épuisement probable des mines de houille en Angleterre," *L'Économiste belge*, no. 22 (31 October 1868), 261-262.

3. Thorsheim, *Inventing Pollution*.

4. Paul Bairoch, "Niveaux de développement économique de 1810 à 1910," *Annales ESC*, vol. 20, no. 6 (1965): 1091-1117.

5. Bill Luckin, "Pollution in the City," in *The Cambridge Urban History of Britain, vol. 3, 1840-1950*, edited by Martin Daunton (Cambridge: Cambridge University Press, 2000), 207-228.

6. Jean-Luc Pinol, *Le Monde des villes au xixe siècle* (Paris: Hachette, 1991); Friedrich Lenger, *European Cities in the Modern Era (1850-1914)* (Leiden: Brill, 2012); Jean-Luc Pino. and François Walter, eds., *Histoire de l'Europe urbaine*, vol. 4, *La Ville contemporaine* (Paris: Le Seuil, 2012).

7. Jean-Pierre Goubert, *La Conquête de l'eau: L'avènement de la santé à l'âge industriel* (Paris: Robert Laffont, 1986).

8. Ian MacLachlan, "A Bloody Offal Nuisance: The Persistence of Private Slaughter-Houses in Nineteenth-Century London," *Urban History*, vol. 34, no. 2 (2007): 228-254.

9. Clay McShane and Joel A. Tarr, *The Horse in the City: Living Machines in the Nineteenth Century* (Baltimore, MD: Johns Hopkins University Press, 2007), 16; Daniel Roche, *La Culture équestre de l'Occident (xvie-xixe siècle)*, vol. 1, *Le Cheval moteur* (Paris: Fayard, 2008), 65; Joel Tarr, *The Search for the*

Ultimate Sink: Urban Pollution in Historical Perspective (Akron, OH: University of Akron Press, 1996), 323-333.

10. Jean-Pierre Williot, "Odeurs, fumées et écoulement putrides: Les pollutions de la première génération d'usines à gaz à Paris (1820-1860)," in *Le Démon moderne*, edited by Christoph Bernhardt and Geneviève Massard-Guilbaud, 273-282.

11. E. Landrin, "Utilisation des eaux d'égout à Gennevilliers," *La Nature: Revue des sciences et de leurs applications aux arts et à l'industrie*, no. 23 (8 November 1873): 353-357.

12. Jacques Léonard, *Archives du corps. La santé au xixe siècle* (Rennes: Ouest France, 1986); Pierre Darmon, *L'Homme et les microbes*.

13. Hanley, "Urban Sanitation in Preindustrial Japan."

14. Pratik Chakrabarti, "Purifying the River: Pollution and Purity of Water in Colonial Calcutta," *Studies in History* (New Delhi), vol. 31, no. 2 (2015): 178-205.

15. Sabine Barles, *L'Invention des déchets urbains (France, 1790-1970)* (Seyssel, France: Champ Vallon, 2005).

16. Guillaume Carnino. "L'environnement et la science: Acclimater la population de Gennevilliers aux débordements des eaux usées parisiennes (1870-1880)," in *Débordements industriels*, edited by Thomas Le Roux and Michel Letté, 199-224; Ananda Kohlbrenner, "From Fertiliser to Waste, Land to River: A History of Excrement in Brussels," *Brussels Studies*, no. 78 (23 June 2014); Marion W. Gray, "Urban Sewage and Green Meadows: Berlin's Expansion to the South (1870-1920)," *Central European History*, vol. 47, no. 2 (2014): 275-306; Sylvia Gierlinger, Gertrud Haidvogl, Simone Gingrich, and Fridolin Krausmann, "Feeding and Cleaning the City: The Role of the Urban Waterscape in Provision and Disposal in Vienna during the Industrial Transformation," *Water History*, vol. 5, no. 2 (2013): 219-239; Arn Keeling, "Urban Waste Sinks as a Natural Resource: The Case of the Fraser River," *Urban History Review/Revue d'histoire urbaine*, vol. 34, no. 1 (2005): 58-70;

Christopher Hamlin, *What Becomes of Pollution? Adversary Science and the Controversy on the Self-Purification of Rivers in Britain (1850-1900)* (London: Garland Publishing, 1987).

17. David S. Barnes, *The Great Stink of Paris and the Nineteenth-Century Struggle against Filth and Germs* (Baltimore, MD: Johns Hopkins University Press, 2006).

18. Émile Raspail, *Des odeurs de Paris* (Paris: Larousse, 1880).

19. Stéphane Frioux, *Les Batailles de l'hygiène: Villes et environnement, de Pasteur aux Trente Glorieuses* (Paris: Presses universitaires de France, 2013); Timothy Cooper, "Modernity and the Politics of Waste in Britain," in *Nature's End: History and the Environment*, edited by Paul Warde and Sverker Sörlin (Basingstoke, UK: Palgrave Macmillan, 2009), 247-272.

20. Thomas Le Roux, *Les Paris de l'industrie (1750-1920)* (Grane, France: Créaphis, 2013), 56-57; Alain Faure, "Autorités publiques et implantation industrielle en agglomération parisienne (1860-1914)," in "Région parisienne, approches d'une notion (1860-1980)," *Les Cahiers de l'IHTP*, no. 12, edited by Danièle Voldman (1989), 93-104.

21. André Guillerme, Anne-Cécile Lefort, and Gérard Jigaudon, *Dangereux, insalubres et incommodes: paysages industriels en banlieue parisienne (xixe-xxe siècle)* (Seyssel, France: Champ Vallon, 2004), 118.

22. Richard Harris, *Unplanned Suburbs: Toronto's American Tragedy (1900 to 1950)* (Baltimore, MD: Johns Hopkins University Press, 1996); Robert D. Lewis, ed., *Manufacturing Suburbs: Building Work and Home on the Metropolitan Fringe* (Philadelphia, PA: Temple University Press, 2004).

23. Andrew Hurley, "Creating Ecological Wastelands: Oil Pollution in New York City (1870-1900)," *Journal of Urban History*, vol. 20, no. 3 (1994): 340-364.

24. Sabine Barles, *La Ville délétère: Médecins et ingénieurs dans l'espace urbain (xviiie-xixe siècle)* (Seyssel, France: Champ Vallon, 1999), 334.

25. René Leboutte, *Vie et mort des bassins industriels en Europe (1750-2000)* (Paris: L'Harmattan, 1997).

26. Louis C. Hunter, *Waterpower in the Century of the Steam Engine* (Charlottesville: University Press of Virginia, 1979).

27. Kenneth Pomeranz, *La Force de l'empire: Révolution industrielle et écologie, ou Pourquoi l'Angleterre a fait mieux que la Chine* (Maison-Alfort, France: Ere, 2009), 106.

28. Peter Thorsheim, "The Paradox of Smokeless Fuels: Gas, Coke and the Environment in Britain (1813-1949)," *Environment and History*, vol. 8, no. 4 (2002): 381-401.

29. Mosley, *The Chimney of the World*.

30. Kander et al., *Power to the People*.

31. Charles Dickens, *Les Temps difficiles (Hard Times)* (Paris: Librairie Hachette, 1859 [1854]), 75.

32. Clapp, *An Environmental History of Britain*, 68; McNeill, *Du nouveau sous le soleil*, 96.

33. Olivier Raveux, *Marseille, ville des métaux et de la vapeur au xixᵉ siècle* (Paris: CNRS Éditions, 1998), 84-86.

34. Mark Cioc, "The Impact of the Coal Age on the German Environment: A Review of the Historical Literature," *Environment and History*, vol. 4, no. 1 (1998): 105-124.

35. Franz-Josef Brüggemeier, "The Ruhr Basin (1850-1980): A Case of Large-Scale Environmental Pollution," in *The Silent Countdown: Essays in European Environmental History*, edited by Peter Brimblecombe and Christian Pfister (Berlin: Springer Verlag, 1990), 210-227; Brüggemeier, "A Nature Fit for Industry: The Environmental History of the Ruhr Basin (1840-1990)," *Environmental History Review*, vol. 19, no. 1 (1994): 35-54.

36. Edward J. Cocks and Bernhardt Walters, *A History of the Zinc Smelting Industry in Britain* (London: Harrap, 1968), 7.

37. Anne-Françoise Garçon, *Mine et métal (1780-1880): Les non-ferreux et l'industrialisation* (Rennes, France: Presses universitaires de Rennes, 1998).

38. Arnaud Péters, "'L'affaire de Saint-Léonard' et l'abandon du berceau de

l'industrie du zinc (1809-1880)," in *Débordements industriels*, edited by Thomas Le Roux and Michel Letté, 77-98.

39. Bill Luckin, "Demographic, Social and Cultural Parameters of Environmental Crisis: The Great London Smoke Fogs in the Late 19th and Early 20th Centuries," in *Le Démon moderne*, edited by Christoph Bernhardt and Geneviève Massard-Guibaud, 219-238; Brimblecombe, *The Big Smoke*, 108-135; Thorsheim, *Inventing Pollution*, 14-30.

40. Anthony E. Dingle, "'The Monster Nuisance of All': Landowners, Alkali Manufacturers, and Air Pollution (1828-1864)," *The Economic History Review*, vol. 35, no. 4 (1982): 529-548.

41. Antoine Poggiale, *Rapport à M. le préfet de police sur l'insalubrité des eaux de la Bièvre*, 1875, 21.

42. Jarrige, "Quand les eaux de rouissage débordaient dans la cité."

43. Anthony S. Wohl, *Endangered Lives: Public Health in Victorian Britain* (London: Dent & Sons, 1983); Bill Lückin, *Pollution and Control: A Social History of the Thames in the Nineteenth Century* (Bristol, UK: Adam Hilger, 1986).

44. Massard-Guilbaud, *Histoire de la pollution industrielle*, 202.

45. Stéphane Frioux, ed., "Fléau, ressource, exutoire: Visions et usages des rivières urbaines (xviiie-xxie siècle)," special issue of *Géocarrefour*, vol. 85, no. 3 (2010).

46. Brüggemeier, "A Nature Fit for Industry."

47. Romain Garcier, "Une étude de cas: la pollution de la Fensch," in *Géographie du droit. Épistémologie, développements et perspectives*, edited by Patrick Forest (Québec: Presses de l'université Laval, 2009), 219-236.

48. Denys B. Barton, *A History of Tin Mining and Smelting in Cornwall* (Exeter, UK: Cornwall, 1989 [1967]); Bryan Earl, *The Cornish Arsenic Industry* (Camborne, UK: Penhellick Publications, 1996).

49. Edmund Newell, "The Irremediable Evil: British Copper Smelters' Collusion and the Cornish Mining Industry (1725-1865)," in *From Family Firms to Corporate Capitalism*, edited by Kristine Bruland and Patrick Karl O'Brien (Oxford: Oxford University Press, 1998), 170-198; Newell, "'Copperopolis': The Rise

and Fall of the Copper Industry in the Swansea District (1826-1921)," *Business History*, vol. 32, no. 3 (1990): 75-97.

50. Duane A. Smith, *Mining America: The Industry and the Environment (1800-1980)* (Lawrence: University Press of Kansas, 1987); Charles K. Hyde, *Copper for America: The United States Copper Industry from Colonial Times to 1990* (Tucson: University of Arizona Press, 1998); David Stiller, *Wounding the West: Montana, Mining and the Environment* (Lincoln: University of Nebraska Press, 2000).

51. Robert Stolz, *Bad Water: Nature, Pollution and Politics in Japan (1870-1950)* (Durham, NC: Duke University Press, 2014); Kichiro Shoji and Masuro Sugai, "The Ashio Copper Mine Pollution Case: The Origins of Environmental Destruction," in *Industrial Pollution in Japan*, edited by Jun Ui (Tokyo: United Nations University Press, 1992), 1장; Brett Walker, *Toxic Archipelago: A History of Industrial Disease in Japan* (Seattle: University of Washington Press, 2010).

52. Martin V. Melosi, *Effluent America: Cities, Industry, Energy, and the Environment* (Pittsburgh, PA: Pittsburgh University Press, 2001), 53; Matthieu Auzanneau, *Or noir. La grande histoire du pétrole* (Paris: La Découverte, 2015), 58.

53. Myrna Santiago, *The Ecology of Oil: Environment, Labor and the Mexican Revolution (1900-1938)* (Cambridge: Cambridge University Press, 2006), 125-126.

54. Yves-Henri Nouailhat, *Évolution économique des États-Unis, du milieu du xixe siècle à 1914* (Paris: CEDES-CDU, 1982).

55. McNeill, *Du nouveau sous le soleil*, 97-98에서 재인용.

56. Christine Meisner Rosen, "Businessmen against Pollution in Late Nineteenth-Century Chicago," *The Business History Review*, vol. 69, no. 3 (1995): 351-397.

57. Joel A. Tarr, ed., *Devastation and Renewal: An Environmental History of Pittsburgh and Its Region* (Pittsburgh, PA: Pittsburgh University Press, 2003), 3; Joel A. Tarr and Karen Clay, "Pittsburgh as an Energy Capital: Perspective

on Coal and Natural Gas Transitions and the Environment," in *Energy Capitals: Local Impact, Global Influence*, edited by Joseph A. Pratt, Martin V. Melosi, and Kathleen A. Brosnan (Pittsburgh, PA: Pittsburgh University Press, 2014), 13.

58. Gérard Chastagnaret, *L'Espagne, puissance minière dans l'Europe du xixe siècle* (Madrid: Casa de Velásquez, 2000); Chastagnaret, "Mourir pour un air pur? Le massacre de Río Tinto du 4 février 1888," in *Pollutions industrielles*, edited by Laura Centemeri and Xavier Daumalin, 45-67.

59. Charles E. Harvey, *The Rio Tinto Company: An Economic History of a Leading International Mining Concern (1873-1954)* (Cornwall, UK: Alison Hodge, 1981), 89-90.

60. Michio Hashimoto, "History of Air Pollution Control in Japan," in *How to Conquer Air Pollution: A Japanese Experience*, edited by Hajime Nishimura (Amsterdam: Elsevier, 1989), 1장.

61. Lynch, *Mining in World History*.

62. William J. Lines, *Taming the Great South Land: A History of the Conquest of Nature in Australia* (Berkeley: University of California Press, 1991).

63. Claude Markovits, "Bombay as a Business Centre in the Colonial Period: A Comparison with Calcutta," in *Bombay, Metaphor for Modern India*, edited by Sujata Patel and Alice Thorner (New Delhi: Oxford University Press, 2003), 28-29.

64. Shashi Bhushan Upadhyay, *Existence, Identity and Mobilization: The Cotton Millworkers of Bombay (1890-1919)* (New Delhi: Manohar Publishers, 2004), 28.

65. David Arnold, "Pollution, Toxicity and Public Health in Metropolitan India (1850-1939)," *Journal of Historical Geography*, vol. 42 (2013): 124-133; Arnold, *Toxic Histories*, 194.

66. Shawn William Miller, *An Environmental History of Latin America* (Cambridge: Cambridge University Press, 2007).

67. Donald Quataert, "Premières fumées d'usines," in *Salonique (1850-1918): La "ville des Juifs" et le réveil des Balkans*, edited by Gilles Veinstein (Paris:

Autrement, 1992), 177-194; Quataert, *Ottoman Manufacturing in the Age of Industrial Revolution* (Cambridge: Cambridge University Press, 1993).

68. Brent H. Usher and D. Vermeulen, "The Impacts of Coal and Gold Mining on the Associated Water Resources in South Africa," in *Groundwater Pollution in Africa*, edited by Yongxin Xu and Brent H. Usher (London: Taylor & Francis, 2006), 301-314.

69. Bensaude-Vincent and Stengers, *Histoire de la chimie*; Maurice Daumas, "La montée de la grande industrie chimique," in *Histoire générale des techniques*, edited by M. Daumas (Paris: Presses universitaires de France, 1996 [1968]), 3: 617-645; Sacha Tomic, *Aux origines de la chimie organique: Méthodes et pratiques des pharmaciens et des chimistes (1785-1835)* (Rennes, France: Presses universitaires de Rennes, 2010).

70. François Caron, *La Dynamique de l'innovation: Changement technique et changement social (xvie-xxe siècle)* (Paris: Gallimard, 2010), 216.

71. Bernadette Bensaude-Vincent, *Matière à penser: Essais d'histoire et de philosophie de la chimie* (Nanterre, France: Presses universitaires de Paris Ouest, 2008), 175-191; M. Boas Hall, "La croissance de l'industrie chimique en Grande-Bretagne au xixe siècle," *Revue d'histoire des sciences*, vol. 26, no. 1 (1973): 49-68; Ludwig Fritz Haber, *The Chemical Industry during the Nineteenth Century: A Study of the Economic Aspect of Applied Chemistry in Europe and North America* (London: Clarendon Press, 1958).

72. Ulrike Fell, ed., *Chimie et industrie en Europe: L'apport des sociétés savantes industrielles, du xixe siècle à no. jours* (Paris: Éd. des Archives contemporaines, 2001); Anita Kildebæk Nielsen and Soňa Štrbáňová, eds., *Creating Networks in Chemistry: The Founding and Early History of Chemical Societies in Europe* (London: Royal Society of Chemistry Publishing, 2008).

73. Robert Fox, "The Savant Confronts His Peers: Scientific Societies in France (1815-1914)," in *The Organization of Science and Technology in France (1808-1914)*, edited by Robert Fox and George Weisz (Cambridge: Cambridge University Press, 1980), 241-282.

74. Werner Abelshauser et al., *German Industry and Global Enterprise. BASF: The History of a Company* (Cambridge: Cambridge University Press, 2004).

75. Benjamin Ross and Steven Amter, *The Polluters: The Making of Our Chemically Altered Environment* (Oxford: Oxford University Press, 2010), 18-19.

76. Ernst Homburg, "Pollution and the Dutch Chemical Industry: The Turning Point of the 1850s," in *The Chemical Industry in Europe (1850-1914): Industrial Growth, Pollution and Professionalization*, edited by Ernst Homburg, Anthony S. Travis, and Harm G. Schröter (Dordrecht, Netherlands: Kluwer Academic Publishers, 1998), 165-181; Sacha Tomic, *Comment la chimie a transformé le monde* (Paris: Le Square éditeur, 2013).

77. Mark Cioc, *The Rhine: An Eco-Biography (1815-2000)* (Seattle: University of Washington Press, 2002).

78. Alain Beltran and Pascal Griset, *Histoire des techniques (xixe-xxe siècle)* (Paris: Armand Colin, 1990), 75.

79. Anselme Payen, "Les industries chimiques au xixe siècle," *Revue des Deux Mondes*, vol. 63 (1866): 958-983.

80. Kenneth Warren, *Chemical Foundations: The Alkali Industry in Britain to 1926* (Oxford: Clarendon Press, 1980).

81. Dingle, "'The Monster Nuisance of All.'"

82. Julien Maréchal, *La Guerre aux cheminées: Pollutions, peurs et conflits autour de la grande industrie chimique (Belgique, 1810-1880)* (Namur, France: Presses universitaires de Namur, 2016), 337.

83. Kenneth Bertrams, Nicolas Coupain, and Ernst Homburg, *Solvay: History of a Multinational Family Firm* (Cambridge: Cambridge University Press, 2013); Kenneth Bertrams, *Une entreprise au cœur de l'histoire: Solvay* (Cambridge: Cambridge University Press, 2013), 67.

84. Romain Garcier, "La Pollution industrielle de la Moselle française: Naissance, développement et gestion d'un problème environnemental (1850-2000)" (PhD diss., Université de Lyon 2, 2005), 264.

85. Catherine Paquot, *Henri Saint-Claire Deville: Chimie, recherche et industrie*

(Paris: Vuibert, 2005); Thierry Renaux, "L'aluminium au xixe siècle" (PhD diss., EHESS Paris, 2017).

86. Muriel Le Roux, "Les industries chimiques et l'environnement: Le cas des industries de l'aluminium de 1854 à no. jours," in *Les Sources de l'histoire de l'environnement*, vol. 3, Le xxe siècle, edited by Andrée Corvol (Paris: L'Harmattan/Direction des Archives de France, 2003), 171-195.

87. Olivier Chatterji, "Les débuts de l'aluminium en Maurienne: Conflits et mobilisations contre les 'émanations délétères' (1895-1914)," *Revue française d'histoire économique*, vol. 4-5, no. 2 (2015): 214-226.

88. Tomic, *Comment la chimie a transformé le monde*.

89. W. M. Mathew, "Peru and the British Guano Market (1840-1870)," *The Economic History Review*, vol. 23, no. 1 (1970): 112-128; Pierre Vayssière, *Un siècle de capitalisme minier au Chili (1830-1930)* (Paris: CNRS Éditions, 1980); Robert G. Greenhill and Rory R. Miller, "The Peruvian Government and the Nitrate Trade (1873-1879)," *Journal of Latin American Studies*, vol. 5, no. 1 (1973): 107-131; Brett Clark and John Bellamy Foster, "Ecological Imperialism and the Global Metabolic Rift: Unequal Exchange and the Guano/Nitrates Trade," *International Journal of Comparative Sociology*, vol. 50, no. 3-4 (2009): 311-334; Jean Boulaine, "Quatre siècles de fertilisation," *Étude et gestion des sols*, vol., no. 3-4 (1995): 201-208, 219-226; Stephen Mosley, *The Environment in World History* (London: Routledge, 2010), 73-74.

90. Nathalie Jas, *Au carrefour de la chimie et de l'agriculture: Les sciences agronomiques en France et en Allemagne (1840-1914)* (Paris: Éd. des Archives contemporaines, 2001); William H. Brock, *Justus von Liebig: The Chemical Gatekeeper* (Cambridge: Cambridge University Press, 1997).

91. Pierre-Paul Dehérain, *Traité de chimie agrícola: Développement des végétaux, terre arable, amendements et engrais* (Paris: Masson, 1892), vi.

92. Sacha Tomic, "La 'science des engrais' et le monde agricole en France au xixe siècle," *Journal for the History of Environment and Society*, vol. 2 (2017): 63-93.

93. Journal *L'Indépendant*, April 1858.

94. Nathalie Jas, "Déqualifier le paysan, introniser l'agronome (France, 1840-1914)," *Écologie et politique*, vol. 31, no. 2 (2005): 45-55.

95. Georges Dureau, *Traité de la culture de la betterave à sucre* (Paris: Journal des fabricants de sucre, 1886), 224.

96. George V. Dyke, *John Lawes of Rothamsted: Pioneer of Science, Farming and Industry* (Harpenden, UK: Hoos Press, 1993).

97. Bruce M. S. Campbell and Mark Overton, eds., *Land, Labour, and Livestock: Historical Studies in European Agricultural Productivity* (Manchester, UK: Manchester University Press, 1991); Peter Mathias and John Davis, eds., *Agriculture and Industrialization: From the Eighteenth Century to the Present Day* (Oxford: Wiley-Blackwell, 1996).

98. Jean-Pierre Daviet, *Un destin international: La Compagnie de Saint-Gobain de 1830 à 1939* (Paris: Éd. des Archives contemporaines, 1988), 293-294, 326.

99. Xavier Daumalin, *Du sel au pétrole. L'industrie chimique de Marseille-Berre au xixᵉ siècle* (Marseille: Tacussel, 2003), 121.

100. *La Culture intensive illustrée: Organe mensuel de la Société d'encouragement pour développer l'emploi des engrais chimiques en France*, August 1901-1914 [I-XIV].

101. Richard C. Sheridan, "Chemical Fertilizers in Southern Agriculture," *Agricultural History*, vol. 53, no. 1 (1979): 308-318; Jean Boulaine, "Histoire de la fertilisation phosphatée (1762-1914)," *Étude et gestion des sols*, vol. 13, no. 2 (2006): 129-138.

102. Vaclav Smil, *Enriching the Earth: Fritz Haber, Carl Bosch and the Transformation of World Food Production* (Cambridge, MA: MIT Press, 2001).

103. Centre National de Ressources Textuelles et Lexicales: http://www.cnrtl.fr/etymologie/.

104. Roger Pouget, *Histoire de la lutte contre le phylloxéra de la vigne en France (1868-1895)* (Paris: Institut national de la recherche agronomique, 2015).

05 부인과 공포에 직면한 전문 지식

1. Laurence Lestel, "La production de céruse en France au xixe siècle: Évolution d'une industrie dangereuse," *Techniques et culture*, vol. 38 (2001): 35-66; Anne-Cécile Lefort and Laurence Lestel, eds., "La céruse: Usages et effets (x^e-xxe siècle)," special issues of *Documents pour l'histoire des techniques*, no. 12 (2003).

2. Judith Rainhorn, *Poison legal: Une histoire sociale, politique et sanitaire de la céruse et du saturnisme professionnel (xixe-xxe siècle)* (Paris: Presses de Sciences Po, 2017).

3. Rabier, *Fields of Expertise*. 라비에는 역사적으로 좀더 현대에 특별한 관심을 두면서, 경제 발전과 공해 사이의 긴장을 다룬다. 10장 및 11장과 비교.

4. Bourdelais, ed., *Les Hygiénistes*; Vigarello, *Le Sain et le malsain*; Sophie Chauveau, Stéphane Frioux, and Patrick Fournier, *Hygiène et santé en Europe: De la fin du xviiie siècle aux lendemains de la Première Guerre mondiale* (Paris: SEDES, 2011).

5. La Berge, *Mission and Method*.

6. Thomas Le Roux, "Hygiénisme," in *Dictionnaire encyclopédique de l'État*, edited by Pascal Mbongo, François Hervouët, and Carlo Santulli (Paris: Berger-Levrault, 2014), 517-521.

7. Christopher Hamlin, *Public Health and Social Justice in the Age of Chadwick (Britain, 1800-1854)* (Cambridge: Cambridge University Press, 1998).

8. Alain Corbin, *The Foul and the Fragrant: Odor and the French Social Imagination* (New York: Berg Publishers, 1986), 131-132; Thomas Le Roux, "Risques et maladies du travail: Le Conseil de salubrité de Paris aux sources de l'ambiguïté hygiéniste au xixe siècle," in *La Santé au travail: Entre savoirs et pouvoirs (xixe-xxe siècle)* edited by Anne-Sophie Bruno, Eric Geerkens, Nicolas Hatzfeld, and Catherine Omnès (Rennes, France: Presses universitaires de Rennes, 2011), 45-63.

9. Jacques Léonard, *La Médecine entre les savoirs et les pouvoirs* (Paris: Aubier, 1981).

10. Massard-Guilbaud, *Histoire de la pollution industrielle*.

11. *Dictionnaire de l'industrie manufacturière, commerciale et agricole*, vol. 3 (Paris: Baillière, 1835), 165.

12. Ernst Homburg and Johan H. De Vlieger, "A Victory of Practice over Science: The Unsuccessful Modernization of the Dutch White Lead Industry (1780-1865)," *History and Technology*, vol. 13, no. 1 (1996): 33-52.

13. *L'Atelier*, February & November 1845.

14. J. Coulier, *Question de la céruse et du blanc de zinc, envisagée sous les rapports de l'hygiène et des intérêts publics* (Paris: Baillière, 1852), 3.

15. Rainhorn, *Poison légal*; Lestel, "La production de ceruse."

16. William Coleman, *Death Is a Social Disease: Public Health and Political Economy in Early Industrial France* (Madison: University of Wisconsin Press, 1982); Jean-Baptiste Fressoz, "Circonvenir les *circumfusa*: La chimie, l'hygiénisme et la libéralisation des 'choses environnantes' (France, 1750-1850)," *Revue d'histoire moderne et contemporaine*, vol. 56, no 4. (2009): 39-76.

17. Louis-René Villermé, *Tableau de l'état physique et moral des ouvriers employés dans les manufactures de coton, de laine et de soie* (Paris: 1840), 7장.

18. Maréchal, *La Guerre aux cheminées*, 104, 113.

19. James Condamin, *Histoire de Saint-Chamond et de la seigneurie de Jarez depuis les temps les plus reculés jusqu'à no. jours* (Paris: Picard, 1890), 649.

20. Mosley, *The Chimney of the World*, 63과 곳곳.

21. David Stradling, *Smokestacks and Progressives: Environmentalists, Engineers, and Air Quality in America (1881-1951)* (Baltimore, MD: Johns Hopkins University Press, 1999), 47.

22. Jules Arnould and André-Justin Martin, *Rapports sur la protection des cours d'eau et des nappes souterraines contre la pollution des résidus industriels* (Paris: Bibliothèque des Annales économiques, 1889); Jean-Pierrre Goubert, "L'eau et l'expertise sanitaire dans la France du xixe siècle: Le rôle de l'Académie de médecine et des congrès internationaux d'hygiène," *Sciences sociales et santé*, vol. 3, no. 2 (1985): 75-102.

23. Mathis, *In Nature We Trust*, 181, 328.

24. Armand Gautier, "Les fumées de Paris: Influence exercée par les produits de combustion sur l'atmosphère de la ville," *Revue d'hygiène et de police sanitaire*, no. 23 (1901); Octave Du Mesnil, "L'hygiène à Paris: Les fumées des machines à vapeur," *Annales d'hygiène publique et de médecine légale*, no. 24 (1890): 534-540.

25. Lion Murard and Patrick Zylberman, *L'Hygiène dans la République: La santé publique ou l'utopie contrariée (1870-1918)* (Paris: Fayard, 1986); Vincent Viet, "L'hygiène en l'État. La collection numérique des travaux du Conseil consultatif d'hygiène publique de France (1872-1910)," *Revue française des affaires sociales*, vol. 1, no. 1-2 (2014): 255-278.

26. John Duffy, *The Sanitarians: A History of American Public Health* (Urbana: University of Illinois Press, 1992).

27. Stradling, *Smokestacks and Progressives*, 50-51.

28. Claire Salomon-Bayet, ed., *Pasteur et la révolution pasteurienne* (Paris: Payot, 1986); Darmon, *L'Homme et les microbes; Bruno Latour, Pasteur: Guerre et paix des microbes* (Paris: La Découverte, 2001 [1984]).

29. Ilana Löwy, "Cultures de bactériologie en France (1880-1900): La paillasse et la politique," *Gesnerus*, vol. 67, no. 2 (2010): 188-216.

30. Léon Poincaré, "La contamination des cours d'eau par les soudières," *Annales d'hygiène publique et de médecine légale*, vol. 3, no. 9 (1883): 216-222.

31. Wrigley, *Energy and the English Industrial Revolution*; Verley, *L'Échelle du monde*, 96.

32. René Passet, *Les Grandes Représentations du monde et de l'économie à travers l'histoire: De l'univers magique au tourbillon créateur* (Paris: Les Liens qui libèrent, 2010); Dominique Méda, *La Mystique de la croissance* (Paris: Flammarion, 2013), 81.

33. Maxine Berg, *The Machinery Question and the Making of Political Economy (1815-1848)* (Cambridge: Cambridge University Press, 1980); Alf Hornborg, *The Power of the Machine: Global Inequalities of Economy, Technology and*

Environment (Walnut Creek, CA: AltaMira Press, 2001).

34. Christophe Charle, *Discordance des temps: Une brève histoire de la modernité (1830-1930)* (Paris: Armand Colin, 2011), 68에서 재인용.

35. Andreas Malm, *Fossil Capital: The Rise of Steam-Power in the British Cotton Industry (c. 1825-1848), and the Roots of Global Warming* (London: Verso Books, 2015); François Jarrige, ed., *Dompter Prométhée. Technologie et socialisme à l'âge romantique* (Besançon, France: Presses universitaires de Franche-Comté, 2016).

36. Andrew Ure, *The Philosophy of Manufactures or, An Exposition of the Scientific, Moral, and Commercial Economy of the Factory System of Great Britain* (London: Charles Knight, 1835), 12, 45.

37. William Cook-Taylor, *Notes of a Tour in the Manufacturing Districts of Lancashire* (London, 1842), 22.

38. Stephen Mosley, "Public Perceptions of Smoke Pollution in Victorian Manchester," in *Smoke and Mirrors: The Politics and Culture of Air Pollution*, edited by E. Melanie DuPuis (New York: New York University Press, 2004), 51.

39. Angus Bethune Reach, *Labour and the Poor in England and Wales (1849-1851)*, vol. 1, *Lancashire, Yorkshire, Cheshire* (London: Frank Cass, 1983), 5; several such witness accounts are collected in Mosley, *The Chimney of the World*, 70에 여러 목격자의 말이 실려 있다. Mathis, *In Nature We Trust*, 175; 리치에 관해서는 Harold L. Platt, *Shock Cities: The Environmental Transformation and Reform of Manchester and Chicago* (Chicago: University of Chicago Press, 2005), 25 참조.

40. Eugène Lebel, *Étangs, canaux et usines: La pollution des eaux* (Péronne: A. Doal, 1907), 146.

41. Massard-Guilbaud, *Histoire de la pollution industrielle*, 76-77.

42. Terry Shinn, "Des corps d'État au secteur industriel: Genèse de la profession d'ingénieur, 1750-1920," *Revue française de sociologie*, vol. 19, no. 1 (1978): 39-71.

43. Caroline Moriceau, *Les Douleurs de l'industrie: L'hygiénisme industriel en France* (Paris: Éditions de l'EHESS, 2009); Massard-Guilbaud, *Histoire de la pollution industrielle*; Bernard Kalaora and Chloé Vlassopoulos, *Pour une sociologie de l'environnement: Environnement, société et politique* (Seyssel, France: Champ Vallon, 2014); Chloé Vlassopoulos, "Protection de l'environnement ou protection du pollueur? L'emprise des industriels sur la politique antipollution," in *Au cœur des combats juridiques*, edited by Emmanuel Dockès (Paris: Dalloz, 2007), 473-485.

44. Stradling, *Smokestacks and Progressives*, 86-87.

45. Bart Van der Herten, Michel Oris, and Jan Roegiers, eds., *La Belgique industrielle en 1850: Deux cents images d'un monde nouveau* (Brussels: Crédit communal, 1995).

46. Thomas Le Roux and Nicolas Pierrot, "Représenter le travail et l'industrie à Paris (1750-1900)," *Histoire de l'art*, no. 74 (2014): 43-54.

47. Gaston Bonnefont, *Souvenirs d'un vieil ingénieur au Creusot* (Paris: F. Juven, 1905), 18.

48. Mathis, *In Nature We Trust*, 163-164.

49. Henri Braconno. and François Simonin, "Notes sur les émanations des industries chimiques," *Annales d'hygiène publique et de médecine légale*, no. 40 (1848): 128-136.

50. Maréchal, *La Guerre aux cheminées*, 83-84.

51. Christopher Hamlin, *A Science of Impurity: Water Analysis in Nineteenth-Century Britain* (Berkeley: University of California Press, 1990).

52. Laurence Lestel and Michel Meybeck, "La mesure de la qualité chimique de l'eau (1850-1970)," *La Houille blanche*, no. 3 (2009): 25-30; Laurence Lestel, "Experts and Water Quality in Paris in 1870," in *Resources of the City: Contributions to an Environmental History of Modern Europe*, edited by Dieter Schott, Bill Lückin, and Geneviève Massard-Guilbaud (Aldershot, UK: Ashgate, 2005), 203-214; Garcier, *La Pollution industrielle de la Moselle française*, 3장; Lückin, *Pollution and Control*.

53. *Annuaire des eaux de la France pour 1851-1854* (Paris: Imprimerie nationale, 1854), xxiii.

54. Goubert, *La Conquête de l'eau*, 45에서 재인용.

55. Poincaré, "La contamination des cours d'eau par les soudières."

56. Arnold, *Toxic Histories*, 98-115.

57. Arne Andersen, "Pollution and the Chemical Industry: The Case of the German Dye Industry," in *The Chemical Industry in Europe (1850-1914)*, edited by Ernst Homburg, Anthony S. Travis, and Harm G. Schröter, 183-205; Jürgen Büschenfeld, *Flüsse und Kloaken: Umweltfragen im Zeitalter der Industrialisierung (1870-1918)* (Stuttgart: Klett-Cotta, 1997); Garcier, *La Pollution industrielle de la Moselle française*, 71-72.

58. Jean-Marc Drouin, *Réinventer la nature, l'écologie et son histoire* (Paris: Desclée de Brouwer, 1991); Jean-Paul Deléage, *Histoire de l'écologie: Une science de l'homme et de la nature* (Paris: La Découverte, 1991); Donald Worster, *Les Pionniers de l'écologie: Une histoire des idées écologiques* (Paris: Sang de la Terre, 1992 [1977]); Pascal Acot, ed., *The European Origins of Scientific Ecology (1800-1901)* (Amsterdam: Gordon & Breach, 1998).

59. Patrick Matagne, *Aux origines de l'écologie: Les naturalistes en France de 1800 à 1914* (Paris: CTHS, 1999), 117에서 재인용.

60. Tom Williamson, *An Environmental History of Wildlife in England (1650-1950)* (London: Bloomsbury, 2013), 162.

61. Svante Arrhenius, *L'Évolution des mondes* (Paris: Librairie polytechnique Ch. Béranger, 1910 [1907]).

62. Louis de Launay, "Les ressources en combustibles du monde," *La Nature*, no. 2127 (28 February 1914): 238.

63. Diana K. Davis, *Les Mythes environnementaux de la colonisation française au Maghreb* (Seyssel, France: Champ Vallon, 2012).

64. Arnold, *Toxic Histories*.

65. Victor Hugo, *The Rhine* (New York: Wiley & Putnam, 1845), 47-48.

66. John Stuart Mill, "Walking Tour of Yorkshire and the Lake District (July-

August 1831)," in *The Collected Works of John Stuart Mill, Newspaper Writings (December 1822-July 1831)*, vol. 22 (Toronto: University of Toronto, 1986), 503-504.

67. Flora Tristan, *London Journal: A Survey of London Life in the 1830s*, translated by Dennis Palmer and Giselle Pincetl (London: George Prior Publishers, 1980), 7; Serge Audier, *La Société écologique et ses ennemis: Pour une histoire alternative de l'émancipation* (Paris: La Découverte, 2017).

68. Klingender, *Art and the Industrial Revolution*.

69. Jonathan Ribner, "La poétique de la pollution," in *Turner, Whistler, Monet* exposition catalog, edited by Katharine Lochnan (Grand Palais, 11 October 2004-17 January 2005) (Paris: Réunion des musées nationaux, 2004).

70. James H. Rubin, *Impressionism and the Modern Landscape: Productivity, Technology and Urbanization from Manet to Van Gogh* (Berkeley: University of California Press, 2008); Le Roux and Pierrot, "Représenter le travail et l'industrie à Paris."

71. Ernest Jones, "The Factory Town," *The Northern Star and National Trades' Journal* (13 February 1847), 3.

72. Malm, *Fossil Capital*, 505-506, 인용 525.

73. *L'Atelier*, no. 9 (June 1846): 323-324.

74. Eugène Huzar, *La Fin du monde par la science* (Paris: E. Dentu, 1855).

75. François-Vincent Raspail, *Appel urgent au concours des hommes éclairés de toutes les professions contre les empoisonnements industriels ou autres qui compromettent de plus en plus la santé publique et l'avenir des générations* (Paris/Bruxelles: 1863), 51-52; Thomas Le Roux, "Contre les poisons industriels: La voix dissonante de Raspail," in *Une imagination républicaine, François-Vincent Raspail (1794-1878)*, edited by Ludovic Frobert (Besançon, France: Presses universitaires de Franche-Comté, 2017), 103-127.

76. Stradling, *Smokestacks and Progressives*.

77. Peter C. Gould, *Early Green Politics: Back to Nature, Back to the Land, and Socialism in Britain (1880-1900)* (New York: St. Martin's Press, 1988).

78. Mathis, *In Nature We Trust*, 369-371.

79. 1881년 유독 가스에 관한 의회 난상 토론 때 보수당 정치인 R. 애셔턴 크로스의 발언, Mathis, *In Nature We Trust*, 338에서 재인용.

80. Louis Bertrand, *L'Invasion: Roman contemporain* (Paris: Fasquelle, 1907), A. Mata, *L'Industrie des produits chimiques et ses travailleurs* (Paris: Gaston Doin, 1925), xv에서 재인용.

81. François Jarrige, *Technocritiques: Du refus des machines à la contestation des technosciences* (Paris: La Découverte, 2014), 172-176.

82. Kaj Noschis, *Monte Verità, Ascona, le génie du lieu* (Lausanne, Switzerland: Presses polytechniques et universitaires romandes, 2011).

83. *Naturiens, végétariens, végétaliens et crudivégétaliens dans le mouvement anarchiste français (1895-1938)*, supplement to no. 9, series IV, *Invariance* (July 1993): 91에서 복사한 글.

84. Arnaud Baubérot, *Histoire du naturisme. Le mythe du retour à la nature* (Rennes, France: Presses universitaires de Rennes, 2004).

85. Massard-Guilbaud, *Histoire de la pollution industrielle*, 2장.

86. Massard-Guilbaud, *Histoire de la pollution industrielle*, 78에서 재인용. The quotation comes from Douai in 1857[인용은 1857년 두아이(Douai: 프랑스 북부 도시—옮긴이)의 상황을 일컫는다].

87. Archives départementales de la Côte-d'Or, 14 S A 46: 1864-1865.

88. Massard-Guilbaud, *Histoire de la pollution industrielle*, 86에서 재인용.

89. Archives de l'Académie François-Bourdon (Le Creusot), SS O 107-01: plaintes concernant les fours à coke Coppée en 1908.

90. Arnaud Péters, "L'essor de l'industrie du zinc et la prise en compte de l'environnement," in *La Recherche en histoire de l'environnement: Belgique, Luxembourg, Congo, Rwanda, Burundi*, edited by Isabelle Parmentier (Namur: Presses universitaires de Namur, 2011), 159-174, 161에서 재인용.

91. Anthony E. Dingle, "'The Monster Nuisance of All'"; Steven Mosley, "Public Perceptions of Smoke Pollution in Victorian Manchester," in *Technologies of Landscape: From Reaping to Recycling*, edited by David E. Nye (Amherst:

University of Massachusetts Press, 1999), 161-186.

92. Christine Meisner Rosen, "Noisome, Noxious, and Offensive Vapors: Fumes and Stenches in American Towns and Cities (1840-1865)," *Historical Geography*, no. 25 (1997): 49-82.

93. Frank Uekötter, *The Greenest Nation? A New History of German Environmentalism* (Cambridge, MA: MIT Press, 2014), 38.

94. Stéphane Frioux and Jean-François Malange, "'L'eau pure pour tous!' Mobilisations sociales contre la pollution des eaux douces françaises (1908-années 1960)," *Histoire et sociétés*, no. 27 (December 2008); Wanda Balcers and Chloé Deligne, "Les sociétés de pêche à la ligne, 'consciences' de la pollution des rivières en Belgique (1880-1940)," in *La Recherche en histoire de l'environnement*, edited by Isabelle Parmentier, 175-186.

95. Balcers and Deligne, "Les sociétés de pêche à la ligne," 181에서 재인용.

96. Chloé Deligne and Wanda Balcers, "Environmental Protest Movements against Industrial Waste in Belgium (1850-1914)," in *Environmental and Social Justice in the City: Historical Perspectives*, edited by Geneviève Massard-Guilbaud and Richard Rodger (Cambridge: White Horse Press, 2011).

97. Mosley, *The Chimney of the World*.

98. Brüggemeier, "A Nature Fit for Industry," 45.

99. Jean-Claude Devinck, "La lutte contre les poisons industriels et l'élaboration de la loi sur les maladies professionnelles," *Sciences sociales et santé*, vol. 28, no. 2 (2010): 65-93에서 재인용. 인용은 71쪽에서 가져왔다. Madeleine Rebérioux, "Mouvement syndical et santé en France, 1880-1914," *Prévenir*, vol. 18, no. 1 (1989): 15-30에서 재인용.

100. Devinck, "La lutte contre les poisons industriels"에서 재인용.

101. Henry Napias, "Les revendications ouvrières au point de vue de l'hygiène," *Revue d'hygiène et de police sanitaire*, no. 12 (1890). 인용은 691, 698쪽에서 가져왔다.

102. Bonnie Gordon, "Ouvrières et maladies professionnelles sous la Troisième République: La victoire des allumettiers français sur la nécrose phosphorée

de la mâchoire," *Le Mouvement social*, no. 164 (1993): 77-93.

103. Léon Bonneff and Maurice Bonneff, *Les Métiers qui tuent: Enquête auprès des syndicats ouvriers sur les maladies professionnelles* (Paris: Bibliographie sociale, 1905); Bonneff and Bonneff, *La Vie tragique des travailleurs. Enquêtes sur les conditions économiques et morales des ouvriers et ouvrières de l'industrie* (Paris: J. Rouff, 1908).

104. Devinck, "La lutte contre les poisons industriels," 89.

105. Maréchal, *La Guerre aux cheminées*, 1장.

106. Xavier Daumalin and Isabelle Laffont-Schwob, eds., *Les Calanques industrielles de Marseille et leurs pollutions: Une histoire au présent* (Aix-en-Provence, France: REF.2C Éditions, 2016), 171-177.

107. Temma Kaplan, "De l'émeute à la grève de masse: Conscience de classe et communauté ouvrière en Andalousie au xixe siècle," *Le Mouvement social*, no. 107 (1979): 15-50; María Dolores Ferrero Blanco, *Capitalismo minero y resistencia rural en el suroeste andaluz (Río Tinto, 1873-1900)* (Huelva, Spain: Universidad de Huelva, 1998); Chastagnaret, "Mourir pour un air pur?"; Ximo Guillem-Llobat et al., "Medioambiente y salud en los espacios industriales y urbano. de la España contemporánea (1881-1923)," in *Pollutions industrielles*, edited by Laura Centimeri and Xavier Daumalin, 239-258.

108. Dominique Bourg and Augustin Fagnière, *La Pensée écologique: Une anthologie* (Paris: Presses universitaires de France, 2014), 108-111; Pierre-François Souyri, *Moderne sans être occidental: Aux origines du Japon d'aujourd'hui* (Paris: Gallimard, 2016), 344-363: "Contre la mine mortifère"; Cyrian Pitteloud, "Modernité et luttes sociales: La mine d'Ashio à la fin du xixe siècle" in *Japon pluriel 11: Le Japon au début du xxie siècle: Dynamiques et mutations: Actes du 11e colloque de la Société française des études japonaises*, edited by David-Antoine Malinas and Julien Martine (Paris: Philippe Picquier, 2017), 91-98.

109. Kazuo Nimura, *The Ashio Riot of 1907: A Social History of Mining in Japan*

(Durham, NC: Duke University Press, 1997).

06 공해의 규제 및 관리

1. René Musset, "La métallurgie du cuivre," *Annales de géographie*, vol. 44, no. 250 (1935): 439-440; Christopher J. Schmitz, "The Rise of Big Business in the World Copper Industry (1870-1930)," *The Economic History Review*, vol. 39, no. 3 (1986): 392-410.

2. Edmund Newell, "'Copperopolis': The Rise and Fall of the Copper Industry in the Swansea District (1826-1921)," *Business History*, vol. 32, no. 3 (1990): 75-97; Newell, "Atmospheric Pollution."

3. Paul H. Rubin, *Business Firms and the Common Law: The Evolution of Efficient Rules* (New York: Praeger, 1983).

4. Christine M. Rosen, "Differing Perceptions of the Value of Pollution Abatement across Time and Place: Balancing Doctrine in Pollution Nuisance Law (1840-1906)," *Law and History Review*, vol. 11, no. 2 (1993): 303-381.

5. Christine M. Rosen, "'Knowing' Industrial Pollution: Nuisance Law and the Power of Tradition in a Time of Rapid Economic Change (1840-1864)," *Environmental History*, vol. 8, no. 4 (2003): 565-597.

6. Leslie Rosenthal, *The River Pollution Dilemma in Victorian England: Nuisance Law versus Economic Efficiency* (London: Ashgate, 2014), 4장: "Nuisance Law and Nuisance Economics."

7. Joel Franklin Brenner, "Nuisance Law and the Industrial Revolution," *Journal of Legal Studies*, vol. 3, no. 2 (1974): 403-333; John S. MacLaren, "Nuisance Law and the Industrial Revolution: Some Lessons from Social History," *Oxford Journal of Legal Studies*, vol. 3, no. 2 (1983): 155-221.

8. Ronald Coase, "The Problem of Social Cost," *Journal of Law and Economics* (October 1960): 1-44; Richard A. Posner, *Economic Analysis of Law*, 3rd ed. (Boston: Little, Brown and Company, 1986).

9. Martin V. Melosi, "Hazardous Waste and Environmental Liability: An Historical Perspective," *Houston Law Review*, no. 25 (July 1988): 741-779.

10. Morton J. Horwitz, *The Transformation of American Law (1780-1860)* (Cambridge, MA: Harvard University Press, 1977); Jouni Paavola, "Water Quality as Property: Industrial Water Pollution and Common Law in the Nineteenth-Century United States," *Environment and History*, no. 8 (2002): 295-318.

11. William J. Novak, *People's Welfare: Law and Regulation in Nineteenth-Century America* (Chapel Hill: University of North Carolina Press, 1996); Peter Karsten, *Heart versus Head: Judge-Made Law in Regulation in Nineteenth-Century America* (Chapel Hill: University of North Carolina Press, 1997).

12. Martin V. Melosi, *Pollution and Reform in American Cities (1870-1930)* (Austin: University of Texas Press, 1980); Melosi, *Garbage in the Cities: Refuse, Reform and the Environment (1880-2000)* (Pittsburgh, PA: University of Pittsburgh Press, 2005); Tarr, *The Search for the Ultimate Sink*; Mosley, *The Chimney of the World*.

13. Mary Anderson and Eric Ashby, "Studies in the Politics of Environmental Protection: The Historical Roots of the British *Clean Air Act* (1956): The Awakening of Public Opinion over Industrial Smoke (1843-1853)," *Interdisciplinary Science Review*, vol. 1, no. 4 (1976): 279-290.

14. Bowler and Brimblecombe, "Control of Air Pollution."

15. Wohl, *Endangered Lives*, 220-222.

16. Richard Hawes, "The Municipal Reform of Smoke Pollution in Liverpool (1853-1866)," *Environment and History*, vol. 4, no. 1 (1998): 75-90.

17. Anderson and Ashby, *The Politics of Clean Air*; Wohl, *Endangered Lives*, 214-215, 220-222.

18. Anderson and Ashby, *The Politics of Clean Air*, 16-18.

19. Catherine Mills, *Regulating Health and Safety in the British Mining Industries (1800-1914)* (Surrey, UK: Routledge, 2010); Peter Bartrip and Sandra Burman, *The Wounded Soldiers of Industry: Industrial Compensation Policy (1833-1897)* (Oxford: Oxford University Press, 1983).

20. Dingle, "'The Monster Nuisance of All'"; Richard Hawes, "The Control of Alkali Pollution in St. Helens (1862-1890)," *Environment and History*, vol. 1, no. 2 (1995): 159-171; Peter Reed, "The Alkali Inspectorate (1874-1906): Pressure for Wider and Tighter Pollution Regulation," *Ambix*, vol. 59, no. 2, 2012, 131-151.

21. Peter Reed, *Acid Rain and the Rise of the Environmental Chemist in Nineteenth-Century Britain: The Life and Work of Robert Angus Smith* (London: Ashgate, 2014).

22. Ben Pontin, "Tort Law and Victorian Government Growth: The Historiographical Significance of Tort in the Shadow of Chemical Pollution and Factory Safety Regulation," *Oxford Journal of Legal Studies*, vol. 18, no. 4 (1998): 661-680.

23. Mathis, *In Nature We Trust*, 316.

24. Reed, "The Alkali Inspectorate"; Wohl, *Endangered Lives*, 216-232; Noga Morag-Levine, *Chasing the Wind: Regulating Air Pollution in the Common Law State* (Princeton, NJ: Princeton University Press, 2003).

25. Rosenthal, *The River Pollution Dilemma in Victorian England*, 22-23.

26. Wohl, *Endangered Lives*, 233-255.

27. Morag-Levine, *Chasing the Wind*.

28. Frank Uekoetter, *The Age of Smoke: Environmental Policy in Germany and the United States (1880-1970)* (Pittsburgh, PA: University of Pittsburgh Press, 2009), 2장.

29. Stradling, *Smokestacks and Progressives*, 61-75; Melosi, *Effluent America*, 66.

30. Uekoetter, *The Age of Smoke*, 2장.

31. Désiré Dalloz, *Répertoire méthodique et alphabétique de législation, de doctrine et de jurisprudence* (Paris: Bureau de la jurisprudence générale, 1845-1869), 31: 4.

32. Massard-Guilbaud, *Histoire de la pollution industrielle*; Gabriel Ullmann, *Les Installations classes: Deux siècles de législation et de nomenclature,* vol. 1, *Le Décret fondateur du 15 octobre 1810 et la loi du 19 décembre 1917: La protection progressive des droits des tiers* (Paris: Cogiterra, 2016).

33. Maréchal, *La Guerre aux cheminées*, 196-200; Arnaud Péters, *La Vieille-Montagne (1806-1873): Innovations et mutations dans l'industrie du zinc* (Liège, France: Éd. de la province de Liège, 2016); Maréchal, "L'affaire de Saint-Léonard."

34. Christophe Verbruggen, "Nineteenth Century Reactions to Industrial Pollution in Ghent, the Manchester of the Continent: The Case of the Chemical Industry," in *Le Démon moderne*, edited by Christoph Bernhardt and Geneviève Massard-Guilbaud, 377-391.

35. Herman Diederiks and Charles Jeurgens, "Environmental Policy in 19th-Century Leyden," in *The Silent Countdown*, edited by Peter Brimblecombe and Christian Pfister, 167-181; Homburg, "Pollution and the Dutch Chemical Industry."

36. Cioc, "The Impact of the Coal Age on the German Environment."

37. Uekoetter, *The Age of Smoke*, 43-66.

38. Franz-Josef Brüggemeier, "A Nature Fit for Industry," 특히 48 참조. Andersen, "Pollution and the Chemical Industry."

39. Simone Neri Serneri, "Dealing with Industrial Pollution in Italy (1880-1940)," in *Nature and History in Modern Italy*, edited by Marco Armiero and Marcus Hall (Athens: Ohio University Press, 2010), 161-179; Serneri, "Industrial Pollution and Urbanization: Ancient and New Industrial Areas in Early 20th Century Italy," in *Environmental Problems in European Cities in the 19th and 20th Century*, edited by Christoph Bernhardt (Munich: Waxmann, 2004), 165-182.

40. Ian Inkster, *Japanese Industrialisation: Historical and Cultural Perspectives* (London: Routledge, 2001).

41. Stolz, *Bad Water*, 특히 37-100 참조.

42. Arnold, *Toxic Histories*, 176-208; Awadhendra Sharan, *In the City, Out of Place: Nuisance, Pollution and Dwelling in Delhi (c. 1850-2000)* (New Delhi: Oxford University Press, 2014); Colin McFarlane, "Governing the Contaminated City: Infrastructure and Sanitation in Colonial and Post-Colonial Bombay," *International Journal of Urban and Regional Research*, vol. 32 (2008): 415-

435; Michael R. Anderson, "The Conquest of Smoke: Legislation and Pollution in Colonial Calcutta," in *Nature, Culture, Imperialism: Essays on the Environmental History of South Asia*, edited by David Arnold and Ramachandra Guha (New Delhi: Oxford University Press, 1995), 293-335.

43. Pontin, "Tort Law and Victorian Government Growth."

44. Laurence Lestel et al., "La transaction comme régulation des déversements industriels en rivière: Le cas de la Seine-et-Marne au xxe siècle," in *Débordements industriels*, edited by Thomas Le Roux and Michel Letté, 225-245.

45. Jean-Baptiste Fressoz, "Payer pour polluer: L'industrie chimique et la compensation des dommages environnementaux (1800-1850)," *Histoire et mesure*, vol. 27, no. 1 (2013): 145-186; Ariane Debourdeau and Christelle Gramaglia, "La fabrication d'un héritage encombrant: Les pollutions métallurgiques de Viviez (Aveyron)," in *Débordements industriels*, edited by Thomas Le Roux and Michel Letté, 335-360.

46. William Scott Prudham, "Commodification," in *A Companion to Environmental Geography*, edited by Noel Castree et al. (Oxford: Wiley-Blackwell, 2009), 123-142.

47. Jeffrey K. Stine and Joel A. Tarr, "At the Intersection of Histories: Technology and the Environment," *Technology and Culture*, vol. 39, no. 4 (1998): 601-640.

48. 프랑스에 대한 예는 고전인 Charles de Freycinet, *Traité d'assainissement industriel comprenant les principaux procédés employés dans les centres manufac-turiers de l'Europe occidentale* (Paris: Dunod, 1870) 참조.

49. Anselme Payen, "Sur le procédé de rouissage à l'eau chaude de Schenck," *Le Technologiste, ou Archives des progrès de l'industrie française et étrangère* (Paris: Roret, 1852), 13: 291-297.

50. Thorsheim, "The Paradox of Smokeless Fuels."

51. Thomas Le Roux, "Les fourneaux fumivores, progrès technologique, recul écologique (France/Grande-Bretagne, 1780-1860)," in *Innovations et transferts de technologie en Europe du Nord-Ouest aux xixe et xxe siècles*, edited by Jean-François Eck and Pierre Tilly (Brussels: Peter Lang, 2011), 139-161.

52. Carlos Flick, "The Movement for Smoke Abatement in 19th-Century Britain," *Technology and Culture*, vol. 21, no. 1 (1980): 29-50.

53. *Bulletin de la Société d'encouragement pour l'industrie nationale*, no. 54 (1855): 272.

54. *Bulletin de la Société d'encouragement pour l'industrie nationale*, no. 93 (1894): 380.

55. Frank Uekoetter, "Solving Air Pollution Problems Once and For All: The Potential and the Limits of Technological Fixes," in *The Technological Fix: How People Use Technology to Create and Solve Problems*, edited by Lisa Rosner (New York: Routledge, 2004), 155-174.

56. Mosley, *The Chimney of the World*.

57. William S. Jevons, *The Coal Question: An Inquiry concerning the Progress of the Nation, and the Probable Exhaustion of Our Coal-Mines* (London: Macmillan, 1865).

58. Laurence Lestel, "Pollution atmosphérique en milieu urbain: De sa régulation à sa surveillance," *Vertigo. La revue électronique en sciences de l'environnement*, no. 15 (February 2013); Frank Uekoetter, "The Strange Career of the Ringelmann Smoke Chart," *Environmental Monitoring and Assessment*, no. 106 (2005), 11-26.

59. Haber, *The Chemical Industry during the Nineteenth Century*.

60. Massard-Guilbaud, *Histoire de la pollution industrielle*, 248-253.

61. Newell, "Atmospheric Pollution," 673-678.

62. Peter Reed, "Acid Towers and the Control of Chemical Pollution (1823-1876)," *Transactions of the Newcomen Society*, no. 78 (2008): 99-126; Reed, *Entrepreneurial Venture in Chemistry: The Muspratts of Liverpool (1793-1934)* (London: Ashgate, 2015); Sarah Wilmot, "Pollution and Public Concern: The Response of the Chemical Industry in Britain to Emerging Environmental Issues (1860-1901)," in *The Chemical Industry in Europe (1850-1914)*, edited by Ernest Homburg, Anthony S. Travis, and Harm G. Schröter, 121-149.

63. Georg Lunge, *A Theoretical and Practical Treatise on the Manufacture of*

Sulphuric Acid and Alkali with the Collateral Branches (London: John Van Voorst, 1880), 2: 252.

64. Jean-Baptiste Fressoz, "La main invisible a-t-elle le pouce vert? Le libéralisme et la naissance de l'écologie industrielle au xixe siècle," *Technique et culture*, no. 65-66 (2016): 328-343.

65. Erland Mårald, "Everything Circulates: Agricultural Chemistry and Recycling Theories in the Second Half of the Nineteenth Century," *Environment and History*, vol. 8, no. 1 (2002): 65-84; Laurent Herment and Thomas Le Roux, "Recycling: The Industrial City and Its Surrounding Countryside, 1750-1940," *Journal of the History of Environment and Society*, no. 2 (2017): 1-24.

66. Victor Hugo, *Les Miserables*, translated by Christine Donougher (London: Penguin Classics, 2015), 1126.

67. Danna Simmons, "Waste Not, Want Not: Excrement and Economy in Nineteenth Century," *Representations*, vol. 96, no. 1 (2006): 73-79.

68. Christopher Hamlin, "Recycling as a Goal of Sewage Treatment in Mid-Victorian Britain," in *The History and Sociology of Technology*, edited by Donald Hoke (Milwaukee, WI: Milwaukee Public Museum, 1982), 299-304; Hamlin, *What Becomes of Pollution?*

69. Christopher Hamlin, "Environmental Sensibility in Edinburgh (1839-1840): The Fetid Irrigation Controversy," *Journal of Urban History*, vol. 20, no. 3 (1994): 311-339; Sabine Barles, "Experts contre experts: Les champs d'épandage de la ville de Paris dans les années 1870," *Histoire urbaine*, vol. 14, no. 3 (2005): 65-80; Gray, "Urban Sewage"; Carnino. "L'environnement et la science."

70. Harold W. Brace, *History of Seed Crushing in Great Britain* (London: Land Books, 1960).

71. John Martin, "The Origins and Impacts of Chemical Fertilizers (1840-1940): The Science and Practice," 연구 심포지엄 구두 발표, "L'agriculture, une solution pour recycler les déchets urbains et industriels?," Centre de recherches historiques (CNRS/EHESS), Paris, 10 April 2015.

72. Freycinet, *Traité d'assainissement industriel*, 368; Freycinet, *Rapport sur*

l'assainissement des fabriques ou des procédés d'industries insalubres en Angleterre (Paris: Dunod, 1864); Patrick Fournier, "Charles de Freycinet, théoricien et acteur de l'assainissement à l'âge de l'hygiénisme," in "Autour de Charles de Freycinet: Sciences, techniques et politique," special issue of *Bulletin de la SABIX (Société des amis de la bibliothèque et de l'histoire de l'École polytechnique)*, edited by Fabien Conord and Jean-Claude Caron, no. 58 (2016): 19-29.

73. André Thépot, "Frédéric Kuhlmann, industriel et notable du Nord (1803-1881)," *Revue du Nord*, vol. 265 (1985): 527-554; Massard-Guilbaud, *Histoire de la pollution industrielle*, 244.

74. Reed, "The Alkali Inspectorate (1874-1906)."

75. Alexandre Parent-Duchâtelet, "De l'influence que peuvent avoir sur la santé les émanations provenant de la fonte et des préparations diverses que l'on fait subir au bitume asphaltique," *Annales d'hygiène publique et de médecine légale*, vol. 14 (1835): 65-87.

76. Georg Lunge, *Traité de la distillation du goudron de houille et du traitement de l'eau ammoniacale* (Paris: Savy, 1885 [1882]), 10.

77. Bensaude-Vincent and Stengers, *Histoire de la chimie*; Ernst Homburg, "Pollution and the Dutch Chemical Industry"; Andersen, "Pollution and the Chemical Industry."

78. John Clark, "'The Incineration of Refuse is Beautiful': Torquay and the Introduction of Municipal Refuse Destructors," *Urban History*, vol. 34, no. 2 (2007): 255-277; Timothy Cooper, "Modernity and the Politics of Waste in Britain"; Cooper, "Peter Lund Simmonds and the Political Ecology of Waste Utilization in Victorian Britain," *Technology and Culture*, vol. 52, no. 1 (2011): 21-44.

79. Walter Francis Goodrich, *The Economic Disposal of Towns' Refuse* (London: P. S. King & Son, 1901); Goodrich, *Modern Destructor Practice* (London: Charles Griffin, 1912).

80. Melosi, *Garbage in the Cities*; Melosi, "The British Destructor: Transfer of a Waste Destruction Technology," in *Technology and the Rise of the Networked*

City in Europe and America, edited by Joel A. Tarr and Gabriel Dupuy (Philadelphia, PA: Temple University Press, 1988).

81. Frioux, *Les Batailles de l'hygiène*, 51; Frioux, "Amélioration de l'environnement urbain et transferts de technologie entre la France et ses voisins nord-européens (années 1880 années 1910)," in *Innovations et transferts de technologie*, edited by Jean-François Eck and Pierre Tilly, 235-249.

82. Freycinet, *Traité d'assainissement industriel*, 172, 177, 329.

83. Mosley, *The Chimney of the World*, 25에서 재인용.

84. Mosley, *The Chimney of the World*, 23-25.

85. Louis-Augustin de Buzonnière, *Fourneau à double foyer pour la combustion de la fumée de la houille* (Orléans, France: impr. de Pagnerre, 1851), 4-5.

86. Arne Andersen, *Historische Technikfolgenabschätzung am Beispieldes Metallhüttenwesens und der Chemieindustrie (1850-1933)* (Stuttgart: Franz Steiner Verlag, 1996).

87. Freycinet, *Traité d'assainissement industriel*, 330.

88. François Walter, *Les Suisses et l'environnement: Une histoire du rapport à la nature du xviiie siècle à no. jours* (Geneva: Zoé, 1990), 3장.

89. William Cronon, *Nature's Metropolis: Chicago and the Great West* (New York: Norton, 1991); McNeill, *Du nouveau sous le soleil*, 193-195.

90. Antoine-Fortuné Marion, *Esquisse d'une topographie zoologique du golfe de Marseille* (Marseille: Cayer, 1883).

91. Faget, "Une cité sous les cendres."

92. Freycinet, *Traité d'assainissement industriel*, 340.

93. Hurley, "Creating Ecological Wastelands."

94. Hurley, "Creating Ecological Wastelands."

95. Dieter Schott, "The Formation of an Urban Industrial Policy to Counter Pollution in German Cities (1890-1914)," in *Le Démon moderne*, edited by Christoph Bernhardt and Geneviève Massard-Guilbaud, 311-332.

96. Wohl, *Endangered Lives*, 214-215.

97. Barry Doyle, "Managing and Contesting Industrial Pollution in Middlesbrough

(1880-1940)," *Northern History*, vol. 47, no. 1 (2010): 135-154; Minoru Yasumoto, *The Rise of a Victorian Ironopolis: Middlesbrough and Regional Industrialization* (Woodbridge, UK: Boydell & Brewer, 2011).

98. Thorsheim, "The Paradox of Smokeless Fuels."

99. Fressoz, "Payer pour polluer," 177-178.

100. Lynch, *Mining in World History*, 120-214.

101. Michael R. Anderson, "The Conquest of Smoke: Legislation and Pollution in Colonial Calcutta," in *Nature, Culture, Imperialism*, edited by David Arnold and Ramachandra Guha, 293-335; Michael Mann, "Delhi's Belly: On the Management of Water, Sewage and Excreta in a Changing Urban Environment during the Nineteenth Century," *Studies in History*, vol. 23, no. 1 (2007): 1-31; Awadhendra Sharan, "From Source to Sink: 'Official' and 'Improved' Water in Delhi (1868-1956)," *Indian Economic and Social History Review*, vol. 48 (2011): 425-462; Janine Wilhelm, *Environment and Pollution in Colonial India: Sewerage Technologies along the Sacred Ganges* (London: Routledge, 2016); Chakrabarti, "Purifying the River."

102. Fabien Bartolotti, "Mobilités d'entrepreneurs et circulations des techniques: Les chantiers portuaires de Dussaud frères d'un rivage à l'autre (1848-1869)," *Revue d'histoire du xixe siècle*, no. 51 (2015): 171-185.

3부 새로운 대규모 공해: 독성의 시대(1914~1973)

1. Arnulf Grübler, *Technology and Global Change* (Cambridge: Cambridge University Press, 2003), 197; Fridolin Krausmann, Simone Gingrich, and Reza Nourbakhch-Sabet, "The Metabolic Transition in Japan: A Material Flow Account for the Period From 1878 to 2005," *Journal of Industrial Ecology*, vol. 15, no. 6 (2011): 877-892.

2. François Fourquet, *Les Comptes de la puissance: Histoire de la comptabilité nationale et du plan* (Paris: Éd. Recherches, 1980).

3. Linda Nash, "Un siècle toxique. L'émergence de la 'santé environnementale,'" in *Histoire des sciences et des savoirs*, vol. 3, *Le Siècle des technosciences*, edited by Christophe Bonneuil and Dominique Pestre (Paris: Le Seuil, 2015), 145-165; Nash, *Inescapable Ecologies: A History of Environment, Disease, and Knowledge* (Berkeley: University of California Press, 2006).

4. McNeill, *Du nouveau sous le soleil*, 58-59.

5. Fabrice Nicolino. *Un empoisonnement universel: Comment les produits chimiques ont envahi la planète* (Paris: Les Liens qui libèrent, 2014); William Cronon, "Foreword: The Pain of a Poisoned World," in *Toxic Archipelago: A History of Industrial Disease in Japan*, edited by Brett L. Walker (Seattle: University of Washington Press, 2010), ix-xii; Rachel Carson, *Silent Spring* (London: Hamish Hamilton, 1963), 143.

6. Julia K. Steinberger, Fridolin Krausmann, and Nina Eisenmenger, "Global Patterns of Materials Use: A Socioeconomic and Geophysical Analysis," *Ecological Economics*, no. 69 (2010): 1148-1158.

7. Christopher Sellers and Joseph Melling, eds., *Dangerous Trade: Histories of Industrial Hazards across a Global World* (Philadelphia, PA: Temple University Press, 2012).

07 산업 전쟁과 공해

1. Brian Allen Drake, ed., *The Blue, the Gray, and the Green: Toward an Environmental History of the Civil War* (Athens: University of Georgia Press, 2015).

2. Mimoun Charqi, *Armes chimiques de destruction massive sur le Rif: Histoire, effets, droits, préjudices et réparations* (Rabat, Morocco: Amazigh, 2014); Robert M. Neer, *Napalm: An American Biography* (Cambridge, MA: Belknap Press, 2013); David Zierler, *The Invention of Ecocide: Agent Orange, Vietnam, and the Scientists Who Changed the Way We Think about the Environment* (Athens: University of Georgia Press, 2011).

3. Bonneuil and Fressoz, *L'Événement anthropocène*, 141-171.

4. "L'industrie du coke et des benzols," *La Nature*, no. 2205 (1 January 1916):

6-10.

5. François Guedj, ed., *Le xxe siècle des guerres* (Paris: Éd. de l'Atelier, 2004), 23.

6. Rafael Reuveny, Andreea S. Mihalache-O'Keef, and Quan Li, "The Effect of Warfare on the Environment," *Journal of Peace Research*, vol. 47, no. 6, (November 2010): 749-761; Richard Tucker and Edmund Russell, eds., *Natural Enemy, Natural Ally: Toward an Environmental History of War* (Corvallis: Oregon State University Press, 2004); Jay E. Austin and Carl E. Bruch, eds., *The Environmental Consequences of War: Legal, Economic, and Scientific Perspectives* (Cambridge: Cambridge University Press, 2007); M. Gutmann, "The Nature of Total War: Grasping the Global Environmental Dimensions of World War II," *History Compass*, vol. 13, no. 5 (2015): 251-261; Jacob Darwin Hamblin, "Environmental Dimensions of World War II," in *A Companion to World War II*, edited by Thomas W. Zeiler (Malden, UK: Wiley-Blackwell, 2013), 698-716.

7. John R. McNeill, "Woods and Warfare in World History," *Environmental History*, vol. 9, no. 3 (2004): 388-410; McNeill, *Du nouveau sous le soleil*, 454-455.

8. Peter Coates, Tim Cole, Marianna Dudley, and Chris Pearson, "Defending Nation, Defending Nature? Militarized Landscapes and Military Environmentalism in Britain, France and the US," *Environmental History*, vol. 16, no. 3 (2011): 456-491.

9. Kenneth Mouré, "'Les canons avant le beurre': Consommation et marchés civils en temps de guerre," in *1937-1947: La guerre-monde*, edited by Alya Aglan and Robert Frank, vol. 2 (Paris: Gallimard, 2015 [1973]).

10. Simo Laakkonen, "War: An Ecological Alternative to Peace? Indirect Impacts of World War II on the Finnish Environment," in *Natural Enemy, Natural Ally*, edited by Richard Tucker and Edmund Russell, 175-194; Chris Pearson, *Scarred Landscapes: War and Nature in Vichy France* (Basingstoke, UK: Palgrave, Macmillan, 2008).

11. Stradling, *Smokestacks and Progressives*, 141; Peter Thorsheim, *Waste into*

Weapons: Recycling in Britain during the Second World War (Cambridge: Cambridge University Press, 2015).

12. William Tsutsui, "Landscapes in the Dark Valley: Toward an Environmental History of Wartime Japan," *Environmental History*, vol. 8, no. 2 (2003): 294-311.

13. Kenneth Mouré, "'Les canons avant le beurre.'"

14. Asit Biswas, "Scientific Assessment of the Long-Term Environmental Consequences of War," in *The Environmental Consequences of War*, edited by Jay E. Austin and Carl E. Bruch, 303-315.

15. Richard Tucker, *Insatiable Appetite: The United States and the Ecological Degradation of the Tropical World* (Berkeley: University of California Press, 2000).

16. Rémy Porte, *La Mobilisation industrielle, "premier front" de la Grande Guerre?* (Saint-Cloud, France: Éd. 14-18, 2006); Dominique Barjot, ed., *Deux guerres totales: 1914-1918, 1939-1945: La mobilisation de la nation* (Paris: Economica, 2012); Matthew Evenden, *Allied Power: Mobilizing Hydro-Electricity during Canada's Second World War* (Toronto: University of Toronto Press, 2015).

17. Pap Ndiaye, "La société américaine et la 'bonne guerre,'" in *1937-1947: la guerre-monde*, edited by Alya Aglan and Robert Frank, 2: 1469.

18. Auzanneau, *Or noir*, 107에서 재인용. Timothy C. Winegard, *The First World Oil War* (Toronto: University of Toronto Press, 2016).

19. Adeline Blaszkiewicz-Maison, *Albert Thomas: le socialisme en guerre (1914-1918)* (Rennes, France: Presses universitaires de Rennes, 2016).

20. Stradling, *Smokestacks and Progressives*, 7장: "War Meant Smoke," 148-149, 151-152.

21. Frank Uekoetter, "Total War: Administering Germany's Environment in Two World Wars," in *War and the Environment: Military Destruction in the Modern Age*, edited by Charles Closmann (Austin: University of Texas Press, 2009), 92-111.

22. Uekoetter, "Total War"; Uekoetter, "Polycentrism in Full Swing: Air Pollution

Control in Nazi Germany," in *How Green Were the Nazis? Nature, Environment, and Nation in the Third Reich*, edited by Franz-Josef Brüggemeier, Mark Cioc, and Thomas Zeller (Athens: Ohio University Press, 2006), 101-128.

23. Alon Tal, *Pollution in a Promised Land: An Environmental History of Israel* (Berkeley: University of California Press, 2002), 68.

24. David Edgerton, *Britain's War Machine: Weapons, Resources and Experts in the Second World War* (London: Penguin Books, 2012), 14.

25. Umesh Chandra Jha, *Armed Conflict and Environmental Damage* (New Delhi: Vij Book, 2014), 161-162, 183.

26. Marianna Dudley, *An Environmental History of the UK Defence Estate (1945 to the Present)* (London: Continuum, 2012); Chris Pearson, *Mobilizing Nature: The Environmental History of War and Militarization in Modern France* (Manchester, UK: Manchester University Press, 2012).

27. Jeffrey Sasha Davis, Jessica S. Hayes-Conroy, and Victoria M. Jones, "Military Pollution and Natural Purity: Seeing Nature and Knowing Contamination in Vieques, Puerto Rico," *GeoJournal*, vol. 69, no. 3 (2007): 165-179.

28. Carla Goffi and Ria Verjauw, "La Sardaigne, poubelle de l'OTAN et du complexe militaro-industriel," 웹사이트: "La Plume à gratter," http://www.laplumeagratter.fr/2012/02/06/la-sardaigne-poubelle-de-lotan-et-du-complexe-militaro-industriel/.

29. Michael Renner, "Assessing the Military's War on the Environment," in *State of the World 1991*, edited by Lester Brown (New York: Norton, 1991); Joseph Hupy, "The Environmental Footprint of War," *Environment and History*, vol. 14, no. 3 (2008): 405-421; John R. McNeill and David S. Painter, "The Global Environmental Footprint of the US Military (1789-2003)," in *War and the Environment*, edited by Charles Closmann, 10-31; Bonneuil and Fressoz, *L'Événement anthropocène*, 143.

30. Paul Josephson, "Industrial Deserts: Industry, Science and the Destruction of Nature in the Soviet Union," *Slavonic and East European Review*, vol. 85, no. 2 (2007): 294-321.

31. Paul Josephson, "War on Nature as Part of the Cold War: The Strategic and Ideological Roots of Environmental Degradation in the USSR," in *Environmental Histories of the Cold War*, edited by John R. McNeill and Corinna R. Unger (New York: Cambridge University Press, 2010), 21-49; Paul Josephson, Nicolai Dronin, Ruben Mnatsakanian, Aleh Cherp, Dmitry Efremenko, and Vladislav Larin, *An Environmental History of Russia* (Cambridge: Cambridge University Press, 2013).

32. Tsutsui, "Landscapes in the Dark Valley."

33. Paul R. Josephson, *Industrialized Nature: Brute Force Technology and the Transformation of the Natural World* (Washington, DC: Island Press, 2002).

34. Peter Galison and Bruce Hevly, eds., *Big Science: The Growth of Large-Scale Research* (Stanford, CA: Stanford University Press, 1992); Amy Dahan and Dominique Pestre, eds., *Les Sciences pour la guerre (1940-1960)* (Paris: EHESS, 2004); Anne Rasmussen, "Sciences et guerres," in *Histoire des sciences et des savoirs*, vol. 3, *Le Siècle des technosciences*, edited by Christophe Bonneuil and Dominique Pestre, 46-65.

35. Thomas Hugues, *American Genesis: A Century of Invention and Technological Enthusiasm (1870-1970)* (Chicago: University of Chicago Press, 2004 [1989]).

36. Edgerton, *Britain's War Machine*.

37. Sebastian Grevsmühl, *La Terre vue d'en haut: L'invention de l'environnement global* (Paris: Le Seuil, 2015); Sarah Bridger, *Scientists at War: The Ethics of Cold War Weapons Research* (Cambridge, MA: Harvard University Press, 2015).

38. Silvan S. Schweber, "Big Science in Context: Cornell and MIT," in *Big Science*, edited by Peter Galison and Bruce Hevly, 149-183.

39. Alain Gras, *Grandeur et dépendance: Sociologie des macro-systèmes techniques* (Paris: Presses universitaires de France, 1993), 161-165.

40. Thomas Hippler, *Le Gouvernement du ciel: Histoire globale des bombardements aériens* (Paris: Les Prairies ordinaires, 2014); John Buckley, *Air Power in the Age of Total War* (Bloomington: Indiana University Press, 1999).

41. Edgerton, *Britain's War Machine*, 185.

42. Hermione Giffard, *Making Jet Engines in World War II: Britain, Germany, and the United States* (Chicago: University of Chicago Press, 2016).

43. Guido De Luigi, Edgar Meyer, and Andrea Saba, "Industrie, pollution et politique: la 'zone noire' de la Societa Italiana del l'Alumino dans la province de Trente (1928-1938)," in *Industrialisation et société en Europe occidentale, de la fin du xixe siècle à nos jours: L'âge de l'Aluminium*, edited by Ivan Grinberg and Florence Hachez-Leroy (Paris: Armand Colin, 1997), 314-323.

44. Matthew Evenden, "Aluminium, Commodity Chains and the Environmental History of the Second World War," *Environmental History*, vol. 16, no. 1 (2011): 69-93.

45. Edmund Russell, *War and Nature: Fighting Humans and Insects with Chemicals from World War I to Silent Spring* (Cambridge: Cambridge University Press, 2001); Ross and Amter, *The Polluters*, 18; Nicolino. *Un empoisonnement universel*, 2부: "Le temps des assassins."

46. Russell, *War and Nature*, 18에서 재인용.

47. Pap Ndiaye, *Du nylon et des bombes. DuPont de Nemours, le marché et l'État américain (1900-1970)* (Paris: Belin, 2001).

48. Nathalie Jas, "Gouverner les substances chimiques dangereuses dans les espaces internationaux," in *Le Gouvernement des technosciences: Gouverner le progrès et ses dégâts depuis 1945*, edited by Dominique Pestre (Paris: La Découverte, 2014), 31-63.

49. Russell, *War and Nature*, 53-94; Ross and Amter, *The Polluters*, 45-57.

50. James E. McWilliams, *American Pests: The Losing War on Insects from Colonial Times to DDT* (New York: Columbia University Press, 2008).

51. Russell, *War and Nature*, 165-228.

52. George L. Mosse, *De la Grande Guerre au totalitarisme: La brutalisation des sociétés européennes* (Paris: Hachette, 2015 [1990]).

53. Jean-Pierre Guéno. *Paroles de poilus: Lettres et carnets du front (1914-1918)* (Paris: Librio/Flammarion, 1998), 4장 도입부, 97.

54. Pearson, *Mobilizing Nature*, 4~6장; Dorothee Brantz, "Environments of Death: Trench Warfare on the Western Front (1914-1918)," in *War and the Environment*, edited by Charles E. Closmann, 68-91; Jean-Paul Amat, "Guerre et milieux naturels: les forêts meurtries dans l'est de la France 70 ans après Verdun," *Espace géographique*, vol. 16, no. 3 (1987) 217-233; Jeffrey Sasha Davis, "Military Natures: Militarism and the Environment," *GeoJournal*, vol. 69, no. 3, 2007, 131-134; Jean-Yves Puyo, "Les conséquences de la Première Guerre mondiale pour les forêts et les forestiers français," *Revue forestière française*, vol. 56, no. 6, 2004, 573-584; Hugh D. Clou, *After the Ruins: Restoring the Countryside of Northern France after the Great War* (Exeter, UK: Exeter University Press, 1996); Pierre-Alain Tallier, "La reconstitution du patrimoine forestier belge après 1918," in *Forêt et guerre*, edited by Andrée Corvol and Jean-Paul Amat (Paris: L'Harmattan, 1994), 215-225.

55. Paul Arnould, Micheline Hotyat, and Laurent Simon, *Les Forêts d'Europe* (Paris: Nathan, 1997), 114.

56. La Nature, no. 2206 (8 January 2016): 30.

57. Tobias Bausinger, Éric Bonnaire, and Johannes Preuß, "Contribution à l'étude des conséquences écologiques de la Première Guerre mondiale dans les forêts dévastées de la Zone rouge," in *Des milieux aux territoires forestiers, edited by Marc Galochet and Éric Glon* (Arras, France: Artois Presses Université, 2010), 157-167; Benoît Hopquin, "Le poison de la guerre coule toujours à Verdun," *Le Monde*, 20 January 2014.

58. Henri Barbusse, *Under Fire*, translated by Fitzwater Wray. http://www.gutenberg.org/files/4380/4380-h/4380-h.htm.

59. Barbusse, *Under Fire*.

60. Olivier Lepick, *La Grande Guerre chimique (1914-1918)* (Paris: Presses universitaires de France, 1998).

61. Jean-Marie Moine, "Un mythe aéronautique et urbain dans la France de l'entre-deux-guerres: le péril aérochimique," *Revue historique des armées*, no. 256 (2009): 94-119.

62. Judith A. Bennett, "War, Emergency and the Environment: Fiji, 1939-1946," *Environment and History*, vol. 7, no. 3 (2001): 255-287; Bennett, *Natives and Exotics: World War II and Environment in the Southern Pacific* (Honolulu: University of Hawai'i Press, 2009).

63. Jörg Friedrich, *The Fire: The Bombing of Germany (1940-1945)* (New York: Columbia University Press, 2007); Randall Hansen, *Foudre et devastation: Les bombardements alliés sur l'Allemagne (1942-1945)* (Québec: Presses universitaires de Laval, 2012).

64. Greg Bankoff, "A Curtain of Silence: The Fate of Asia's Fauna in the Cold War," in *Environmental Histories of the Cold War*, edited by John R. McNeill and Corinna R. Unger, 203-226.

65. Barry Weisberg, *Ecocide in Indochina: The Ecology of War* (San Francisco: Canfield Press, 1969).

66. Claude-Marie Vadrot, *Guerres et environnement: Panorama des paysages et des écosystèmes bouleversés* (Paris: Delachaux & Niestlé, 2005); Thao Tran, Jean-Paul Amat, and Françoise Pirot, "Guerre et défoliation dans le Sud Viêt-Nam (1961-1971)," *Histoire et mesure*, vol. 22, no. 1 (2007): 71-107.

67. Hopquin, "Le poison de la guerre coule toujours à Verdun"; Olivier Saint-Hilaire, "Déchets de guerre," *Médiapart*, 16 May 2014, https://www.mediapart.fr/studio/portfolios/dechets-de-guerre.

68. "Cimetières de sous-marins et zones d'essais nucléaires: les séquelles de la guerre froide," in "Environnement et pollution en Russie et en Asie centrale: l'héritage soviétique" (Paris: La Documentation française, 2007).

69. Richard Rhodes, *The Making of the Atomic Bomb* (New York: Simon & Schuster, 1986); Walter E. Grunden, Mark Walker, and Masakatsu Yamazaki, "Wartime Nuclear Weapons Research in Germany and Japan," in "Politics and Science in Wartime," special issue of *Osiris*, vol. 20 (2005): 107-130.

70. Tsutsui, "Landscapes in the Dark Valley."

71. Toshihiro Higuchi, "Atmospheric Nuclear Weapons Testing and the Debate on Risk Knowledge in Cold War America (1945-1963)," in *Environmental*

Histories of the Cold War, edited by John R. McNeill and Corinna R. Unger, 301-322.

72. Jacques Villain, *Le Livre noir du nucléaire militaire* (Paris: Fayard, 2014).

73. "Environnement et pollution en Russie et en Asie centrale"; McNeill, *Du nouveau sous le soleil*, 452.

74. *Les Incidences environnementales et sanitaires des essais nucléaires effectués par la France entre 1960 et 1996 et les éléments de comparaison avec les essais des autres puissances nucléaires*, French parliamentary report no. 207 (2001-2002); Bruno Barrillot, *Essais nucléaires français: L'héritage empoisonné* (Lyon, France: Observatoire des armements, 2012); Barillot, *Les Essais nucléaires français (1960-1996): Conséquences sur l'environnement et la santé* (Lyon, France: Centre de documentation et de recherche sur la paix et les conflits, 1996).

75. Michele S. Gerber, *On the Home Front: The Cold War Legacy of the Hanford Nuclear Site* (Lincoln: University of Nebraska Press, 1992); McNeill, *Du nouveau sous le soleil*, 450-451.

76. Jacob Darwin Hamblin, *Poison in the Well: Radioactive Waste in the Oceans at the Dawn of the Nuclear Age* (New Brunswick, NJ: Rutgers University Press, 2008); Hamblin, "Gods and Devils in the Details: Marine Pollution, Radioactive Waste, and an Environmental Regime (circa 1972)," *Diplomatic History*, vol. 32, no. 4 (2008): 539-560; Hamblin, "Hallowed Lords of the Sea: Scientific Authority and Radioactive Waste in the United States, Britain, and France," *Osiris*, vol. 21, no. 1 (2006): 209-228.

77. Jean-Pierre Queneudec, "Le rejet à la mer de déchets radioactifs," *Annuaire français de droit international*, vol. 11, no. 1 (1965): 750-782.

78. *Report on the Health Consequences to the American Population from Nuclear Weapons Tests Conducted by the United States and Other Nations*, http://www.cdc.gov/nceh/radiation/fallout/.

79. Hicham-Stéphane Afeissa, *La Fin du monde et de l'humanité. Essai de généalogie du discours écologique* (Paris: Presses universitaires de France,

2014).

80. Worster, *Les Pionniers de l'écologie*.

81. Yannick Mahrane and Christophe Bonneuil, "Gouverner la biosphère: De l'environnement de la guerre froide à l'environnement néolibéral," in *Le Gouvernement des technosciences*, edited by Dominique Pestre, 134-135에 서 재인용.

82. Michael Egan, *Barry Commoner and the Science of Survival: The Remaking of American Environmentalism* (Cambridge, MA: MIT Press, 2007); Jacob Darwin Hamblin, *Arming Mother Nature: The Birth of Catastrophic Environmentalism* (Oxford: Oxford University Press, 2013).

83. Austin and Bruch, eds., *The Environmental Consequences of War*.

08 에너지 고소비 세상

1. Bruce Podobnik, *Global Energy Shifts: Fostering Sustainability in a Turbulent Age* (New Delhi: Teri Press, 2006); Kander, Malanima, and Warde, *Power to the People*, 348; Jean-Claude Debeir, Jean-Paul Deléage, and Daniel Hémery, *Une histoire de l'énergie. Les servitudes de la puissance* (Paris: Flammarion, 2013 [1986]); Alfred W. Crosby, *Children of the Sun: A History of Humanity's Unappeasable Appetite for Energy* (New York: Norton, 2006).

2. Vaclav Smil, *Energy in World History* (Boulder: Westview Press, 1994), 205-207; Smil, *Energy Myths and Realities: Bringing Science to the Energy Policy Debate* (Washington, DC: AEI Press, 2010); Joel Darmstadter, *Energy in the World Economy* (Baltimore: Johns Hopkins University Press, 1971).

3. McNeill, *Du nouveau sous le soleil*, 42.

4. Bouda Etemad, *La Production mondiale d'énergie primaire commerciale* (Paris: Unesco, 1993), https://unesdoc.unesco.org/ark:/48223/pf0000096534.

5. Sam H. Schurr, ed., *Energy, Economic Growth, and the Environment* (New York: RFF Press, 2013); Andrew Nikiforuk, *L'Énergie des esclaves: Le pétrole et la nouvelle servitude* (Montréal: Écosociété, 2015).

6. Jean-Marie Martin-Amouroux, *Charbon, les métamorphoses d'une industrie*

(Paris: Technip, 2008); Régine Perron, *Le Marché du charbon, un enjeu entre l'Europe et les États-Unis (de 1945 à 1958)* (Paris: Publications de la Sorbonne, 1996).

7. Vaclav Smil, *China's Past, China's Future: Energy, Food, Environment* (London: Routledge, 2004), 11-12.

8. Odette Hardy-Hémery, "Rationalisation technique et rationalisation du travail à la compagnie des mines d'Anzin (1927-1938)," *Le Mouvement social*, no. 72 (1970): 3-48; Thomas G. Andrews, *Killing for Coal: America's Deadliest War on Labor* (Cambridge, MA: Harvard University Press, 2008); Diana Cooper-Richet, *Le Peuple de la nuit: Mines et mineurs en France (xixᵉ-xxᵉ siècle)* (Paris: Perrin, 2002); Rolande Trempé, *Les Trois Batailles du charbon (1936-1947)* (Paris: La Découverte, 1989).

9. Arthur McIvor and Ronald Johnston, *Miners' Lung: A History of Dust Disease in British Coal Mining* (Aldershot, UK: Ashgate, 2007); David Rosner and Gerald Markowitz, *Deadly Dust: Silicosis and the On-Going Struggle to Protect Workers' Health* (Ann Arbor: University of Michigan Press, 2006 [1991]).

10. Paul-André Rosental, "La silicose comme maladie professionnelle trans-nationale," *Revue française des affaires sociales*, no. 2 (2008): 255-277; Paul-André Rosental and Jean-Claude Devinck, "Statistique et mort industrielle: La fabrication du nombre de victimes de la silicose dans les houillères en France de 1946 à no. jours," *Vingtième siècle: Revue d'histoire*, vol. 95, no. 3 (2007): 75-91.

11. Eric Geerkens, "Quand la silicose n'était pas une maladie professionnelle: Genèse de la réparation des pathologies respiratoires des mineurs en Belgique (1927-1940)," *Revue d'histoire moderne et contemporaine*, vol. 56, no. 1 (2009): 127-141; Judith Rainhorn, ed., *Santé et travail à la mine (xixᵉ-xxiᵉ siècle)* (Villeneuve-d'Ascq: Presses universitaires du Septentrion, 2014); Stefania Barca, "Bread and Poison: The Story of Labor Environmentalism in Italy (1968-1998)," in *Dangerous Trade*, edited by Christopher Sellers and Joseph Melling, 126-139.

12. Georges Franju, *Les Poussières*, France, 1954 (22 min), 다큐멘터리 영화.

13. Rosner and Markowitz, *Deadly Dust*; Chad Montrie, *To Save the Land and People: A History of Opposition to Surface Coal Mining in Appalachia* (Chapel Hill, NC: University of North Carolina Press, 2003).

14. Smil, *China's Past, China's Future*, 11-12, 17.

15. Wang Bing, *À l'ouest des rails* (2003); *L'Argent du charbon* (2008), 다큐멘터리 영화.

16. Philip Roth, *I Married a Communist* (New York, Vintage Books, 1998), 225-226.

17. Josephson et al., *An Environmental History of Russia*, 83; Jean-Marie Martin-Amouroux, "Le développement énergétique de l'Union soviétique de 1917 à 1950," *Encyclopédie de l'énergie*, October 2015, https://www.encyclopedie-energie.org/le-developpement-energetique-de-lunion-sovietique-de-1917-a-1950/.

18. Alexis Zimmer, "'Le brouillard mortel de la vallée de la Meuse' (décembre 1930): Naturalisation de la catastrophe," in *Débordements industriels*, edited by Thomas Le Roux and Michel Letté, 115-131, 인용은 125쪽에서 가져왔다. Zimmer, *Brouillards toxiques: Vallée de la Meuse, 1930, contre-enquête* (Brussels: Zones sensibles, 2016).

19. Tarr, ed., *Devastation and Renewal*; Lynne Snyder, "The Death-Dealing Smog over Donora, Pennsylvania: Industrial Air Pollution, Public Health Policy, and the Politics of Expertise (1948-1949)," *Environmental History Review*, vol. 18, no. 1 (1994): 117-139; Ross and Amter, *The Polluters*, 86-97.

20. Sabine Barles and Eunhye Kim, "The Energy Consumption of Paris and Its Supply Areas from the Eighteenth Century to the Present," *Regional Environmental Change*, vol. 12, no. 2 (2002): 295-310.

21. "Le gaz carbonique, son action sur l'organisme, ses dangers," *L'Humanité* (11 October 1926): 4.

22. Stephen Mosley, "'A Network of Trust': Measuring and Monitoring Air Pollution in British Cities (1912-1960)," *Environment and History*, vol. 15, no. 3 (2009): 273-302; Florian Charvolin, Stéphane Frioux, Léa Kamoun, François Mélard, and

Isabelle Roussel, *Un air familier? Sociohistoire des pollutions atmosphériques* (Paris: Presses de l'École des mines, 2015).

23. Peter Thorsheim, "Interpreting the London Fog Disaster of 1952," in *Smoke and Mirrors*, edited by E. Melanie DuPuis, 154-169; Thorsheim, *Inventing Pollution*; Brimblecombe, *The Big Smoke*, 8장.

24. McNeill, *Du nouveau sous le soleil*, 113.

25. Frédéric Montandon and André Picot, *Écotoxicochimie appliquée aux hydrocarbures* (Paris: Technique et documentation, 2013).

26. Daniel Yergin, *The Prize: The Epic Quest for Oil, Money, and Power* (New York: Free Press, 2008); Nikiforuk, *L'Énergie des esclaves*; Auzanneau, *Or noir*; Alain Gras, *Oil: Petite anthropologie de l'or noir* (Paris: Éd. B2, 2015).

27. Timothy Mitchell, *Carbon Democracy: Le pouvoir politique à l'ère du pétrole* (Paris: La Découverte, 2013).

28. Serge Mallet, *La Nouvelle Classe ouvrière* (Paris: Le Seuil, 1963); Marion Fontaine, *Fin d'un monde ouvrier (Liévin, 1974)* (Paris: EHESS, 2014), 47-77.

29. McNeill, *Du nouveau sous le soleil*, 394.

30. Elsa Devienne, "Des plages dans la ville: Une histoire sociale et environne-mentale du littoral de Los Angeles (1920-1972)" (PhD diss., EHESS, 2014).

31. Upton Sinclair, *Pétrole!* (Paris: Stock, 2012 [1927]).

32. Auzanneau, Or noir, 122; "Oil in American History," special issue of the *Journal of American History*, vol. 99, no. 1 (2012).

33. Hugh S. Gorman, *Redefining Efficiency: Pollution Concerns, Regulatory Mechanisms, and Technological Change in the US Petroleum Industry* (Akron, OH: University of Akron Press, 2001).

34. Martin V. Melosi and Joseph A. Pratt, eds., *Energy Metropolis: An Environ-mental History of Houston and the Gulf Coasts* (Pittsburgh, PA: University of Pittsburgh Press, 2007), 3; Kathleen A. Brosnan, Martin V. Melosi, and Joseph A. Pratt, eds., *Energy Capitals: Local Impact, Global Influence* (Pittsburgh, PA: Pittsburgh University Press, 2014).

35. Joseph A. Pratt, "A Mixed Blessing: Energy, Economic Growth, and Houston's

Environment," in *Energy Metropolis*, edited by Martin V. Melosi and Joseph A. Pratt, 21-52.

36. Miller, *An Environmental History of Latin America*, 156-157; Christopher Sellers, "Petropolis and Environmental Protest in Cross-National Perspective: Beaumont-Port Arthur, Texas, versus Minatitlan-Coatzacoalcos, Veracruz," *Journal of American History*, vol. 99, no. 1 (2012): 111-123.

37. Santiago, *The Ecology of Oil*.

38. Didier Ramousse, "L'industrie pétrolière au Venezuela: Rupture, conflits et gestion des espaces côtiers," in *Les Littoraux latino-américains. Terres à découvrir*, edited by Violette Brustlein-Waniez and Alain Musset (Paris: Éd. de l'IHEAL, 1998), 152-177.

39. Marcel Amphoux, "Une nouvelle industrie française: le raffinage du pétrole," *Annales de géographie*, vol. 44, no. 251 (1935): 509-533.

40. André Nouschi, *La France et le pétrole* (Paris: Picard, 2001); Samir Saul, "Politique nationale du pétrole, sociétés nationales et 'pétrole franc,'" *Revue historique*, no. 638 (2006): 355-388; Saul, *Intérêts économiques français et décolonisation de l'Afrique du Nord (1945-1962)* (Geneva: Droz, 2016).

41. Archives départementales de Gironde, 5 M 210, Pollution des eaux de la Garonne et de la Gironde (1935-1937).

42. *L'Humanité*, 15 January 1936, 1.

43. Xavier Daumalin, *Le Patronat marseillais et la deuxième industrialisation (1880-1930)* (Aix-en-Provence, France: Presses universitaires de Provence, 2014).

44. Xavier Daumalin and Christelle Gramaglia, "'Ni partir, ni mourir, mais vivre ici': Jalons pour une sociohistoire des mobilisations contre les pollutions dans la zone industrialo-portuaire de Berre/Fos-sur-Mer," in *Santé et environnement*, edited by Valérie Chansigaud, 근간.

45. Bernard Paillard (in collaboration with Claude Fischler), *La Damnation de Fos* (Paris: Le Seuil, 1981).

46. Pamphlet "30 ans de concertation, SPPPI PACA," edited in 2001. 이곳의 공해

는 Jacques Windenberger: *Tumeurs et silences. Fos-étang de Berre: pollutions industrielles et cancers* (2013)를 비롯해 여러 다큐멘터리 영화에 영감을 줬다.

47. Jean Chapelle and Sonia Ketchian, *URSS, second producteur de pétrole du monde* (Paris: Technip, 1963); Robert W. Campbell, *The Economics of Soviet Oil and Gas* (Baltimore, MD: Johns Hopkins University Press, 1968).

48. Josephson et al., *An Environmental History of Russia*, 230; Rachel E. Neville, "Two Black Golds: Petroleum Extraction and Environmental Protection in the Caspian Sea," *The Journal of Public and International Affairs*, vol. 12 (2001): 109-123.

49. Hocine Malti, *Histoire secrète du pétrole algérien* (Paris: La Découverte, 2010).

50. Douglas Yates, "Port Gentil: From Forestry Capital to Energy Capital," in *Energy Capitals*, edited by Kathleen A. Brosnan, Martin V. Melosi, and Joseph A. Pratt, 159-178.

51. Toyin Falola and Matthew M. Heaton, *A History of Nigeria* (Cambridge: Cambridge University Press, 2008), 182; Benoît Paraut, *Le Pétrole au Nigeria, un instrument au service de quel développement? Pillage, crise identitaire et résistance dans le delta du Niger* (Paris: L'Harmattan, 2009); Anna Zalik, "The Niger Delta: Petro-Violence and Partnership Development," *Review of African Political Economy*, vol. 101, no. 4 (2004): 401-424.

52. Alain R. Bertrand, *Transport maritime et pollution accidentelle par le pétrole. Faits et chiffres (1951-1999)* (Paris: Technip, 2000); John Sheail, "Torrey Canyon: The Political Dimension," *Journal of Contemporary History*, vol. 42, no. 3 (2007): 485-504.

53. Emile Guillaumin, *The Life of a Simple Man*, translated by Margaret Holden (London: Selwyn & Blount, 1919), 269-270.

54. Pierre Thiesset, ed., *Écraseurs! Les méfaits de l'automobile* (Vierzon: Le Pas de côté, 2015), n. 15.

55. Centre National de Ressources Textuelles et Lexicales.

56. Steve Bernardin, "La Fabrique privée d'un problème public: La sécurité routière entre industriels et assureurs aux États-Unis (années 1920 à 2000)"

(PhD diss., Université de Paris 1, 2015), 1부.

57. Jean-Pierre Bardou, Jean-Jacques Chanaron, Patrick Fridenson, and James M. Laux, *La Révolution automobile* (Paris: Albin Michel, 1977).

58. Lewis H. Siegelbaum, *Cars for Comrades: The Life of the Soviet Automobile* (Ithaca, NY: Cornell University Press, 2008).

59. Michael Walsh, "Global Trends in Motor Vehicle Use and Emissions," *Annual Review of Energy and the Environment*, vol. 15 (1990): 217-243.

60. Frank Uekötter, "The Merits of the Precautionary Principle: Controlling Automobile Exhausts in Germany and the United States before 1945," in *Smoke and Mirrors*, edited by E. Melanie DuPuis, 19-153.

61. Scott Dewey, "Working for the Environment: Organized Labor and the Origins of Environmentalism in the United States (1948-1970)," *Environmental History*, vol. 3, no. 1 (1998): 45-63; Andrew Van Alstyne, "The United Auto-Workers and the Emergence of Labor Environmentalism," Working USA: The Journal of Labor and Society, vol. 18 (2015): 613-627; Chad Montrie, *Making a Living: Work and Environment in the United States* (Chapel Hill: University of North Carolina Press, 2008), 5장.

62. Chloé Vlassopoulos, "Car Pollution: Agenda Denial and Agenda Setting in Early Twentieth Century France and Greece," in *History and Sustainability*, edited by Marco Armiero et al. (Florence: Universita degli studi di Firenze, 2005), 252-257.

63. McNeill, *Du nouveau sous le soleil*, 114-118; Ross and Amter, *The Polluters*, 73-85.

64. Rajiv K. Sinha, "Automobile Pollution in India and Its Human Impact," *The Environmentalist*, vol. 13, no. 2 (1993): 111-115.

65. Daniel Boullet, *Entreprises et environnement en France de 1960 à 1990: Les chemins d'une prise de conscience* (Geneva: Droz, 2006), 220.

66. Uekoetter, *The Age of Smoke*, 215에서 재인용.

67. "Vers l'automobile no. polluante," *Pétrole-Progrès*, Spring 1971, nos. 94-95, 7.

68. Louis Tsagué, *La Pollution due au transport urbain et aéroportuaire:*

Caractéris-tiques et méthode de réduction (Paris: L'Harmattan, 2009).

69. Joel Tarr, "Transforming an Energy System: The Evolution of the Manufactured Gas Industry and the Transition to Natural Gas in the United States (1807-1954)," in *The Governance of Large Technical Systems*, edited by Olivier Coutard (London: Routledge, 1999), 19-37.

70. Martin V. Melosi, *Coping with Abundance: Energy and Environment in Industrial America* (Philadelphia, PA: Temple University Press, 1985), 262.

71. Podobnik, *Global Energy Shifts*, 102-103.

72. Serge Paquier and Jean-Pierre Williot, eds., *L'Industrie du gaz en Europe aux xixe et xxe siècles: L'innovation entre marchés privés et collectivités publiques* (Brussels: Peter Lang, 2005); Alain Beltran and Jean-Pierre Williot, *Les Routes du gaz: Histoire du transport de gaz naturel en France* (Paris: Le Cherche Midi, 2012).

73. Vaclav Smil, *Natural Gas: Fuel for the 21st Century* (Chichester: John Wiley, 2015), 120.

74. Christophe Defeuilley, "Le gaz naturel en Europe: Entre libéralisation des marchés et géopolitique," *Flux*, vol. 75, no. 1 (2009): 99-111.

75. Jean-Pierre Digard, Bernard Hourcade, and Yann Richard, *L'Iran au xxe siècle* (Paris: Fayard, 1996), 8장: "Une économie noyée dans le pétrole."

76. 루이 보노르(Louis Bonnaure) 보고서는 *Le Dauphiné libéré*, 15 November 1966에 실렸다.

77. "Lacq, capitale du gaz," *Syndicalisme Hebdo*, May 1961, Renaud Bécot, "Syndicalisme et environnement en France de 1944 aux années quatre-vingt" (PhD diss., EHESS, 2015), 108에서 재인용.

78. Christophe Briand, "Les enjeux environnementaux du complexe industriel de Lacq (1957-2005)," *Flux*, vol. 63-64, no. 1 (2006): 20-31.

79. Bernard Charbonneau, *Tristes campagnes* (Vierzon, France: Le Pas de côté, 2013 [Denoël, 1973]), 88; 모리아크는 Gérard Fayolle, *L'Aquitaine au temps de François Mauriac (1885-1970)* (Paris: Hachette, 2004), 33-34에서 재인용.

80. Alain Beltran, "Du luxe au cœur du système: Électricité et société dans la

région parisienne (1800-1939)," *Annales ESC*, vol. 44, no. 5 (1989): 1113-1136; Alain Beltran and Patrice A. Carré, *La Fée et la servante: La société française face à l'électricité (xixe-xxe siècle)* (Paris: Belin, 1991).

81. Thomas Hughes, *Networks of Power: Electrification in Western Society* (Baltimore, MD: Johns Hopkins University Press, 1983); Gras, *Grandeur et dépendance*.

82. David E. Nye, *Electrifying America: Social Meanings of a New Technology* (Cambridge, MA: MIT Press, 1990); Maurice Lévy-Leboyer and Henri Morsel, eds., *Histoire de l'électricité en France*, vol. 2, 1919-1946 (Paris: Fayard, 1994); Arnaud Berthonnet, "L'électrification rurale: Ou le développement de la 'fée électricité' au cœur des campagnes françaises dans le premier xxe siècle," *Histoire et sociétés rurales*, vol. 19, no. 1 (2003): 193-219; Vincent Lagendijk, *Electrifying Europe: The Power of Europe in the Construction of Electricity Networks* (Amsterdam: Aksant, 2008).

83. Josephson et al., *An Environmental History of Russia*, 162.

84. Timothy J. LeCain, *Mass Destruction: The Men and Giant Mines That Wired America and Scarred the Planet* (New Brunswick, NJ: Rutgers University Press, 2009).

85. Cioc, "The Impact of the Coal Age on the German Environment."

86. Judith Shapiro, *Mao's War against Nature: Politics and the Environment in Revolutionary China* (Cambridge: Cambridge University Press, 2001); Kenneth Pomeranz, "Les eaux de l'Himalaya: Barrages géants et risques environnementaux en Asie contemporaine," *Revue d'histoire moderne et contemporaine*, vol. 62, no. 1 (2015): 7-47.

87. McNeill, *Du nouveau sous le soleil*, 218-251.

88. Josephson, *Industrialized Nature*, 1장.

89. Patrick McCully, *Silenced Rivers: The Ecology and Politics of Large Dams* (London: Zed Books, 1996).

90. Robert W. Adler, *Restoring Colorado River Ecosystems: A Troubled Sense of Immensity* (Washington, DC: Island Press, 2007); Edward Goldsmith and

Nicholas Hildyard eds., *The Social and Environmental Effects of Large Dams,* vol. 1, *Overview* (Camelford, UK: Wadebridge Ecological Centre, 1984); Jacques Leslie, *La Guerre des barrages: Développement forcé, populations sacrifiées, environnement dévasté* (Paris: Buchet-Chastel, 2008); M. Bakre, J. Bethemont, R. Commère, and A. Vant, *L'Égypte et le haut-barrage d'Assouan. De l'impact à la valorisation* (Saint-Étienne, France: Presses de l'université de Saint-Étienne, 1980).

91. Alain Pelosato, *Au fil du Rhône: Histoires d'écologie (1971-1991)* (Paris: Messidor, 1991); Sara B. Pritchard, *Confluence: The Nature of Technology and the Remaking of the Rhône* (Cambridge, MA: Harvard University Press, 2011), 208.

92. David Pace, "Old Wine, New Bottles: Atomic Energy and Ideology of Science in Post-War France," *French Historical Studies*, vol. 17, no. 1 (1991): 38-61; Gabriel Hecht, *Le Rayonnement de la France* (Paris: La Découverte, 1998); Robert Belot, *L'Atome et la France: Aux origines de la technoscience française* (Paris: Odile Jacob, 2015).

93. Soraya Boudia, "Naissance, extinction et rebonds d'une controverse scientifique: les dangers de la radioactivité pendant la guerre froide," *Mil neuf cent: Revue d'histoire intellectuelle*, no. 25 (2007): 157-170; Boudia, "Les problèmes de santé publique de longue durée: Les effets des faibles doses de radioactivité," in *La Définition des problèmes de santé publique*, edited by Claude Gilbert and Emmanuel Henry (Paris: La Découverte, 2009), 35-53.

94. Rachel Rothschild, "Environmental Awareness in the Atomic Age: Radioecologists and Nuclear Technology," *Historical Studies in the Natural Sciences*, vol. 43, no. 4 (2013): 492-530.

95. Sezin Topçu, "Atome, gloire et désenchantement: Résister à la France atomique avant 1968," and Gabrielle Hecht, "L'empire nucléaire: Les silences des 'Trente Glorieuses,'" in *Une autre histoire des "Trente Glorieuses": Modernisation, contestations et pollutions dans la France d'après guerre*, edited by Christophe Bonneuil, Céline Pessis, and Sezin Topçu (Paris: La Découverte, 2013), 189-

209, 159-178.

96. Bécot, "Syndicalisme et environnement en France," 83에서 재인용.

97. Françoise Zonabend, *La Presqu'île au nucléaire: Three Mile Island, Tchernobyl, Fukushima … et après?* (Paris: Odile Jacob, 2014).

98. Philippe Brunet, *La Nature dans tous ses états: Uranium, nucléaire et radioactivité en Limousin* (Limoges, France: Presses universitaires du Limousin, 2004), 167에서 재인용.

99. Gabrielle Hecht, *Uranium africain: Une histoire globale* (Paris: Le Seuil, 2016).

100. 이 수치는 로마 클럽 보고서 《성장의 한계 (The Limits to Growth)》에서 가져 왔다.

101. Philippe Lhoste, Michel Havard, and Éric Vall, *La Traction animale* (Gembloux, Belgium: Presses agronomiques de Gembloux/Wageningen, CTA, 2010); Debeir, Deléage, and Hémery, *Une histoire de l'énergie*, 289; David Edgerton, *Quoi de neuf? Du rôle des techniques dans l'histoire globale* (Paris: Le Seuil, 2013), 65.

09 대량 소비, 대량 오염

1. Oiwa Keibo and Ogata Masato, *Rowing the Eternal Sea: The Story of a Minamata Fisherman* (Lanham, MD: Rowman & Littlefield, 2001 [1996]); Walker, *Toxic Archipelago*; Paul Jobin, "La maladie de Minamata et le conflit pour la reconnaissance," *Ebisu*, vol. 31, no. 1 (2003): 27-56.

2. Bonneuil and Fressoz, *L'Événement anthropocène*, 31; John McNeill and Peter Engelke, *The Great Acceleration: An Environmental History of the Anthropocene since 1945* (Cambridge, MA: Belknap Press of Harvard University Press, 2014).

3. Manuel Charpy, *Le Théâtre des objets: Culture matérielle et identité bourgeoise au xixe siècle* (Paris: Flammarion, 2017); Frank Trentmann, *Empire of Things: How We Became a World of Consumers, from the Fifteenth Century to the Twenty-First* (London: Allen Lane, 2016).

4. Robert Skidelsky, *John Maynard Keynes (1883-1946), Economist, Philosopher,*

Statesman (London: Macmillan, 2003).

5. Lizabeth Cohen, *A Consumers' Republic: The Politics of Mass Consumption in Postwar America* (New York: A. A. Knopf, 2003).

6. Marshall I. Goldman, *The Spoils of Progress: Environmental Pollution in the Soviet Union* (Cambridge, MA: MIT Press, 1972).

7. Jackson Lears, *Fables of Abundance: A Cultural History of Advertising in America* (New York: Basic Book, 1994); Stuart Ewen, *Captains of Consciousness: Advertising and the Social Roots of the Consumer Culture* (New York: Basic Books, 2001 [1976]).

8. Kathleen G. Donohue, *Freedom from Want: American Liberalism and the Idea of the Consumer* (Baltimore, MD: Johns Hopkins University Press, 2003); Gary Cross, *An All-Consuming Century: Why Commercialism Won in Modern America* (New York: Columbia University Press, 2000); Emily S. Rosenberg, "Le "modèle américain' de la consommation de masse," *Cahiers d'histoire: Revue d'histoire critique*, no. 108 (2009): 111-142.

9. Sheldon Garon and Patricia L. Maclachlan, eds., *The Ambivalent Consumer: Questioning Consumption in East Asia and the West* (Ithaca, NY: Cornell University Press, 2006); S. Jonathan Wiesen, *Creating the Nazi Marketplace: Commerce and Consumption in the Third Reich* (New York: Cambridge University Press, 2011).

10. Jean-Claude Daumas, "L'invention des usines à vendre: Carrefour et la révolution de l'hypermarché," *Réseaux*, vol. 135-136, no. 1 (2006): 59-91.

11. Roy S. Thomson, "Chrome Tanning in the Nineteenth Century," *Journal of the Society of Leather Technologists and Chemists*, vol. 69 (1985): 93-98; *Leather Processing and Tanning Technology, Handbook* (New Delhi: NIIR Project Consultancy Service, 2011); Cédric Perrin, "Le développement durable en perspective historique: L'exemple des tanneries," *L'Homme et la société*, vol. 193-194, no. 3 (2014): 37-56.

12. Subodh Kumar Rastogi, Amit Pandey, and Sachin Tripathi, "Occupational Health Risks among the Workers Employed in Leather Tanneries at Kanpur,"

Indian Journal of Occupational and Environmental Medicine, vol. 12, no. 3 (2008): 132-135; United Nations Industrial Development Organization, *Chrome Management in the Tanyard*, Regional Programme for Pollution Control in the Tanning Industry in South-East Asia, 2000.

13. Quynh Delaunay, *Histoire de la machine à laver: Un objet technique dans la société française* (Rennes, France: Presses universitaires de Rennes, 1994); Kristin Ross, *Rouler plus vite, laver plus blanc: Modernisation de la France et décolonisation au tournant des années 1960* (Paris: Flammarion, 2006 [1995]).

14. Adrian Forty, *Objects of Desire: Design and Society from Wedgewood to IBM* (New York: Pantheon Books, 1986); Claire Leymonerie, *Le Temps des objets: Une histoire du design industriel en France (1945-1980)* (Saint-Étienne: Cité du design, 2016).

15. Susan Strasser, *Waste and Want: A Social History of Trash* (New York: Metropolitan Books, 2000); Denis Woronoff, *Histoire de l'emballage en France (du xviiie siècle à no. jours)* (Valenciennes, France: Presses univer-sitaires de Valenciennes, 2015).

16. Bernard London, *L'Obsolescence planifiée: Pour en finir avec la Grande Dépression*, followed by Serge Latouche, *Bernard London, ou la Planification de l'obsolescence à des fins sociales* (Paris, Éd. B2, 2013).

17. Giles Slade, *Made to Break: Technology and Obsolescence in America* (Cambridge, MA: Harvard University Press, 2006); Ndiaye, *Du nylon et des bombes*.

18. McNeill, *Du nouveau sous le soleil*, 382-383; Melosi, Garbage in the Cities; Timothy Cooper, "Modernity and the Politics of Waste in Britain," in *Nature's End*, edited by Paul Warde and Sverker Sörlin, 247-272; Cooper, "War on Waste? The Politics of Waste and Recycling in Post-War Britain, 1950-1975," *Capitalism Nature Socialism*, vol. 20, no. 4 (2009): 53-72.

19. Renaud Bécot, "L'invention syndicale de l'environnement dans la France des années 1960," *Vingtième Siècle: Revue d'histoire*, vol. 113, no. 1 (2012): 169-178.

20. Cross, *An All-Consuming Century*, 159-160.

21. Aurélien Boutaud and Natacha Gondran, *L'Empreinte écologique* (Paris: La Découverte, 2009); Frédéric-Paul Piguet, Isabelle Blanc, Tourane Corbière-Nicollier, and Suren Erkman, "L'empreinte écologique: un indicateur ambigu," *Futuribles*, no. 334 (2007): 5-24.

22. Tony Allen, *Virtual Water: Tackling the Threat to Our Planet's Most Precious Resource* (London: I.B. Tauris, 2011).

23. Jacques Theys, "Quelques données quantitatives sur le développement des problèmes d'environnement en France entre 1945 et 1975," in *Matière et énergie dans les écosystèmes et les systèmes socioéconomiques*, edited by Philippe Mirenowicz (Paris: GERMES, 1980), 371-424; Christophe Bonneuil and Stéphane Frioux, "Les 'Trente Ravageuses'? L'impact environnemental et sanitaire des décennies de haute croissance," in *Une autre histoire des "Trente Glorieuses,"* edited by Christophe Bonneuil, Céline Pessis, and Sezin Topçu, 41-59.

24. Brenda Vale and Robert Vale, eds., *Living within a Fair Share Ecological Footprint* (London: Routledge, 2013).

25. Jean Lebacqz, "Les industries extractives," in *Centenaire de l'indépendance de la Belgique. Exposition internationale de Liège 1930. Rapport général du Commissariat général du gouvernement* (Liège: 1931), 353. 이 문서를 알려준 알렉시 지메르(Alexis Zimmer)에게 감사드린다.

26. Jas, "Gouverner les substances chimiques dangereuses," 37; Fred Aftalion, *A History of the International Chemical Industry* (Philadelphia: University of Pennsylvania Press, 1991); Bensaude-Vincent and Stengers, *Histoire de la chimie*.

27. Jeffrey L. Meikle, *American Plastic: A Cultural History* (New Brunswick, NJ: Rutgers University Press, 1995); Suzan Freinkel, *Plastic: A Toxic Love Story* (New York: Houghton Mifflin Harcourt, 2011); Jennifer Gabrys, Gay Hawkins, and Mike Michael, eds., *Accumulation: The Material Politics of Plastic* (London: Routledge, 2013); Christian Marais, *L'Âge du plastique:*

Découvertes et utilisations (Paris: L'Harmattan, 2005).

28. Roland Barthes, "Plastic," in *Mythologies*, translated by Annette Lavers (London: Paladin, 1973 [1957]), 97-99. 인용은 98-99쪽에서 가져왔다.

29. Nicolino. *Un empoisonnement universel*, 8장.

30. A. Pinton, "La soie artificielle à Lyon," *Les Études rhodaniennes*, vol. 6, no. 3 (1930): 229-250; Hervé Joly, *Les Gillet de Lyon: Fortunes d'une grande dynastie industrielle (1838-2015)* (Geneva: Droz, 2015).

31. Paul D. Blanc, *Fake Silk: The Lethal History of Viscose Rayon* (New Haven, CT: Yale University Press, 2016); Blanc, "Rayon, Carbon Disulfide, and the Emergence of the Multinational Corporation in Occupational Disease," in *Dangerous Trade*, edited by Christopher Sellers and Joseph Melling, 73-84.

32. Andrea Wackerman, "When Consumer Citizens Spoke Up: West Germany's Early Dealings with Plastic Waste," *Contemporary European History*, vol. 22, no. 3 (2013): 477-498.

33. Bensaude-Vincent and Stengers, *Histoire de la chimie*, 258-259.

34. René Musset, "Les progrès de la pétrochimie en France," *Annales de géographie*, vol. 71, no. 386 (1962): 441-444; Claude Mercier, *L'Industrie pétrochimique et ses possibilités d'implantation dans les pays en voie de développement* (Paris: Technip, 1966).

35. Brian C. Black, *Crude Reality: Petroleum in World History* (Lanham, MD: Rowman & Littlefield, 2012).

36. Emmanuel Martinais, "L'emprise du risque sur les espaces industriels," in *Habiter les territoires à risques*, edited by Valérie November, Marion Penelas, and Pascal Viot (Lausanne, Switzerland: Presses polytechniques et universitaires romandes, 2011), 101-119; Gwenola Le Naour, "Feyzin (1959-1971): Composer avec les débordements de l'industrie dans le sud lyonnais," in *Débordements industriels*, edited by Thomas Le Roux and Michel Letté, 99-114; François Duchêne and Léa Marchand, *Lyon, vallée de la chimie: Traversée d'un paysage industriel* (Lyon, France: Libel, 2016).

37. Bensaude-Vincent and Stengers, *Histoire de la chimie*, 257에서 재인용.

38. Wackerman, "When Consumer Citizens Spoke Up," 487에서 재인용.

39. Meikle, *American Plastic*, 230에서 재인용.

40. Baptiste Monsaingeon, "Plastiques: ce continent qui cache no. déchets," in "Où va l'homo détritus?," special issue of *Mouvements*, no. 87 (2016): 48-58.

41. Aurélien Féron, "Le Problème PCB (polychlorobiphényles) des années 1960 à 2010: Enquête sociohistorique sur une pollution visible, massive et durable" (PhD diss., EHESS, 2018).

42. K. Breivik, A. Sweetman, J. M. Pacyna, and K. C. Jones, "Towards a Global Historical Emission Inventory for Selected PCB Congeners: A Mass Balance Approach," *Science of the Total Environment*, vol. 290, no. 1-3 (2002): 81-224.

43. Émile Guillaumin, *The Life of a Simple Man*, translated by Margaret Crosland (Hanover, NH: University Press of New England, 1983), 194.

44. Roland Barthes, "The New Citroën," in *Mythologies*, translated by Annette Lavers (London: Paladin, 1973 [1957]), 88-90. 인용은 88쪽에서 가져왔다.

45. Yoann Demoli, "Carbone et tôle froissée: L'espace social des modèles de voitures," *Revue française de sociologie*, vol. 56, no. 2 (2015): 223-260.

46. Jacques Payen, ed., *Analyse historique de l'évolution des transports en commun dans la région parisienne* (Paris: Centre de documentation de l'histoire des techniques, 1977).

47. Richard Bergeron, *Le Livre noir de l'automobile: Exploration du rapport malsain de l'homme contemporain à l'automobile* (Montréal: Hypothèse, 2005).

48. Christopher W. Wells, *Car Country: An Environmental History* (Seattle: University of Washington Press, 2012).

49. Thomas Zeller, *Driving Germany: The Landscape of the German Autobahn (1930-1970)* (New York: Berghahn Books, 2007).

50. Mathieu Flonneau, "City Infrastructures and City Dwellers: Accommodating the Automobile in Twentieth-Century Paris," *The Journal of Transport History*, vol. 27, no. 1, 2006, 93-114.

51. Mike Davis, *City of Quartz: Los Angeles, capitale du futur* (Paris: La Découverte, 1999 [1990]); Adam Rome, *The Bulldozer in the Countryside: Suburban Sprawl and the Rise of American Environmentalism* (Cambridge: Cambridge University Press, 2001).

52. Steven Watts, *The People's Tycoon: Henry Ford and the American Century* (New York: Vintage Books, 2005).

53. George Galster, *Driving Detroit: The Quest for Respect in the Motor City* (Philadelphia: University of Pennsylvania Press, 2012).

54. Tom McCarthy, *Auto Mania: Cars, Consumers, and the Environment* (New Haven, CT: Yale University Press, 2007), 65.

55. McCarthy, *Auto Mania: Cars, Consumers, and the Environment*, 65.

56. Paul Jobin, *Maladies industrielles et renouveau syndical au Japon* (Paris: EHESS, 2006).

57. Peter Hayes, *Industry and Ideology: IG Farben in the Nazi Era* (Cambridge: Cambridge University Press, 1987).

58. Peter Freund and George Martin, *The Ecology of the Automobile* (Montréal: Black Rose Books, 1993).

59. Stephen L. Harp, *A World History of Rubber: Empire, Industry and the Everyday* (Chichester, UK: John Wiley & Sons, 2016).

60. Quentin R. Skrabec, *Rubber: An American Industrial History* (Jefferson, NC: McFarland, 2014).

61. "Le diesel n'est pas le seul responsable de la pollution automobile," *Le Monde*, 19 January 2015; "Les océans pollués par des particules invisibles de plastique," *Le Monde*, 22 February 2017.

62. "Retour sur terre pour des milliers de pneus usagés sortis de la Méditerranée," *Le Monde*, 13 May 2015.

63. William Kovarik, "Ethyl-Leaded Gasoline: How a Classic Occupational Disease Became an International Public Health Disaster," *International Journal of Occupational and Environmental Health*, vol. 11, no. 4 (2005): 384-397; Alan Loeb, "Birth of the Kettering Doctrine: Fordism, Sloanim and the Discovery

of Tetraethyl Lead," *Business and Economic History*, vol. 24, no. 1 (1995): 72-87; 인용은 Ross and Amter, *The Polluters*, 34쪽에서 가져왔다.

64. 프랑스 국립시청각연구소(Institut national de l'audiovisuel, INA) 웹사이트: "La ville et l'automobile," 6 October 1973, 14 min 27 s: http://www.ina.fr/video/CAF93027915.

65. Jacques Lob and José Bielsa, *Les Mange-Bitume* (Paris: Dargaud, 1974).

66. Michel Freyssenet, *Les Ventes d'automobiles neuves dans le monde, par continent et principaux marchés (1898-2016)*, inquiry document 2007: http://freyssenet.com/?q=node/924〔2021년 7월 검색 결과 *Les Ventes d'automobiles neuves dans le monde, par continent et principaux marchés (1898-2017)*로 업데이트되어 있다. 첨부한 링크는 업데이트된 웹사이트이다―옮긴이〕.

67. Éric Drezet, "Épuisement des ressources naturelles," *EcoInfo*, 11 March 2014, electronic article: http://ecoinfo.cnrs.fr/?p=11055.

68. Fred G. Bell and Laurance J. Donnelly, *Mining and Its Impact on the Environment* (Boca Raton, FL: CRC Press, 2006); Leonard J. Arrington and Gary B. Hansen, *The Richest Hole on Earth: A History of the Bingham Copper Mine* (Logan: Utah State University Press, 1963).

69. Stiller, *Wounding the West*; Smith, *Mining America*; LeCain, *Mass Destruction*.

70. Numerous such examples can be found in Philippe Bihouix and Benoît de Guillebon, *Quel futur pour les métaux? Raréfaction des métaux: un nouveau défi pour la société* (Les Ulis,France: EDP Sciences, 2010).

71. Mark E. Schlesinger, Matthew J. King, Kathryn C. Sole, and William G. Davenport, *Extractive Metallurgy of Copper* (Amsterdam: Elsevier, 2011), 232.

72. *Anaconda Reduction Works* (Anaconda, MT: Anaconda Copper Mining Com-pany, 1920).

73. Alyson Warhurst, ed., *Mining and the Environment: Case Studies from the Americas* (Ottawa: International Development Research Centre, 1999).

74. Lynch, *Mining in World History*.

75. Yann Bencivengo, *Nickel: La naissance de l'industrie calédonienne* (Tours, France: Presses universitaires François-Rabelais, 2014); Ian McNeil, ed., *An*

Encyclopaedia of the History of Technology (London: Routledge, 1990), 96-100: "The Emergence of Nickel."

76. Hervé Pujol, ed., *Tristes mines: Impacts environnementaux et sanitaires de l'industrie extractive* (Bordeaux, France: Les Études hospitalières, 2014).

77. Florence Hachez-Leroy, *L'Aluminium français: L'invention d'un marché (1911-1983)* (Paris: CNRS Éditions, 1999); Hachez-Leroy, "Du métal précieux au matériau invisible: la double vie de l'Aluminium," in *Les Chemins de la nouveauté. Innover, inventer au regard de l'histoire*, edited by Anne-Françoise Garçon and Liliane Hilaire-Pérez (Paris: CTHS, 2003), 431-442; Dominique Barjot and Marco Bertilorenzi, eds., *Aluminium: Du métal de luxe au métal de masse (xixe-xxie siècle)* (Paris: Presses de l'université Paris-Sorbonne, 2014); Claire Leymonerie, "L'aluminium, matériau des arts décoratifs à l'Exposition internationale de Paris en 1937," *Cahiers d'histoire de l'Aluminium*, vol. 46-47, no 1. (2011): 8-49.

78. Matthew Evenden, "Aluminum, Commodity Chains and the Environmental History of the Second World War," *Environmental History*, vol. 16, no. 1 (2011): 69-93.

79. Florence Hachez-Leroy, "Polémique autour d'un nouveau matériau: l'Aluminium dans la cuisine (xixe-xxe siècle)," in *Histoire des innovations alimentaires (xixe-xxe siècle)*, edited by Alain Drouard and Jean-Pierre Williot (Paris: L'Harmattan, 2007), 149-161.

80. Marco Bertilorenzi and Philippe Mioche, "Between Strategy and Diplomacy: History of Alumina Alternative Technologies (1900s-1980s)," *Cahiers d'histoire de l'Aluminium*, vol. 51, no. 2 (2013): 42-63.

81. Le Roux, "Les industries chimiques et l'environnement."

82. Le Roux, "Les industries chimiques et l'environnement."

83. Andrea Saba, "La pollution en Val Lagarina (1928-1938): Une nouvelle voie pour l'histoire de l'environnement?" *Histoire, économie et société*, vol. 16, no. 3 (1997): 463-470; De Luigi, Meyer, and Saba, "Industrie, pollution et politique."

84. Quentin R. Skrabec, *Aluminium in America: A History* (Jefferson, NC: McFarland, 2017).

85. Lucie K. Morisset, *Arvida, cité industrielle* (Montréal: Septentrion, 1998); Anne Dalmasso and Lucie K. Morisset, "Cités Aluminières en dialogue: Regards croisés sur la Maurienne et le Saguenay," *Cahiers d'histoire de l'Aluminium*, no. 52 (2014): 18-30.

86. René Lesclous, *Histoire des sites producteurs d'Aluminium: Les choix stratégiques de Pechiney (1892-1992)* (Paris: Presses de l'École des mines, 1999), 72.

87. Gérard Vindt, *Les Hommes de l'Aluminium: Histoire sociale de Pechiney (1921-1973)* (Paris: Éd. de l'Atelier, 2006); Philippe Mioche, *L'Alumine à Gardanne de 1893 à no. jours* (Grenoble, France: Presses universitaires de Grenoble, 1994).

88. Marco Bertilorenzi and Philippe Mioche, "Les résidus de l'Alumine à Portovesne (Italie) et à Gardanne/Cassis (France), des années soixante à no. jours," in *Pollutions industrielles*, edited by Laura Centerini and Xavier Daumalin, 275-299; Marie-Claire Loison and Anne Pezet, "L'entreprise verte et les boues rouges: Les pratiques controversées de la responsabilité sociétale à l'usine d'Alumine de Gardanne (1960-1966)," *Entreprises et histoire*, vol. 45, no. 4 (2006): 97-115.

89. Louis Chabert, "L'Aluminium en Maurienne," *Revue de géographie alpine*, vol. 6, no. 1 (1973): 31-62; Anne Guerin-Henri, *Les Pollueurs: Luttes sociales et pollutions industrielles* (Paris: Le Seuil, 1980).

90. Jacques Donze, "Risque industriel et environnement montagnard: Le cas de Saint-Jean-de-Maurienne," *Bulletin de l'Association des géographes français*, vol. 84, no. 2 (2007): 217-230.

91. *Le Sauvage*, no. 0 (Summer 1972); *La Gueule ouverte*, no. 1 (November 1972) (이 위원회의 편집위원회는 창립자 피에르 푸르니에의 고향인 생장드모리엔에 설립되었다).

92. Daniel Ménégoz, "Innover pour protéger l'environnement: La lutte contre

la pollution fluorée par les usines d'électrolyse," in *Cent ans d'innovation dans l'industrie de l'Aluminium*, edited by Ivan Grinberg, Pascal Griset, and Muriel Le Roux (Paris: L'Harmattan, 1997), 75-86.

93. Ruch Dominic, "Une étonnante longévité: L'histoire d'une usine suisse d'Aluminium à Martigny," *Cahiers d'histoire de l'Aluminium*, vol. 42-43, no. 1 (2009): 84-107.

94. Centre National de Ressources Textuelles et Lexicales: http://www.cnrtl.fr/etymologie/.

95. Marcel Mazoyer and Laurence Roudart, *Histoire des agricultures du monde: Du néolithique à la crise contemporaine* (Paris: Le Seuil, 2002), 506; Deléage, *Histoire de l'écologie*, 270.

96. Jean-Paul Diry, "L'industrie française de l'alimentation du bétail," *Annales de géographie*, vol. 88, no. 490 (1979): 671-704.

97. Claas Kirchhelle, "Toxic Confusion: The Dilemma of Antibiotic Regulation in West German Food Production (1951-1990)," *Endeavour*, vol. 40, no. 2 (2016): 114-127; Kirchhelle, "Pyrrhic Progress: Antibiotics and Western Food Production (1949-2013)" (PhD diss., Oxford University, 2015).

98. Stéphane Castonguay, *Protection des cultures, construction de la nature: Agriculture, foresterie et entomologie au Canada (1884-1959)* (Québec: Septentrion, 2004); Fabrice Nicolino and François Veillerette, *Pesticides: Révélations sur un scandale français* (Paris: Fayard, 2007).

99. Ross and Amter, *The Polluters*, 45-58.

100. Wayland J. Hayes, *Pesticides Studied in Man* (Baltimore, MD: Williams & Wilkins, 1982).

101. Russell, *War and Nature*; Russell, "The Strange Career of DDT: Experts, Federal Capacity, and Environmentalism in World War II," *Technology and Culture*, vol. 40, no. 4 (1999): 770-779.

102. Linda Nash, "The Fruits of Ill-Health: Pesticides and Workers Bodies in Post-World War II California," *Osiris*, vol. 19 (2004): 203-219; Nash, *Inescapable Ecologies*.

103. Pete Daniels, *Toxic Drift: Pesticides and Health in the Post-War II South* (Baton Rouge: Louisiana State University Press, 2005).

104. Philippe Roger, *Rêves et cauchemars américains. Les États Unis au miroir de l'opinion publique française (1945-1953)* (Lille, France: Presses du Septentrion, 1996), 105에서 재인용.

105. Nathalie Jas, "Pesticides et santé des travailleurs agricoles en France dans les années 1950-1960," in *Sciences, agriculture, alimentation et société en France au xxe siècle*, edited by Christophe Bonneuil, Gilles Denis, and Jean-Luc Mayaud (Paris: L'Harmattan/Quae, 2008); Jas, "Public Health and Pesticides Regulation in France before and after Silent Spring," in "Risk Society in Historical Perspective," edited by Soraya Boudia and Nathalie Jas, special issue of *History and Technology*, vol. 23, no. 4 (2007): 369-388.

106. Henri Mendras, *La Fin des paysans* (Paris: SEDEIS, 1967); Pierre Alphandery, Pierre Bitoun, and Yves Dupont, *Les Champs du départ: Une France rurale sans paysans?* (Paris: La Découverte, 1989); Rémi Fourche, "Contribution à l'histoire de la protection phytosanitaire dans l'agriculture française (1880-1970)" (PhD diss., Université de Lyon 2, 2004).

107. Christophe Bonneuil and Frédéric Thomas, *Gènes, pouvoirs et profits: Recherche publique et régimes de production des savoirs, de Mendel aux OGM* (Paris: Quae, 2009), 78.

108. Marc Elie, "The Soviet Dust Bowl and the Canadian Erosion Experience in the New Lands of Kazakhstan (1950s-1960s)," *Global Environment*, vol. 8, no. 2 (2015): 259-292.

109. Josephson et al., *An Environmental History of Russia*, 211.

110. Susan Rankin Bohme, *Toxic Injustice: A Transnational History of Exposure and Struggle* (Berkeley: University of California Press, 2015).

111. Vandana Shiva, *The Violence of Green Revolution: Third World Agriculture, Ecology and Politics* (Lexington: University Press of Kentucky, 2016); Shiva, *Éthique et agro-industrie: Main basse sur la vie* (Paris: L'Harmattan, 1996); Madhumita Sala and Sigrid Schmalzer, "Green-Revolution Epistemologies in

China and India: Technocracy and Revolution in the Production of Scientific Knowledge and Peasant Identity," *British Journal for the History of Science — Themes* [online], no. 1 (2016): 145-167.

112. Valérie Chansigaud, *La Nature à l'épreuve de l'homme* (Paris: Delachaux & Niestlé, 2015).

113. Roger Heim, *Destruction et protection de la nature* (Paris: Armand Colin, 1952).

114. Gunter Vogt, "The Origins of Organic Farming," in *Organic Farming: An International History*, edited by William Lockeretz (Wallingford, UK: CABI, 2007), 9-29.

115. Fourche, "Contribution à l'histoire de la protection phytosanitaire."

116. Bonneuil, Pessis, and Topçu, eds., *Une autre histoire des "Trente Glorieuses."*

10 공해의 정치학

1. Denis Auribault, "Note sur l'hygiène et la sécurité des ouvriers dans les filatures et tissages d'amiante," *Bulletin de l'inspection du travail* (1906): 120-132.

2. Stradling, *Smokestacks and Progressives*, 66.

3. Brüggemeier, "The Ruhr Basin (1850-1980)"; Brüggemeier, "A Nature Fit for Industry," 48.

4. Joel A. Tarr and Carl Zimring, "The Struggle for Smoke Control in Saint Louis: Achievement and Emulation," in *Common Fields: An Environmental History of St. Louis*, edited by Andrew Hurley (Saint Louis: Missouri Historical Society Press, 1997), 199-220; Uekoetter, *The Age of Smoke*, 74; Tarr, ed., *Devastation and Renewal*.

5. Zimmer, *Brouillards toxiques*, 202에서 재인용.

6. Frioux, *Les Batailles de l'hygiène*, 59-62.

7. Uekoetter, *The Age of Smoke*, 3장.

8. Stéphane Frioux, "Problème global, action locale: les difficultés de la lutte contre les fumées industrielles à Lyon," in *Débordements industriels*, edited

by Thomas Le Roux and Michel Letté, 330에서 재인용.

9. Peter Thorsheim, *Inventing Pollution*, 176-184.

10. Stéphane Frioux, "La pollution de l'air, un mal nécessaire? La gestion du problème durant les 'Trente Glorieuses,'" in *Une autre histoire des "Trente Glorieuses,"* edited by Christophe Bonneuil, Céline Pessis, and Sezin Topçu, 99-115.

11. Charvolin et al., *Un air familier?*

12. Stéphane Frioux, "Les batailles de l'eau et de l'air purs: Transferts internationaux et politiques d'amélioration de l'environnement urbain en France des années 1900 aux années 1960," in *Une protection de l'environnement à la française? (xixe-xxe siècle)*, edited by Charles-François Mathis and Jean-François Mouhot (Seyssel, France: Champ Vallon, 2013), 236-245.

13. Alexander Farrell, "Air Pollution in Spain: A 'Peripheral' Nation Transforms," in *Smoke and Mirrors*, edited by E. Melanie DuPuis, 248-249; *Pablo Corral Broto, Protesta y ciudadanía: Conflictos ambientales durante el franquismo en Zaragoza (1939-1979)* (Zaragoza, Spain: Rolde de Estudios Aragoneses, 2015).

14. Uekoetter, *The Age of Smoke*, 89-96.

15. Anna Bramwell, *Blood and Soil: Richard Walther Darre and Hitler's "Green Party"* (London: Kensal Press, 1985).

16. Johann Chapoutot, "Les nazis et la 'nature': Protection ou prédation?" *Vingtième siècle: Revue d'histoire*, vol. 113, no. 1 (2012): 29-39; Frank Uekoetter, "Green Nazis? Reassessing the Environmental History of Nazi Germany," *German Studies Review*, vol. 30, no. 2 (2007): 267-287.

17. N. F. Izmerov, *Lutte contre la pollution de l'air en URSS* (Geneva: WHO, 1974), 16-17; Josephson et al., *An Environmental History of Russia*, 91.

18. Marie-Hélène Mandrillon, "L'expertise d'État, creuset de l'environnement en URSS," *Vingtième siècle: Revue d'histoire*, vol. 113, no. 1 (2012), 107-116; Laurent Coumel, "A Failed Environmental Turn? Khrushchev's Thaw and Nature Protection in Soviet Russia," *The Soviet and Post-Soviet Review*,

vol. 40, no. 2 (2013): 167-189.

19. Michel Dupuy, *Histoire de la pollution atmosphérique en Europe et en RDA au xxe siècle* (Paris: L'Harmattan, 2003), 109-116.

20. Ullmann, *Les Installations classées*.

21. Dirk Spierenburg and Raymond Poidevin, *Histoire de la Haute Autorité de la Communauté européenne du charbon et de l'acier: Une expérience supra-nationale* (Brussels: Bruylant, 1993); Laura Scichilone, *L'Europa e la sfida ecologica: Storia della politica ambientale europea (1969-1998)* (Bologna: Il Mulino, 2008); Jonas Kaesler, "La Pollution environnementale dans l'espace transnational: La lutte des acteurs sarrois contre l'industrie charbonnière française, de 1945 jusqu'aux années 1970" (PhD diss. in progress, CIRED).

22. Laura Grazi and Laura Scichilone, "Environmental Issues and the Improvement of Living and Working Conditions: Innovative Elements in the Process of European Integration During the 1970s," in *Les Trajectoires de l'innovation technologique et la construction européenne: Des voies de structuration durable?*, edited by Christophe Bouneau, David Burigana, and Antonion Varsori (Brussels: Peter Lang, 2010), 57-76.

23. Odette Hardy-Hémery, *Eternit et l'amiante (1922-2000): Aux sources du profit, une industrie du risque* (Villeneuve-d'Ascq, France: Presses universitaires du Septentrion, 2005).

24. Boullet, *Entreprises et environnement en France*; Jean-Claude Daumas and Philippe Mioche, "Histoire des entreprises et environnement. Une frontière pour la recherche," *Entreprises et histoire*, vol. 35, no. 1 (2004), 69-88.

25. *Pétrole progrès*, 1949-1970.

26. Edward Bernays, *Propaganda: Comment manipuler l'opinion en démocratie* (Paris: La Découverte, 2007 [1928]).

27. Robert N. Proctor, *The Nazi War on Cancer* (Princeton, NJ: Princeton University Press, 1999); Proctor, *Cancer Wars: How Politics Shapes What We Kno. and Don't Kno. about Cancer* (New York: Oxford University Press, 2001); Proctor, *Golden Holocaust: La conspiration des industriels du tabac* (Sainte-

Marguerite-sur-Mer, France: Éd. des Équateurs, 2014); David Michaels, *Doubt Is Their Product: How Industry's Assault on Science Threatens Your Health* (Oxford: Oxford University Press, 2008).

28. Robert N. Proctor and Londa Schiebinger, *Agnotology: The Making and Unmaking of Ignorance* (Stanford, CA: Stanford University Press, 2008); Soraya Boudia and Nathalie Jas, eds., *Powerless Science? Science and Politics in a Toxic World* (New York: Berghahn Books, 2014); Boudia and Jas, *Toxicants, Health and Regulation since 1945* (London: Pickering & Chatto, 2013).

29. Naomi Oreskes and Erik M. Conway, *Les Marchands de doute* (Paris: Le Pommier, 2012 [2010]); Dan Fagin and Marianne Lavelle, *Toxic Deception: How the Chemical Industry Manipulates Science, Bends the Law and Endangers Your Health* (Secaucus, NJ: Carol, 1996); Dan Fagin, *Toms River: A Story of Science and Salvation* (New York: Bantam Books, 2013).

30. Ndiaye, *Du nylon et des bombes*.

31. Ross and Amter, *The Polluters*, 28-34; Gerald Markovitz and David Rosner, *Deceit and Denial: The Deadly Politics of Industrial Pollution* (Berkeley: University of California Press, 2002), 108-138.

32. Markovitz and Rosner, *Deceit and Denial*, 특히 168-194 참조.

33. Laurent Vogel, "L'amiante dans le monde," *HESA Newsletter*, no. 27, June 2005. https://www.researchgate.net/publication/323103561_Newsletter_HESA_n27_-_2005_avec_un_dossier_special_sur_l'amiante_dans_le_monde.

34. Kenichi Miyamoto, Kenji Morinaga, and Mori Hiroyuki, eds., *Asbestos Disaster: Lessons from Japan's Experience* (Tokyo: Springer, 2011), 3.

35. Bruno Ziglioli, *"Sembrava nevicasse"—La Eternit di Casale Monferrato e la Fibronit di Broni: due comunità di fronte all'amianto* (Milan: Franco Angeli, 2016).

36. Jessica van Horssen, *A Town Called Asbestos: Environmental Contamination, Health, and Resilience in a Resource Community* (Vancouver: University of British Columbia Press, 2016).

37. Jock McCulloch and Geoffrey Tweedale, *Defending the Indefensible: The*

Global Asbestos Industry and Its Fight for Survival (Oxford: Oxford University Press, 2008); Roger Lenglet, L'Affaire de l'amiante (Paris: La Découverte, 1996).

38. Emmanuel Henry, Amiante, un scandale improbable: Sociologie d'un problème public (Rennes, France: Presses universitaires de Rennes, 2007); Arthur J. McIvor, Working Lives: Work in Britain since 1945 (Basingstoke, UK: Palgrave Macmillan, 2013), 159.

39. Christopher Sellers, Hazards of the Job: From Industrial Disease to Environmental Health Science (Chapel Hill: University of North Carolina Press, 1997).

40. Michel Dupuy, Les Cheminements de l'écologie en Europe: Une histoire de la diffusion de l'écologie au miroir de la forêt (1880-1980) (Paris: L'Harmattan, 2004).

41. Deléage, Histoire de l'écologie, 120.

42. Christophe Masutti, Les Faiseurs de pluie: Dust Bowl, écologie et gouvernement (États-Unis, 1930-1940), Creative Commons, 2012.

43. Deléage, Histoire de l'écologie, 10.

44. Chip Jacobs and William J. Kelly, Smogtown: The Lung-Burning History of Pollution in Los Angeles (New York: Overlook Press, 2008).

45. Stéphane Frioux, "La pollution de l'air," 105.

46. James Rodger Fleming and Ann Johnson, eds., Toxic Airs: Body, Place, Planet in Historical Perspective (Pittsburgh, PA: University of Pittsburgh Press, 2014).

47. Michael Bess, La France vert clair: Écologie et modernité technologique (1960-2000) (Seyssel, France: Champ Vallon, 2011), 81-82.

48. Philippe Saint-Marc, La Pollution (Paris: Robert Laffont, 1975).

49. Francis Chateaureynaud and Didier Torny, Les Sombres Précurseurs: Une sociologie pragmatique de l'alerte et du risque (Paris: EHESS, 1999).

50. Douglas R. Weiner, A Little Corner of Freedom: Russian Nature Protection from Stalin to Gorbachev (Berkeley: University of California Press, 1999).

51. Judith Rainhorn, "L'épidémiologie de la bottine' ou l'enquête médicale

réinventée: Alice Hamilton et la médecine industrielle dans l'Amérique du premier xxe siècle," *Gesnerus: Swiss Journal of the History of Medicine and Sciences*, vol. 69, no. 2 (2012): 330-354.

52. Thomas Morrison Legge, *Industrial Maladies* (Oxford: Oxford University Press, 1934); Vicky Long, *The Rise and Fall of the Healthy Factory: The Politics of Industrial Health in Britain (1914-1960)* (New York: Palgrave Macmillan, 2011).

53. Henry Fairfield Osborn, *La Planète au pillage* (Paris: Acte Sud, 2008 [1948]); Roger Heim, *Destruction et protection de la nature* (Paris: Armand Colin, 1952).

54. Linda Lear, *Rachel Carson: Witness for Nature* (New York: Houghton Mifflin Harcourt, 1991). 프랑스에서 번역된 레이첼 카슨의 첫 책 Rachel Carson, *Printemps silencieux* (Paris: Plon, 1963 [1962])에 로제 앵(Roger Heim)이 서문을 썼다.

55. Cliff I. Davidson, ed., *Clean Hands: Clair Patterson's Crusade against Environmental Lead Contamination* (New York: Nova Science, 1998).

56. Ernst Schumacher, *Small Is Beautiful: Une société à la mesure de l'homme* (Paris: Le Seuil, 1978 [1973]).

57. Laurent Samuel and Dominique Simonnet, "Technologies douces," in Pierre Samuel, Yves Gauthier, and Ignacy Sachs, *L'Homme et son environnement: De la démographie à l'écologie* (Paris: Encyclopédie moderne, 1976), 477; Langdon Winner, *La Baleine et le réacteur: À la recherche des limites de la haute technologie* (Paris: Descartes & Cie, 2002 [1986]).

58. *Les Aéroports et l'environnement* (Paris: OCDE, 1975).

59. Annie Vallée, *Économie de l'environnement* (Paris: Le Seuil, 2002); Franck-Dominique Vivien, "La pensée économique française dans l'invention de l'environnement et du développement durable," *Annales des Mines: Responsabilité et environnement*, no. 46 (April 2007): 68-72.

60. Karl William Kapp, *Les Coûts sociaux de l'entreprise privée* (Paris: Institut Veblen/Les Petits Matins, 2015 [1950]).

61. Nicholas Georgescu-Roegen, *Demain la décroissance: Entropie, écologie, économie* (Lausanne, Switzerland: Pierre-Marcel Favre, 1979); René Passet,

L'Économique et le Vivant (Paris: Payot, 1979).

62. Ignacy Sachs, "Environnement et style de développement," *Annales ESC*, vol. 29, no. 3 (1974): 553-570; Sachs, *Pour une économie politique de l'environnement* (Paris: Flammarion, 1977).

63. Élodie Vieille-Blanchard, "Les Limites à la croissance dans un monde global: Modélisations, prospectives, réfutations" (PhD diss., EHESS, 2011).

64. Rémi Barré, Thierry Lavoux, and Vincent Piveteau, eds., *Un demi-siècle d'environnement entre science, politique et prospective: En l'honneur de Jacques Theys* (Versailles, France: Quae, 2015).

65. Masanobu Fukuoka, *La Révolution d'un seul brin de paille: Une introduction à l'agriculture sauvage* (Paris: Guy Trédaniel, 2005 [1975]).

66. Hiroko Amemiya, "Genèse du Teikei: Organisations et groupes de jeunes mères citadines," in *Du Teikei aux Amap: Le renouveau de la vente directe de produits fermiers locaux* (Rennes, Frances: Presses universitaires de Rennes, 2011), 29-54.

67. R. Debroye, "Les insecticides," *L'Abeille de France*, no. 246 (March-April 1946): 9; Léna Humbert, "Les Oppositions des apiculteurs: trices aux pesticides à l'époque de la 'modernisation' agricole (1945-1963)" (PhD diss., EHESS, 2016)에서 재인용.

68. Gabrielle Bouleau, "Pollution des rivières. Mesurer pour démoraliser," in *Une autre histoire des "Trente Glorieuses,"* edited by Christophe Bonneuil, Céline Pessis, and Sezin Topçu, 211-229.

69. Frioux and Malange, "L'eau pure pour tous!"

70. Massard-Guilbaud and Rodger, eds., *Environmental and Social Justice in the City*; Aliéno. Bertrand, ed., *Justice écologique, justice sociale: Exemples historiques, analogies contemporaines et théorie politique* (Paris: Victoires Éditions, 2015).

71. Andrew Hurley, *Environmental Inequalities: Class, Race and Industrial Pollution in Gary (1945-1980)* (Chapel Hill: University of North Carolina Press, 1995).

72. Ross and Amter, *The Polluters*, 165-166; Joyce Carol Oates, *Les Chutes* (Paris: Philippe Rey, 2005 [2004]).

73. Christopher C. Sellers, *Crabgrass Crucible: Suburban Nature and the Rise of Environmentalism in Twentieth-Century America* (Chapel Hill: University of North Carolina Press, 2012).

74. David Van Reybrouck, *Congo, une histoire* (Arles, France: Actes Sud, 2014 [2012]), 특히 164-174, 253-254 참조.

75. Hecht, "L'empire nucléaire"; Hecht, "L'Afrique et le monde nucléaire: Maladies industrielles et réseaux transnationaux dans l'uranium africain," in *Santé et travail à la mine*, edited by Judith Rainhorn, 173-205.

76. Dominique Taurisson-Mouret, "Exploitation minière dans les colonies et les ex-colonies ou le substrat de l'ineffectivité du droit," in *Justice écologique*, edited by Aliéno. Bertrand, 53-90.

77. LeCain, *Mass Destruction*; Smith, *Mining America*; Stiller, *Wounding the West*.

78. Phia Steyn, "Industry, Pollution and the Apartheid State in South Africa," *History Teaching Review Yearbook*, vol. 22 (2008): 67-75.

79. Joan Martínez Alier, *L'Écologisme des pauvres: Une étude des conflits environnementaux dans le monde* (Paris: Les Petits Matins, 2014 [2002]).

80. Maurice Lime, *Pays conquis* (Paris: Éditions sociales internationales, 1936), 43; Lucien Bourgeois, *Faubourgs: Douze récits prolétariens* (Paris: ESI, 1931), 74; Georges Navel, *Passages: Récit* (Paris: Le Sycomore, 1982), 187-188; Albert Soulillou, *Élie ou le Ford-France-580* (Paris: Gallimard, 1933), 151-152. 다음의 자료를 알려준 그자비에 비냐(Xavier Vigna)에게 감사드린다. Xavier Vigna, *L'Espoir et l'effroi: Luttes d'écritures et luttes de classes en France au xxᵉ siècle* (Paris: La Découverte, 2016).

81. Bécot, *Syndicalisme et environnement en France*; Stephania Barca, "Laboring the Earth: Transnational Reflections on the Environmental History of Work," *Environmental History*, vol. 19, no. 1 (2014): 3-27; Barca, "Sur l'écologie de la classe ouvrière: Un aperçu historique et transnational," *Écologie et politique*, no. 50 (2015): 23-40; Renaud Bécot, "Aux racines de l'action environnementale

du mouvement syndical québécois (1945-1972)," *Bulletin d'histoire politique*, vol. 23, no. 2 (2015): 48-65; Katrin MacPhee, "Canadian Working-Class Environmentalism (1965-1985)," *Labour/Le Travail*, no. 74 (2014): 123-149.

82. Robert Gordon, "Shell No! OCAW and the Labor-Environmental Alliance," *Environmental History*, vol. 3, no. 4 (1998): 460-487.

83. Robert Gottlieb, *Forcing the Spring: The Transformation of the American Environmental Movement* (Washington, DC: Island Press, 2005), 375.

84. Adam Tompkins, *Ghostworkers and Greens: The Cooperative Campaigns of Farmworkers and Environmentalists for Pesticide Reform* (Ithaca, NY: Cornell University Press, 2016).

85. Laurie Adkin. *The Politics of Sustainable Development: Citizens, Unions and the Corporations* (Tonawanda, NY: Black Rose Books, 1998); Markovitz and Rosner, *Deceit and Denial*, 157-167.

86. Laure Pitti, "Du rôle des mouvements sociaux dans la prévention et la réparation des risques professionnels: Le cas de Penarroya (1971-1988)," in *Cultures du risque au travail et pratiques de prévention au xxe siècle: La France au regard des pays voisins*, edited by Catherine Omnes and Laure Pitti (Rennes, France: Presses universitaires de Rennes, 2009), 217-232; Laure Pitti and Pascal Marichalar, "Réinventer la médecine ouvrière? Retour sur des mouvements médicaux alternatifs dans la France post-1968," *Actes de la recherche en sciences sociales*, no. 196-197 (2013): 114-131; Laure Pitti, "Experts 'bruts' et médecins critiques: Ou comment la mise en débats des savoirs médicaux a modifié la définition du saturnisme durant les années 1970," *Politix*, vol. 23, no. 91 (2010): 103-132; Renaud Bécot, "Syndicalisme et environnement en France," 258-259.

87. Keibo and Masato, *Rowing the Eternal Sea; Jobin, Maladies industrielles et renouveau syndical au Japon*; Timothy S. George, *Minamata: Pollution and the Struggle for Democracy in Postwar Japan* (Cambridge, MA: Harvard University Press, 2001).

88. Mandrillon, "L'expertise d'État, creuset de l'environnement en URSS," 107.

89. Anna Trespeuch-Berthelot, "La réception des ouvrages d''alerte environnementale' dans les médias français (1948-1975)," and Alexis Vrignon, "Journalistes et militants: Les périodiques écologistes dans les années 1970," in "De la nature à l'écologie," special issue of *Le Temps des médias*, no. 25 (2015): 104-120, 121-134.

90. Frank Uekoetter, "A Twisted Road to Earth Day: Air Pollution as an Issue of Social Movements after World War II," in *Natural Protest: Essays on the History of American Environmentalism*, edited by Michael Egan and Jeff Crane (New York: Routledge, 2009), 163-183.

91. Céline Pessis, ed., *Survivre et vivre: Critique de la science, naissance de l'écologie* (Montreuil, France: L'Échappée, 2014).

92. Florian Charvolin, *L'Invention de l'environnement en France: Chronique anthropologique d'une institutionnalisation* (Paris: La Découverte, 2003).

93. Centre National de Ressources Textuelles et Lexicales: http://www.cnrtl.fr/etymologie/.

94. Kirkpatrick Sale, *The Green Revolution: The American Environmental Movement (1962-1992)* (New York: Hill & Wang 1993); Yves Frémion, *Histoire de la révolution écologiste* (Paris: Hoëbeke, 2007); Alexis Vrignon, *La Naissance de l'écologie politique en France: Une nébuleuse au cœur des années 68* (Rennes, France: Presses universitaires de Rennes, 2017).

95. Fabrice Flipo, *Nature et politique: Contribution à une anthropologie de la modernité et de la globalisation* (Paris: Éd. Amsterdam, 2014).

96. 생태적 정치 조직을 명시하는 '녹색(green)'이란 용어는 독일의 환경운동가 집단 인 녹색당(Grünen)이 1980년 처음 총선에 출마하면서 생겼다.

97. René Dumont, *L'Utopie ou la mort!* (Paris: Le Seuil, 1974 [1973]), 5, 14, 85.

98. Uekoetter, *The Age of Smoke*, 246-249.

99. Robert W. Collin, *The Environmental Protection Agency: Cleaning Up America's Act* (Westport, CT: Greenwood Press, 2006).

100. Jacques Theys, "Vingt ans de politique française de l'environnement: les années 70-90. Un essai d'évaluation," in *Les Politiques d'environnement:*

Évaluation de la première génération (1971-1995), edited by Bernard Barraqué and Jacques Theys (Paris: Éd. Recherches, 1998), 27, 29; Gabriel Ullmann, *Les Installations classées: Deux siècles de législation et de nomenclature*, vol. 2, *La Loi du 19 juillet 1976: La régression accélérée du droit de l'environnement* (Paris: Cogiterra, 2016).

101. Simon Avenell, "From Fearsome Pollution to Fukushima: Environmental Activism and the Nuclear Blind Spot in Contemporary Japan," *Environmental History*, vol. 17, no. 2 (2012): 244-276.

102. Guétondé Touré, *La Politique de l'environnement dans les capitales africaines: Le cas de la ville d'Abidjan en Côte d'Ivoire* (Paris: Publibook, 2006), 226.

103. Shapiro, *Mao's War against Nature*, 192.

104. Wolfram Kaiser and Jan-Henrik Meyer, eds., *International Organizations and Environmental Protection: Conservation and Globalization in the Twentieth Century* (New York: Berghahn Books, 2016); *Organisation mondiale de la santé, La Pollution de l'air*, monograph no. 46 (Geneva: WHO, 1963).

105. Soraya Boudia, "Environnement et construction du global dans le tournant des années 1960-1970: Les infrastructures globales d'observation et d'étude de l'environnement," in *La Mondialisation des risques: Une histoire politique et transnationale des risques sanitaires et environnementaux*, edited by Soraya Boudia and Emmanuel Henry (Rennes, France: Presses universitaires de Rennes, 2015), 61-76.

106. Gérard Bellan and Jean-Marie Pérès, *La Pollution des mers* (Paris: Presses universitaires de France, 1974), 5.

107. Philippe Le Prestre, *Protection de l'environnement et relations internationales: Les défis de l'écopolitique mondiale* (Paris: Dalloz/Armand Colin, 2005).

108. McNeill, *Du nouveau sous le soleil*, 466.

에필로그

1. Pablo Servigné and Raphael Stevens, *Comment tout peut s'effondrer: Petit manuel de collapsologie à l'usage des générations présentes* (Paris: Le Seuil,

2015).

2. Jean-Noël Salomon, *Danger pollutions!* (Pessac: Presses universitaires de Bordeaux, 2003).

3. Alain Touraine, *La Société post-industrielle: Naissance d'une société* (Paris: Denoël, 1969); Daniel Bell, *Vers la société post-industrielle* (Paris: Robert Laffont, 1976 [1973]).

4. Daniel Cohen, *Trois leçons sur la société post-industrielle* (Paris: Le Seuil, 2016); Jeremy Rifkin, *La Troisième Révolution industrielle: Comment le pouvoir latéral va transformer l'énergie, l'économie et le monde* (Paris, Les Liens qui libèrent, 2012 [2011]).

5. Ulrich Beck, *Risk Society: Towards a New Modernity* (London: Sage Publications, 1992), 21.

6. Yannick Barthe, Michel Callon, and Pierre Lascoumes, *Agir dans un monde incertain: Essai sur la démocratie technique* (Paris: Le Seuil, 2001).

7. Fressoz, *L'Apocalypse joyeuse*.

8. René Passet, "Les fondements bioéconomiques d'un développement durable," *Économie appliquée*, vol. 65, no. 2 (2012): 195-206; Corinne Gendron, *Le Développement durable comme compromise: La modernisation écologique de l'économie à l'ère de la mondialisation* (Québec: Presses de l'université du Québec, 2006); Olivier Godard, *Environnement et développement durable: Une approche méta-économique* (Brussels: De Boeck, 2015).

9. Bernard Méheust, *La Politique de l'oxymore: Comment ceux qui nous gouvernent nous masquent la réalité du monde* (Paris: La Découverte, 2009).

10. Benoît Eugène, "Le 'développement durable,' une pollution mentale au service de l'industrie," *Agone*, no. 34 (2005): 119-134.

11. Jérôme Boissonade, ed., *La Ville durable controversée. Les dynamiques urbaines dans le mouvement critique* (Paris: Petra, 2015), 255-285.

12. Jean-Baptiste Comby, *La Question climatique: Genèse et dépolitisation d'un problème public* (Marseille: Agone, 2015); Spencer R. Weart, *The Discovery of Global Warming* (Cambridge, MA: Harvard University Press, 2003).

13. *Restoring the Quality of Our Environment: Report of the Environmental Pollution Panel President's Science Advisory Committee* (Washington, DC: The White House, November 1965), https://books.google.co.kr/books?id =XCW1AAAAIAAJ&printsec=frontcover&dq=inauthor:%22United+States.+Pr esident%27s+Science+Advisory+Committee.+Environmental+Pollution+Pan el%22&hl=ko&sa=X&redir_esc=y#v=onepage&q&f=false.

14. Wallace S. Broecker, "Climatic Change: Are We on the Brink of a Pronounced Global Warming?" *Science*, vol. 189, no. 4201 (1975): 460-463.

15. "Un nouveau no. pour le 'réchauffement climatique?'" M-blogs, *Le Monde. fr*: http://ecologie.blog.lemonde.fr/2010/08/08/faut-il-changer-lexpression-rechauffement-climatique/.

16. Stefan Aykut and Amy Dahan, *Gouverner le climat? Vingt ans de négociations internationales* (Paris: Presses de Sciences Po, 2015); Avkut and Dahan, "La gouvernance du changement climatique. Anatomie d'un schisme de réalité," in *Le Gouvernement des technosciences*, edited by Dominique Pestre, 97-132.

17. Stéphane Foucart, *L'Avenir du climat. Enquête sur les climato-sceptiques* (Paris: Gallimard, 2015); Oreskes and Conway, *Les Marchands de doute*, 282-355; Naomi Klein, *Tout peut changer: Capitalisme et changement climatique* (Arles: Actes Sud, 2015).

18. István Markó, "Pauvre CO2!" 20 April 2015, on the Institut Turgot site; István Markó, ed., *Climat: 15 vérités qui dérangent* (Louvain, Belgium: Texquis, 2013).

19. World Health Organization, *Reducing Global Health Risks Through Mitigation of Short-Lived Climate Pollutants* (Geneva: WHO, 2015).

20. Frédéric Denhez, *Les Nouvelles Pollutions invisibles: Ces poisons qui nous entourent* (Paris: Delachaux & Niestlé, 2011).

21. André Cicolella, *Toxique planète: Le scandale invisible des maladies chroniques* (Paris: Le Seuil, 2013).

22. Theo Colborn, Dianne Dumanoski, and John Peterson Myers, *L'Homme en voie de disparition?* (Mens, France: Terre vivante, 1997 [1996]).

23. Elvire Van Staëvel, *La Pollution sauvage* (Paris: Presses universitaires de France, 2006), 107.

24. Stéphane Horel, *Intoxication: Perturbateurs endocriniens, lobbyistes et euro-crates: une bataille d'influence contre la santé* (Paris: La Découverte, 2015); Marine Jobert and François Veillerette, *Perturbateurs endocriniens: La menace invisible* (Paris: Buchet-Chastel, 2015).

25. Philippe Grandjean, *Cerveaux en danger: Protégeons no. enfants* (Paris: Buchet-Chastel, 2016); Barbara Demeneix, *Losing Our Minds: How Environmental Pollution Impairs Human Intelligence and Mental Health* (Oxford: Oxford University Press, 2014).

26. Federico Robbe, *Seveso 1976: Oltre la diossina* (Castel Bolognese, Italy: Itaca, 2016); Angela Cecilia Pesatori and Pier Alberto Bertazzi, "The Seveso Accident," in *Dioxins and Health: Including Other Persistent Organic Pollutants and Endocrine Disruptors*, edited by Arnold Schecter (Hoboken, NJ: Wiley, 2012), 445-468.

27. World Health Organization, *Les Dioxines et leurs effets sur la santé*, checklist no. 225, October 2016, http://www.who.int/mediacentre/factsheets/fs225/fr/.

28. Philippe Jurgensen, *L'Économie verte: Comment sauver notre planète* (Paris: Odile Jacob, 2009), 90.

29. Christophe Bonneuil and Frédéric Thomas, *Semences: une histoire politique: Amélioration des plantes, agriculture et alimentation en France depuis la Seconde Guerre mondiale* (Paris: Charles Léopold Mayer, 2012).

30. Jacques Testart, *À qui profitent les OGM?* (Paris: CNRS Éditions, 2013); Gilles-Éric Séralini, *Ces OGM qui changent le monde* (Paris: Flammarion, 2010 [2004]).

31. Frédéric Neyrat, *La Part inconstructible de la Terre* (Paris: Le Seuil, 2016), 101; Christophe Bonneuil, "Cultures épistémiques et engagement des chercheurs dans la controverse OGM," *Natures sciences sociétés*, vol. 14, no. 3 (2006): 257-268.

32. Roger Lenglet, *Nanotoxiques: Une enquête* (Arles, France: ActesSud, 2014); *Aujourd'hui le nanomonde: Nanotechnologies, un projet de société totalitaire*

(Paris: L'Esprit frappeur, 2006); Association de veille d'information civique sur les enjeux des nanosciences et des nanotechnologies, *Nanomatériaux et risques pour la santé et l'environnement* (Gap, France: Yves Michel, 2016); Bernadette Bensaude-Vincent, *Les Vertiges de la technoscience: Façonner le monde atome par atome* (Paris: La Découverte, 2009).

33. World Health Organization, *Champs électromagnétiques et santé publique: téléphones portables*, checklist no. 193, October 2014, http://www.who.int/ mediacentre/factsheets/fs193/fr/; PRIARTEM 웹사이트: http://www.priartem.fr/ accueil.html도 참조.

34. Groupe EcoInfo, *Les Impacts écologiques des technologies de l'information et de la communication* (Les Ulis, France: EDP Sciences, 2012).

35. Fabrice Flipo, "Expansion des technologies de l'information et de la communication: vers l'abîme?" *Mouvements*, no. 79 (2014): 115-121.

36. "En Chine, les terres rares tuent des villages," *Le Monde.fr*, 19 July 2012; Guillaume Pitron and Serge Turquier, *La Sale Guerre des terres rares, documentary*, France Télévision, 2012.

37. Philippe Bihouix, *L'Âge des low tech: Vers une civilisation techniquement soutenable* (Paris: Le Seuil, 2014).

38. Fabrice Flipo, Michelle Dobré, and Marion Michot, *La Face cachée du numérique: L'impact environnemental des nouvelles technologies* (Montreuil, France: L'Échappée, 2013); Laurent Lichtenstein and Coline Tison, *Internet, la pollution cachée*, France 5, 2012, 다큐멘터리 영화; Laurent Lefèvre and Jean-Marc Pierson, "Le big data est-il polluant?" *CNRS Le Journal*, electronic review, 2 April 2015.

39. Arnaud Saint-Martin, "Du *Big Sky* à l'espace pollué: l'effet boomerang des débris spatiaux," *Mouvements*, no. 87 (2016): 36-47.

40. Agence France Presse, 19 April 2017.

41. David Naguib Pellow, *Resisting Global Toxics: Transnational Movement for Environmental Justice*, chapter: "Electronic Waste: The 'Clean Industry' Exports Its Trash," 185-224; Cédric Gossart, "De l'exportation des maux

écologiques à l'ère du numérique," *Mouvements*, no. 60 (2009): 23-28.

42. Karin Lundgren, *The Global Impact of e-Waste: Addressing the Challenge* (Geneva: Organisation internationale du travail, 2012); "Les déchets électroniques intoxiquent le Ghana," *Le Monde.fr*, 28 December 2013; Hong-Gang Ni and Eddy Y. Zeng, "Law Enforcement and Global Collaboration Are the Keys to Containing E-Waste Tsunami in China," *Environmental Science and Technology*, vol. 43, no. 11 (2009): 3991-3994.

43. Deborah S. Davis, ed., *The Consumer Revolution in Urban China* (Berkeley: University of California Press, 2000).

44. "Le 'jour de dépassement de la Terre' en infographie," *Le Monde.fr*, 8 August 2016.

45. Mike Davis, *Planet of Slums* (London: Verso Books, 2006), 129; Jeremy Seabrook, *In the Cities of the South: Scenes from a Developing World* (London: Verso, 1996).

46. Davis, *Le Pire des mondes possibles*, 135; McNeill, *Du nouveau sous le soleil*, 126-127.

47. Kenneth Pomeranz, "The Transformation of China's Environment (1500-2000)," in *The Environment and World History (1500-2000)*, edited by Kenneth Pomeranz and Edmund T. Burke III (Berkeley: University of California Press, 2009), 118-164.

48. Sébastien Le Belzic, *Chine. Le cauchemar écologique* (Saint-Maur-des-Fossés: Sépia, 2013); Julien Wagner, *Chine-Afrique: le grand pillage* (Paris: Eyrolles, 2014), 59-60; "Study Links Polluted Air in China to 1.6 Million Deaths a Year," *The New York Times*, 13 August 2015.

49. "Chine, un inventaire des 'villages du cancer,'" *Courrier international*, 4 June 2009; "En Chine, 400 'villages du cancer,'" *Le Figaro.fr*, 24 February 2013.

50. Jean-Pierre Favennec and Yves Mathieu, *Atlas mondial des énergies: Ressources, consommation et scénarios d'avenir* (Paris: Armand Colin/IFP, 2014), 42-43.

51. "Le 'nuage brun' d'Asie pourrait menacer le climat de la planète," *Le Monde. fr*, 14 October 2002.

52. Kenneth Pomeranz, "Les eaux de l'Himalaya."

53. Online reports: http://www.worstpolluted.org/.

54. Jacques Charbonnier, *Bhopal, la pire catastrophe industrielle de tous les temps* (Bordeaux: Préventique, 2004); Larry Everest, *Behind the Poison Cloud: Union Carbide's Bhopal Massacre* (Chicago: Banner Press, 1986).

55. Le Belzic, *Chine: Le cauchemar écologique*; "Au Bangladesh, plus de 1 700 morts depuis 1990 dans des ateliers textile," *Le Monde.fr*, 14 May 2013.

56. Hervé Kempf, *Comment les riches détruisent la planète* (Paris: Le Seuil, 2007).

57. Sophie Bernard, Damien Dussaux, Mouez Fodha, and Matthieu Glachant, "Le commerce international des déchets," in *L'Économie mondiale 2013* (Paris: La Découverte, 2012), 104-118.

58. Pellow, *Resisting Global Toxics*, 147-185, 150.

59. Bernard Dussol and Charlotte Nithart, *Le Cargo de la honte: L'effroyable odyssée du "Probo Koala"* (Paris: Stock, 2010); Greenpeace and Amnesty International, *Une vérité toxique: À propos de Trafigura, du "Probo Koala" et du déversement de déchets toxiques en Côte d'Ivoire*, Amnesty International Publications, 2012.

60. Public Eye, *Dirty Diesel: How Swiss Traders Flood Africa with Toxic Fuels* (Lausanne, Switzerland: Public Eye, 2016).

61. Marc Levinson, *The Box: Comment le conteneur a changé le monde* (Paris: Max Milo, 2011), 438.

62. Giljum and Muradian, "Physical Trade Flows of Pollution-Intensive Products."

63. Daniel Faber, *Capitalizing on Environmental Injustice: The Polluter-Industrial Complex in the Age of Globalization* (Lanham, MD: Rowman & Littlefield, 2008).

64. Jean-Pierre Favennec and Yves Mathieu, *Atlas mondial des énergies*, 74.

65. Kuntala Lahiri-Dutt, ed., *The Coal Nation: Histories, Ecologies and Politics of Coal in India* (Surrey, UK: Ashgate, 2014); Gérard Heuzé, *Ouvriers d'un autre monde: L'exemple des travailleurs de la mine dans l'Inde contemporaine* (Paris: MSH, 1989).

66. David Dufresne, Nancy Huston, Naomi Klein, Melina Laboucan-Massimo, and Rudy Wiebe, *Brut: La ruée vers l'or noir* (Montréal: Lux Éditeur, 2015); Maxime Combes, *Sortons de l'âge des fossiles! Manifeste pour la transition* (Paris: Le Seuil, 2015).

67. Danièle Favari (with André Picot and Marc Durand), *Les Vrais Dangers du gaz de schiste* (Paris: Sang de la Terre, 2013); Marine Jobert and François Veillerette, *Le Vrai Scandale des gaz de schiste* (Paris: Les Liens qui libèrent, 2011).

68. Paul Fattal, Pollutions des côtes par les hydrocarbures (Rennes, France: Presses universitaires de Rennes, 2008).

69. Abrahm Lustgarten, *Run to Failure: BP and the Making of the "Deepwater Horizon" Disaster* (New York: Norton, 2012).

70. "Nigeria. Les marées noires oubliées du delta du Niger," *Courrier international*, 3 June 2010.

71. Emma Howard, "Middle East Conflict 'Drastically Altered' Air Pollution Levels in Region," *The Guardian*, 21 August 2015; T. M. Hawley, *Against the Fires of Hell: The Environmental Disaster of the Gulf War* (New York: Harcourt Brace, 1992).

72. Baptiste Monsaingeon, "Plastiques: ce continent qui cache no. déchets," *Mouvements*, no. 87 (2016): 48-58; Claude Duval, *Matières plastiques et environnement* (Paris: Dunod, 2009); "Le déversement des plastiques dans les océans pourrait décupler d'ici à dix ans," *Le Monde.fr*, 12 February 2015.

73. Chris Jordan, "Midway: Message from the Gyre," 2009, http://www.chrisjordan.com/gallery/midway/#CF000313%2018x24.

74. Julien Gigault, Boris Pedrono. Benoît Maxit, and Alexandra Ter Halle, "Marine Plastic Litter: The Unanalyzed Nano-Fraction," *Environmental Science: Nano.* vol. 2 (2016): 346-350; "Les océans pollués par des particules invisibles de plastique," *Le Monde.fr*, 22 February 2017; "L'océan, poubelle du globe," *Le Monde.fr*, 23 February 2017.

75. Éric Drezet, "L'énergie des métaux," *EcoInfo*, 2015, http://ecoinfo.cnrs.fr/?p=

11396.

76. Andy Bruno, *The Nature of Soviet Power: An Arctic Environmental History* (Cambridge: Cambridge University Press, 2016); "Un cocktail de polluants affecte l'Arctique," *Le Monde.fr*, 19 December 2014.

77. Barbara Landrevie, "La Méditerranée empoisonnée," *Le Monde diplomatique*, May 2015, 8.

78. Andràs Gelencsér et al., "The Red Mud Accident in Ajka (Hungary): Characterization and Potential Health Effects of Fugitive Dust," *Environmental Science Technology*, vol. 45, no. 4 (2011): 1608-1615; Miroslav Mišík et al., "Red Mud a Byproduct of Aluminum Production Contains Soluble Vanadium That Causes Genotoxic and Cytotoxic Effects in Higher Plants," *The Science of the Total Environment*, vol. 493 (2014): 883-890.

79. Lynch, *Mining in World History*, 280-285; Ivan Grinberg and Maurice Laparra, eds., *Alucam, un destin africain: 50 ans d'Aluminium au Cameroun (1957-2007)* (Mirabeau, France: REF.2C Éditions, 2007).

80. Giuseppe Cocco, "La catastrophe du rio Doce, le Tchernobyl brésilien," *Multitudes*, vol. 62, no. 1 (2016): 5-13.

81. François Ramade, *Un monde sans famine? Vers une agriculture durable* (Paris: Dunod, 2014); Claude Bourguigno. and Lydia Bourguignon, *Le Sol, la terre et les champs: Pour retrouver une agriculture saine* (Paris: Sang de la Terre, 2015).

82. "Omerta sur les pesticides dans le vignoble bordelais," *Le Monde.fr*, 4 July 2014; Geneviève Teil, Sandrine Barrey, Pierre Floux, and Antoine Hennion, *Le Vin et l'environnement* (Paris: Presses de l'École des mines, 2011).

83. Edwige Charbonnier, Aïcha Ronceux, Anne-Sophie Carpentier, Hélène Soubelet, and Enrique Barriuso, eds., *Pesticides: Des impacts aux changements de pratiques* (Paris: Quae, 2015); Nicolino and Veillerette, Pesticides.

84. 살충제 사용에 관한 프랑스 농림식품부 보도자료 (2016년 3월 8일): http://agriculture. gouv.fr/produits-phytosanitaires-resultats-pour-lannee-2014-et-lancement-du-plan-ecophyto-2.

85. Paul Degobert, *Automobiles and Pollution* (Paris: Technip, 1995).

86. "La voiture du futur sera propre, communicante, automatique et ⋯ partagée," *20minutes.fr*, 10 February 2013.

87. Marina Robin, "La motorisation des ménages continue de s'accroître au prix d'un vieillissement du parc automobile," *La Revue*, Commissariat général au développement durable, December 2010, 99-122.

88. Ugo Bardi and Stefano Caporali, "Precious Metals in Automotive Technology: An Unsolvable Depletion Problem?" *Minerals*, vol. 4, no. 2 (2014): 388-398.

89. Zéhir Kolli, "Dynamique de renouvellement du parc automobile: Projection et impact environnemental" (PhD diss., Université de Paris 1, 2012), 28-30.

90. OCDE, *Le Coût de la pollution de l'air: Impacts sanitaires du transport routier*, s.l., (OCDE, 2014); Bibliographies du Centre de ressources du développement durable, "La qualité de l'air," April 2017, http://www.developpement-durable.gouv.fr/sites/default/files/CRDD%20Biblio%20Qualite%20de%20lair.pdf.

91. François Bost and Gabriel Dupuy, eds., *L'Automobile et son monde* (La Tour-d'Aigues: Éd. de l'Aube, 2000); Marc Chevallier, "Automobile: la fin du rêve?" *Alternatives économiques*, no. 279, April 2009.

92. Frédéric Landy, "Industrie, aménagement du territoire et pollution en Inde: Le cas de l'automobile," in "Les marchés émergents de l'automobile: Une approche géographique (Inde, Chine et Afrique du Sud)," *2001 Plus* (Paris: Ministère de l'Équipement, des Transports et du Logement, July 2002), 9-22.

93. "Chine: l'alerte rouge de pollution de l'air, dilemme des officiels," *Le Monde.fr*, 10 December 2015.

94. Philippe Ayoun, "Le transport de voyageurs face au défi énergétique et écologique," in *L'Avion: Le rêve, la puissance et le doute*, edited by Gérard Dubey and Alain Gras (Paris: Publications de la Sorbonne, 2009), 279-293; Joyce E. Penner et al., *Aviation and the Global Atmosphere* (Cambridge: Cambridge University Press, 1999).

95. Fabrice Gliszczynski, "Plus d'avions, moins de pollution, l'incroyable pari de l'aéronautique," *La Tribune*, 18 June 2015.

96. Sezin Topçu, *La France nucléaire: L'art de gouverner une technologie contestée* (Paris: Le Seuil, 2013).

97. Kate Brown, *Plutopia: Nuclear Families, Atomic Cities, and the Great Soviet and American Plutonium Disasters* (New York: Oxford University Press, 2013); Jaurès A. Medvedev, *Désastre nucléaire en Oural* (Cherbourg: Isoète, 1988 [1980]).

98. Vladimir K. Savchenko, *The Ecology of Tchernobyl Catastrophe* (Paris: Unesco, 1995). 인적 손실에 대한 논의는 http://www.dissident-media.org/infonucleaire/estimations.html 참조.

99. Frank Uekoetter, "Fukushima, Europe, and the Authoritarian Nature of Nuclear Technology," *Environmental History*, vol. 17, no. 2 (2012): 277-284; Timothy A. Mousseau and Anders Møller, "Genetic and Ecological Studies of Animals in Chernobyl and Fukushima," *Journal of Heredity*, vol. 105, no. 5 (2014): 704-709; "Fukushima, puits sans fond," *Libération.fr*, 16 February 2017.

100. Jean-Marc Jancovici, "Le nucléaire civil, péché majeur du xxᵉ siècle?" *Le Débat*, vol. 123, no. 1 (2003): 175-192; Jancovici, "Que signifie sortir du nucléaire?" *Le Débat*, vol. 169, no. 2 (2012): 77-86.

101. Annie Thébaud-Mony, "Nucléaire: la catastrophe sanitaire," *Le Monde.fr*, 21 March 2011; Thébaud-Mony, *L'Industrie nucléaire. Sous-traitance et servitude* (Paris: Inserm-EDK, 2000).

102. Topçu, *La France nucléaire*.

103. Laure Noualhat, *Déchets: Le cauchemar du nucléaire* (Paris: Le Seuil, 2009).

104. Annie Thébaud-Mony, *La Science asservie: Les collusions mortifères entre industriels et chercheurs* (Paris: La Découverte, 2014), 12장.

105. Franck Boutaric and Pierre Lascoumes, "L'épidémiologie environnementale entre science et politique: Les enjeux de la pollution atmosphérique en France," *Sciences sociales et santé*, vol. 26, no. 4 (2008): 5-38.

106. Yannick Barthe, Madeleine Akrich, and Catherine Rémy, eds., *Sur la piste environnementale: Menaces sanitaires et mobilisations profanes* (Paris: Presses de l'École des mines, 2010).

107. Haut Conseil de la santé publique, *Recommandations pour la gestion du risque amiante dans l'habitat et l'environnement*, 2014, http://www.hcsp.fr/explore.cgi/avisrapportsdomaine?clefr=450.

108. Laurent Vogel, "Géopolitique de l'amiante" et "Amiante, crime de masse en temps de paix," *Politique, revue de débats*, no 60, June 2009 (electronic review); "L'amiante sera interdit au Canada d'ici à 2018," *Le Monde.fr*, 16 December 2016.

109. United Nations Environment Programme, "L'heure d'éliminer les HCFC," special issue of *Action ozone* (Paris: UNEP, 2008); "Climat: accord historique pour éliminer les gaz HFC, 14 000 fois plus puissants que le CO_2," *Le Monde.fr*, 15 October 2010.

110. David Kinkela, *DDT and the American Century: Global Health, Environmental Politics, and the Pesticide That Changed the World* (Chapel Hill: University of North Carolina Press, 2011).

111. Mathieu Baudrin, "Historiciser la réflexivité industrielle. Les aérosols et la couche d'ozone (1974-2014)" (PhD diss. in progress, l'École des mines, Paris).

112. Oreskes and Conway, *Les Marchands de doute*; Michaels, *Doubt Is Their Product*; Thomas O. McGarity and Wendy Wagner, *Bending Science: How Special Interests Corrupt Public Health Research* (Cambridge, MA: Harvard University Press, 2010).

113. "Le pneumologue Michel Aubier condamné à six mois de prison avec sursis," *Le Monde.fr*, 5 July 2017.

114. Jean-Noël Jouzel, *Des toxiques invisibles: Sociologie d'une affaire sanitaire oubliée* (Paris: EHESS, 2013).

115. Pierre Lascoumes and Patrick Le Galès, eds., *Gouverner par les instruments* (Paris: Presses de Sciences Po, 2005); "Fauteurs de doute," special issue of *Critique*, vol. 799, no. 12 (2013).

116. Proctor and Schiebinger, *Agnotology*; Foucart, *La Fabrique du mensonge*; Thébaud-Mony, *La Science asservie*.

117. Emmanuel Henry, *Ignorance scientifique et inaction publique: Les politiques*

de santé au travail (Paris: Presses de Sciences Po, 2017); Henry, "Militer pour le statu quo. Le Comité permanent amiante ou l'imposition réussie d'un consensus," *Politix*, vol. 70, no. 2 (2005): 29-50.

118. Andrew Hurley, "From Factory Town to Metropolitan Junkyard: Postindustrial Transitions on the Urban Periphery," *Environmental History*, vol. 21, no. 1 (2016): 3-29; Jean-Louis Tornatore, "Beau comme un haut-fourneau: Sur le traitement en monument des restes industriels," *L'Homme*, vol. 170 (2004): 79-116; "Le patrimoine industriel de la chimie," special issue of *Patrimoine industriel*, no. 69 (2016) (솔베이 그룹의 재정 지원으로 출판했다).

119. Amissi Manirabona, "L'affaire Trafigura: vers la répression de graves atteintes environnementales en tant que crimes contre l'humanité," *Revue de droit international et de droit comparé*, vol. 88, no. 4 (2011): 535-576; Valérie Cabanes, *Un nouveau droit pour la Terre: Pour en finir avec l'écocide* (Paris: Le Seuil, 2016).

120. McNeill, *Du nouveau sous le soleil*, 461; Raphaël Romi, *Droit international et européen de l'environnement* (Paris: Montchrétien, 2012).

121. Martine Rémond-Gouilloud, *Du droit de détruire: Essai sur le droit de l'environnement* (Paris: Presses universitaires de France, 1989).

122. Pierre Lascoumes, *L'éco-pouvoir* (Paris: La Découverte, 1994); Jean-Pierre Galland, "France/Grande-Bretagne: une comparaison entre deux régimes de régulation des risques industriels," *Annales des Mines—Responsabilité et environnement*, vol. 62, no. 2 (2011): 62-66.

123. Keith Hawkins, "Le rôle du droit dans le contrôle de la pollution industrielle: Regard britannique," in *Les politiques d'environnement*, edited by Bernard Barraqué, Jacques Theys, 297-305.

124. Jas, "Gouverner les substances chimiques dangereuses dans les espaces internationaux."

125. Tsayem Demaze Moïse, "Les conventions internationales sur l'environnement: état des ratifications et des engagements des pays développés et des pays en voie de développement," *L'information géographique*, vol. 73, no. 3

(2009): 84-99.

126. Stefan Aykut, "Gouverner le climat, construire l'Europe. L'histoire de la création du marché de carbone (ETS)," *Critique internationale*, vol. 62 (2014): 39-56.

127. Jean-Noël Jouzel et Pierre Lascoumes, "Le règlement REACH: une politique européenne de l'incertain: Un détour de régulation pour la gestion des risques chimiques," *Politique européenne*, vol. 33, no. 1 (2011): 185-214.

128. Eduard B. Vermeer, "Industrial Pollution in China and Remedial Policies," *The China Quarterly*, vol. 156 (1998): 952-985.

129. Shapiro, *Mao's War against Nature*, 209.

130. Jean-François Huchet, *La Crise environnementale en Chine: Évolutions et limites des politiques publiques* (Paris: Presses de Sciences Po, 2016).

131. OCDE, *Le Coût de la pollution de l'air*.

132. "Haro sur les voitures polluantes à Mexico," *Le Monde.fr*, 31 July 2014.

133. Bernard Barraqué and Jacques Theys, eds., *Les Politiques d'environnement*, 27, 74.

134. "Pesticides: l'échec accablant de la 'ferme France,'" *Le Monde.fr*, 9 March 2016.

135. Daniel Faber, "Poisoning American Politics: The Colonization of the State by the Polluter-Industrial Complex," *Socialism and Democracy*, vol. 23, no. 1 (2009): 77-118; "Dieselgate: après Volkswagen et Renault, le tour de FiatChrysler," *Le Point.fr*, 22 March 2017.

136. "Régression: Guerre secrète contre l'environnement," *Courrier international*, 30 October 2003.

137. "Trump veut détricoter les mesures d'Obama sur l'environnement," *Le Monde.fr*, 28 March 2017.

138. Luc Boltanski and Ève Chiapello, *Le Nouvel Esprit du capitalisme* (Paris: Gallimard, 1999).

139. Noam Chomsky, *Le Bien commun: Entretiens avec David Barsamian* (Montréal: Écosociété, 2002); David C. Korten, Quand les multinationales gouvernent

le monde (Paris: Yves Michel, 2006).

140. "La directive européenne sur le 'secret des affaires' fait polémique," *Le Figaro.fr*, 26 April 2016.

141. Stefan Ambec and Philippe Barla, "Quand la réglementation environnementale profite aux pollueurs: Survol des fondements théoriques de l'hypothèse de Porter," *Revue d'analyse économique*, vol. 83, no. 3 (2007): 399-413.

142. Antonin Pottier, *Comment les économistes réchauffent la planète* (Paris: Le Seuil, 2016).

143. Stephen C. Young, *The Emergence of Ecological Modernisation: Integrating the Environment and the Economy?* (London: Routledge, 2000).

144. http://www.ecomodernism.org/manifesto-english/.

145. Michael Huesemann and Joyce Huesemann, *Techno-Fix: Why Technology Won't Save Us or the Environment* (Gabriola Island, BC: New Society Publishers, 2011).

146. Clive Hamilton, *Requiem pour l'espèce humaine* (Paris: Presses de Sciences Po, 2012); Hamilton, *Les Apprentis sorciers du climat: Raisons et déraisons de la géo-ingénierie* (Paris: Le Seuil, 2013).

147. Frédéric Neyrat, *La Part inconstructible de la Terre: Critique du géo-constructivisme* (Paris: Le Seuil, 2016).

148. Jean-Marc Bournigal et al., *Agriculture-Innovation 2025: 30 projets pour une agriculture compétitive et respectueuse de l'environnement* (Paris: Ministère de l'Agriculture, October 2015).

149. Jurgensen, *L'Economie verte*, 84.

150. Alma Heckenroth et al., "Vers quelles solutions écologiques aux pollutions diffuses?" in *Les Calanques industrielles de Marseille et leurs pollutions*, edited by Xavier Daumalin and Isabelle Laffont-Schwob, 327; Andre F. Clewell and James Aronson, *La Restauration écologique* (Arles, France: Actes Sud, 2010).

151. Jeremy Rifkin, *L'Économie hydrogène: Après la fin du pétrole, la nouvelle révolution économique* (Paris: La Découverte, 2002).

152. Pierre-Étienne Franc (with Pascal Mateo), *Hydrogène: la transition énergétique en marche!* (Paris: Gallimard, 2015).

153. Éric Deville and Alain Prinzhofer, *Hydrogène: La prochaine révolution énergétique* (Paris: Belin, 2015), 154.

154. Marie-Monique Robin, *Notre poison quotidien: La responsabilité de l'industrie chimique dans l'épidémie des maladies chroniques* (Paris: La Découverte, 2011); Hervé Kempf, *Tout est prêt pour que tout empire: Douze leçons pour éviter la catastrophe* (Paris: Le Seuil, 2017); Fabrice Nicolino, *Ce qui compte vraiment* (Paris: Les Liens qui libèrent, 2017); Jean-Pierre Rogel, *Un paradis de la pollution* (Québec: Presses de l'université du Québec, 1981).

155. Bess, *La France vert clair*, 81-82; Bruno Villalba and Sylvie Ollitrault, "Sous les pavés, la Terre. Mobilisations environnementales en France (1960-2011), entre contestations et expertises," in *Histoire des mouvements sociaux en France, de 1814 à no. jours*, edited by Michel Pigenet and Danielle Tartakowsky (Paris: La Découverte, 2012), 716-723; Sylvie Ollitrault, *Militer pour la planète: Sociologie des écologistes* (Rennes, France: Presses universitaires de Rennes, 2008).

156. Robert Gottlieb, *Forcing the Spring: The Transformation of the American Environmental Movement* (Washington, DC: Island Press, 2005).

157. Frederick Buell, *From Apocalypse to Way of Life: Environmental Crisis in the American Century* (London: Routledge, 2003).

158. Jean-Baptiste Comby, *La Question climatique: Genèse et dépolitisation d'un problème public* (Paris: Raisons d'Agir, 2015).

159. Vaclav Smil, *Making the Modern World: Materials and Dematerialization* (Chichester, UK: Wiley, 2014).

160. Association négaWatt, *Scénario négaWatt (2017-2050): Dossier de synthèse*, s.l., NégaWatt, 2017: https://negawatt.org/IMG/pdf/synthese_scenario-negawatt_2017-2050.pdf.

161. Jason Corburn, *Street Science: Community Knowledge and Environmental Health Justice* (Cambridge, MA: MIT Press, 2005).

찾아보기